東方文史館

汉语史讲义

张世禄 著

申小龙 整理

上册

中国出版集团　东方出版中心

图书在版编目（CIP）数据

汉语史讲义：上下册 / 张世禄著；申小龙整理
. —上海：东方出版中心, 2020.8
ISBN 978-7-5473-1672-6

Ⅰ. ①汉… Ⅱ. ①张… ②申… Ⅲ. ①汉语史－研究
Ⅳ. ①H1-09

中国版本图书馆CIP数据核字（2020）第136303号

策划统筹　郑纳新　梁　惠
责任编辑　裴宏江　高淑贤
封面设计　陈绿竞

汉语史讲义（上下册）

张世禄著　申小龙整理

出版发行　东方出版中心
地　　址　上海市仙霞路345号
邮政编码　200336
电　　话　021-62417400
印 刷 者　山东临沂新华印刷物流集团有限责任公司

开　　本　890mm × 1240mm　1/32
印　　张　31.5
插　　页　3
字　　数　700千字
版　　次　2020年8月第1版
印　　次　2020年8月第1次印刷
定　　价　128.00元

前　　言

申小龙

我国的汉语史研究是在20世纪50年代开始的。北京大学王力教授首先开讲“汉语史”课程，并按高教部审定的“汉语史”教学大纲编写教材。1956—1958年科学出版社出版了王力的《汉语史稿》上中下三册。

与北京大学王力的汉语史课程几乎同时，复旦大学张世禄教授也开讲“汉语史”课。当时全国开设这门课的就是北大和复旦，一北一南两家。这当然和当时全国只有北大和复旦有专门化的汉语专业有关，也与王力和张世禄作为中国现代语言学的先驱，都致力于中国传统学术的现代化有关。然而，与王力先生汉语史课程教材一锤定音并多次再版不同，张世禄先生汉语史课程的教材一直处在油印稿的未定稿状态。从张世禄先生家属和20世纪60年代听课的复旦大学中文系学生保存的当年汉语史教材来看，张世禄先生的汉语史课程教材油印稿一共有四种：

1.《汉语史　绪论　语音篇　初稿》(22万字)

2.《汉语史　词汇篇　初稿》(32万字)

3.《汉语史　词汇语法部分　六三年复旦春季夏季用》(15万字)

4.《汉语史讲义》(35万字)

我们从这四种汉语史教材的100多万字珍贵存本中，梳理出一个70万字的汉语史讲义系统，分为绪论和语音、语法、词汇三个部分，将复旦大学张世禄先生学术研究和教学领域的一项重要成果，较为完整地呈现出来。这是继王力先生《汉语史稿》出版之后，我国语言学史上系统的汉语史研究的标志性创获，也是与北京大学几乎同时开出、历史悠久的复旦大学汉语史课程的优秀传统。这个传统由于作者个人和环境的历史原因长期湮没不闻，甚至“文革”结束恢复高考后的第一届大学生，我们77级本科生，入学复旦中文系汉语专业后所上的为时一年的汉语史课程，其教材都是中青年教师自编。今天，在系统整理张世禄先生全集，广泛征集张世禄遗稿的过程中，在复旦大学中文系和上海东方出版中心的共同努力下，终于拂去20世纪五六十年代《汉语史讲义》的历史尘灰，使它以崭新的面貌出现在世人面前。本教材的出版不仅丰富了20世纪中国语言学优秀遗产的宝库，而且将有力推动21世纪中国汉语史研究与教学的传承和发展。

一、《汉语史讲义》的基本特色：现代性

《汉语史讲义》在当时的历史条件下，显示出很强的现代性，具体表现在三个方面。

1. 断代的共时性

复旦版《汉语史讲义》在整体框架上较《汉语史稿》的写法更注重断代的共时性。如果说王力的《汉语史稿》有历史比较语言学的理论轨迹，那么张世禄的《汉语史讲义》在理论上淡化了历史比较语言学的原子主义，更倾向于从断代共时层面，即从语言作为一个关系系统来观察和分析语言现象。

我们看王力的《汉语史稿》，基本上是语言要素的追源溯流。

在语音部分，简要介绍了中古和上古的语音系统后，就分别论述一个一个声母和韵母从上古到中古，然后又是中古到现代的历史演变。张世禄的《汉语史讲义》，从一开始就把断代的汉语作为一个系统进行深入的分析。在上古汉语语音部分，呈现给读者的，不是一个个要素的演变史，而是整个要素关系网络，即分章论述上古音的声母系统、韵母系统和声调问题。

在词汇部分，《汉语史稿》的写法依然是线性的类别史，分节论述基本词汇、借词、同类词、同源词、成语典故的历史连续性，甚至包括“古今词义的异同”“词是怎样变了意义的”“概念是怎样变了名称的”这样细节的量变。而《汉语史讲义》“词汇篇”由“上古汉语词汇”“中古汉语词汇”“近代汉语词汇”三部断代史组成。在“上古汉语词汇”中，论述“词汇的时代特征”“基本词汇”“词义变化和词的结构”“熟语、方言词、外来词、同行语”四个有机组成部分。其中“词汇的时代特征”部分，由“先秦时期词汇的时代特征”“秦汉时期词汇的时代特征”两部分组成。显然，《汉语史讲义》秉持现代语言学对语言的共时系统认识，在语言史论述中遵循严格的断代整体性。

从系统的认识出发，《汉语史讲义》涉及的语言知识领域更宽厚。例如在“中古声母的发展”这一章，内容涉及《切韵》的声类、《切韵》声类的音值、《切韵》声母的渊源、《切韵》系统声母前后期的变化。在“中古韵母的发展”这一章，内容涉及《切韵》系统韵书分部发展概述、《切韵》系统韵类及其音值、中古韵母的渊源。在“《中原音韵》的声母系统”这一章，内容涉及《中原音韵》的编排体例、《中原音韵》的声母、全浊声母的清化、卷舌音的萌芽、零声母的扩大、新产生的浊音，并讨论了从中古《切韵》音系到《中原音韵》声母演变的大势。这样的体例，始终帮助读者在一个整体性的要素网络中观察和把握语言现象。

2. 断代的社会性

语言史是社会史的一部分,张世禄的《汉语史讲义》在论述汉语历史发展的时候,注意把断代的汉语发展和当时代的社会发展联系起来,和汉语文学的发展联系起来,和汉语研究的学术史联系起来,和汉语方言联系起来。例如在论述上古汉语语音的时候,首先介绍上古社会和语言的概况、古音学研究的概况;在论述中古汉语语音的时候,分别讨论中古汉语语音发展的社会背景,中古方音和文学语音的语音系统,和音韵研究的兴起。在论述近代汉语语音的时候,不仅介绍近代汉语语音发展的社会背景和近代韵书,而且专节论述现代汉语方言中的古音痕迹和口语中的文白异读。这样一部汉语史,把汉语的发展置于宏大的历史背景中作立体的呈现,同时也将听课学生各方面的知识系联起来,对汉语的发展有更深入的理解。由此看王力的《汉语史稿》,在语言史与社会史的关系上,持"语言的历史分期不能机械地依照社会发展的分期"①,而"应该由语言发展的内部规律来决定"②的观点,较少关注语言发展的社会原因。两本汉语史教材的这一点不同,在各自的目录上一目了然。

断代的社会性,在《汉语史讲义》"词汇篇"更鲜明地体现出来。在上古汉语词汇部分,将社会发展的渔猎时期、畜牧时期、农业时期和词汇的发展融为一体,从手工业、商业、社会制度、社会意识形态的发展论述词汇发展的动因和特色,完整展示上古汉语词汇随社会发展而发展的整体面貌。在中古汉语、近代汉语部分也是如此。近代汉语词汇部分分列元明清和鸦片战争后各时代的词汇特征,读者可以清晰地看到社会制度和农业、手工业等生产力发展对汉语词汇发展的影响,更能看到重大社会历史事件对汉语词汇发

① 王力《汉语史稿》,中华书局,1980年版,第32页。
② 王力《汉语史稿》,中华书局,1980年版,第33页。

展的推动，诸如太平天国运动、帝国主义侵略、满洲屈辱、中国人民反抗运动、民族资产阶级革命、资产阶级改良运动、清朝官僚的反抗等，都深刻影响了近代汉语词汇的发展，表现出各阶段汉语词汇的整体性历史形态和特征。在论述北方话词汇发展的时候，呈现在读者面前的是一个全方位的历史词汇学图卷。作者深入分析北方话词汇发展的政治原因和语言文学原因，让我们看到近代汉语词汇独具特色的北方话词汇是如何在唐宋以来口语、元曲、明清白话文学、各地方言的共同作用下形成和发展的。

《汉语史讲义》努力探究汉语史发展的深刻的社会性，显示出作者对语言的本质特征的深刻理解，具有很强的现代语言学意识。

3．断代的系统性

张世禄《汉语史讲义》十分重视汉语史的分期，并且在分期的标准上持与王力《汉语史稿》不同的观点。为什么要分期？王力的《汉语史稿》认为分期的目的是使历史发展的线索更加分明，使历史上每一个大关键期更加突出，从而更深刻地认识历史的面貌。张世禄《汉语史讲义》在讨论“汉语史分期问题的意义”时指出：“只有正确地揭示了事物发展的阶段性，事物在发展诸阶段上质的规定性（特点）以后，才能真正认识到事物历史发展的全貌，认识到事物的本质，从而正确地掌握并驾驭这一事物。”（《绪论》第四节，下同）显然，张世禄把汉语发展的阶段性视为汉语本质而非仅仅历史面貌的表现，由此汉语史分期的标准就应该是语言发展过程中的质变，张世禄将此解释为“体系的变化”“体系的更递”。

体系更递这样的“质变”，如何来衡量？

王力《汉语史稿》持单一要素的标准，主张“以语法作为主要的根据”，因为“语法结构和基本词汇是语言的基础，是语言特点的本质。而语法结构比基本词汇变化得更慢”①。至于语音系统，它和语法系统有密切的关系，也可以作为分期的标准。

张世禄《汉语史讲义》持系统平衡的标准，认为“不能以一种要素的质变来概括语言体系的质变，也不能孤立地看待语法的质变”，“语言体系的变化，就是打破了原来体系的平衡以及三要素之间的平衡，而达到了新的平衡，形成了语言新的体系”。因此，语言史的分期，“要从基本词汇、语法结构和语音系统三者统一的变化着眼”。那么怎样看出达到了系统新的平衡，亦即进入了发展的新阶段呢？张世禄断定“不是语法，而是语音实在为质变的重要标志”。张世禄认为汉语的基本词汇和语法的变化受汉字书面形式的束缚，而由于汉字不表示绝对的音值，汉语语音的发展不受书面形式的束缚，最为整齐和明显，最能反映汉语的变化发展。由此我们可以看出，《汉语史讲义》的分期标准与《汉语史稿》的不同，是系统质变（新的平衡）和单一要素质变的不同，也是语音为主和语法为主的不同。我们看《汉语史讲义》对汉语史各个发展阶段的分期，综合了语音、语法、词汇三方面的特点，同时还指出了汉语史分期各阶段社会发展的特征。后者显然和作者关于语言史是社会史的一部分的观点是一致的。

不同的分期标准必然产生不同的汉语史分期。王力《汉语史稿》分四期，张世禄《汉语史讲义》分三期。其中对上古期和中古期两家看法一致。其后，《汉语史稿》分近代期（13 世纪到 19 世纪鸦片战争）和现代期（20 世纪五四运动以后），中间鸦片战争到五四运动是过渡期。《汉语史讲义》将 13 世纪到作者生活的 20 世纪 50 年代统一划为近代期。这一时期初辽金元入侵，北方共同语区域长期战乱，大量人口南迁，语言发生又一次混合。此后随着全国政

① 王力《汉语史稿》，中华书局，1980，第 34 页。

治经济和文化中心的长期稳定，近代汉语在北京话为中心的北方话基础上形成发展起来，逐渐成为现代汉民族的共同语。其最明显的标志就是由《切韵》音系变为《中原音韵》所代表的音系，以至现代的北京音系；同时也表现在语法形式的各种精确化和词汇发展中大量资本主义政治经济文化词汇、北方话口语词汇和借词。《汉语史稿》以单一语法标准划分汉语史现代期的依据是“适当地吸收西洋语法”和“大量地增加复音词”。

二、《汉语史讲义》的体例特色：多维度

思想的现代性贯穿于《汉语史讲义》的整个论述过程。在这一过程中，教材的编写体例实现了一系列多维度的创新。

1. 语言史和语言学史相结合

张世禄先生是我国语言学史研究的先驱，从20世纪20年代起，就出版了系统的中国语言学史著作，包括《中国古音学》《中国声韵学概要》《中国文字学概要》《中国训诂学概要》等，其中最著名的是《中国音韵学史》。张先生的汉语史课程，很自然地将学术史和语言史结合起来。这是《汉语史讲义》非常重要的体例创新。

在上古汉语语音部分，作者没有直接论述上古的声韵系统，而是先介绍古音学研究的兴起及其社会背景，然后对从两汉开始的古音探索进行细致的梳理，清晰地展示了汉语发展的历史过程中对上古音认识的不断深入。由于作者是音韵学史的专家，在梳理和论述中往往高屋建瓴，入木三分。

例如作者认为古音学的兴起与当时具有民主主义要求的哲学思想分不开。古音学使用具有进化论观点的历史主义研究方法，其成就与这一时期欧洲的科学思想和中国科学发展有密切联系。明代由于学术界先进思想的影响给古籍研究打开了一个新局面，

陈第是第一个运用历史主义观点系统研究古音的专家。

又如作者指出顾炎武把《诗经》《易经》的用韵与汉字的谐声系统结合起来,提出离析《切韵》系统以求古音的方法,即根据方块汉字的谐声系统把《广韵》的某些韵部的字分开来,直到现代学者也没有超出这一方法的基本范围。顾炎武冲破了《切韵》以来入声系统的束缚,提出上古入声只配阴声的原则,尽管其中有许多不正确之处,但这种大胆的革新精神有利于科学研究的发展。

再如作者指出声母和韵母是紧密结合在一起的,韵母中的许多变化须要声母的变化去说明。如果把声母看成一成不变的东西,要全面找出韵母的演变规律是不可能的,因此钱大昕开辟的上古声母系统研究有重大的意义。

语言史和学术史的结合,不仅让读者了解语言的演变,而且让读者看到对语言演变的认识是如何由一代代学者艰苦探索,推陈出新,接力完成的。这样的汉语史,让人耳目一新。

2. 语言史和研究方法相结合

语言史的撰写,不仅和语言学史相结合,而且和研究方法相结合,《汉语史讲义》在体例上的别开生面令人印象深刻。作者是一位循循善诱的老师,不仅教给读者知识,而且向读者展示这些知识的来龙去脉,更进一步把着手教你如何亲自实践去尝尝梨子的滋味,去探知这些知识。如果不是一位在传统汉语言文字学各领域游刃有余的学术大家,是很难如此全方位深入浅出地为年轻学子讲述汉语史的。例如在"上古汉语语音"部分,作者用非常清晰的语言讲述了两千多年汉语发展中历代文人对上古音认识逐渐深入的过程,接着就如数家珍般告诉读者今人探究古音所依据的材料:上古书面语的韵文、谐声字、字书、中古韵书、古文献中的异读、重文、双声叠韵、现代方言、外语中的汉语借词,并仔细解释为什么这些材料能够为古音学研究提供依据。作者告诉我们,日语、朝鲜语、越南语等外语中保留了中古或上古汉语借词的某些读音，这给历史比较法提供了可贵的材料。这些借词在该民族语言中用音标固定下来了，而且汉语是作为整个音系影响它们的语音系统，不是个别字的读音，所以上古语音得不到解释的现象，可以从外语中的汉语借词中获得解答的线索。现代对东方各国语言的研究必将为汉语古音学提供更多可靠的材料。作者还特别指出，运用现代语音学知识和历史比较法，古音研究就有了现代科学的基础。

3. 语言史和方言研究相结合

《汉语史讲义》具有现代语言学的视野。作者视域中的汉语，不仅仅是汉语书面语，而且是汉语口语和方言。作者认为，汉语在春秋时代形成了统治阶层比较共同的官方语言——夏言，即后来的雅言。与此同时，春秋战国时代各领主所属范围内的不同语言就是相对于雅言的方言。这些方言是上古汉语史发展的有机组成部分。《汉语史讲义》在“上古词汇史”部分设专节论述了春秋战国时期的方言词汇，尤其是《楚辞》和《诗经》中运用的方言词。读者会想，怎么知道这些是方言词呢？作者不厌其详列出了汉代扬雄《方言》一书中对这些方言词的记载。同样，在论述汉代方言词汇的一节中，作者不仅以扬雄《方言》的例子说明汉代方言的复杂多样，而且从《史记》《汉书》和汉乐府中方言词的运用说明方言是丰富汉语共同语的源泉。

《汉语史讲义》十分重视方言研究对汉语史认识的重要作用。在语音史中就指出，汉语南方各种方言中都保留了古音的某些特征。这些特征活在方言日常口语中，可以使今天的人像听到古音一样，确认汉语语音发展的进程，同时据此构建接近古代实际语音的音系和音值。作者认为，随着全国方言基点调查工作的完成，上古音的研究将获得非常丰富的材料，方言学和古音学在新的历史条件下将更紧密地结合起来。

4. 语言史和口语研究相结合

由于表意汉字的特殊性，汉语在历史发展中始终存在书面语和口语的相互关联。《汉语史讲义》认为，汉语在六朝形成以口语为基础的新的书面语形式，至宋朝日渐成熟，并成为现代“白话”的来源。作者详细分析了在口语影响下汉语史新书面语演进的过程，认为魏晋六朝的时候文言文作品有接近口语的倾向，经过文人整理的民歌保留了很多口语词汇；唐朝的敦煌变文和民间说唱变文使用了大量口语词，《晋书》和唐诗中也有许多通俗的口语词汇。逐渐脱离文言文的口语化的书面语言到宋朝的“话本”基本定型。“话本”在民间口语(说书)基础上整理成文，其中有大量源自口语的虚词、词头词尾、人称代词甚至基本词。作者还特别注意到口语词汇发展中带入书面语的方言词，不仅详细列举了“三言两拍”中的方言词用例，而且从晋朝郭璞对扬雄《方言》的注解中大量用双音词注单音词的例子，指出郭璞用的双音词都是联绵词，如果这些词当时不存在于方言之中，郭璞是无法了解汉朝扬雄时代的方言情况的；并进一步推论这些联绵词在扬雄时代就已经存在于方言中，只是扬雄受限于汉字，只用单字记录。作者还从郭璞注中揭示了许多口语词通行的方言区域。这些精彩的论述让读者非常直观地了解到以汉字文本为主体的汉语历史发展中口语对书面语的积极参与和重要影响。唐宋以后的白话文潮流中口语词汇的大批涌现极大丰富了北方话词汇，这些内容在《汉语史讲义》中更成为论述的重点。

除了体例创新之外，《汉语史讲义》在全书的论述中还有许多新颖的思想。这些思想有的是张世禄先生长期学术思考的沉淀，例如肯定上古汉语有复辅音，只是由于它消失得早，而方块汉字又没有能力保存，所以无法全面认识。在后来直至 20 世纪七十年代末，张先生对这个问题的思考形成了系统的汉语语音发展规律学说，提出汉语语音史的八大趋势，其中第一条就是“起首辅音的失落和复辅音声母的单化”。又如提出汉语“贷词”的概念，即汉语词汇被其他语言吸收为借词，《汉语史讲义》专门研究了中古时期的汉语贷词，并在近代外来词的研究中专门论述了蒙古语中汉语贷词的回流。《汉语史讲义》中还不乏张世禄先生重要学术发现的萌芽，在其后的学术生涯中又有系统的论述。例如“同义并行复合词”，《汉语史讲义》在论述上古词的结构时第一次提出了这个概念，并举了详细的例证。其后在20世纪80年代，张世禄发展了这一思想，提出同义并行复合词与训诂学上同义为训的体例密切相关，两者相互促进，由训诂产生大量的同义并行复合词，丰富了汉语的同义词，反过来又使训诂体例越来越发达和完密。

三、《汉语史讲义》的校订整理

《汉语史讲义》的校订整理工作极其繁重，上海东方出版中心的编辑团队付出了巨大的心血。讲义印行于20世纪五六十年代。受当时条件的限制，整个《语音篇》的讲义都是人工刻蜡纸后油印的，其中有大量印刷不清和人工疏误之处。而其他各篇虽是打字油印，依然存在难以辨识的情形。讲义的油印稿封面有张世禄先生亲笔写的题注“初稿”，说明作者对许多问题的思考还在进行中，许多内容还没有细致梳理，甚至有些内容还阙如。为了对读者负责，也为了更真实和系统地还原《汉语史讲义》的全貌，我们将本书的校订整理工作说明如下：

（一）原著语言的整理

1. 尊重原著的语言风格

《汉语史讲义》的初稿使用的是20世纪五六十年代的语言，带有很重的时代痕迹和作者个人的风格。其中有许多在今天汉语的规范使用中是需要订正的。我们在校订中与出版社编辑团队反复斟酌,确定这样一个原则:整体上尊重原著的语言风格。其中包括:

文言文风格。所谓文言文风格,就是字思维的风格。许多在今天汉语中已经“词化”的概念,在文言文的字思维中有分析性的理解,《汉语史讲义》中这类字思维的表达我们予以充分的保留。例如“频烦”不改为“频繁”,“种殖”不改为“种植”,“色采”不改为“色彩”,“仓猝”不改为“仓促”,“骗诈”不改为“诈骗”,“遂渐”不改为“逐渐”,“统制”不改为“统治”,“发见”不改为“发现”等。

作者个人风格。有些表达虽然不是今天汉语表达的习惯,但作为个人习惯,无伤大雅,我们也保留。例如“甚么”不改为“什么”,“笔划”不改为“笔画”,“特出”不改为“突出”等。

在整体尊重原著风格的基础上,我们也订正了对今天读者理解会有影响的用字。例如“那一方面”改为“哪一方面”,“一百六韵”改为“一百零六韵”,“渡过”改为“度过”,“没煞”改为“抹煞”等。

2. 尊重原著内容

由于原著写作当时历史条件的限制,有些材料不够准确,我们不作订正,保留原著的面貌。例如谈近古基本词的变化,作者举了《水浒传》中“目”转换成“眼睛”,“耳”转换成“耳朵”,“舌”转换成“舌头”的例子,其实“眼睛”在晋代已经出现,“耳朵”在战国中期帛书《黄帝四经》中已有,“舌头”在东汉《释名》中已有。利用现在的语料库,半个多世纪前的汉语史教材中的语料往往有修正的可能,这项系统的工作只能留待将来了。

由于是初稿,作者在个别章节下的小标题后,未加阐述,注明“(待补)”。对于这些内容阙如的地方,我们也予以保留。

又如，在“近代汉语词汇”部分，作者论述反映太平天国运动的词汇的一节，对所举的例子都详细解释；而在论述反映鸦片战争后重大事件的词汇的一节，只举词汇例子，未作解释。这显然是未完成的内容，我们也保留原貌。

原著中有些内容可以商榷。例如在词汇部分谈词的构成，说到“重叠词”，例子中有“瞧瞧”“歇歇”“玩玩”“管管”，这些属于动词的语法重叠，而非词汇的构成。由于内容涉及学术观点，我们仍予以保留。同样，作者分析近古复合词时，把复合词的结构分为两类：联合式和偏正式。偏正式中包括主谓结构，这和一般的语法认识不同，我们也予以保留。

本书的语音篇存在大量的繁体字、异体字，手工刻钢板油印的文字有不少已经无法分辨。对于实在无法分辨的文字，我们用行文中的黑方块标识该字的阙如。

3. 删改过于意识形态化的语言

受时代的影响，原著中有不少反映当时意识形态的语言。其中无伤大雅的表述我们都予以保留，过于极端的语言则删除。诸如：“帝国主义文人高本汉”“天才著作”“卓绝典范”“外国帝国主义的走狗”“资产阶级学者的无耻谰言”等，都做了删改。有些过于极端的观点，我们也做了删除。例如：“阶级同行语只是语言发展过程中的一股逆流，注定要死亡的。”又如：“避讳词必然要随着创造者的地位在社会上死亡而随着也死亡，历史事实证明了这一点。”

4. 统一语体

原著中偶有语体冲突的文字。例如书面语体中突然出现口语化文字。如：“你看当时的舟车制造吧，造这种东西每个时代都有，不过这时期里造的异常庞大”，我们修改为“舟车制造每个时代都有，不过这时期造的异常庞大”。

（二）原著标题的整理

《汉语史讲义》由于是作者的初稿，一些标题的设置和标题语言的格式存在不统一的问题，而且我们将不同时期几种教材合并梳理，也需要在标题语言上相对一致，为此，我们做了以下整理工作：

1. 统一各级标题的语言结构。例如原标题是“关于事物通常的行动和变化”，改为“田猎行为的名称”，以与同层次的其他标题语言一致。又如原标题是“梵语的吸收”，改为“对梵语的吸收”，以与其他标题“对东夷语的吸收”等相一致。另外，在《汉语史讲义》标题中，上一级标题中有了历史时期，下一级的标题就统一不再出现相同的历史时期词语。

2. 标题语言的非句化。原著中有些小标题过长，使用了句子甚至复句的形式，我们作了简化。例如原标题是“造成词义分化，词义由单义发展成为多义”，修改为“词的单义分化为多义”。原标题是“使某些词旧义消失，获得新义”，修改为“词的新义替换了旧义”。原标题是“其他国家的词，通过蒙古语的媒介而进入汉语词汇的外来词”，修改为“突厥、波斯语来源的音译词”。原著中有些小标题是述谓性的，我们改为名词性。例如“一些外来词被吸收为基本词”，修改为“近古基本词吸收的外来词”。

3. 增加小标题。一种情况是根据内容增加小标题。例如“近古时期的新谚语”一节，有三个小标题，分别是“有关生产的谚语”“有关阶级斗争的谚语”“有关人情世故的谚语”。其后的内容谈谚语的发展变化，我们增加一个小标题“谚语的发展变化”。又如中古时期“词汇与社会制度意识形态”一节，下设“魏晋南北朝封建集权制度词汇”“魏晋南北朝学术宗教词汇”“唐宋典章制度的词汇”三个标题，根据内容我们增加一个标题“唐宋学术宗教词汇”。另一种情况是原著标题序号后面是一个长段落，实际上没有标题，为此增设标题。例如“近代汉语的构词法”一节中“合成词增多”“词素构词能力增强”“重叠词大量出现”“同素异序同义词出现”“接合词的主要后缀‘儿’”这几个标题都是这样增设的。

4. 调整小标题。例如“北方话词汇发展的条件”一节，下设“北方话词汇发展的社会因素”“元曲里运用方言词语举例”“明清以来白话文学的传播与北方话词汇发展的关系”三个标题。为使逻辑更清晰，我们改为这一节下设两个标题“社会因素”“白话文学因素”，在后一个标题下，增设“元曲中的北方话词语”“话本小说中的北方话词语”两个小标题。

5. 简化标题语言。例如“由汉语到蒙古语再由蒙古语回到汉语成为外来词”修改为“蒙古语中汉语贷词的回流”。

（三）原著用字的整理

1. 订正原著刻写、打字中的错别字和漏字。上海东方出版中心的编辑团队在文字订正上反复审校，下了极大的功夫。

2. 原著用字前后不一致的，统一用字。例如“重迭”和“重叠”，统一用“重叠”。

3. 原著在刻蜡纸的时候为简便用了不规范的民间俗字，改为规范字。例如“咀”改为“嘴”，“付词”改为“副词”，“邦会”改为“帮会”，“正数”改为“整数”，“介释”改为“解释”，“四千另五”应为“四千零五”。

4. 订正原著误写的简化字。例如“肖鼓”改为“萧鼓”。

（四）原著内容的整理

1. 原著由于是作者的初稿，且刻写和打字过程中不可避免的误差，在语言上存在一些粗疏之处，我们在整理中按作者的思维逻辑作一定的调整和润色,包括标点符号。例如:"(阶级同行语)这些特殊词汇是在极小一部分人中使用。王帝和高级官吏,连下层官吏也不可能知道,一般人民更不用讲了。"从逻辑上看,第一个句号须改为逗号,后加"即"。

2. 原著中个别有误的表述,我们做一些订正。例如原文"雠,《说文》云:对答也",其中"对答也"误,订正为"犹应也"。原著有的例证十分费解,我们换新的例证。

3. 原著中阙如的内容,局部做了补充。例如上古汉语的词结构,原文在动补式中举了词例"教化",没有举出处,我们做了补充。又如在论述中古基本词汇的继承时,作者举的例证后写"(第8页)",这显然是出处的页码,我们订正为"(《警世通言》第十二卷)"。这样的订正比较多。

4. 原著例证后附的出处中过于繁冗的文字,我们予以删减,以求例证出处格式统一。

5. 原著中无法看清楚的字,我们做了订补。例如"'( )妻'就是结婚",订补为"'归妻'就是结婚"。

由于时间和精力的限制,我们对《汉语史讲义》的整理工作还无法做到巨细不遗。现在呈献给读者的,是张世禄先生在20世纪五六十年代汉语史教学与研究重要创获的一个基本面貌。我国的语言文字历史悠久,我国的语言史研究和教学在建国以后就立刻在北方和南方的高校扎扎实实开展起来。以北京大学王力先生的《汉语史稿》和复旦大学张世禄先生的《汉语史讲义》为代表,我们可以看到,我国的汉语史研究根基深厚,源远流长。中国有非常优秀和伟大的语言学家,他们的汉语研究比欧美著名语言学家的研究更客观,更实在,更注重实事求是和理论联系实际。上海东方出版中心正是看到了《汉语史讲义》对于我国语言和文化研究的标志性的意义，才倾注极大的心血编校文字，勘误补缺。作为张世禄先生的弟子，我们对上海东方出版中心表示衷心的感谢！我们相信，《汉语史讲义》的出版将有力推动我国语言史的研究与教学。我们期待汉语史研究新人辈出，成果丰硕，前景灿烂。

2020 年 2 月写于复旦大学

目　录

语　音　篇

第一编　上古汉语语音

第三编　近代汉语语音

(从十三世纪到二十世纪,包括元代、明代、清代和现代)

语　法　篇

第一编　上古汉语语法

第二编 中古汉语语法

第三编　近代汉语语法

附表：

绪　论

一、汉语史研究的对象和任务

汉语是汉族人民最重要的交际工具，也是我国各族人民共同的交际工具，同时也是国际事务中通用的国际语言之一。使用汉语的人数，至少在五亿六千万以上。又汉语有极其悠久的历史，它是汉藏语系的一种。现在我们虽然不能确定地说，在什么时候汉语从汉藏母语中分化出来而发展成为独立的语言，可是据可考的文献记载，可以断定汉族的历史至少有四五千年的悠久历史了。

大家知道，世界上有悠久历史和丰富文献的语言是不多的。古埃及、巴比伦、腓尼基等文明古国，离开现在虽然也有四五千年以上的历史，但是它们都先后消亡了，它们的语言也先后消亡了。世界上现在的语言的历史，一般很少有超过一千年的。汉语历史的悠久，是其他语言所望尘莫及的。早在三千年前，我国历史上出现了许多学者，他们在哲学、文学、史学、艺术、医学、天文学、数学、语言文字学、政治、军事、法律、经济、宗教，等等学术上留下了丰富的遗产，也因而保存了丰富的书面语言。汉语经过了三千多年的发展，演化，不断地趋于丰富和完善，以至现代汉语有这样雄伟的表达力，有这样无穷无尽的生命力。“汉语史”正是对汉语进行历史研究的一门学问。

汉语在历史上分化和统一的过程,是复杂得很的。关于汉语在历史上方言分歧复杂的情况,在今天很难加以详细研究。但这仅仅是汉语发展的一面;汉语发展另一面的事实是:汉语早在周代就有了共同语,这共同语在二三千年当中有了发展、有了变化,可是从未间断过;尤其近七八百年来,一个更明显的事实是:由于我国政治、经济、文化的长期集中于北京及其四周,随着资本主义以至社会主义社会的发展,以北方话为基础方言、以北京语音为标准音的民族共同语逐渐形成并发展了。

我们对汉语的历史进行研究时,主要应以汉语的文学语言为对象,即以规范的共同语为对象,特别是以宋元以来汉民族共同语的形成和发展的历史为主要对象。

斯大林指出:“语言学的主要任务在于研究语言发展的内部规律。”①汉语史是关于汉语发展内部规律的科学,是关于汉语语音、词汇、语法发展的内部规律的科学,是关于汉语语音、词汇和语法怎样从商周时代那种质态,经过这几千年的发展而形成为现代这种质态的历史。

总起来说,汉语史研究的范围和对象是关于汉民族共同语自有史以来的这三千余年的历史,特别是近八百年来汉民族共同语形成和发展的历史。

汉语史的研究对于我们有着重大的意义。正确地研究汉语发展的历史,对于语言的理论的研究,有着重要的意义,对汉语内部发展规律的揭示,不仅大大丰富汉语语言学的理论,同时也必将把普通语言学的理论大大推进一步,并且建立以汉藏语系为中心的一种中国化的语言学理论体系。汉语内部规律的揭示,必将大大有助于解决当前语言工作中的重大理论问题,如有关汉语规范化,

---

① 斯大林《马克思主义与语言学问题》,人民出版社 1953 年第二版,第 28—29 页。

文字改革中的理论问题等。

汉语史的研究不仅有着重要的理论意义，同时又有着巨大的实践意义，今天对于汉语发展规律的掌握，将大大有助于推广普通话，实现汉语规范化和展开文字改革的工作。

列宁教导我们说："在社会科学问题上最可靠的方法……就是不要忘记基本的历史上的联系，而要对于每一个问题都根据某种现象在历史上怎样产生出来，以为它在发展中经过了怎样一些主要阶段的情形去观察，并根据它的这种发展情形去观察究竟这个现象现在成了什么。"[①]由此可见，研究汉语史是为了当前伟大的社会主义文化革命而研究的。研究汉语史的意义，是在于熟悉汉语发展的历史，掌握汉语在各个历史时期，在不同条件下发展的内部规律；在于明确汉语发展对社会发展的积极作用，从汉语发展的内部规律，指出现代汉语发展的方向和途径，建立现代汉语的规范标准，自觉地为汉语规范化服务，为社会主义文化革命服务，为无产阶级政治服务。

长期以来，"汉语史"的研究，一直被"为史而史"，"为理论而理论"的观念所盘据着。对于这种资产阶级的研究方向，我们必须进行严肃地批判。我们必须在汉语史的研究工作中，高高举起毛泽东思想的红旗，公开地宣布：汉语史的研究必须为无产阶级政治服务。

二、汉语史研究的观点和方法

我们要进行汉语史的研究，必须在正确的观点和方法的指导下，即辩证唯物主义和历史唯物主义的观点和方法指导下。马克

---

① 列宁《论马克思、恩格斯及马克思主义》，苏联外国文书籍出版局 1949 年版第 407—408 页。

思主义的观点和方法集中地体现在毛泽东同志的哲学思想与语言学思想中。毛泽东同志关于理论联系实际,厚今薄古,批判地继承文化遗产等思想,对于一切科学研究工作,对于汉语史的研究工作,具有头等重要的意义。我们在毛泽东思想的指导下,给汉语史的研究找到了一个为现代汉语规范化服务的正确方向。

我们根据毛泽东同志《矛盾论》的理论,认识了汉语是种种内部矛盾的统一体,并且这种种内部矛盾推动了汉语的发展。例如:汉语方言与汉民族共同语的矛盾,推动了汉民族共同语的形成和发展;汉语体系内部语音、词汇、语法的矛盾,推动了汉语发展,使它日臻于丰富和完善,汉语史的研究,主要是关于汉语语音、词汇、语法的历史的研究;我们要明确三者在语言的统一体中的密切联系。因此,本书一方面要说明汉语三要素各自的发展及其规律,另一方面又要把三者统一起来说明它们之间的联系。

我们根据《矛盾论》的理论,又认识了:汉语的发展,不仅是由于其内部的矛盾性,也是由于推动它发展的社会条件。汉语方言与汉族共同语的矛盾运动,是在一定的社会条件下产生的。汉民族共同语的形成与发展,是与我国近代政治、经济、文化高度集中在北京的情况密切相关的。汉语内部体系的发展,也离不开一定的社会环境;汉语口语与书面语相适应又相矛盾的情况,也是在一定的社会条件下产生的。我国社会的特点——封建社会的长期性,大大地影响了汉语的发展。我们要了解汉语发展的特点,必须认识创造并使用汉语的汉族人民历史的特点。

我们从学习毛泽东思想的过程中认识了:汉语发展内部规律的客观性和人们的主观能动作用是辩证统一的;汉语是汉族人民劳动实践的产物,它的存在、它的发展的内部规律都是不以人们的意志为转移的。人们可以认识、掌握并驾御汉语的规律来能动地使用汉语,历来,有许多杰出的语言大师,他们是使用汉语的模范;

历来也有几次规模大小不等的规范化运动，发挥了人们的主观能动作用，推动了语言朝着纯洁的健康的方向发展，解放以后的汉语规范化运动，更是规模空前。我们一方面要客观地遵循汉语发展的内部规律；另一方面，我们又要积极发挥主观能动作用，驾御汉语发展的内部规律，使它更好地为社会主义建设服务。

在研究汉语史中，必须运用那种以辩证唯物主义与历史唯物主义为指导原则的历史比较法。我们必须广泛地进行比较：在汉语与现代汉语的比较共同语与方言的比较，汉语与其他民族语的比较等等，在比较的基础上重建古汉语的系统，探求汉语历史发展的内部规律。例如在论证古汉语的系统时，我们运用了方言的材料，少数民族语言的材料，日本汉语借词以及汉语中梵文音译词的材料。

在汉语史的研究时，还必须掌握个别与一般之间，偶然与必然之间的关系。在区别两个截然不同的方面时，又要注意它们在一定条件下的转化，个别可以转化为一般，偶然可以转化为必然。同样，一般也可以转化为个别；必然也可以转化为偶然。例如：语法史中，上古时象“唯命是听”这样一般的句式，至今成为个别的了；“数、量、名”的词组在上古是个别的格式，中古以后，逐渐成为一般的了。所以认清了个别与一般，偶然与必然的规律，才能辨别事物的本质与现象。当研究汉语史的时候，我们必须这样，才不会被个别和偶然的现象所迷惑。

三、研究汉语史的材料和继承汉语研究的遗产

汉语史的研究，除了必须具有正确的观点，科学的方法之外，还必须掌握丰富的可靠的史料。

几千年来，我们的祖国有丰富的书面文献留传下来，供我们研

究。一般地说，这些文献，都可以作为汉语史研究的材料，但是对于这样浩如烟海的材料，必须根据马列主义的观点，加以选择。

语言是思想的直接现实，同思想密切联系的；尽管语言没有阶级性，对于语言材料的选择，总是要坚决确立阶级的观点。我们必须剔除和废除内容反动的脱离人民口语的作品，而要选取和利用那些与人民口语密切联系的具有人民性的文献材料。例如《诗经》《楚辞》《史记》《世说新语》，以及元、明、清的一些戏曲、小说，都是汉语研究极宝贵的材料。

汉字给汉语史的研究，特别是语音史的研究带来不少困难。汉字的保守性使汉语的书面文献不能准确地反映口语的面貌，它的表意性质，掩盖了汉语语音的实际情况虽然形声偏旁。《诗》《骚》韵语、双声。叠韵连语等，给汉语语音透露了一些线索，但是这样的材料，远远不够把汉语语音的历史如实地反映出来。在语法和词汇方面，也需要其他补充的材料。

现代活生生的口语是研究汉语史的一种重要的材料。我们知道，现代汉语的各种方言都是历史发展的结果，在各种方言里，正保留着古代的许多语音、词汇和语法的遗迹；例如现代粤方言保留了古代的一些塞音的韵尾，保留了“行”和“走”两个词的区别，以及“苛政猛于(过于)虎”那样的句法格式等等。

外语中的汉语借词，也是给我们研究汉语史的有用的材料，特别是朝鲜、日本和越南所保留下来的汉字读音对汉语史的研究是有特别贡献的。

汉语中的外语借词(外来词)也可以作为研究汉语史的重要材料，特别是梵语的音译词对中古音研究贡献很大。

亲属语言的比较研究，也有助于汉语史的研究。只是，这项工作至今尚未深入开展。

历代学者研究汉语的成果以及在搜集、整理汉语史的材料方面，其中固然有许多脱离人民的封建性的糟粕，但是，也给我们留下了许多有用的东西，对于我们现在的研究给予不少的便利。所以在进行研究时，必须批判地继承和利用这份遗产。

我国自汉以来，反切方法的运用，四声的辨别，韵书的盛行（特别是《切韵》系韵书的形成），字母和等韵之学的兴起，这些对于汉语语音史的研究都有极宝贵的贡献。《切韵》《韵镜》《中原音韵》等书是揭示历代语音面貌的重要依据；尤其《切韵》一书，是我国历史上流传下来第一部比较科学系统的韵书。我们根据"切韵"系统，可以上溯周秦，下推近代方言，把它作为我国语音史中的枢纽。《韵镜》是我国现存的第一部有系统的描写语音学著作，使我们对于《切韵》系统的认识，有重大的帮助。《中原音韵》是关于近代普通话语音的历史重要文献，使我们对于普通话历史能够有比较全面的认识。

汉字虽然掩盖了不少关于汉语语音演化的痕迹，可是现代方言和韵书、韵图等的综合研究，给汉语语音史的研究找到了一条比较可靠的道路。

我国历代学者对"小学"（即语言文字之学）的研究，除了音韵之外，尚有文字之学与训诂之学，对汉语文字词汇史的研究给予很多方便。早在上古时代就出现了许多文字学、词汇学的专著，如《尔雅》《方言》《说文解字》等。《尔雅》是我国第一部辞书，搜集了上古时代的一些同义词。《方言》是我国第一部记录方言的著作，对汉代语言词汇的情况，给予我们不少的启示。《说文解字》是我国第一部解释字形、字音、字义的字书。此外还有：《释名》《广雅》等。又历代经学家、训诂学家对古籍的注释也是语音史、词汇史的重要材料；其中著名的有《经典释文》《经籍籑诂》等等。近代一些字书，如《康熙字典》《辞源》《辞海》等，对词汇史的研究也有相当的帮助。

古人对于语法的著作比较少。《马氏文通》以前只有对虚词的个别研究,如刘淇的《助词辨略》、王引之的《经传释词》等。《马氏文通》以后,对上古汉语语法作了系统的研究的,有杨树达的《高等国文法》、陈承泽的《国文法草创》等;对汉语语法历史专门研究的论文集,有吕叔湘的《汉语语法论文集》等。王力的《汉语史稿》是关于汉语语音、词汇、语法历史的叙述比较有系统的著作。

十八世纪以后,西欧各国的汉学家开始了对于汉学的研究,其中的一部分是关于汉语的研究,他们虽然给汉语史多少做出了一些成绩,但由于观点、方法的不很正确,他们对汉语的研究不可能得到完全可靠的结论,有时甚至于对汉语进行无端的污蔑;例如葛兰言、西门华德、高本汉、马伯乐等的著作。我们必须对这些著作进行科学的批判。

总之,对于前人遗产,我们应该按照毛主席的指示,要批判地吸收,取其精华,弃其糟粕,使得过去对于汉语的研究成果,也利用来为我们无产阶级的文化事业服务。

四、汉语史的分期

1. 汉语史分期问题的意义

汉语史的分期问题是汉语史中的关键性的理论问题之一。根据语言的动态规律——量变质变规律所呈现出来的发展阶段性[①],对三四千年汉语发展的历史进行科学地分期,这对于整个汉语史的研究工作是具有重大的意义的。

---

① 必须指出,我们所说的语言发展阶段性和马尔的语言发展阶段论毫无共同之点。马尔把语言当作上层建筑,把语言发展的阶段与社会的发展完全等同起来,并把这种阶段性看作是语言革命(爆发)的结果。这完全是庸俗唯物论的观点。我们认为,语言发展的阶段性乃是语言自身逐渐质变的结果。语言发展固然与社会发展密切联系,但决不能在两者之间划上等号。

只有正确地揭示了事物发展的阶段性，事物在发展诸阶段上质的规定性（特点）以后，才能真正认识到事物历史发展的全貌，认识到事物的本质，从而正确地掌握并驾御这一事物。毛泽东同志指出："如果人们不去注意事物发展过程中的阶段性，人们就不能适当地处理事物的矛盾。"[①]党的八届六中全会在总结毛泽东同志关于不断革命论和革命发展阶段论的思想时又指出了马克思列宁主义的革命阶段论者应当"认为不同的发展阶段反映事物质的变化，不应当把这些不同质的阶段混淆起来"[②]。这些思想对于认识一切事物的发展都有着普遍的指导意义。对于汉语史的研究，当然更要体会这个意义。揭示汉语历史发展中的阶段性，科学地划分汉语历史分期，这使我们进一步弄清楚汉语在发展诸阶段上质的特点，从而掌握汉语的发展规律。所以，苏联汉学家穆德洛夫认为研究汉语史的问题，建立汉语史的科学分期法，是中国语言学研究最主要的任务之一[③]。

2. 语言发展的特点和汉语史的分期

那么，语言史分期的根据是什么呢？很明显，其根据是语言自身的质变，语言从旧质过渡到新质。但是，对于语言的质变，至今还没有一致的看法。有人认为，整个语言的质变，只能是一种语言变为另一种语言，例如由汉语"变成非汉语的另外一种语言，除此以外，没有语言的质变"[④]。固然，从一种语言变成另一种语言是语言质变的一种，但语言的质变决不是只此一种类型。如果是只此一种，没有其他的语言质变，那么，在统一的国际共同语出现之

---

① 《毛泽东选集》第一卷，302 页（1953 年，人民出版社）。

② 《中共八届六中全会决议》。

③ 参见《新建设》1952 年 9 月号《斯大林关于语言学的著作发表以来的中国语言学》一文。

④ 高名凯《汉语研究中的历史主义观点问题》，北京大学《语言学论丛》第三辑。

后,语言将再也不会发生质变,再也没有发展了。这是不可思议的事。我们认为,语言的质变除了这种历史上罕见的类型之外,至少还有一种在语言发展中更为常见的质变,那就是同一语言体系的更递,汉语在经过相当长时期部分质变的积累以后,就发生了重大的变化,即体系的变化,从而形成了汉语的新的体系。我们也就可以从这样一段汉语的发展史中划分出两个不同的历史时期。

语言史的分期根据,既然是语言体系的质变,那么,我们又怎样来判定语言体系的质变呢?首先我们必须了解语言发展的特点。要判定汉语的质变,就要了解汉语发展的特点。

语言的质变有两个显著的特点。第一是质变的渐进性。语言从旧质要素到新质要素的转变,语言新体系的产生,是采取新质要素的逐渐积累,旧质要素的逐渐衰亡来实现的。这样,语言史的分期,语言发展的诸阶段之间就需要相当长的过渡时期,几十年乃至几百年。汉语同英语、法语、俄语等比起来,这种发展的渐进性尤其突出;我国社会长期处于停滞状态①,封建旧文化、汉字和文学语言(主要是它的书面形式)的保守性,给汉语的发展带来了很大的影响。这种渐进性,磨掉了语言飞跃的明显标志,给汉语史的分期也带来了一些困难。然而,正如恩格斯所说的,“尽管有种种渐进性,从一种运动形式到另一种运动形式的转化,永远是一种飞跃,是一种决定性的转变”②,因此,划分汉语史的发展阶段,是完全可能的。

语言发展的第二个特点是语言体系内部诸要素发展的不平衡性。语言的质变,是指由语言三要素组成的统一整体的重大改变。

---

① 毛泽东同志说过:“中国自从脱离奴隶制度进入封建制度以后,其经济、政治、文化的发展,就长期地在发展迟缓的状态中。这个封建制度,自周秦以来,一直延续了三千年左右。”(《毛泽东选集》第二卷,618页)

② 恩格斯《反杜林论》,1956年,人民出版社第67页。

但是这些要素的发展是不平衡的。一般词汇几乎处在经济变动之中；基本词汇与语法构造变化很慢，而语法的稳固性尤为显著；语音的变化也比较慢，但比基本词汇和语法构造要快些，而且它的变化也较为整齐和明显。语言发展的这种不平衡性，在汉语史的发展中得到了充分的证明。又汉字对于汉语词汇和语法起着巨大的稳定作用，可是因为汉字没有表音的作用，不能控制语音的变化。这种情况使得发展的不平衡性表现得更为突出。这一点，对汉语史的分期带来了一个重大的问题：语言体系的变化，新的体系的形成，同不平衡发展着的诸要素的关系是怎样的呢？

有一种颇为流行的观点，认为既然三要素发展不平衡，那么应当以变化最慢的要素——语法体系的根本质变为语言体系质变的标志。因为唯有这样，各要素才都至少发生过一次根本的质变。① 这种观点是片面的。我们不能以一种要素的质变来概括语言体系的质变，也不能孤立地看待语法的质变。各要素间的发展固然是不平衡的，但它们是统一的整体。所谓语言体系的变化，就是打破了原来体系的平衡以及三要素之间的平衡，而达到了新的平衡，形成了语言新的体系。因此，判定语言体系的变化，要从基本词汇、语法构造和语音系统三者统一的变化着眼。如果再作进一步的考察，那么又可以断定，不是语法，而是语音实在为质变的重要标志，因为语法和基本词汇的变化不是那么明显地一下子就能看出来的，只有语音系统的变化才是最整齐最明显的。这种情况特别表现在汉语中。汉语的书面形式是不表明绝对音值的，汉语的语音发展不为书面形式所束缚，最能反映汉语的变化发展。词汇、语法

---

① 例如：苏联的桑席叶夫就持有这种观点。（见《论语言中的质变的特点》，载《斯大林语言学著作中的哲学问题续集》）王力在《汉语史稿》中赞同这种观点，但在具体分期时，并未严格遵守这一标准。他在划分中古和近代时，根本没有提出语法上变化的理由。这种观点，必然会得出语言的质变是非常罕见的；因此，象高名凯那样，就认为汉语在几千年来，并没有发生过质变。

却往往被保守性很大的汉字所束缚住，因此反映汉语发展的阶段性，不及语音系统的明显了。

认为只有语法质变才是语言质变的观点的人们还以为质变是根本性质的变化，即这一种语言的语法演变为另一种语言的语法。例如：汉语语法变为非汉语语法的根本变化。这种观点也是片面的。上述的那种变化固然是一种语言的质变，但语言的质变决不只是这样一种形式。语法体系新的调整，语法新体系的形成，却是最常见的一种语言质变。例如汉语自汉代以后，动词系统中判断词"是"的出现，涉及整个词组和句子结构的变化，影响到汉语的体系的发展；所以魏、晋以后的语法体系就成为上古以来形成的新体系。

综上所述，语言体系的质变，其根据是整个体系的变化，其中最明显的物质标志是语音系统的变化。当然不能只看到语音的变化。还必须同时看到一般词汇、基本词汇和语法构造的变化。语言史的分期即以此为标准，这标准既适合于法语、英语，更适合于汉语。

语言史的分期，主要取决于本身质变的标志，但同社会的历史关系很大。语言是社会现象，是随社会的发展而发展的，"因此要了解某种语言及其发展的规律，只有密切联系社会发展的历史，密切联系创造这种语言、使用这种语言的人民的历史，去进行研究，才有可能。"[①]社会上的种种剧烈变化，如基础与上层建筑的更替，工商业、运输业的发展，国家的兴亡，部族的融合，人民的迁徙，文化上的革命等对语言的变化发生很大的影响，重大的历史事件往往会加剧语言的质变过程，从中显出一个过渡时期来。例如：十一世纪丹麦人、诺曼底人的入侵，使英语加剧了变化，西撒克逊方

① 斯大林《马克思主义与语言学问题》，1953年。人民出版社20页。

言被伦敦方言所代替，语言也从综合结构向分析结构发展了一步。这个时期，成了上古英语与中古英语之间语言质变的明显标志。当然，说语言史与社会史有密切关系，决不是指这两者是一回事：如果把两者混为一谈，那就陷入马尔学派庸俗唯物论的泥坑中去了。

3. 汉语史的分期及其依据

根据上述分期标准，我们将汉语史的分期问题，作如下处理，即分为下列的三期：

第一，上古期：公元前十五世纪（?）至公元三世纪（“五胡乱华”之前）。

过渡期：公元三世纪至五世纪。

第二，中古期：公元四世纪至十二世纪（北宋末）。

过渡期：公元十二世纪至十三世纪。

第三，近代期：公元十三世纪至二十世纪五十年代。

当然，上述的分期还是比较粗疏的，因为语言诸要素的发展是不平衡的，难得有细密的分期。所以，在关于各要素所划分的历史时期里，可能在时间上稍有参差的情况。大致将汉语的历史作这样的分期，事实上是行得通的，其根据的理由也是充足的。

自从公元290年西晋贾后专权埋下了八王之乱的祸根，由于社会的黑暗、政治的腐败，内乱外患频仍，前后经过了三四百年，这一时期古代中国政治、经济、文化的中心地带——黄河流域，变成了现实的地狱，充满了战争、灾祸和死亡。其中尤推“五胡乱华”这一历史动乱为最厉害。经过这次动乱，后来在洛阳一带发展起来的共同语遭到了破坏，人民流落四处，很多南迁江左。外来语如鲜卑语等的侵入，各种方言的混杂，大大地加快了语言发展的速度。

因此,我们以“五胡乱华”为界,将汉语史划为上古和中古期。其间,发生了如下的重大变化。

在语音方面,由《诗经》音演化成为《切韵》音:

声母:

ȶ(知)组,由 t(端)组分化出来;j(喻母)的产生;tʃ,tɕ(照)组的产生;p,b(轻重唇音)的分化;复辅音的单化;等。

韵母:

韵尾-b,-d,-g 的失落,元音尾-i,-u 的产生;-m 尾的字逐渐减少;等。

声调:

四声名称的确定,阴阳调类;等分别的明确化。

音节结构:

单纯化的趋势。

在语法方面,同样发生了巨大的变化:

判断词“是”的产生,以及由此而产生一系列的重大变化,如:判断合成谓语的形成,判断句的重大变化;名词辅助成分的产生与发展;量词,特别是动量词的发展,数、量、名和动、数量结构的普遍化;代词第三人称主格的产生;偏正结构,特别是后补结构的发展;介词结构(将、被、把等)的产生和发展;虚词用法的明确化;关联词语用法的加强以及复合句组织的严密化;疑问代词作宾语的前置(吾谁欺?)和否定句中代词宾语的前置(不余欺)等词序的消失,句子结构的趋于规则化;等。

词汇方面的变化,可列举的有:

反映农业、手工业、商业、交通运输的新词大量产生;关于封建制度的词语(如关于科举制度、税收制度等)的大量产生;文艺词汇的丰富化,方言词的吸收;佛教词汇及其他外来词的吸收;合成词中后补结构的发展,接合词的丰富化等。

中古汉语发展到北宋末，由于辽金元的入侵，当时广大北方的共同语区域处于长期战乱之中，大量人口再度南迁，因此，语言又发生了一次混合。此后，由于全国政治、经济和文化中心的长期稳定，近代汉语就在以北京为中心的北方话的基础上形成发展起来，逐渐成为现代汉民族的共同语，这一时期语言上又发生了下列重大变化。

在语音方面，由《切韵》音系变成为《中原音韵》所代表的音系，以至现代的北京音系。

声母：

全浊音的清化；卷舌音的产生；零声母范围的扩大，ts(精)，k(见)组的颚化成为 tɕ 组，等。

韵母：

韵尾-k，-t，-p 及-m 的消失；元音韵尾的进一步发展；

ɿ、ʅ(支思)韵的产生；ɛ(车遮)韵的产生；y 韵的产生；ɤ 韵的产生；元音高化与低化的交互发展；元音的混同化；等。

声调：

阴阳类调的逐渐合并；入声的逐渐消灭；轻音的产生与发展；等。

音节结构：

进一步简化，音节数量也大为减少；等。

在语法方面，同样发生了巨大变化。

词性明确化；名词、动词、形容词的辅助成分的发展，重叠式的发展；结构助词“的”“底”“地”的形成与发展；名词、代词的数的范畴的发展；动词时态的发展；虚词意义与形式的明确化；调组的复杂化与多样化；定语、状语的复杂化；复杂谓语的发展；新兴的共用法与插入法的运用；关联词语意义的明确化；复句结构的严密化和偏句后置形式的产生等。

在词汇方面,其变化尤为明显:

反映西方政治、经济与文化的词语大量产生;北方话词汇大量进入共同语;蒙古语、满语的吸收;外国语,特别是,日语、英语、俄语词汇的大量吸收;古语词的吸收与翻新;接合词的大量出现;等。

4. 汉语发展的过程

商周以前,黄河流域一带的语言是很复杂的,相传黄帝时中原有万国,夏时三千,周初也分封八百诸侯。当时的国相当于一个部落,大概都有自己的语言,大概都是属于汉藏语系的亲属语言。《礼记·王制》说:"五方之民,言语不通,嗜欲不同。"这多少反映了商周以前的语言分歧的情况,随着生产的发展,阶级的产生,文字的创立,国家的出现,汉族人民开始了定居的生活,各亲属语言也就开始了统一和融合的发展。由于各部落的政治、经济、文化上联系的加强;出现了部落联盟,于是,部落间的区域共同语也就产生了。从商周以来书面语言(甲骨卜辞、金石铭文、《诗经》以及诸子百家等)的一致性上来看,可以知道,那时已有了统一的部族语言了。到了春秋战国间,这种部族共同语已有文献记载了①。

周以后,汉语的发展是一种又统一又分化的平行发展的过程。直至近代,方逐渐地停止了分化,而趋向于统一。这是由中国社会的特点所决定的。中国的封建制度,自周秦以来,一直延续了三千年左右,这种封建制度的一个显著特点是,名义上保持有统一的中央集权封建国家,实际上各地处于封建割据的分裂状态。毛泽东同志指出:"如果说,秦以前的一个时代是诸侯割据称雄的封建国家,那末,自秦始皇统一中国以后,就建立了专制主义的中央集权的封建国家;同时,在某种程度上仍旧保留着封建割据的状态。"②

---

① 《论语·述而》:"子所雅言,《诗》《书》执礼,皆雅言也。"

② 《毛泽东选集》第二卷,第618页。

这样就决定了汉语的发展上一种既有统一又有分化的平行过程。三千多年来，共同语的发展一直没有中断过，它控制了汉语的分裂，并且越来越发达、丰富、完善了。另一方面它又不能完全制止方言的分裂和方言分歧的加深。这种情况，直至近代资本主义萌芽以后，才开始改观。共同语进一步控制并逐渐消磨着方言。汉语方言停止了分化，就没有发展成为几种独立的语言。解放后，随着国内政治、经济、文化的高度集中，以及推广着普通话与汉语规范化运动的蓬勃发展，可以预料，汉语必将发展成为高度统一的民族语言。

我国历史悠久，幅员辽阔，各地区的政治、经济、文化发展不平衡，所以，历来我国方言是很复杂的。

在先秦时，随着汉部族的形成，汉部族共同语也形成了。但部族语言内部的方言还是很复杂的。春秋战国以后，各方言开始融合，方言的数目大大减少了。可是方言间的差异却更加大了。据《荀子》所说，当时至少有三个大方言区，即雅言、楚言和越言。[①] 雅言是当时王畿一带的北方话，也是当时的共同语；楚言在地理上大部分相当于今天的湘方言；越言大概就是今天吴方言的前身。

上古期间，至汉以后又形成了一支新方言——粤方言。粤方言本不属于汉语，而是属于僮语的一支。春秋战国期间，粤地开始与楚国交往，秦始皇三次南征，第三次时更谪戍五十万人于粤地。至汉武帝时，灭百粤，置为郡。原来的粤语也就为汉语所同化，成为汉语方言中特殊的一支。

汉时扬雄，在他的《方言》一书中，比较详细地、科学地记录了汉代方言的一些情况。汉代政治、经济统一作用的加强，促进了地

---

① 《荀子·荣辱篇》："越人安越，楚人安楚，君子安雅。"又《儒效篇》："居楚而楚，居越而越，居夏而夏。"

域方言间的接近。例如秦、晋方言，逐渐合而为一，但是方言的复杂情况并没有改变，方言间的分歧仍在继续加深①。

后来汉朝灭亡(公元220年)，五胡(匈奴、羯、鲜卑、氐、羌)乱华(公元304至439年)，长期战争，异族入侵内忧外患频仍，社会的大动荡引起了方言的新分合。这种情况，可以从郭璞的《方言》《尔雅》两书的注中略窥其一二。新的方言——闽方言，客家话的形成就在这次动乱中奠定了基础。杨恭恒在《客话本字》里说："客之先，居丰镐、河洛、齐鲁之交，或为衣冠世族，或为耕凿遗民，皆涵濡于二帝三王之化。自东晋永嘉，五胡蹂躏，冠带数千里之地，戎膻污染，靡有宁居。于是衣冠之族，豪杰之徒，如侃、狄、峤、崐之辈，相与挈家渡江，共图恢复；王、谢之家，尤为卓著。王、谢旧河东太原人也。其余入闽诸姓，则有林、邵、何、胡等八家。其他流民避乱江南，流离转徙，有南徐、南司等州郡，谓之侨军州。军州即今之州县，所谓侨者即客耳。"由于历史上的原因，如"征蛮""避乱"或"谪遣"等，中原人自周秦以来就有南迁闽地的。晋以后，到了唐宋间，迁闽的更是盛极一时。客家先民在东晋以后，初步种下了客家人的种子。到唐末，因黄巢起义，又有一批北方人民南迁，侨居客地。在这样的基础上，逐渐形成了闽方言与客家方言。

十二世纪以后，汉族人民又一次遭到了异族的攻击和蹂躏。契丹、女真和蒙古人先后统治中国的一部或全部，历时二百余年。这一次社会大动乱，进一步加强了中古时各方言间的分歧，从而奠定了现代汉语方言的基础。近六七百年以来，由于资本主义的萌芽和发展，汉语方言的分化逐渐停了。现代汉语七大方言区也就

---

①　有人从《方言》一书中，归纳当时区域方言为十三种：一、秦晋，二、郑、韩、周，三、梁、西楚，四、齐鲁，五、赵魏之西北，六、魏卫宋，七、陈、郑之东郊，楚之中部，八、东徐与徐，九、吴杨越，十、楚(荆楚)，十一、南楚，十二、西秦，十三、燕代。

稳定下来了，[①]现在，随着社会的飞速发展，政治经济的高度集中，文化的发达，共同话的统一作用加强了，方言的特点正在逐渐消磨掉；各种方言逐渐向共同语接近，最后必将消融在民族共同语里头。共同语与方言，都是在千百年来长期历史的进程中形成的。方言的消亡也是一个长期的、逐渐的过程，在现阶段，各种地域方言将继续存在和发挥其一定的作用。

汉语自商周以来，三千余年间，有连绵不断地分化的一面。但是，这种分化过程只在一定的范围内进行。汉语的方言始终是服从于统一的共同语，保持了汉语统一的局面。汉民族共同语，自从周秦以来不仅它的历史没有中断过，而且不断地在发展，不断地获得了丰富和完善。

周朝共同语已经形成了。晋公子重耳逃奔四方，晏婴出使楚国，季札入鲁观乐，孔子周游列国，墨子阻止楚的攻宋，苏秦、张仪游说各国，这些历史事实显示了共同语势力在当时已相当强大。到了汉代，“凡语”“通语”“凡通语”更是流行很广。春秋时的雅言也好，汉代的通语也好，都是在北方方言的基础上形成的。雅言和通语可能是以当时长安一带的话或者洛阳一带的话为中心的。

汉魏以后，社会的动乱，打乱了原有的以洛阳为中心的共同语，用颜之推的话来说，就是“南染吴越，北杂夷虏”[②]了。由于社会交际的需要，出现了《切韵》音系；《切韵》“论南北是非，古今通塞”；“捃选精切，除削疏缓”[③]这种音系可能是以传统的读书音为

---

① 注：现代汉语七大方言区是：北方话区，吴方言区、湘方言区、赣方言区、客方言区、粤方言区和闽方言区（又分闽南与闽北）。它们都是历史上形成的。只有赣方言的历史不详。据其语音的特征看来，它还缺乏独立的方言特征。而同邻近的吴方言、湘方言、客家话以及下江官话有相混和类似的情况。

② 见颜之推《音辞篇》。

③ 陆法言《切韵》序。

基础,又折衷古今南北的一种人为性较强的语音系统。由于政府的推行,它在当时的知识分子中颇为流行,并且巩固在书面语言中。

由于社会的长期安定、统一,政治、经济和文化的集中,新的共同语体系开始发展起来了,因此旧有文学语言的规范远离了实际的口语。南宋以后,以黄河流域为中心的官话(中原雅音)逐渐代替了《切韵》音系的文学语言系统。陆游说:“中原惟洛阳得天地之中,语音最正。”①这种所谓中原雅音的发展,受有十二、十三世纪时辽金元入侵的影响。

辽金元的入侵,一方面固然加深了方言间的分歧,另一方面也促使中原雅音的发展,使它一支南迁杭州,另一支东迁大都。由于十二世纪以来以大都为中心的政治、经济的集中,汉民族共同语就在这个基础上逐渐形成起来了。明清以后,由于政治上、经济上和文化上的原因,北方话的势力越来越强大了。例如:明代沐英平定云贵,使北方话深入西南;清人入关,统治中国二百多年,采用了汉语,并把北方话传播到东北广大地区;同时,山东移民也把胶东方言的特色带到辽东半岛。工商业的发展,更加强了北方与全国的联系。又宋元以来,大量用北方话写成的文学作品,像宋元话本、元明戏剧、明清小说等,已经深入人心。晚清以后,白话文运动、国语运动等,更扩大了北方话的影响。及至全国解放,党的语言政策是要使得汉语更好地为社会主义革命和社会主义建设服务,就于1955年召开了“现代汉语规范问题学术会议”,确定了以北方话为基础方言,以北京语音为标准音,以现代典范的白话文著作为语法规范的汉民族共同语的标准,这样一种民族共同语正在加快速度地向前发展着。

---

①　陆游《老学庵笔记》。

汉语发展的过程，说明了方言服从于共同语的规律性。这种发展又是同汉族人民历史分不开的，是有其深刻的社会历史根源的。

在政治上，我国虽然有时长期处于封建割据的状态，但就整体说来，毕竟是中央集权的统一政治体系占优势。这就不断地稳定了整个汉族社会的共同体。

在经济上，自周秦以来，二三十年中，虽然是以自然经济为基础，但是，同时又有着经济上的联系性很早就形成了统一繁荣的商业网，即各处的大小市场。这种经济上的联系性，随着时代的进展，至北宋以后，更为加强了。这就保证了统一的共同的语言存在的必要；并获得不断的发展。

在文化上，汉族人民有长期的共同的历史传统：儒家思想一直为整个封建社会的上层建筑；唐以后实行了读经科举制度，巩固了古文学语言的传统。数千年来书面语言的高度统一，对国语的发展也起着积极的作用。由于汉族文化的发达，远近四邻的民族和国家，如日本、朝鲜、越南等，不断地吸收了汉族文化，同时也吸收了汉语中的词语和语法构造，至于外族的侵扰和压迫，如匈奴、鲜卑、契丹、女真、蒙古和满族等，不但不能同化汉族，却总是为汉族的文明所同化。历来，汉语在同其他语言的融合过程中，总是胜利者。

总之，无论政治上、经济上、文化上，都表明了汉族社会历史的统一性和整体性。虽然在整个封建社会的历史中，割据和统一两方面始终存在着，但矛盾的主要方面总是在统一的趋势方面，割据总是服从于统一的。有时似乎是割据成了矛盾的主要方面，也只是暂时的。这两方面斗争的结果，总以统一的胜利为归结。中国社会历史的这种特点就决定了汉语在封建社会的发展过程中，虽然有着分化的过程，但它始终是服从于统一过程，以至最后形成了统一的民族共同语,因而积极地控制了方言的分化。汉语历史发展的过程,充分体现了这样一条规律,即方言服从于其同语的规律。现在汉民族共同语正在进一步地发展中。

语音篇

第一编

上古汉语语音

一、概　　述

语音是语言的特殊要素。它是语言声音的物质外壳，是任何语言存在的形式。语言是语音、词汇、语法三方面互相联系的一种体系，研究任何时代的任何一种语言，总是与语音的发生和发展有着密切的联系。

上古人类社会的语言已经有非常悠久的历史。人类有了语言，就有了自己的语音系统。我国历史在四千多年前(约公元前二十二世纪)相传就已经有了王朝；到了三千多年前，汉语就有了文字。我们所研究的汉语史，也只能是汉民族有史以来的语言现象。

语言是一种特殊的社会现象。语言的发展与社会的发展有着不可分割的联系。语言的物质外壳——语音的发展，不可能不受到社会历史发展的影响。虽然语音内部发展的诸规律不可能从人类社会历史的发展规律中去找根据，但是语音内部诸规律也不是离开人类社会历史的发展而孤立存在。

资产阶级的语言学家故意回避语言发展与社会发展的联系。特别是研究语音的，只是把一些语音符号在那里象演算数学一样。事实上数学也并不是离开人类社会的历史而孤立地存在着的自然物。我们企图把语言的发展变化摆到整个社会历史发展的进程中去研究。

(一) 上古的社会概况和语言概况

中国上古的社会性质,历史学家正在热烈地争辩,还没有取得一致的结论,但并不妨碍我们对这一时代语言现象的研究。

中国历史上殷商时代的生产方式,“是氏族公社所有的畜牧和农业生产资料与氏族成员主要的共同劳力二者之间之结合”①。也就是说有流动性很大的游牧生活和比较固定的农业生产。由于游牧生活的需要和自然灾害的影响,殷代王朝经常迁都。盘庚以前迁过八次,盘庚以后的两百多年间又迁过好几次,所以那时候的政治、经济、文化的中心地区还很不稳定。同时由于殷氏族和当时的鬼方、土方常有战争,殷氏族活动的范围相当广泛。大体上北至河北、南至江淮、东起山东、西至陕西一带,都是商王朝活动的范围。殷氏族语言在黄河流域中下游一带已经有了相当大的势力。当时战争中所获得的俘虏,大部分都是杀掉,语言上很少有融合,语音上也不会受外族的影响。殷氏族的统一语言就成为后来所谓“雅言”的基础。殷氏族语言所活动的范围也就是后来“雅言”所通行的地域基础。

社会历史进入周代以后,周代的社会生产力比殷商时代有了很大的发展。武王灭商,使得殷这一大氏族投降成为俘虏;周公以后,又从南征中俘获了大量的族奴。但并没有把他们都杀掉,而是用来生产,产生了劳动力过剩。由于农业生产得到迅速的发展,社会开始有了比较固定的以家为单位的生产组织,有了所谓君子居住的后来发展为城市的“国”。农业生产的发展,出现了固定的农庄,就使得语言的发展有了相对的稳定性。

---

① 侯外庐《中国古代社会史论》,第52页。

周灭殷以后，由于殷氏族语言势力大，文化比周氏族高，所以周氏族语言并没有取而代之。殷氏族语言不但没有被消灭，而且仍然作为周以后氏族内部的统一语言发展下来。但是这两大族的语言一定得到过融合。在融合过程中殷氏族语言成为胜利者。这只要从殷商卜辞和周代金文的史料中可以得到证明。

周王朝所活动的范围比殷王朝所统治的地区要广阔得多。殷代既然有了比较统一的氏族语言，那么到了周代，就能够有一种从语音上走向以政治中心地区为标准的推动力量，促使这种标准音得到更广泛的传播。

周三朝把自己本氏族的兄弟亲戚分封到各个氏族去。各国诸侯的一些高级官吏和管教育的知识分子、管文化的史官等等差不多也都是周王朝派去的。固然这些人不可能完全依靠他们个人的习惯势力或行政上的发号施令来推行他们本氏族的语言，但周氏族的语言确实在全国各个地方得到广泛的传播。在各个小王国里的上层社会中，诸如王公大臣、地方官吏彼此之间的相互交际，周天子的出巡、发布命令，各国诸侯的朝贡来往，在一切交际的场合中，都必须有一种彼此间都能听懂的语言，这就是周王朝兴起后所存在的氏族统一语。《诗经》的文学语言所谓“《国风》十五，不见咏调之殊。《颂》声之作，莫窥韵部之异”，很可能是以当时统一的氏族语言作标准。没有一种比较统一的标准形式，也就是没有一个标准的物质外壳，就很难从语言上有这样统一的文学作品。尽管《诗经》的成书时间比较晚，多半是西周末以后的作品，而且作品中也有许多方音的分歧，但无论如何不可否认《诗经》语言的一致性。

春秋战国时代社会生产资料土地所有制开始由大氏族向小宗族转化，生产工具也开始使用铁器，生产力有了很大的发展。出现了农业和手工业的结合，出现了由诸侯城堡发展起来的城市的萌芽。生产者减少了大规模的移动，而和土地一起构成固定的“邑”。

各国诸侯长期混战,群雄割据。随着社会经济的剧变,刺激了思想领域中的激烈论辩,出现了诸子争鸣的局面——社会科学、自然科学的各个方面都有很大的进步。由于社会政治经济的集中、文化的繁荣、战争的频烦,促进了统一氏族语言的传播和巩固,这种统一氏族语言成为后来统一部族语言的基础。

历史上记载的所谓"雅言",很可能就是春秋战国时期黄河流域一带的区域共同语。最早是在《论语·述而篇》里见到"雅言"这个名称,所谓"子所雅言,《诗》《书》执礼,皆雅言也",很可能就是当时诵《诗》读《书》或赞礼的时候所遵守的标准语。春秋战国时代全国各地已经有大量的书面语,从书面语的一致性看来,"雅言"的势力已经在黄河流域一带占统治地位,这种正在形成中的统一部族语,在当时社会生活中得到广泛的流传和使用。历史上所谓"季札入鲁观乐",南方的楚大夫到晋国去做官,不听见说他们什么"吴音乖误";孔子周游列国、晋公子重耳糊口四方、子贡入吴、晏婴出使楚国,这些北方人到南方做官、旅行、宣传都不听见说什么"北音重浊";还有象墨子可以止楚攻宋,苏秦、张仪可以游说各国,都证明春秋战国时代全国各个地区都已经有一种比较统一的共同语进行交际。特别是比较接近的地区,在语言上也有更大的一致性。

公元前221年秦朝结束了战国以来分裂割据的局面,建立了中国历史上第一次中央集权的专制主义的封建大帝国。秦帝国实行了郡县制,取得了政治上的统一,有利于经济文化的发展。秦始皇从政治、经济、文化各方面做了很多统一的工作,尽可能地消灭地方性的差异,特别是统一了当时语言的书写符号。这些变化给统一部族语言的形成以巨大的影响,经过两汉四百多年的发展,部族语言的统一性进一步加强了。比起殷周以来黄河流域一带区域性的共同语所活动的范围要广阔得多,统一的程度更高。随着文化的发展,出现了大量的书面语言,有了全社会统一的文化工具进行传播，无疑地对部族语言的统一起到很好的促进作用，从汉代文学语言的面貌看来，汉语在汉代已经形成了一种部族的共同语。在西汉末年扬雄所写的《方言》里出现了“通语”“凡语”等名称，这种“通语”“凡语”就是当时的部族共同语。所以汉民族语言的由来，远在两汉时期已经打下了基础。强盛的两汉王朝除了政治、经济、文化各方面进一步的集中以外，还与中国边境的部落进行了长期的规模巨大的战争，也产生了文化上的交融，所以这时期的语言成分中开始渗入了外来语的影响。

汉语的发展经历过很长时期分化和统一的复杂过程，特别是先秦两汉这段历史时期内，数千年中不知道有过多少次的变化。这种分化和统一主要表现在语音上的差异和融合。社会形态的交替、物质文明的产生和发展都影响到语言的分化和统一，从先秦两汉语言的发展看来，既有统一语的形成，也有各种各样方言的分歧。在原始公社制度的时代里，就有大量亲属部落语言的存在，方音的差别成为这一部落和另一部落区别的特征之一。然而那时候方音的差别是很微细的，这种差别奠定了汉语方言的基础。殷商时代一方面有统一的氏族语言的存在，另一方面一定有很多的方言存在，今天要想从甲骨文中去寻找那时候的方言差别是不大可能的，这种方言的分化到周代仍然存在。只是到了春秋时期，由于部落间互相兼并互相联合，许多小部落的方言逐渐集中为较大的方言区，各个有比较统一方言的地区之间仍然存在着或大或小的差别。例如那时候周秦和齐楚方言的差别，比起晋卫和齐鲁方言之间的差别要大得多。

前面提到过《诗经》音虽然是用氏族共同语整理而成，但也存在着显著的方音差别。与《诗经》差不多时代的史料已经有方言分歧现象的记载，稍后的史料里那就更多，《礼记·曲礼下》谓“五方之民，言语异声”；《荀子·荣辱篇》谓“越人安越，楚人安楚，君子安雅”，又在《儒效篇》里提到“居楚而楚,居夏而夏”,这些记载都说明了那时候方言差异的存在。周三朝分封列国后,各部落里都有自己本部落特色的语言,很可能那时候的方言是很复杂的。春秋以后,根据当时王朝的地域,北起燕晋,南到吴楚,东自齐鲁,西到秦都,经过诸侯互相吞并以后,分立在黄河流域、长江流域的大国差不多有三十几国。在这样辽阔的地区里,地理环境不同,风俗习惯不同,各氏族的语言当然不可能完全一致。只是越到后来,很可能由于比较临近地区的互相交往,方音比较接近,大方言的地域更大了,方言种类减少了,大方言之间的差别也更为明显了。战国时代兼并越多,各方言区趋于稳定。《荀子》里所记载的大方言的差别可以说明这种情况。《孟子·滕文公下》有这样一段话:“孟子谓戴不胜曰:子欲子之王之善与?我明告子。有楚大夫于此,欲其子之齐语也,则使齐人傅诸?使楚人傅诸?曰:使齐人傅之。曰:一齐人傅之,众楚人咻之,虽日挞而求其齐也,不可得矣;引而置之庄岳之间数年,虽日挞而求其楚,亦不可得矣。”由于社会政治、经济、文化等历史条件,就决定了这些有差别的方言后来没有发展成为各种不同的语言。

秦代郡县制的设立,意味着地域单位的成立,使得生产者在氏族集体的所在地和土地结合在一起,开始被束缚在土地上面固定不移。封建割据时代方言的分化和统一,在不同的范围内同时发生。一方面是部族共同语的存在和发展,一方面又有各种方言差别的存在和发展。特别是方音的分歧。西汉末年出现了描写当时方言状况的专门著作,这就是扬雄的《方言》。《方言》内容所包括的地区非常广:“东起东齐海岱,西至秦陇凉州;北起燕赵,南至沅湘九嶷;东北至北燕朝鲜洌水之间,西北至秦晋北鄙,东南至吴越东瓯,西南至梁益蜀汉。”[①]差不多整个汉王朝的版图都包括在内。

---

① 罗常培、周祖谟《汉魏晋南北朝韵部演变研究(第一分册)》,科学出版社,1958年,第72页。

各地域的记载虽然不很准确，但从这些笼统的记载中可以看出当时有几十种方言的分歧，比较大的方言区也有十几处。除了《方言》以外，还有一些代表方言色彩很鲜明的重要作品。如代表江淮音的《淮南子》，代表会稽音的《论衡》，代表青徐音的《释名》等。这些方言的史料，对我们研究两汉语言的发展有很大的帮助。

研究上古语音的现象和发展，必须对上古语言发展中统一与分化这两方面都有一个大概的轮廓，然后确定它们在发展中的趋势。

要研究上古语言的语音，离不开文字和文字的记载。中国古史的文字记载最早的是殷代的卜辞，也就是甲骨文字。这批史料主要是殷代后期百余年间的文献。材料本身的时代性还是相当可靠的。也就是说今天我们可以看到三千多年前殷代的纪录实际语言的可靠的符号。从甲骨文到周代的金文、籀文，发展到后来的小篆、隶书、楷书……一直到现在所使用的方块汉字，尽管文字形体有过好几次的变化，然而方块汉字本身不是拼音文字，不可能把不同时代、不同地域的语音表现出来。现代人要想从方块字的形体中知道数千年前的人们是怎么样说话，特别是想知道那时候人们说话的声音是怎么样，这确实是件困难的事情。虽然用方块字写成的书面语，在上古时期一定是和当时的口语相一致，但表意文字本身不可能表现实际语言的读音。先秦时期文学上虽然都以形声偏旁为准，形声偏旁相同，声音也相同，书面的文字差不多就是语音书。但是语言经过数千年来的发展变化，这种形声偏旁的读音早已失去原来实际的读音了。形声偏旁本身也是方块字，并不是什么音标，不可能把当时的语音系统表现出来。中古以后还有些专门描写语音之类的韵书，用的虽然是方块字，到底纪录了某些实际语音，从这批韵书的方块字可以看出中古时期语音的某些实际状况。用方块汉字记载下来的上古时期的史料虽很多，然而完全能够代表上古实际语音的记录并不很多,所以研究上古语言的语音系统困难更多。随着整个科学(包括有关的社会科学、自然科学各部门)事业的发展,为解决这些困难将提供更多有利的条件。在各项先进科学成果的指导下,尽可能充分地利用各种资料,一定可以使上古语音的面貌得到一个比较全面而又正确的结论。

(二)关于古音学研究

我们现在研究上古语言的语音系统,并不是说上古的祖先们有一种完整的、科学的语音系统留到现在给我们比较,从比较中来得出古今语音演变的规律。很显然这种可能是不存在的,今后也不会有。我们现在所能知道的上古音系,只能是一个比较系统的轮廓。上古离开我们已经有两千多年了,上古音系轮廓的建立,却还只是近三四百年的事。

先谈谈古音学研究的兴起和它的社会背景。

明朝已有资本主义的萌芽,在文化上与之相适应的也出现了研究科学的新风气。为宋、元、明王朝所着重提倡过的程朱学派,到明代中叶已腐朽不堪,出现了博览群书的博学派和研究经史、讲求实用的经世派。尤其是在明清之际社会阶级矛盾和民族矛盾非常尖锐,代表市民阶级的启蒙思想有着丰富的进步内容,出现了许多著名的科学家。古音学研究的兴起,是与当时具有民主主义要求的哲学思想分不开的。象古音学家戴东原是明清之际代表市民阶级思想的主要人物之一。他们反对保守和空谈,主张实用之学。由于后来清政府对文化思想的高压政策,新兴的市民阶级思想受到打击和摧残,有些著名的民主人物开始萎缩下去,走上了整理古典文献的道路,钻到古纸堆中去,提倡经世致用之学,应用一种求实主义的"朴学"方法,考证古代历史文献,试图把史料的考证提到科学领域。这种具有进化论观点的历史主义的研究方法，也带到古音学研究的领域中来。古音学研究的成就是与这一时期欧洲科学思想的影响和中国各方面科学的发展有密切的联系。不过某些学者钻进了古纸堆里以后，就大大地削弱了对当时现实的斗争性。对于这方面的评价，当然应该留到别的专著里去写。

古音学的研究，几百年来形成了一门具有相当独立性的学科。虽然对上古的语音系统还没有一个比较严密的完整的科学体系，但这门学科在近三百年的学术史上却有它显著的地位。许多有杰出成就的学者，他们的著作给汉语音学的研究留下可贵的遗产。

为了很好地接受前人的遗产，并在前人的基础上作进一步的研究，我们将对古音学的研究成果作些粗略的介绍，并对它们的历史状况作一些必要的叙述。其中有些看法可能很错误，甚至难免有常识性的错误。只有留待进一步学习提高的过程中去订正。

明末陈第的《毛诗古音考》被认为是第一部专门研究上古音的著作。事实上在陈第以前的很多史料中都有过关于古音问题的记载，而且也有过专门的著作。

远在两汉的时候就有学者提出了古今语音的异读问题。如郑笺《毛诗》中有“古声填、寘、塵同”“古者声某某同”“古读某为某”之类的记载；刘熙的《释名》里也有“古者曰‘车’，声如‘居’，所以居人也；今曰‘车’，声近‘舍’”的记载，这是古今音读异同很好的对照。语言的发展，语音的变化，是人人可以感觉得到的一种客观存在，特别是有了书面语以后，使得后代人能够看到古代人的语言，开始从书面语中发觉古今语言的差异。所以两汉的书面语里很多地方都记载了当时语音和先秦语音的不同，很可能当时并没有进行过系统的研究，后代人也没有见到过这方面系统的著作。

我们所指的古音学和明清以来学者所研究的实际上主要的是指周代的“雅言”系统的语音，两汉的语音已经有很大的不同。有人以为只有陈第才开始知道古今语音是不同的，在他以前似乎都不知道古今语音会有差异。而且往往拿愚蠢的皇帝(唐明皇)把“无编无颇”改成“无偏无颇”以与“遵王之义”相押的典故来证明，其实这是很片面的。陈第只是接受前人研究的成果，在当时先进思想的影响下，进行了古音工作的研究，取得了很好的成绩而已。戴震在《声韵考》里写道：“是古音之说，汉儒明知之，非后人创议也。”钱大昕在《音韵问答》里也说“古今音之别，汉人已言之”。古音学者的这些见解是正确的。

南北朝以后的士大夫用他们自己的语音读《诗经》，觉得许多地方很不和谐，不象诗，也不好解释。于是他们就拿起笔来，把不押韵的地方，根据上下文改上符合于当时语音的韵脚，以求和谐，称之为“叶韵”或“协句”。如北周沈重的《毛诗音》中关于《诗经·邶风·燕燕》三章：“燕燕于飞，下上其音。之子于归，远送于南。瞻望弗及，实劳我心。”在“远送于南”下面注明：“协句，宜乃林反。”他认为古代人在诵读这首诗的时候，一定是临时把南字的音[nɒm]念成“乃林反”的音，以求与下面的“心”押韵。语音变了，后代人读起古代诗歌来并不都是很和谐，这是很自然的事。但是他们得不到科学的解释，于是就把“叶韵”当作解决读经的好办法。一直到唐朝有名的皇帝，还把它当做愚蠢的命令来推行。可见历史上在很长一段时期内篡改古籍的风气相当流行。这种歪曲古代作品的蠢举给后代人研究古代作品留下了很多难以解决的困难。

宋代出现了好几个研究古代音韵的专家，著名的有吴棫、程迥、郑庠三家。刊行了好几部古音学的著作。吴棫著有《韵补》一书，还有《毛诗补音》。《楚辞释音》后代人已见不到了。《韵补》主要是根据《广韵》206 韵注明：古通某，古转声通某，古通某或转入某。如《广韵》的冬、鍾这两韵下面都注明：“古通东。”同样，江注明：“古通阳或转入东。”寒、桓、删、山下面都注明：“古转声通先。”[①]根据他的通转的条例，古韵可以分为九部。这种分部离开上古实际语音中韵母的差别当然还很远，但是吴氏对古音学却有不可磨灭的贡献。首先在于他开了个头；其次他已经知道从形声偏旁来考证古音。这对后来研究古音学的人有很大的启发。

明代的古音学家杨慎写了好几部古音学的著作，大多数都是增补吴棫的著作，没有什么新的创见。

明代由于当时学术界先进思想的影响，给古籍的研究工作打开了一个新局面。古音学走上系统研究的道路，实际上也只能从这时候算起。陈第是第一个运用历史主义观点来系统地研究古音的专家。

陈第在《毛诗古音考·自序》中写道：

> 故士人篇章，必有音节；田野俚曲，亦各谐声。岂以古人之诗而独无韵乎？盖时有古今，地有南北，字有更革，音有转移，亦势所必至。

又说：

> 彼其闾巷赞毁之间，梦寐卜筮之顷，何暇屑屑模拟，若后世吟诗者之限韵邪？

首先他把古今语音的差异摆到历史地发展中去研究，从而阐明了语音随着时间、地点的不同必然要发生差异。他以为古代人的语音，本来就和今人的语音不同，只是后来篡改的所谓“叶韵”，实际上是否定了古今语音差异的存在。其次他认为《诗经》的韵脚

---

① 吴棫《韵补》第一卷，见《音韵学丛书》，四川人民出版社 1957 年印本。

本来就是非常谐和的,根本不会象后来的诗人那样写起诗来还受韵书的约束,以至同当代的实际语音脱节。所以诗韵的韵脚表现了古代实际的语音,后代人不可以随便改动。以至牵强附会,面目全非。这样,他就根除了数百年来所谓"叶韵"的影响。

陈第用大量的材料论证了古今语音有差异的主张。他在自序中举了这么些例子:

> 若读"垤"为"姪",以与日韵,《尧诫》也;读"明"为"芒",以与良韵,《皋陶歌》也,是皆前于《诗》者,夫又何放?且读"皮"为"婆",宋役人讴也;读"邱"为"欺",齐婴儿语也;读"户"为"甫",楚民间谣也;读"裘"为"基",鲁朱儒谑也;读"作"为"诅",蜀百姓辞也……"旂","斤"读也,晋灭虢之征……

陈第在这里不仅指出了不同的时代和不同的地域都会有语言的差异,而且他认为不同性质的作品和不同场合的人,有时候也会有其某一种特有的语音现象。他所指出的"'旂','斤'读也"的例子更是因为社会政治斗争影响到语音的变化。这就是他的发展观点在实际研究中所取得的成绩。他用诗韵的本身证实了《诗经》的押韵有一定的界限,《诗经》的韵有一定的读音。古人用他们自己的语言读诗,都是非常和谐,根本用不到读成各种不同的音。同时他还从与《诗经》同时代的其他文献和稍后的文献里找出许多材料,来印证诗韵的谐和。吴棫虽然大力搜集了前人用韵不同于今人用韵的材料,可是并不真正了解古今语音会有极大的差异。以为古人有"叶韵",一个字可以读成种种不同的音,好象古人的音没有一定。只有陈第才根本推翻了这种说法。陈第在语音发展上树立时地观念以后,给古音学的研究铺开了一条道路。

清代的民族压迫,文化上的高压政策,迫使一部分学者钻到古纸堆中去，出现了“朴学”的研究风气。顾炎武是清初一位杰出的爱国主义的大学者，在古音学方面也给后世留下了很丰富的遗产。

顾炎武在古音方面的著作，主要的有《音学五书》。包括第一，泛论古音的《音论》；第二，考定毛诗音韵的《诗本音》；第三，专论《易经》音的《易音》；第四，论证《诗本音》里注解的《唐韵正》；第五，变更《唐韵》次序的《古音表》。顾氏的这些著作是在继承陈第等前人古音研究成果的基础上写成的。而且在研究方法上的独创性，给后来研究古音的人开辟了一条新的道路。在治学态度上也给后人树立了一种良好的榜样和良好的学风。

在这里要补充说明一下什么是古韵的分部问题。

把在语音上有主要元音和韵尾相同或相近的方块汉字归并在一起，用其中一个字来作为这一类字的代表，就称这个代表字为一个“韵部”。分部就是根据字音中有多少类主元音和韵尾相同或相近的代表字，有几个代表字就有几个“韵部”。古韵学家对古韵的分部，主要是根据《诗经》和其他韵文的韵脚，把互相押韵而且和谐或比较和谐的字归并在一起，归并好了每一类用一个字作代表，称为什么部什么部。方块字本身并没有标明它的主元音或韵尾是什么，古音学者也没有现代语音学的工具，所以在相同的资料面前，各家有各家的分法，得出了各种不同的分部。

顾炎武的贡献就在于把《诗经》的韵和《易经》的韵与谐声结合起来，提出了从离析《切韵》系统去求古音的方法。即根据方块汉字的谐声系统把《广韵》某些韵部的字分开来，如把支、麻、庚、尤和入声的沃、觉、药、铎、麦、昔等韵部的字分为两支，入声的屋韵分为三支，这样他就打破了《切韵》系统的旧框框。在他以前也有人根据谐声来考求个别字的古音，但还没有哪一个用这样的方法把《广韵》的韵部加以分析。后来的学者采取了顾氏的这种方法，把古韵分得更为精密，一直到现代学者在划分上古韵部的时候，也没有超出这种方法的基本范围。

顾氏从《诗经》韵里入声跟平、上、去三声合用的情况,又根据经传异文的通转和他以前的人音读材料以及《说文》的谐声系统里,发现入声分配的系统并不是从来不变,于是他就根据这些材料把《唐韵》的入声系统重新加以安排,冲破了《切韵》以来入声系统的束缚。提出了上古入声只配阴声的原则。尽管他的更动有许多地方并不很正确,但这种大胆革新的精神却有利于科学研究的发展。对探求上古实际语音状况,推动古音学研究都有着巨大的作用。顾氏的这些卓越的贡献,奠定了古音学研究的基础。

顾氏在古音研究中能够密切联系当时的社会实际,做到从实际出发,详细占有材料,运用历史主义观点去分析材料。依据时间、地点等客观条件去考察实际语音的变化,所以作出了某些比较科学的论断。但是由于时代的局限性和他本人思想上的局限性,前者如当时还缺乏古音学的知识,后者如作者复古主义思想倾向和形而上学的方法等,所以在认识上、理论上和方法上都存在着许多错误和缺点。例如他在《音学五书序》中责怪周颙、沈约等人不应该根据汉魏以来的韵文写成韵谱,以致把古音都亡失了。所以他要根据先秦的韵文来纠正他们,这就是他的《唐韵正》。这种反历史主义的观点使得他在《唐韵正》里留下很多错误。常常武断地指摘前人谓某字后人误入某韵、某字后人混入某韵,等等。这种观点上的错误必然带来了研究方法上的主观武断。在《音学五书序》中还写道:“……《诗》三百五篇,上自《商颂》,下逮陈灵,以十五国之远,千数百年之久,而其音未尝有异。帝舜之歌,皋陶之赓,箕子之陈,文王、周公之系,无弗同者。”很显然在这里他又把春秋以前一千多年的历史时间和纵横几千里地方的语音看成没有变化,这种形而上学的观点使他得出了很多主观武断的结论。他把语音的演变只局限在韵母上,在《唐韵正》中所注的古音大多只是把《广韵》的反切下字换一换，当然这并不符合上古的实际语音。

顾炎武的古音学研究既给后人开辟了一条新的道路，这方面是主要的；也留给后人不少错误的论断，这方面的问题，有一些古音学家已经作了纠正，有一些则还待我们来纠正。

顾炎武以后，研究古音的学者对古韵的分部存在着很大的分歧。例如：江永分为13部，段玉裁分为17部，戴震分为25部，孔广森分为18部，严可均分为16部，江有诰、王念孙都分21部，后来的章炳麟分为23部，一直到黄侃的28部和王力先生的29部。但总的趋势是越到后来分部越精密，研究也越能深入，大体上接近上古语言的实际语音系统。

顾氏在离析了《广韵》的一部分韵部以后又把它综合起来，把上古的韵部分为十部，大体上给上古语音的韵母系统划出了一个轮廓。随着后来学者研究的深入和新的发现，这个轮廓得到不断的修正和补充。为了说明的方便，现在把顾氏的古韵分部抄录如下：

1. 东、冬、鍾、江。

2. 脂、之、微、齐、佳、皆、灰、咍。（支的一半，尤的一半，去声祭、泰、夬、废，入声质、术、栉、昔的一半，职、物、迄、屑、薛、锡的一半，月、没、曷、末、黠、鎋、麦的一半，德、屋的一半。）

3. 鱼、虞、模、侯。（麻的一半，入声屋、沃的一半，烛、觉的一半，陌、药、铎、麦、昔的一半。）

4. 真、谆、臻、文、殷、元、魂、痕、寒、桓、删、山、先、仙。

5. 萧、宵、肴、豪、幽。（尤的一半，入声屋、沃、觉、药、铎、锡的一半。）

6. 歌、戈。（麻的一半，支的一半。）

7. 阳、唐。（庚的一半。）

8. 耕、清、青。（庚的一半。）

9. 蒸、登。

10. 侵、覃、谈、盐、添、咸、衔、严、凡。(入声缉、合、盍、葉、帖、洽、狎、业、乏。)

江永把古韵分为十三部,为什么比顾炎武多出三部呢?顾炎武只研究古音,不研究今音,只着重在考古,不注意审音;而江永古今音都研究,懂得一些语音学原理,所以他能够比顾氏分得更细密,并且批评顾炎武谓"考古之功多,审音之功浅"。江永把顾氏第四部中的真、谆、臻、文、殷、魂、痕为一类,并谓这一类"口敛而声细",也就是说这类韵母的主元音是闭口元音。另外的元、寒、桓、删、山、仙为一类,并谓这类的声音"侈而声大",也就是说是开口元音。其中多出了一个先韵,江氏把先的一半分入真、谆那一类,另一半分入元、寒这一类。这样就多出了一部。

同样江氏把顾氏第十部的内容也分为两部,又多出了一部。江氏从顾氏的第三部中分出了侯类,同时又把第五部中的尤、幽并入这一部。这样就多出了三部。

前面提到过顾炎武用离析《广韵》求古音的问题,江氏是顾氏以后第一个得出不同结论的古音学家。以后分部的方法大体上也是按照这种方法,有分有合。韵部就有多有少。在这里只能作一个大略的介绍,特别是这种分合的内容相当多,也比较复杂。后面介绍各家研究的成果时,只是把他们主要的结论提一下,要了解上古韵部详细的分合情况,留待第三章里去叙述。

江永能够从语言声音的发音原理上把收不同韵尾的韵部分开,或者根据主元音开口大小的差别分开,这样就使得古韵的分部慢慢地接近于上古实际语音。在古音学发展的道路上又向前迈进了一大步。但江永所运用的工具,仍然只是从方块字中来到方块字中去,那时候也还没有现代语音学知识,这样就很容易错误。如他所订的尤侯同部,后来的学者都说不对。

江永另一新的创见是能够根据他当时的方言现象，论证古今语言变化的必然趋势。他在《古韵标准》"平声第八部总论"里写道："凡一韵之音变，则同类之音皆随之变，虽变而古音未尝不存。各处方音，往往有古音存焉。"又谓"人能通古今之音，则亦可以辨方音，入其地听其一两字之不同，则其他字可类推也"。语音随着历史的发展，有一部分音素必然会消失。方块汉字没有办法表现这种变化的过程。然而从现代的方言中却可以找到古代语音的痕迹。因为现代方言都是从古代语言发展下来的，古代的语音很可能在这个方言区变了，在另一个方言区没有变；在这个方言区没有，在另一个方言里可以找到。所以从比较现代方言的差别中可以找到古音发展演变的某些规律。江永能够看到这条道路，给后人进一步去研究古音以很大的启发。

江永以后能够把古音学向前推进一步的是段玉裁。段玉裁是18世纪后半期的大学者，江苏金坛人。他著有《说文解字注》，关于古音韵方面的《六书音韵表》附在该书的后面。

段玉裁在《六书音韵表》中把古韵分为十七部。他把顾炎武第四部真—仙这些韵分为三部（请对照前面所抄的表）。即真、臻、先（并多出入声质、栉、屑）为一部，谆、文、欣、魂、痕为一部，元、寒、桓、删、山、仙为一部。这是值得注意的第一点。

其次他把侯韵立为一部。他说："顾氏误合侯于鱼为一部，江氏又误合侯于尤为一部。皆考古之未精。顾氏合侯于鱼，其所引据，皆汉后转音，非古本音也。侯古音近尤而别于尤：近尤，故入音同尤；别于尤，故合诸尤者亦非也。"①这一点经过后人证明是正确的。

第三他把顾炎武第二部里的一些韵分为三部。即支、佳为一

① 段玉裁《六书音韵表》第三部、第四部、第五部分用说。吴棫《韵补》第一卷，见《音韵学丛书》，四川人民出版社1957年印本。

部,脂、微、齐、皆、灰为一部,之、咍为一部。这是他研究了《诗经》韵谱并根据前人的分部加以对照以后分出来的,他从《诗经》中举出了大量的实例,证明这三部在上古确实是分开的。他说:"五支、六脂、七之三韵,自唐人功令同用,鲜有知其当分者矣。今试取《诗经韵表》第一部、第十五部、第十六部观之,其分用乃截然。且自三百篇外,凡群经有韵之文,及楚《骚》、诸子,秦、汉、六朝词章所用,皆分别谨严"①。

段玉裁的古韵分部自然以顾炎武、江永的分部为基础,加上自己的研究,所以能够比顾、江分得更缜密。同时主要的是他继承了顾炎武以来的优良学风,能够从实际出发,从大量的史料中加以考证比较,得出比前人更正确的结论,从而推动古音研究的向前发展。在这里我们再抄录一段作者的话,可以看出作者的治学态度和他对古音的看法。他在《诗经韵分十七部表》序中写道:"玉裁细绎有年,依其类为之表,因其自然,无所矫拂,俾学者读之,知周秦韵与今韵异。凡与今韵异部者,古本音也;其于古本音有龃龉不合者,古合韵也。本音之谨严,如唐宋人守官韵;合韵之通变,如唐宋诗用通韵。不以本音蔑合韵,不以合韵惑本音,三代之韵昭昭矣。"②

研究古音的大师们差不多都从考古、审音这两方面去考定上古语音的韵母系统。顾炎武、段玉裁着重在考古方面,江永、戴震则着重在审音方面。前面提到过戴震是18世纪中叶的思想家,他的著作很多,属于音韵学方面的有《声韵考》与《声类表》。戴氏在古音学方面虽然没有杰出的贡献,但却提出了上古音中某些重要的语言现象,启发后人去进一步研究。例如他从审音出发,运用发音学原理说明语音自然演变的规律,为后来孔广森的"阴阳对转"

① 段玉裁《六书音韵表》第一部、第十五部、第十六部分用说。

② 孔广森《诗声类序》,段玉裁《六书音韵表》第三部、第四部、第五部分用说。

的理论开了先河。能够把古音研究再向前推进一步并有重大贡献的学者，到后来应该算是孔广森。在这里再简单地提一下孔氏的古韵分部和他在古音研究中几点重大的发现。

孔广森分古韵为十八部。其中和前人分部大不相同的一点是东、冬之分。在他的音学著作《诗声类》里写道："冬类古韵与东钟大殊，而与侵声最近，与蒸声稍远。"历来研究古音的都把这两个韵归并在一部，到了孔氏以后才开始分开。孔氏认为考求古音主要依靠形声字，但是文字已经变了好几次，何况是没有形体可找的声音？他说："夫去古日远，篆降而隶，隶降而楷，虽形犹失其本，况声之无所准者乎？"所以这是一件很困难的工作。但是他认为根据后代人的用韵与古代史料对照可以找到某些演变线索。他说："今据《唐韵》以上求汉魏人诗歌铭颂，已合者半，否者半；据汉魏人之文以上求三百篇，又合者半，否者半。虽然，所合与否，固皆有踪迹理络，可寻而复也。"这种从实际材料中加以对比，求其异同的研究方法，具有相当的科学性。

孔广森的"阴阳对转"理论，一直为后来的学者所赞扬，是用来指导研究古音韵母演变的规律，对推动古音的研究有很大帮助。孔氏研究了上古韵部的分类后，觉得可以按照韵母收尾的不同分成三大类，而且对得非常匀称而整齐。第一类都是以元音结尾和在上古收-b，-d，-g 的称为"阴声韵"；他认为这一类有九部，即歌类、支类、脂类、鱼类、侯类、幽类、宵类、之类、合类。第二类都是以鼻音收尾的称为"阳声韵"；他认为这一类也有九部，即原类、丁类、辰类、阳类、东类、冬类、綅类、蒸类、谈类。这两部分合起来就是他的古韵十八部。第三类都是以塞音（-p，-t，-k）收尾的称为"入声韵"，这类的韵都分配在阴声部中。孔氏是戴震的学生，很可能是受到他老师的启发，进一步证明了在语音发展的历史上，元音收尾的韵可以转化为鼻音收尾；反之，鼻音收尾的韵，也可以转化为元音收尾,这就是他的“阴阳对转”之说。入声韵可以转化为阴声,也可以转化为阳声;反之,阳声或阴声都可以转化为入声。所以他称“入声者,阴阳互转之枢纽,而古今变迁之原委也”。

元音、鼻音和塞音收尾的这三类韵母是汉语的特征之一。孔氏揭示了语音要素内部的变化规律,用来说明上古语音的某些特点和解释上古语音发展变化上有一定的作用。但是他不可能象现代语言学那样,能够运用科学的工具从语音学原理上加以说明。所以整齐是整齐了,规律是发现了,但碰到许多具体问题或例外问题就得不到解释,不得不自相矛盾。为了九对九配得整齐把不具平、上、去三声的入声韵也配上了三声。显然这是作者思想中形而上学的观点,在科学研究中不可避免地要产生主观、武断的错误。

严可均分古韵为十六部,实际上是修正了孔广森分部的错误。他著有《说文声类》。

古音的研究到了十九世纪,进入了更深入的阶段。王念孙、江有诰的古韵分部,大体上已经可以成为定论。他们的分部都是二十一部,具体内容上也大同小异。江有诰的著作很多,总称为《音学十书》。他们都是在前人研究的成果的基础上,发扬了传统的优良学风,作更加深入、比较的研究,得出了接近上古实际语音的韵母系统。关于他们分部的具体内容,这里不作详细的介绍,留待第三章“上古韵母系统”中去叙述。

三百多年古音学的研究工作到了章炳麟和黄侃,大体上集中地总结了明清以来各家的研究成果,结束了清代音韵学的研究。章炳麟字太炎,浙江余杭人,一生的著作很多,在语言学方面有很大的成就。关于音韵学方面著作,大部分载在《国故论衡》和《文始》里。

清代学者中有一部分人着重在考古方面获得成绩,有一部分则着重在分析音素或审音上取得成绩。但他们都只能做到分析古音的韵部，没有提出上古语音的实际读音即音值应该是什么。江永、戴震等在审音方面有成绩，但也只是猜测了某些韵部古音读某或读某，而且完全是为了他们的分部。到了章太炎，他把古韵分为二十三部。一方面在前人研究成果的基础上分得更精密；另一方面更重要的他开始用方块汉字去描写自己所分韵部的音值。给现代人研究古音去拟订古音音值以很大的启发。他在《国故论衡·二十三部音准篇》关于"鱼部阳部声埶"写道：

> 鱼部，古皆阖口，如乌、姑、枯、吾；其撮口如於、居、祛、鱼者，后世之变也。从是开口，则近歌；从是齐齿，则近支，此鱼部所以常与歌、支相转。对转阳部开阖皆备，如汪、王、荒、黄、光、匡为阖，央、羊、杭、冈、姜、羌、彊为开。以是推之，鱼部虽无齐齿，不得言无开口……①

清代学者缺乏表现音值的工具，所以只能在方块字上归归类、分分部，考证考证分部读多读少，却不能进一步说明各部各韵的音值。章太炎用方块字来描写音值，而不采用音标，所以他所订定的音值仍然不容易被人所了解。方块汉字的局限性，使得他所假定的古音不可能很准确。

章太炎的学生黄侃，字季刚。他分韵为二十八部，实际上是章氏的二十三部，因为他把其中五个入声韵单独立为五部，所以并无多大的区别。

前面所提到的一些古音研究工作，它们的内容差不多都是属于韵母方面的研究。对于先秦两汉语音中的声母方面，在钱大昕

---

① 章炳麟《国故论衡》卷上（线装本第 17 页）。

以前,却还没有人进行过研究。因为一般古音学者的心目中,都把中古以来的“三十六字母”作为定论,以为上古的声母也是这几个。只有到了钱大昕,才注意到上古语音中声母的研究,发现上古声母中有许多音与中古与当代大不相同,这就是著名的“古无轻唇音”“古舌头舌上不分”之说。

钱大昕是十八世纪中叶的音韵学家,他的著作很多,有《十驾斋养新录》五卷、《潜研堂文集》十五卷,其中很多内容都是研究音韵的著作。但专门讨论声母方面的篇幅并不多,只有“古无轻唇音”“舌音类隔之说不可信”等数篇。钱氏也是根据方块字的谐声偏旁,古书中的异文、古读、声训等类材料,发现上古声母没有轻唇音,古无舌上音,同宋人三十六字母加以对照、比较,缺少非、敷、奉、微和知、彻、澄这些声母的字。并断定非、敷、奉、微在上古属帮、滂、並、明,而知、彻、澄则属端、透、定,这一重大的发现对研究上古实际语音及其发展有很重大的作用。事实上韵母中的许多变化,须要声母的变化去说明,声母和韵母紧密地结合在一起成为一个音节,如果说把声母看成一成不变的东西,那么要想全面地找出韵母的演变规律是不可能的。音节内部诸音素之间互相影响造成了语音内部的某些变化,只有全面地了解语音诸要素之间的变化、发展,才能正确地认识语音的演变规律。钱氏的功绩就在于给古音的研究工作开辟了另一个重要的方面——上古的声母系统,为全面求出上古音系打下了基础。

钱大昕举了大量的实例论证了这两条规律的正确性。他在《十驾斋养新录》卷五“古无轻唇音”开头写道:

凡轻唇之音,古读皆为重唇。《诗》:“凡民有丧,匍匐救之。”《檀弓》引《诗》作“扶服”。《家语》引作“扶伏”。又“诞实匍匐”,《释文》:“本亦作扶服。”《左传·昭二十一年》:“奉壶饮

冰以蒲伏焉。"《释文》:"本或作匍匐。"……①

这样的例子列举了很多,在同篇中如"古读扶如酺,转读为蟠音""古音负如背,亦如倍""古读附如部""古读佛如弼,亦如勃""古读文如门""古读弗如不""古读方如旁""古读封如邦"……每条下面都有很多古籍中的例句,从考证中得出这些轻唇在上古确实读重唇。

在《潜研堂文集》卷十五"答问十二"中写道:

> 问:轻唇之音,何以知古人必读重唇也?曰:《广韵》平声五十七部,有轻唇者仅九部,去其无字者,仅二十余纽。证以经典,皆可读重唇。如伏羲即庖羲、伯服即伯犕、士鲂即士彭、扶服即匍匐、密勿即黾没……凡今人所谓轻唇者,汉魏以前,皆读重唇,知轻唇之非古矣。②

关于"古无舌上音",钱氏也有很多具体的论证。在这里还是抄下作者自己的话来看看这条规律的内容究竟是什么?他在"答问十二"中写道:

> 古人读"陟""敕""直""耻""猪""竹""张""丈"皆为舌音,每用以切舌音之字。"沖",直弓反,而《说文》读若"动",此可证古音"直"如"特"也。③

在《十驾斋养新录》"舌音类隔之说不可信"中说:

① 钱大昕《十驾斋养新录》(上),第101页,商务本。
② 钱大昕《潜研堂文集》(卷十五),第220页,商务本。
③ 钱大昕《潜研堂文集》(卷十五),第218页,商务本。

> 古无舌头、舌上之分。知、彻、澄三母,以今音读之,与照、穿、床无别也。求之古音,则与端、透、定无异。《说文》“沖”读若“动”;《书》“惟予沖人”,《释文》“直忠切”。古读“直”如“特”。沖子犹童子也。字母家不识古音,读“沖”为“虫”,不知古读“虫”亦如“同”也。①

下面也有很多实例,如:“古读池如沱”“古读沈如潭”,“古读陈如田”“古读涿如独”等等。钱大昕的这些发现,虽然只是从方块字中考证得来,没有音标给他做凭证,但却有相当的科学根据。这就是从大量的书面材料中,概括出表现上古实际语音的记录加以对照、比较得出了可靠的结论,他还认为古代声母中不仅没有知、彻、澄,就是照、穿、床也是有许多字归舌音的。

钱大昕以后,在古声母研究有些重大发现的是章太炎。章氏的发现就是“古音娘日二纽归泥”,他在《国故论衡》卷上“古音娘日二纽归泥说”中写道:

> 古音有舌头泥纽,其后支别:则舌上有娘纽,半舌半齿有日纽,于古皆泥纽也。何以明之?涅从日声,《广雅·释诂》:“涅,泥也。”“涅而不缁”,亦为“泥而不滓”,是日、泥音同也……

举了很多的实例论证“娘日二纽归泥”。我们觉得古音中这条规律是可信的。章氏的这项发现,对我们进一步了解上古语音的实际状况有很大帮助。虽然还有一部分声母的发展和在上古所存在的状况还待我们进一步深入的研究,特别是其中音值的拟订工

---

① 钱大昕《十驾斋养新录》(上),第111—112页,商务本。

作，各家还没有取得一致的意见，但古声母和韵母一样，经过古音学者的努力，大体上已经有了一个比较接近上古音系的轮廓。

要使古音系统的音值有一个比较接近上古实际语音的轮廓，这只有到了近代有了科学的语音学工具以后才有可能。近代的汪荣宝等人从外国语中的汉字释音来考订中古音系的某些音值以后，从而推到上古，考订出上古音的某些音值，或者直接获得上古的个别音值，其中有些结论是比较可靠的，如古代属歌、戈韵的字元音都读 a 不读 o。高本汉，在这方面也作过不少的研究工作，他对中国古音的某些武断，带来了中国古音研究中的混乱，但其所订的某些音值，可以作为研究时的参考。钱玄同、李方桂等人也写过这方面的一些专著，罗常培、陆志韦、王力诸先生在这方面很有研究，写过不少专著。虽然对上古的整个音系还没有得出全面正确的结论，然而大部分的声母、韵母及其音值都已拟订出来了，而且越来越可靠，越接近上古实际语音。我们相信在并不要很长的时间内，汉语音韵史上古音中一些重大的疑难问题，一定能够获得比较科学的结论。

近代学者对上古音的研究是有成绩的。我们的汉语史与语言学史有适当的分工。所以某些学术问题的介绍，留待语言学史去详细研究。

在这里还须要把我们所根据的材料和研究方法问题简要地说明一下。

过去学者所据以研究的材料，大致有这样几方面：第一是古代书面语中的韵文。如《诗经》的押韵，《楚辞》、汉赋的押韵，古诗、汉乐府的押韵和诸子散文中有韵的部分等等。古音学者古韵的分部，都是根据这些韵文的韵脚归纳出来的。第二是方块汉字中的谐声字、字典性质的字书、中古时期的韵书，等等。清代学者大多都是考古学家或者是研究中古音的专家，从考证方块汉字中得出了某些合乎科学的结论,从熟悉近古或中古的语音推出了上古语音的某些概况。第三是古籍文献中许多异读、重文的材料和汉语所特有的双声叠韵现象,等等,尽管汉语的历史是用方块字记载下来,但文字到底是纪录语音的符号。所以清代学者能够在浩繁的古纸堆里,从无数的方块字中找出上古语音系统的轮廓,这是值得惊异的。他们能够从实际材料出发,运用了比较实事求是的研究方法,他们对古代文献都比较熟悉,历史知识也比较广博,特别是其中有些学者受到当时先进思想的影响,帮助其在学术上能够有大胆的革新和创见。三百多年来,经过无数学者前仆后继的努力,奠定了汉语古音学的基础。

近代研究古音的学者还运用了现代方言和外语中汉语借词等材料。同时还运用了现代语音学知识和历史比较法去进行研究。这样就使得古音的研究工作具有了现代科学的基础。

汉语方言到今天为止,还是非常复杂。在南方各种方言中差不多都保存了古代语音中的某些成分。如吴语区方言中的浊音系统、粤方言中所保存的-p,-t,-k 韵尾,这种从活生生口语中所得来的材料,可以使我们有可能象听到上古语言的声音一样,有足够的事实可以证明汉语音发展的历史进程,并利用方言材料进一步来建立接近上古实际语言的语音系统及其音值。随着社会主义科学文化事业的繁荣,方言学的发展很快,全国方言基点调查工作已经完成,无疑地将为上古音的研究工作提供非常丰富的材料。方言学和古音学在新的历史条件下将得到密切的结合。

日本、朝鲜、越南等外语中保留了中古或者上古汉语借词的某些读音,这给历史比较法提供了可贵的材料。中国古代有悠久的文化,日本等国家的文化(主要是书面语)受汉语的影响很深。虽然外国语言中的汉语借词必然要接受该民族语言体系的制约,但借去以后在该民族语言中用音标固定下来了。就有一定的稳固性。而且汉语是作为整个音系影响它们的语音系统，不是什么个别字的读音。所以上古语音中得不到解释的现象，可以从外语借词中得到某些解答。现代对东方各国语言的研究，必将提供更多可靠的材料，进一步推动古音的研究。同时汉语中的外语译音近代学者也曾经做过一些研究，但还缺乏系统的整理。

今天我们研究古音，仍然离不开先辈们所运用过的材料，而且他们已经做了许多有益的整理工作，我们用不到再从“人之初”开始。但是先辈们由于时代的局限性，他们的著作中有许多唯心主义和形而上学的东西，甚至掺杂了很多封建迷信的东西，象清代学者谈到周秦音和两汉音的分别，大半不切合实际，他们没有精密地考察过全部材料，往往偶尔见到一点就随便作出论断。他们不可能有彻底唯物主义的历史观点，所以会把先秦和两汉或者两汉的先后混为一谈。今天我们有了辩证唯物主义和历史唯物主义的思想和方法作指导，就有可能象沙里淘金一样，把前人的成果集中起来。运用历史唯物主义辩证法观点和科学的历史比较法，正确地对待古代文献的材料，不但要考证它们的真伪，还要同社会的发展密切相联系。把它们放到具体的历史时期中去，作出比较合乎科学的论断。

马克思主义哲学原理适合于一切科学领域。在优越的社会主义制度下运用科学的马克思主义来研究汉语史，必将使古音的研究工作获得新的生命。离开了马克思主义思想的指导，要想正确认识人类历史，正确认识人类历史社会的语音现象，那是不可能的。更重要的在于我们祖先们的语言第一次得到真正的重视，古音的研究有了无产阶级及其政党的领导和无微不至的关怀。这种无比优越的条件和崭新的历史时代是过去任何时代的任何古音学家所不可能有的。有了党的领导和在党领导下年青一代战胜困难、建立强国的英雄气概,将保证古音学的发展,在不太长的时期内超过前人三四百年的研究成果。古音学和整个社会主义科学事业一起,在社会主义大道上不断前进。

二、上古音的声母系统

上古声母的研究，材料比较缺乏，只有谐声偏旁以及一些辅助材料如古书中的异文、古读和声训等。在这样材料不足的情况下，要直接作上古声母的静态描写是极其困难的。因此，我们就得借助已知的代表中古音系的《广韵》的声母情况，来上推古音，以求对上古音声母情况有一个近似的认识。

《广韵》的声母共有 35 个：

（甲）喉音

影○　餘 j　晓 x　匣 ɣ

（乙）牙音

见 k　溪 kʻ　群 g　疑 ŋ

（丙）舌音

端 t　透 tʻ　定 d　泥 n　来 l

知 ȶ　彻 ȶʻ　澄 ȡ

（丁）齿音

精 ts　清 tsʻ　从 dz　心 s　邪 z

庄 tʃ　初 tʃʻ　崇 dʒ　山 ʃ

章 tɕ　昌 tɕʻ　船 dʑ　书 ɕ　禅 ʑ　日 ȵʑ

(戊) 唇音

帮 p　滂 p'　並 b　明 m[①]

根据《广韵》的声母系统上推，上古音的声母共有 27 个：

(甲) "喉牙音"

见 k　溪 k'　群 g　疑 ŋ　晓 x　匣 ɣ　支 c　赤 c'

示 ɟ　坴 ɲ　收 ç　氏 j　影○

(乙) 舌音

端 t　透 t'　定 d　泥 n　来 l

(丙) 齿音

精 ts　清 ts'　从 dz　心 s　邪 z

(丁) 唇音

帮 p　滂 p'　並 b　明 m

下面我们就逐节分部加以说明。

(一) 上古音类的推测

1.《广韵》中的"喉音"和"牙音"，从现代语音学的观点看，实际上都是舌根音，为了说明方便起见，我们把"喉音"和"牙音"合称"喉牙音"。

中古的"牙音"有见、溪、群、泥四母，从谐声材料看，这一类的字除了自谐之外，也常常互谐，这说明在上古见、溪、群、疑四母不仅存在，而且是同一类的。但在谐声材料中，我们发现在见系互谐的情况中，包括有所谓属于喉音的晓母字和匣母字，如：

告 k：诰 k，靠 k'，鹄 ɣ

干 k：鼾 x，汗 ɣ，奸 k

---

① 王力《汉语史稿》(修订本)上册，P50。

尧 ŋ：晓 x，鐃 k，磽 k‘

喬 g：驕 k，蹻 k‘，獢 x

九 k：旭 x，尻 k‘，仇 g

这说明上古声母中“喉音”晓、匣与见系字之间有一定的关系。我们再看下面两类谐声材料：

（1）晓母和见系互谐：

灰 x：恢 k‘

虘 x：虧 k‘

敻 x：讂 k，瓊 g

懽 x：雚 k，勸 k‘，權 g

疦 x：夬 k，缺 k‘

（2）晓、匣互谐

乎 ɣ：呼 x

曷 ɣ：喝 x

脅 x：協 ɣ

害 ɣ：辖 x

晓、匣和见系相谐，晓、匣互谐，这充分说明了晓、匣和见系是属于同一声类的，也就是说，上古的“牙音”实际包括见、溪、群、疑、晓、匣六母。

另外，在谐声材料中有一组专和舌根音谐声的齿音字，如：

支 tɕ，枝 ʑ：攱 k，跂 k‘，芰 g，敧 ŋ

赤 tɕ‘，赦 ɕ：郝赫 x

示 dʑ，视 ʑ：祁 g，狋 ŋ

厹 nʑ：九 k

收 ɕ：莍 g

氏 ʑ，纸 tɕ：衹 g

我们知道，能够和舌根音谐声的，除了舌根音本身以外，只有比舌根音部位稍为靠前的音,其他部位的音要与舌根音相谐是极困难的。因此,这一类的谐声字,显然和上述与端系相谐的情况是不同的,它们应该是声母系统中的一个独立的声类。

2.《广韵》舌音有端、透、定、泥、来和与端、透、定相配的知、彻、澄,共八个声母。在宋人三十六字母中,舌音也分舌头、舌上两类,共有端、透、定、泥、知、彻、澄、娘八母。这证明中古舌音分端系和知系两类。根据钱大昕的考证,上古音的舌头音和舌上音是不分的,他的主要根据是古代书语中的古读音,如:

>《说文》"沖读若动"。《书》"唯予沖人",《释文》"直忠切"。古读直如特,沖子犹童子也。古音中如得。《周礼·师氏》:"掌王中失之事。"故书中为得,杜子春云:"当为得记君得失,若《春秋》是也。"《三苍》云:"中,得也。"《史记·封禅书》:"康后与王不相中。"《周勃传》:"勃子胜之尚公主,不相中。"小司马皆训为得。
>
>古读廛如壇。《周礼·廛人》注:"故书廛为壇。"杜子春读壇为廛。《载师》:"以廛里任国中之地。"注:故书廛或为壇,司农读为廛。[①]

另外,从谐声的情况看,舌音的谐声只有一套,没有两套,这也说明了在上古舌音是不分的。如:

亶:氈、擅、檀、膻

刀:超、召、韶、招

兑:脱、税、说

屯:顿、肫、纯

此外,在这一类谐声字中,还包括一部分齿音字。有人假定为

① 钱大昕《十驾斋养新录》卷五。

另一个声类，并且确定它们的音值是 ȶ，ȶ‘，ȡ。我们相信钱大昕“齿音古亦多读舌音”的说法是对的。理由：从现代方音来考证，证明所谓的“齿音”实际上就是舌面音 tɕ，tɕ‘，ɕ，它们的发音部位和 t，t‘，d(ȶ，ȶ‘，ȡ)很相近，容易谐声，尤其是在三等韵中，这种可能性就更大。三等有 i 介音，tɕ，tɕ‘i，ɕi～ti，t‘i，di(ȶi，ȶ‘i，ȡi)。上古舌音到中古变成舌头 t，t‘，d 和 ȶ，ȶ‘，ȡ，现在如果上古有一组 ȶ，ȶ‘，ȡ 的音，而且它们的关系又那么接近，那么，端系 t，t‘，d 发展成端、知两系的变化，为什么不在上古就完成了呢？这种接力赛跑式的论证法，实际上是站不住的。

中古的舌音，除了端系和知系相配的六母外，还有泥、日两母，在《敦煌掇琐》第一百号“守温撰论字音之书”中这样写着：

舌音 端透定泥是舌头音，
知彻澄日是舌上音。

端、透、定和知、彻、澄在上古不分，那么泥、日二母在上古是分还是合呢？章太炎的结论是：“古音娘、日二纽归泥。”他列举了很多古代书面语中同音假借字的例子，如：

> 涅从日声，《广雅·释诂》：“涅，泥也。”“涅而不缁”亦为“泥而不滓”。是日、泥音同也。黏从日声，《说文》引《传》：“不义不黏。”《考工记·弓人》杜子春注引《传》：“不义不泥。”是日、泥音同也……今音泥、屔为泥纽，尼、昵在娘纽。仲尼，《三苍》作仲屔，《夏堪碑》曰仲泥。何恀？足明尼声之字古音皆如泥、屔，有泥纽，无娘纽也。今音男女在娘纽，尔女在日纽。古音女本如帑、妻帑、乌帑，其字皆一。《天文志》颜师古说：“帑，雌也。”是则帑即女也。尔女之音，展转为乃，有泥纽，无娘纽也……①

① 章太炎《国故论衡》。

这些例子,充分证明他的论点——“古音娘、日二纽归泥”——是正确的。另外,从谐声材料看:

然 ȵʑ: 嘫 n,燃 ȵʑ,撚 n

乃 n: 仍 ȵʑ

弱 ȵʑ: 溺 n,嫋 n

日、泥通谐,说明它们之间是有联系的,可见是属于同一声类。又从上文引用的古书中的同音假借字的例子,说明泥、日是属于同一母的。在上古只有泥纽,没有日纽。关于娘纽的问题,章太炎的意见是有出入的,事实上到《广韵》的时代,娘纽还没有从泥纽分化出来,宋人三十六字母中有娘母,恐怕也只是在书面上为了使知系和端系完全相配而强分出来的。

3.《广韵》的“齿音”有三类:

a. 精 ts,清 ts‘,从 dz,心 s,邪 z

b. 庄 tʃ,初 tʃ‘,崇 dʒ,山 ʃ

c. 章 tɕ,昌 tɕ‘,船 dʑ,书 ɕ,禅 ʑ,日 ȵʑ

c类在上古的情况,已经在本节第(一)(二)中说明了,日母古属泥母也已在前面交待,现在要讨论的“齿音”,就只有庄系和精系了。

精系和庄系在谐声字中是很难分开的。如:

参 ts‘: 惨 ts‘,篸 ts,滲 s,縿 ʃ,摻 ʃ

祭 ts: 蔡 ts‘,㡜 s,察 tʃ‘,瘵 tʃ

且 ts‘: 祖 ts,殂 dz,疽 ts‘,助 dʒ,组 tʃ‘,阻 tʃ

喿 ts: 臊 s,鐰 dz,操 ts‘,幧 ts‘

在假借中也能找到很多这样的例证。如:

数 ʃ: 速 s——《周礼·考工记》:“则莫能以速中。”注:“故书速或为数。”

壮 tʃ: 将 ts——《礼记·射仪》:“幼壮考弟。”注:“壮或为将。”

稷 ts：侧昃 tʃ——《尚书中候》："至于日稷。"郑注："稷读曰侧。"又《春秋》"戊午日下昃"，《穀梁》作"日稷"。

从以上两种情况看，精系和庄系字既互相通谐，又可以互相假借，那么它们很可能在上古是同一个声类，就像中古的端、透、定、泥和知、彻、澄、日在上古声母系统中合而为一的情况一样。但是，在分等的方面，情况是不同的，端系是一四等，知系是二三等，它们的分配极其整齐。而精系和庄系的分等就不同，精系见于一三四等，庄系见于二三等。也就是说在三等中既有精系字，又有庄系字，如果假设精、庄两系同出一源，那么在同样条件下怎么会产生不同的变化，以至使它们一部分归二等，一部分归三等呢？怎样来解释这个问题呢？考察中古韵书中庄系字的分布情况，可以发现：

(1) 在《广韵》的三等韵里，庄系字总是可以用作其他各母字的反切下字的，可是在三等韵里情况就不同，在全部三等反切字中，只有十个是庄系字（甾、史、助、刍、庄、簪、谮、瘥、戢、士），其中三个字出现两次，其他都只出现一次；而且，除了"士"字曾切"里"一个例外，其他都是切的本系字。这种现象，我们只能理解成这样：中古的庄系字自有不同的来源，当它们变入三等韵时，一定是反切的应用已经很久，已经形成了一种习惯，因此，当这些三等字变进来时，被用作切下字的可能就很小；而二等韵的庄系字，既与其他母字关系密切，它们原属二等，也就没有问题了。

(2) 庄系字在中古各韵摄里的分配，在有二等韵的摄里，它们集中在二等而不见于三等；只有在没有二等韵的摄里，它们才在三等中出现。关于这一现象，我们的理解只能是：庄系字原属同一系，由于一定条件的变化才造成了这样的分配。

(3) 臻、栉两韵只有庄系字而独成二等韵，真质是与臻栉相配的三等韵,恰巧真质只缺二等,把二三等拼起来,就和一般的三等一样。进一步察看上古各个韵部,可以发现中古韵书中,如果某部出现了庄系三等字,则同部二等韵大体就没有庄系字,就是有,也是可以互补空缺的。

由以上情况,我们可以确定精系字与庄系字的分配,在《切韵》以前是不冲突的,精系只出现于一三四等,庄系只出现于二等。因此也可以推断,中古的精系字和庄系字在上古是属于同一声类的,也就是说,上古齿音只有精系一类。

4. 唇音字在《广韵》中分成两类:

博 p,普 pʻ,蒲 b,莫 m

方 p(i),芳 pʻ(i),符 b(i),武 m(i)

它们的区别仅在于韵的洪细:博普蒲莫切洪音,方芳符武切细音,在声母音值上没有什么应区别。因此,《广韵》的唇音字实际上只有一类。

在宋人三十六字母中,唇音字已经有帮滂並明和非敷奉微两类了,也就是说唇音已经分化成重唇和轻唇两类了。钱大昕引用了大量的古书中的材料,充分地证明了古音中只有重唇音,没有轻唇音。如读“扶伏”为“匍匐”,读“负”如“背”,读“汶”为“岷”,读“勿”为“不”……①

在谐声材料中,有一类明母字,除了自谐之外,还经常和舌根音晓母字谐声。如:

每 m:悔 x,晦 x,诲 x,海 x

瞢 m:夢 m,薨 x

微 m:徽 x

黑 x:墨 m

① 钱大昕《十驾斋养新录》卷五。

戚 x：滅 m

我们认为：(1) 这一类字不属于明母，因为明母不和舌根音谐声。但是从谐声情况看，它与唇音字的关系比较密切。(2) 它不是舌根音中的一个母。确定了这一点，也就是确定了上古唇音应该有五个声母。

5.《广韵》的“喉音”中，除了被我们并入舌根音的晓、匣两母外，还有影、餘二母。

从谐声材料看，中古的餘母字常和舌音谐声。例如：

昜 j：瑒 d，湯 t，踼 t

由 j：笛 d，迪 d

延 j：诞 d

攸 j：條 d

可见，中古的餘母字和舌音的关系很密切。据古书中的又读字的材料，证明中古的餘母来自上古的定母。例如读“攸”为“调”，读“繇”为“陶”，读“昜”为“狄”。[①]

在谐声材料中，影母字自成一类：

央：英、鞅、殃、盎

昷：温、煴、醖

翁：蓊、滃、鰫、螉

汪：湗、枉

从今天的语音学观点来分析，影母实际上就是没有声母而由韵单独成音节的字，因此，有没有切上字，对于影母字来说是无所谓的。在反切系统中，古人为求整齐起见，也给这些没有声母的字拟订了一套切上字。

6. 在《广韵》声类中，来母字属于舌音一类。在谐声材料中，

① 曾运乾《喻母古读考》。

来母字的谐声情况可分两种，第一种是自谐：

林 l：淋 l，霖 l，琳 l

离 l：摛 l，離 l

另一种是与别的声母谐声，不仅谐一类，而且谐几个声类：

录、绿、録、剥

各、路、格、赂

䜌：孌、蠻、孿、彎

龍：龐、寵、聾、龔

这一类的字，数目极多，因此，不能当作例外来处理。来母是边音，发音部位和其他声类的发音部位不很相近，就有相近的，也只是一类二类，通谐的情况不可能这么普遍，而次数又那么多。有人提出古有复辅音说，我们觉得是极其正确的。证明这一点，不仅有上面所说的谐声材料做证据，在现代汉语方言中，也可以找到直接的证据，如在常州方言中，年轻一辈说“园”yɤʔ，老一辈的说dəʔlɤ；年轻一辈说“沟”kɛiʔ，老一辈则说kəʔlɛ。在汉语的亲属语言台语和暹逻语中，至今仍有pl，kl这样的复辅音存在。汉语和台语、暹逻语来自同一母语，我们很可以设想在上古汉语中是有复辅音存在的。后来随着时间的发展，就逐渐的消失了。为什么暹逻语和台语中还存在呢？这可能是由于所使用的文字和汉字不同的缘故。我们肯定上古有复辅音存在，但是由于它消失得很早，而书面语中又没有保存(方块汉字没有能力保存)有关复辅音的材料，所以我们还不能全面认识上古复辅音存在的具体情况，要确定复辅音的声类也就不可能了。

到此，我们确定了全部上古音的声母是二十七个，它们的代表字是：

见　溪　群　疑　晓　匣　影

支　赤　示　厶　收　氏

端　透　定　泥　　　来
精　清　从　心　邪
帮　滂　並　明

在下节里，我们将分部来确定它们的音值。

（二）上古声母音值的拟测

“喉牙音”见溪群疑晓匣这一组，由于发音部位比较稳固，所以由上古到中古，它们的音值变化不大。在现代汉语的很多方言中，见系的一部分字变入其他声类，但也有保存不变的，如粤闽方言。在现代福州方言中，“见”“今”“京”这一类上古见母字的声都是k-，“溪”“气”“起”这一类上古溪母字的声都是k‘-，“晓”“许”等上古的晓母字都读为x-。（群、匣都是浊音，在福州话中已经消失。）参照现代福州方言，我们可以把见、溪、晓三母的音值订为k，k‘，x，这是毫无疑义的。现代上海方言中是保留浊音的，古代的群母字，在上海话中是浊音字，但大多数字都属于和tɕ，tɕ‘相配的dʑ母，如“强”“求”“巨”“奇”等，但是有一部分读为与k，k‘相配的g，如“葵”“逵”“狂”。（“逵”字一部分人读k‘uei，这样的人大都是读书人，因此可能是受官话影响。）疑母和匣母字，也和群母字一样，很多变入了其他声类，但有一部分不变。例如：

疑母：五ŋ　吾ŋu（又读ʔu）　娱ŋu（又读neŋ）

匣母：下ɣɔ　何ɣu　痕ɣəŋ　韩ɣø

参照上海方言以及吴语区的其他方言，我们可以把上古群、疑、匣三母的音值订为g，ŋ，ɣ。

“喉牙音”支系字的音值拟订就比较困难，在我们所熟悉的方言中，找不到这样的材料，因此我们只能从音理上来拟测它们的音值。如前面所说过的，这一系字专和舌根音谐声，而不和舌头音谐声，因此它们的发音部位一定是比较靠后的。发音部位与舌有关的：一组是舌尖音 ts、tsʻ……一组是舌头音 t,tʻ……一组是舌上音 ȶ,ȶʻ……一组是舌面音 tɕ,tɕʻ……一组是舌根前音 c,cʻ……还有一组是舌根音 k,kʻ……在这几组音中，齿尖音和舌根音谐声是不可能的，前面说过，古音舌头、舌上和舌面（所谓的“齿音”）音是不分的，也就是说这三组音都归在 t,tʻ……中，而支系字又没有和这一类音的字相谐的；下剩的两组中，一组是已经确定了的见系的音值 k,kʻ……，和 k,kʻ……相谐而发音部位又相近的，那就只有 c,cʻ……这一组了，显然 c,cʻ……就是支系字的音值。

在一种语言中同时存在两组舌根音，这是十分可能的，尤其在“音多重浊”的古代，假设那时存在两套舌根音，就像同一种语言中同时存在着两套舌尖音（舌尖前、舌尖后）和两套舌面音（舌面前、舌面中）一样的合理。

前面已经说过，影母字实际上就是没有声母的字，反切上字的配备只是为了整齐，凡影母字都是韵母独立成音节的字，因此，影母字的“声母”的音值应该是○。因为影母字是由元音开头的，在发音时开始也有一个除阻的作用，因此有人就该以为上古影母的音值是喉塞音 ʔ，实际上这是一种误解，在现代上海方言中，有喉塞音，也有零声母字，这是并不相干的两回事。

现在我们来谈谈上古舌音的音值。前面已经说过上古舌音中包括中古的舌头、舌上和“齿音”三组，从现代语音学里的观点看，舌头、舌上和舌面是三组不同的音值：

舌头音：t　tʻ　d　n

舌上音：ȶ　ȶʻ　ȡ　ȵʑ

“齿音”：tɕ　tɕʻ　dʑ　ȵ

这三组音中，究竟那一组是上古舌音的音值呢？从发音原理说，ȶ 组和 tɕ 组里的发音部位是相同的，由于介音的影响才变成 tɕ

组的，也就是说 tɕ 组在上古是不存在的。剩下两组音，要确定那一组是真正的上古舌音的音值也不是轻易就能决定的。虽然钱大昕证明了古音没有舌上音，但是，古音的舌头音是否就是 t，t‘……呢，这仍是个疑问。现代闽方言中仍保留着古音舌头、舌上不分的遗迹，如福州方言读“知”为 ti，读“竹”为 toʔ，读“猪”为 ty。因此，我们可以确定古代舌音的音值是 t，t‘，d。

在谐声中泥母字自成一类，而且上古只有泥母，没有娘母和日母，因此，我们把泥母的音值定为 n，与 t，t‘，d 相配，该是合理的。

关于上古音中的齿音，前面已经讨论过，确定上古齿音声母只有精、清、从、心、邪一类。根据这一类字的演变，同时参照现代方言的实际读音，我们认为上古齿音精、清、从、心、邪的音值应该是 ts，ts‘，dz，s，z。

上古唇音的音值，比较容易确定，因为在现代汉语方言中可以找到活的材料——福州方言中的唇音字——作为拟订音值的佐证：福州方言中只有重唇音，没有轻唇音，例如福州话读斧为 p‘u，读妇为 pou，读房为 poŋ，读饭为 pwoŋ。从福州话唇音字的情况，可以确定上古唇音字的音值是 p，p‘，b，m。

另外，唇音字中专与 x 母谐声的那一类字，我们已经说明不能算作例外，而应当当作一个独立的声类。它和唇音声类的关系比跟舌根音其他声母（除 x 之外）的关系密切，因此可以肯定这一个声母是属于唇音声类的。唇音除了 p，p‘，b，m 之外，还有 φ，β两个音，β是浊声母，它不能和不同部位的清声音相谐，那么下剩的就只有 φ 了。

我们觉得，订 φ 这个音是极合理的。首先，φ 是清塞音，它与清塞音 x 谐声是极有可能的；其次，单发 φ，x。声音相差较远，但是，从韵书中可以看到这一类的情况多数在合口韵中出现，也就是说多用于跟 u 或以 u 为韵头的音相拼，如 xu，ɸu，xuo，ɸuo，在这种情况下，谐声的可能性就更大了。

ɸ 是双唇清擦音，气流受阻很小，因此影响到音的响度和稳定性，使它很早就消失了。至于具体消失时代，现在还难肯定，因为除了谐声材料之外再没有证明它曾经存在过的材料了。

最后，再来谈来母的问题。来母是边音，没有与它的发音部位相同或相近的音，因此，来母字就比较稳固。它的音值，可以说从古至今没有改变。我们采用传统说法，把来母的音值订为 l。

前面谈到来母字中间有大部分字兼与好几个声类谐声的，我们肯定地认为这是古音中有复辅音的遗迹，我们相信在上古会有诸如 pl，p‘l，kl，k‘l……之类的复辅音存在的。只是它消失得极早，大概在上古后期的西汉时代就消失了；而且材料极广，究竟上古复声母分几类，一时还很难了解它的全貌。鉴于此，我们肯定古有复辅音，具体分类、音值则有待于今后的研究。

（三）上古声类系统的结论

在本章中，我们逐步的讨论了上古音的声类系统，而后又拟订了每个声母的音值。到此，我们基本上描画了上古声类系统的轮廓。在整个系统中，有二点值得注意的情况：(a) 上古有复辅音，(b) 上古有唇音字 ɸ——这是上古前期(先秦)的情况。到后期，也就是到两汉的时期，ɸ 声母和复辅音消失了。为了照顾全面，我们的音值拟订就以两汉为界限。声类中包括的音是西汉时代的音(包括先秦的没有变入其他声类的音)。

根据已推知的情况，制定《上古声母表》，见下图：

上古声母表

方法＼部位			双唇	齿唇	齿间	舌尖前	舌尖后	舌叶	舌面前	舌根前	舌根后
塞	清	不送气	p 帮			t 端				c 支	k 见
		送气	pʻ 滂			tʻ 透				cʻ 赤	kʻ 溪
	浊	不送气	b 並			d 定				ɟ 示	g 群
		送气									
塞擦	清	不送气				ts 精					
		送气				tsʻ 清					
	浊	不送气				dz 从					
		送气									
鼻	浊		m 明			n 泥				ɲ 厺	ŋ 疑
滚	浊										
闪	浊										
边	浊					l 来					
边擦	清										
	浊										
擦	清					s 心				ç 收	x 晓
	浊					z 邪				j 氏	ɣ 匣

三、上古韵母系统

（一）上古韵母的分部、分部的原则

1. 前人对古韵的分类

清朝是古音学家辈出的时代，古音学家研究最卓越的成绩当推古韵分部。他们考求古音，往往历时数十年，或竭尽毕生精力而后成论。古韵分部，材料一致采用《诗经》用韵（研究上古时期韵母系统最可靠的材料）旁及群经诸子韵文以及《说文》谐声字；用的研究方法同样以归并韵文押韵以及谐声字同声必同部的原则，因此所得的结论，大同小异。"大抵前修未密，后出转精"①。这也合乎科学的进程，凡开创工作，往往是粗糙的，不能摆脱前人的误解，但等后世转精。

> 古韵之学，自昆山顾氏而婺源江氏，而休宁戴氏，而金坛段氏，而曲阜孔氏，而高邮王氏，而歙县江氏，作者不过七人，然古音廿二部之目，遂令后世者无可增损。故训故、名物、文字之学有待于将来者甚多；至古韵之学，谓之前无古人后无来者，可也。原斯学所以能完密至此者，以其材料不过群经诸子

---

① 章炳麟《小学略说》。

及汉魏有韵之文，其方法则皆因中古人用韵之自然，而不容以后说私意参乎其间，其道至简，而其事有涯，以至简入有涯，故不数传而遂臻其极也。①

王国维的这一段话是对清代盛极一时的古韵分部研究一个公正的评论。

以下我们谈谈古韵分部的历史。

古韵一事，至今日几如日丽中天矣。取而譬之，吴才老古音之先导也，陈季立得其门而入也，顾氏、江氏则升堂矣，段氏则入室矣！②

我们就以段玉裁为中点，简单的叙述一下。在段氏以前，则古韵分部只为雏形，谬误甚多，主段氏十七部，古韵分部大体已经完成。段氏以下则稍有变动而已。

对于古韵具有发展的观点，在汉时就已经萌芽。

古今音之别，汉人已言之。刘熙《释名》："古者曰车，所以居人也，今曰车，声近舍。"韦昭辨之云："古皆歌奢反，从汉以来，始有居音。"此古今音殊之证也。③

可见，古音学的源流可以追溯到汉朝，只不曾作系统的研究罢了！但是这种科学的发展观点没有得到很好的发扬，在南北朝、隋唐，经过了一个曲折的阶段，唐人改经陋习之得到应有批判。当

① 王国维《观堂集林·周代金石文韵读序》。
② 江永《音学十书·凡例》。
③ 钱大昕《音韵问答》。

时，接受历史观点的似乎只有《经典释文》的作者陆德明。他提出了“今谓古人韵缓，不烦改字”的意见，指出古人用韵不如后代苛细，戴震《声韵考》云：“古人韵缓，不烦改字。是陆氏已明言古韵。”他的古韵宽疏的理论，实在是吴棫《韵补》中通转学说的先河。

宋吴棫受了陆德明“古人韵缓”的启发，他以《广韵》为根据，凡《广韵》某韵字和古书上别的韵的字相押，他就在该韵下注上古通某、古转声通某、古通某或转入某等，因此他并《广韵》本声九类：

一东(冬钟通，江或转入)；

二支(脂之微齐灰通，佳皆咍转声通)；

三鱼(虞模通)；

四真(谆臻殷痕耕庚清青蒸侵通，文元魂转声通)；

五先(仙盐添严凡通，寒桓删山覃谈咸衔转声通)；

六萧(宵肴豪通)；

七歌(戈通，麻转声通)；

八阳(江唐通，庚耕清或转入)；

九尤(侯幽通)。

吴棫的结论实际是临空并无依存的。古代押韵并无韵书可据，无从转？无从通？他的材料又是古今异时，得出结论很多谬误。吴棫自言：“右《韵补》凡书五十种，其用韵已见《集韵》诸书者皆不载，虽见韵书而训义不同，或诸书当作此读而注释未收者载之。”(《韵补》)由此可见，他的主张和理论都是为了完美《集韵》一书而备，故名其书曰“补”当未脱胎于《广韵》，未入古韵研究之列。但他的研究确实为后来者开列了途径，因此江家称才老为古音学之先导。

明陈第第一次有系统的提出了“时有古今，地有南北，字有更革，音有转移，亦势所必主”(《毛诗古音考》序)之科学语言发展观念。他又说：“说者谓自东晋以来，中原之人流入江左，而河淮南北，间杂夷语，声音之变，或自此始。然一郡之内，声有不同，系乎地者也；百年之间，语有递转，系乎时也。况有文字而后有音读，由大小篆八分，由八分而隶，凡几变矣，音能不变乎？”[①]他进而指出：“三百篇，诗之祖，亦韵之祖也，作韵书者，宜权舆此。”[②]可以说他为古韵分部作了理论的前提。

由陈第而下，古音学大盛昌明时代到来。

首先把古韵研究推到系统化路上去的是顾炎武。他分古韵十部：

1. 东冬鍾江；

2. 脂之微齐佳皆灰咍（支半，尤半，去声祭，泰，夬，废，入声质，术，栉，昔半，职，物，迄，屑，薛，锡半，月，没，曷，末，黠，鎋，麦半，德，屋半）；

3. 鱼虞模侯（麻半，入声屋半，沃半，烛，觉半，药半，铎半，陌，麦半，昔半）；

4. 真谆臻文殷元魂痕寒桓删山先仙；

5. 萧宵肴豪幽（尤半，入声屋半，沃半，觉半，药半，铎半，锡半）；

6. 歌戈（麻半，支半）；

7. 阳唐（庚半）；

8. 耕清青（庚半）；

9. 蒸登；

10. 侵覃谈盐添咸衔严凡（入声缉，合，盍，葉，帖，洽，狎，业，乏）。

顾炎武有两个重大贡献：

(1) 中古入声韵在上古部和阴声通押，属同部。

---

① 陈第《读诗拙言》。

② 陈第《读诗拙言》。

(2)《广韵》同属一韵，古代韵部则或析为二，更有析为几个韵部。

到了江永，他批评顾氏："考古之功多，而审音之功浅。"[①]江永考订古音时，也用他的审音方法，因此流于主观的弊病，他最主要的是提出了异平同入的主张，为后世采纳。

段玉裁则集顾、江二氏优点，分古韵十七部，至此上古韵部已经成熟。现将十七部介绍于下：

第一类

1. 之咍(入声职德)；

第二类

2. 萧宵肴豪；

3. 尤幽(入声屋沃烛觉)；

4. 侯；

5. 鱼虞模(入声药铎)；

第三类

6. 蒸登；

7. 侵盐添(入声缉葉怗)；

8. 覃谈咸衔严凡(入声合盍洽狎业乏)；

第四类

9. 东冬鍾江；

10. 阳唐；

11. 庚耕清青；

第五类

12. 真臻先(入声质栉屑)；

13. 谆文欣魂痕；

---

① 陈第《读诗拙言》。

14. 元寒桓删山仙；

第六类

15. 脂微齐皆灰祭泰夬废(入声术物迄月没曷末黠鎋薛)；

16. 支佳(入声陌麦昔锡)；

17. 歌戈麻。

段氏有三大贡献：

第一，他析真臻先谆文魂痕八韵为十二、十三两类；析支脂之微齐佳皆灰咍九韵为第一、十五、十六三类。

第二，变更《广韵》次第。而以各部关系疏密为原则。

第三，谐声字的运用，使《诗经》不入韵者网罗无遗。

段氏以下，在古韵分部方面有贡献而有孔广森东冬分部及王念孙的至部独立，这些都是可取的。

近代王力先生脂微分部是受了章炳麟的启发，他提出了三个脂微分用的标准：

第一，《广韵》的音韵字，属于江有诰脂部者，今仍为脂部。

第二，《广韵》的微灰咍三韵字，属于江有诰脂部者，今改称微部。

第三，《广韵》的脂皆两韵，上古脂微两部杂居之地，脂皆开口呼在上古属脂部，脂皆的合口呼，在上古属微部。[①]

归并上古韵文，会发现这确实是可以成立的，我们也加以肯定。

现在，我们根据前人分部的卓见，分古韵二类二十二部。

第一类	**第二类**
第一部之职	第十三部蒸
第二部幽沃	第十四部冬

① 王力《上古韵母系统研究》。

第三部宵药	
第四部侯屋	第十五部东
第五部鱼铎	第十六部阳
第六部歌	
第七部支锡	第十七部耕
第八部脂质	第十八部真
第九部微术	第十九部谆
第十部祭月	第二十部元
第十一部盍	第二十一部谈
第十二部缉	第二十二部侵

2. 古韵分部的原则

第一,由于受到材料的限止,古韵分部的基础是《诗经》韵归并。凡《诗》韵同押的字归如一类,而这一类字也必同部。我们以第一类第一部为例:

《诗经》:①《相鼠》二章:齿止止俟(止)。②《麟之趾》一章:趾子(止)。③《小戎》二章:期之(之)。④《园有桃》一章:期之之思(之)。⑤《子衿》二章:佩(队)思(之)来(咍)。⑥《卢令》三章:鋂(灰)偲(咍)。⑦《楚茨》五章:备(脂)戒(皆)告(号)。⑧《竹竿》二章:右(有)母(厚)。⑨《南山》三章:亩母(厚)。⑩《甫田》三章:止子(止)亩(厚)喜(止)右(有)否(脂)亩(厚)有(有)敏(轸)。⑪《旄丘》三章:久(尤)以(止)。⑫《葛覃》三章:否(脂)母(厚)。⑬《丝衣》一章:紑俅(尤)基(之)牛(尤)鼒(之)。⑭《緜》三章:朊饴(之)谋(尤)龟(脂)时兹(之)。⑮《关雎》三章:得(德)服(屋)侧(职)。⑯《羔羊》二章:革(麦)緎(职)食(职)。⑰《丘中有麻》二章:麦(麦)国国(屋)食(职)。⑱《出车》一章:牧(尾)来(咍)载(代)棘(职)。⑲《楚茨》一章:棘稷翼(职)亿食(职)祀(止)

侑(宥)福(屋)。⑳《縣》五章：职(志)又(宥)。

从上面所举《诗经》押韵，这些韵脚不是甲和乙和押，就是乙和丙可押，那末甲丙当然也可通押。我们把这些互押的韵字归并成一部，此部即为之部。

归并诗韵之部时，我们会发现上古一部概括了中古好几个韵，①②属中古止韵；③④属上古之韵；⑤鋂属灰韵，偲属咍韵(以此类推，中古属何韵可见(　)内说明)。可见中古他们并不同韵，有些甚至差得很远，但在上古同属第一部。另外，中古的阴声韵，例如本部的咍、志、止、代、宥等和入声韵屋、职、德、麦相押(见例⑮—⑳)。可见入声韵在上古是与阴声韵相配，因此中古入声屋等四韵入本部。

第二，古代造字时，形声字同声必音同或音近。因此形声偏旁或成为古韵分部有力的佐证。《诗经》是韵文，不入韵的字太多了，有了形声偏旁，我们依据同声必同部的原则，使这些不入韵的字也能入部。形声字的材料应该以《说文解字》所载材料为主。发明谐声材料的段玉裁曾经指出他的正确性："六书之有谐声，文字之所以日滋也。考周秦有韵之文，某声必在某部，至赜而不可乱，故视其偏旁以何字为声，而知其音在某部，易简而天下之理得也。"①原来当归并形声字而得的韵书结论和《诗经》归并而得的韵部结论相互比较后，才知道他们是不谋而合的。因此谐声字的材料是可靠的。下面我们同样以第一部为例：

里，理堇趕艃裹悝鯉貍薶薶

止，祉齿企沚址征茝

或，棫鍼淢阈聝蜮域

畐，福葍副楅愊幅蝠辐䈏㚐

① 段玉裁《六书音韵表》。

喜，禧譆嘻饎僖喜

久，玖羑闪灸柩

母，莓鴞塂韵嵍敏鋂脢梅晦悔■侮姆脢海鲦

则，崱侧厕恻测鲗贼堋

力，仂肋朸协

台，鲐诒咍殆胎笞饴枱邰佁骀炱怡冶鲐始瓵绐

有，珛趙贿郁宥痏洧鲔婟绐鮪

才，迠豺麸材财鼒豺

北，背邶桨

子，芓孜李

囟，伩洶纳

異，冀趩廙廙匴冀骥冀趩瀷

己，芑记改杞邔屺諅妃改纪圮

亟，鞕殛極偭

葡，犕糒備備

其，祺萁碁諆棋旗期稘颀骐麒惧淇鲯娸基萛

臣，珵茞筐宦獄洍姬

某，禖谋腜煤媒

吕，莒异相侣

兹，嗞鹚慈滋孳兹

不，芣肧蚄碩紑坏

弋，𠂔杙貣忒妋酞式试弑代轼

直，殖植稙置值潳埴

革，諽鞆

息，榅鄎稳熄

棘，僰襋

意，噫檍澺

畟，稷稷

采，菜倸

又，汊鴍

之，芝■歎事

吏，吏䰯使

耳，饵佴耻娍珥弭麛㶡㴋

宰，䔂滓䏁梓

負，萯

疑，薿凝癡儗嶷凝擬儗

克，勀

艮，艆蕟篗

戒，祴械悈诫

戠，識樴熾職織

亼，食飭蝕

伏，袱

臼，舊

匿，暱

黑，默嫼纆墨

寺，寺峙诗邿痔侍庤恃洔持畤特梼待徛時蒔塒

其他“丝麦佩郵牛龟直妇七牧敕色”等此部无谐声。之部的《说文》谐声，《诗经》入韵仅霾貍裹鲤里（里部）；趾沚止祉（止部）；母晦悔海诲梅鋂敏晦（母部）；侧则（则部）；力（力部）；治贻饴殆（台部）；有洧鲔囿侑（有部）；才（才部）；背北（北部）；李耔子字（子部）；異翼（異部）；己改忌（己部）；備（葡部）；淇期其基箕（其部）；姬（臣部）；媒谋（某部）；环紑（不部）；耜佀（目部）；弋忒式试（弋部）；直（直部）；革（革部）；息（息部）；棘棘（棘部）；億意（意部）；采（采部）；又（又部）；之事（之部）；使（吏部）；耳（耳部）；宰（宰部）；嶷薿（疑

部);克(克部);服(𠬝部);戒(戒部);識熾織(戠部);食飭(亼部);伏(伏部);舊(臼部);匿暱慝(匿部);黑(黑部);時恃特(寺部)等这些字,其他都在谐声中出现,根据形声偏旁,它们应该属于第一部。

凡《诗》韵"哉丝治訧霾来思淇姬谋尤蚩丘期媒塒佩贻鋂偲其梅裘骐狸臺莱基時矣箕诗僛郵牛腜饴龟紑鼐駓才采友否母苡有趾子沚事汜以悔李裏已久耳齿止俟右妇玖涘里杞洧士晦喜畝屺鯉耜载祉芑试仕殆宰史使负似恃梓在耻纪起秄敏薿怠改祀秠忌海鮪舊異背痗疚富克服備戒能識食诲囿伏字翼式寺倍熾福得側特麦北弋极德国饰力直革緎息襋棘辐億稷域忒牧饬急则奭蕾意蜮侑敕彧穡螣贼黑暱色亟匐嶷慝塞織蜮"等尽入第十部。

凡和"台臬来才𢦏臺里貍丝其𦣞而兹甾司辞䔽之疑能㠯矣止齿巳已耳七喜子史吏事采友丕宰鄙寺乃再葡某母佩亥妇负又有右尤丘牛郵友久黾北式畐異食戠仄陟直啬畟息意弋式匿亟棘或四德则贼革彧力里色塞𠬝克麦导伏墨"等字谐声或有关的尽入第一部。

之部(第一部)的独立是古韵学家段玉裁的发明,在他以前,顾炎武和江永之脂支三部混淆在一起,同属第二部。如顾炎武:二部支脂之微齐佳皆灰咍;江永:二部支脂之微齐佳皆灰咍尤。但是段玉裁根据《诗经》押韵,群经有韵之文、《楚辞》、诸子秦汉六朝词章发现之、支、脂三部分用截然:

《诗经·相鼠》二章:齿止止俟。属第一部(之)

《相鼠》三章:體禮禮死。属第八部(脂)

《鱼丽》二章:鳢旨。属第八部(脂)

《鱼丽》三章:鲤有。属第一部(之)

《孟子》引齐人言,"虽有智慧"二句属第八部,"虽有镃基"二句属第一部。

之脂分用谨严。

《诗经·板》五章:懠毗迷尸屎葵资师。属第八部(船)

《板》六章：篪圭躏。属第七部（支）

支脂分用谨严。

《楚辞》：屈原的“与骐骥抗轭”二句第七部（支），“与黄鹄比翼”二句第一部（之）。

《秦琅玡台刻石》，自“维二十八年”至“莫不得意”凡二十四句，“始”“纪”“子”“理”“士”“海”“事”“富”“志”“字”“载”“意”属第一部（支），自“应时动事”至“莫不如画”凡十二句，“帝”“地”“懈”“辟”“易”“画”属第十六部（支）。

支之分用谨严。

支脂之三部自“唐人功令同用，鲜有知其当分者矣！”[①]到段氏才三析，知古时一属而三。

3. 上古韵母的分部

以上我们谈了古韵第一部。以下我们对各部作简单的介绍。

古韵第一类第二部

《诗经》押韵举例：

《关雎》一章：鸠洲逑（尤）。《关雎》二章：流求（尤）。《柏舟》一章：舟流忧游（尤）。《泉水》四章：漕（豪）悠游忧（尤）。《风雨》二章：潇（萧）胶（肴）瘳（尤）。《蟋蟀》三章：休（尤）慆（豪）忧（尤）。《常棣》二章：裒（侯）求（尤）。《隰桑》三章：幽（幽）胶（肴）。《民劳》二章：休逑（尤）怓（存）忧休（尤）。《小星》二章：昴（巧）裯（尤）犹（尤）。《日月》二章：冒（号）好（皓）报（号）。《击鼓》四章：手（有）老（皓）。《匏有苦叶》：轨（幽）牡（厚）。《月出》二章：皓（皓）懰（有）受（有）慅（皓）。《天保》六章：寿（尤）茂（侯）。《吉日》一章：戊（侯）祷好阜（尤）。《东门之枌》三章：荍（宵）椒（宵）。《伐

① 段玉裁《六书音韵表》。

木》二章：埽（皓）簋（脂）牡（厚）舅咎（有）。《既醉》俶（屋）告（沃）。《中谷有蓷》二章：脩（尤）歗（啸）淑（屋）。《清人》三章：轴（屋）陶（豪）抽（尤）好（皓）。《还》三章：茂（候）道（皓）牡（侯）好（号）。《干旄》三章：祝六（屋）告（沃）。《谷风》五章：鞫覆育毒（屋）。《桑柔》十一章：迪（锡）复（屋）毒（沃）。

凡《诗》韵“鸠洲逑仇休雠售漕悠滺游救憂陶翿脩歗淑轴好抽膠潚瘳滔慆聊条周收辀袍矛綯絿遒莜椒蜩茅裒柔櫜醻浮醜酒妯觩幽炮孚臭槱叟蹂曹牢匏酋刘骚苞優囚蒐球旒包诱手老轨牡埽狩鸨首阜飄茂栲杻考保簋饱缶皓懰受慅棗稻寿蚤韭舅咎罶草戊禱卯擣昊莠柳蹈寶蓼朽茆鸟冒报宿匊笃燠菽畜復奥蹙戚俶迪夙肃穆”等尽归第二部。

凡和“九州求流休舟憂游曹攸皋翏舀期卯丣留周矛柔包匋字寿幽西酋臭叟牢爪叉丩囚秀冒好报手老牡兽雔帚首道守阜缶由戊丑考保簋劉肘受棗韭臼咎草奡考鸟彪牟蒐牗甲訓幼叚就奥埽六坴肅叔戚畜祝匊学竹復肉告育毒夙佰奥逐孰穆目”一类字的谐声并有关的尽归第二部。

古韵第一类第三部

《诗经》押韵举例：

《载驱》四章：滔（豪）儦（宵）敖（豪）。《园有桃》一章：桃（豪）殽（肴）谣（宵）。《驷驖》三章：镳骄（宵）《柏舟》四章：悄小少摽（小）。《氓》五章：劳朝暴（号）笑悼（号）。《木瓜》二章：桃（号）瑶（宵）。《月出》一章：皎（篠）僚（篠）纠悄（小）。《鹊巢》一章：巢（肴）苕（萧）忉（豪）。《匪风》二章：飘（宵）嘌（宵）弔（啸）。《灵台》三章：濯（觉）翯（沃）沼（小）跃（药）。《抑》十一章：昭（宵）乐（铎）懆（皓）藐（觉）教（效）虐（药）耄（号）。《正月》十一章：沼（小）乐（铎）炤（宵）懆（皓）虐（铎）。《扬之水》一章：凿（铎）襮沃（沃）乐（铎）。

凡《诗》韵“夭劳旄敖骄镳朝桃瑶苗摇消麃乔遥漂要忉儦殽谣号巢苕膏曜飘嘌鸮谯翘哓蒿昭恌傚旐悄嚣嗸刀脅鷮教瀌高寮笑荛藻涍小少摽皎潦沼弔罩炤盗潮貌耄到籥翟爵药凿襮沃栎駮的濯翯躍熇削溺”等尽归第三部。

凡和“毛尞小少票麃暴夭敖卓劳交高喬刀召到兆苗䍃要爻教巢弔尧盗皃枭号了受焦朝料表杳恼杲翟樂卓龠爵攴虐高凿勺隺弱敫雀”等字谐声有关的归第三部。

古韵第一类第四部

《诗经》韵举例：

《汉广》三章：蒌驹(虞)。《游女》一章：姝隅蹰(虞)。《羔裘》一章：濡(虞)侯(侯)渝(虞)。《绸缪》二章：刍(虞)隅(虞)逅逅(候)。《谷风》三章：笱後(厚)。《巧言》五章：树(遇)数(麌)口厚(厚)。《麟之趾》三章：角(觉)族(屋)。《行露》二章：角(觉)屋狱狱足(烛)。《桑柔》十二章：谷穀(屋)垢(候)。《角弓》六章：木附(遇)属(烛)。《楚茨》六章：奏(候)禄(屋)。

凡《诗》韵“蒌驹姝隅蹰侯殳濡樞榆刍逅株諏趣趋揄愚笱後枸楰耇瘉侮樹数厚主醹斗后咮媾豆醧具孺餱奏禄裕饇取木附屬欲句鍭漏覯谷角族屋狱足樕鹿束玉讀辱曲藚續穀彝轂粟僕椓卜濁霂渥绿局沐獄”等归第四部。

凡和“娄句朱禺區侯几殳需须俞■刍后取後臾口尌厚主冓走斗奏豆付敄具扇谷角族屋獄哭足束欶賣辱曲玉㱿蜀木录粟菐豖卜支局秃”等字谐声有关的归入第四部。

顾炎武把第四部纳鱼部(包括鱼虞模侯)；江永又合本部于尤部(第十一部包括尤侯幽)。盖顾炎武所以误合侯于鱼部，主要没有时代观念，他在归并鱼部时，所引的材料全是汉以后的转音，《诗》韵到了汉朝，韵部变异颇大，鱼侯基本上合为一部。而江永的误合侯入尤部，审音未精之误。因古音侯尤近，所以他们异平同

入,但是虽同而入声范围不同,互成系统故侯别于尤,独立成部。试看:

《诗经》:

《载驰》:驱侯为上文,属第四部(侯);悠漕爱为下文,属第二部(幽)。

《山有枢》一章:枢娄驱愉。属第四部(侯)。

《山有枢》二章:栲杻埽考保。属第二部(幽)。

《南山有台》四章:栲杻寿茂。属第二部(幽)。

《南山有台》五章:枸楰耇後,属第四部(侯)。

侯幽分用很清楚。

《株林》二章:上二句韵马野,属第五部(鱼);下二句韵驹株属第四部(侯)。

《板》八章:上二句韵怒豫,属第五部(鱼);下二句韵渝驱属第四部(侯)。

《史记》"瓯窭满篝"不与"汙邪满车"为一韵。

侯鱼分用很清楚。

侯部的离析于鱼尤,归功于段氏。

古韵第一类第五部

《诗经》押韵举例:

《卷耳》四章:砠(鱼)瘏痡(模)吁(虞)。《桃夭》一章:華家(麻)。《兔罝》一章:罝(麻)夫(虞)。《行露》一章:露(暮)夜(祃)露(暮)。《何彼秾矣》一章:華(麻)车(鱼)。

《扬之水》三章:蒲(模)许(姥)。《汉广》二章:楚(语)马(马)。《柏舟》二章:茹(语)据(御)愬(暮)怒(暮)。《燕燕》一章:羽(麌)野(马)雨(麌)。《遵大路》一章:路(暮)袪(鱼)恶(铎)故(暮)。《东方未明》三章:圃(暮)瞿(遇)夜(祃)莫(铎)。《云汉》六章:去(御)故(暮)莫(铎)虞怒(暮)。《葛覃》二章:莫濩(铎)绤(陌)斁

（暮）。《柏舟》三章：石席（昔）。《氓》三章：落（铎）若（药）。《皇皇者华》：骆若（药）度（铎）。《楚茨》五章：踖（铎）硕炙（昔）莫（铎）庶（御）客（陌）错（铎）獲（麦）格（陌）酢（铎）。《那》：斁（暮）奕客（陌）怿（铎）昔作夕（麦）恪（铎）。

凡《诗》韵"砠瘏痡吁華家罝夫牙车葭豝乎虞居诸虚邪且狐乌旟都瓜琚苏阇荼藘娱著素渠餘輿壶苴樗据租胡膚瑕帑图涂书鱼徒辜铺憮舍盱庐菹蒲屠胥誉舒与沮騢祛徂呶楚马筥釜下处渚辅阻暑罟祜纾羽野雨土顾苦怒虎舞组五予甫许浒父武举所鱮鼠黍户者杜湑踽栩鹽怙禦鼓夏紵语宇股圃稼蒖羜酤暇寫旅午麌寡祖堵扈羖黼斝御若赋辱脯圉助補茹吐訏噳浦绪虜稌朚虡蝦秬鲁露夜据愬故射瞿莫路濩恶洳度岵除固庶作穫去芋椐柘禡呱訏豫呼鹭綌斁落石席蓆擇伯薄鞹夕澤戟骆奕舄绎宅错藿客阁橐懌踖炙格酢白柏赫獲廓咢籍貊壑柞雒逆诺尺昔恪"等尽入第五部。

凡和"且者父甫于夸夫牙叚家车巴吴虍盧古居瓜乌於與卸射去亞鱼舍余素瞿贾莫庚度麤巨矩壶奴釜乎土無母巫疏马吕鹵下女处羽雨五吾予午许户武鼠黍禹鼓夏宁旅寡圉鲁兔初步互股社如虞蛊各洛石夕乍庶席隻蒦舄若豦屰睪谷郭昔乇戟炙白霍尺百赤赫咢壑京郝亦索虢矍"一类字谐声有关的都属于第五部。

古韵第一类第六部

《诗经》押韵举例：

《羔羊》一章：皮（支）纶（歌）蛇（麻）。《江有汜》三章：沱（歌）过（戈）歌（歌）。《北门》一章：为（支）何（歌）。《君子偕老》一章：珈（麻）委（支）佗河（歌）宜（支）何（歌）。《淇奥》一章：猗（支）磋磨（戈）。《黍离》一章：离（支）靡（纸）我我（哿）。《车攻》六章：驾（祃）猗驰（支）破（过）。《斯干》九章：地（至）裼（昔）瓦（马）仪（支）议（寘）罹（支）。《车攻》六章：驾（祃）猗驰（支）破（过）。《何人斯》二章：祸（果）我可（哿）。《下武》六章：贺（箇）佐（歌）。

凡《诗》韵“皮纰蛇过歌为何离施河仪他伽佗宜猗磋磨阿迈靡罗罹吪麻嗟加吹和多差婆池陂荷缡嘉锜鲨椅莪驾驰破罢議讹瘥左俄傞那沙可犧瑳掎我拖禍可哆地互贺佐”尽归第六部。

凡和“它咼为皮可何哥离離也施乜我義羲加多宜奇差麻靡亏丽罗罢化左禾垂吹吵亘隋坐果惢卧戈耶”等字谐声有关的尽归第六部。

古韵第一类第七部

《诗经》押韵举例:

《芄兰》一章:支觿觿知(支)。《墓门》一章:斯知(支)。《隰有苌楚》一章:枝知(支)。《何人斯》六章:易(者)知祇(支)。又七章:篪(支)知斯(支)。《白华》八章:卑(支)疷(为)。《板》六章:篪(支)圭携(齐)。《北门》二章:適益(昔)讁(麦)。《君子偕老》二章:翟髢揥(祭)皙(锡)帝(霁)。《葛屦》二章:提(支)辟(昔)揥(祭)刺(昔)。《淇奥》三章:箦(麦)锡(锡)璧(昔)。《文王》六章:帝(霁)易(昔)。《閟宫》三章:解(怪)帝(霁)。《瞻卬》五章:刺(寘)狄(昔)。

凡《诗》韵“支觿知斯枝提伎雌易祇圭攜辟刺皙翟髢揥易帝粺讁箦锡甓鹝惕鶪绩踖脊蜴蹢剔解甓狄”等尽归第七部。

凡和“支斯圭巂卑知虒氏是此隻解朿帝易卮奚兒规買易益析东责啇辟鬲脊狊迹厤役册毄束閲辰”一类字谐声有关的都归第七部。

古韵第一类第八部

《诗经》押韵举例:

《汝坟》三章:沸(旨)祢(荠)第(荠)姊(旨)。《相鼠》三章:體禮禮(荠)死(旨)。《载驱》二章:济泲弟(荠)。《陟岵》三章:弟(荠)偕(皆)死(旨)。《鱼丽》二章:鳢(荠)旨(旨)。又四章:旨(旨)偕(皆)。《蓼萧》三章:泥弟(荠)岂(尾)。《大田》二章:稚

（至）火（果）。《风雨》一章：凄（齐）喈（皆）子（脂）。《衡门》一章：迟饥（脂）。《候人》四章：跻（齐）饥（脂）。《大田》三章：萋（齐）祈（支）私（指）。《匏有苦叶》二章：沵（纸）鷕（旨）。《干旄》一章：纰（旨）四（至）。《黍离》三章：穗醉（至）。《终风》之章：曀曀（霁）嚏（霁）。《良耜》：挃（屑）栗（质）比（至）栉（栉）室（质）。《蓼莪》三章：恤（术）至（至）。《宾之初筵》一章：设（薛）逸（质）。

凡《诗》韵"萋飞喈私夷迟霏妻姨弟脂蛴犀眉凄湄跻坻师隮蓍骓骙腓氐毗迷底麋阶伊懠鸱祇遹瀰菲體死薺弟禰姊指禮瀰偕鳢旨泥矢兕醴匕砥履视穉爾妣秭皆肆弃纰四濟悸醉穗季惠戾届阕穧利驷替濟至曀嚏疾实袺襭七吉节日栗漆瑟穴即耋慄禅结一垤室恤彻逸血珌设抑毕瓞密毖挃栉秩匹"等归第八部。

凡和"夷伊师私耆犀眉皆齐妻西尼稽氐比米利几美矢死履兕旨弟豊癸示至致利二自四棄戾细计惠季贰至质日一乙失匹七黍吉壹栗毕必宓瑟悉疾实逸抑八穴屑即或血设彻别叀闭"等字谐声有关的尽归第八部。

古韵第一类第九部

《诗经》押韵举例：

《葛覃》一章：萋（齐）飞（微）喈（皆）。《采蘩》三章：祁（支）归（微）。《终风》四章：靁（灰）怀（皆）。《南山》二章：崔（灰）绥（脂）归归衣（微）。《鼓钟》二章：喈湝（皆）悲归（微）回（灰）。《桑柔》六章：僾逮（代）。《日月》四章：出卒述（术）。《渐渐之石》二章：卒（术）没（没）出（卒）。《皇矣》八章：茀（物）仡（迄）肆（至）忽（没）拂（物）。

《诗》韵"归衣嵬隤罍懷纍绥枚饑祁薇悲畏微靁晞违崔依哀维坏推追围威尾毁鷕燬岂罪塈谓溃畀遂蔚淠愛妹渭對檖匱位溉内退绥棣檖卒出述律弗没茀仡肆忽拂"等尽归第九部。

凡和"衣希幾尸非飞肥妃微归韦軍威委開哀枚追隹蕤雷衰鬼

魏回畏乖褱豈尾畾罪毁火帅气既豙鼻畀类軎卒遂祟位费未贵卉胃尉畝隶愛肆冀退内隊配對”等字谐声有关的尽归第九部。

在王力先生以前,第八部和第九部都合并为一部。现在把他分开是有一定根据的。但是可以肯定的讲脂微两部在上古关系特别密切,因此合韵的情况也特别多。

这里还得申明一点,第八部中的至韵字(至位比佽四……)等和入声韵“质栉黠屑薛”等,王念孙独立成至部。夏炘说他这样的分部“诚为卓识”。但在《诗经》用韵中至脂通押也很多,因此我们还把他归入这部。

古韵第一类第十部

《诗经》押韵举例:

《草虫》二章:蕨(祭)惙(薛)说(末)。《甘棠》一章:伐(月)茇(末)。又三章:拜(怪)说(末)。《野有死麕》三章:脱(来)帨(祭)吠(废)。《匏有苦叶》一章:厉(祭)揭(月)。《硕人》四章:活(末)濊(泰)发(月)揭(月)孽(薛)朅(月)。《有狐》二章:厉(祭)带(泰)。《蟋蟀》二章:逝(祭)迈(夬)外(泰)蹶(祭)。《东门之枌》三章:逝(祭)迈(夬)。《七月》一章:发(月)烈(薛)褐(曷)耜(祭)。《緜》八章:拔(月)兑(泰)駾(泰)喙(废)。《皇矣》二章:翳(霁)栵(祭)。《生民》二章:月(月)达(曷)害(泰)。《瞻卬》一章:惠(霁)厉(祭)瘵(夬)。《载芟》:穀活(末)达(曷)傑(薛)。

凡《诗》韵“败愒拜脱帨吠厉揭韋迈衛害逝带艾外蹶泄肺哲祋芾旆歲晣噦勩秣嘒惕瘵蠆世拔兑駾茷栵大蕨惙伐茇阔活月佸桀括渴達闕濊發孽朅葛闼阅雪偈烈褐滅威舌撮髮軷拨幭夺傑越截钺曷蘖”尽归第十部。

凡和“大兑贝外会带蠆厉赖祭蓋乂艾叡害介匃曷葛埶厥世曳列制折筮韧契市最寽夬昏歲喙窜发拜毳敝彗芮衛吠裔泰”等字谐声有关的归第十部。

第十部段玉裁归第八部，戴东原曾经把“祭泰夬废月曷末黠鎋薛”分出，独立成部。此后江有诰进一步指出祭部古人用韵独用，不和脂部相通，月乃废的入声；曷末乃泰的入声；鎋乃夬的入声；薛祭的入声。王怀祖在《与李方后书》中也有同样的论点，可谓不谋而合。

古韵第一类第十一部

《诗经》押韵举例：

《匏有苦叶》一章：葉涉（葉）。《芄兰》二章：葉韘韘甲（葉）。《烝民》七章：及（缉）。《长发》七章：葉（葉）业（业）。

十一部《诗经》用韵很少，我们举一些谐声例子：

妾，萎篓婜椄鯜接

疌，萐箑寁倢褷捷婕譴緁崨

枼，谍牒篥韘牒屟渫揲媟鍱

劦，珕荔搚

夾，莢啾睞翜梜郟俠頰厥悏挾婡綊蛺皽皽鋏陜㾜瘱瘞匧愜鞅

臿，届歃婎锸插

聶，躡讘櫐㒤懾攝

耴，㡇䡆掫鈮辄㤥

凡《诗》韵“葉涉韘甲業捷”尽归第十一部。

凡和“盍昜枼耴聶疌妾涉業晔甲劫法夾臿帀■劦”等字谐声有关的归第十一部。

古韵第一类第十二部

《诗经》押韵举例：

《螽斯》三章：揖蛰（缉）。《燕燕》二章：及泣（缉）。《中谷有蓷》三章：溼泣泣及（缉）。《常棣》七章：合（合）翕（缉）。《无羊》一章：濈溼（缉）。《板》二章：辑（缉）洽（洽）。

第十二部《诗经》用韵很少，我们举一些谐声字：

咠,葺咠聻楫湒揖缉辑戢濈

及,芨吸伋趿靸极疲岋仮馺忣极级鈒汲

濕,濕墂隰濕

沓,䓍誻碏渣揩婚锴

十,汁,什

立,翊鴗笠粒粒应泣拉飒昱喅煜

邑,裛悒浥挹

凡《诗》韵"揖蛰及泣溼合軜邑隰翕濈集楫入辑洽"归第十二部。

凡和"合㬎沓眔龖聶立邑入集十习及急咠戢廿执㲉"等字谐声有关的尽归第十二部。

第十一部和十二部在江有诰以前都配侵覃二部,但是考遍《诗》《易》《左传》《楚辞》共五十七次押韵,未见与平上去合用,盍缉两部也不相通,根据事实把这两部二析。

第一类小结:

第一,之幽宵侯鱼支脂微祭九部与入声相配。

之—职;幽—沃;宵—药;鱼—铎;支—锡;脂—质;微—术;祭—月。

第二,歌部无入声相配,只有平上去自押。

第三,盍缉两部无平上去,入声自押。

第四,祭部去入相押,无平上。

古韵第二类第十三部

《诗经》押韵举例:

《螽斯》二章:薨(登)绳(蒸)。《大叔于田》三章:掤(蒸)弓(东)。《閟宫》四章:崩腾朋(登)陵(蒸)。又五章:乘(蒸)縢(登)弓(东)绥(侵)坛(登)懲承(蒸)。《正月》四章:蒸(蒸)梦(东)胜(蒸)憎(登)。《小旻》六章:兢冰(蒸)。

凡《诗》韵“薨绳掤弓梦憎升朋兴增恒崩承懲雄兢肱胜腾冰陾登冯縢膺”归第十三部。

凡和“登朋曾升雁奔朕兴夌亘丞承徵兢厶厷冰冯乘仍爯蝇瞢夢弓雄”等字谐声有关的归第十三部。

古韵第二类第十四部

《诗经》押韵举例：

《采蘩》二章：中宫（东）。《草虫》一章：螽忡（东）降（江）。《击鼓》二章：仲（东）宋（宋）忡（东）。《谷风》六章：冬（冬）穷（东）。《凫鹥》四章：潨（东）宗宗（冬）降（江）崇（东）。《旱麓》二章：中（东）降（江）。

凡《诗》韵“中宫螽忡降襛冬穷沖躳戎濃融终潨宗崇仲宋”等归第十四部。

凡和“中躳宫螽冬夅降隆農宋戎宗衆”等字谐声有关的归第十四部。

古韵第二类第十五部

《诗经》押韵举例：

《小星》一章：东公同（东）。《羔羊》三章：缝（鍾）总公（东）。《何彼襛矣》一章：襛雝（钟）。《驺虞》二章：蓬豵（鍾）。《采菽》四章：蓬（东）邦（江）同（东）从（鍾）。《皇矣》五章：恭（东）邦（江）共（东）。《长发》五章：共共（东）厖（江）龙动（东）竦总（东）。

凡《诗》韵“僮公墉讼従缝縱东同雝蓬豵葑庸容罿凶聰松龍充童双功濛颙攻龐调饔傭詾诵邦用卬共空重恫衝樅镛鐘廱豐菶讧龙鞏勇厖幪唪动竦總控送丰巷”归第十五部。

凡和“东重同丰奉夆逢充公工巩空冡囱从龙童容用甬庸封凶匈兇嵏邕雍共送双龙厖冢蒙豐茸”等字谐声有关的归第十五部。

自从孔广森《诗声类》东冬分部，古音学家一致赞同，“东每与阳通,冬每与蒸侵合,此东冬之界限也”(江氏《音学十书》卷首《复王石臞先生书》)。

古韵第二类第十六部

《诗经》押韵举例:

《卷耳》三章:冈(唐)望(阳)觥(庚)伤(阳)。《汉广》一章:广(荡)泳(映)永(梗)方(阳)广(荡)。《二子乘舟》一章:景(梗)养(养)。《桑中》一章:唐(唐)乡姜(阳)桑(唐)上上(漾)。《宾之初筵》一章:抗(映)张(阳)。

凡《诗》韵“筐行冈黄觥伤荒将方裳亡颃良忘镗兵臧凉雱央防襄详长唐鄉姜上疆兄堂京桑蝱狂汤爽杭望梁陽簧房墙扬彭旁英翔明昌光瀼狼荡跄霜尝常杨苍鲂牂煌稂庚斨场鶬羊皇享王刚遑藏貺衡瑲珩祥牀喤痒盟浆章箱傍亨祊庆倉怲仰抗张让商伉璋相丧康粮囊卬纲卿螗羹尚肠粻鏘鍚洸罔穰鶬芒香庄广泳永养景掌往竞梗两向”尽归第十六部。

凡和“王行衡㞷网罔黄昜爿永方旁皇亢兵光京羊兼襄庚康唐鄉卿上畺强兄爽刅彭央昌明两仓相亯向尚象皿孟卬丙更庆亡巟丧长良量章商羹竞香䍃望”等字谐声有关的归第十六部。

古韵第二类第十七部

《诗经》押韵举例:

《樛木》三章:萦成(清)。《兔罝》一章:丁(耕)城(清)。《麟之趾》二章:定(径)姓(劲)。《小星》一章:星(青)征(清)。《淇奥》二章:青莹(庚)星(青)。《杕杜》四章:菁睘(清)姓(劲)。《小旻》四章:程(清)经(青)听(径)争(耕)成(清)。《闵予小子》:庭(青)敬(敬)。《桑扈》二章:领屏(静)。

凡《诗》韵“萦成丁城盈星征鸣旌青莹声清庭营名正甥菁姓睘苹笙平宁生嘤听惊楹冥定酲政程经争桢屏霝浧馨刑倾牲赢霆敬聘冥颎骋”等字谐声有关的尽归第十七部。

凡和“丁成亭正生令盈鸣殸壬廷呈荧青鼎名平宁婴粤敬冥争幵并顷贞霝巠井耿同幸晶省敻嬴”等字谐声有关的归第十七部。

古韵第二类第十八部

《诗经》押韵举例：

《桃夭》三章：蓁(臻)人(真)。《采蘋》一章：蘋滨(真)。《燕燕》四章：渊(先)身(真)。《击鼓》五章：洵(谆)信(震)。《简兮》四章：榛(臻)苓(青)人人人(真)。《蝃蝀》三章：人姻信(真)命(映)。《十月之交》三章：电(霰)令(青)。

凡《诗》韵“蓁人蘋滨渊身洵信薪榛苓天零田千姻命申仁溱颠令鄰粼年骃均询闐亲臻陈翩臣賢矜民玄莘坚钧旬填泯烬频神领尽引电”归第十八部。

凡和“天田千因人臣身真秦民凡粦频寅宾鼎旬辛新申匀闇进臤玄引印闰”等字谐声有关的尽归第十八部。

古韵第二类第十九部

《诗经》押韵举例：

《螽斯》一章：诜振(先)。《葛藟》三章：漘(谆)昆昆(魂)闻(文)。《女曰鸡鸣》三章：顺(谆)问(问)。《出其东门》一章：门(魂)云云(文)存(魂)巾(真)员(文)。《敝笱》一章：鳏(山)云(文)。《小弁》六章：先(霰)墐(震)忍(轸)陨(轸)。《緜》八章：愠问(问)。《云汉》五章：川(仙)焚熏闻(文)遯(慁)。

凡《诗》韵“诜振麕春漘孙门殷贫艰奔君啍陨漘昆闻谆雲存巾员鳏輪淪囷鹑飧群錞恩勤闵晨煇旂犉云慇麈瘏雰芹亹熏欣芬辰川焚遯渍纯耘训先墐忍畛盼顺问愠壸允”尽归第十九部。

凡和“先辰囷屯春门殷分艮尊昏孙面垔免奔贲君员羉昆辜川云存巾侖堇文軍斤刃典昷熏盾豚今舜寸悫麈殿本允胤坤穿顺”等字谐声有关的尽归第十九部。

古韵第二类第二十部

《诗经》押韵举例：

《柏舟》三章：转卷选(狝)。《匏有苦叶》三章：雁(谏)旦(翰)泮(换)。《泉水》四章：泉(先)叹(寒)。《静女》二章：娈(狝)管(缓)。《君子偕老》：展(线)袢(换)颜(删)媛(线)。《载驰》二章：反(阮)远(阮)。《淇奥》二章：僩(潸)咺(阮)谖(元)。《缁衣》一章：馆(缓)还(先)粲(翰)。《考槃》一章：涧(谏)宽(桓)言谖(元)。《素冠》一章：冠(桓)栾(狝)慱(桓)。《甫田》三章：婉(阮)娈(狝)丱(谏)见(霰)弁(产)。《卢令》二章：环(删)鬈(先)。《桑扈》三章：翰(寒)宪(愿)。

凡《诗》韵"干言難展袢颜媛涧宽垣關涟乾瓃園檀餐還间肩儇鬈闲廛貆旃然焉菅蕳卷悁冠欒慱原山轩宪莞蠻典禋騆燕丸虔梴轉选管洒浼鲜僩咺谖阪溥願践愆嘽痯谏板癉亶简鴈旦袢晏怨岸馆粲慢罕彦烂涣婉孌丱贯亂讪衎霰宴喙援羡锻涧衎翰漢難"尽归第二十部。

凡和"元原爰冤夗叩单萑番樊鲧反娩万曼奿乾虔憲建寒雁产安旻侃干旱難奴戔赞散丹旦看丸萑莧奂宦毌𤔔緐算爨彖断耑般扶盥款卵删姦絲山间柬卷宦班闲幻泉全旋亘廛專袁睘展耎赧善然扇扁雋孨鬳次延焉㕣衍㫋连边面辨便弁虔绵件肩见肙燕"等字谐声有关的尽归第二十部。

古韵第二类第二十一部

《诗经》押韵举例：

《大车》一章：槛(槛)菼敢(敢)。《节南山》一章：巖(衔)瞻(盐)惔谈(谈)斩(豏)监(陷)。《巧言》二章：涵(覃)谗(咸)。《采绿》二章：蓝(谈)襜詹(盐)。《殷武》四章：监(衔)严(严)滥(阚)遑(唐)。《抑》九章：僭(棪)心(侵)。

这一部《诗经》用韵较少，我们举些谐声例子：

欠，芡坎

詹，譫膽檐儋襜黵憺澹闟瞻

斬，蔪趣槧暫磛慙摲塹鏨

天，覞

凡《诗》韵"巖瞻惔谈斩监涵谗甘餤蓝襜詹槛菼敢萏儼玷贬滥"尽归第二十一部。

凡和"炎甘兼詹戋猒函臽弇佥甛芟闪冉敢嚴广斩奄染欠占毚"等字谐声有关的尽归第二十一部。

古韵第二类第二十二部

《诗经》押韵举例：

《葛覃》一章：覃覃（覃）。《兔罝》三章：林心（侵）。《摽有梅》二章：三（谈）今（侵）。《绿衣》四章：风（东）心（侵）。《凯风》一章：南（覃）心（侵）。《柏舟》一章：汎（梵）髧（感）。

凡《诗》韵"林心三风音南葚耽衿钦骖阴芩琴湛骎諗僭壬煁男饮谌谮临深琛绶黮寝锦甚枕"尽归第二十二部。

凡和"心壬垩林今金念禽冘南咸覃凡男彡寻音兓朁侵宊锦三甚品禀审参琴森"等字谐声有关的尽归第二十二部。

以上即《诗经》时代（周秦）的韵母系统，对于古韵分部，必须注意以下两点：

第一，我们所归纳而得的韵部只是基本上符合当时的语音系统。韵部是建筑在其时韵文基础上，这些材料本身就丰富多采，也非一时一地，纷变难免，他们所反映的系统不是单纯的而是混杂的。因此，我们要科学的对待各部中的合韵字、例外字。这样，我们就不会被一些偶然的非本质的现象所迷惑。

第二，古韵一部，并不是单纯一个韵母。这个部的概念有些象中古的摄，甚至范围更大些。一个韵部字有无数韵目，不过这些韵目都有一个共同的特点——主要元音相同或相近。

(二)上古韵母音值拟测

上古韵母分部,并不是我们最终的目的。依据韵部,我们进而考定上古韵母的音值,探求实际读音,帮助了解上古语音系统,以明语音发展规律。

这门科学是在历史比较法的基础上形成的。因而上古韵母系统的拟测工作还仅仅是开始,但要想了解古人实际读音的理想,古音学家就表现得很心切。段玉裁在论到支脂之三部分用时曾写信给江有诰说:“足下能知其所以分为三乎?仆老耄,尚得闻而死,岂非大幸!”古音学家中只有章炳麟在这方面有些成绩,由于时代的限制,他用汉字来作为描写韵母音值的工具,看了后很难理解。上古音值的拟测确实很困难,研究上古韵母的材料是有局限性的,不能帮助我们重建上古韵母音值。现在,我们唯一的方法是根据中古音韵母音值运用历史的方法往上推,由此得出的音值不过是一个近似值,并不是绝对的。

孔广森曾经在《诗声类》中提出“阴阳对转”的理论。他把古韵分阴阳各九部,而“此九部者各以阴阳相配而可以对转”(见《诗声类》)。他的转法即阴平声转阴上声,阴上声转阴去声,阴去声又转入声;入声再转阳去声,阳去声再转阳上声,阳上声再转阳平声。因此孔氏说:“入声者,阴阳互转之枢纽。”以现代语音理论来考察,阴阳对转的玄妙就很容易解决了。对转实质是语音发展的一种规律。由于汉语的特点,语音的主要元音和韵尾都很整齐,如 a 类元音,有以-p,-t,-k 收尾的,也有以-m,-n,-ŋ 收尾的,也有以-b,-d,-g 收尾的,由于主要元音相同,在《诗》韵经常通押,也由于主要元音相同,在韵尾失落和变化中,很容易通转,这就是阴阳对转理论的主要内容。这个理论对我们的音值拟订大有所为,根据

《诗》韵的阴阳入三声互押，我们就可以找出三部主要元音相同的韵部来。

另外，鉴于上古阴入通押，上古阴声韵一般都拟有-b，-d，-g 辅音。因此在上古共有三套辅音尾：

上古韵母辅音收尾表

-b	-d	-g		-p	-t	-k		-m	-n	-ŋ
	支 脂 微 祭	之 幽 宵 侯 鱼		盍 缉	锡 质 术 月	职 沃 药 屋 铎		谈 侵	耕 真 文 元	蒸 冬 东 阳

除歌部外，都带上轴音收尾。-b 尾收音失落较早，也不例入。

1. ə类　əg（之）　ək（职）

　　　　əd（微）　ət（术）

　　　　əp（缉）

　　　　əŋ（蒸）　ən（文）　əm（侵）

上古 ə 类阳声韵和入声韵中古音读多数为 ə，如德 ək，职 iək，登 əŋ，蒸 iəŋ，中古阴声韵主要元音比较混杂，这是收尾脱落的影响，但在阴声的主要元音还是 ə 占优势，如灰 wəi，尤 ɪəu，侯 əu，以及和 ə 相近的之 iei，脂 ɪěi 等，由于阳声韵和阴声韵韵尾的完整，保护了前面的主要元音，因此我们拟之等八部主要元音为 ə。

要提出的是侵缉二部，拟为 ə 的理由如下：

第一，侵部、蒸部《诗经》有例外押韵：

《小戎》三章：膺弓縢兴（以上蒸部）音（侵部）。

《大明》七章：兴（蒸部）林心（侵部）。

《閟宫》五章：乘縢弓（蒸部）绶（侵部）坛惩冰（蒸）。

第二，风从凡声，《诗》韵六见，都与侵字押韵。

2．w类　wg（幽）　wk（沃）　wŋ（冬）

幽部的基本组成部分是中古尤部（三分之二入尤）而尤和入声屋三（ɪwk）正相当，尤和屋三《诗经》韵共押 29 次、谐声 26 次，幽又不通入声，只和屋三通押一次，而谐声尤通幽共九次，可见尤幽和屋三的关系非常密切，而屋三相当的阳声韵是东三和冬，而东三和冬的主要元音在中古“冬东一鍾”之间，即在 əu 之间，应该是一个不唇化的 w。

3．ʌ类　ʌg（宵）　ʌk（药）

这一类的基础字当推中古宵韵中的“则”“趬”“趫”“朝”“召”“表”“苗”“招”等字。宵和药相当，《诗》韵共押 11 次，而谐声共 9 次，其他和屋三一次，觉二次（谐声）；又《诗》韵屋三沃各一次。

药在上古分属宵部鱼部，属宵部的药都归向前元音陌昔。

	谐声	《诗》韵	谐声	《诗》韵
铎	和陌 34 次	31 次；	和昔 52 次	10 次。
药	和陌 5 次	6 次；	和昔 9 次	3 次。

因此我们拟为 ʌ。

4．o类　og（侯）　ok（屋）　oŋ（东）

本类阳声韵东一鍾上古元音可为 o，鍾 ɪoŋ>ɪwoŋ 从上古元音的东，到现今吴方言中，始终没有什么变化，上海方言东仍为 oŋ，我们可以定本部为 o。

5．a类　a（歌）　ap（盍）　ag（鱼）　ak（铎）　ad（祭）at（月）　an（元）　aŋ（阳）　am（谈）

a 类中左表现得很一致，因此都拟为 a。

a 类的阴声字表现得也很一致，大多数具有元音 o，如模（wo），鱼（io），虞（ɪwo）等，可以看出，这是-g 辅音尾失落使低元音高化的必然规律，现代汉语中也有同样高化趋势 o 类大多类向 ɤ 转化。

上古歌部无入声相配，变入中古，除其中一部分字入支韵外，其他都为 a 或 ɑ，故归 a 类。

6．e 类　eg（支）　ek（锡）　ed（脂）　et（质）　əŋ（耕）　ən（真）

支部的主要元音在中古大多数为半低与半高之间的前元音，如 ɛ，æ，e，ɛ 等。比较下来，采用 e 最为适宜。

脂部结构和支部极相似，且有例外押韵：

《诗·七月》二章：迟（脂）祁（支）归夷（脂）。

《大田》三章：萋（脂）祈（支）私（脂）。

《载芟》：济（脂）积（支）秭醴妣礼（脂）。

脂部中古主元音大多数是 e，拟为 e 是说得通的。

（三）上古韵部到两汉的演变

上古韵部发展到两汉，最显著的现象是韵部减少，韵部归并普遍：

1．鱼侯同用

其实在《诗经》时代我们已经看到它们相押的例子：《无羊》二章：糇（侯部）具（鱼部）。到西汉混用普遍：

以西汉扬雄为例：《长杨赋》：隅侯。《反离骚》：隅侯。《解嘲》：搜涂侯鈇书庐。《解嘲》：餘傅渔侯驱。《司空箴》：区侯（有者为侯部）。可见，汉时鱼侯为韵的情况。

2．支歌同用

两汉时，支歌两部相谐更为普遍，几乎支部字和歌部字全通押：

枚乘《七发》：枝离溪。司马相如：鸡鵞。（《子虚赋》）。刘向《九叹》：愍命柴荷。（以上西汉）傅毅《七激》：谿崖歌。马融《广成颂》：涯鲨隋。又：池堤莎委涯陂螭鲵。（以上东汉）但一般不把他们归并在一部，东汉时，歌支虽混用，歌部字句和鱼部转入麻韵的字通押，而支部则绝不通押。因此只认为两部音近，不并为一部。

3. 脂微两部同用

举无名氏为例：古诗：齐阶悲妻徊哀稀飞。古诗：悲衣违辉绥归闱飞晞扉。《长歌行》：葵晞辉哀归悲。《太常妻》：谐妻斋斋泥迷。

其实这两部混用在《诗经》时代就很多，因此我们在分脂微两部时合韵情况特别多。

《明夷》之“大过”：毕卒。《盖》之“鼎”：至恤。

两部的入声韵也混用。

4. 真文两部同用

《诗经》时代真与耕通、文与元通，两部很严格，到两汉时，则混用普遍。

黄香《天子冠颂》：纯天春旬辰神。崔寔《答讥》：玄云勤贫神。蔡邕《笔赋》：勋文觐伦神。《释诲》：详文伦尘云闻云。《王立义葬流民颂》：魂尘滨。《李陵碑》：勤纯分遵欣震仁珍文邻年。《郭泰碑》：玄天渊敦根门。《陈寔碑》：神珍文闻。《黄氏神诰》：仁滨人年。《答卜元嗣诗》：人文。

上古到两汉，除了韵部的归并外，另外也有韵部之间的通转现象：

（1）之部“尤牛丘和龟”等转入幽部。

王褒《九怀·危俊》：蜩州修游牛流休悠浮求俦俦怞。扬雄《反离骚》：流丘。班昭《大雀赋》：丘畴遊游。贾谊《吊屈原文》：久咎。扬雄《兖州赋》：久咎。崔骃《达旨》：龟流忧求。扬雄《荆州赋》：调茅龟饶。

（2）东汉时，鱼部中的麻韵一系字（如麻加沙蛇嗟差瓦驾等）

转入歌部。

冯衍《说吴汉》：呀嗟。张衡《西京赋》：家过加。郦炎《见志诗》：波柯阿嘉华沙和科。东方朔《诫子诗》："华和多蛇化家。"

(3) 逮两汉，蒸部东韵字(弓雄梦等)转入冬部。

扬雄《羽猎赋》：穷雄溶中。边让《章华台赋》：终风中雄隆。

(4) 阳部中庚韵字(京明冗彷兵庚行卿横彭盟衡亨丙梗更竞泳等)转入耕部。

冯衍《显志赋》：英征京。班固《西都赋》：情京。又：精灵成明京。又：荣生嵘董英刑庭宁。《辟雍诗》：兄明行成。《幽通赋》：灵声京。《南巡颂》：经明庭旌。《奕旨》：行幸争平。

总结上面所反映的情况，我们把上古到两汉韵部发展的概貌列表如下：

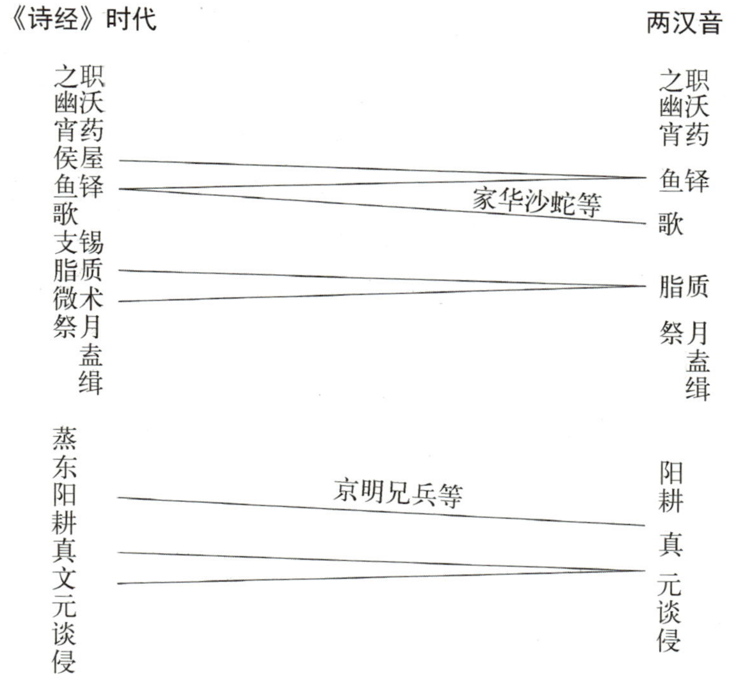

四、上古音的声调问题

（一）上古音有没有声调

在现代汉语中，声调是语言的一个重要部分，它不仅使我们的语言有节奏，而且有区别意义的作用。[ma][pa]这两个音，在没有声调的语言里，它们就仅仅各有一个具体意义，而在汉语中就不同，一个[ma]在北京语里读阴平是“妈”，读成阳平就是“麻”，读上声是“马”，读去声是“骂”。声调不同，意义就大有出入。在现有的材料中，可以找到证明中古音系也有声调的大量证据。现代汉语、中古音系都有声调，上古音有没有声调呢？关于这个问题，音韵学界的先辈们，曾花了大量的劳动来推测和考证。开始时，以明代学者陈第为代表的大多数人认为上古汉语没有声调。他们的理由是：(1) 四声既“起于江左”，那么声调的区别就不会是古已有之的；(2) “时有古今，地有南北”，语音的变迁一定是很大的，因此不能因为六朝以后分声调，就推测上古音也有声调。陈第在《毛诗古音考》里肯定地说：“四声之辨古人未有……旧说必以平叶平，仄叶仄也，无亦以今泥古乎？四声之说，起于后世。古人之诗，取其可歌可咏，岂屑屑毫厘，若经生为耶？”陈第他们的说法，显然是不对的。

斯大林同志曾经指出，语言是社会现象，语言随着社会的产生而产生，随着社会的发展而发展，也随着社会的死亡而死亡。也就是说语言是历史的产物，语言的形成或者说任何一种语言现象的形成，不是一朝一夕的事。声调是附属于语言的，声调的产生当然也不可能是一朝一夕的事。因此，从六朝开始有声调的区别，那是人们发现了这一客观存在的现象，而不可能是一些人的发明、创造。应该说，在六朝以前的很早的时代，声调就存在了，只是没有被人们充分重视，并以此来当作研究对象罢了。对于这一点，《公羊传·庄公二十八年》一段里"《春秋》伐者为客，伐者为主"的说法就是有力的证据，证明了在上古有声调的区别，而且声调已经能区别意义了。"时有古今，地有南北"，这句话是对的，以此来说明语言的变迁也是正确的。但是进一步以此说明古代没有声调，这种梳理是不合逻辑的。辩证唯物主义原理指出，世界上的万事万物都处在不断变化之中，语言当然也不例外。但是一切变化都是有它的渊源的，无本之木是不存在的。以汉语的声调说，六朝时人们发现了声调，这个声调不可能是在那个时候的短时间里产生的。在六朝以前就存在着声调的区别，六朝时发现了，这才是合情合理的。"时有古今，地有南北"，因此，六朝时的声调和上古声调不同这是可能的；决不能说，因此六朝之前就没有声调。如果这样的推理能成立的话，那么世界上的一切的一切都等于零了。事实上并不如此。

陈第之后，清代的音韵学家中钻研古声调问题的人也不少，如顾炎武、江永、段玉裁、江有诰、孔广森等。他们的意见虽不统一，但是有一点是共同的，那就是他们中的大多数都肯定上古是有声调的区别的。段玉裁、王念孙、江有诰的说法是比较正确的，段玉裁主张古无去声，江有诰、王念孙则认为古代有四声。他们之后的夏燮，在论证古代有四声的问题上，雄辩地说明了古音中确实有四声的存在。在他的著作《述韵》中他提出了自己的意见、看法：

> 古无四声,何以《小雅·楚茨》之二章、《鲁颂·閟宫》之三章连用至十一韵、十二韵皆平声;《小雅·六月》之六章、《甫田》之三章连用至七韵、九韵、《大雅·蒸民》之五章六章、《鲁颂·閟宫》之二章三章,合用至十韵、十一韵皆上声;《邶·柏舟》之二章、《魏·汾沮洳》之一章、《卫·氓》之六章,连用四韵、五韵、六韵,以至《楚辞》之《惜往日》连用至十韵皆去声;《魏·伐檀》之二章、《商颂》之《那》、《鲁颂·閟宫》之八章,连用至六韵、八韵、九韵;以至《尚书·洪範》之"六三德"以下,连用至十五韵,《尔雅·释训》"穰,穰福"以下,连用至十七韵皆入声。此其可证者一也……《大雅·泂酌》三章分平上去三韵,《召南·摽有梅》三章……分平去入三韵,《鄘·墙有茨》三章……分上去入三韵,若古无四声,何以分章异用,如此疆尔界,不相侵越? ……此其又可证者一也。亨飨为古之平声,《诗》凡十见,皆不与上同用。庆为古之平声,《诗》凡十见、《易》十二见,皆不与去同用。予为古之上声,《诗》凡十见,皆不与平同用。戒为古之入声,《诗》凡三见、《易》一见,皆不与去声同用。苟古无四声,何以屡用而不容一韵之出入。此其可证者又一也……大抵后人多以《唐韵》之四声求古人,故多不合,因其不合,而遂疑古无四声,非通论也……

夏燮的论证极其有力的说明了古代是有声调的区别的。

再从汉语的亲属语言的情况看,声调是汉藏语系各语言的共同的最基本的特点之一。我们知道,语言现象的变化应有在相同的条件下才可能有同样的变化。显然,在历史发展过程中,汉藏语系各语言的变化条件是不同的。那么,为什么它们都具有声调这一特点呢? 这种现象,除了说明它们共同受之于母语之外,没有别的理由可以解释了。正因为它们受之于母语,所以声调的分别应该是一开始就存在的。

从中古音系的声调区分的情况，从亲属语言的情况，说明汉语的声调在上古时期就存在了。

（二）上古声调的分类问题

中古音系的声调分平、上、去、入四类，上古的声调分几类呢？顾炎武认为古人“四声一贯”，黄侃认为古音的声调只分平、入，段玉裁则认为古音没有去声，只有平、上、入三声，王念孙、江有诰则认为古人实有四声，不过上古的四声与今不同。可见，清代学者们对于上古声调分类问题的意见是不统一的。

顾炎武的“四声一贯”说肯定了上古有四声，但他因惑于上古四声在书面语中的混用情况，不能对上古声调的具体分类作出结论。黄侃的古音声调分平、入的说法，实际上是四声不分，因为上古音的入声带有-p,-t,-k 的收尾辅音，平声则没有，因此，把上古音只分平、入两声，实际上只是着眼于音素的区别，而没有把像现代汉语中“音同调不同”这样情况揭示出来，分也就等于不分了。

段玉裁的古无去声的主张，主要是根据谐声材料而得出来的。谐声材料确实能说明一些问题，但是谐声字的“平叶平、仄叶仄”的情况显然是不及韵文的严紧。因此，除了利用谐声材料外，《诗经》所提供的古人调平仄的材料是更值得重视的。段玉裁忽视了《诗经》的材料偏信谐声字：这显然是一大缺点，也就造成了他的结论的偏面性。从《诗经》的用韵看，虽然有去声和平、上、入相通的情况，而去声自协的例子也不在少数，如之、鱼、脂、它等部的去声都是自成一类的。《说文》谐声字是六朝时的材料，比较起来，当然是《诗经》所反映的古音情况更正确、更可靠。我们讨论古音的声调问题，当然应该以《诗经》为主要材料。就谐声材料的使用说，段玉裁的引证也是失之过偏的。一方面,谐声材料中的去声字,有不与平、上、入相涉的,如东部的“弄”、元部的“贯”“乱”“见”“建”“赞”“算”、脂部的“四”“罪”“弃”“胃”“对”“类”“隶”、祭部之“外”“卫”“败”“带”“尚”“继”“具”“介”、支部之“解”、歌部之“坐”“卧”、幽部之“就”“售”、宵部之“盗”、侯部之“寇”“扇”,很难说它们不是去声。[①] 另一方面,他从谐声偏旁去求四声,没有估计到有偏旁相同而声调不同的情况,误以为同声旁字的声调亦同。

王力先生基本上接受段玉裁的意见。他认为古音声调可分舒促两大类;又细分长短,长平为平,短平为上,而入声不论长短,尽归一类。王先生的理由大概是根据中古去声字分别来自平、上、入三声这一点。王先生认为古音的声调主要是依长短来区别的,舒声有长短,分成平、上两类,入声也有长短,为什么应尽归于入声一类呢?而且入声的长短既没有调类的区别,那又根据什么来区别入声中有长短两类呢?难道说就根据东汉何休的“伐长言之,伐短言之”这个证据吗?我们觉得王力先生的论据是不够充足的。上古应该有声调,至于去声的发达与否,那又是另外一回事了。[②]

王念孙、江有诰肯定“古有四声”,但是对于为什么确定“古有四声”的理由阐发得是不够充分的。关于“古有四声”的理论,论证得最有力的当是夏燮了,他的理论的主要之点从上节的引文中可以看出,这里没有再重复的必要了。

我们认为,王念孙、江有诰、夏燮的考证是比较正确的,上古声调历分平、上、去、入四声,也就是说,上古音的声类和中古音是基本上一致的,但不是完全相同的,调值不同,每一声类中包括的字也有不同。例如,由于尾音-p,-t,-k的脱落,上古的入声字的一部分变成了中古的入声字。关于上古音声调的具体调值,还有待于今后进一步的研究。

---

① 周祖谟《汉语音韵论文集》,页162。
② 王力《汉语史稿》上册,页100—102。

第二编

中古汉语语音

从四世纪

到十二世纪，

包括六朝、隋、唐、宋

一、概　　述

（一）中古汉语语音发展的社会背景

从公元290年西晋贾后专权前后，到十二世纪宋王朝偏安南方为止，这中间有九百年左右的历史。这一时期的语音比起周汉音来，有了明显的变化，这个变化，标志着汉语语音发展到了一个新的阶段。

中古语音经过魏晋以来二三百年的过渡，到公元六世纪为止，形成了不同于周汉音的许多语音特点。这些特点表现在：

1. 在声母方面，由于j化作用、同化、异化作用以及一些主元音的影响，产生了ȶ，ȶ‘，ȡ，tʃ，tʃ‘，dʒ‘，ʒ，tɕ，tɕ‘，dʑ，ɕ等新的声母，而消失了复辅音及舌面中等辅音，及至中古后期，更开始了唇音的分化、匣母的分化等。

2. 在韵母方面，完成了第一阶段的开音节化，韵尾b，d，g消失了，而主元音也一般趋于高化，在整个韵母系统上，也重新有了阴声韵与入声韵整齐相配，阴声韵分立的新的体系。

3. 在声调方面，确立了平上去入四声，并且因韵尾辅音b，d，g的消失而有了重新调整。声母的清浊也明显地影响了声调的分化。

4. 在整个音节方面，语音的音节构成，由于声韵调的演化，明显地看出了简洁化、混同化的趋势，从而在音节的数目上也进一步有所调整。在词的音节构成中，辅音减少了，而元音却丰富了。这样，就构成了汉语音节简单化而词语多音节化的必然趋势。

上述许多变化，一方面固然是语音内部发展规律作用的必然结果；一方面，我们也不应忘了，作为社会现象之一的语音系统的演变，为什么不更早一些，或者再晚一些，而恰恰发生在三至五世纪，这是有其社会原因的。汉魏以降的社会大动乱，这一时期政治、经济、文化的变化，积极地促成了语音的急剧变化。

打开汉魏六朝的历史一看，可以知道，自公元290年西晋贾后专权，埋下了“八王之乱”的祸根起，由于社会的黑暗，政治的腐败，内乱外患，前后持续了四百年之久。这一时期，古中国政治、经济的中心，文化的摇篮——黄河流域变成了现实的地狱，充满着战争、灾祸、死亡、毁灭，一切都遭到了彻底的破坏。特别是历史上有名的“五胡乱华”，它的破坏性最大。

如此长期的战乱，人民遭到了加倍的苦难。所谓“流尸满河，白骨蔽野”（杜弢《与晋南平太守应詹书》）、“人多饥乏，更相鬻卖，奔迸流移，不可胜数”（《晋书·食货志》），正是那一时代的真实写照。大量的北方人，被迫流入南方。连北方的士族官僚也不例外。这样，代表上古音的北音，就流入江左，与一向被人们轻视的不登大雅之堂的南音（主要是吴音）交杂。这种方言之间的长期共存，必然会消磨掉古音的许多特点，而产生了新的变化。

本来是“河北江南，最为巨异”①的方言，在那时发生了频繁的接触。这就加强了方言间的新分裂，并且形成了新的汉语方言。

---

① 陆德明《经典释文》序：“方言差别，固自不同。河北江南，最为巨异。”

杨恭恒在《客话本字》中说:“客之先,居丰镐、河洛、齐鲁之交,或为衣冠世族,或为耕凿遗民,皆涵濡于二帝三王之化。自东晋元嘉五胡蹂躏,冠带数千里之地。戎羶污染,靡有宁居。于是衣冠之族,豪杰之徒,如侃逖、峤、琨之辈,相与挈家渡江,共图恢复;王谢之家,尤为卓著——王、谢旧河东太原人也。其余入闽著姓,则有林、邵、何、胡等八家。其他流民避乱江南、流离转徙,有南徐、南司等州郡,谓之侨军州——军州即今之州县,所谓侨者即客耳。”可见,东晋之后,客家的方言,就是原来的北方话——中州语。而江左的语言,也大受北方话的影响。这在《方言》《尔雅》的郭璞注中有所反映。原来是北方话的词语及音读,郭璞时代的吴语或通语(共同语)中也这样说法了。如《方言》卷一:“慧,楚或谓之譇。”注:“他和反;亦今通语。”卷十:“沅澧之间,使之而不肯,答曰吂。”注:“音茫,今中国语亦然。”卷三:“葰、芡,鸡头也。北齐谓之葰,青齐淮泗之间谓之芡,南楚江湘间谓之鸡头。”注:“江东亦名葰。”卷五:“扇,自关而东谓之箑,自关而西谓之扇。”注:“今江东,亦通名扇为箑,音篓。”这显然是方言变迁的结果。

这时候的广大北方地区,倍受夷族的蹂躏。内迁的内迁,死亡的死亡,原先的繁荣当时成了一片荒芜。异族的势力随着军事上的向南扩充外,同时从西晋末年开始,直到六朝结束为止,大批的少数民族内迁。① 他们(包括匈奴、羯、鲜卑、氐、羌等族)在武力上虽然征服了汉人,但历史的永恒规律证明了野蛮的征服者总是被他们征服了的民族底较高的文明所征服。夷族的文化逐渐地被汉族的文明所同化。在语言方面也不例外。况且当时的统治阶级还

---

① 如远在两汉,匈奴人就内迁到河套之南、山西北部;汉魏以降,他们更南徙到山西南部。鲜卑族也因此间迁居中原、河北,氐、羌则迁往甘肃、关中。仅在276—289十多年间,这五族内迁的就有一百万人左右。此后乱起,迁入的少数民族更是不计其数。

官令禁用夷语[①]，事实上，汉语也战胜了夷语，但它也从中吸取了这些语言的一些特征，而使原来的上古汉语有了比较巨大的变化。这个变化，特别是表现在语音上。颜之推所以感叹古读书音的命运“南染吴越，北杂夷虏”。[②]

上述这种方言的新的分裂，还由于当时社会的封建割据所巩固下来了。晋以后，外官的权力越来越大，八王之乱、十六国时期，更是群雄割据，加速了方言的分化。而南迁的士族们，为了保持往年的“威望”，不屑于江左语言，所以仍是讲着中原旧语。他们把讲吴语认为是可羞的事情。而南方的一些士族，当然更不愿学中原之音了。这势必妨碍了共同语的建立。

但是，语言毕竟是人们交际、交流思想的工具。人们在这样的环境下，流动性很大，没有一个比较统一的语言，对于人们的生活和社会的进步将是多么的不利。而当时商业经济的繁荣，城市的发达和人口的集中，更是替共同语的建立创造了客观的条件。

当时的人口流亡，大都都汇集在荆、江、扬三州。到宋孝武帝的时候，这三州的人口占全江南总户口的一半，约六七十万户。在手工业方面，炼铁、造纸、制磁等业都得到了发展。而商业（特别盐商）在长江流域更是繁荣一时。这种种因素，都对语言这一交际工具提出了统一的要求。而文学上的韵律论的兴起，佛教输入后，印度的声明论（音韵学）的启示，人们也逐渐致力于新的通语——文学语言的语音系统的研究。这个努力的结果，就是建立了《切韵》音系，它成了读书音的标准。而后，隋唐之际，更是废除了九品中

① 《魏书》卷七下《高祖孝文帝纪下》：“太和十有九年，六月，诏不得以北俗之语，言于朝廷。若有违者，免所居官。”又卷二十上《咸阳王禧传》：“高祖曰……今欲断诸北语，一从正音。年三十以上，习性已久，容或不可卒革；三十以下，见在朝廷之人，语音不听仍旧，若有故为，当降爵黜官。各宜深戒。如此渐习，风化可新。”

② 见颜之推《颜氏家训·音辞篇》。

正的门阀制度,而建立了一套新的科学制度。由于科举制度的推行,大大影响了《切韵》音系的发展。

但是,好景不长,中古音在十二世纪,由于辽金的侵入北方,又渐渐地被破坏了。同晋末一样,宋王朝挟万千父老百姓南渡,形成历史上的第二次的南北割裂,人口大量流入南方。这样,北方的中原音又一次南渡,而逐渐发展成为后来的所谓“中原雅音”;至于北方,在异族的影响下,语音也大变,而成了逐渐壮大起来的“官话”,它从南宋开始,就开始成了一支强大的势力了。不过,这些都是后话。我们在近代篇中会详细谈到。

(二) 音韵研究的兴起

我们至今还不能了解上古音的具体内容,很重要的一点,就是没有材料——没有直接记录当时语音的材料。这是同上古时期的语音研究还在蛮荒时期分不开的。但是,这种情况,到了中古,就有了改变,那就是音韵研究的兴起,给我们留下了许多珍贵的资料。要了解这一时期的语音,首先得了解当时人是如何记录并分析语音的,也就是说首先得掌握这分重要的材料。因此,很有必要在这里谈谈本期音韵研究的概况。

关于这个问题,需要读的有下列两点:

1. 音韵研究为什么在汉魏之后会兴起来的?

2. 音韵研究是如何发展的?

先谈第一点,音韵研究的兴起,同那一个时代是密不可分的。具体说来,下列几件社会事件积极地促进了音韵的研究。

(1) 社会上解经读书的需要。语音自先秦而至两汉,语音已有变化,一般的读书人就不易看古书。汉代的经学大盛,被崇为经典的作品,是不容有一点差错的。但是,用汉代的读音来念古书,显然是有距离的。要解决这个矛盾，就必须有一个精当的注音方法。这就在客观上促成了直音、譬况、反切等法的产生。

(2) 文学发展的需要。文学是语言的艺术。我国汉民族的文学具有悠久的传统，特别是诗。而诗，特别需要语言声音的韵律。所以，文学发展到了汉以后，汉赋、古体诗的发展，在艺术形式上就向语言，特别是语言的物质外壳——语音进一步提出了语言的音乐性的要求。为了做到这一点，就必须剖析语言的声音构成。

(3) 语音研究本身的进步和梵学的影响。到了汉魏以后，语音研究已经积累了一定经验，有了一定基础。例如，在上古时期，人们已经注意到了语音，并且能用“譬况”“读若”去描写语音、辨别音读。而后，还辨析了音的长短、强弱，讨论了音系的发音情况等等①。这种观察、分析，虽然还算不上科学的研究方法。但不可否认的是，这还是有价值的尝试。它为以后的语音研究的繁荣作了必要的准备。

汉以后，佛教的传入，中印文化的交流，印度古代的语言学知识也被介绍到中国来。讨论这一学问的不但有唐智广《悉昙字记》这样成部的巨著，就是在一般的佛书中也有所论及。当然，汉梵是不同语系的语言，它们的语法相差很远，但在语音研究上，对汉语的影响上却显而易见的。《隋书·经籍志》卷一中有一段记载是这样的：“自后(按即魏以后)佛法行于中国，又得西域胡书，能以十四字贯一切音，文省而义广，谓之婆罗门书。”梵语学理对汉语音韵研

---

① 古籍中对于音的辨析，最早的如《老子》中有“唯之出阿，相去几何?”《管子》中有“口开而不阖，是言莒也”。汉代以后的注经家们还常常用长言、短言、急言、徐言的术语，如何休注《公羊传》“伐人者为客，读伐长言之；见伐者为主，读伐短言之”等。同时，古人也注意到了发音的唇形(包括介音和闭口韵)和声母发音的部位，如在刘熙的《释名》中有：“风，兖、豫、司、冀横口合唇言之；风，氾也，其气博氾而动物也。青、徐言风，踧口开唇推气言之；风，放也，气放散也。”又：“天，豫、司、兖、冀以舌腹言之；天，显也，在上高显也。青、徐以舌头言之；天，坦也，坦然高远也。”

究的影响，具体说来，至少有以下四宗：（一）梵文的拼音法促进了汉语反切法的形成；（二）梵文中有所谓声 svara 者，恰与汉语声调的性质相仿。当时之文人学士与善声沙门（即和尚）因受转读佛经声调的影响，而确立了四声；（三）由于梵文字母的影响，启发了字母的创立；（四）而唐宋以后的等韵图表的体制、方法以及术语也导自佛家的《悉昙章》，也就是《悉地罗窣睹》（siddhirastu）。

第四节当时社会的动荡客观上要求新的文学语言语音系统的迅速形成。这就刺激了音韵研究的兴起。

综合以上，我们就会明了，为什么音韵研究到了汉魏以后，在中古时期，会出现蓬勃发展的大好局面。

接下来要谈第二个问题，即音韵研究的发展的历史。

要了解这一时期语音研究的源流，那最好先读一读颜之推《颜氏家训·音辞篇》的起头一段：

> 夫九州之人，言语不同，生民已来，固常然矣。自《春秋》标齐言之传，《离骚》目楚词之经，此盖其较明之初也。后有扬雄著《方言》，其言大备。然皆考名物之同异，不显声读之是非也。逮郑玄注六经，高诱解《吕览》《淮南》，许慎造《说文》，刘熹制《释名》，始有譬况假借，以证音字耳。而古语与今殊别，其间轻重清浊，犹未可晓。加以'内言''外言''急言''徐言''读若'之类，益使人疑。孙叔言创《尔雅音义》，是汉末人独知反语。至于魏世，此事大行。高贵乡公不解反语，以为怪异。自兹厥后，音韵锋出。各有土风，递相非笑。

这就是说，我国最早的注音方法，是用比况来说明读音。但逐渐的，因字音的互相比较，辨别读音的同异，认识了单字间双声、叠韵的关系。同时在实际语言中有很多是双音节以上的词，于是习惯上就常常用双音节，以至有了单字之间的比较，进而成为双字之间的比较。在梵文拼音学理的影响下，就依据了双声、叠韵的原理，把单个音缀分析为两部分，借双字代表这二部分。双字当中，一个是表明“声”的，我们叫它反切上字；一个是表明“韵”的，我们叫它反切下字。例如：

东，德红反。
同，徒红反。

东字的音是德红反，东是被切的字，德是反切上字，红是反切下字。同字的音是徒红反，同也是被切的字，徒是反切上字，红是反切下字。被切字与反切上字双声（即东、德双声，同、徒双声），被切字与反切下字叠韵（即东、红同韵同调，同、红也同韵同调）。这种反切法，比起直音来，是一个很大的进步。从此以后，就能够正确的使用反切，就表示能够正确的分析字音。

这种方法，一般的说法，是从孙炎开始的。但反切之兴，是决非一人所能独创的。而且据史料，在孙炎前，汉人应劭、服虔等已用反切[①]。可以推断，在直音通行的汉代，必然也可能来用二合音的形式而逐渐过渡到反切去的。因此，反切起自汉朝，而不是孙炎，这是可以肯定的。

再进一步，就在音乐上的乐律、文学上的声律和梵语的声明论的推动下，创立了四声。四声主要是指音的高低升降，它把音高不同的音归成了平上去三类，而将收-p，-t，-k 辅音尾的音独成入声

① 景审序慧琳《一切经音义》云：“古来音反，多以旁纽为双声，始自服虔。”章炳麟《国故论衡·音理论》则认为应劭时已有反语。刘盼遂作《反切不始于孙叔然辨》一文更指出“反切之兴也，上不出于丰镐之间，下不迟于当涂之世，而在光武、明、章之际”（载刘著《文学音韵学论丛》第 207 页）。

韵一类,而成四声。

在反切和四声的基础上,韵书就应运而生了。韵书的体制,很象今天出版的诗韵。它的作用也相当于古代的诗韵书,而审音倒并不是顶主要的。韵书一般是以声调为纲,以韵部(由很多叠韵字归纳成类目)为目,将同反切的同音字集在一起而成的注音字典。

六朝时候的韵书很多①,但这些韵书大都拘泥于方音,审音功夫又差,到后来,就先后湮没了。连内容我们都没办法知道,留下的只有一些零星佚文。而在中古文学语言语音系统中占重要地位的《切韵》及其同一系统的韵书,倒有一些是留存到今天的。

也许是作诗押韵的关系吧,六朝以来音韵研究虽然有了很大发展,但也不过限于韵的研究。在声母方面,却没有作过系统研究。后来,才逐渐由叠韵关系归韵部的方法的启示,把这种方法用在双声字上。这就有了《切字要法》(附在元本《玉篇》卷首)的所谓30对双声字。再往后,在梵、藏字母的影响下,就由一些沙门和尚创立了字母。我们能见的最早的字母是唐末的和尚守温所订的三十字母。宋以后,更依据实际语音的变化,改订成字母三十六个。这所谓字母,基本上代表了中古的声母系统的。

汉语语音的各要素——声韵调的研究既分别各有所研究,进一步就得进行深入的细致的,却是综合的研究。而在《悉昙章》的启示下,就产生了等韵学。这一门学问是属于描写语音学范畴的一些等韵图表。这些图表是根据《切韵》音系(有时也根据实际语音而对《切韵》音有所订正)析声、韵和中介元音等音素,以声为经,以韵为纬,纵横排列而成。它以"转"或"摄"来归纳韵类,以"等"和"呼"来分析中介元音和音的洪细。

关于现存的宋元等韵书,主要的有《韵镜》《七音略》《四声等

① 据《隋书·经籍志》等书记载,六朝韵书不下百种,详第三章。或见魏建功《十韵汇编序》。

子》《切韵指掌图》《经史正音切韵指南》等。

《韵镜》的作者和成书年代皆不可考，1161 年张麟之为之刊印，1196 年重刊，张氏并作序留言。从中可知本书源本自唐代等韵。就其内容看，轻重唇不分，无字母标声以及次序排列都因袭《切韵》之旧。全书共分四十三转。

《七音略》为宋郑樵(1104—1162)所著，在《通志》内。据序中所说，原本是《七音韵鉴》，就内容看来，则与《韵镜》为同一系统为无疑。只是采了 36 字母的名称。全书分四十三图，亦与《韵镜》同。

《切韵指掌图》虽题名司马光作，实非。清代学者邹特夫考订为南宋杨中修作。书中提到的"董南一"则是南宋人。但就其全书组织看，却有抄《四声等子》的痕迹。不过，它至少是代表了宋代的语音变迁的。书分二十图，除开合之分不计则为十三摄，但书中并未列"摄"的名称。

《四声等子》，无名氏作，成书年代不会早于辽宋，同时也不会迟于南宋。(书中提到辽僧行均《龙龛手鉴》，且据《指掌图》之序及内容都有抄它之痕迹。)全书将转并摄，合为通、止、遇、果、宕、曾、流、深、江、蟹、臻、山、效、假、梗、咸等十六摄共 20 图。

《经史正音切韵指南》，元刘鉴作。体例分摄同《四声等子》。全书分图 24。

上述五书，前二书基本上仍《切韵》之旧，而后三书则因实际语音的演变而有所修正。

等韵图对中古语音的研究有特殊重大的意义。因为反切、韵书有先天的缺陷。根据反切上下字归类，也不过只能显示出中古声韵的间架，而韵书，也只不过告诉了人们以四声和韵部，声母与介音根本无法知道，即使真正的韵母，也照样不能了解。这种研究都只能是局部的。而等韵学则是我国成系统的研究语音的发端。至此，中古语音学的发展已发展到了最高点，在一些方面，并不比现代的描写语音学差多少。

总结以上,我们可以将中古语音研究发展的情况简要地列成下表:

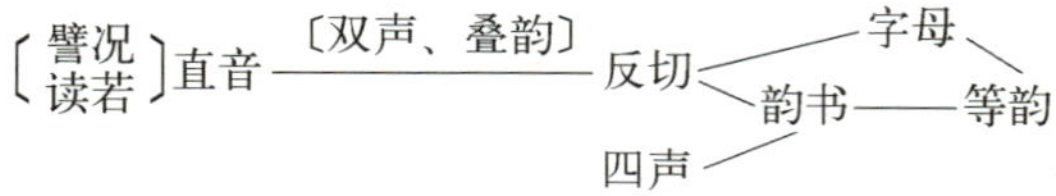

(三)中古方音和文学语音的语音系统

本章第一节已经指出:由于魏晋以来的社会剧变,夷族的入侵,人口的南迁以及其他原因,加强了方言间的新的分裂,并且形成了新的汉语方言。那么,这新的方言是怎样的呢?要明确的回答这个问题,是不可能的。有史可证的,那就是在江西、广东、广西间形成了客家方言。他们原来是黄河流域一带的人,此后就客居南方,而成了"客家人"。他们的语音有很多都保存了古代的中原雅音。至于其他方言,则大都无法查考了。不过,可以肯定一点:即经过一个时期的方言"摩擦",由于政治上南北的对峙,封建割据,以及客观地理上也南北交通不便(隋以后才有沟通南北的大运河),就逐渐形成了南北两大方言群的显著区别。如陆德明在《经典释文·叙录》中就指出:"方言差别,固自不同,河北江南,最为巨异。"当时的大音韵学家颜之推也说:"南方水土和柔,其音清举而切诣,失在浮浅,其辞多鄙俗。北方山川深厚,其音沈浊而鈋钝,得其质直,其辞多古语。"[①]唐人也常常以吴语和秦音对称。虽然他们没有懂得语音演变的道理,不懂的无论是南音,还是北音,都已经注进了新的血液,不能与上古时代的南音同日而语了。但他们

① 《颜氏家训·音辞篇》。

毕竟还是指出了当时语音南北差别的“巨异”。

中古南北两大方言群包括着许多地域方言或地点方言。如南方方言群就有吴方言（吴扬方言、吴越方言）、楚方言、闽粤方言、客家方言、蜀方言（西南方言）等；北方方言群就有山东方言、京洛方言（秦音）、长安方言、西北方言等等。但这种方言，大都只有一个名称，而不能知道它们的内容了。

值得提出的是中古的吴方言和以京洛为中心的西北方音。反映中古吴言的语音特点的资料有：1.《尔雅》、《方言》郭璞注中的吴方言音注；2. 原本《玉篇》残卷；3.《经典释文》反切；4. 慧琳《一切经音义》吴语注；5. 日本吴音，等等。反映西北方音面貌的有：1. 慧琳《一切经音义》反切；2. 汉藏对音《千字文》残卷；3. 藏文译音《金刚经》残卷；4. 藏文译音《阿弥陀经》残卷；5. 汉藏对音《大乘中宗见解》残卷；6. 注音本《开蒙要训》；7. 日本汉音，等等。

对于上述材料，至今还没有系统的整理过，更谈不上比较研究。近人黄淬伯著《慧琳一切经音义反切考》、罗常培著《唐五代西北方音》还只是一个开端，可惜没有人深入下去。但可以肯定的说，这两方言是具有各异的特点的。今仅就日本的两种汉字借音的声母方面，简单作一比较，就可以看出两方音的一些特点。日本吴音是在公元六世纪以前由日人金礼信借自江浙一带的方音而成名的；日本汉音则是在公元七八世纪时由日人表信公借自西北长安一带方音而成的。这两种音在声母上的不同特色表现在清浊上。许多“吴音”中的浊音字，在“汉音”中却清化了，如：

例　字	茶	祈	座	迟	示	婆
日本吴音	de	ge	za	ȡʑi	ȡʑi	ba
日本汉音	ta	ki	sa	tɕi	ɕi	ha
《切韵》音	ȡa	gɪɑi	dzwɒ	ȡzei	ȡɪĕi	bwɒ

这种例子很多，但另外在汉音中却又将鼻音声母读成浊音：

例　　字	马	美	男	泥	耳
日本吴音	ma	mi	nan	nai	ni
日本汉音	ba	bi	dan	dei	dʑi
《切韵》音	ma	miĕi	nɒm	nɛi	ɲʑi

现代山西文水方言中将上述诸字读成 mb 或 nd 的,可能唐代的西北方音也有近似这类音的声母,鼻音加重摩擦。然而,比较起来,浊音清化规律在北方话中起着一定影响,因而,它有许多浊音字已开始清化。这在《大乘中宗见解》的汉藏对音中可以得到证明,它的大部分全浊字都变成了次清[①]。

中古汉语的方音,虽然不易做到全面的具体的说明。但由于经济、政治的发展,文化也大大繁荣昌盛了。作为文学语言的《切韵》系统越来越产生了巨大的影响。

经过三四百年战争的古中国社会,是遍体鳞伤了。隋的统一使祖国结束了南北长期割裂的局面,政治上的统一,随之而起的是经济和文化的繁荣。这就在客观上对统一的文学语言提出了迫切的要求。经过了六朝李登、吕静等人无数次的实验,到了隋文帝仁寿元年,即公元 601 年,一个新的文学语言的语音系统终于建立,并且为陆法言总结在《切韵》一书里了。

《切韵》一名本来就是反切的意思,六朝韵书多以此命名,陆法言不过是作了继承前人研究的成果罢了。他自己在《切韵》序中说:

昔开皇初,有刘仪同臻、颜外史之推、卢武阳思道、李常侍若、萧国子该、辛谘议德源、薛吏部道衡、魏著作彦渊等八人,同诣法言门宿。夜永酒阑,论及音韵。以古今声调,既自有

① 参罗常培《唐五代西北方音》。

别，诸家取舍，亦复不同。……欲广文路，自可清浊皆通，若赏知音，即须轻重有异。吕静《韵集》、夏侯咏《韵略》、阳休之《韵略》、李季节《音谱》、杜台卿《韵略》等，各有乖互。江东取韵，与河北复殊。因论南北是非，古今通塞，欲更捃选精切，除削疏缓。颜外史、萧国子多所决定。魏著作谓法言曰："向来论难，疑处悉尽，何为不随口记之，我辈数人，定则定矣。"法言即烛下握笔，略记纲纪。后博问英辩，殆得精华。……遂取诸家韵书，古今字书，以前所记者，定之为《切韵》五卷。剖析毫厘，分别黍累。……非是小子专辄，乃述群贤遗意。

可以这样说，关于陆法言写《切韵》的经过，以及《切韵》的性质，都在序文中说得很清楚了。《切韵》这本书，乃是萧、颜等八人集体讨论，总结了中古音韵，而法言执笔而成的。这本书接受了六朝韵书过于拘在于方音的失败教训，另辟蹊径，根据"因论南北是非，古今通塞，欲更捃选精切，除削疏缓"的原则，建立了新的文学语言的语音系统。这个语音系统，是古代传下来的读书音的基础上，参酌南北古今之音，厘订而成。可以说，这是个大杂脍。所以，后来人说"此制酌古沿今，无以加也"[①]。

这个语音系统一产生，立即得到社会的良好反映。一般文人学士，莫不乐于用之。而一待科举兴起，政治阶级更把《切韵》当作作诗属文的韵典。它的影响之大，在整个上层社会，是很难估计的。孙愐在《唐韵序》中说："惟陆生《切韵》，盛行于世。"王仁煦更说："陆法言《切韵》，时俗共重，以为典规。"[②]而当时修订《切韵》的著作，多得也难以统计。仅主要著作就有：王仁煦的《刊谬补缺切韵》、孙愐的《唐韵》、李舟的《切韵》、陈彭年等的《广韵》等。可见它

---

① 见长孙纳言《切韵笺注》序。

② 语见《刊谬补缺切韵》序。

的影响之大。

这个语音系统,又是我国历史上保存下来的第一个完整的系统。它在音韵史上有着特殊的意义。它记录下了中古一个最普遍流行的读书音系统,使我们对当时的语音有一个比较全面的认识。而且,更重要的是,它还成了我们了解上古语音和近代方音的枢纽。这许多音韵现象都可以在《切韵》系统中找到影子。例如,《切韵》中有支、脂、之三韵,中古后期,这三韵在口语中显然是混同了。这是保留了上古音的痕迹。上古韵中这三部分得是很清楚的。又如,由于《切韵》概括面广,"因论南北是非",很多中古方音的特点它多吸收了。这样,现代方言中很多特点也就很自然地可以从中去找到根源。所以,《切韵》系统对于方言音调查确是十分重要的。

尽管《切韵》对于音韵研究是如此的重要,但它毕竟不是一个有机的统一的语音系统。它不能反映当时的口语实际的读音。而只是一个方音古音的大杂脍。它脱离口语,而且这中间的距离随着时代的发展必然越来越大。

它一面越发展,就在系统上越细密;一面却越脱离活的口话,越趋僵尸化。从《切韵》发展到《广韵》,这种矛盾已在《广韵》中表现很尖锐了。这个系统,虽然不断的加以修补,但终究逃不出它的死亡。

而当时的社会,由于政治、经济的中心比较长期的稳定在北方,北方话的势力就逐渐扩大。当时的"平话""语录",当然是语体的北方话作品,就是在诗词里,也经常采用北方话。这北方话的中心点自然是京城汴梁、洛阳一带的中原音。宋人陈鹄说:"乡音是处不同,惟京师六朝得其正。"陆游也说:"中原惟洛阳得天地之中,语音最正。"[①]可见,代替《切韵》音而起的,以北方方音为基础的新

① 陈鹄、陆游皆南宋人,陈之语见所著《西塘集耆旧续闻》卷七,陆语引自《老学庵笔记》。

的文学语言语音系统已在宋代开始萌芽，方言正向北方话集中。这个发展，由于十二世纪的社会大动乱，辽金的入侵，而受到了很大的影响。这个发展没有到成熟，就被迫中止了。

二、中古声母的发展

(一)《切韵》的声类

《切韵》的声母系统是怎样的?有几个声母?它们的音值又是如何?《切韵》这本著作和其他现存文献都没有直接告诉我们。答案要我们自己去求。那么,怎么个求法呢?难道就是同求上古音的一个办法?显然,这一条路是行不通的。求上古声母的主要靠形声偏旁。但这到了中古,就完全失去引用的价值。形声偏旁虽不能用,但我们在论上古声母时,就用到了中古的声母系统——36字母,这倒是认识中古声类的一把钥匙。那么,这字母是什么玩意儿,它又是如何产生的呢?

我们知道,汉语语音音节的构造分声、韵、调三个部分。由于韵和调的特性在语言中表现得比较明显,所以,人们最先对它们有所认识和分析。古代人作诗,都知道音要和谐。在这个基础上,也由于梵文拼音字母的影响,把音节分为上下两部分的拼音法——反切就产生了。这样,人们不仅感到韵的存在,同时也初步意识到了声——反切上字的存在。再进一步,人们更自觉运用了同反切上字的双声关系。把许多双声字归类,结果就可得出若干不同的类。这些类实际上就是当时的声类。元本《玉篇》卷首载有无名氏的《切字要法》,有30对双声字(其中29、30四字无文):

一因烟　二人然　三新鲜　四饧涎　五迎妍

六零连　七清千　八宾边　九经坚　十神禅

十一秦前　十二宁年　十三寅延　十四真毡

十五娉偏　十六亭田　十七陈缠　十八平便

十九擎虔　二十轻牵　二十一称燀　二十二丁颠

二十三兴掀　二十四汀天　二十五精笺　二十六民眠

二十七声羶　二十八刑贤

这就是前人给我们归纳出来的隋以前的声母系统。

到了唐代，由于藏文三十字母、梵文三十三体文及一声势的影响，于是就在双声字的基础上，正式创立了汉字式的声母符号——字母。今传唐末"南梁汉比丘守温"的三十字母就是这样产生的[①]：

唇音　不芳並明

舌音　端透定泥是舌头音　知彻澄日是舌上音

牙音　见溪群来疑等字是也

齿音　精清从是齿头音　审穿禅照是正齿音

喉音　心邪晓是喉中音清　匣喻影也是喉中音浊

这30字母同《切字要法》比较起来，大致是相当的。只是除了《切字要法》28类之外，又加上了知、彻，同澄（即陈缠）配成一系。这在一方面体现了对汉语语音作了精细的分析，符合了当时语音的实际；另一方

---

① 见《敦煌韵学残卷》（刘复辑《敦煌掇琐》第三辑）。另外，伦敦博物馆所藏有同30字母同时代的敦煌唐写本《归三十字母例》。它不仅抄录了字母，而且也附上了双声字。从这里，可以看到字母与双声字的继承关系。我们把这归30字母转录在这里，供大家差考：

端丁当颠战　精煎将尖津　知张衷贞珍　透汀汤天添　清千枪金亲

彻伥仲柽缜　定亭唐田甜　从前墙暂秦　澄长虫呈陈　泥宁囊年拈

喻延羊盐寅　来良隆冷邻　审昇伤申深　见今京犍居　不边逋宾夫

穿称昌嗔觇　磎钦卿褰祛　芳偏铺缤敷　禅乘常神谌　群琴擎寋渠

并便蒲频苻　日仍禳感任　疑吟迎言敷　明绵模民无　心修相星宣

晓馨呼欢祆　邪囚祥饧旋　匣形胡桓贤

唯原文文字讹误颇多，如战作故，衷作象，贞作负，天作光等等，今据字形及声经韵释之例校改如上。

面,也是由于梵文字母的影响。梵文字母中有 ṭa,ṭ‘a,ḍa 一系(此为罗马字注音,字母下一点表示卷舌音),而《切字要法》中只有“陈缠”可与 ḍa 相对应,于是,三十字母中,就另创了知彻二母与 ṭa,ṭ‘a 相对应。

三十字母代表了隋唐间的声母系统。随着时代的发展,三十字母到了宋代就被人们修订为三十六字母。这就是[①]:

重唇音	帮滂並明	**轻唇音**	非敷奉微
舌头音	端透定泥	**舌上音**	知彻澄娘
牙音	见溪群疑		
齿头音	精清从心邪	**正齿音**	照穿床审禅
喉音	影晓匣喻		
半舌音	来	**半齿音**	日

同三十字母相比,它多出来了非敷奉微床娘六母。这是中古声母发展的结果。守温三十字母中的唇音不分轻重,所以帮滂並明、非敷奉微只有不芳並明一套,只读重唇,宋以后,非系的字就从帮系中分化出来,比原来多了四母。另外,守温时代泥、娘不分,床、禅不分,比三十六字母,又少了二母。

中古声母由隋唐到两宋的发展,以后我们要详细谈到,现在我们要回过来追问一下:这三十字母既代表了隋唐音,那么,它是否就是《切韵》的声类系统呢?

为了回答这个问题,清代音韵学家陈澧[②]给我们找到了一个可靠的方法:反切系联法。他的方法的基础是根据《广韵》的反切上字以双声关系归类,他把这种方法具体规定如下:

切语上字与所切之字为双声,则切语上字同用者、互用

① 最早见于郑樵《通志·艺文略》。

② 陈澧,字兰甫(1810—1882),广东番禺人。著有《切韵考》内外篇,创反切系联法,归《广韵》声类为 40,韵类为 311。

者、递用者，声必同类也。同用者如：冬——都宗切，当——都郎切，同用都字也；互用者如：当——都郎切，都——当孤切，都当二字互用也；递用者如：冬——都宗切，都——当孤切，冬字用都字，都字用当字也。

《广韵》同音之字不分两切语，此必陆氏旧例也。其两切语下字同类者则上字必不同类。如：红——户公切，烘——呼东切，公东韵同类，则户呼声不同类。今分析切语上字不同类者，据此定之也。

切语上字既系联为同类矣，然有实同类而不能系联者，以其切语上字两两互用故也。如：多、得、都、当四字，声本同类：多——得何切，得——多则切，都——当孤切，当——都郎切，多与得、当与都两两互用，遂不能四字系联矣。今考《广韵》，一字两音者互注切语，其同一音之两切语上二字，声必同类。如一东：冻——德红切，又都贡切；一送：冻——多贡切。都贡、多贡同一音，则都多二字实同一类也。今于切语上字不系联而实同类者，据此以定之。

这三条，第一条是基本定例，第二条、第三条则是补充定例。它们至今看来，还是具有科学的价值。但是，陈澧虽然提出了这些定例，由于他并没有彻底地遵守这些定例，尤其是基本定例，而拘泥于方音，所以，他并没有得到科学的结论。

近代学者如曾运乾等人根据上述原则继续了这个工作，作出了比较科学的结论，即把所有的反切上字系联为 51 类。这里，我们把这 51 声类切语移录在下面（类名取出现最多的字，右下旁数目字代表出现次数）①：

---

① 参见曾运乾《切韵五声五十一纽考》（文载《东北大学季刊》第一期）及陆志韦《证广韵五十一声类》（文载《燕京学报》第 25 期），本书采后一篇结论。

古类(见乙)

古$_{136}$　公$_{3}$　过$_{1}$　各$_{1}$　格$_{1}$　兼$_{1}$　姑$_{1}$　佳$_{1}$　诡$_{1}$　乖$_{1}$

居类(见甲)

居$_{79}$　举$_{7}$　九$_{6}$　俱$_{4}$　纪$_{3}$　几$_{2}$　规$_{1}$　吉$_{1}$

苦类(溪乙)

苦$_{86}$　口$_{13}$　康$_{4}$　枯$_{3}$　空$_{2}$　恪$_{2}$　牵$_{1}$　谦$_{1}$　楷$_{1}$　客$_{1}$　可$_{1}$

去类(溪甲)

去$_{42}$　丘$_{37}$　区$_{4}$　墟$_{3}$　起$_{3}$　驱$_{2}$　羌$_{2}$　绮$_{2}$　钦$_{1}$　倾$_{1}$　窥$_{1}$　诘$_{1}$　祛$_{1}$　岂$_{1}$　曲$_{1}$　卿$_{1}$　弃$_{1}$　乞$_{1}$

渠类(群)

渠$_{36}$　其$_{24}$　巨$_{24}$　求$_{7}$　奇$_{2}$　暨$_{2}$　臼$_{1}$　衢$_{1}$　强$_{1}$　具$_{1}$　跪$_{1}$　狂$_{1}$

五类(疑乙)

五$_{82}$　吾$_{4}$　研$_{2}$　俄$_{1}$

鱼类(疑甲)

鱼$_{40}$　语$_{14}$　牛$_{10}$　宜$_{4}$　虞$_{2}$　愚$_{1}$　遇$_{1}$　疑$_{1}$　拟$_{1}$　危$_{1}$

呼类(晓乙)

呼$_{70}$　火$_{16}$　荒$_{4}$　虎$_{4}$　海$_{1}$　呵$_{1}$　馨$_{1}$　花$_{1}$

许类(晓甲)

许$_{73}$　虚$_{16}$　香$_{9}$　况$_{7}$　兴$_{2}$　休$_{2}$　喜$_{2}$　朽$_{1}$　羲$_{1}$

胡类(匣)

胡$_{90}$　户$_{32}$　下$_{14}$　侯$_{6}$　何$_{2}$　黄$_{2}$　乎$_{2}$　获$_{1}$　怀$_{1}$

乌类(影乙)

乌$_{82}$　安$_{3}$　烟$_{1}$　鷖$_{1}$　爱$_{1}$　哀$_{1}$　握$_{1}$

於类(影甲)

於$_{110}$　乙$_{8}$　一$_{3}$　衣$_{3}$　伊$_{3}$　央$_{2}$　纡$_{2}$　忆$_{1}$　依$_{1}$　忧$_{1}$　谒$_{1}$　挹$_{1}$　委$_{1}$

以类(喻乙)

以$_{24}$　羊$_{14}$　余$_{12}$　餘$_{8}$　与$_{7}$　弋$_{3}$　夷$_{2}$　予$_{1}$　翼$_{1}$　营$_{1}$　移$_{1}$　悦$_{1}$

于类(喻三等或当作匣甲)

于$_{20}$　王$_{8}$　雨$_{4}$　为$_{3}$　羽$_{3}$　云$_{2}$　永$_{1}$　有$_{1}$　雲$_{1}$　筠$_{1}$　薳$_{1}$　韦$_{1}$　洧$_{1}$　荣$_{1}$

陟类(知)

陟$_{41}$　竹$_{13}$　知$_{9}$　张$_{8}$　中$_{2}$　猪$_{2}$　徵$_{1}$　追$_{1}$　卓$_{1}$　珍$_{1}$

丑类(彻)

丑$_{67}$　敕$_{9}$　耻$_{1}$　痴$_{1}$　楮$_{1}$　褚$_{1}$　抽$_{1}$

直类(澄)

直$_{55}$　除$_{7}$　丈$_{5}$　宅$_{4}$　持$_{3}$　柱$_{3}$　池$_{1}$　迟$_{1}$　治$_{1}$　场$_{1}$　伫$_{1}$　驰$_{1}$　坠$_{1}$

侧类(照二等)

侧$_{36}$　庄$_{7}$　阻$_{6}$　邹$_{1}$　簪$_{1}$　仄$_{1}$　争$_{1}$

之类(照三等)

之$_{29}$　职$_{12}$　章$_{12}$　诸$_{7}$　旨$_{4}$　止$_{3}$　脂$_{1}$　征$_{1}$　正$_{1}$　占$_{1}$　支$_{1}$　煮$_{1}$

初类(穿二等)

初$_{29}$　楚$_{23}$　测$_{3}$　叉$_{2}$　刍$_{1}$　厕$_{1}$　刞$_{1}$　疮$_{1}$

昌类(穿三等)

昌$_{29}$　尺$_{16}$　充$_{7}$　赤$_{3}$　处$_{3}$　叱$_{2}$

士类(床二等)

士$_{33}$　仕$_{9}$　锄$_{7}$　钼$_{5}$　床$_{3}$　查$_{2}$　雏$_{2}$　助$_{1}$　豺$_{1}$　崇$_{1}$　崱$_{1}$　俟$_{1}$

食类(床三等)

食$_{11}$　神$_{6}$　实$_{1}$　乘$_{1}$

所类(审二等)

所$_{45}$　山$_{14}$　疎$_{6}$　色$_{5}$　数$_{3}$　砂$_{2}$　沙$_{1}$　疏$_{1}$　生$_{1}$　史$_{1}$

式类(审三等)

式$_{23}$　书$_{10}$　失$_{6}$　舒$_{6}$　施$_{3}$　伤$_{2}$　识$_{2}$　赏$_{2}$　诗$_{2}$　始$_{1}$　试$_{1}$　矢$_{1}$　释$_{1}$　商$_{1}$

时类(禅)

时$_{15}$　常$_{11}$　市$_{11}$　是$_{6}$　承$_{5}$　视$_{3}$　暑$_{2}$　氏$_{1}$　殊$_{2}$　寔$_{1}$　臣$_{1}$　殖$_{1}$　尝$_{1}$　蜀$_{1}$　成$_{1}$

而类(日)

而$_{23}$　如$_{17}$　人$_{16}$　汝$_{4}$　仍$_{1}$　儿$_{1}$　耳$_{1}$　儒$_{1}$

奴类(泥)

奴$_{54}$　乃$_{16}$　那$_{3}$　诺$_{2}$　内$_{2}$　妳$_{1}$

女类(娘)

女$_{35}$　尼$_{9}$　拏$_{1}$　秾$_{1}$

卢类(来乙)

卢$_{26}$　郎$_{16}$　落$_{10}$　鲁$_{9}$　来$_{3}$　洛$_{3}$　勒$_{2}$　赖$_{1}$　练$_{1}$

力类(来甲)

力$_{57}$　良$_{13}$　吕$_{7}$　里$_{2}$　林$_{1}$　离$_{1}$　连$_{1}$　缕$_{1}$

都类(端)

都$_{37}$　丁$_{23}$　多$_{11}$　当$_{9}$　得$_{2}$　德$_{2}$　冬$_{1}$

他类(透)

他$_{54}$　吐$_{10}$　土$_{6}$　託$_{2}$　汤$_{2}$　天$_{1}$　通$_{1}$　台$_{1}$

徒类(定)

徒$_{64}$　杜$_{4}$　特$_{2}$　度$_{2}$　唐$_{2}$　同$_{1}$　陀$_{1}$　堂$_{1}$　田$_{1}$

作类(精乙)

作$_{15}$　则$_{12}$　祖$_{5}$　臧$_{4}$　借$_{1}$

子类(精甲)

子$_{62}$ 即$_{16}$ 将$_{7}$ 姊$_{3}$ 资$_{3}$ 遵$_{2}$ 兹$_{2}$ 醉$_{1}$ ⿰饣坐$_{1}$

仓类(清乙)

仓$_{23}$ 千$_{11}$ 苍$_{3}$ 麤$_{2}$ 采$_{2}$ 青$_{1}$ 麁$_{1}$

七类(清甲)

七$_{62}$ 此$_{4}$ 亲$_{2}$ 醋$_{2}$ 迁$_{1}$ 取$_{1}$ 雌$_{1}$

昨类(从乙)

昨$_{27}$ 徂$_{19}$ 才$_{12}$ 在$_{10}$ 藏$_{4}$ 前$_{1}$

疾类(从甲)

疾$_{16}$ 慈$_{9}$ 秦$_{5}$ 自$_{1}$ 匠$_{1}$ 渐$_{1}$ 情$_{1}$

苏类(心乙)

苏$_{41}$ 先$_{13}$ 桑$_{5}$ 素$_{4}$ 速$_{1}$

息类(心甲)

息$_{31}$ 相$_{11}$ 私$_{8}$ 思$_{7}$ 斯$_{3}$ 胥$_{1}$ 虽$_{1}$ 辛$_{1}$ 须$_{1}$ 写$_{1}$ 悉$_{1}$ 司$_{1}$

徐类(邪)

徐$_{11}$ 似$_{11}$ 祥$_{4}$ 辝$_{3}$ 详$_{2}$ 寺$_{1}$ 辞$_{1}$ 随$_{1}$ 旬$_{1}$ 夕$_{1}$

博类(帮乙)

愽$_{23}$ 北$_{11}$ 布$_{9}$ 补$_{7}$ 边$_{2}$ 伯$_{1}$ 百$_{1}$ 巴$_{1}$

方类(帮照甲)

方$_{32}$ 甫$_{12}$ 府$_{12}$ 必$_{7}$ 彼$_{6}$ 卑$_{4}$ 兵$_{2}$ 陂$_{2}$ 并$_{2}$ 分$_{2}$ 笔$_{2}$ 畀$_{1}$ 鄙$_{1}$ 封$_{1}$ 晡$_{1}$

普类(滂乙)

普$_{37}$ 匹$_{32}$ 滂$_{4}$ 譬$_{1}$

芳类(滂敷甲)

芳$_{15}$ 敷$_{12}$ 抚$_{4}$ 孚$_{4}$ 披$_{3}$ 丕$_{1}$ 妃$_{1}$ 峰$_{1}$ 拂$_{1}$

蒲类(並乙)

蒲$_{30}$ 薄$_{22}$ 傍$_{5}$ 步$_{4}$ 部$_{2}$ 白$_{2}$ 裴$_{1}$ 捕$_{1}$

符类(並奉甲)

符$_{23}$ 扶$_{13}$ 房$_{11}$ 皮$_{7}$ 毗$_{7}$ 防$_{4}$ 平$_{3}$ 婢$_{1}$ 便$_{1}$ 附$_{1}$ 缚$_{1}$ 浮$_{1}$ 冯$_{1}$ 父$_{1}$ 弼$_{1}$ 苻$_{1}$

莫类(明乙)

莫$_{65}$ 模$_{3}$ 谟$_{2}$ 慕$_{1}$ 母$_{1}$

武类(明微甲)

武$_{24}$ 亡$_{13}$ 弥$_{11}$ 無$_{7}$ 文$_{4}$ 眉$_{3}$ 靡$_{2}$ 明$_{2}$ 美$_{1}$ 绵$_{1}$ 巫$_{1}$ 望$_{1}$

弄清了《切韵》系统的声类，回头再同字母比较一下，从中可以看出51声类和它同时的《切字要法》以及稍后于它的守温字母相差相当悬殊，这是什么道理呢？其间关系又是怎样？

我们知道，声类也好，字母也好，它们都是隋唐音的声母归类。所以，原则上说来，它们两者是一致的，都代表了当时的语音的声母系统。但实际上，它们之间却产生了51声类与三十字母的参差情况：

字母	**声类代表字**
不(帮)	博、方
芳(滂)	普、芳
並	蒲、符
明	莫、武
端	都
透	他
定	徒
泥	奴、女
知	陟
彻	丑

澄	直
精	作、子
清	仓、七
从	昨、疾
心	苏、息
邪	徐
照	侧、之
穿	初、昌
禅(床)	士、食、时
审	所、式
见	古、居
溪	苦、去
群	渠
疑	五、鱼
影	乌、於
晓	呼、许
匣	胡、于
喻	以
来	卢、力
日	而

这种参差的情况的产生，主要因为下列一些原因所造成的，这就是：

1. 有些声类代表字有两类，字母只一个。如见之对古居，溪之对苦去，疑之对五鱼，精之对作子，清之对仓七，从之对昨疾，心之对苏息，影之对乌於，晓之对呼许，等等。这些声类的分化，在实际反切系统中，分得都不是有明显差别的。其中存在着混乱的情况；它们在等韵图中的位置，前者在一、二、四等，后者在三等，刚好是互补的关系，可见，它们的区分，除了一些在音的洪细差别外，并无很大的不同。这样，字母家们不把它们对立起来，或者并没发展其中的差别，而把古居合为见母，苦去合为溪母等等。

2．还有一些一对二的关系：如帮之对博方，滂之对普芳，並之对蒲符，明之对莫武，泥之对奴女等，它们的差别同第一种情况一样。必需指出的是，帮系中分化出轻唇音非系，泥也分化出娘，但这种分化与上述声类代表字的分两类，没有必然关系。

3．留下来的照系也是一对二的关系。这种关系就根本不同于前者了。不但韵图中明显地指示了它们一在二等、一在三等，而且，它们的反切系联的界限是清清楚楚的。于是，我们可以推想，它们一定是不同的声母。但字母家何以未加以区划呢？显然，在隋唐时代，无论从审音精确上、音理上，以及其他等等，就决定了那时语音学的粗疏性。因此，相近的音，比如照二和照三组就混而为一了。这一系中，其中禅母是一对三的关系。那是因为禅母包括了后来36字母中的禅床二母的缘故。这三个声母，大概也是很近似的，所以守温没有加以区分出来。

4．最后，还有一个喻匣由混而分的历史过程。《切韵》中喻三等(于)是不在喻母中，而是在匣母的三等中的。这样，匣母一二三四等就俱全了。而胡于两类的区分，同上述第一种情况一样，是音的洪细的不同。到了守温时代，匣母中的三等，即于类就分化出来，同喻四合流了。

大致说来，字母和声类的关系，其间的参差情况就是这样。而《切韵》时代的声母系统，根据上述分析，应当有51类，而其中喉牙唇音(帮系、见系、晓系等的16母32类)乃是音的洪细差别，音位上无须分开，而其中正齿音照系四母中，实际上却确实有9个音位，所以，《切韵》系统的声母实实在在的应该有35个。51－16＝35或30＋5＝35。

(二)《切韵》声类的音值

《切韵》的声类诚如上述。但这些类的具体音值又是什么呢？要知道这个问题的大门，首先必须研究当时的描写语音学。我们在第一章里已经指出过，自唐以后，有许多描写语音学家们对于《切韵》及当时实际语音作了相当精细的描写和分析，这是我国语音学史上大放异采一颗珍珠，而今天对我们说来，更是探索中古语音的一把钥匙。特别重要的是，等韵学不仅详尽的分析了韵和调，同时也分析了声，它给我们留下了一分用比较科学的方法分析中古声母的实录，给我们指出了声类及其性质，为中古声母的构拟工作创造了极为有利的条件。

那么，就让我们走进等韵学这大门里去罢！

首先，等韵家们所有的语音分成四等，而分等的主要依据是音的洪细，所谓“一等洪大，二等次大，三四皆细，而四尤细”[①]者就是。具体说来，它们之间的差别是由介音和主元音引起的，洪音、大音没有 i 介音，细音有 i 介音。(但等韵图中的所谓四等，实在是宋元以后的语音情况，隋唐间的语音，分等情况与其大有参差，详第三章。)这个不同，也使声母分成两套，而有音色上的大小洪细之别。这就是形成上节所说的字母、声类、声母实际数的参差情况的根本原因。等韵家分析声母的洪细，并没有将字母分成两套，而是将字母置在一定的等列中。这是一个相当精巧的方法。我们仿照等韵图，把《切韵》的声类、字母在韵图里的位置也制成了这样的一张表：

---

① 江永《音学辨微·释等呼》。

《切韵》等韵表

一等	帮滂並明 博普蒲莫	端透定泥 都他徒奴	见溪　疑 古苦　五	精清从心 作仓昨苏	影晓匣 乌呼胡	来 卢
二等	帮滂並明 博普蒲莫	知彻澄泥 陟丑直女	见溪　疑 古苦　五	照穿床审 侧初士所	影晓匣 乌呼胡	来 卢
三等	帮滂並明 方芳符武	知彻澄泥 陟丑直女	见溪群疑 居去渠鱼	照穿床审禅 之昌食式时 精清从心 子七疾息	影晓匣 於许于	来日 力而
四等	帮滂並明 博普蒲莫	端透定泥 都他徒奴	见溪　疑 古苦　五	精清从心邪 作仓昨苏徐	影晓匣喻 乌呼胡以	来 卢

附注：少数例外，如群母在四等也有少量的字，今不列。喉牙唇音16母32类等列界限并不很严。例如，子七疾息在三等出现，但也在一四等出现。

从这张表中，我们又补充了声类与字母的关系。

其次，等韵家还分析了声类的性质，它们的发音部位和发音方法，只不过前人在确定这些范畴的概念时，使用了纷繁的术语。本书选用了一般的大家普通应用的两类概念，即七音及五类。七音确定了《切韵》声母的发音部位：

唇音：重唇音(即今之双唇音)帮滂並明
　　轻唇音(即唐以后的非组，今之唇齿音)

舌音：舌头音(即今之舌尖塞音)端透定泥
　　舌上音(即今之舌面塞音)知彻澄

齿音：齿头音(即今之舌尖塞擦与擦音)精清从心邪
　　正齿音(即今之舌叶及舌面前的塞擦音)照穿床审禅

牙音(即今之舌根音)：见溪群疑

喉音(即今之喉音)：影晓匣喻

半舌(舌尖边音)：来

半齿(性质不明，或为鼻音加重擦势)：日这种名称，在最早的三十字母中就有了，但分析有很多错误。后来的三十六字母和早期等韵书如《韵镜》《七音略》等中才逐渐趋于完善。上面括弧里的现代语音学术语简释，是根据许多现代学者的研究，而归纳出来的，其间颇有未定的结论，如舌音中的知彻澄、齿音中的照系、喉音中的晓匣、半齿音的日，等等。（参后订音根据）

在发音方法上的分析研究，方以智在《通雅》里首先创立了“初发声”“送气声”“忍收声”三类发音方法不同的声母类别。以后，劳乃宣在《等韵一得》里，重新提出了新的概念，分声母为戛透轹捺四类。他的朋友邵作舟更从轹类中析出拂类独立，而成五类。这就成了我国分析声母发音方法的传统术语。传统分类同现代语音学的分类的关系大致是这样的：

<table>
<tr><td colspan="2" rowspan="3">现代语音学分类</td><td colspan="2">塞　音</td><td rowspan="3">擦　音</td><td rowspan="3">边音</td><td rowspan="3">鼻音</td><td rowspan="3">半元音</td></tr>
<tr><td colspan="2">塞擦音</td></tr>
<tr><td>不送气</td><td>送　气</td></tr>
<tr><td colspan="2" rowspan="2">字母分类</td><td>帮端知见
並定影澄群</td><td>滂透彻溪</td><td rowspan="2">晓心审
匣邪禅</td><td rowspan="2">来</td><td rowspan="2">日明
泥疑</td><td rowspan="2">喻</td></tr>
<tr><td>精　照
从　床</td><td>清　穿</td></tr>
<tr><td rowspan="3">传统分类</td><td>邵作舟</td><td>戛　类</td><td>透类</td><td>拂类</td><td>轹类</td><td colspan="2">揉　类</td></tr>
<tr><td>劳乃宣</td><td>戛　类</td><td>透类</td><td colspan="2">轹类</td><td colspan="2">捺类</td></tr>
<tr><td>方以智</td><td>初发声</td><td colspan="2">送　气　声</td><td colspan="3">忍　收　声</td></tr>
</table>

等韵家们在分析声母时，还根据了声母的带音程度将声母分成全清、次清、全浊、次浊四类，全清就是指不送气的清音，次清是指送气清音，全浊是指浊塞或塞擦音，次浊则是指流音（边音、鼻音等）。而中古声母清浊的情况是这样：

中古声母清浊表

清　浊	字　　母
全　清	帮　端　知　精　照　见　影　心　审
次　清	滂　透　彻　清　穿　溪　晓
全　浊	並　定　澄　从　床　群　匣　邪　禅
次　浊	明　泥　　　　　　疑　喻　来　日

根据这样的对《切韵》声类的解剖分析，判断了它们各自的发音部位和发音方法，判断了它们的特点，并根据现代方音和外国译音（如梵、日、朝鲜、安南等译音），我们对于《切韵》的声母系统就可作一个拟构。为了说明的方便起见，我们把拟构结果综合成一表，先列出来，然后作具体说明。

《切韵》声母的性质以及它们的音值：

《切韵》声母音值表

方法 / 清浊 / 音值 / 部位	戛　类		透类	揉类	拂　类		轹类
	全清	全浊	次清	次浊	全清	全浊	次清
唇　音	帮 p	並 b	滂 pʻ	明 m			
舌头音	端 t	定 d	透 tʻ	泥 n			
舌上音	知 ȶ	澄 ȡ	彻 ȶʻ				
齿头音	精 ts	从 dz	清 tsʻ		心 s	邪 z	
正齿音	照$_2$ tʃ	床$_2$ dʒ	穿$_2$ tʃʻ		审$_2$ ʃ		
	照$_3$ tɕ	床$_3$ dʑ	穿$_3$ tɕʻ		审$_3$ ɕ	禅 ʑ	
牙　音	见 k	群 g	溪 kʻ	疑 ŋ			
喉　音	影 ○			喻$_四$ j	晓 x	匣 ɣ	
半舌音							来 l
半齿音				日 ȵʑ			

关于上述结论，我们可以作如下几点补充说明：

1. p，p‘，b，m

字母	声类代表字	音值
帮	博、方	p，p^w
滂	普、芳	p‘，p^{w}‘
並	蒲、符	b，p^w
明	莫、武	m，m^w

这里的“博”“方”两组，实为一组声母。并不能理解为轻唇音和重唇音的区别。理由在以前已说过，今再撮要列举几点如下：

（1）反切上字这两套没有绝对的界限；

（2）两组在等韵图的位置不同，一在一二四等，一在三等，就等韵原理看，显然是因为音的洪细的关系。所以“博”为洪音，不与i相拼。而方组则是与i结合的细音。

（3）守温以前唇音字只一套，守温字母“不芳並明”把轻重唇混举，可见直到唐末，唇音还只有一组。

帮系这一系字的音值根据现代方音和一般语音学原理，可以拟成双唇音[p][p‘][b][m]，语音学理论告诉我们，属于唇音的只有两套，一是双唇音，另一是唇齿音。又据现代吴语，《切韵》中的帮系字，有读如双唇（“包，[pɔ]”；步，[bu]），有读如唇齿（方，[fiõ]；符，[vu]）。但在闽语中，吴语中的一些轻唇字还是读双唇音p，p‘或喉音h（还有一些读零声母，如明母字中的武亡文等）。所以，我们可以推断吴语的v，f是由双唇音变来的：

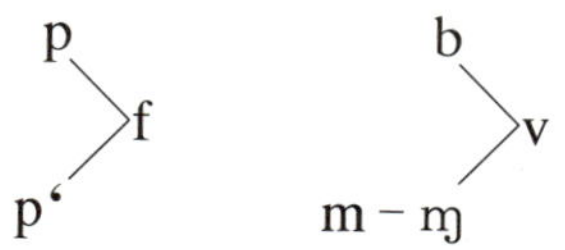

因此,中古帮系的音值应该是双唇音 p,p‘,m,f。

还必须指出,唇音字因为异化作用的缘故,它不可有合口字。唇音字的合口 w 介音,很容易被唇音“吃”掉了。所以,《切韵》中帮系的开合混乱不清。而且,三四等重韵中的唇音字重出,就反切上字看,也有分两组的趋势。因此,我们不免提出唇音有两组的可能,即一组是平唇唇音,一组是撮口唇音。前者是 p,后者是 p^w,p^w 为洪,占一等及三四等重韵中的洪音(与 ɪ 相拼的三等);p 为一般唇音,占纯四等以及三四等重韵中的细音(与 i 相拼的四等),其他四等是 p,二等 p,p^w 交错处。所以,我们就不难明了一二三等韵唇音反切之所以相混的原因了。《切韵》中的 p^w 都由异化作用而变成 pw>p^w,成带撮口势的开口音了。同时,我们也解决了三四等合韵中唇音重出的根由了。[①]

2. t,t‘,d,ts,ts‘,dz,s,z

字母	声类代表字	音值
端	都	t
透	他	t‘
定	徒	d
精	作、子	ts
清	仓、七	ts‘
从	昨、疾	dz
心	苏、息	s
邪	徐	z

端系,字母家称之为舌头音。它们在很多方言,特别是吴方言中,都读作舌尖前塞音,日本吴音和朝鲜音也大致如此。因此,我们就把它们订为 t,t‘,d。

---

① 参王静如《论开合口》,文载《燕京学报》第 29 期。

至于精系，声母代表字分两套，道理跟唇音一样。等韵书上说它们是齿头音。现代方言基本上分两种念法，一读舌尖前塞擦音，一读舌面前的塞擦音。但是，从汉语语音发展的历史看，这两种读音有这样的继承关系：ts＋i＞tɕ。吴语内部的语言分歧明显地表现在这个问题上，有的地方还没有经过这个变化，精还是读 ts-；有的则发生了 j 化作用，尖团不分，精读成 tɕ- 了。而上海话正处于这个变化过程中。老上海分尖团，而年青人，大都尖团相混了。因此，我们把精系的音值拟成舌尖前的塞擦音：ts，ts‘，dz，s，z。

3. ȶ，ȶ‘，ȡ

字母	声类代表字	音值
知	陟	ȶ
彻	丑	ȶ‘
澄	直	ȡ

这一组拟音比较困难。现代方言中，音读很纷歧。就发音部位说，有舌尖前、舌尖后、舌面前、唇音等；就发音方法说，有塞、塞擦、擦音等，从这里，显然是看不出中古音的痕迹的。

那么，还是从这系字的历史发展中去探探路罢：

这系字在上古是在端系的二三等，后来才从端系分化出来的。守温说端、知同属舌音，只不过是舌头、舌上之别；等韵家把端、知列在一行之中，成互补关系，这都反映了端、知系的历史关系。由此，我们初步可以推断知系字的音应该是接近端系舌尖前塞音的。然而，所有的舌尖音都不可能是知系字。因为我们在上面已经说过，精系和端系字是舌尖音。

那么，它们可能是什么音呢？让我们再看它们的继续发展。在它们向近代发展的历史中，出现了这样的情况：它们不仅常常与端组相混，而且也常常与照组相混。陈晋翁的三十二字母有知彻澄泥，无照穿床娘；吴澄（元人）的三十六字母有照穿澄泥，而无知彻床娘。现代方言中，也颇有知照相混的情况。

我们知道，端知是等韵图中互补的，同属舌音；而精照在韵图中也是互补，同属齿音。这个情况，表明了这样的关系：

t(端)：知＝ts(精)：照

端与精的关系是很密切的。后者(ts)是前者(t)的同部位加上摩擦；那么就知与端、照的密切关系看来，是不是可能照是知的同部位加摩擦，而知竟是端的异部位的紧邻呢？显然，这是非常可能的。

然而，端系的异部位紧邻却有两组音：

ȶ　ȶʻ　ȡ　和　t　tʻ　d

那知系字的音值是其中哪一个为最可能呢？经过斟酌，我们认为前一种可能性为最大，理由是这样的：

首先，我们从梵华对音看，自法显起，就用汉语中的“吒”字对译梵文的 ṭ(梵文罗罗字注音，字母下加点表示卷舌，它相当于国际音标 ʈ)。“吒”是特殊类型的字。有时不加“口”旁，却用了其他记号，如“轻多”“轻他”等。有时也干脆用舌头音“多”“陀”“头”“铎”等字。更奇怪的是，译经中还用来母（边音 l）来对译 ṭ，ḍ 等。可以推想，汉语在当时还没有卷舌音，所以在对译时，就不得不采用特殊的记号来注明这个卷舌势，或者用来母的卷舌势来描写它。

其次，我们从音理上看，t＞ʈ 或 t＞ȶ 都是可能的。但要知道，知系的发展，是经过 tɕ 到 tʂ 的。t＞ʈ＞tɕ＞tʂ，这样的发展是很难想象的。况且，ʈ 和 i 相拼也是矛盾的不稳定的音，它们的寿命不可能很长。

这样看来，把知拟成 ȶ 远比 ʈ 来得合理。至少，它解决了这样的问题：

(1) 知与端照的密切关系;

(2) 合理地指出了 t>ȶ>tɕ>tʃ>tʂ 的发展过程。

4. tʃ, tʃʻ, dʒ, ʃ, tɕ, tɕʻ, dʑ, ɕ, ʑ

字母	声类代表字	音值
照$_2$	侧	tʃ
穿$_2$	初	tʃʻ
床$_2$	士	dʒ
审$_2$	所	ʃ
照$_3$	之	tɕ
穿$_3$	昌	tɕʻ
床$_3$	食	dʑ
审$_3$	式	ɕ
禅	时	ʑ

照系分两组音值近似但却是不同音位的声母。这不仅鲜明地表现在两套反切上字上,而且也表现在韵图位置上的对立:侧组在二等,之组在三等。因此,我们又称前一组为照二组,后一组为照三组。

现代方言也不能作为拟构这类音的重要依据。所以,我们还是从分析这些音的性质着手。

这些字在三十字母中称为"正齿音"。它们在韵图中置二、三等,为精组互补。与端知组关系相仿。因此,我们可以断定照系乃是塞擦音性质的。

又从照系的历史渊源讲,照二来自精二,而照三一部分来自端组,一部分来自舌面中的塞音(c 系)。可见,照系字母同"精端"等是有继承关系的,而照二为精系更为密切。

根据这种情况,我们更可以断定,照系字是舌尖到舌面这一区域的塞擦音。但这种音却有三套:

a. 舌尖后音　tʂ　tʂʻ　dʐ　ʂ　ʐ

b. 舌叶音　tʃ　tʃʻ　dʒ　ʃ　ʒ

c. 舌面前音　tɕ　tɕʻ　dʑ　ɕ　ʑ

不过,我们在讨论知系的音值时,就已经指出过,《切韵》时代语音中还没有卷舌音。华梵对应中,固然有过用穿二对梵文的(ks)、审二对(ṣ),而照三对(c)的。但要知道,(ṣ)既对审二,也对审三,(ś)更是混对审二、审三,界线不明。由此可见,照系不可能是舌尖后音那一组的。剩下来 b,c 两组,根据照二与精、tʃ 与 ts 的关系,再加上译音、方音材料,我们判定照二应是 tʃ,那么,照三自然是 tɕ 了。

5. k,kʻ,g,ŋ,x,ɣ,○,j

字母	声类代表字	音值
见	古、居	k,k^w
溪	苦、去	kʻ,$k^{wʻ}$
群	渠	g,g^w
疑	五、鱼	ŋ,$ŋ^w$
晓	呼、许	x,x^w(h)
匣、喻三	胡、于	ɣ,$ɣ^w$(ɦ)
影	乌、於	ø,$ø^w$
喻四	以	j

这一系的两套反切上字,性质同帮、精等系雷同。其间所差还是因为洪细的缘故。

字母喻很特殊。它的反切上字明显的分为于、以两套,绝不相混,等韵把于列入三等、以列入四等。但根据反切看来,以实际上也是三等韵字,与于类字的韵母全同,韵图只是因为于占了三等的位置,于是以只好在四等了。所以,除去认为反切的两类就是代表《切韵》系统两个不同的声母之外,不能作其他任何推断。

又根据许多材料,可以证明于(喻三)古代直到《切韵》时代还是与匣相通的[①]。《切韵》的匣母没有三等，和喻三正相补充。同时，还有许多材料可以证明直到第六世纪，胡于本为一体的。如：从谐声看，有谐声偏旁属于而被谐字属胡的例子（于华、王皇、爰缓、云魂），有被谐字属于而谐声偏旁属胡的例子（或域、號鸮、完院、华烨），也有同一谐声偏旁而分属于胡的例子（垣桓、连浑）等等；从古书假借看，读羽为扈，读于为乎，《诗》“聊乐我员”，《韩诗》员作魂等等；从《玉篇》与《经典释文》《切韵》残卷及它书的反切上字异文看，越，《切三》户伐反，《王韵》《唐韵》《广韵》都作王伐反。猾，《经典释文》“于八反”，又云“户八反”；从古双声诗看，有于胡为双声的，“妄意逐行云”，“行云”是双声；再从《切韵指掌图》辨匣喻二母切字歌看，歌云“匣阙三四喻中觅，喻亏一二匣中穷；上古释音都具哉，当今篇韵（《玉篇》）少相逢”；再从现代方言看，吴语胡于相混（如上海话以黄王、会卫为同音），粤语基本上也是如此，等等。

由此可见，守温字母虽然有喻母，但《切韵》系统喻只是四等字，而匣母则是一二三四四等齐全的。

见系四母古代称之为“牙音”，它们在现代方言中绝大多数为舌根音或舌面前音。舌面前音显然是舌根音 j 化（ki＞tɕ）的结果。在保留古音较多的闽粤语中，是读舌根音的。日本和朝鲜的译音也不受 j 化影响。这样看来，见系拟为舌根音 k 组，是不会错的了。

喉音晓匣乃是清浊相配的一对。从大量方言资料中，可以肯定它们是塞擦音。但方言中的塞擦音有两套，即 x，ɣ；h，ɦ。目前还做不出结论来，姑且照一般的说法，采了 x，ɣ 一组。

至于影、喻四在现代方言里，大都读成零声母或 ŋ。匣既为喉

---

① 参曾运乾《切韵五声五十一组考》（《东北大学季刊》第一期）、《喻母古读考》（《东北大学季刊》第二期）、罗常培《经典释文和原本玉篇反切中的匣于两组》（《历史语言研究所集刊》八本一分）、葛毅卿《*On the Consonantal Value of* 喻*-class words*》（《通报》1932）及喻三入匣再证（《历史语言研究所集刊》八本一分）。

浊擦音,那么,与之相近的喻四应当也是就近的浊擦音。这在以后的声调变化中可以清楚地看出,它走了与並定明泥等的浊声的路。

又据汉藏对译:

匣(三等):远'wan　员'wen　云 hun　为 hu

喻(四等):用 yun　野 yā　以 yi　喻 yu

又据梵汉对音:

yasti-vana　泄悉知林(《西域记》)

vaidurya　鞞稠利夜(《慧苑音义》)

nārūyana　那罗延那(《玄应音义》)

(注意,上述音标是梵、藏的罗马字注音)

都以喻四译 y。因此,就可断定它是近 ɦ 的半元音 j。

留下来的影母,则根据现代方音和朝鲜、日本音等,可以定作零声母。但也可能有了轻微的喉塞 ʔ,不过,由于 ʔ 是很灵活的,一般可以省去不用。

6. n,l,ȵʑ

字　母	声类代表字	音　值
泥	奴、女	n
来	卢、力	l
日	而	ȵʑ

最后,只剩下泥、来、日三母了。先读泥母。泥母反切有两套,与精系等分洪细一样。后来宋人 36 字母中有与泥对应的娘,这是对的。所以,无论是反切的奴女,还是字母的泥娘,实则并不存在这样的对应,守温有泥无娘,这是对的。所以,无论是反切的奴女,还是字母的泥娘,都可以合并,整个地当作一个声母。

泥母在古代与端透定连在一起称为舌头音。参考现代方言,如北京、上海、福州、广州等方言和日本吴音、朝鲜音等，可以断定泥当舌尖前的鼻音 n。

次谈日母。守温以日对泥，等韵家又指出它是次浊音。可见日泥的关系非常密切。实际上，它们也本于一源的。而日母到现代方言中或读为浊擦音，或读为鼻音。就日与泥（鼻音）的关系看，再就它在声调变化与明、泥、来等次浊音相同的情况看，可以断定日在中古不会是浊擦音。那么，日是不是就是鼻音呢？而现代读浊擦音的根据又是什么呢？上海话启发了我们：在上海话中，日母字有 ȵ，z 两读，即鼻音和浊擦音两读：

日 ⟨ ȵ / z

这样，我们不难推断，中古日母在基本上是鼻音，但也许是受了 j 化的重浊擦的影响，于是就带上了浊擦的成分，构成了这样的音素：

ȵ ＋ j ＞ ȵʑ ⟨ ȵ / ʑ－z

末了，我们谈来母。来母的两套反切与泥相同。字母家一向把来母当作“半舌”，现代方音又多作 l，所以，我们也就把它拟为舌尖边音 l。

声母的订音已如上述。余下来还必须交待一下浊音送气与否的问题。

我们知道，《切韵》的清声母如 p，p‘，t，t‘，k，k‘等都整齐的分成两组：送气的与不送气的。但浊音只有一组。那么，这一组是送气的，抑是不送气，抑是象某些印欧语不分送气与不送气，两者相混的呢？这是长期以来为学者们所热烈争论焦点之一。

我们以为最后一种意见，即认为浊音有时送气，有时不送气，这是根本站不住脚的。既然有送气与不送气，何以字母家在立字母时不参照梵文,也分而为二,甚至在反切中也不留一点痕迹呢?

出路只有一条,要嘛全部是送气音,要嘛全部是不送气。根据下述具体情况,我们认为《切韵》的浊音是不送气的。

首先,梵文浊音有两套,汉语以一套对译两套,如:

buddha 佛陀 並母字对 b

gunabhadva 求那跋陀罗 並母字对译 bh

在这种情况下,译者通常以普通浊音字对译梵文不送气浊音,而用在浊音字上加上一定的记号来对译送气的浊音,如:

迦 ga 陀 da 婆 ba……

迦何 gha 陀 dha 重音婆 bha……

其他译音,如藏文译音中也显示出这种痕迹。

其次,《广韵》中有两种又读。一种是送气清音与浊音又读,如“徒红切”下,“潼”又通、衝二音;另一种是不送气清音与浊音又读,如“九容切”下,“共”又“渠客切”。这两种情况比较起来,后者稍为多见。

第三,据少数民族借字,如汉语的“並定群”等母,在龙州壮语的汉语借字里读不送气清音;又如傜人唱的汉歌中常常把古全浊声母读不送气清音,等等。

第四,从语音发展的历史看,浊音在后来平声都变成送气清音,仄声变成不送气清音。这个变化过程,固然 g‘>k‘是合理的,但 g>k‘也是合理而且可能的。今天的南昌话中 g:k‘换读的现象就是常常有的。

根据这些情况,我们以为中古汉语中的浊声母应该是有不送气的。

(三)《切韵》声母的渊源

在上节中,我们对中古音系的声类作了一个较有系统的静态描写,拟出中古声母三十五个。上古音系的声母只有二十七个,就声类说比中古少八个，而且具体的分合情况也有参差，这些变化是怎样产生的呢？在这一节里，我们试图来解释这一些问题。为了说明方便起见，首先把上古声母和中古声母对照起来列成下面的一张表：

上古、中古声母对照表

上古		中古	
发音部位	代表字	发音部位	代表字
唇音	帮p　滂pʻ　並b　明m	唇音	帮p　滂pʻ　並b　明m
舌头音	端t　透tʻ　定d　泥n	舌头音	端t　透tʻ　定d　泥n
		舌上音	知ȶ　彻ȶʻ　澄ȡ
齿头音	精ts　清tsʻ　从dz　心s　邪z	齿头音	精ts　清tsʻ　从dz　心s　邪z
		正齿音	照$_2$tʃ　穿$_2$tʃʻ　床$_2$dʒ　审$_2$ʃ　禅$_2$ʒ
			照$_3$tɕ　穿$_3$tɕʻ　床$_3$dʑ　审$_3$ɕ　禅$_3$ʑ
牙音	见k　溪kʻ　群g　疑ŋ	牙音	见k　溪kʻ　群g　疑ŋ
(前)牙音	支c　赤cʻ　示ɟ　厺ɲ		
喉音	影○　晓x　匣ɣ　收ç　氏j	喉音	影○　晓x　匣ɣ　喻$_4$j
半舌音	来l	半舌音	来l
半齿音		半齿音	日ȵʑ

从上面这张表中，可以看出从上古到中古的声母系统发展的总趋向是分类的趋向精细。具体的说，从上古到中古声母系统的变化表现在下列方面：

1. 知彻澄日的产生

2. 照二系、照三系的产生

3．喻四的产生

知彻澄日来源于上古的端透定泥，这已经是众所周知的了。但是，什么时代产生这种变化的呢？产生这种变化的原因是什么呢？从中古韵书中的分等情况看，端系在一四等，知系在二三等，划然不混，这说明在等韵家编制韵图的时代，这种变化已经完成了。据陆志韦先生的考证，这一个变化在六朝后期就完成了。我们想这是比较可能的。产生这种变化的原因主要是由于介音的影响，t，tʻ，d，n 是舌尖前塞音，在介音 i(舌面前元音)的影响下，变成了部位较后的塞音 ȶ，ȶʻ，ȡ，ȵ。(i 的发音部位靠后，t，tʻ，d，n 和 i 韵或 i 韵头的韵相拼时，发音部位就必然有靠后的倾向。)

t tʻ d n＋i→ȶ ȶʻ ȡ ȵ

这样的变化是完全可能的。

关于日母的问题，还得提出来谈一谈。日母在上古属于泥母，从韵图中看，日泥的关系和端知、透彻、定澄的关系一样，是一四和二三等划然不混，可见，当六朝后期端透定和知彻澄分开时，日母也相应地从泥母中分化出来了。也就是 n＋i→ȵ，这和 t tʻ d→ȶ ȶʻ ȡ 一样。但是，在现代方言中(例如在上海方言中)，日母字常有 ȵ，z 两读的情况，因此，日母字在六朝后期从泥母中分化出来，完成了 n＋i→ȵ 的变化之后，在由六朝后期到《切韵》时代这一段时间里，由于 j 化的影响，又产生了新的变化：

ȵ —j→ ȵʑ

所以中古日母的音值是 ȵʑ，这是鼻音后带上极重摩擦的浊擦音。

中古声母中的照二系和照三系的来源是不同的，照二从精二变来，照三的一部分来自上古的支系(c，cʻ，ɟ……)，另一部分来自上古的端系三等。

精系字在上古是四等俱全的，到了中古，韵图中都只有一等和四等，没有二三等字。实际上，中古精系除了一四等外，还有三等字，在韵图中精照列在一起，为求整齐起见，精系排一四等，照系排二三等，把原来的精系三等挤入四等，因此造成了后人说精系没有三等字的误解。上古的精系二等字，由于主元音的影响，变成了中古的照二系。二等韵的主元音是前 a 或者 ɔ，当齿头音 ts，ts‘，dz……和 a，ɔ 相拼时，舌尖要从极高的与上颚成阻的部位迅速移到极低的部位，并要与下齿龈相抵，发出 a 音，（发 ɔ 的情况也并不容易。）这样的发音是极困难的，因此，对声、韵的部位自然会有影响。但是 a 和 ɔ 都是开元音，或者说都是洪音，要改变它就比较困难，所以，就必然产生声母的发音部位向后移的倾向，久而久之，精系二等字声母的性质就渐渐的由齿尖音 ts，ts‘，dz……变为混合舌叶音 tʃ，tʃ‘，dʒ……了。这一变化的公式是：

ts ts‘ dz……＋a→tʃ tʃ‘ dʒ……

由于音值的改变，这一部分精系字就转归入其他声类了。

在中古韵书的韵图中，我们发现上古的舌根前音支赤等字都列入了照系的三等字中，也就是说上古的舌根前音转入了中古的照三系。在上古篇声母一章中，我们曾指出这一类音和舌根后音相谐的情况总是在三等中出现，因此，支系字变入照三显然是由于三等韵中 i 介音影响的结果。c，c‘，ɟ，ɲ，ç，j 是舌根前音，在三等韵中和 i 相拼，在拼合的过程中要经过很长一段距离的摩擦，因此，舌根前音的发音部位很自然的就会向前移，由舌根前音的位置移向舌面，它们的音值也就变成了舌面音 tɕ，tɕ‘，ȡ……这个变化的公式是：

c c‘ ɟ……＋ i→tɕ tɕ‘ ȡ……

这是中古照三的一个来源。另外，在上古篇声母一章中，我们谈到舌音的谐声材料中，有一部分齿音字在三等和端系谐声，这是古人齿音多归舌音的源泉。这里所谓的齿音，在现代语音学的术语中，应该是舌面音，它和舌音相近，而和齿头音 ts，tsʻ……不相近，所以它和舌音谐声。这在上古实际上属于一类。到中古，由于三等介音的影响，它们分化出来归入照三系。这就是中古照三系字的另一个来源。

以下谈中古喻四 j 的产生。中古的喻四字来自上古的定母四等，这在上古篇声母一章中已予说明。但上古的定母四等又如何变成喻四呢？以音值说 d 怎样变成 j 呢？四等是有 i 介音的，在 i 介音前面，不送气破裂音容易脱落（这种变化在现代汉语方言中可以找到不少例证），定母四等的 d 也就是由于 i 介音的影响失落了，变成没有声母的以 i 为韵头的零声母字，如怡 diə→iə，阳 diaŋ→iaŋ，由 diu→iuo；在这里是零声母字的韵头，就必然带上一些摩擦，因此它的音值是辅音性的 j。

定母四等 d 变成喻$_4$j，具体的变化过程是：

di→dʑ→ʑ→j

在中古的等韵图中，定母四等的位置并没有空，也就是说定母四等没有全部变为喻四，为什么同样的定母四等字有的变了，而有的不变呢？仔细查核一下，等韵图中的定母四等字，都是切齐先萧清添这些韵的，而齐先萧清添实际上是洪音，它们的位置应该在一等而不是四等，它们的韵头没有 i 介音。也就是说，上古的定母四等字除了切齐先萧清添的洪音字之外，到中古都变入喻母四等，很少例外（在《切韵指掌图》中所列的定母四等字，除去切齐先萧清添的洪音字外，只有庭、啼两个例外字）。

因此，正确地说，上古端系定母字发展在中古的分等情况应该是：

一等：定 d

二等：澄 ȡ

三等：澄 ȡ（一部分变为床三 dʑ，条件不清楚）

四等：喻$_4$j

上古所说的是在上古到中古的发展阶段中有分合变迁的一些中古声母，在从上古到中古的发展中没有变化或变化尚不显著的情况，这里就从略了。

（四）《切韵》系统声母前后期的变化

前节提到的《切韵》的声母系统，是代表 5—8 世纪的语音情况。9 世纪（唐末）以后，这一语音系统先后发生了若干变化。这变化，主要的有下列三起：（一）ɣ 匣的分化；（二）唇音的分化；（三）tʃ 组与 tɕ 组的合流。

1. ɣ（匣）的分化

前已说过，《切韵》的 ɣ 一二三四等全，一二四与三等有音的洪细之别。这种情况，一直维持到唐代。因为在《文镜秘府论》里，还引有 ɣ 之洪细音为双声的唐人诗格、诗式之作：

妾意逐行云　居身入暮门

这里“暮门”同“行云”皆双声。《广韵》：云，王分切；行，户庚切。王与户恰是 ɣ 之洪细之别，而为双声。唐代诗文中匣母这种相近的情况是不少的。[①] 但这种情况维持不久，就开始分化了。

ɣ { 一二四等——ɣ
三　等——j }

这种分化在隋末唐初已有所萌芽，至迟不晚于守温，这个分化已完成了。因为在守温字母中，ɣ 三等于类已明显的归喻$_3$母了。

① 如杜甫诗：“秋觉追随尽，来因孝友偏。”“王侯第宅皆新主，文武衣冠异昔时。”韩愈诗：“旗穿晓日云霞杂，山倚秋空剑戟明。”等等。

ɣ→j 的条件也是非常明显的，是由于介音 i 的作用。它们的变化是这样的，ɣ 三受三等 i 介音音的 j 化作用，而使 ɣ 失落，i 更高化加摩擦成 j：

ɣi→i→j

而完成这个变化的切语上字有：于、王、雨、为、羽、云、永、有、雲、筠、远、韦、洧、荣、薳。

2. 唇音 p 组(帮系)的分化

前已说过，《切韵》唇音只一套两类。那就是：

p	p‘	b	m
p^w	$p^{w‘}$	b^w	m^w

并且，基本上三等的反切上字是不同于一、二、四等的。但在宋人的 36 字母中，帮系字却分成重唇、轻唇两系：

《切韵》		反切上字	
帮	博类	博北布补边佰百巴	帮[p]
	方类	必彼卑兵陂並笔畀鄙	
		方甫府分封脯	非[f]
滂	普类	普匹滂譬	滂[p‘]
	芳类	披丕	
		芳敷抚孚妃峰拂	敷[f‘]
並	蒲类	蒲薄傍步部白裴捕	並[b]
	符类	皮毗平婢便弼	
		符扶房防附缚浮冯父苻	奉[v]
明	莫类	莫模谟慕母	明[m]
	武类	弥眉靡明美绵	
		武亡无文巫望	微[ɱ]

这就是说，隋唐音中的[p]系，到了36字母，分化成[p][f]轻重唇两系了。

现在我们必须解两个问题：

Ⅰ. 分化的条件是什么？

Ⅱ. 什么时候发生了分化？

关于第一个问题，我们在上表中发现，轻唇出自三等细音，但并不是所有三等字都变了轻唇音，为什么？那是它们各自有不同的条件。查唇音字声韵结合的情况，唇音三等变轻唇的总是与下列十韵相拼：

东$_3$	风	p^{w}ɪuŋ→fuŋ	微	非	p^{w}ɪai→fai
鍾	封	p^{w}ɪwoŋ→fuŋ	废	废	p^{w}ɪɐi→fei
虞	肤	p^{w}ɪu→fu	文	分	p^{w}ɪau→fəu
尤	不	p^{w}ɪəu→fəu	元	蕃	p^{w}ɪen→fɐn
阳	方	p^{w}ɪaŋ→faŋ	凡	凡	b^{w}ɪem→vɐm

这十个韵有这样的一些特色：(1) 有介音ɪ；(2) 唇音都带撮口势；(3) 东$_3$鍾虞尤阳五韵的主元音是后元音，其他则是央元音。而这些特点，统一地构成了重唇变轻唇的条件。

唇音分化的这些条件在音理上也必须这样。发音时要变重唇为轻唇，就必须舌位后移，这样，也必然带动了整个下巴和下唇往后移。而上述三个条件，一个撮口势，一个ɪ介音，而加上一个央(后)元音，自然是产生了舌、下唇以及下巴后移的动作，从后变成了轻唇音。

必须指出，上述三条件是统一的，缺一不可。如果只具备了其中二个条件，这个唇音字仍然是重唇没有变化。这样，我们就会明了，为什么同是三等细音的唇音字，有些变了轻唇，而有些仍读重唇的缘故了。

有些学者如瑞典汉学家高本汉认为唇音分化的条件是：声母

喻化,合口三等。王力先生在《汉语史稿》中也采了此说。这是非常错误的。一般语音学的原理告诉我们,语音的结合常常产生异化作用。唇音和介音显然是相互排斥的,不是甲"吃"了乙,就是乙"吃"了甲,而往往是不能并存的。所以说,在一般的情况下,唇音字是没有合口的。而事实也证明了这点。等韵中的开合唇音混乱无序。至于声母喻化说,更是众所周知的谬论了。

接下来,我们要解决,在什么时候,唇音开始分化了呢?《切韵》时代肯定是尚未分化。到唐末守温时代,三十字母与《归三十字母例》都还是轻重唇不分。在梵汉对译中,直到唐代,还没有适当的汉字对译梵文的 v,就只好造特殊的字,或在字后加说明。[①] 可见,当时未见轻唇音字。文献资料中正式列轻重分系的是宋人三十六字母。这是公元十二世纪以前的事情。也许唇音分化是十一十一世纪间发生并完成的。在个别的方言中,唐中叶以后,也许已有分化的趋势。这种分化的不平衡性是很明显的。现代方言大都是轻重有别。但在闽方言中却至今还只有重唇一套。客家话中的轻唇字也留有重唇的痕迹。[②]

3. tʃ组(照二组)和 tɕ组(照三组)的合流

《切韵》声母中有两组发音方法相同(都是塞擦音)而发音部位亦相近的音,那就是照组的八个音:

照二　tʃ　tʃʻ　dʒ　ʃ

照三　tɕ　tɕʻ　dʑ　ɕ

这二组音由于相近,而使照三组产生了前化的模仿作用,到宋初甚至在唐末就与照二组合流了:

---

① 如在译经中,到六世纪为止,梵文 v 译作"和""惒""啝""婆"等等。《切韵》之后作"缚""嚩"。安然《悉昙藏》:"缚,上齿唇呼。"

② 如"肺""肥""缝""符"等字在客家话中念作 pʻ,"粪""复"等念作 p。

tʃ, tɕ > tʃ　　tʃʻ, tɕʻ > tʃʻ　　dʒ, dʑ > dʒ　　ʃ, ɕ > ʃ

唐末三十字母与宋人三十六字母照组二、三等不分，就是最明显的证据。

三、中古韵母的发展

（一）《切韵》系统韵书分部发展概述

本篇第一章已经指出过，中古文学语言的语音系统在韵部的分合上，共经历了三个阶段，即：（一）准备期——《切韵》前时期；（二）成熟期——由《切韵》到《广韵》；（三）改良期——由《集韵》到平水韵。现在我们就具体的谈谈这个发展过程。

第一个时期整个六朝二百多年时间。在这个时期里，由于社会的大动乱，交际思想、统一文学上的韵律的需要，客观上迫切要求建立一个统一的文学语言的语音系统，而在当时音韵研究（如反切、四声的研究）的推动下，出现了韵书，而且很快就形成了草创期的繁荣局面。当时的六朝音韵学家颜之推曾经用“音韵锋出”来描述韵书的风行。而据《隋书·经籍志》等书的记载，这一时期的有关音韵的著作可查的至少在百种以上。但可惜的是，这些著作至今都亡佚了。我们不可能直接地了解到它们的内容，它们的分韵情况。

那么，我们怎样才能探索到六朝时期的文学语言的语音情况呢？主要是通过两条道路，一条是把六朝韵书的佚文及有关记载拿来同《切韵》比较，根据它们的异同来看六朝韵书的分部；一条是从六朝文人的韵文著作中归纳韵脚，看它们的分韵情况。

先谈第一条路。六朝韵书的佚文是很零碎的。不过根据这些材料，比较《切韵》音，还是可能知道它们的一些内容的。两者一比较，首先是发现它们在很多地方是相同的。现在列举两点如下：

1. 六朝韵书分韵的韵目和《切韵》相合。《切韵》序里说："支脂鱼虞共为一韵，先仙尤侯俱论是切。"这"支脂鱼虞先仙尤侯"八个字不是一般的例字，而是韵的部目。陆法言既然这样说，可见这些韵目远在《切韵》之前就已经有了。另外，根据王仁煦的《刊谬补缺切韵》里的附注（详后），十分清楚地看出了六朝韵书不仅分韵，而且所来的部目字很多为《切韵》继承下来了。

2. 六朝韵书的反切很多同《切韵》。如切语上下字完全相同的有：

《声类》编作布千反（《毛诗释文》引《声类》，《公羊传释文》引《字林》《声类》，《榖梁传释文》引《声类》《韵集》），《切韵》平声下，一先："编，布玄反，又甫连反。"二仙："编，卑连反，又布千反。"（按布玄即布千之音。）

《声类》"浡也作勃，同蒲没反"（《玄应一切经音义》卷四《大灌顶经音义》引），《切韵》入声十没，勃与《声类》同切语。

也有一些是切语用字稍异而声韵实同的：

《声类》鳿或作鸿字，同胡公反（《玄应正法念经音义》引），《切韵》平声上一东："鸿，胡笼反。""公""笼"同在东韵。

《韵集》"菸，一余反"（《一切经音义》卷四十九引），《切韵》平声上九鱼："菸，央鱼反。""余""鱼"同在鱼韵。

《声类》"闚，苦规反"（《周易释文》引），《切韵》平声上五支："闚，去随反。""规""随"同属支韵。

可见，六朝韵书在很多地方，是和《切韵》相同或相近的。但不等于说，它们没有差别了。差别不仅有，而且很多，很明显。现在，我们仍以上举两条为例：

1. 分韵不一。颜之推说:“《韵集》以成仍宏登合成两韵,为奇益石分作四章。”(《颜氏家训·音辞篇》)这表明了《韵集》与《切韵》的一个不同处:《切韵》成在清韵,仍在蒸韵,别为两韵;宏在耕韵,登在登韵,也别为两韵;而吕静的《韵集》却清蒸合为一韵,耕登又合为一韵。与此相反,《切韵》为奇同在支韵,益石同在昔韵,而《韵集》却分作四章。

2. 切语不同。如:

《声类》“蚟音求俱反”(《一切经音义》卷三十四引),《切韵》平声下十七尤:“蛷,蛷螋,巨鸠反。”俱在虞韵,鸠在尤韵。

《声类》“戚,千笠反”(《史记·高祖本纪》索隐引李登),《切韵》入声十六锡:“戚,仓历反。”笠在缉韵,历在锡韵。

《声类》“奓,侈字也,昌氏切”(《文选》中张衡《西京赋》及鲍照《芜城赋》注引),《切韵》平声下八麻“奓,陟加反”。氏在纸韵,加在麻韵。

上述这种区别,在《刊谬补缺切韵》中得到了比较充分的反映,如[1]:

冬　阳(阳休之,下同)与鍾江同,吕(吕静,下同)、夏侯(夏侯咏,下同)别,今依吕、夏侯。

脂　吕、夏侯与之微韵大乱杂,阳、李(李季节,下同)、杜(杜台卿,下同)别,今依阳、李、(杜)。(凡原书残缺而可推知者,外加括弧以识之。)

真　吕与文同,夏侯、阳、杜别,今依夏侯、阳、杜。

臻　吕、阳、杜与真同,夏侯别,今依夏侯。

(以上故宫藏唐本韵目下注)

董　吕与肿同,夏侯别,今依夏侯。

---

① 参见《十韵汇编》魏建功序,P53—55,这书是刘半农编,北京大学出版社出。

旨　夏侯与止为疑，吕、阳、李、杜别，今依吕、阳、李、杜。

语　吕与麌同，夏侯、阳、李、杜别，今依夏侯、阳、李、杜。

蟹　李与骇同，夏侯别，今依夏侯。

贿　李与海同，夏侯为疑，吕别，今依吕。

隐　吕与吻同，夏侯别，今依夏侯。

阮　夏侯、阳、杜与混很同，吕别，今依吕。

潸　阳与铣狝同，夏侯别，今依夏侯。

产　吕与旱同，夏侯别，今依夏侯。

铣　夏侯、阳、杜与狝同，吕别，今依吕。

篠　李、夏侯与小同，吕、杜别，今依吕、杜。

巧　吕与皓同，阳与篠小同，夏侯并别，今依夏侯。

敢　吕与槛同，夏侯别，今依夏侯。

养　夏侯在平声阳唐，入声药铎并别，上声养荡为疑，吕与荡同，今别。

梗　夏侯与靖同，吕别，今依吕。

耿　李、杜与梗迥同，吕与靖迥同，与梗别，夏侯与梗靖迥并别；今依夏侯。

静　吕与迥同，夏侯别，今依夏侯。

（有）　李与厚同，夏侯为疑，吕别，今依吕。

（琰）　吕与忝范豏同，夏侯与范豏别，与忝同，今并别。

宋　阳与用绛同，夏侯别，今依夏侯。

至　夏侯与志同，阳、李、杜别，今依阳、李、杜。

霁　李杜与祭同，吕别，今依吕。

怪　夏侯与泰同，杜别；今依杜。

队　李与代同，夏侯为疑，吕别，今依吕。

废　夏侯与队同，吕别，今依吕。

愿　夏侯与慁别，与恨同，今并别。

谏　李与裥同,夏侯别,今依夏侯。

霰　夏侯、阳、李与线同,吕别,今依吕。

效　阳与啸笑同,夏侯、杜别,今依夏侯、杜。

箇　吕与祃同,夏侯别,今依夏侯。

漾　夏侯在平声阳唐,入声药铎并别,去声漾宕为疑,吕与宕同,今并别。

敬　吕与诤劲径同,夏侯与劲同,与诤径别,今并别。

宥　吕、李与候同,夏侯为疑,今别。

幼　杜与宥候同,吕、夏侯别,今依吕、夏侯。

艳　吕与梵同,夏侯与桥同,今并别。

陷　李与鉴同,夏侯别,今依夏侯。

沃　阳与烛同,吕、夏侯别,今依吕、夏侯。

栉　吕、夏侯与质同,今别。

迄　夏侯与质同,吕别,今依吕。

月　夏侯与没同,吕别,今依吕。

屑　李、夏侯与薛同,吕别,今依吕。

锡　李与昔同,夏侯与陌同,吕与昔别,与麦同,今并别。

洽　李与狎同,吕夏侯别,今依吕夏侯。

葉　吕与怗洽同,今别。

药　吕、杜与铎同,夏侯别,今依夏侯。

(以上敦煌唐写本韵目下注)

魏建功先生曾经根据上述材料,比较《切韵》异同,从而考定了六朝五家韵书分韵的大致情况。现在,我们把他的结论转录在这里[①]:

---

① 魏建功:《陆法言〈切韵〉以前的几种韵书》,载《国学季刊》3卷2期(1932,6)该表又见于魏著《古音系研究》,页165—169。关于这方面的研究,姜亮夫先生最近有"《切韵》系统"(载1955年第一期《浙江师范学院学报》)一文,读者可参看。

六朝诸家韵书分韵表

吕静《韵集》	夏侯咏《韵略》	阳休之《韵略》	李季节《音谱》	杜台卿《韵略》	陆法言《切韵》	王仁煦《切韵》	李舟《切韵》
冬　宋沃 锺肿用烛 江讲绛觉	东董送屋 冬　宋沃 锺肿用烛 江讲绛觉	* * * * 锺肿用烛 江讲绛觉	* * * * *　 * * * * * * * * * *	* * * * 　* * * * * * * * * * *	东董送屋 冬　宋沃 锺肿用烛 江讲绛觉	东董冻屋 冬　宋沃 锺肿用烛 江讲绛觉 阳养样药 唐荡宕铎	东董送屋 冬　宋沃 锺肿用烛 江讲绛觉
支纸寘 脂旨至 之止志 微尾未 虞麌遇 模姥暮	支纸寘 脂旨至 之止志 微尾未 鱼语御 虞麌遇 模姥暮	支纸寘 脂旨至 之止志 微尾未 鱼语御 虞麌遇 模姥暮	支纸寘 脂旨至 之止志 微尾未 鱼语御 虞麌遇 模姥暮	支纸寘 脂旨至 之止志 微尾未 鱼语御 虞麌遇 模姥暮	支纸寘 脂旨至 之止志 微尾未 鱼语御 虞麌遇 模姥暮 泰	支纸寘 脂旨至 之止志 微尾未 鱼语御 虞麌遇 模姥暮 泰	支纸寘 脂旨至 之止志 微尾未 鱼语御 虞麌遇 模姥暮
齐荠霁 祭 泰 ？？？ ？？？ 夬	齐荠霁 祭 泰 佳蟹卦 皆骇 夬	齐荠霁 祭 泰 * * * * * * 夬	齐荠霁 祭 泰 皆骇怪 夬	齐荠霁 祭 泰 * * * 皆骇怪 夬	齐荠霁 祭 佳蟹卦 皆骇怪 夬	齐荠霁 祭 皆骇怪 夬 废	齐荠霁 祭 泰 佳蟹卦 皆骇怪 夬

续 表

吕静《韵集》	夏侯咏《韵略》	阳休之《韵略》	李季节《音谱》	杜台卿《韵略》	陆法言《切韵》	王仁煦《切韵》	李舟《切韵》
灰贿队 哈海代 废 质	灰 哈 真轸震质	* * * * * * * 真轸震质	哈海代 * * * * *	* * * * * * * 真轸震质	灰贿队 哈海代 废 真轸震质	灰贿队 臺待代 真轸震质	灰贿队 哈海代 废 真轸震质 谆準稕术
文吻问	文吻问物 臻	文吻问物	* * * * * *	文吻问物	物 臻 栉 文吻问	臻 栉 文吻问物	臻 栉 文吻问物
殷 迄	殷隐焮	殷隐焮	* * * *	殷隐焮	殷隐焮迄	斤谨靳讫 登等磴德	殷隐焮迄
元阮愿月 魂混慁没	魂混慁没	魂混慁没	* * * * * * * *	魂混慁没	元阮愿月 魂混慁没		元阮愿月 魂混慁没
痕很恨 寒旱翰 末	痕很恨 寒旱翰 末	痕很恨 * * * *	* * * * * * * *	痕很恨 * * * *	痕很恨 寒旱翰 末	寒旱翰褐 黠 魂混慁纥 痕很恨 先铣霰屑 仙狝线薛	痕很恨 寒旱翰曷 桓缓换末

续 表

吕静《韵集》	夏侯咏《韵略》	阳休之《韵略》	李季节《音谱》	杜台卿《韵略》	陆法言《切韵》	王仁煦《切韵》	李舟《切韵》
？？？？ 先铣霰屑	删潸谏黠 山产裥鎋	* * * *	山产裥鎋	* * * * * * * *	删潸谏黠 山产裥鎋 先铣霰屑	删潸山 山产裥鎋	删潸谏黠 山产裥鎋 先铣霰屑 （宣）
萧篠啸 宵小笑 豪皓号	宵小笑 肴巧效 豪皓号	宵小笑 豪皓号	宵小笑 * * * * * *	萧篠啸 宵小笑 肴巧效 豪皓号	萧篠啸 宵小笑 肴巧效 豪皓号	元阮愿月 萧篠啸 宵小笑 肴巧效 豪皓号 庚梗更隔 耕耿诤 清请清 冥茗暝觅	萧篠啸 宵小笑 肴巧效 豪皓号
	歌哿箇	* * *	* * *	* * *	歌哿箇	歌哿箇 佳解懈	歌哿箇 戈果过
麻马祃	麻马祃	* * *	* * *	* * *	麻马祃 覃感勘 谈敢阚 阳养漾 唐荡宕	麻马祃 侵寝沁缉	麻马祃 阳养漾药 唐荡宕铎

续 表

吕静《韵集》	夏侯咏《韵略》	阳休之《韵略》	李季节《音谱》	杜台卿《韵略》	陆法言《切韵》	王仁煦《切韵》	李舟《切韵》
青迥 劲昔 诤麦	青迥径 清静劲昔 耕耿诤麦	* * * * * * * * * * * *	青迥径 昔	青迥径 昔	锡 昔 麦		
庚梗	庚梗　陌	* * * *	庚梗敬陌	庚梗敬陌	庚梗敬陌 耕耿诤 清静劲 青迥径	蒸拯证职	庚梗敬陌 耕耿诤麦 清静劲昔 清迥径昔 蒸拯证职 登等证职 登等嶝德
侯厚候 幽黝幼	尤有宥 侯厚候 幽黝幼	* * * * * * * * *	侯厚候 * * *	尤有宥 侯厚候	尤有宥 侯厚候 幽黝幼 侵寝沁	尤有宥 侯厚候 幽黝幼	尤有宥 侯厚候 幽黝幼 侵寝沁缉
覃感勘合 ? ? ? ? 衔槛鉴狎 ? ? ? ?	覃感勘合 谈敢阚盍 咸豏陷合 衔槛鉴狎 添忝㮇怗	覃感勘合 *	覃感勘合 * * * * 衔槛鉴狎 * * * * * * * *	覃感勘合 *	合 盍 洽 狎 盐琰艳葉 添忝㮇怗	盐琰艳葉 添忝㮇怗 覃禫醰沓 谈淡阚蹋	覃感勘合 谈敢阚盍 盐琰艳葉 添忝㮇怗

续 表

吕静《韵集》	夏侯咏《韵略》	阳休之《韵略》	李季节《音谱》	杜台卿《韵略》	陆法言《切韵》	王仁煦《切韵》	李舟《切韵》
侵寝沁缉 唐荡宕铎 蒸拯证职 登等嶝德	侵寝沁缉 阳养漾药 唐荡宕铎 蒸拯证职 登等嶝德	侵寝沁缉 * * * * * * * * 蒸拯证职 登等嶝德	侵寝沁缉 * * * * * * * * 蒸拯证职 登等嶝德	侵寝沁缉 唐荡宕铎 蒸拯证职 登等嶝德	缉 药 铎 蒸拯证职 登等嶝德 咸豏陷 衔槛鉴	咸减陷洽 衔槛鉴狎 格 昔	咸减陷洽 衔槛鉴狎
严广俨业 凡范梵乏	严广俨业 凡范梵乏	严广俨业 凡范梵乏	严广俨业 凡范梵乏	严广俨业 凡范梵乏	严　业 凡范梵乏	严俨酽业 凡范梵乏	严俨酽业 (凡)范梵乏
凡百四十八韵	凡百七十三韵	凡百七十二韵	凡百六十三韵	凡百六十九韵	据王写残卷《切韵》及王仁煦韵目所注定百九十三韵	故宫本目次百九十五韵	用王静安说即《广韵》二百六韵目次所本只多宣韵而少凡韵

（表中*符，指不能决定有无之韵）

王仁煦《刊谬补缺切韵》韵目下注,吕静、夏侯咏、阳休之、李季节、杜台卿诸家韵部考目(见插页)。

当然,上表的正确性还有待于我们进一步去考察。尽管如此,我们在这里也可见六朝韵书的一斑。

认识六朝音的另一条路是从六朝韵文着手。我们可以用研究周秦音同样的方法来归纳六朝诗文的韵部。这方面的工作,于海晏的《汉魏六朝韵谱》和王力的《南北朝诗人用韵考》作了初步尝试。他们的结论略有不同,大体说来,他们都把六朝韵归并为 36 类(赅上去入)。现在,我们把王力先生的意见改编成下表的样子[①]:

《广韵》(赅上去)　六朝诗韵　附注

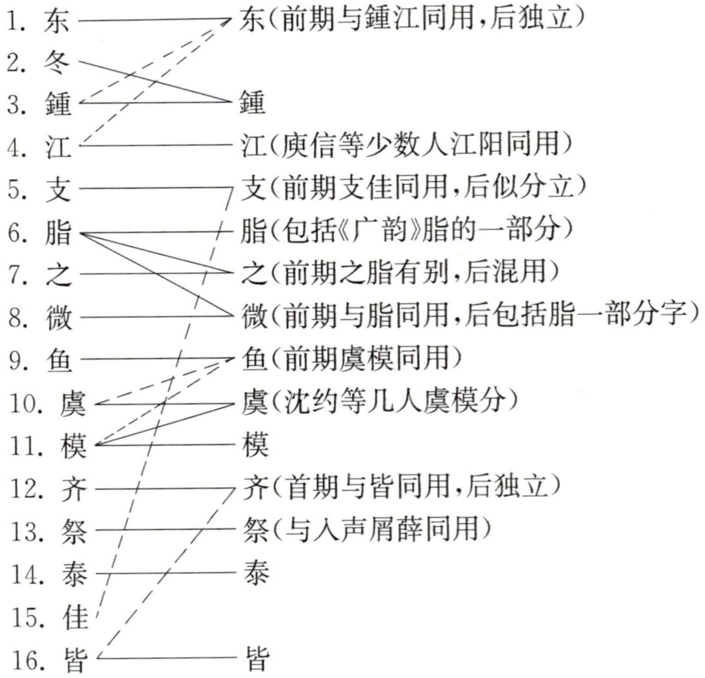

① 王力《南北朝诗人用韵考》,载《清华学报》第 11 卷第 3 期,又《汉语史论文集》p1—59,科学出版社 1958 年 5 月版。

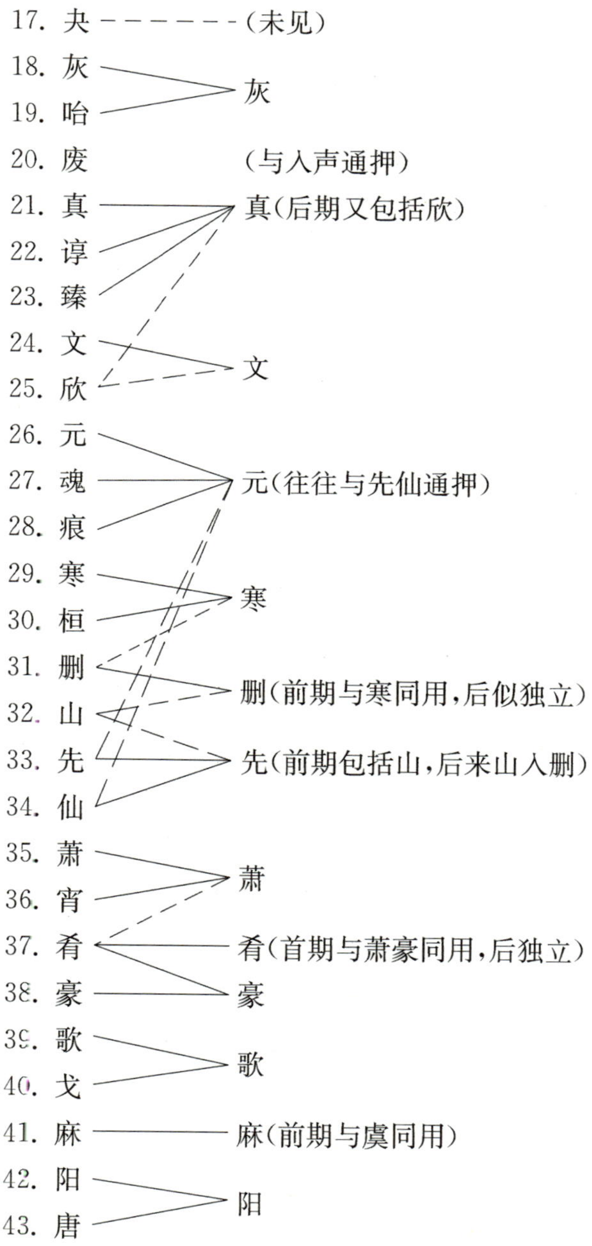
17. 夬
18. 灰
19. 咍
20. 废
21. 真
22. 谆
23. 臻
24. 文
25. 欣
26. 元
27. 魂
28. 痕
29. 寒
30. 桓
31. 删
32. 山
33. 先
34. 仙
35. 萧
36. 宵
37. 肴
38. 豪
39. 歌
40. 戈
41. 麻
42. 阳
43. 唐
(未见)
灰
(与入声通押)
真(后期又包括欣)
文
元(往往与先仙通押)
寒
删(前期与寒同用,后似独立)
先(前期包括山,后来山入删)
萧
肴(首期与萧豪同用,后独立)
豪
歌
麻(前期与虞同用)
阳

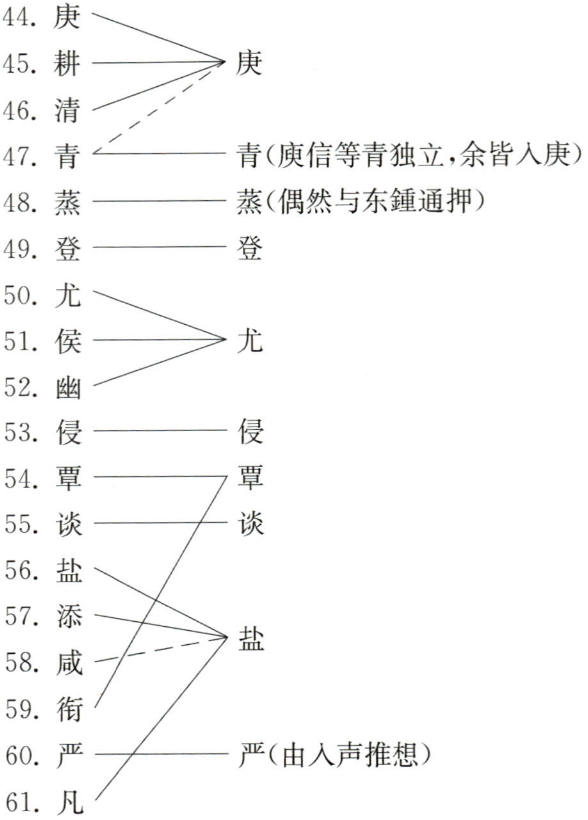
44. 庚
45. 耕
46. 清
47. 青
48. 蒸
49. 登
50. 尤
51. 侯
52. 幽
53. 侵
54. 覃
55. 谈
56. 盐
57. 添
58. 咸
59. 衔
60. 严
61. 凡
庚
青(庚信等青独立,余皆入庚)
蒸(偶然与东鍾通押)
登
尤
侵
覃
谈
盐
严(由入声推想)

(入声)

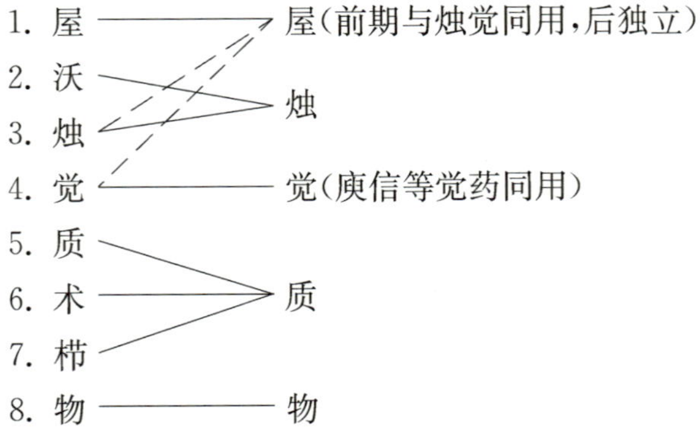
1. 屋
2. 沃
3. 烛
4. 觉
5. 质
6. 术
7. 栉
8. 物
屋(前期与烛觉同用,后独立)
烛
觉(庾信等觉药同用)
质
物

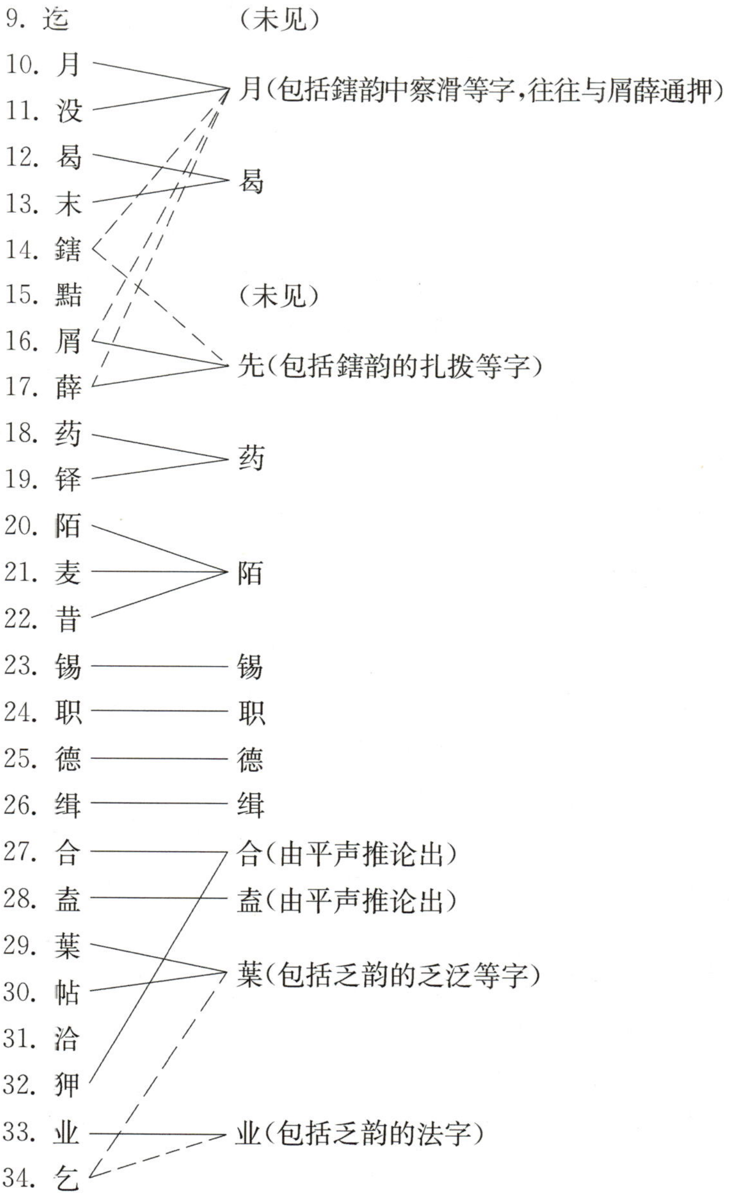
9. 迄
(未见)
10. 月
11. 没
月(包括鎋韵中察滑等字,往往与屑薛通押)
12. 曷
13. 末
曷
14. 鎋
15. 黠
(未见)
16. 屑
17. 薛
先(包括鎋韵的扎拨等字)
18. 药
19. 铎
药
20. 陌
21. 麦
22. 昔
陌
23. 锡
锡
24. 职
职
25. 德
德
26. 缉
缉
27. 合
合(由平声推论出)
28. 盍
盍(由平声推论出)
29. 葉
30. 帖
葉(包括乏韵的乏泛等字)
31. 洽
32. 狎
33. 业
业(包括乏韵的法字)
34. 乞

这张韵表，就其分合情况看来，比起诗人们的实际用韵来，是严了一点。而值得注意的是：（一）它同六朝诸家韵书的分韵颇相近；（二）它比《切韵》韵目少，而同《广韵》的同用倒有很多相合处。

根据六朝韵书和诗人用韵的情况看来，我们可以看出六朝音的一些特点：

首先，我们可以明显的发觉到，六朝的韵母系统，由于社会政治的大动乱、人口的大量流动等等原因，是大不同于上古期的。上古的文学语言语音系统遭到了破坏，则必须重新建立起一个新的文学语言的语音系统来。六朝音就基本上是由这个需要而逐渐发展起来的。这个音韵系统几乎把上古音变得“面目全非”了。就韵部言，由上古的两类双部到六朝的36类或者一百六七十部；就韵尾看，增加了许多开音节音，而形成了整齐的阴阳入三类韵，并且阳入开始相配了。

但，与此同时，六朝韵书的分韵，也显示出了准备期文学语言语音的粗疏性。当时，虽然客观上需要一个统一的文学语言的语音系统，但由于受到了客观条件的许多限制，如没有先进的语言学理论的指导，没有强有力的组织力量和领导力量，没有科学的审音工具，又短少精细的辨音能力等，所以这一时期的音韵系统是混杂的、粗疏的，而不够科学性、体系完整性。大音韵学家颜之推在《颜氏家训·音辞篇》里批评了当时流行的韵书，说“李季节著《音韵决疑》，时有错失，阳休之造《切韵》，殊为疏野”等等，就是对当时萌芽期的读书音的时弊而发的。后来，陆法言在《切韵序》中说“诸家取舍，亦复不同……吕静《韵集》、夏侯咏《韵略》、阳休之《韵略》、周思言《音韵》、李季节《音谱》、杜台卿《韵略》等各有乖互”，这也是不满前人分韵，责其粗疏的意思。

由于缺乏正确的理论指导，当时，人们对如何建立一个统一的文学语言的语音系统的认识是不足的。许多语音学家的韵书都是在自己方言官话的基础上掺杂了一些他方音及古音而成的。这样,就造成了诸家分韵参差不齐的局面。颜之推指责他们“各有土风,递相非笑,指马之谕,未知孰是”“著述之人,楚夏各异”,陆法言指出“江东取韵与河北复殊”等等,都是对此而言的。应该说,以活的口语,以方言为基础,来做韵书,这个观点原是无可厚非的。但文学语言要求普遍性、统一性,他们没有考虑到在当时历史条件下,要做到这一点,以方言官话来做标准音是根本行不通的。(要知道,这只有在社会政治、经济、文化高度集中的条件下才有可能。)所以,这些韵书并没有真正起着正音的作用。诗人们用韵还是各有各的一套。庾信是南(新野)人,他的青独立,而江归阳;卢思道是河北范阳人,他的青就与庚耕清混,江不归阳。所以,难怪后人要批评六朝韵书为“全无引据,过伤浅局,诗赋所须,卒难为用”①。

总之,六朝音是代表中古准备期的语音的,由于它的萌芽期的粗疏性,使它不能真正充当文学语言语音的规范工具。不过,它倒底还是为中古文学语言语音系统——《切韵》的出现作好了各方面的准备。六朝韵书是诞生《切韵》的产婆。

以方言官话为基础的文学语言语音系统既然建立不起来,那么,这一时期的文学语言语音系统应该建立在怎样的基础上呢?颜之推在《音辞篇》中指出:“共以帝王都邑,参校方俗,考核古今,为之折衷。搉而量之,独金陵与洛下耳。”的确,这个“参校方俗,考核古今,为之折衷”的观点是符合时俗要求的。只有这样,才能一统诸说之纷纭,建立起普遍的统一的文学语言的语音系统来。陆法言就在这样的思想指导下,在公元601年完成了音韵史上有特殊意义的“因论南北是非,古今通塞,欲更捃选精

① 潘徽《韵纂序》,见《隋书·文学传》。

切,除削疏缓”的杰作——《切韵》。从而使当时隋代不仅在政治上统一了南北中国,而且在文化上,文学语言的标准音上也统一了南北。《切韵》一书在很长的一段历史时期里,一直为“时俗所重,以为典规”①。

根据王仁煦《刊谬补缺切韵》,以及其他材料②,可以知道《切韵》的内容是:

1. 以平上去入分卷,平声又分上下,共五卷;

2. 平声上分26韵,平声下分28韵,上声51韵,去声56韵,入声32韵,共193韵;

3. 所收字数在一万二千左右。

陆法言虽然集六朝韵书之大成,尽采了萧、颜等八人之意,“捃选精切,除削疏缓”“剖析毫厘,分别黍累”而建立了《切韵》系统,但仍不免陷于“疏缓”。要成为一个真正的具有科学体系的语音系统,还是需要不断的修正的,于是,从《切韵》到《广韵》,经过了四百多年的不断丰富,严密和修正工作,这就是韵书的成熟期,它培育了中古的文学语言语音系统。

自公元601年到公元1008年《广韵》修成,这四百零七年间,参加修订的知名的语音学家就有李舟、僧智猷、王仁煦、孙愐、长孙纳言、裴务齐、沙门清澈、郭知玄、李审言、谢晖等数十人,著名的著作有李舟《切韵》、王仁煦《刊谬补缺切韵》、孙愐《唐韵》、长孙纳言笺注《切韵》等数十种。这些学者及其著作从不同方面修订、补充或改写了《切韵》一书,使之更趋完备。修订范围大至整个体系的调整,小至个别切语订正。总的说来,下列两方面工作对于《切韵》体系的科学化是有意义的。

一方面是韵部的不断细密化。《切韵》共193韵,王仁煦在《刊

---

① 王仁煦《刊谬补缺切韵》序。

② 参看《十韵汇编》。

谬补缺切韵》的平声严韵后的上去声空格里,加上了上声俨、去声酽,使这一组韵配成了一套。到了唐天宝十载,即公元751年,孙愐在《唐韵》里更从真、歌、寒三组中分出开合两类,计增加了十一类(歌组无入声)①:

真	真 谆	轸	轸 準	震	震 谆	质	质 术	寒	寒 桓	旱	旱 缓	翰	翰 换
末	曷 末	歌	歌 戈	哿	哿 果	箇	箇 过						

后来,《广韵》就根据这些意见,将韵分作206部。

当然,这里需要说明的是,韵的数目的多少,并不一定影响到韵母的数目。《切韵》和《广韵》,韵的数目是不一样的。后者要比前者多13韵,然而它们的韵母系统基本上还是一致的。这里面只有粗细之别。如少数几个字并入邻匀,开合口不分,则为《切韵》,精选细分一下,则为《广韵》。所以,我们说《切韵》系统,也可以指《广韵》。

《切韵》修订工作的另一面,是韵次的调整。前已说过,汉语收尾辅音的演化,汉魏以降,入声韵已和阳声韵整齐相配。但直到陆法言,所有韵书中还不能揭示出这一事实,没有将入声诸韵的部次各自和平上去的阳声韵次序相配合,而阳声韵本身的排列,也比较混乱。如《切韵》的入声药铎在帖缉之后,职德在业乏之前,不与阳声的平上去相配;而平声的覃谈在阳唐之前,蒸登居盐添之后;去声的泰韵又在霁前等等。这在唐人李舟的《切韵》中,才开始调整这种混乱的韵次。他一方面以耕清青和蒸登为次,以覃谈和侵添诸韵为次,使阳声韵的-m,-ŋ两类不相混杂;另一方面又以药铎和阳唐,职德和蒸登,以次相配,而上声末了四韵以豏槛俨范为次,去

① 孙愐还将齐韵中分出“栘”“臡”二字,在齐韵后独立成栘韵,《广韵》不取。

声以陷鉴酽梵为次，入声以洽狎业乏为次，这样就同平声的咸衔严凡相配了。所以，王国维指出："诸以声类相近为次，又平上去入四声相配秩然，乃李舟《切韵》之一特色。"[①]后来，《广韵》就基本上采纳了这些意见。

1008年出书的《大宋重修广韵》总结了前人的意见，修订了《切韵》。这本书的主要内容有：

1. 同《切韵》一样，平声分上下两卷，上去入各一卷，共五卷。

2. 与《切韵》比较，《广韵》多了13韵，计平声上28，平声下29，上声55，去声60，入声34，共206韵。

3. 收字凡26 194，注191 692字。

从《切韵》到《广韵》，中古文学语言的语音系统发展到了最高峰。但到了《广韵》时代，实际语音同《广韵》系统的矛盾更大了。《广韵》系统是六世纪以前的"古今南北"之音，当《切韵》尚未成为《广韵》的样子时，它没有后来那么样的细密，但那时的"属文之士，苦其苛细"了[②]。到了四百年后的《广韵》时代，这个矛盾可想而知了。一般读书人、知识分子在属文作诗时，是没有办法遵照这越来越僵死化了的脱离口语的文学语言语音系统的。所以，《广韵》虽分韵206，但它同时又因为作文应试之用，因为实际音读的显著变化，就不得不在审音之后，又规定了窄韵通用之例。王应麟在《玉海》卷四十五中说："景德四年，龙图待制戚纶等，承诏详定考试声韵。纶等以殿中丞丘雍所定《切韵》同用、独用例，及新定条例参正。"现今所传《广韵》，在韵目下注明了"同用""独用"，"同用"的韵就是当时在作文应试上可以通用的。《广韵》的同用独用表是这样

① 王国维《李舟切韵考》，《观堂集林》卷八。

② 唐封演《闻见记》："隋陆法言与颜、魏诸公定南、北音，撰为《切韵》，凡一万二千一百五十八字，以为文楷式，而先、仙、删、山之类，分为别韵；属文之士，共苦其苛细。"

的(以平声赅上去入)[1]：

东独用　冬鍾同用　江独用　支脂之同用　微独用　鱼独用　虞模同用　齐独用　佳皆同用　灰咍同用　真谆臻同用　文独用　欣独用　元魂痕同用　寒桓同用　删山同用　先仙同用　萧宵同用　肴独用　豪独用　歌戈同用　麻独用　阳唐同用　庚耕清同用　青独用　蒸登同用　尤侯幽同用　侵独用　覃谈同用　盐添同用　咸衔同用　严凡同用

这样，206 韵实际上合并成 115 部了。这就是《切韵》系统改良期的开始。

《广韵》定出了同用独用之例，但仍是不能适应时俗要求。于是此后不久，在公元 1037 年，又将《广韵》里所注明的独用之韵改并十三处，这就是《礼部韵略》和《集韵》的韵目。现在，我们将这个改并列成下表：

考定《广韵》旧第		《集韵》改并
一	20 文独用 21 欣独用	20 文与欣通 21 欣
二	24 盐添同用 25 添 26 咸衔同用	24 盐与沾、严通 25 沾 26 严
三	27 衔 28 严凡同用 29 凡	27 咸与衔、凡通 28 衔 29 凡

[1] 今传《广韵》各本，已经各人窜改，同用独用例颇有不同处。后经顾炎武、戴震等人的校订，才成现在这个样子，得见《广韵》旧目。戴震《考定〈广韵〉独用同用四声表》，见《声类考》卷二。

续　表

考定《广韵》旧第		《集韵》改并
四	18 吻独用 19 隐独用	18 吻与隐通 19 隐
五	50 琰忝同用 51 忝 52 豏槛同用	50 琰与忝、俨通 51 忝 52 俨
六	53 槛 54 俨范同用 55 范	53 豏与槛、范通 54 槛 55 范
七	18 队代同用 19 代 20 废独用	18 队与代、废通 19 代 20 废
八	23 问独用 24 焮独用	23 问与焮通 24 焮
九	55 艳㮇同用 56 㮇 57 陷鉴同用	55 艳与栝、验通 56 栝 57 验
十	58 鉴 59 酽梵同用 60 梵	58 陷与覽、梵通 59 覽 60 梵
十一	8 物独用 9 迄独用	8 勿与迄通 9 迄
十二	29 葉帖同用 30 帖 31 洽狎同用	29 葉与帖、业通 30 帖 31 业
十三	32 狎 33 业乏同用 34 乏	32 洽与狎、乏通 33 狎 34 乏

《集韵》的这个改并工作,多少也反映了语音的变迁。但它还

不脱《广韵》的206韵的窠臼。到了宋金之季，韩道昭才在《五音集韵》(1221年)中正式多取《广韵》同用之例，合并了四十六部，成160韵。[①] 于是《广韵》韵目才开始大变。再往后，在金人统治下的北方文化中心——平水地方开始盛行着一种科举考试用的“平水韵”。今传的平水韵有王文郁的106韵和刘渊的107韵。107韵是根据《集韵》同用之例并合，再加上上声径证嶝的归并而成的；而106韵则又加上了上声迥拯等的归并。这平水韵，就是历来所谓之诗韵。直到今天，我们在做旧体诗词时，就是参考这平水韵的。[②]

从《广韵》到平水韵，由206部到106部，这是由于实际语音的大变；迫使韵书不断地改良的具体历程。但是，改良总归解决不了问题；终于，新的符合于实际口语音读的文学语言语音系统——《中原音韵》的语音系统则最后代替了《切韵》，这是历史发展的必然结果。任何力量都不能阻止历史的进程。有些复古主义者，死抱住《切韵》，只不过是堂·吉诃德式的英雄罢了。

---

① 并合的四十六部是：

平声　支之合于脂，佳合于皆，臻合于真，删合于山，仙合于先，萧合于宵，耕合于庚，幽合于尤，谈合于覃，添合于盐，衔合于咸，严合于凡。

上声　纸止合于旨，蟹合于骇，潸合于产，铣合于狝，篠合于小，耿合于梗，黝合于有，敢合于感，忝合于琰，槛合于豏，俨合于范。

去声　寘志合于至，卦夬合于怪，裥合于谏，霰合于线，啸合于笑，映合于诤，幼合于宥，阚合于勘，㮇合于艳，鉴合于陷，酽合于梵。

入声　栉合于质，黠合于鎋，屑合于薛，麦合于陌，盍合于合，帖合于葉，狎合于洽，业合于乏。

② 刘渊《壬子新刊礼部韵略》并《广韵》206韵为107韵，计得平上去各30，入声17。今举平声30韵如下：

一东　二冬　三江　四支　五微　六鱼　七虞　八齐　九佳　十灰　十一真　十二文　十三元　十四寒　十五删　十六先　十七萧　十八肴　十九豪　二十歌　二十一麻　二十二阳　二十三庚　二十四青　二十五蒸　二十六尤　二十七侵　二十八覃　二十九盐　三十咸

(二)《切韵》系统的韵类及其音值

我们虽然知道了《切韵》系统的分韵情况,但对《切韵》的韵类还是一无所知。韵书中的所谓韵,只不过是指韵母中的韵腹(主要元音)和韵尾而已。至于韵头,它是可以不管的。而韵母,则一定要把韵头也放在里面。所以《切韵》中的一个韵,可以是一个韵母,如江韵;但也可以是二个韵母,如东韵;也可以有三个韵母,如麻韵,等等。可见,《切韵》系统以韵计算是206,如果以韵类计算,则一定不是206。

那么,《切韵》的韵类是多少呢?要知道《切韵》的韵类,还是根据陈澧的反切系联法,将《广韵》中的反切下字以叠韵关系系联起来,系联的结果,我们知道了《切韵》音系的韵类有333类。

知道了《切韵》系统的韵类,还必须进一步了解这些韵母的实际音值。而为了求得这些韵母的音值,首先还必须利用等韵学的成就来分析这些韵母,分析它们之间的关系,它们在韵图里的位置,然后,可能进一步拟构这些音。

那么,等韵学是怎样分析《广韵》的韵的呢?首先,等韵学有所谓"转"和"摄"的范畴。"转",就是把诸韵母以它们的主元音相同或相近的合并成转。它抽取了韵母中的重要共性将它们归类,它是比韵母有更大的范围的韵的类别。而摄,则更是进一步归并了邻近的几个转。《韵镜》《七音略》将所有《广韵》韵类并为四十三转,而四声等子以后,更将四十三转归并为十六摄。总之,韵、转、摄之间的关系可以用下表来说明:

四声等子	《韵镜》	《广韵》(以平赅去上入)
通　摄	第 1—2 转	东冬锺
江　摄	第 3 转	江
止　摄	第 4—10 转	支脂之微
遇　摄	第 11—12 转	鱼虞模
蟹　摄	第 13—16 转	齐佳皆灰咍祭泰夬废
臻　摄	第 17—20 转	真谆臻文欣魂痕
山　摄	第 21—24 转	元寒桓删山先仙
效　摄	第 25—26 转	萧宵肴豪
果　摄	第 27—28 转	歌戈
假　摄	第 29—30 转	麻
宕　摄	第 31—32 转	阳唐
梗　摄	第 33—36 转	庚耕清青
曾　摄	第 42—43 转	蒸登
流　摄	第 37 转	尤侯幽
深　摄	第 38 转	侵
咸　摄	第 39—41 转	覃谈盐添咸衔严凡

"转""摄"之对于我们的意义是在于：认识"转""摄"内之诸韵母的共性——主元音相同或相近，认识它们之间的联系。

其次，等韵家又将诸韵母以有无 w 介音为准归为两类，有 w 介音的韵叫合口韵，否则，就是开口韵。

凡开合具备的韵为合韵，只有开口或合口的叫独韵。独韵和合韵的韵摄分配是这样的：

合　韵	止蟹臻山果假宕曾梗咸
独　韵	通江遇效流深

这里特别需要指出的是咸摄。按理说，这一摄因受收尾音 m 的异化作用，是不会有合口的。陆法言的原本《切韵》上，严凡业乏的区分，大概是不同的音，并不是开合的关系。这个不同，可能是

方言差异的缘故。但它们在唐宋以后的等韵书中,却明明又是开合关系。如《七音略》把严列在重中重(开),凡列在轻中轻(合)。然而奇怪的是:何以这一摄别的韵没有开合,而唯独严凡有开合呢?这个问题至今尚未有圆满的答案。我们姑且保持等韵旧说,拟严凡为开合,把这一摄归入合韵类。

更重要的是等韵家提出了“等”的概念。前已说过,所谓等,是指音的洪细。这个概念的提出,远在唐代。敦煌发现了《守温韵学残卷》中就有所谓“四等轻重例”,后来在等韵书中就正式运用了这一析音的范畴。韵图把韵列入一定的等列之中,指示了我们对音的洪细的认识。但由于有许多声母在同一直行发生不同类而互补的情况,如精系与照系,这样,就产生了一个格子里有二个以上的韵,于是,韵图就造成了混乱,同时,韵图是代表唐宋以后的音的,《切韵》音同它也颇有出入。许多原因,就迫使我们不得不给《切韵》的韵类重新列等。

《韵镜》中韵的分等是这样的:

一	东	冬						模	咍	灰			泰痕		魂			寒	桓豪
二	(东)	(锺)	江	(支)	(脂)	(之)		(鱼)	(虞)	皆	(夬)		佳	(臻)			山	删	肴
三	东	锺		支	脂	之微	(废)	鱼	虞	咍	齐	(祭)		真	谆	欣文	元	仙	宵
四	(东)	(锺)		(支)	(脂)	(之)		(鱼)	(虞)		齐	祭		(真)	(谆)		(仙)	先	萧

一		歌戈		唐		侯				覃谈	登
二			(麻	阳)	庚耕		(尤)		(侵)	咸衔	(蒸)
三		戈	麻	阳	庚清		尤		侵	盐严凡	蒸
四	宵		(麻)	(阳)	(清)	青	(尤)	(幽)	(侵)	添盐	(蒸)

附注:凡在二四等的韵目上打括弧的,表示那些韵原则上不该在那里有字,现在有,是因为韵图编排关系挤过来的。三等韵的几个去声韵是插入其他韵里的。

上表的一等和没括弧的二等没有问题,《切韵》时代仍是这样。问题就出在三四等上。

三等中有微废欣元庚，严凡诸韵，它们只在三等，这一类，我们管叫做“纯三等韵”。其余的韵，它们在韵图里的位置，分别在二、三、四等：

一					
二			照穿床审		
三帮滂並明	知彻澄娘	见溪群泥	照穿床审禅	影晓　匣	来日
四帮滂並明		见溪群泥	精清从心邪	影晓　喻	

根据它们同声母相结合的情况，我们可以把这些韵分为三类。一类是东$_{3}$鍾虞戈阳尤等韵，它们大都是知照$_{2}$来等母的韵，就反切系统看，它们和“纯三等韵”有同样的性质，我们管叫它们为“三等$_{(1)}$韵”。第二类是之鱼麻蒸等少数几个韵，它们大都是精照$_{3}$日等母的韵，它们实际上是具有四等性质的细音，我们叫它为“三等$_{(2)}$韵”。而第三类包括了支脂祭真谆仙宵侵清盐等韵，它们的喉牙唇音三四等重出，我们叫做“三四等合韵”。它们具备了“三等$_{(1)}$韵”和“三等$_{(2)}$韵”两种性质，其中喉牙唇音重纽的在韵书四等，则性质同“三等$_{(2)}$韵”；其他的，则同于“三等$_{(1)}$韵”。

留下来的韵书中的四等韵还剩下了齐先萧青添几个韵。它们在韵图中虽然在四等，但实际上，它们在《切韵》时代并不是四等韵。它们的反切上字，完全不同于“三四等合韵”，祭仙宵侵盐的细音切语，而是采用了一二等洪音的一套。如：

韵	齐	先	萧	青	添
例字	鸡	坚	骁	经	兼
反切	古奚切	古贤切	古尧切	古灵切	古甜切

韵	祭	仙	宵	清(静)	盐
例字	猘	甄	骄	颈	检
反切	居例切	居延切	举乔切	居郢切	居掩切

齐韵一系反切上字用的是古类洪音,而祭类一系则全是去类细音。而我们知道,四等的音一定比三等还细。但齐韵系却为何反而洪起来呢?解释只有一个:《切韵》时代这些韵并不是真正的四等,而到唐宋以后才变成细音入四等的。以《切韵》音的立场说话,我们管它们叫“假四等韵”。(有些学者称为“纯四等韵”,我们认为这一术语会引起误会的,今不采。)[①]

总结以上,我们可以将《切韵》系统的韵母等列表改成这样[②]:

等	韵(以平赅上去入)
一等	东$_1$ 冬模咍灰泰痕魂寒桓豪歌戈$_1$ 唐侯覃谈登
二等	江皆佳山删肴夬麻$_2$ 庚$_2$ 耕咸衔
三等$_{(1)}$(纯三等)	微废欣元庚$_3$ 严凡(纯三等)东$_3$ 锺虞戈$_3$ 阳尤(三等$_{(1)}$)
三等$_{(2)}$	之鱼麻蒸咍(咍只有上声韵字)
三四等合韵	支脂祭真谆仙宵佳清盐
假四等	齐先萧青添

我们把韵母分等,目的是要肯定它们发音的部位情况。一般说来,一二等韵洪大,则决无 i 介音。而一二等之间的大小就在于前者偏后偏低,而后者偏前偏高。如同是[a]类韵,则一等是 ɒ,ɑ,二等是 ɐ,a;而三等的几类为细音,有 i 介音。而且,这里面还有细与尤细之别。三等$_{(1)}$纯三等以及三四等合韵中一部分稍弘,有 ɪ 介音。它们的主元音则比二等稍前稍高一些,是 æ,ɛ,其余的三等

① 假四等韵后来的确产生了 i 介音,同三四等合韵合流了。今方言中已无区别。这个变化过程在唐宋时期已大致完成。它们的演变大势先是主元音的分裂:ɛ>eɛ>iɛ,然而再由于向三四等合韵的模仿作用而成了与其合流了:

先 ɛn>eɛn>iɛn(仿效山 iɛn>ian)>ian

齐 ɛi>eɛi>iɛi(仿效祭 iɛi)>iei>i

萧 ɛu>eɛu>iɛu(仿效宵 iɛu)>iau

青 ɛŋ>eɛŋ>iɛŋ(仿效清 iɛŋ)>iəŋ>iŋ

添 ɛm>eɛm>iɛm(仿效盐 iɛm)>iam>ian

② 这个四等韵母借用三等反切下字,以后凡遇见三等跟四等切下字混乱的时候,都在代表字上加(　)号。

则更细一点，有 i 介音。至于假四等，它们是洪音，没 i 介音。但它们同三四等合韵关系很密切。所以它们是 ε。

分析韵母的韵尾，对构拟工作也很重要。前人根据收尾音的性质不同而把《切韵》分成三种韵，即阴声韵、阳声韵和入声韵。阴声韵就是元音收尾的开尾音，它们没有入声相配，而包括了止遇蟹效果假流等摄的韵；阳声韵是收鼻韵尾-m，-n，-ŋ 的韵，包括通江臻山宕梗曾深咸等摄的韵；在这些摄里还有同阳声相对的入声韵，它们的韵尾是-p，-t，-k。

根据以上构拟原则，参考了现代方言、别国译音及历史音韵的材料，我们把《切韵》韵母的音值拟订成如下表（见插页）。

对于这表以及各韵母的拟音，我们还分别作如下简单的说明：

1. [a]类的韵摄——蟹咸山梗宕效果假

（1）蟹摄

等	韵目	韵母	音值
一等	咍海代	来亥代	ɒi
	灰贿队	回罪对	wəi
	泰开	盖	ɑi
	泰合	外	wɑi
二等	皆骇怪开	皆骇拜	ɐi
	皆　怪合	怀　怪	wɐi
	佳蟹卦开	佳蟹懈	æi
	佳蟹卦合	娲夥卦	wæi
	夬开	犗	ai
	夬合	夬	wai
纯三等	废开	肺	ɪɐi
	废合	废	ɪwɐi

三四等	祭开	例	ɪɛi
	祭合	卫	ɪwɛi
	[齐][海]祭开	[栘][莅]制	iɛi
	祭合	芮	iwɛi
假四等	齐荠霁开	奚礼计	ɛi
	齐 霁合	携 惠	wɛi

这一类是阴声韵，从现代方言看来，它们应该是[a]类韵，复元音，带 i 韵尾。我们可以依据一般原则将诸韵音值拟订如上。需要说明的是：哈灰在《切韵》系统里并不是开合的关系。理由是：《切韵》同等开合唇音字不重出，但哈灰是例外。唇音一等字已有撮口势了，这样再分开合口，这是难以想象的。李季节《韵略》中虽是哈灰合韵，但那时候，这两类韵还不一定是[a]类韵。那时的民歌，如《华山畿》《读曲歌》《莫愁乐》等，还都是之哈合韵。大家知道，之乃是[ə]类的高元音韵。所以，我们不把哈灰拟为开合关系。

(2) 咸摄

一等	覃感勘合	含感绀合	ɒm，ɒp
	谈敢阚盍	甘敢滥盍	ɑm，ɑp
二等	咸豏陷洽	咸减陷洽	ɐm，ɐp
	衔槛鉴狎	衔槛鉴甲	am，ap
纯三等	严俨酽业	严广欠业	ɪɐm，ɪɐp
	凡范梵乏	凡犯剑法	ɪwɐm，ɪwɐp(?)
三四等	盐琰艳葉	廉检验辄	ɪɛm，ɪɛp
		(廉)[1]琰艳涉	iɛm，iɛp
假四等	添忝㮇帖	兼忝念协	ɛm，ɛp

这一摄同蟹摄一样，四等俱全。主要元音属[a]类。按理说，本摄因收尾音-m 的异化作用，不可能有合口。然严凡似乎是例

外。(参上说)就早期韵图看,覃咸为一转,谈衔为一转,现在吴语如宁波话中覃谈还有分别。故我们一订为 ɒ,一订为 ɑ。

(3) 山摄

一等	寒旱翰曷开	干旱旰割	ɑn,ɑt
	桓缓换末合	官管贯括	wɑn,wɑt
二等	删潸谏辖开	奸(赧)晏辖	ɐn,ɐt
	删潸谏辖合	还板患刮	wɐn,wɐt
	山产裥黠开	闲限苋黠	an,at
	山产裥黠合	顽(绾)幻滑	wan,wat
纯三等	元阮愿月开	言偃建竭	ɪɐn,ɪɐt
	元阮愿月合	袁阮愿月	ɪwɐn,ɪwɐt
三四等	仙狝线薛开	延辇扇(列)	ɪɛn,ɪɛt
	仙狝线薛合	员(免)恋劣	ɪwɛn,ɪwɛt
	仙狝线薛开	连善战列	iɛn,iɛt
	仙狝线薛合	缘兖绢悦	iwɛn,iwɛt
假四等	先铣霰屑开	前典甸结	ɛn,ɛt
	先铣霰屑合	玄泫县决	wɛn,wɛt

这一摄的型式与前同。现代方言山咸已相混。证明了它们也是[a]类韵。我们照一般原则作如上拟订。但删山的分别,方言中已没有痕迹。根据下列理由,我们把删订为 ɐ,山订为 a:

第一,韵书中删靠近寒桓(后元音),山靠近先仙(前元音);

第二,《韵镜》《七音略》明显地把[a]类韵中的二等韵分成两组:

甲:佳　衔狎　山黠　庚陌

乙:皆　咸洽　删辖　耕麦

第三,从上古来源看,删仅与寒桓元等韵押韵成谐声,山则多与“真痕蒸登诸韵”字接触。

另外,假四等韵与喉牙唇音相拼,不会有合口,它们的合口,是假合口,是声母的唇化或撮化造成的。而山韵与先韵关系极密,我们把它们的合口也拟成假合口。

(4) 宕摄、梗摄

一等	唐荡宕铎开	郎朗浪各	ɒŋ, ɒk
	唐荡宕铎合	光晃旷郭	wɒŋ, wɒk
三等(1)	阳养漾药开	良两亮略	ɪɑŋ, ɪɑk
	阳养漾药合	方往放缚	ɪwɑŋ, ɪwɑk
二等	耕耿诤麦开	耕幸迸革	ɐŋ, ɐk
	耕　麦合	宏　获	wɐŋ, wɐk
	庚梗映陌开	庚梗孟格	aŋ, ak
	庚梗映陌合	横矿横获	waŋ, wak
纯三等	庚梗映陌开	京影敬戟	ɪæŋ, ɪæk
	庚梗映陌合	兵永病(戟)	ɪwæŋ, -(?)
三四等	昔合	(役)	ɪwɛk
	清静劲昔开	盈郢正益	iɛŋ, iɛk
	清静　合	营顷　役	iwɛŋ, iwɛk
假四等	青迥径锡开	经挺定历	ɛŋ, ɛk
	青迥径锡合	迥　阒	wɛŋ, wɛk

这两个收-ŋ 的摄合起来,近于前述收-m 的咸摄,或收-n 的山摄。不过,这中间还有不同之处。这不同表现在:(一) -ŋ 摄没有相当于纯三等的严 ɪɐm,元 ɪɐn,而归并在庚韵里了。庚三等只有喉牙唇音,跟严元不同类,而与清韵关系很密切。清系的三等喉牙唇音都跑到庚$_3$ 中去了。所以,我们就把庚$_3$ 拟成 æ 类。(二) 多了一个阳韵系,它七音具足,开合具备,韵图中与唐配为一转。阳

与唐很接近，现代方言中也有证据，它们是[a]类韵，这是显而易见的，但也有些方言是作为后高元音的（如广州作 o，福州作 ou，吴语作 ɔ）。所以，我们用折中的办法将阳拟为 ɑ，唐拟为 ɒ。

宕摄是[a]类韵，梗摄也应该是[a]类韵。从上古来源看，它们也是非常密切的。但据现代方言，梗摄字多读成 ə，e，i，a 等，而有一些方言如吴语、客家、闽粤语与若干官话方言中，更是 ə（或 e，i，ei），a 两读。前者与曾、臻摄字混，后者则与宕摄字混。由此可见，它们应当是一个近于[a]类而容易变 ə，e 或 i 的元音。从《韵镜》《七音略》把 a 类二等韵分作两组看，我们就定耕为 ɐ，庚为 a。

（5）效摄

一等	豪皓号	刀皓到	ɒu
二等	肴巧效	交巧教	ɐu
三四等	宵小笑	娇小召	ɪɛu
	宵小笑	遥沼笑	iɛu
假四等	萧篠啸	聊了弔	ɛu

本摄是[a]类韵，有很多方言的根据。豪韵系在现代方言中大都作 ɒ，ɔ，o，u。所以，根据语音发展的一般规律，满可以把中古的豪拟为 ɒu。

（6）果摄、假摄

一等	歌哿箇	何可箇	ɒ
	戈果过	禾果卧	wɒ
二等	麻马祃开	加下驾	a
	麻马祃合	瓜瓦化	wa
三等（1）	歌	（伽）	ɪɑ
	歌	（鞾）	ɪwɒ
三等（2）	麻马祃开	遮者夜	ia

果摄字从多数方言看,总是读后高元音。不过,朝鲜、日本、安南的译音都作[a]类元音。况且,六朝以来,往往用歌韵字对译梵文[a]类字。显然,现代方音乃是元音高化的结果。

假摄同果摄恰为互补。麻$_2$ 在唐朝是近于佳韵的,今方言都读作[a]类。麻$_2$、麻$_3$ 韵书不分韵,则它们的主元音必然是极近似,甚至可以说是相同的了。

另外,歌韵里又有几个后起的外国译音字。(伽)字在切三作"无反语,噱之平声"。噱是药韵开口字,前已假定为 ɪɑk,那末它的平声就是 ɪɑ 了。另一"鞾"字,《切三》收在歌韵里,作"无反语"。这字凭谐声是合口的,《广韵》在这韵母下又加了几个等韵中的合口三等字,故我们暂把它们拟为 ɪwɒ。

2. [ə][e]类的韵摄——止臻深曾

(1) 止摄

三四等	支纸寘开	宜绮(义)	ɪei
	支纸寘合	为委伪	ɪwei
	支纸寘开	支氏义	iei
	支纸寘合	(为)弭(伪)	iwei
	脂旨至开	夷几利	ɪĕi(>ɪ)
	脂旨至合	追鄙位	ɪwei
	脂旨至开	脂姊至	iĕi(>i)
	脂旨至合	佳癸醉	iwĕi
纯三等	微尾未开	希岂既	ɪəi
	微尾未合	非鬼贵	ɪwəi
三等(2)	之止志	之里吏	i(ĕ),i(əi)

这一摄韵没有一二等韵。它们在今天方言里,几乎都读成 i

(或 ei)了。中古译音也帮不了忙。这是上古语音的遗迹。于是,就不得不借重于上古音了。支脂之微在上古不同韵,而同一型式。因此,它们发展到中古,很可能(一) 都因辅音尾脱落为收 i(j 化作用的结果);(二) 都有介音 ɪ(或 i);(三) 主元音位在合口 w 之后。在上古,这些韵是同入声相谐的:

支　配　陌$_3$　昔(《切韵》音上文作 ɪæk,iĕt)

脂　配　质(《切韵》音下文作 ɪĕt,iĕt)

之　配　职(下文作 iĕk)

微　配　迄(下文作 ɪət)

根据这种情况,再辅以其他材料,《广韵》中支脂之同用,不与微混。所以,我们暂把前者拟为 e,也许径自变了 i;而微拟为 ə。

(2) 臻摄

一等	痕很恨(没)	开	痕很恨(没)	ən,ət
	魂混慁没	合	昆本困没	wən,wət
纯三等	殷隐焮迄	开	斤谨靳迄	ɪən,ɪət
	文吻问物	合	云粉问勿	ɪwən,ɪwət
三四等	真轸震质	开	巾(忍)(刃)乙	ɪĕn,ɪĕt
	谆準稕术	合	(伦)殒 律	ɪwĕn,ɪwĕt
	真轸震质	开	邻忍刃质	iĕn,iĕt
	谆準稕术	合	伦尹闰聿	iwĕn,iwĕt
	臻　栉		臻　瑟	ɪĕn,ɪĕt

上述诸韵,在早期韵图中,痕魂殷文是一个系统,臻真稕又是一个系统。所以,我们以为前者是同一主元音,而后者是又一主元音。由于殷文是纯三等韵,介音为 ɪ,故主元音拟为松的 ə。而真稕等则为紧的 ĕ。

臻栉实在可以并入真质。臻栉两韵只有照$_2$ 系字,而真质刚好在同一等列中缺这一些字。真韵的上去声韵中有照₂系字，而臻栉刚好没上去声韵。它们成为互补的关系。所以说，臻栉可以并入真质，为同音。

(3) 深摄

三四等	侵寝沁缉	金锦禁立	ɪĕm，ɪĕp
	侵寝沁缉	林荏鸩入	iĕm，iĕp

侵跟真，它们在现代方言里完全相并行，或完全相同。它们的格式又都是七音具足；三四等重出，重唇音在今音不变轻唇。我们就把侵拟成 ĕ，与真(ĕ)相当。

(4) 曾摄

一等	登等嶝德开	登等邓则	əŋ，ək
	登　德合	肱　或	wəŋ，wək
三等(2)	蒸拯证职	陵拯证力	iĕŋ，iĕk
	职	逼	iwĕk

这摄字在现代北方方言中与梗摄字相混了。梗摄在今方言有两读的，(参前)但曾摄决无 a，e 两读，而总是读 e。又从《切韵》体系中看，蒸系韵尾又与侵真系相当，恰好配成-m，-n，-ŋ。那么，它们的主元音也可能都是 ĕ。它们的不同之点就在于蒸系不是三四等合韵，喉牙唇音三四等不重出。

3. 后元音的韵摄——流遇通江

(1) 流摄

一等	侯厚候	侯后候	əu
三等(1)	尤有宥	鸠九救	ɪəu
三等(2)	幽黝幼	幽黝幼	iĕu

多数现代方言，指明流摄的主元音是 u，而且在 u 前还有 o，ə，

e,a 等音。但朝鲜、日本和安南的译音却大都是单元音 u。佛经的翻译中,这些字也往往用来对译 u。因此,流摄的主元音 u 是肯定了的。根据方言,我们还是将它们拟成复元音。

幽韵在韵图中列四等。这是因为三等中已有尤韵,被迫挤下来的。实际上,它们是三等韵字,且与喉牙唇音相拼。而反切上字属细音一套。可见它们是 i 介音,而它们的主元音也因介音的同化作用而使 ə 变为 ĕ 了。

(2) 遇摄

一等	模姥暮	胡古故	wo(u)
三等$_{(1)}$	虞麌遇	俱庾遇	ɪwo(ɪu)
三等$_{(2)}$	鱼语御	鱼吕据	io

根据日本汉音、高丽音、安南音,模是 o,但现代方言几乎全作 u。日本吴音远在汉音前,也作 u。梵汉对音中,表现得很混乱,有时是 u,有时是 o。而在《韵镜》中,好象是 wo。我们就姑且订为 wo,按方言,则可订为 u。

由早期韵图指示,鱼是开口韵。模与鱼的关系还是模与虞的关系深。所以,我们拟鱼为 io,拟虞为 ɪwo(ɪu)。

(3) 通摄

一等	东董送屋	红孔贡木	uŋ,uk
	冬(肿)宋沃	冬(湩)宋沃	woŋ,wok
三等$_{(1)}$	东　送屋	弓　仲六	ɪuŋ,ɪuk
	鍾肿用烛	容陇用玉	ɪwoŋ,ɪwok

按高丽音、日本汉音和现代某些方言,东$_3$ 屋$_3$ 作 u,鍾烛作 o。《韵镜》又把鍾系作合口,东$_3$ 系作开口,则可以推想,鍾烛作 wo 式。

东$_1$ 与冬在方言中已无别。东$_1$ 和东$_3$ 既为同韵,那么它就应该是-uŋ,屋是-uk。

（4）江摄

二等	江讲绛觉	江项绛角	ɔŋ，ɔk

这是所有韵类中最简单的摄，不分开合，切语下字也只一类，韵图完全置二等。

江是二等，宕是一三等，很多韵图大概是音近或音同的关系就把它们并为互补的关系。现代方言中也大都江宕不分。宕摄的主元音是[a]类，那么江也许是[a]类吧？

江韵在韵书中总是紧接着东冬鍾，并且从先秦韵语与谐声字看，江摄字在上古时期也是确实接近于东冬鍾的。这样看来，中古早期江系的元音当是近于u，o，而后来却易与[a]类混的，那就是ɔ。这在现代方言中也可以找得到证据。如吴语就似乎读ɔ～ɒ那样的音。

（三）中古韵母的渊源

1. 蟹摄的演变

蟹摄的上古渊源有之部、支部、微部、脂部、祭部。

蟹摄一等：

咍该代来	əg→ɒi	（咍海代）
尯回梅灰	wəg→wəi	（灰贿队）

二等：

买柴解	eg→æi	（皆骇怪）开
挂	weg→wæi	（皆　怪）合
毅	əd→ɐi	（佳蟹卦）开
	wəd→wɐi	（佳蟹卦）合
斋皆	ed→ɐi	（佳蟹卦）开

纯三等：

刈	ɪɐd→ɪɐi	（废）开
废喙	ɪwɐd→ɪwɐi	（废）合

三四等：

厉祭世	ɪad→ɪɛi	（祭）开
缀律	ɪwad→ɪwɛi	（祭）合
制艺	iad→iɛi	（祭）开
芮	iwad→iwɛi	（祭）合

假四等：

齐妻兮	ɛg→ɛi	（齐荠霁）开
髱	wɛg→wɛi	（齐　霁）合
契蛴	ɛd→iɛi	（齐荠霁）开
慧	iwɛd→iwɛi	（齐　霁）合

蟹摄韵母最大的变化是辅音韵尾-d,-g 的失落而获得韵尾 i。这个变化是实际的,-d,-g 作同部位摩擦拖长发音,就会变化成 i。

蟹摄的主要元音有高化的倾向,如 a→ɛ;e→ɐ;ə→æ。

2. 咸摄的演变

咸摄的上古渊源为谈部和盍部。上古到中古他们基本上没有变化。

一等：

枏函韂	ɒm,ɒp→ɒm,ɒp	（覃感勘合）
儋惭蹋盍	ɑm,ɑp→ɑm,ɑp	（谈敢阚盍）

二等：

斩陷插夹	ɐm,ɐp→ɐm,ɐp	（咸衔陷洽）
谗监霎甲	am,ap→am,ap	（衔槛鉴狎）

纯三等：

剑劫胁	ɪɐm,ɪɐp→ɪɐm,ɪɐp	（严俨酽业）

犯法　ɪwɐm,ɪwɐm→ɪwɐm,ɪwɐp　(凡范梵乏)

三四等:

炎渐接馌　ɪam,ɪap→ɪɛm,ɪɛp　(盐琰艳葉)

占佥摄晔　iam,iap→iɛm,iɛp　(盐琰艳葉)

假四等:

点谦帖协　ɛm,ɛp→ɛm,ɛp　(添忝㮇帖)

3. 山摄的变化

上古主要来源是元部。先山二韵中也有一部分来自真部。山摄从上古到中古,变化不大。山摄的入声来自上古祭部,变化也不大。

一等:

单汉怛割　ɑn,ɑt→ɑn,ɑt　(寒旱翰曷)开

端官拨治　wɑn,wɑt→wɑn,wɑt　(桓缓换末)合

二等:

删颜辖　ɐn,ɐt→ɐn,ɐt　(删潸谏鎋)开

板关拔刮　wɐn,wɐt→wɐn,wɐt　(删潸谏鎋)合

山间察折　an,at→an,at　(山产裥黠)开

瓣幻刷　wan,wat→wan,wat　(山产裥黠)合

纯三等:

建歇　ɪɐn,ɪɐt→ɪɐn,ɪɐt　(元阮愿月)开

反劝发越　ɪwɐn,ɪwɐt→ɪwɐn,ɪwɐt　(元阮愿月)合

三四等:

愆桀　ɪɛn,ɪɛt→ɪɛn,ɪɛt　(仙狝线薛)开

免卷别哕　ɪwɛn,ɪwɛt→ɪwɛn,ɪwɛt　(仙狝线薛)合

展剪哲设　iɛn,iɛt→iɛn,iɛt　(仙狝线薛)开

篇传劣绝　iwɛn,iwɛt→iwɛn,iwɛt　(仙狝线薛)合

假四等：

莲见截絜	ɛn，ɛt→ɛn，ɛt	（先铣霰屑）开
边县蔑窡	wɛn，wɛt→wɛn，wɛt	（先铣霰屑）合

4. 宕摄、梗摄的变化

宕摄的上古渊源是阳部，从上古到中古基本上没有变化。

一等：

当康托各	ɑŋ，ɑk→ɐŋ，ɒk	（唐荡宕铎）开
旁黄博郭	wɑŋ，wɑk→wɒŋ，wɒk	（唐荡宕铎）合

三等：

央羌斫却	ɪɑŋ，ɪɑk→ɪɑŋ，ɪɑk	（阳养漾药）开
旁方缚矍	ɪwɑŋ，ɪwɑk→ɪwɑŋ，ɪwɑk	（阳养漾药）合

梗摄上古主要来源是耕部，庚韵纯三等字都来自上古阳部。上古到中古基本上不变。

二等：

打争脉责	ɐŋ，ɐk→ɐŋ，ɐk	（耕耿诤麦）开
轰	wɐŋ，wɐk→wɐŋ，wɐk	（耕耿诤麦）合
平憬泽客	aŋ，ak→aŋ，ak	（庚梗映陌）开
宖白	waŋ，wak→waŋ，wak	（庚梗映陌）合

纯三等：

京英隙逆	ɪæŋ，ɪæk→ɪæŋ，ɪæk	（庚梗映陌）开
兵永戟	ɪwæŋ，ɪwæk→ɪwæŋ，ɪwæk	（庚梗映陌）合

三四等：

贞轻適益	iɛŋ，iɛk→iɛŋ，iɛk	（清静劲昔）开
倾顷　役	iwɛŋ，iwɛk→iwɛŋ，iwɛk	（清静劲昔）合

假四等:

萍亭璧皙	ɛŋ,ɛk→ɛŋ,ɛk	(迥径锡)开
诇鶪	wɛŋ,wɛk→wɛŋ,wɛk	(迥径锡)合

5. 效摄的变化

效摄渊源幽宵二部。

一等:

牢皓宝造	wg→ɒu	(豪皓号)
盗悼到敖	ʌg→ɒu	

二等:

豹罩巢交	ɔg→ɔu	(肴巧效)

三四等:

表乔妖绍	ɪʌg→ɪɛu	(宵小笑)
标赵 昭	iʌg→iɛu	

假四等:

蜕蜩晓蓼	ɔg→ɛu	(萧篠啸)

本摄的韵尾在上古时,开始脱落,但-g 韵尾并非完全消失,是变为 u 而与主要元音合并。

6. 果摄、假摄的变化

果假二摄来自上古歌部,假摄麻韵中的马拏诈假瓜华借牙者等字属上古鱼部。基本上无变化。

一等:

多嵯河	ɑ→ɒ	(歌哿箇)
波朵坐过	wɑ→wɒ	(戈果过)

二等:

沙加	a→a	(麻马祃)开

麻瓦	wa→wa	（麻马祃）合
三等：		
伽	ɪɑ→ɪɑ	（歌）
鞾	ɪwɑ→ɪwɑ	（歌）
遮者夜	ia→ia	（麻马祃）开

7. 止摄的变化

止摄来自上古支、脂、之、微四部。
它们的主要元音不变，韵尾失落，获得尾音 i。
三四等：

卑知此是	ɪeg→ɪei	开	（支纸寘）
规	ɪweg→ɪwei	合	
支氏义	ieg→iei	开	
弭	iweg→iwei	合	
夷几利	ɪĕd→ɪĕi（>ɪ）	开	（脂旨至）
追鄙位	ɪwĕd→ɪwĕi	合	
脂姊至	iĕd→iĕi	开	
隹癸醉	iwed→iwei	合	

三等（2）：

之里吏	iəg→iĕi（>i）	（之止志）
纯三等：		
希岂既	ɪəd→ɪəi	（微未尾）开
非鬼贵	ɪwəd→ɪwəi	（微未尾）合

8. 臻摄的变化

臻摄来自上古文部，没有变化。（见音值拟订）

9. 深摄的变化

深摄来自上古侵部、缉部。

三四等:

金锦禁立　ɪəm,ɪəp→ɪĕm,ɪĕp

林荏鸩入　iɛm,iɛp→iem,iep

10. 曾摄的变化

曾摄来自上古蒸部,没有变化。(见音值拟订)

11. 流摄的变化

流摄来自上古侯、尤、幽三部。

一等:

娄厚后斗	og→əu	(侯后候)
三等:		
尤訧邮牛	ɪwəg→ɪwə→ɪəu	(尤有宥)
寿受　舅	ɪwg→ɪw→ɪəu	
三等:		
幽呦纠赳	iwg→iĕu	(幽黝幼)

上古韵尾-g 脱落后,就获得了韵尾 u。

12. 遇摄的变化

遇摄来自上古鱼部。

一等:

胡古故	ɑg→wo(u)	(模姥暮)
三等:		
俱庾遇	ɪwɑg→ɪwo(ɪu)	(虞麌遇)

鱼吕据	iɑg→i	（鱼语御）

本摄由于主要元音向后移动，长音的 ɑg>ɒg>ɔu>o(u)。

13. 通摄的变化

通摄来自上古东冬二部。

一等：

红孔　贡木	oŋ，ok→uŋ，uk	（东董送屋）
冬（湩）宋沃	wŋ，wk→woŋ，wok	（冬湩宋沃）

三等：

弓　仲六	ɪoŋ，ɪok→ɪuŋ，ɪuk	（东　送屋）
容陇用玉	ɪwŋ，ɪwk→ɪwoŋ，ɪwok	（鍾肿用烛）

14. 江摄

江摄来自上古东部。江觉 ɔŋ，ɔk 不变。

四、中古声调的发展

（一）声调的发现和中古文学语言的声调系统

我们在《上古篇》里已经指出，汉语在上古时期已经存在着声调，而只不过未被人们发现罢了，或者竟自发现了，但并不是自觉的。随着时代的发展，科学水平的提高，人们对声调的性质，逐渐有了明确的认识，到了齐永明前后，就确立了汉语声调的科学概念：平上去入。那么，声调是如何被人们发现的呢？

最初时候，人们对韵和调是混和在一起认识的。由于音乐上乐律研究的深入和文学上声律论的兴起，人们就渐渐的觉得，在韵中间还有一种东西，它是可以离开韵而独立的，这就是声调。

音乐上乐律高低的判别，就出现了“宫商角徵羽”五音的名称，例如管子说：“凡听宫如牛鸣窌中，凡听商如离群羊，凡听角如雉登木以鸣，音疾以清。”“凡听徵如负猪豕觉而骇，凡听羽如鸣马在野。”[①]但是，由于古人辨音的不准确，对声调性质没明确认识，所以，这五音，其实他们还是指整个音的变化，而不是单指音调的变化。

---

① 见《管子·地员篇》。

汉末以后，文学的发展，逐渐要求语言的节律性。于是首先就出现了所谓“文气说”。例如，曹丕在《典论·论文》中认为：“文以气为主。气之清浊有体，不可力强而致。譬诸音乐，曲度虽均，节奏同检；至于引气不齐，巧拙有素，虽在父兄，不能以移子弟。”这里的所谓文气，大概是指文章的气势音调，并不是指声调。再往后，就出现了范晔的“自然音律说”。他在狱中给诸甥侄写的信中说：“性别宫商，识清浊，斯自然也。观古今文人，多不全了此处；纵有会此者，不必从根本中来。言之皆有实证，非为空谈。”①这显然开始有了对声调的认识。

在音乐和文学上这两种力量的推动下，到了齐梁期间，由于佛教梵文转读的影响，当时文人对音韵的研究，于是就有了四声之说。

历史上有很多记载，记当时有许多文人如范晔、沈约、谢朓、崔光、王斌以及一些善声沙门在佛经梵文的薰陶下，醉心于音律的研究，形成中国语音史上第一个可大书特书的时代。属文之士与善声沙门汇集在当时的建康，特别是历史上所记的永明七年二月二十日，竟陵王子良大集善声沙门于京邸，造经呗新声，对音韵的研究起了积极的作用。所以，就在这时兴起了四声之说。②

四声同当时转读佛经之三声有着密切的关系。当时转读佛经的三声，源本自印度古代的声明论中的三声。据天竺韦陀的声明论，有所谓声 Svara 的，刚好与汉语的四声相适应，它们都是指声

① 见《宋书》卷六十九《范晔传》。

② 这方面的历史材料如《南史·陆厥传》：“时盛为文章，吴兴沈约、陈郡谢朓、琅邪王融，以气类相推毂。汝南周颙善识声韵，约等文皆用宫商，以平上去入为四声。”《周颙传》：“颙始著四声切韵行于时。”《沈约传》：“又撰四声谱，以为‘在昔词人，累千载而不悟，而独得胸衿，穷其妙旨’。自谓入神之作。武帝雅不好焉。尝问周舍曰：‘何谓四声？’舍曰：‘天子圣哲是也。’然帝竟不甚遵用约也。”《庾肩吾传》：“齐永明中，王融、谢朓、沈约，文章始用四声，以为新变，至是转拘声韵。”等等。参见顾炎武《音论》或钱大昕《十驾斋养新录》卷四“四声始于齐梁”条。

的高低升降。韦陀声明论根据声的高低,把声音分成三种。一种叫 Udatta,一种叫 Svarita,又一种叫 Anudatta。这三种相当于汉语的平上去三声。然而,汉语的声调除此外,还有一套收塞辅音的入声调。因此,当时人就根据当时文学语言的读书音将声调分为平上去入四类。这在当时是符合语音的实际情况的。

语音是会发展变化的,声调当然也不例外。但是,在一般中古时代的韵书中,大抵都因袭了六朝旧法,无多大变化。这是因为后来的一些韵书作者没有科学的发展的语言学观点,不重实际语音出发的结果。这样,我们就在韵书中不能清楚地看到中古声调发展的实况。

(二) 四声在中古口语中的发展变化

我们虽然不能从中古的韵书中知道声调变化的答案,但从其他的一些材料中看,可以知道,唐宋的声调情况是不同于六朝的。而六朝的语音也由于地域的不同,在声调上也颇有差异。

《切韵序》说:"古今声调既自有别,诸家取舍也复不同:吴楚则时伤轻浅,燕赵则多涉重浊;秦陇则去声为入,梁益则平声似去。"这证明了六朝文学语言虽有比较一致的调类,但在实际口语中并不一定就是如此,相反,是"有别"的。例如《切韵序》所提的方言中有平去、去入的差异,在《切韵》的又音中就有痕迹可寻。如:

蔟　仓奏反,在候韵;又,千木反,在屋韵。

透　他豆反,在候韵;又,书育反,在屋韵。

畜　许救反,在宥韵;又,许六反,在屋韵。

告　古到反,在号韵;又,古沃反,在沃韵。

觉　古校反,在效韵;又,古学反,在觉韵。

乐　五教反,在效韵;又,五各反,在觉韵。

切　七计反，在霁韵；又，千诘反，在屑韵。

契　苦计反，在霁韵；又，苦诘反，在屑韵。

晢　职例反，在祭韵；又，旨热反，在薛韵。

积　紫智反，在寘韵；又，子昔反，在昔韵。

这是去声、入声两读的例。

中　陟隆反，在东韵；又陟仲反，在送韵。

降　机江反，在江韵；又苦巷反，在绛韵。

锤　直垂反，在支韵；又驰伪反，在寘韵。

迟　直尼反，在脂韵；又直利反，在至韵。

菲　芳非反，在微韵；又符未反，在未韵。

誉　与鱼反，在鱼韵；又与据反，在御韵。

振　职邻反，在真韵；又之刃反，在震韵。

翰　胡安反，在寒韵；又胡旦反，在翰韵。

豶　胡山反，在山韵；又侯办反，在裥韵。

先　苏前反，在先韵；又苏见反，在霰韵。

这是平声、去声两读的例。

显然，这正反映了当时方音的分歧及六朝韵书分调的分歧情况，而《切韵》中这种例子很多，其中还有三个以上不同调的音。例如，“比”字就是有“房脂”“必履”“婢四”“扶必”四种反切，分属平上去入四声。

这种分歧，我们还可以从六朝韵书和《切韵》的切语中窥见。例如：

奓　《声类》：昌氏切，在上声纸韵；

　　《切韵》：陟加反，在平声麻韵。

跔　《声类》：渠俱反，在平声虞韵；

　　《切韵》：渠玉反，在入声烛韵。

戮　《韵集》：力求反，在平声尤韵；

《切韵》:力竹反,在入声屋韵。

以上不同,正是反映了当时实际语音声调方面复杂的情况。并且,根据这些材料,我们可以进一步作出结语:六朝文学语言的声调基本上是平上去入四个调,但是在实际语音中,又存在着地方分歧。这里读平声,那里可能读去声,或者读其他调类;这里是四个调,在另外一些地方甚至可以不是四个调,它可以是三个调或五个调等等。这一点,隋唐以后的方音明显地透露了这种情况。

隋唐之后,有好多方言的声调都因声母的清浊开始了分化。比如,具有普遍意义的,是全浊上声字与全浊去声字读成一调。我们可以肯定的说,到公元八世纪为止,在广大北方地区,大多数方言中都已经完成了浊上变去的变化。这有很多证据可以证明。白居易是下邽(即今陕西渭南)人。他在《琵琶行》中曾以"住""部""妒""数""污""度""故""妇"为韵①,而其中的"部""妇"原是浊上字,在白居易的方言里,它们已同浊去字押韵了。韩愈在《讳辩》中也认为"杜度"是同音②,则可见在他的方言(河北昌黎县)里,"杜"已变成去声字了。另外,唐昭宗时有一个语音学家李涪在《刊误》中曾说:"《切韵》吴音乖舛,不亦甚乎?上声为去,去声为上:……恨怨之恨则在去声,很戾之很则在上声;……又舅甥之舅则在上声,故旧之旧则在去声;又皓白之皓则在上声,号令之号则在去声;

---

① 白居易《琵琶行》云:
自言本是京城女,家在虾蟆陵下住。
十三学得琵琶成,名属教坊第一部。
曲罢曾教善才伏,妆成每被秋娘妒。
五陵年少争缠头,一曲红绡不知数。
钿头银篦击节碎,血色罗裙翻酒污。
今年欢笑复明年,秋月春风等闲度。
弟走从军阿姨死,暮去朝来颜色故。
门前冷落鞍马稀,老大嫁作商人妇。

② 韩愈《讳辩》:"周之时有骐期,汉之时有杜度,此其子宜如何讳?将讳其嫌,遂讳其姓乎?"

又以恐字、恨字俱去声；今士君子于上声呼恨，去声呼恐，得不为有识之所笑乎？……凡中华音切，莫过东都，盖居天地之中，禀气特正，予尝以其音证之，必大哂而异焉。……”他批评《切韵》浊上不混入去，其实正说明了他们的方言（李涪陇西人）或东都洛阳音竟是浊上全变作了去声[①]。而在敦煌发现的《开蒙要训》注音本里，我们也可以看到浊上注去，浊去注上的例子[②]。如：

[例字]	[注音]
縐　渠记切群母去声	巨　其吕切群母上声
髲　平义切並母去声	婢　便俾切並母上声
盗　徒到切定母去声	道　徒皓切定母上声
雺　亡遇切微母去声	武　文甫切微母上声
鴈　五晏切疑母去声	眼　五限切疑母上声

这是以浊上注去的例。

[例字]	[注音]
艦　胡黤切匣母上声	监　格忏切见母去声
艇　徒鼎切定母上声	定　徒径切定母去声
纻　直吕切澄母上声	志　职吏切照母去声
腨　市兖切禅母上声	旋　辞恋切邪母去声
吻　武粉切微母上声	问　亡运切微母去声

这是以浊去注上的例。

---

① 李涪所举例字，《切韵》中分得很清楚：
很，胡忘切匣母上声；恨，胡灵切匣母去声
辩，平免切並母上声；弁，皮变切並母去声
舅，其九切群母上声；旧，其救切群母去声
皓，胡老切匣母上声；号，胡刘切匣母去声

② 《开蒙要训》齐梁间的一种通俗读本。这注音本大概是五代后唐明宗时代（公元929年左右）的敦煌郡学士郎张某（?）所作的。原收刘复的《敦煌掇琐》，转录自罗常培的《唐五代西北方音》一书。

浊上变去,到了12世纪以前的《韵镜》,就把它正式定为规律了①。这一规律在今天方言中也得到了积极的证明。大部分的北方,浊上字都读作去声。如:

並母:倍,被婢,抱鲍,辨辩辫,伴,牝笨,蚌棒,並;

奉母:父,妇负阜,范範犯,愤忿,奉;

定母:舵惰堕,杜肚,待怠殆弟,道稻,淡,诞断,囤盾沌,荡,动;

从母:坐聚,在罪,皂造,渐蕈,践,尽,静;

邪母:序绪叙,似杞巳,象像;

澄母:苎柱,雉痔峙,赵兆肇,纣,朕,篆,文,技仗,重;

崇母:士俟,撰馔;

禅母:社,竖,是氏市恃,绍,受,甚,善,竖,上;

群母:巨拒距,技妓跪,舅臼咎,俭件,圈(猪圈),近菌;

匣母:祸,下(下山),户沪,亥骇蟹雁,浩皓,後后厚,撼,旱,限,项,杏幸。

这中间自然也有少数例外(腐,釜,缓,皖,窘,强,挺,艇等),但是全浊上声的发展规律是肯定了的。②

上、去声既然已分清浊阴阳,那么,平声和入声呢?声母的清浊既已对声调起了明显的影响,那么,方言中的调类有多少——抑是四声不变,抑是已经不止四个调了呢?

现有的资料证明,到唐代为止,大多数的方言中平声也已分了阴阳两类,而平上去入四声也已经因为声母清浊的不同而有了不

① 《韵镜》"上声去音字"一条说:"凡以平侧呼字,至上声多相犯。古人制韵,间取去声字参入上声者(按,这是本末倒置的说法),正欲使清浊有所辨耳。或者不知,徒泥韵策分为四声,至上声多例作第二侧读之,此殊不知变也。若果为然,则以'士'为'史',以'上'为'赏',以'道'为'祷',以'父母'之'父'为'甫',可乎?今逐韵上声浊位并当呼为去声。观者熟思,乃知古人制韵,端有深旨。"

② 当然,也有不少方言,如吴语、粤语中的许多地点方言至今还是阳上不归去。

同的读法，调类的数目也有了增加。而有些地方的四声已分八调，跟现代的吴语、粤语的四声各分阴阳更是十分相近了。在日本《大正新修大藏经》内沙门安然的《悉昙藏》卷五“定异音”条中曾有这样一段话：[1]

诸翻音中所注平上去入，据检古今，难可以为轨模。何者？如陆法言《切韵》序云：“古今声调既是有别，诸家取舍亦复不同：吴楚则时伤清浅，燕赵则多涉重浊，秦陇则平声为入，梁益则平声似去。若尔风音难定，孰为楷式？”我日本国元传二音：表则平声直低，有轻有重，上声直昂，有轻无重，去声稍引，无轻无重，入声径止，无内无外。平中怒声与重无别，上中重音与去不分。金则声势低昂与表不殊，但以上声之重稍似相合，平声轻重，始重终轻，呼之为异。唇舌之间亦有差舛。

承和之末，正法师来，初习洛阳，中听太原，终学长安，声势大奇。四声之中，各有轻重。平有轻重，轻亦轻重，轻之重者，金怒声也。上有轻重，轻似相合金声平轻，上轻始平终上呼之，重似金声上重，不突呼之。去有轻重，重长轻短。入有轻重，重低轻昂。元庆之初，聪法师来，久住长安，委搜进士，亦游南北，熟知风音。四声皆有轻重。著力平入轻重同正和上。上声之轻似正和上上声之重，上声之重似正和上平轻之重。平轻之重，金怒声也，但呼著力为今别也，去之轻重，似自上重，但以角引为去声也。音响之终，妙有轻重，直止为轻，稍昂为重。此中著力，亦怒声也。

安然的《悉昙藏》作于日本元庆四年，即公元 880 年，相当于唐僖宗

---

① 语见《大正新修大藏经》卷 84，第 414 页。文中所指表金两家，乃是说表信公传到日本的汉字读音(汉音)和金礼信所传的“吴音”。“怒声”就是浊声母。

广明元年。他所谈的语言事实都是在公元九世纪以前的。上述一段引文自然不能全部理解,但从中至少可以看出这样两点唐方言的声调情况:

一、安然指出了表信公所传的汉字读音(汉音)浊上已经归去,平声已分轻重,所谓轻重,大概就是后世所说的阴阳类。日本空海的《文镜秘府论》曾以“庄”字为全轻,“床”字为全重。“庄”属照母,“床”属床母,他的所谓轻重,显然就是指清浊。这样看来,日本汉音的声调平声已分阴阳,而调类也有五个之多了。

二、安然还提到了承和末(公元 847 年)正法师和元庆初(公元 877 年)聪法师传到日本的汉字读音。这两家不同于六世纪以前的关音和八世纪以前的汉音,而“四声之中,各有轻重”了。这样说来,这些音的声调有 8 个,而与现代吴语和粤语相仿了。

至于分五调或八调的调值,文中虽有记述,但我们还是不能理解这些。①

至于入声,至少在唐代,也开始在一些方言中有了变化。唐胡曾曾讥笑妻族的语言不正而作诗一首道:

> 呼“十”却为“石”,唤“针”将作“真”。
> 忽然云雨至,总道是天“因”。

这分明是在嘲笑阳声-m 和-n,入声-p 和-k 的混乱。“十”“石”是入声,前者收尾是 p,后者收尾是 k。但胡曾妻子的方音显然是混而不分了。这是入声演化的第一阶段,即把-p,-t,-k 的韵尾读成相

---

① 关于调值,唐释远忠《元和韵语》:“平声哀而安,上声厉而举,去声清而远,入声直而促。”又,十三世纪的日本沙门了尊在《悉昙轮略图抄》中说:“《私颂》云平声重,初后俱低;平声轻,初昂后低;上声重,初低后昂;上声轻,初后俱昂;去声重,初低后偃;去声轻,初昂后偃;入声重,初后俱低;入声轻,初后俱昂。”

近的一个样子。到最后，就干脆过渡到ʔ收尾的阶段。这种过渡，在一些方言里，唐宋间已开始，而且完成了。这一点，在词韵中看得最明显。例如敦煌《曲子词》“鱼歌子”中就有以寞惰妙为韵的例。到了五代、宋词中，词韵的“入派三声”的情况更是常见[①]。到了《中原音韵》入派三声，就正式确立了。

---

① 清初万澍在《词律》(卷一)中收石孝友入声韵《南歌子》一首，注云：“愚谓入声可作平，人多不信，云：‘入声派入三声，始于元人论曲，君何乃移其说于词?’余曰：声音之道，古今递传，诗变词，词变曲，同是一理。自曲盛兴，故词不入歌，然北曲《忆王孙》《青杏儿》等，即与词同。南曲之引子与词同者将六十调，是词曲同源也。况词之变曲，正宋元相接处，岂曲入歌，当以入派三声，而词则不然乎？故知入之作平，当先词而后曲矣。盖当时周、柳诸公制调，皆用中州正韵，今观词中，如‘不’音‘逋’、‘一’音‘伊’之类，多至万千，正与北曲同，而又何疑于入作平之说耶？且用韵句也可以入为叶，如惜香《醉蓬莱》，以‘吉’叶‘髻’‘戏’，坦庵以‘极’字叶‘气’‘瑞’等甚多，若云不可叶，则此等词落一韵矣。至通篇入叶之词，有可兼用上去，如《贺新郎》《念奴娇》之类。有本是平韵而以入代者，如金谷(石孝友)此篇之类。虽全用入声，而实以入作平，必不可谓是仄声，而用上去为韵脚也。”案，北宋也有此例。如大晏的《相思儿令》以“日”“落”“绿”作去声韵。

第三编

近代汉语语音

从十三世纪

到二十世纪，

包括元代、明代、清代和现代

一、概　　述

（一）近代汉语语音发展的社会背景

从元代直到鸦片战争之前，汉族社会的经济结构仍旧是以封建的自然经济为主体，在这样的情况下，语言的分化占优势。在语音的发展方面，虽然同时存在着分化和统一的两种势力，但是分化是主要的，统一是次要的；换句话说，在这六个世纪里，汉语语言发展的主要现象，是汉语各方言在语言系统上的差异性愈来愈显著，共同性愈来愈模糊。从明代开始萌芽的资本主义因素，到清代得到进一步发展，鸦片战争以后，加进了外国资本主义的势力，商品经济迅速地发展，它在国民经济中的比重不断增加，在这样的情况下，语言统一方面的势力，逐渐由次要地位上升到主要地位，而在"五四"运动以后（新民主主义革命开始），可以这样说，语言的分化作用基本上停止了。在鸦片战争以前，汉语北方方言在历史上长期地被当作各方言区人民互相交际的工具，在南方各方言区里，它在大官僚、部分知识分子和商人中通行，它既不能阻止方言的继续分化，也不能缩小方言的使用范围。在鸦片战争以后，由于经济的发展，以及与此相应的政治和文化发展的需要，作为汉族共同语基础的北方方言，逐渐地为更多的人们所需要，为更多的人们所掌握；不仅大多数官僚、知识分子和商人使用它，广大的劳动人民特别是城市无产阶级也使用它。以北京语音为代表的北方语音势力的膨胀,不仅阻止了其他方言的继续分化,而且使其他方言的发展向自己靠拢。

政治生活对语音的发展也起重要的作用。在汉族社会近代政治生活中,对汉语语音的发展影响最深刻的有两点,一是金、元的侵略和统治,一是政治中心固定在北京。下面我们就来讨论它们。

1. 从南宋开始的汉族社会大动乱,在各地区发展不平衡,加深了南北方言的分歧。

经过“五代十国”的变乱,到第十世纪的后半期,宋王朝建立了统一的国家,它是历史上最软弱的朝代。契丹部落始终占领着东北方的燕云地方大块领土,中原地区经常遭到野蛮的破坏。十二世纪女真部落征服了契丹部落,并侵占了中国北方大部分领土,迫使宋王朝南迁。在女真族的统治下,汉族的北方地区的经济文化遭受了严重的破坏,大批的汉人被迁移到他们的原居地去,而原居地的军事部落组织又迁入中原地区,深入农村与汉族杂居。他们霸占了土地,迫使汉族人民为他们耕种。

十三世纪蒙古部落强盛起来,经过半个世纪的东征西讨,建立了横跨欧亚两洲的强大的帝国。元代是中国历史上最野蛮的朝代,如果说女真族曾经使自己完全转化为剥削者的话,那么元代统治者更进了一步,他们使绝大部分汉族人民沦为奴隶,在中国北方更是这样。繁华的中原地区,已经成为人烟稀少,土地荒芜的地方了。

从宋王朝南迁到明王朝推翻蒙古族的统治的大约两个半世纪里(1127—1368),广大的北方地区,由于频繁的战争和破坏,统治民族野蛮地奴役和掠夺,造成人口大量地死亡和逃亡;剩下的奴隶和半奴隶(就是所谓“驱丁”),他们没有人身自由,没有独立的经济，甚至被人任意地买卖。在这样的情况下，北方方言的语音系统起了明显的变化，它跟中古的语音系统有很大的不同，跟南方方言的语音系统也有显著的差别。北方方言语音系统经过这个变化以后，使我们很容易把它跟中古的语音系统区分开来，因此汉语语言发展史对于中古和近代的分期问题，就是以这次变化为界限。

这个变化究竟使北方方言的语言系统改变了多少呢？简单地说：在声母方面，全浊声母清化了；在韵母方面，主元音相近的韵类大部分合并了；在声调方面，入声派入平、上、去三声，平声分出阴调和阳调；此外，部分声母和韵母的音值也有变化（如出现了卷舌辅音和舌尖元音等等）。这些我们在第二章、第三章、第四章里还要详细地讨论它们。

女真、蒙古统治者，一方面驱使汉人为他们劳动生产，一方面又在国家组织中大量地雇佣汉族官员，要维持生产的正常进行，要保证国家的职能，不同民族之间的语言交际是万分必要的。可以想像，当时能说汉语的女真人、蒙古人是相当多的，在北方懂得女真语、蒙古语的汉人恐怕也占一个不小的比例。元代的官方文书使用着一种汉语和蒙古语杂混的白话，《元典章》就是使用这种语体的。元曲的语言，反映了北方人民语言中混进了大量蒙古语词这个情况。例如关汉卿的杂剧《邓夫人苦痛哭存孝》第一折中有这样的诗：

米罕（肉）整斤吞，抹邻（马）不会骑。
弩门（弓）并速门（箭），弓箭怎的射？
撒因（好）答剌孙（酒），见了抢着吃；
喝的莎塔八（醉），跌倒就是睡。
若问我姓名，家将不能记。

一对忽剌孩(贼),都是狗养的。[①]

大量外来词进入汉语,以及占统治地位的与汉人杂居的女真人、蒙古人跟汉人进行交际的时候不正确的汉语发音,这些外来因素对北方方言语音系统的发展也有一定的影响。不过,无论如何,女真语、蒙古语跟汉语是完全不同的语言,它们对汉语的影响是极有限的,因为汉人在北方,在人口数量上、在文化上仍旧占绝对优势。我们认为北方方言的语音系统在这个时期的变化,基本上是按照汉语内部规律进行的,野蛮民族的侵略和压迫,只是加速了它的发展和变化。

女真族和蒙古族的侵略,间接地对南方方言也发生了一定的影响,宋王朝的南渡,以及后来在北方被逼得走投无路的劳动农民,也大批地迁移到南方,他们对南方的语音的发展发生了一定的作用。但是整个看来,这个时期,南方方言在语音上的变化,比北方方言少得多,而南方边远地区——闽粤一带的语音变化,又比江南少得多。

自宋王朝南渡到明代恢复汉族政权的二百多年的汉族社会大动乱中,各地区社会秩序的破坏在程度上有很大的差别,它对汉语语音发展的影响,主要是加深了汉语方言的分歧。

2. 全国政治中心稳定在北京,稳定了北方方言的优势,并且促进了汉民族共同语语音标准的建立。

宋王朝南渡以后,1153 年金废帝完颜亮迁都燕京(北京),改名中都,这是历史上以北京为京城的开始。1272 年元世祖忽必烈迁都北京(当时蒙古人叫“汉八里”,一般人叫“大都”),当时北方的洛阳、开封等等古代城市经多次战争和破坏,已经衰落了,北京是

① 转引自《中国语文》1955 年 6 月号,吴晓铃《试论关汉卿的语言》。

北方唯一称得上繁荣的城市。元代统治者为了贵族和军队消费的需要，为了对外贸易的利益，在战争中搜括了不少工匠，集中在城市里为他们手工业劳作，造成城市畸形发展。

在历史上，所谓“中原”是指汉族社会的中心地带，包括现在的河南、山东的西部、河北和山西的南部、陕西的东部一带地方，而河南（就是宋王朝京城附近一带地方）又称“中州”。宋代和明代的时候，所谓“中原雅音”就是指北宋汴梁附近一带的官话。到了元代，这种官话仍旧占有很大的势力，以大都为中心的北曲，在语音上就是以它为标准的，《中原音韵》的作者周德清在“自序”中说“欲正言语，必宗中原之音”就是这个意思。不过到元代，“中原雅音”分为两支，随宋王朝南迁的“中原雅音”比留在北方的“中原雅音”变化少得多，而南方的经济文化又远比北方进步（因为遭受破坏比较轻），本来南方的“中原雅音”可以占优势的，但是京城在北京，这支北方的“中原雅音”仍旧保持着它的优势。

1368 年朱元璋称帝，定都应天（南京），又下令根据南方“中原雅音”编写《洪武正韵》作为明代官定韵书，曾经一度使南方官话抬头。可是过了五十多年，到 1421 年明成祖朱棣又迁都北京，南方官话的势力才慢慢地衰退下去。我们从 1442 年出版的《韵略易通》和 1626 年出版的《西儒耳目资》所反映的明代官话系统看来，在明代占优势的是北方官话。

语音标准的建立决不是一朝一夕的事，更不是少数人编了一部韵书就可以完成的。我们认为在北宋时代，官话大体上是以汴梁一带语音为标准的，到了元代、明代，虽然政治中心已经由汴梁向东北方向移到北京，可是语音的标准的转移却没有那么快。在这个时期里，北方“中原雅音”的势力逐渐减弱；北京音的势力逐渐增强，但是还没有取得压倒一切的优势，不过是北方官话中比较有势力的一支。

到了清代,北方官话才逐渐地上升为官话的标准音,除了历史上的原因以外,清朝贵族恐怕也起了一定的促进作用,他们人人都会说一口流利的北京话。

官话有了语音标准,并不表示各地官话在语音上已经一致了;官话有了语音标准,它意味着某一地方官话已经具有统一各地官话甚至统一各地方言的现实可能性。

清代统治者已经感到汉语方言的纷歧是件头痛的事,他们为了更好地利用汉族知识分子,曾经要求各方言区人正乡音。《康熙字典》有这样一首诗:

> 乡谈岂但分南北,
> 每郡相邻便不同;
> 由此故教音韵正,
> 不因指示甚难明。

他们特别要求福建、广东人学官话,因为这两省的官员朝见皇帝时,几乎不能用语言来交际。他们曾经传令福建、广东两省督抚注意语音教育。

> 上谕:凡官员有莅民之责,其言语必使人人共晓,然后可以通达民情,熟悉地方事宜而办理无误……朕每引见大小臣工,凡陈奏履历之时,惟有广东、福建两省之人,仍系乡音,不可通晓……应令广东、福建两省督抚转饬所属各府州县有司及教官,遍为传示,多方训导,务祈言语明白,使人通晓,不得仍习前为乡音。[①]

---

① 见《正音撮要》卷一 3—4 页(咸丰壬子刻本),标题是《上谕一道谕闽广正乡音》,下面有十四个小字:抄录《广东通志》第一部第六十六篇。

这时出现了许多官话字书和官话会话手册，如：《正音通俗表》《乡音正讹》《正音新纂》《正音撮要》《正音切韵指掌》等等。《正音撮要》就是广东人高静亭编写的，他在书的前面附了一篇很有趣的文章，叫做《论官话能通行》，现在抄一些在下面：

> 天下州郡，各有乡谈土语，这府县的人就不晓得那府县的人说话，各省皆是，非独闽广为然。余尝经过江南、浙江、河南、两湖地方，一处处方言土语不同，就是他们邻府邻县的人，也不通晓。惟有经过水陆大码头，那些行户、买卖人都会说官话，但他望他的街坊的人说土话，我们又一句懂不得了。后来进京住着，更奇怪了，街上逛的人多着呢，三五成群，唧唧呱呱打乡谈，不知说些什么；及至看他到店里买东西，他又满嘴官话。
>
> 据说各省乡村的人要想出门求名求利，没有一个不学官话的，不学就不能通行……自从有了上谕，各人才忙着要学，街上童蒙馆的标红才有兼授正音的字样。可见正音这一道，是有作为的人断然少不得的了。①

甲午战争以后，具有民主主义倾向的知识分子极力提倡普及教育、改革文字，统一语言的问题被提出来了。王照和劳乃宣拼写的官话拼音读物，都是以道地的北京话为依据的，在当时并没有人反对过。

1913年召开的国音统一会，在审定国音上曾经走过一段弯路，有些人企图调和南北语音的分歧，反映了一些南方官话的特点。但是这种做法是行不通的，因为在语言分化势力占优势的时

① 见《正音撮要》卷一，5—6页。

代,这种做法还有一定的意义,在语言统一占优势的时代,以北京语音为代表的北方官话已经稳定地取得了民族共同语的地位,它的影响早已深入人心,在这个时候另搞一套调和南北的人为的国音,除了阻碍共同语的发展以外,没有任何作用。1955 年以北京召开的关于文字改革和现代汉语规范化的会议上,都肯定了现代汉民族共同语——普通话以北京语言为标准,这种做法是完全正确的。

(二) 近代韵书介绍

《切韵》以后的韵书,虽然也曲曲折折地反映了一些实际语音的变化,可是都过分迁就《切韵》的体系,不敢根本推翻《切韵》的体系,根据实际语音另来一套。我们要了解中古时期语音的发展,一方面要充分地运用《切韵》以后的韵书,一方面还要从当时的韵文中去归纳,而得出来的结论还是支离破碎的。近代时期的韵书不是这样,自从周德清根据元曲的语言归纳出《中原音韵》以后,便打开了韵书反映当代实际语音的风气,所以我们研究近代汉语语音的变化,主要是依据韵书给我们提供的材料。

近代韵书大体上可以分为两类:北方官话韵书和南方官话韵书。北方官话韵书自《中原音韵》以后,主要是供平民识字用的同音字典之类的东西,所以又叫作"小学派";南方官话韵书自《洪武正韵》以后,主要是供文人作曲时审音辨字用的,所以又叫作"曲韵派"。下面我们分别地对它们作一些简单的介绍:

1. 北方官话韵书

(1)《中原音韵》。作者周德清,字挺斋,江西高安人,书成于

1324 年。《中原音韵》是我们研究近代汉语语音系统第一部最重要的韵书。

周德清是元代中期的散曲家。虞集《中原音韵序》上说：

> 高安周德清，工乐府，喜音律，自著《中州音韵》一帙，分若干部，以为正语之本，变雅之端。

琐非复初序上说：

> 吾友高安挺斋周德清，以出类拔萃通济之才，为移宫换羽制作之具，所编《中原音韵》并诸起例，平分二义，入派三声，能使四方出语不偏，作词有法……

这告诉我们《中原音韵》不是给士大夫们坐在书房里写诗填词用的韵书，也不是科举考试用的官定韵书，而是给唱曲子和作曲子的人作审音辨字用的参考书。作者自序中说：

> 言语一科，欲作乐府，必正言语；欲正言语，必宗中原之音。乐府之盛、之备、之难，莫如今时。其盛，则自缙绅及闾阎歌咏者众。其备，则自关、马、郑、白一新制作，韵共守自然之音，字能通天下之语……

“正语作词起例”上说：

> ……前辈佳作备载明白，但未有已集之者，今撮其同声。或有未当，与我同志改而正诸。

这就是说《中原音韵》的语音系统是从元曲前辈作家的作品中归纳出来的,周德清本人也是元曲作家,他熟悉这个语音系统,他的归纳是很可靠的,所以《中原音韵》问世以后,元曲作家以及杂剧演员都严格地遵守它。

现在的问题是元曲的语言究竟是什么性质的语言呢?首先,我们可以肯定它是十四世纪在北方话的语言,因为元曲来自民间,主要群众是手工业工人以及其他市民阶层,不用活的语言,它就没有听众。其次,这种活的舞台语言早就有一定的语音规范了。关汉卿、马致远都是大都人,白朴是真定人(河北),郑德辉是襄阳人(湖北),他们籍贯不同,但是他们的"佳作"的语音系统基本上是一致的,这种一致是元曲舞台语言一致性的反映。周德清说:"欲作乐府,必正言语;欲正言语,必宗中原之音。"就是说元曲这种文学样式是从宋代在中原地区流行的参军戏、诸宫调等等文学样式发展来的,一向是以"中原之音"为标准,这个"中原之音"是"自然之音,字能通天下之语"。当然,我们不能说参军戏、诸宫调的"中原之音"跟元曲的"中原之音"是一模一样的,参军戏、诸宫调的"中原之音"没有用韵书的形式固定下来,因此容易要随着实际语音的变化而变化。所以我们说《中原音韵》不仅是元代话的语言,而且是当时北方官话中最有势力的一支。

《中原音韵》打破了旧韵书的传统,描写了十四世纪活的语言,这是韵书的革命,近来学者都给它很高的评价。不过有些人从研究音韵学的立场出发,片面地抬高了周德清其人,说他不泥古、有革命精神等等,这是很不妥当的。元代知识分子的地位十分卑微,写曲子是他们赖以为生的职业,如果写出来的东西不能唱,或者唱出来观众听不懂,就要影响演出效果,也就影响了他们自己的生计。所以元曲的特点之一,是大量地采用群众口语。周德清本人就是元曲作家,这个道理应该是有体会的。近来的文学史对《中原音韵》又有个相反的评价——“以形式为重的代表”，这恐怕也不完全正确，研究音韵，研究曲律本身不是坏事，坏事坏在明代以后知识分子恢复了原有的社会地位，杂曲创作不再是职业了，这样老毛病又发作起来。明代初期曾有一个戏曲创作的“繁荣”时期，但是这些创作都是些文人消遣的或者宣传统治阶级思想的东西，不仅内容空洞，语言也僵化了。现在的昆曲基本上还是固守着“南宗《洪武》，北问《中原》”的语言，除了少数内行以外，大家都听不懂。这绝不是周德清的罪过。

(2)《韵略易通》。作者兰茂，字廷秀，云南人。书成于1442年。这本书是用北京官话为依据的，是给一般平民据音识字的同音字读本，在山东一带很流行，《韵略易通》的语音系统跟《中原音韵》十分接近，作者用一首20个字的《早梅诗》来表示这个语音系统的声母：

东(t)风(f)破(p‘)早(ts)梅(m)，向(x)暖(n)一(Ø)枝(tʃ)开(k)。

冰(p)雪(s)无(v)人(ʒ)见(k)，春(tʃ‘)从(ts‘)天(t‘)上(s)来(l)。

这首《早梅诗》帮助我们把《中原音韵》的声母可靠地拟测出来了。在韵母方面，把《中原音韵》的“鱼模”分为“居鱼”和“呼模”两韵，这就是说现代普通话的“y”在十五世纪就有了。在声调方面，跟《中原音韵》大不相同，入声全部保存下来，而且是跟阳声韵相配的，这就意味着入声还有-p，-k，-t这样的韵尾。可能在十五世纪的时候，官话读书音中还有这样的入声。

(3)《韵略汇通》。作者毕拱宸，山东人，书的序文是1642年写的，大约比《韵略易通》晚二百年。作者在序文中说明自己是根据《韵略易通》更为“分合删补,较原编更定者什之四五”,并且“稍易其名曰《韵略汇通》”。《韵略汇通》的声母跟《韵略易通》一样,韵母就有很大的不同,全部闭口韵都由收-m 变为收-n 的,还有桓欢韵跟寒山韵也合并了,跟现代的普通话又接近了一大步。在声调方面,入声还是有,并且还是阳声韵相配,可是-p 配-m,-t 配-n,-k 配-ŋ 的系统已经打乱了,这样我们就可以肯定当时的入声不再有-p,-t,-k 这样的韵尾,作者只是按习惯把它们配入阴声韵的。

(4)《五方元音》。作者樊腾凤,河北隆尧(唐山)人,写作年代在明天启四年(1624)以后,清康熙三年(1664)以前。《五方元音》也是根据《韵略易通》改写的,它的声母有 20 个,其中的“云”和“蛙”都是零声母,排列方法很像“注音符号”:

梆匏木风	ㄅㄆㄇㄈ
斗土鸟雷	ㄉㄊㄋㄌ
竹虫石日	ㄓㄔㄕ日
剪鹊丝云	ㄗㄘㄙㄧ
金桥火蛙	ㄍㄎㄏㄨ

韵母 12 个,也跟“注音符号”差不多:

天(ㄢ)人(ㄣ)龙(ㄥ)羊(ㄤ)牛(ㄡ)獒(ㄠ)
虎(ㄨ)驼(ㄛ)蛇(ㄝ)马(ㄚ)豺(ㄞ)地(ㄧㄩㄟ帀)

声调有阴平、阳平、上声、去声、入声五个调。入声配入阴声韵,所以只是个短促的元音,最多也不过在韵尾上附一个喉塞音。

(5)《西儒耳目资》。作者金尼阁(Nicolas Trigault),法国耶稣会传教士，1610 年来到中国杭州一带地方传教，1627 年死在杭州，《西儒耳目资》是他在 1625 年在杭州用了五个月时间写成的。在金尼阁以前，利玛窦（Matteo Ricci）等人曾经用罗马字母给汉字注音，他们为金尼阁积累了许多经验，创造了许多方法；在金尼阁编写《西儒耳目资》的过程中，又得到汉族知识分子韩云、王徵等人的帮助，所以是比较成功的。

《西儒耳目资》所记录的语言是明代末年通行较广的"官话"，更正确地说是北方官话，金尼阁本人可能没有到过北方，但是传教士通过罗马字注音，都基本上掌握了官话。《西儒耳目资》因为是用罗马字注音的，罗马字母有比较固定的音值，我们通过罗马字母注音，就可以十分可靠地掌握这个官话语音系统的实际音值。《西儒耳目资》的价值就在这个地方。

例如真文韵中，"音""云""论"这三个字，元音"ə"究竟有没有，谁也不能下结论，《西儒耳目资》注明它们的读音是"音（in）""云（iun）""论（lun）"是没有"ə"的。还有"而""尔""二"这些字的读音，《西儒耳目资》上注明是"ul"，我们就晓得跟现在差不多。还有声调符号是："-"清（阴平）、"^"浊（阳平）、"ˋ"上、"ˊ"去、"ˇ"入，这些形象化的符号也可以帮助我们了解当时的实际调值跟现在是差不多的。

（6）《重订司马温公等韵图经》。1606 年，明贵族张元善编了一部《合并字学篇韵便览》，这部书分"字书"和"韵谱"两部分，"韵谱"部分就是《重订司马温公等韵图经》，作者是张元善的门客徐孝，徐孝是顺天人（就是现在的北京）。这个"韵谱"虽然在某些细节上免不了受旧韵书的拘束，但是它已经把十六世纪的北京话反映出来了。这恐怕就是最早的描写北京语音的一份材料了。

"韵谱"有二十二个声母：见、溪、端、透、泥、帮、滂、明、非、敷、微、精、清、心、心、照、穿、稔、审、影、晓、来。其中敷、微、心不是一般的声母,不知道干什么用的;敷、微、心三声母的字特别少(敷母2个、微母1个、心母8个),而且都是用白字加黑圈特别标出来的。所以实际上只有19个声母,普通话中的"基、欺、希"还没有产生。照、穿、审、稔四母不再有齐齿呼和撮口呼,它们是完全的卷舌音 tʂ,tʂʻ,ʂ,ʐ 了,在韵母方面,"韵谱"把《切音指南》的十六摄并为十三摄,每摄分开口合口。它们是:

摄	开口	合口
	平上去如	平上去如
通	登等赠能	东董动同
止	资子次慈	居举句局
祝		都靚杜独
蟹	咍海亥孩	乖拐怪槐
垒	盔垒类雷	灰悔会回
效	蒿好皓豪	包保泡袍
果	诃吱贺何	多朵惰夺
假	他打纳拿	誇把骂麻
拙	遮者哲宅	靴拙厥掘
臻	根詪恨痕	昏惛混浑
山	干敢炭谈	端疃彖团
宕	当党摥唐	光广晃黄
流	齁吼厚侯	捊剖歒裒

说明:在止摄中,开口呼只有精系、照系和影母有字,音值应该是 ɿʅ 和 ər;齐齿呼音值是 i,撮口呼音值是 y;此外照组还有合口,音值介于 y 和 u 之间,大概是 ɥ。

开口和合口又分别粗细,开口的细音是有介音 i 的,合口的细音是有介音 y(或者是 iu)的。下面我们把这十三摄的音值拟测出来：

摄	开口		合口	
	粗音	细音	粗音	细音
通	əŋ	iŋ	uŋ	yŋ
止	ʅ,ɿ,ər	i	u	y
祝			u	(yu)
蟹	ai	iai	uai	
垒	əi		uəi	(yəi)
效	au	iau	(uau)	(yau)
果	o	io	uo	(yo)
假	a	ia	ua	(ya)
拙	ɛ	iɛ	uɛ	yɛ
臻	ən	in	u(ə)n	y(a)n
山	an	ian	uan	yan
宕	ɑŋ	iɑŋ	uɑŋ	(yɑy)
流	əu	iəu	(uəu)	

说明："韵谱"把许多唇音字放进合口，因此出来了一些怪韵，我们用括号把它们标出来。

这个"韵谱"已经明白地告诉我们，它的语音系统中是没有入声的，那个"如"就是《中原音韵》的阳平。"韵谱"的入声分配是这样的：

中古全浊声母的字——阳平

中古次浊声母的字——去声

中古清声母的字——平、上、去都有，不过去声的占 60%左右，而现在北京话在去声的只占 40%左右。

附录:从“四等”到“四呼”

在没有音标的时代,表示字音的方法除了反切以外,还有韵图,用韵图来分析语音的学问叫“等韵学”。关于分析中古语音系统的宋、元等韵学我们在中古篇中已经介绍过了,下面我们扼要地介绍一下明清等韵学分析近代语音系统时,在方法上的一个重要改革——变四等为四呼。

由于实际语音的变化,到明清时代,一等韵和二等韵在音值上没有任何差别,三等韵和四等韵也没有差别,四等已经变成二等了;而这二等之间的主要差别不是主元音高低,而是介音有无和介音的性质;而有无介音和有什么样的介音是最容易从唇上看出来,因此明清等韵家取消了宋元等韵的四等制度,把开口和合口并起来,另外根据唇形来说明音值上的差别。在1612年前不久出世的《韵法直图》就创造了这种方法,但是不够精密,把介音跟辅音韵尾混在一起,用了合口呼、齐齿呼、撮口呼、开口呼、齐口呼、闭口呼、混呼等名称(闭口呼就是以-m为韵尾的韵)。到1712年潘耒作《类音》的时候,才正式地根据介音的性质把“四呼”说清楚了。他说:①

> 一字必有四呼,姑举喉音十母,“真”“文”一类为例。凡音皆自内而外,初出于喉,平舌舒唇,谓之“开口”;举舌对齿,声在舌颚之间,谓之“齐齿”;敛唇而蓄之,声满颐辅之间,谓之“合口”;蹙唇而出声,谓之“撮口”;“撮口”与“齐齿”相应,“合口”与“开口”相应——此四呼者,本一音展转而成,有一必四,非四无一,未有此全而彼缺者。

① 见《等韵源流》。

"影"母四呼：恩因温氲	"喻"母四呼：〇寅〇云
"晓"母四呼：〇欣昏薰	"匣"母四呼：痕〇魂〇
"见"母四呼：根巾昆君	"溪"母四呼：〇〇坤困
"舅"母四呼：〇〇〇〇	"群"母四呼：〇芹〇群
"语"母四呼：〇〇〇〇	"疑"母四呼：垠银顐〇

他已经清楚地告诉我们，同一个韵部中，除了有声调上的差别，"四呼"就是区别介音用的。看了上面那张图，我们就知道：

开口呼：恩根痕垠——没有介音；

齐齿呼：因欣巾寅芹银——介音是 i 或者全韵是 i；

合口呼：温昏昆魂坤顐——介音是 u 或者全韵是 u；

撮口呼：氲薰君云困群——介音是 y 或者全韵是 y。

现在我们再回到徐孝的"韵谱"中来，它跟《切韵指南》的关系大致是这样：

《切韵指南》	**"韵谱"**	**《类音》**
开口一等二等——	开口呼粗音——	开口呼
开口三等四等——	开口呼细音——	齐齿呼
合口一等二等——	合口呼粗音——	合口呼
合口三等四等——	合口呼细音——	撮口呼

当然从《切音指南》到"韵谱"的变化不完全变得这么机械，在某些韵中小部分一二等的字并到齐齿呼、撮口呼去的事是有的。

2. 南方官话韵书

由于南北方言在语音系统上已经发生了很大的分歧，南方人学官话就比较困难，往往带有很重的乡音，可是在交际上还勉强可以应付一下，所以这种不标准的官话就叫南方官话。南方官话的第一部韵书是《洪武正韵》，在《洪武正韵》以后只有戏曲韵书，一般人识字正音是用北方官话韵书，南方戏曲韵书在音韵史上没有什么价值，它们不是方言，也不是标准语，它们是被南方人修改过的“中原音韵”。但是这些韵书在戏曲界有一定的势力，因为南方遭受的破坏比较轻，大部分城市都保存下来，戏曲在南方更为活跃，后来南戏发展到北方，逐渐排挤了北曲。

(1)《洪武正韵》

《洪武正韵》是奉朱元璋的命令编写的，1375年完稿，比《中原音韵》晚五十年。到明代，《广韵》《礼部韵略》这些“正统”的韵书跟当时的实际语音已经发生了很大的距离。《洪武正韵序》上说：

> 皇上……召词臣谕之曰：韵学起于江左，殊失正音。有独用当并为通用者：如东、冬，清、青之属；亦有一韵当析为二韵者：如虞、模，麻、遮之属。

因此必须“壹以‘中原雅音’为定”，把《礼部韵略》重新刊定。参加编写《洪武正韵》的都是精通音韵的人，他们是：乐韶凤、宋濂、王僎、李叔允、朱右、赵壎、朱廉、瞿庄、邹孟达、孙蕡、答禄与权等十一人。其中有四个人的籍贯查不出来，另外七个人中六个是南方人。他们担心自己被方音所蒙蔽，掌握不住“中原雅音”，又向汪广洋、陈宁、刘基、陶凯等四个人征求意见，这四个人也都是南方人。

《洪武正韵》的语音系统跟《礼部韵略》比较，的确有了很大的改动，可是跟《中原音韵》比较，也有很明显的不同，中古的全浊声母和入声系统几乎全套地保存下来。那么这个“中原雅音”究竟是什么东西呢？

“韵学起于江左，殊失正音”这句话明确地表示了他们对南方方言、对旧韵书的态度是否定的，因此最好不要朝这方面想，认为《洪武正韵》处处迁就旧韵书，处处迁就南方方言。在另一方面，我们也不要相信自《中原音韵》以后，蒙古人的统治推翻了以后，在中原地区消失了的全浊声母又恢复过来，因为从《韵略易通》以后的北方官话韵书所反映的语言事实看来，这种可能性是不存在的。我们认为《洪武正韵》所说的“中原雅音”是指宋王朝南渡以后，随着南迁的大批北方官僚知识分子的语音。这个“中原雅音”在南方方言的包围中生活了二百多年，难免不受南方方言的影响，以致那些奉命编写《洪武正韵》的人都难把握住它。“复恐拘于方言，无以达于上下”，还要请人“质正”，而“质正”的人又是南方人。

如果这个“中原雅音”是当时中原地区的语音的话，那么他们就应该请北方人来“质正”。

我们应该对随宋王朝南迁的大批官僚和知识分子的语言在南方的影响有足够的估计，我们知道明代初期的官僚和知识分子是南宋文化的直接继承者。因此乐韶凤等人是不会把《中原音韵》之类的放在眼里的。明代王世贞在《艺苑卮言・附录》中说：“所谓宋词元曲，殆不虚也。但大江以北，渐染胡语……沈约四声，遂阙其一。”这种心理，早在六世纪南朝著名学者颜之推的著作中也反映过，他在《音辞篇》中说：

> 然冠冕君子，南方为优；闾里小人，北方为愈。易服而与之谈，南方士庶，数言可辨。隔垣而听其语，北方朝野，终日难分。而南染吴越，北杂夷虏，皆有深弊，不可具论。

《中原音韵》平分阴阳，乐韶凤等人根本不明白，《洪武正韵》凡例中说：

按《七音略》平声无上下之分，旧韵以平声字繁，故厘为二卷；盖因宋景祐间丁度与司马光诸儒作《集韵》，始以平声上下定为卷目，今不从，惟以四声为正。

在体例上，《中原音韵》及以后的官话韵书都是以韵部来统率声调的，而《洪武正韵》仍旧保持旧韵书的格式，以声调来统率韵部。

《洪武正韵》反映了南方官话，又是明代官定韵书，所以南方戏曲都乐意采用它，戏曲语言从此形成"南从洪武(《洪武正韵》)，北问中原(《中原音韵》)"的局面。

下面这些韵书都是南方人为南戏写的韵书。

(2)《琼林雅韵》。作者是明朝宁献王朱权，书成于1398年。韵分十九部，跟《中原音韵》相当，但是平声的阴阳分别被取消了。

南方的戏曲原来不用韵书的，自《中原音韵》问世以后，它们就用《中原音韵》，并且像北方戏曲一样严格地遵守它。近代的南昆、弹词、说书的唱词都用所谓中州韵，只有丑角和扮演下等人的角色的道白才准用"苏白"。南戏的演员和作家虽然遵守《中原音韵》，但是并不真正懂得《中原音韵》。《琼林雅韵》虽然不敢把入声独立起来，可是平声分阴阳实在不明白，所以就干脆取消了。

(3)《菉斐轩词林要韵》。作者陈铎，书成于1483年。韵分十九部，平声也是不分阴阳的。

(4)《中州音韵》。作者王文璧，书成于1503—1508年之间。韵分十九部，平声不分阴阳。每个小韵下面开始有反切。《中原音韵》是没有反切的，现在王文璧自己加上反切，字音就开始用南方官话的形式固定下来了。

另外还有一本署名"卓从之述"的《中州乐府音韵类编》的韵书，它是根据《中原音韵》未定稿编写成的，跟《中原音韵》属于同一体系，跟王文璧的《中州音韵》不同。

(5)《中原音韵问奇集》。是王文璧《中州音韵》的增校本，校刊人卜樵李。作者大概懂得《中原音韵》，把《中原音韵》的平声阴阳的分别恢复过来了。韵分十九部。

(6)《中州全韵》。作者范善臻，书成于明代末年。韵分十九部。声调方面不仅平声分阴阳，去声也分阴阳。作者以为《中原音韵》的平声分阴阳是根据声母的清浊来分的，他发现南方话中去声因声母的清浊不同，调值上也有些差别，于是把去声也分出阴阳来了。

(7)《中州音韵辑要》。作者王鵕，书成于1781年。韵分二十一部，把《中原音韵》的齐微、鱼模各分为两部。

(8)《曲韵骊珠》。作者沈乘麐，书成于1792年。韵分二十一部，跟王鵕相同。入声正式独立了。作者在韵目下面注上了发音方法，可以帮助我们了解它们的读音。

平声二十一韵：

东同——鼻音	支思——直音
江阳——鼻音	机微——直音
居鱼——撮口	灰回——收噫
姑模——满口	歌罗——直音
皆来——收噫	家麻——直音
真文——抵腭	车蛇——直音
干寒——抵腭	庚亭——鼻音
欢桓——抵腭	鸠侯——收呜
天田——抵腭	侵寻——闭口
萧豪——收呜	监咸——闭口
	纤廉——闭口

入声八韵:

屋读——满口	质直——直音
恤律——撮口	拍陌——直音
约略——直音	豁达——直音
曷跋——撮口	屑辙——直音

入声是没有-p,-t,-k 这样的韵尾的,它们不过是个短促的元音,跟现在的吴语方言是一样的。

(9)《增订中州全韵》。作者周少霞,年代查不出来,不过我们看到他为《曲韵骊珠》写的序,知道他跟沈乘麐是同时代的人。作者不仅平声、去声分阴阳,上声也分阴阳,恐怕完全把声调的阴阳看成是声母的清浊了。比《曲韵骊珠》多一个"知如"韵,但是取消了入声。作者在"知如"韵下注了下面一段话:

> 知、痴、池从齐微分出,如诸、书、枢、除等字从居鱼分出,官韵缩舌撮唇。

它的音值相当于苏州话中的圆唇舌尖元音。

二、《中原音韵》的声母系统

（一）《中原音韵》的编排体例

《中原音韵》是当时作曲的参考书，它的编排体例和传统的韵书有很大不同。

传统的韵书，以《广韵》来看，它是以声调为大类，再以韵目为纲，同声字排在同一个圈圈下面，每圈第一字下注明反切。因为《广韵》是一部按字音编排的字书，所以在每字下面还注上了解释，这样的编排方式就很有点象今天的同音字典。

《中原音韵》是供给大家作曲用韵的参考书，所以它只搜集了当时的常用字（共 5 876 个），没有注上解释，也没有使用反切。作者告诉我们：

> 《音韵》不能尽收《广韵》如"崆峒"之"崆"、"灵驾"之"灵"、"倥偬"之"倥"、"鹁鸽"之"鹁"字之类，皆不可施于词之韵脚，毋讥其不备。①

在全书的排列上，作者采取了以韵目为大类，以声调为纲的办

① 见《中原音韵·正语作词起例》。

法。同声字还是排在同一圈圈下面。

> 《音韵》内每空是一音，以易识字为头，止依头一字呼吸，更不别立切脚。[①]

这样编排的结果是：属于同一个韵目、同一个声调下面的字都是同韵同声调的字；属于同一个圈圈下面的就是声、韵、调都同的同音字。全书 5 876 个字分成 1 622 个同音字组。

虽然《中原音韵》没按声母排列，也没有注明反切，不能利用反切上字归纳声母系统，但是我们根据他"每空是一音"的办法，归纳出声母系统来。因为根据他的编排体例，我们可以这样推断：

1. 凡属同一圈圈下的字，是声、韵、调都同的同音字。因为它们同属一个韵部，同属一个声调之下。

2. 凡属同一个韵部，同一个声调下面，而属于不同圈圈的字，它们必定在声母上有不同，因此不能把它归纳在同一个声母里。因为既然分列两圈，必然不同音，而既然韵目声调都相同，那就只有声母的不同了。也有是因为呼的不同而分属两圈的。

这两条是我们归纳《中原音韵》声母系统的出发点。

例如：

> 十二歌戈
> 平声　阴
> 歌哥柯牁〇科蝌窠〇轲珂〇戈过锅〇莎簑唆……[②]

我们如果查对《广韵》，可以知道每圈的声母音值可以这样

---

① 见《中原音韵·正语作词起例》。

② 见《中原音韵》歌戈部。

拟测：

十二歌戈

平声　阴

歌（见母 k）〇科（溪母 kʻ）〇轲（溪母开口 kʻ）〇戈（见母合口 k）〇莎（心母 s）

（二）《中原音韵》的声母

根据《中原音韵》的编排体例，我们归纳了 1 622 个同音字组的结果，可以得到它的声母系统如下：

p 崩	pʻ 烹	m 蒙	f 风	v 亡
t 东	tʻ 通	n 脓		l 龙
k 工	kʻ 空		x 烘	
ts 宗	tsʻ 惚		s 嵩	
tʃ 钟	tʃʻ 充		ʃ 双	ʒ 戎
tʂ 支	tʂʻ 翅		ʂ 施	ʐ 迩
ø 邕				

上列声母共 24 个，前面是我们标拟的国际音标音值，后面是《中原音韵》里的代表例字。

前面谈到过，中古《切韵》音系的声母是有 51 声类，35 音值。两者比较，《中原音韵》少了 11 个声母。我们必须先进行详细的比较，才能看它们的发展演变。

《中原音韵》和中古《切韵》声母比较表：

唇音	《中原音韵》	p	pʻ	m	f	v
	《切韵》音系	p	pʻ	m	b	
牙音	《中原音韵》	k	kʻ	x		

	《切韵》音系	k　kʻ　g　ŋ
舌音	《中原音韵》	t　tʻ　n　l
	《切韵》音系	t　tʻ　d　n　l
	《中原音韵》	tʂ　tʂʻ　ʂ　ʐ
	《切韵》音系	ȶ　ȶʻ　ȡ
齿音	《中原音韵》	ts　tsʻ　s
	《切韵》音系	ts　tsʻ　s　z　dz
	《中原音韵》	tʃ　tʃʻ　ʃ
	《切韵》音系	tʃ　tʃʻ　ʃ　dʒ
	《切韵》音系	tɕ　tɕʻ　dʑ　ɕ　ʑ　ȵʑ
喉音	《中原音韵》	x　Ø
	《切韵》音系	Ø　ɣ　j　x

两相对照，我们可以看到：

中古《切韵》音系到了《中原音韵》里少掉了：b，g，ŋ，d，ȶ，ȶʻ，ȡ，z，dz，dʒ，tɕ，tɕʻ，dʑ，ɕ，ʑ，ɣ，j 等 17 个声母。

《中原音韵》比中古的《切韵》音系多出了：v，tʂ，tʂʻ，ʂ，ʐ 等 5 个声母。

在这样的变化里，我们至少可以看到《中原音韵》的声母系统有这些特点：

1．《广韵》里的全浊声母：並、群、疑、定、澄、从、邪、禅、床、匣、崇等 11 个，到了《中原音韵》里都消失了（内疑母属次浊）。

2．新产生了 tʂ，tʂʻ，ʂ，ʐ 这一组卷舌音。

3．喉音的影、匣、喻合并为零声母。

4．唇音里新产生了一个浊音 v，原先由帮母变来的 v 这时已消失，变为轻唇音了。

这是把《中原音韵》声母系统和《切韵》音系声母系统比较后，大致归纳得到的几个特点。

（三）全浊声母的清化

1. 浊音清化的证据

《中原音韵》的体例是“每空是一音”的，同一圈圈下面的字必属同声母，因此，我们只消打开《中原音韵》翻翻，就很容易发现，那些在中古是浊音声母的字，都已经混在清音一起属于同一圈圈下面了。

唇音

江阳（去） ○谤（帮） 傍蚌棒（並）

齐微（去） ○背辈贝狈臂倍诐（帮） 焙婢备被髲避幣弊（並）

○闭躄蔽畀庇比秘笓贲（帮） 鼙陛（並）

（阴） ○醅披丕呸胚纰（滂） 邳（並）

桓欢（阳） ○盘槃瘢磐鬃般鞶鞶磻蟠幣弁（並） 胖（滂）

先天（阴） ○篇扁偏翩（滂） 蹁（並）

舌音

真文（去） ○顿（端） 囤沌钝盾遁（定）

寒山（去） ○旦（端） 诞弹惮但（定）

监咸（去） ○淡啖惔（定） 擔（端）

歌戈（阴） ○他拖佗（透） 诧（定）

牙音

东鍾（去） ○贡供（见） 共（群）

萧豪（去） ○叫（见） 轿峤（群）

舌音　齿音

东鍾（去） ○众种（照） 中仲（知） 重（澄）

江阳（去） ○状（床） 壮（照庄） 撞（澄） ○帐胀涨（知）

丈仗杖（澄） 障墇瘴（照）

尤侯(去) ○昼胄宙籀纣(澄) 呪(照) 味(知) ○皱(照) 骤(床)

鱼模(上) ○杵处(穿) 楮褚(彻) 杼(澄)

(去) ○做(精) 祚胙(从) 诅(照庄)

齐微(阴) ○崔催(清) 衰榱(穿初)

支思(阴) ○眵(彻) 瞌(穿昌) 差(穿初) ○施尸屍鸤蓍诗(审书) 师狮蛳(审生)

喉音

东鍾(上) ○汞(匣) 嗊(晓)

江阳(上) ○谎(晓) 晃(匣)

罗常培先生在《中原音韵声类考》[①]一文里,有详细的考证与全面的论述。他说:

> 综观上举诸证,则等韵敷知彻並定群从床澄奉匣邪禅娘疑喻十六母均为《中原音韵》所无。[②]

因此,我们认为其时的全浊声母已经清化了。

2. 浊声母清化的规律

浊声母的清化,一般都是向它的相同发音部位的清声母方面转化的。在浊音清化的过程牵涉声调和声母音值两方面的变化。这里先从声母音值的变化方面来探讨它的变化规律。有关声调的部分留到第四章去谈。

---

① 刊前《中央研究院历史语言研究所集刊》第二本第四分册,罗常培《中原音韵声类考》。

② 刊前《中央研究院历史语言研究所集刊》第二本第四分册,罗常培《中原音韵声类考》。

(1) 浊塞音的清化,在平声时,它变作相应的送气清音;在仄声时,它变作不送气的清音。

	平声	仄声
並母	平陪瓶评	倍蟠办伴
定母	袓徒詑	邳洞弟
群母	群遒强	直舅健竞
澄母	稠澄冲绸	郡重治郑

(2) 浊塞擦音:

从母同塞音一样,平声时送气,仄声时不送气。

江阳(去)　○匠(从)　将酱(精)　○葬(精)　藏(从)

皆来(去)　○在(从)　再载(精)

支思(阳)　○慈鹚磁餈茨疵(从)　玼(清)　茈(从)

祟母除支思韵的仄声变成清擦音,其他变化同塞音一样。

支思(去)　○士仕柹事……[ʂ]

皆来(去)　○寨(祟)　债(庄)

家麻(去)　○诈榨(庄)　乍楂(祟)

东锺(阳)　○重蟲(澄)　鳙(禅)　膗(彻)　祟(床)

船母的变化比较复杂。平声时清化成送气的塞擦音或清擦音。仄声时清化成擦音。

真文(阳)　○唇(船)　蓴纯淳醇錞鹑(禅)

庚青(阳)　○澄呈程酲惩(澄)　成城宬诚盛承丞(禅)　乘塍(船)

(去)　○圣胜(审)　盛(禅)　賸乘剩(船)

(3) 浊擦音:

邪母和禅母的变化一样,平声清化为送气的塞擦音或擦音;仄声变成清擦音。

江阳(去)　○象像(邪)　相(心)

车遮(去)　〇谢榭(邪)　卸泻(心)

江阳(去)　〇上尚(禅)　饷(审)

萧豪(去)　〇少烧(审)　绍邵(禅)

支思(阳)　〇时埘鲥匙(禅)　[匙今音 tʂ‘ʅ(阳平)]

匣母全变清擦音晓母。举例详后。

3. 浊音清化的时代

浊音声母的清音化,是整个汉语历史发展的普遍现象,到今天的普通话里,全浊声母已全部消失了,唯一的全浊声母 ʐ 也还是由次浊声母发展而来的。既然这是汉语语音发展史上的重要规律,我们也就有必要来探讨浊音清化的原因,以及开始清化的时代了。

《中原音韵》里,比今天的普通话还多了一个唇齿浊音微母,从《中原音韵》到普通话大概经过了六百多年的时间,一个微母[v]的清化过程也还没彻底完成①,那么十多个浊音清化过程必然也很长。因此我们不能认为浊音清化的时代与《中原音韵》相差不远,而应该认为这是一个很长的历史过程,只是到了《中原音韵》里才在韵书材料里得到了反映。

宋邵雍(1011—1077)的《皇极经世书》第七到第十卷讨论声音的部分有所谓经世声音图,以十“声”(韵)和十二“音”(声)相配。这十二“音”图实在就是声母的清浊与送气不送气的排列图表。② 从这十二“音”图的声母清浊排列相配中我们可以看到这样的现象。

---

① 现代普通话中,有人念王[vaŋ]、亡[vaŋ],这些字都属微母,由于唇齿阻的摩擦成分消失不干净,而所以这样念了。

② 参考李荣《切韵音系》“附录”,或周祖谟著《汉语音韵论文集》内《宋代汴洛语音考》一文。《切韵音系》(科学出版社版),《汉语音韵论文集》(商务印书馆版)。

一音	开发收闭	五音	开发收闭
清	水 k 古甲九癸	清	水 p 卜百丙必
浊	火 g□□近揆	浊	火 b 步白葡鼻
清	土 k‘坤巧丘弃	清	土 p‘普朴品匹
浊	石 g□□乾虬	浊	石 b 旁排平瓶

六音	开发收闭	八音	开发收闭
清	水 t 东丹帝■	清	水 ts 走哉足■
浊	火 d 兑大弟■	浊	火 dz 自在匠■
清	土 t‘土贪天■	清	土 ts‘草采七■
浊	石 d 同覃田■	浊	石 dz 曹才全■①

上面列举了四音的排列表。国际音标所注是中古《切韵》音系的音值。图上□是原书中表示有音无字的记号，■是无音无字的记号。我们再考察它们在《广韵》中的声调时就会发现：一音里的“近揆”是仄声，“乾虬”是平声；五音里的“步白葡鼻”都是仄声，“旁排平瓶”都是平声；六音、八音里的“兑大弟”“自在匠”都是仄声，“同覃田”“曹才全”都是平声。这里的仄声浊音和不送气的清音相配，平声浊音专和送气清音相配。

从前面得知，浊音清化的普遍规律是平声变作送气清音，仄声变作不送气清音。邵雍的清浊声母相配时也正好符合了这样的清化规律。

今天我们还缺少确实材料来断定浊音清化的年代，但是根据邵雍十一世纪时的材料，我们至少可以这样认为：浊音清化的现象在十一世纪时已可找到迹象了。它也经历了几百年的过程，到了《中原音韵》才正式在韵书上出现。

---

① 参考李荣《切韵音系》“附录”，或周祖谟著《汉语音韵论文集》内《宋代汴洛语音考》一文。

(四) 卷舌音的萌芽

现代北方话 tʂ,tʂʻ,ʂ 的来源很复杂,其中包括了中古时期的:知 ʈ,彻 ʈʻ,澄 ɖ,章 tɕ,昌 tɕʻ,船 dʑ,书 ɕ,禅 ʑ,庄 tʃ,初 tʃʻ,崇 dʒ,山 ʃ 这十二母。

根据具体材料,可以推断这十二母向卷舌音的变化在《中原音韵》里已经有了萌芽。

中古照系庄组(照二)的音值是 tʃ,tʃʻ,dʒ,ʃ,这四个混合舌叶音的性质本身就是一个非常不稳定的介乎舌面音和舌尖音之间的一个音。当它后面带有 i 元音时,它的音值就可能向 tɕ,tɕʻ,ɕ 靠近一点;带上其他舌尖元音时,它又可能有相应的变化。这是符合音理的事实。

《中原音韵》里新产生了支思韵,也就是把原先的止摄分做支思与齐微两部。关于支思韵的音值我们认为是 ʅ 和 ɿ(详见第三章),这 ʅ 和 ɿ 是舌尖后元音和舌尖前元音,它的发音部位显然是和齐微韵的舌面元音 i 不同的。

就这样,舌尖元音对混合舌叶音的作用,使得 tʃ,tʃʻ,ʃ 的发音舌前化,才开始了由 tʃ,tʃʻ,ʃ 到 tʂ,tʂʻ,ʂ 的过渡。

必须指出,这样的过渡不是很快就完成的。《中原音韵》时它更是仅处于萌芽状态。据王力先生估计,这卷舌化的过程至少在十五世纪,即从明兰茂的《韵略易通》中《早梅诗》里才表示它的完成。因为《早梅诗》里没有 tʃ,tʃʻ,ʃ,dʒ 这四母,只有“枝”tʂ,“春”tʂʻ,“上”ʂ,“人”ʐ 四母了。①

对于这十二母到卷舌音的演变,我们还有一个旁证:周德清

① 王力《汉语史稿》(修订本)上册 110 页,科学出版社。

在“正语作词起例”中，齐微韵下面一开头就是：

齐微　知有之　痴有眵　耻有齿　世有市　智有志

这五对字的后一个都是支思韵部的字。顾名思义“正语作词”和今天的辨音练习相仿，那是为了避免被大家误读，而让大家注意辨别它的。这五对字作者既然要大家注意辨别，就证明了它们在音值上有不同，它们除了韵部的不同外，就只有声母的不同。现在从材料上看韵部的不同是肯定的，而再从音理上看，这韵部的不同也必然要影响到这声母的变化的。

至于它们的具体演变，我们可以同意王力先生的意见：

知 ȶ → tɕ ＞ tʃ → tʂ
章 tɕ ＞ tʃ
庄 tʃ

彻 t‘ → tɕ‘ ＞ tʃ‘ → tʂ‘
昌 tɕ‘ ＞ tʃ‘
初 tʃ‘

书 ɕ ＞ ʃ → ʂ①
山 s

澄船禅崇这四母另按浊音清化规律分别演变为 tʂ 和 tʂ‘。其中有的在平声（船母和禅母），有的在仄声（崇母）再分化出 ʂ 来。举例见前节。

必须说明的是，语音的变化是复杂的，不是什么象上表所画非等第一步的演变全部完成后，才开始第二步的。所以在第一步向 tʃ 的变化中，也可能有从 tʃ 向 tʂ 的演变了。《中原音韵》所反映的变化正是这么一个时代。所以《中原音韵》里既有 tʃ，tʃ‘，ʃ，又有 tʂ，tʂ‘，ʂ，而绝大部分的今天的卷舌音字还在齐微韵里哩。

至于那些存留在齐微韵里的字，后来由于卷舌音的影响扩大，也慢慢地变做卷舌音了。

---

① 王力《汉语史稿》（修订本）上册 116 页，科学出版社。

(五) 零声母的扩大

中古《切韵》音系的零声母字影母,到了《中原音韵》里有了很大的发展。中古的匣、喻、疑、影四母到了《中原音韵》都合并为零声母了。当然个别例外还是有的。

疑母的音值是 ŋ,现代吴语方言里有它的痕迹。

沪语:

牙芽衙 ŋa꜅　咬 ŋɔ꜅　眼 ŋE꜅　颜 ŋE꜅　硬 ŋã꜅　岳 ŋo꜇

我 ŋu꜅　卧 ŋu꜅　瓦 ŋo꜅　误 ŋu꜅　悟 ŋu꜅　呆 ŋE꜅

碍艾 ŋE꜅　熬 ŋɔ꜅　傲 ŋɔ꜅　岸 ŋø꜅　昂 ŋɔ̃꜅　偶藕 ŋəu꜅

鹅蛾俄饿 ŋn꜅　鄂鳄 ŋo꜇　额 ŋa꜇

这一群字,在普通话里都变成零声母了。所不同的只是它们有的是 i 类,有的是 n 类、y 类和开口呼的零声母字罢了。对照了方言我们可以认为疑母字是今天零声母字的来源之一。

《中原音韵》已经完成疑母消失的理由是很清楚的。

齐微(阳)　○围闱韦帏违为(喻)　嵬巍危桅(疑)　○移扅蛇姨夷痍彝贻怡饴颐圯遗(喻)　鹥(影)　兒鲵霓倪猊輗疑嶷沂宜儀艤(疑)

(上)　○倚椅扆偯(影)　矣已以苡(喻)　锜蚁顗拟艤(疑)　○委猥(影)　唯苇伟(喻)　隗(疑)

(去)　○胃蝟渭谓䵋纬衛位(喻)　尉慰畏秽餧餵(影)　魏(疑)　○异裔瘗枻曳易勚(喻)　懿饐翳瞖意(影)　义议谊毅艺诣刈乂劓(疑)

鱼模(阳)　○鱼渔虞愚隅禺(疑)　余畲餘予妤舁与玙欤誉俞歈榆愉覦瑜窬渝臾萸谀于盂竽雩(喻)

（去） 〇御驭遇（疑） 妪（影） 裕谕誉预豫芋（喻） 误悮寤（疑） 恶污（影）

桓欢（去） 〇翫玩（疑） 腕惋（影）

皆来（去） 〇艾（疑） 爱噫餲（影） 〇捱（疑） 隘阨搤（影）

家麻（阴） 〇鸦丫（影） 呀（疑）

（阳） 〇牙芽岈衙涯（疑） 庌（影）

（上） 〇雅（疑） 痖（影）

（去） 〇亚娅（影） 迓讶砑（疑）

庚青（去） 〇映应膺（影） 凝硬（疑）

上举各例，疑母字和影母字已经同列一圈，音值相同是可以推断的。

不过，考察疑母和影母合并时，也还有一些问题。

江阳（上） 〇養癢鞅 〇仰

（去） 〇醸 〇仰

萧豪（去） 〇傲奡鳌（疑） 〇奥懊澳（影）

车遮（入作去） 〇业邺额（疑） 〇拽噎（喻） 谒（影）葉 烨（喻）

歌戈（上） 〇我 〇婀

这里的影疑是分列两圈的，似乎可以看作当时还有 ŋ 与〇的分别吧？事实并非如此。

江阳韵的去声醸仰相连，中间的圈圈可能是传抄的错误加上去的。《中原音韵研究》新版 153 页注一：

> 仰（指上声）据《韵略易通》《啸余谱·中州韵》及《五方元音》俱与养同在一圈之内，宜读为 iaŋ。去声仰字据《中原问奇集》与醸同在一圈内，又宜读为 niaŋ 俱非其朔也。此盖疑母之未消灭者，宜读为 ŋiaŋ。

根据这段话的上半段,我们认为疑母仍是消失了,即使去声仰字和酿字有区别也只是〇与 n 的区别,就不能认为上声的仰字和养字是疑母与〇的区别。

车遮入声作去声的“业”“邺”“额”三字,据《琼林雅韵》也应当合在上面一个圈圈里。它们之间的〇也可能是传抄的错误。

歌戈的我字,可能已如今普通话念作 uo 而婀字是 o。它们之间有呼的不同,所以分列两圈。

疑母和影母的合并,我们在十九个韵部里至少可以找到十五部的例子。假如它们之间有音值上的区别,不应该只存在于某几个韵部里。就拿前举几部有怀疑的来看,它们也有合并现象的。

萧豪(去)　〇拗靿凹(影)　乐(疑)

车遮(入作去)　〇月轫刖(疑)　悦说阅越钺樾(喻)

歌戈(入作去)　〇岳乐(疑)　药跃钥(喻)　约(影)　〇萼鹗鳄鄂(疑)　恶垩(影)

至于个别的影、疑分圈现象,我们也可能拿来作为存疑的论据,但可能这是周德清受自己方言影响而保留下来的。

中古《切韵》音系的喉音包括匣母(三等)、喻母、晓母、影母。到了《中原音韵》里除了晓母外,都合并成零声母了。

前面已经举了一些例子,下面举几条例子,说明在《中原音韵》时代,它们与影母早已混在一个圈圈里了。

庚青(阳)　〇盈嬴赢攍瀛茔营蝇(喻)　迎凝(疑)　萤(匣)

寒山(去)　〇案按(影)　岸犴喭(疑)　闬(匣)

桓欢(阳)　〇丸纨纨完瓛(匣)　刓蚖岏(疑)

喉音除了变作零声母之外,还有同牙音相混的现象。我们从音理上来看牙音和喉音的发音部位是很近的。喉音的发音稍微靠前一些就成牙音了。

《中原音韵》里我们也可以看到一些喉牙音混在一个圈圈里的现象。

江阳(阴) ○冈钢纲亢扛玒(见) 缸(匣)
齐微(上) ○迤(喻) 埼(溪)
(入作上) ○吸翕(晓) 檄觋(匣) 隙(溪)
皆来(去) ○懈(见) 械薤解獬(匣)
鱼模(阴) ○虚嘘覷吁(晓) 墟嘘(溪)
萧豪(阴) ○枭骁(见) 鸮(喻) 嚣枵歊(晓) ○哮烋嗃烋(晓) 詨(见)

对于它们的演变可以作这样的解释：

首先，由于喉音和牙音的发音部位近似，容易引起转化。这样，晓母补足了牙音中的清擦音的空白点，匣母弥补了牙音中浊擦音的空位。事实上，从现代语音学术语看，晓母究竟是舌根阻的辅音，还是喉部的摩擦音，也不能断定，甚至可能在当时是一个变值音位。从音理上看，发音部位稍前与稍后，既不是音位，那么稍有出入也很可能。因此，喉牙音的相混就很自然了。

假如把晓母和匣母认作是牙音的同部辅音，那末上举几例，就象舌音、齿音的变化一样，仅仅是它的浊音匣母清化的问题了。至于它们在今天的普通话里有的念作 k，k'，x，有的念作 tɕ，tɕ'，ɕ，那是《中原音韵》以后的变化了。

(六) 新产生的浊音

一般的讲，中古的全浊音到了《中原音韵》里大都消失了。但是《中原音韵》里还有三个全浊音，就是 v，ʒ，ʐ 三母。但是，它们的来源都是由中古的次浊声母演化而来的。

《中原音韵》里 v 母的来源是中古的明母 m。

中古《切韵》音系的双唇音只有帮滂並明这四个，也就是一般的所谓重唇音。大概在唐末时,有过唇音分化现象,宋人卅六字母里唇音就有帮滂並明和班敷奉微两组八个。这里面,明母也分成了 m,ɱ 两个。ɱ 就是微母的音值。

再往后,由于微母的失掉鼻音,保留它的唇齿阻的浊音的性质。微母的音值就成为 v 了。

至于由中古並母唇齿化而变成的 v,到了《中原音韵》里都已经失去浊音变成 f 了。

至于由《中原音韵》的 v 再向现代普通话的零声母的发展,那是以后的事了。

认为微母音值有这样变化的具体例证是:

江阳(阳)　○忘亡(微)　○王(喻)

　　(上)　○罔網輞(微)　○枉往(喻)

　　(去)　○望忘妄(微)　○旺王(喻)

齐微(上)　○尾亹(微)　委猥(影)

　　(去)　○未味(微)　○胃蝟(喻)

鱼模(阳)　○無蕪巫诬(微)　○吾梧(疑)

　　(上)　○武舞鵡侮廡(微)　○五乎伍午仵忤(疑)

　　　　　坞邬(影)

真文(上)　○刎吻(微)　○稳(影)

在上面各例中,影疑喻各母的音值是零声母,而微母字是与它们分圈的,可见微母音值在当时还不是零声母。

这些字的来源既然出自中古的微,这些字在南方方言中常常念成 ɱ 或 v,它们成为一种音位变体,不区别意义而可以两读。由此,我们认为从音理上和从方言上推出,可以确定 v 母经过了这样的演变:

m(明)→ɱ→v(微)→○

中古日母的音值是 ȵʑ,这是一个破裂摩擦音。现代汉语方言中，日母字有的念成 ʐ，有的是 ȵ，有的是 ʑ，有的是 z，还有的是两读。不论什么念法，它们与中古的 ȵʑ 比较起来，它的发音部位有的是开头部分相同，有的是结尾部分相同。也就是说，日母字在方言中有的是保留了前半个，有的是保留了后半个。很可能，当它的鼻音的摩擦成分增强时，破裂成分相应减弱；当它的破裂成分增加时，鼻音减弱了。一个不断增强，一个不断减弱甚至消失，终于分化成了两部分：

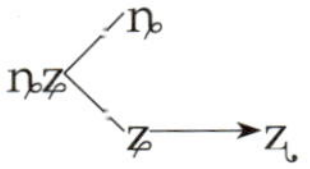

前面一种变化，象上海话就是这样，普通话的变化就属于后面一种了。

（七）从《切韵》音系到《中原音韵》的声母演变

前面几节，我们分别论述了从中古《切韵》音系到《中原音韵》时期声母演变中的一些现象。总起来看，从中古《切韵》音系到《中原音韵》时期，声母演变的特点是：

1. 全浊声母的消失。
2. 卷舌音的萌芽和发展。
3. 唇音的分化。
4. 喉音和牙音的混同。
5. 零声母的扩大。

假如把中古《切韵》音系到《中原音韵》的声母发展演变列成表的话，那就有如下表了。

从《广韵》到《中原音韵》的声母演变表

	全清	次清	全浊	次浊	全清	全浊
唇音	p{→p →f	pʻ{→pʻ →f	b{→p(仄) →pʻ(平) →v→f	m{→m →ɱ→v		
牙音	k→k	kʻ→kʻ	g{→k(仄) →kʻ(平)	ŋ{→○ →n①		
舌音	t→t	tʻ→tʻ	d{→t(仄) →tʻ(平)	n→n		
	ȶ→tɕ{→tʃ →tʂ	ȶʻ→tɕʻ{→tʃʻ →tʂʻ	ȡ→dʑ{→ʒ →tʂʻ(平) →tʂ(仄)			
齿音	ts→ts	tsʻ→tsʻ	dz{→tsʻ(平) →ts(仄)		s→s	z→s
	tʃ{→tʂ →tʃ②	tʃʻ{→tʂʻ →tʃʻ	dʒ{平→tʂʻ 仄{tʂ ʂ③		s{→ʂ →ʃ	
	tɕ{→tʃ →tʂ	tɕʻ{tʃʻ tʂʻ	dʑ{仄→ʂ 平{tʂʻ ʂ		ɕ{→ʃ →ʂ	{仄 ʂ 平{ʂ tʂʻ
喉音	○→○		ɣ{→○(三等) →x		x→x	j→○
半齿	ȵʑ{ʐ ʒ					
半舌	l→l					

说明：① 从现在方言材料看，中古 ŋ 有一部分是变作 n 了，也可算是特例。见王力著《汉语史稿》修订本上册 128 页。这些字也可能在《中原音韵》时它还是念 ŋ，因为齐齿呼的原因，才使它变成 n 了。

② 根据现代方言材料，普通话的 ts，tsʻ，s 字里也有来自庄初崇山的。不过《中原音韵》时它有没有从庄组来的 ts，tsʻ，s 就难考证了。

③ 浊音的演变很复杂，我们不能设想它的几步变化是连续接替的。事实上，它们的变化应该是交叉同时进行的，不可能等全部的卷舌作用完成后再开始庄组变 ts，tsʻ，s；章组 tʃ，tʃʻ，ʃ 变 tʂ，tʂʻ，ʂ 的，所以浊擦音那时必然有几套分化。

崇母{→卷舌化：tʂ，tʂʻ，ʂ
→舌尖化：ts，tsʻ，s

船母{→混合舌叶音：tʃ，tʃʻ，ʃ
→卷舌音：tʂ，tʂʻ，ʂ

为了简单起见，我们省略了一些属于过渡性的变化。

三、《中原音韵》的韵母

（一）韵母系统的一般叙述

《中原音韵》韵母的来源主要是依据了"韵守自然字通天下"的北曲用韵，因此我们完全应该承认它基本上是代表了十四世纪北方话语音现象；同时，它也参考了《广韵》系统分合而成，从韵书的角度，我们也可以说它是《广韵》的沿革。

《广韵》之后，《中原音韵》以前，韵书亦颇不少，但用韵的分部各有所论，异说纷纭。《广韵》以四声为纲，韵目为纬，全书分为二百零六韵。宋丁度等撰《礼部韵略》，改《广韵》十三处独用者，以通用者令之，刊定窄韵十三；《集韵》亦取通用者，韵部大致相同，都为增订《广韵》而作。宋平水刘渊著《壬子新刊礼部韵略》，将《广韵》同用各韵和《韵略》通用之韵合并为一百零七韵。金韩道昭《五音集韵》并合《广韵》为一百六十韵，遵用《广韵》十三条独用者。元黄公绍作《古今韵会》，为一百零七部（比平水多一拯韵）。到了《中原音韵》，周德清完全打破了传统的分部方法，抛弃了因袭守旧的陈腐观点，他懂得社会的变化和语言的嬗递，用大胆革新的精神，把十四世纪时期的北方话语言现象归纳成为十九个韵部，声调又列为平分阴阳、入派三声。这在音韵史上是一次非常成功的革新。

《中原音韵》根据《广韵》的韵母系统分合的结果,一共有十九个韵部。每个韵部的数量是不等的,有的只有一个韵母,有的多至四个韵母。同一韵部的韵母,它们的主元音是完全相同的,不同的地方在于韵头的差别。全书十九个韵部四十六个韵母,共收之字大概为 5 876 个。声调的特点是平分阴阳、入派三声。这与中古《广韵》的 206 韵和平、上、去、入四声比较起来,两者之间的差别是很显著的,从这种差别之中,我们可以清楚地看出中古唐宋时期和近古元朝时期语音上的急剧变化。

我们根据《中原音韵》的记载,把它全部所收的字进行归纳,注上音标,就可以清楚地看出当时北方话语言韵母系统的面目来了(见《中原音韵》韵母系统表)。

用现代语言学的科学知识来分析汉语,可以把汉语的音节分成一个一个音素,最完善的音节包括韵头、韵腹、韵尾三个部分。其中韵腹是必不可缺少的,因为它是主元音部分。而韵头和韵尾却不是每个音节都要齐备的,而且在受了声母和声调的作用以后可以变换的,它们不是音节的主要部分。正因为它们有这种变动性,而且是有规律进行的,因而也就构成了汉语的特点。

《中原音韵》的作者正是懂得了这样的变化原理,尽管他还缺乏今天科学的音理知识。他把《广韵》各部中韵腹或韵尾相近的韵母合并了。合并的结果,使得《中原音韵》的十九个韵部十分简单,每一韵部中的主元音完全相同(除萧豪韵中开口韵有一二等除外)。合并的另一结果,使得各韵部的韵母充实起来,而韵头的变化逐渐使得"四呼"发展起来。(当然,"四呼"的兴起是明清的大事,这里不必越俎代庖。)

韵尾相同的韵母也合并了,下面详细讨论。这里指出一点,韵

《中原音韵》韵母系统表

韵部	主元音	韵 母 音 值				收录字数	和《广韵》的比较	
							摄	韵　母
东锺	u			uŋ	iuŋ	265	通	东冬锺
江阳	a	aŋ	iaŋ	uaŋ		362	江、宕	江阳唐
支思	ɿ	ɿ				171	止	支脂之
齐微	i	i	ei	uei		816	止、蟹	齐祭废微之，灰支脂（各一部分）
鱼模	u			u	iu	624	遇	鱼模虞
皆来	a	ai	iai	uai		255	蟹	咍佳皆夬泰，灰（一部分）
真文	ə	ən	i(ə)n	u(ə)n	iu(ə)n	323	臻	真谆臻文欣痕魂
寒山	a	an	ian	uan		210	山、咸	寒删山凡
桓欢	ɔ	ɔn				130	山	桓
先天	ɛ		iɛn		iuɛn	331	山	先仙元
萧豪	ɑ，a	ɑu，au	iau			579	效	萧宵肴豪
歌戈	o	o		uo		259	果	歌戈
家麻	a	a	ia	ua		217	假	麻（一部分）
车遮	ɛ		iɛ		iuɛ	188	假	麻（一部分）
庚青	ə	əŋ	i(ə)ŋ	uəŋ	iuəŋ	402	梗、曾	庚耕清青蒸登
尤侯	ə	əu	iəu			322	流	尤侯幽
侵寻	ə	əm	i(ə)m			132	深	侵
监咸	a	am	iam			164	咸	覃谈咸衔
廉纤	ɛ		iɛm			120	咸	盐添严

尾变化的结果,入声韵尾消失了,这样就促使了中古时期的许多入声韵派入到平、上、去三声中去。韵尾的这种变化很有规律。第四章声调已有分工,也不重复了。

而分化的结果,使得《广韵》的止摄和假摄分成为家麻、车遮和支思、齐微四个韵部,显露出它们两组间主元音的差别来。

但必须指出,不管分化也好,合并也好,都是当代语言实践的需要和语言发展到他那个时代的必然产物,并不是周德清的创造。这种分合之势还一直保存在近代汉语的系统里。

(二) 带鼻音韵尾-ŋ 韵母的发展

在《中原音韵》里,带鼻音韵尾-ŋ 的韵母包括了东鍾、江阳、庚青三个韵部。它们是分别并合了《广韵》的通、江、宕、梗、曾五摄各韵母而来的。其中东鍾和庚青两部的关系非常密切,在演变的过程中庚青发生了渗透的作用,这是非常值得我们注意的。先把它们的来源列表如下:

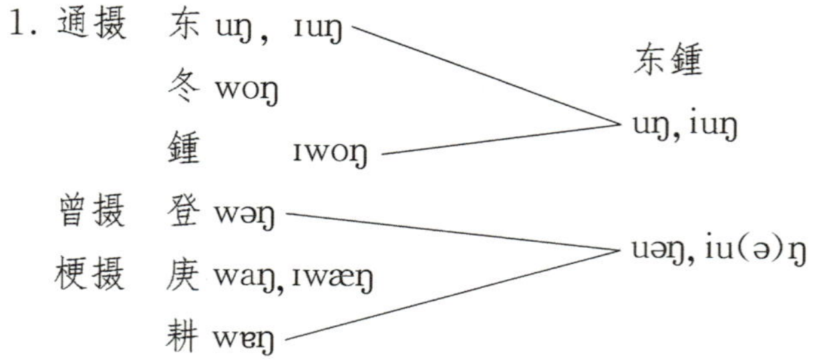

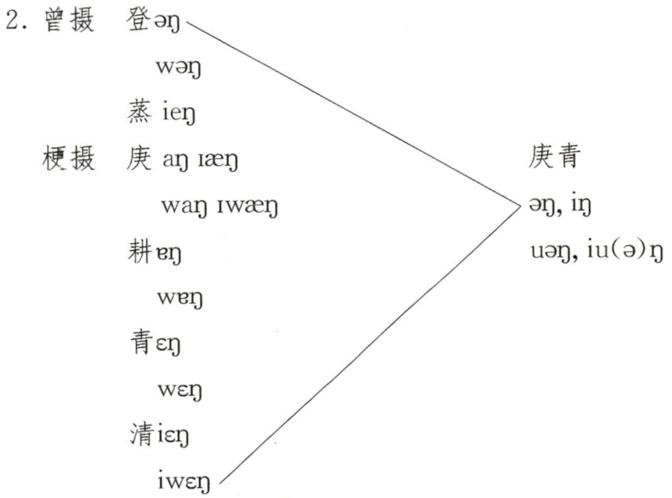

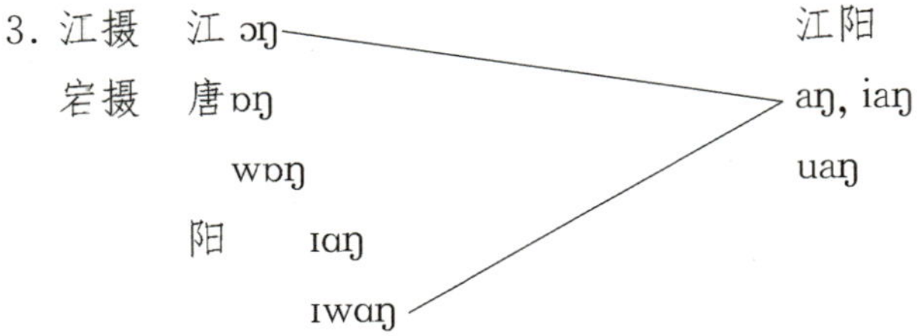

(1) 在表 1 中，我们可以清楚地看出《中原音韵》时期，通摄的东冬鍾韵和曾梗二摄的登庚耕韵有通押现象。但必须指出，曾梗二摄的三韵只有在喉牙合口的条件下，它们才能和通摄通押。这种现象的产生，就我们根据《中原音韵》是以活的北方话口语为本作个推测，这大概是当时各地方音的异读现象，《中原音韵》把这种异读一起收录了。不过，西韵所收录的这些字是不完全相同的。在十四世纪的时代，曾、梗二摄的合口字撮口字正向通摄过渡，但是这仅是过渡，还未完全定型。因此，既然不能说《中原音韵》的东冬鍾已经全部完成了变化，也就不能说曾、梗二摄的合口字、撮口字已经全部消失。《中原音韵》中合口字、撮口字的一部分在庚青和东鍾二韵中通押的有：

阴平：轰薨　xuŋ　兄ɕiuŋ　泓uŋ

阳平：宏嵘弘　xuŋ　荣iuŋ

上声：永　iuŋ

去声：咏莹　iuŋ　横xuŋ

《中原音韵》中合口字、撮口字的另一部分，它们还只收录在庚青韵中，没有和东鍾韵通押的现象，这正说明了当时东鍾韵未完全定型的说法。例如：

阴平：扃坰　tɕiuŋ　觥肱 kuŋ　罂 uŋ

阳平：荧誉　ɕiuŋ　横纮闳鋐　xuŋ

上声：顷檾　tɕʻiuŋ　礦鑛懭　kuŋ

去声：迥诇敻　ɕiuŋ

至于庚青韵的合口撮口字，完全并入了通摄，那是卓从之《中州乐府音韵类编》(成书于1351年)的事。形成了一个四呼齐备的韵部。我们这里不重复了。

(2) 在表2中，庚青韵部来自中古的曾、梗二摄。从中古的韵母系统中，我们知道曾、梗二摄已经非常接近，但不完全相混。宋末《四声等子》和《切韵指掌图》已露并合的趋势。到了《中原音韵》的时代，周德清才把它们并合成为一个韵部。并合的条件就是主元音相似的韵母发生变化，而成为主元音相同的韵母了。它们之间的差异仅仅只是成为韵头介音的不同了。这种变化正是从"等"亡走向"呼"兴的过渡阶段。它们合并定局以后，其中的合口呼和撮口呼的字就产生了和东鍾韵通押的现象，一部分兼收，一部分单收。这在东鍾韵里已经谈过了。

在《中原音韵》里，庚青韵部里的开齐合撮四呼已经粗具规模了。不过，由于语音的变迁，合撮二呼极不稳定，到了后来全部并入东鍾韵里去了。

(3) 江阳韵部来自中古的江、宕二摄。事实上，它们的合流也是很早的，《四声等子》和《切韵指掌图》早已把它们相混了。《中原音韵》正式将它们合并。合并的结果，江韵的喉牙音受声母颚化作用，中间插入了韵头“i”。在入声韵里则插入了韵头“y”。例如：

江 kɔŋ→tɕiaŋ

讲 kɔŋ→tɕiaŋ

觉 kɔk→kɔ→tɕye

確 k‘ɔk→k‘ɔ→tɕ‘ye

三等喉牙合口和唇音字受声母的作用，失去了ɪ，因此唐阳两韵就合流，发展成为 uaŋ。原来不同音的汪（唐韵母）、王（阳韵母）就合而为一了。

另外，知照系二等字的江韵母和阳韵母的开口也因为受声母的作用，韵母逐渐向合口音过渡。如：

庄 tʃɪɑŋ→tʂəaŋ→tʂuaŋ

双 ʂɔŋ→ʂəaŋ→ʂuaŋ

不过这种变化还未完成，尚处在过渡的阶段。

(三) 带鼻音韵尾-n 韵母的发展

《中原音韵》带鼻音韵尾的韵母包括真文、寒山、桓欢、先天四个韵部。这四个韵部的来源比较复杂。基本上有两个来源，一部分来自中古带鼻音韵尾-n 的韵母，一部分来自中古带鼻音韵尾-m

(闭口韵)的韵母。十四世纪时期,-m 韵尾基本上消失,由于发音部位和-n 十分接近,因此大部分并入-n 韵尾,而其中个别的闭口韵则并入-ŋ 韵尾。这在庚青韵部中是一个例外的来源,而且收入只有极少的几个字,所以没有详细叙述,这里顺便补充数句就把它一笔带过去了。

韵尾-n 的四个韵部是并合了中古的臻摄、山摄、咸摄而成的。试把它们的发展列表如下:

1. 臻摄	痕 ən	欣 ɪən		
	魂 wən	文 ɪwən		
	真	ɪĕn	→	真文
		ɪwĕn	→	ən, in
	臻	ɪĕn	→	u(ə)n, iu(ə)n
	谆	ɪwĕn		
深摄	侵	iĕm		

2. 咸摄	凡	ɪɐm		
山摄	寒 ɑn			
	元	ɪɐn	→	寒山
		ɪwɐn	→	an, ian
	仙	ɪɛn	→	uan
		ɪwɛn		
	山 an	wan		
	删 ɐn	wɐn		

3. 山摄	桓	wan	→	uɔn

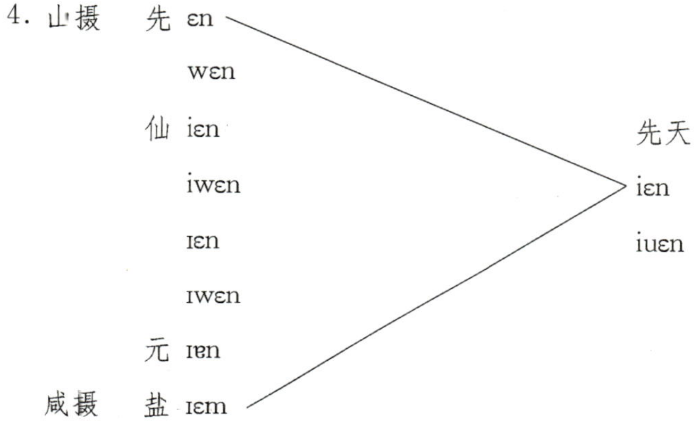

(1) 真文韵部是由臻、深二摄合并而成的。有几点值得注意的现象。真、臻、侵的知照系受卷舌声母的作用，在发展的过程中失落了韵头，从齐齿呼变为开口呼。例如：

展 ȶiɛn ⟶ tʂan

陈 ȡʻièn ⟶ tʂən

深 ɕǐem ⟶ ʂən

在唇音声母（微母、见母除外）后面的魂、文音字也都由于受唇音声母的作用，合口呼和撮口呼一律成为开口呼。而这种变化的条件则是由重唇音变为轻唇音的同时进行的。例如：

分 pǐuən ⟶ fən　　　　奔 buən ⟶ fən

坟 bʻǐuən ⟶ fən

真、侵、欣的非知照系字的主元音发生了变化，一起高化，最后发展成为 in。

(2) 寒山韵部是由中古咸摄和山摄合并而成。咸摄凡韵在《中原音韵》里已经全部消失。这是异化作用的结果。因为在唇音声母的后面，韵尾-m 和声母在发音部位上发生了冲突导致发音上的不便，这就自然地影响到韵母，韵尾-m 变成了-n。但是这种异化作用的现象在有些方言中是不发生效率的。所以我们不可概括一切的带-m 的音韵尾现象。受声母异化作用的结果,凡韵完全消失,和寒山韵合流了。山摄元韵母合口字也产生同样的作用。例如:

凡 bʻiwɐm ⟶ fan

泛 pǐwɐm ⟶ fan

反 pǐwɐn ⟶ fan

饭 bʻǐwɐn ⟶ fan

山、删二韵母的变化比较复杂。它有两种趋向,一是在喉牙音开口呼之后,受声母的颚化作用,中间插上了 i 介音,而它们的主元音也向 a 靠拢。应当指出,在 i 介音产生以后,又影响到声母的变化,从喉音转化成为正齿音。例如:

姦简 kɑn ⟶ tɕian

悭 kʻɑn ⟶ tɕʻian

闲限 xɑn ⟶ ɕian

另一种趋向是在非喉牙音之后,其开口呼基本上仍旧保持原来的面貌,只不过主元音发生了变化,成为 ɑn,它们的合口呼的介音也有变化而成为 uan 了。

(3) 桓欢韵部的发展十分简单,因为在《中原音韵》的时期,重唇音还没有发生转变为轻唇音的现象,因此不受声母的作用,它还没有从合口呼变为开口呼,例如:

馒瞒 mwɑn ⟶ muɔn,搬 bwɑn ⟶ buɔn

(4) 先天韵部中来源之一的盐韵母,在中古是一个闭口韵,也由于受唇音声母的异化作用,变成为-n 韵尾而并入了先天韵。

总括起来说,在收鼻音韵尾-m 的四个韵部是由中古收-n 韵尾和-m 韵尾的韵母发展而来的。其中声母对韵母的异化作用的力量是不小的。异化作用的结果,导致凡韵的全部消失。这是十四世纪时候韵母系统发生变化的一个重要现象之一,使得中古遗留下来的闭口韵大大减少，而只剩下三个，它们在十六世纪的时候也最后都消失了。另一个重要的现象亦是受唇音声母的作用（从重唇变为轻唇），撮口呼变成了开口呼，元韵的变化即是；只受唇音作用而不受轻重唇变化的影响，合口呼变成了开口呼，桓韵的发展即是。

其次，我们可以从韵尾的变化中看出，-m 韵尾和-n 韵尾的韵母有着相当整齐的对应关系。臻、深二摄都缺乏二等韵，而侵韵只有开口三等和臻摄三等相配。山摄和咸摄相配只有凡、盐二韵。如下表：

臻摄和深摄的比较

摄 / 韵尾 / 等	臻　摄	深　摄
	-n	-m
开一	ən（痕）	
开三	ɪĕn（真）ɪĕn（臻）ɪən（欣）	iĕm（侵）
合一	wən（魂）	
合三	ǐwĕn（谆）　ɪwən（文）	

山摄和咸摄的比较

摄 / 韵尾 / 等	山　摄	咸　摄
	-n	-m
开一	ɑn（寒）	
开二	an（删）　ɐn（山）	
开三	ɪɐn（元）　iɛn（仙）	ǐɛm（盐）
开四	ɛn（先）	
合一	ɔn（桓）	
合二	wɐn（删）　wan（山）	
合三	ɪwɐn（元）　ɪwɛn（仙）	ɪwɐm（凡）
合四	wɛm（先）	

必须说明的是，在《中原音韵》的时代，由于三个闭口韵（侵寻、监咸、廉纤）还暂时的存在，它们尚没有并入真文、寒山、先天中来，而桓欢也曾独立一时而未和寒山合流，所以从表上看出来，在十四世纪的时候，山、咸二摄的相配还是不完整的。咸摄之中除了凡、盐二韵已经全部并入山摄开合三等以外，其余各韵都暂时的并入了侵寻、监咸、廉纤三个闭口韵中。只有到了十六世纪时候，三个闭口韵消失以后，山、咸二摄的相配才达到了十分完整的程度。从这里我们可以清楚地找出它们演变的对应规律来，同时也可以预见到它们最后的归宿了。

（四）带鼻音韵尾-m 韵母的发展

《中原音韵》带鼻音韵尾-m 的韵母包括侵寻、监咸、廉纤三等韵部。侵寻来自中古的深摄，监咸、廉纤由中古咸摄分化而成。

深摄	侵iĕm	侵寻
	ɪĕm	əm，im

咸摄	覃 ɒm	监咸
	谈 ɑm	
	咸 ɐm	am，iam
	衔 am	
	盐 ɪɛm	

咸摄	添 ɛm	廉纤
	盐iɛm	
	ɪɛm	iɛm
	严ɪɐm	

上节已经谈到，在《中原音韵》的时期，只有带鼻音韵尾-m 的凡韵已经全部消失，而其余的闭口韵还没有发生重大的变化，这是因为这些字的唇音声母对它们的作用尚不显著。只是主元音相近的韵母产生了并合的现象。其中一部分字是受了其他声母的作用，咸、衔二韵在喉牙音之中，受声母作用的影响，中间都插上了韵头 i，成为齐齿呼了；咸、衔二韵的非喉牙音字一律都变成了开口呼。盐韵母的照二等也受照系声母的影响而变为开口呼了；而盐韵母的非照二等就进入到廉纤韵中去了。

（五）支思韵 ɿ，ʅ 的分化

《中原音韵》支思韵的最明显的特点就是重于分化，它根本不存在并合的现象。其主要来源是从中古止摄精系字中的支、脂、之三个韵母分化而来。

止摄　支iei>i　　　　　　　　　　　　支思
　　　　ɪei>ɪ
　　　脂iěi>i　　　　精系开口 ï ——— ɿ，ʅ
　　　　ɪěi>ɪ　　　　照二照三开口
　　　之 i(ě)i>i

在公元八世纪以前，支、脂、之三韵已经合流。合流以后，它们中间的精系字和元音 i 相拼的时候，由于在发音部位上两者之间发生了冲突，受到声母同化作用的影响，韵母 i 被移到靠近声母的发音部位上来，主元音发生了变化，完全成为两个不同的韵母。它们发展的趋势即是：

tsi——ï——tsɿ

ts‘i——ï——ts‘ɿ

si——ï——sɿ

另外,在《中原音韵》的时代,已经有一部分照系字产生。这部分照系二等字的声母和韵母 i 相拼的时候,和精系一样发生了声母的同化作用。把 i 带到和照二组声母相同的发音部位上来,成为两个完全不同的韵母。它们发展的趋势即是:

tʂi——ï——tʂʅ

tʂ‘i——ï——tʂ‘ʅ

ʂi——ï——ʂʅ

而从《中原音韵》里我们也可以知道,另一部分照系开口和知系字,它们的声母还没有卷舌化,只是混合舌音,因此也还没有影响韵母 i 的变化,《中原音韵》仍把它们放入齐微韵的。所以它们还没有支思韵。

支思韵的独立成部并不是从十四世纪才开始的。早在《切韵指掌图》里,在精系字下面已把“兹”“雌”“慈”“思”“词”列入一等,这就是一个有力的证据,可以看出当时精系字的主元音已经开始变化,精系字一定有了另外的读法,韵母就不会再是齐微韵了。最合理的推想应当是支思韵的萌芽。大约在相同的时代,音韵学家吴才老的《韵补》一书也有分化的趋势。《韵补》的次序开始于见母,终于日母,在支韵“日母人”字以后注以“赀”“次”“斯”“兹”等字样,实质上是为了辨别齐微韵和支思韵而设的。这两部韵书都在南宋的时代,可见支思韵的萌芽至少已有两个以上世纪的历史了。在止摄精系字的韵母逐渐演变成为支思韵的时候,齐祭韵的精系字还没有发生变化。当支思韵定型以后,齐祭韵的精系字才开始转入止摄,不过这时支思韵变化的规则已经不发生作用,所以齐微韵精系字始终没有走上舌尖元音的道路。至于有些入声字如“质”“迄”“缉”“职”“昔”，它们的精系字命运也和齐微韵一样没有走通支思韵的道路，而其中的照二组却因为变化的条件不同，却走通了向支思韵过渡的道路。

曾摄	职	ĭək	支思
梗摄	昔	ĭɛk	
	质	ĭĕt	（照二组）ï——ʅ
	迄	ĭət	
	缉	ĭep	

（六）齐微韵 i,ei,uei 的发展

齐微韵主要来自中古止摄的一部分非照二组和蟹摄诸韵的开口三四等组合而成。

止摄	支	iei>i	齐微
		ɪei>ɪ	（非精系开口）
	脂	iĕi>i	（非照二照三开口）
		ɪĕi>ɪ	i, ei, uei
	之	i(ĕ)i>i	

蟹摄	齐	ɛi	（开口）	
		wɛi		
	祭	iɛi	iwɛi（非知照系）	
		ɪɛi	ɪwɛi	
	废	ɪɐi	ɪwɐi（开口）	i, ei, uei
	微	ɪəi	ɪwəi（开口）	
	灰	wəi		
	泰	wɑi	（合口）	

从表上看来,这一韵的来源虽然头绪很多,但是由于不在精系和照系字之后,所以和声母之间的相互关系不是很大,因而变化也较简单。而齐微韵倒还有另一个来源,就是上节所提到的几个入声韵字的精系字,它们却走上了齐微韵的道路,都成为齐齿呼的单韵母了。例如:

梗摄	锡		(开口)	
	陌	iɛk	(开口三等)	
	昔		(非照系开口)	
曾摄	职	ĭək	(非照系开口)	i
臻摄	迄	ĭət	(开口)	
	质	ĭet	(非照系开口)	
深摄	缉	ĭep	(非照系开口)	

这个发展的过程也很容易理解。因为到了十四世纪时期,入声韵已经全部消失,然后又根据不同的声母的作用而派入平、上、去三声。在这个过程中,韵母有简化趋势,而且一般都趋向高化,因而就都变成为元音 i 了。

值得注意的是,蟹摄的三四等字祭、废、齐在十四世纪前后已经转入到止摄里去了。而当这种转变还未开始以前,止摄的支脂之在照系之后变为舌尖元音的过程已经基本结束,而当祭、废、齐跑到止摄之后,韵母卷舌化的规律已经不起作用。所以我们看到它始终没有条件进入到支思韵中去,而只好一直保留在齐微韵之中。

（七）鱼模韵 u，iu 的发展

鱼模韵主要来自中古遇摄的鱼、模、虞三个韵母。按照不同的声母而发展为二个韵母。一般地讲，在知照系和轻唇音字（指模、虞二韵母，鱼韵母无轻唇）之后发展成为 u，在知照系和轻唇音之外则发展成为 iu。《中原音韵》时代的鱼模还没有像现代普通话这样的单元音化，因此，我们把它拟测成为 iu 是比较接近于当时的实际读音的。

鱼模韵的另一个来源是中古的尤侯韵。中古时期尤韵的唇音字除了一个"否"字在《中原音韵》里兼收鱼模和尤侯二韵以外，其余的字则一律变成为鱼模韵，这种情况在十四世纪的时期就已经完成了。"否"字两韵都收，说明了尤韵的一部分字处在向鱼模的过渡阶段，而另一部分字，如"妇""阜""负"等字只入鱼模韵，已经全部完成了到鱼模韵的过渡。中古时期侯韵的唇音字"母"和尤侯韵的"贸"也是不同音的，《中原音韵》把它们列为不同音的字而分入两个不同的韵部，"母"入鱼模，读为 mu，"贸"入尤侯，读为 məu。尤韵的唇音字也已经全进入鱼模韵了。

遇摄　鱼　io

　　　模　wo ⎫　（知照系，轻唇音）

　　　虞　ɪwo ⎭　（非知照系，轻唇音）

鱼模韵除了来自上述中古的遇摄以外，还来自几个入声韵字。因为在《中原音韵》的时代，入声韵已经全部消失，而在和声母结合的过程中，它们的主元音也就跟着发生了变化。大部分的入声字都变作了 u。

鱼模

通摄 屋uk
ĭuk(舌齿唇)
沃 uok
烛 ɪwok(舌齿唇)
臻摄 没 wət(非唇)
物 ɪwət(唇音)
术 ɪwĕt(知照系)
→ u

通摄 屋 ĭuk(舌齿唇以外)
烛 wok(舌齿唇以外)
臻摄 物 ĭwət(喉)
术 ɪwĕt(非知照系)
曾摄 职 ɪwək
→ iu

综上所述,鱼模韵发展的条件是很清楚的,u 韵母主要是合并了模、虞的知照系和轻唇字和鱼韵的非知照系字,尤侯韵的唇音字和一部分入声字,而 iu 韵母主要是合并了虞的非知照轻唇字和鱼韵的非知照系字,以及入声韵的另一部分字。正因为 iu 比 u 是更前一些的元音,而又是向现代普通话的 y 韵母过渡的现象。因此充分地重视它们变化的条件就成为十分必要的了。

(八) 家麻和车遮韵的发展

《中原音韵》里家麻和车遮两个韵部主要是由中古的假摄麻韵分化而来的。它们的音值,家麻韵为 a,ia,ua,车遮韵为 iɛ,iuɛ。车麻韵从麻韵中分出而独立成部,正和支思韵的分化一样,是十四世纪时期音韵系统中一种很重要的现象。

假摄	麻	a	wa	家麻
蟹摄	佳	a	wa	a, ia, ua

假摄	麻	ia	车遮
果摄	戈	ɪua	iɛ, iuɛ

假摄麻韵分化为家麻和车遮两韵是有条件的。麻韵的喉牙音字受声母的颚化作用而成为齐齿呼的 ia。但就总的来说，中古时候麻韵二等字的主要元音是没有发生多大的变化。中古时候蟹摄佳韵的合口呼字也大都转入到家麻中来。不过，这种现象可能是受了方言的影响而产生了和皆来韵通押的现象。而麻韵的三等字在知照系之后则一律变为车遮韵的 iɛ，果摄戈韵的三等字也有同样的归途。

同样必须指出，由于十四世纪时期入声韵的消失，对于家麻、车遮两韵部的发展影响也是很大的。入声韵的消失，由促声变成舒声，根据声母而派入三声。造成了家麻、车遮两韵得以发展的一个来源。

山摄	鎋	at,	wət	
	黠	ɐt,	wɐt	
	月	ɪɐt,	ɪwɐt（唇合三）	家麻
	曷	ɐt	（舌齿开一）	
咸摄	洽	ɐp		a, ia, ua
	狎	ap		
	乏	（唇合三）ɪwɐp		
	合	ɐp	（舌齿开一）	
	盍	ɑp	（舌齿开一）	

山摄	月	(喉)	ɪɐt, ɪwɐt	车遮
	屑		ɛt,　wɛt	
	薛		ɪɛt, ɪwɛt (非知照系)	iɛ,iuɛ
咸摄	业		ɪɐp	
	葉		ɪɛp (非知照系)	
	帖		ɛp	

(九) 萧豪韵的发展

萧豪韵部是由中古效摄的萧宵肴豪诸韵母合并而成。它的音值是 ɑu,au,iau。

效摄	豪	ɒu	萧豪
	肴	ɐu	ɑu, au, iau
	宵	iɛu ɪɛu	
	萧	ɛu	

在《中原音韵》里,三、四等韵已经是合流了,成为开口呼的 au。它们的喉音声母字很可能腭化成为齐齿呼的 iau。至于它的一二等则还是有严格的区别的。这种区别的存在,使得不少的字在当时不同音,有着区别词意的作用。例如:

俏峭诮	tʂʻɑu	高	kɑu
炒	tʂʻau	交	kau
超	tʂʻiau	骄	kiau

(十) 尤侯韵的发展

尤侯韵主要来自中古流摄的尤侯幽诸韵母。前面在鱼模韵部里已经谈到，尤韵的唇音字在鱼模和尤侯二部中有兼收现象的，仅仅只有一个“否”字，其余的字都转入了鱼模。而侯韵的唇音字一部分入鱼模（“母”），一部分留尤侯，但也少得可怜。看起来还是幽韵的唇音字保存在尤侯韵里的较多。

流摄	侯	əu	尤侯
	尤	ɪəu	→ əu, iəu
	幽	iěu	

我们知道，在中古的时候，侯韵字和尤侯韵字是不同的，它们分别押在不同的韵部，如侯韵有“某”“亩”等字，尤侯韵有“留”“愁”等字。可是到了《中原音韵》的时期，唇音声母的作用，一部分唇音字转入鱼模韵中去了，而非唇音字都读成了 əu。三等尤韵字和四等幽韵字一起变成了 iəu。

（十一）皆来韵的发展

皆来韵来自中古蟹摄的咍、佳、皆、夬、泰、灰诸韵。它的音值是 ai，iai，uai。

蟹摄	咍	ɒi	皆来
	泰	开口 ɑi	
	皆	ɐi	
		wɐi	
	夬	ai	→ ai, iai, uai
		wai	
	佳	æi	
		wæi	
	灰	wəi	

中古时期的蟹摄诸韵并没有根本的不同,都是主元音非常接近或相似的,仅仅是存在着一些等的差别。其中除了佳韵合口呼转入家麻韵的 ua(见第八节),灰韵合口一等和泰韵合口转入齐微韵的 uei 以外,蟹摄的各韵都发展成为《中原音韵》的开合呼。而佳、夬、皆诸韵的喉牙开口字受声母的颚化作用而发展成为齐齿呼了。

皆来韵的另一来源还来自中古摄的照二等合口字。照二、照三等开口字是入支思韵的(见第五节),而照二等合口字则分道扬镳,它不入支思韵而转入到皆来韵里来了。

(十二) 歌戈韵的发展

歌戈韵来自中古果摄的歌戈韵。它的音值是 o,uo。另外,还来自一部分入声字。

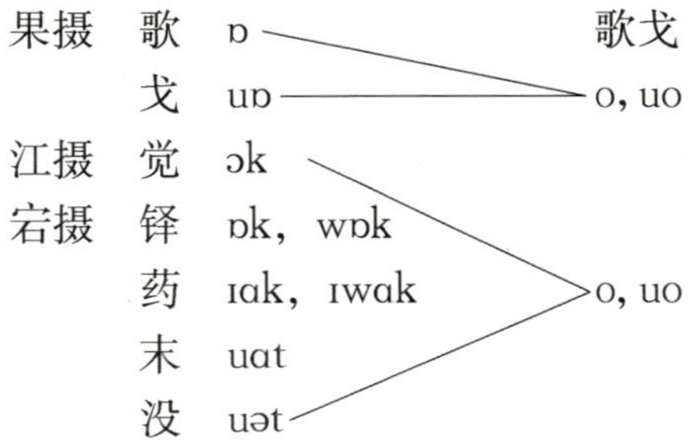

中古时期开口歌韵和合口戈韵都发展成为 o,uo,这种演变的趋向就是主元音的不断高化。不过,开合口的变化很不规则,开口歌韵中的一部分古音字和齿音字却受声母的作用而向合口呼发展了,如:多 tɒ→tuo,我 ŋɑ→ŋuo,演变的结果原来的开口字分为开

合两部分。而合口呼戈韵也有这样的分化现象，在唇音声母后面的一部分合口呼发展为开口呼，和开口歌韵合流。如：波 puɒ→po，颇 p‘uɒ→p‘o，演变的结果，拼成了复杂的交叉现象。

至于入声韵的发展，首先失落韵尾，觉韵的主元音就高化而为o。铎韵的舌齿唇音字一律发展成为 o 或 uo；在卷舌声母后面的药韵，韵头失落了，而元音高化的结果也发展成为 o，uo；而末、没二韵的发展更加容易看出其并入歌戈韵的趋势出来。当然，到此为止，歌戈韵的发展还不是很完善的，还有一部分入声韵尚未变化而来，而且歌戈韵的本身也处在变动和分化之中，所以和今天的韵部也有很大的不同。

四、《中原音韵》的声调

世界上一切的事物都处于不断的变化和发展之中，声调也不例外。从五世纪齐梁文人建立了“四声”的学说以后，声调的变化和发展的事实更加清晰可见。到了《中原音韵》的时候，声调变化的显著结果，平声分化成为阴平和阳平，入声派入平、上、去三声，而浊上变去的事实也早已完成，因此成了一个阴、阳、上、去四类简单的局面。

事物的矛盾是事物发展的基本原因。声调的变化正是由于这种矛盾推动的结果。声调包括调类和调值，这两个部分的发展是不平衡的。调类的古今变化比较缓慢，现今各地方言的基本调类也大致相同，可是调值的古今变化却要快得多，各地方言的调值也有很大差别。调类基本上是决定于调值的，如现代普通话的字音只有高平、高升、低升、全降四种调值，也只有相应的四个调类。但是因为它们之间的发展速度是不平衡的，这又引起了调类的变化，促进了整个声调的发展，这是声调发展的内部原因。另外，把语音部分作为一个整体来对待的话，那么汉语的声、韵、调又是一个不可分割的总体。这三者也是处在相互制约、相互推动的发展过程之中。只以对声调的作用来说，声母的清浊会引起平声的阴阳（也引起上、去、入三声分为阴阳，不过这是后起的事）。又如韵母的入声韵尾的消失和声母清浊的变化，而使入声派入三声。声调的这种变化是在声母和韵母的变化以后进行的。声、韵、调之间发展的不平衡性，正是声调发展的外部原因。这里我们不准备讨论内因和外因的主次关系，因为这种讨论是没有必要的，而且也是困难的。

（一）平声分为阴阳

平声分为阴平和阳平的现象大概在公元九世纪以前已经产生。[①] 平声分化的原因是由于声母清浊的变化所引起的。到了十四世纪的时候，浊音声母基本上已经消失，而声母的清浊所引起的阴阳却因此而定型，这说明了平声的分化在此以前已经基本结束。《中原音韵》应这个时代的要求，做了辛勤的整理工作，在音韵史上第一个正式把它提了出来。《中原音韵》的作者在“自序”上说：

字别阴、阳者，阴、阳字平声有之，上、去俱无。上、去各止一声，平声独有二声：有上平声，有下平声。上平声非指一东至二十八山而言，下平声非指一先至二十七咸而言。

前辈为《广韵》平声多，分为上、下卷，非分其音也。殊不知平声字字俱有上平、下平之分，但有有音无字之别，非一东至山皆上平，一先至咸皆下平也。如“东”“红”二字之类，“东”字下平声属阴，“红”字上平声属阳；阴者，即下平声，阳者，即上平声。

试以“东”字调平仄，又以“红”字调平仄，便可知平声阴、阳字音，又可知上、去二声各止一声，俱无阴、阳之别矣。[②]

---

① 详见本书中古篇第四章《中古声调的发展》第 188 页。

② 周德清《中原音韵·自序》，卷一第 4—5 页，铁琴铜剑楼影印本。

平分阴阳的原因,作者说得极为明白。在唐宋的时候,声母的清浊区分相当清楚,各有反切,不分阴阳。到了《中原音韵》的时代,浊音声母消失了,古平声韵中的浊音声母一律成为发音部位相同的清音,浊音平声字就读成为阳平。古平声韵中的清音字就读成为阴平。这就是"阴阳字平声有之"的简单道理。举"通""同"为例,"通",他红切;"同",徒红切。这两个字同韵同调,声母的不同在于清浊的差异,"通"的古声母是清音,《中原音韵》不变:(t'uŋ);"同"的古声母是浊音,《中原音韵》时期浊音清化,读成阳平(duŋ→t'uŋ)。

平分阴阳的现象必须严格地和阴声韵和阳声韵区别开来。古韵学家根据韵尾的特征把十一个声类二十九个韵部合并成为三个三类:以元音收尾的为阴声韵,以鼻辅音收尾的为阳声韵,以塞音收尾的为入声韵。这和以辅音声母的清浊为分化条件的阴平阳平完全无关。

(二)入声派入三声

《中原音韵》声调的第二个特点就是入声韵的消失,派入到平、上、去三声。

中古时期的声调有四个调类:平、上、去、入。入声的特点就是带上音响极为短促的入声韵尾-p,-t,-k,和阳声韵尾-m,-n,-ŋ相配上、去、入三声组合成仄声韵,在诗歌中和平声韵交替相押。到了《中原音韵》的时代,语音发生了很大的变化,入声韵尾全部脱落,音响的短促特征跟着消失,那末当然也就不再继续成其入声韵了。又由于受声母变化的作用入派三声。声、韵、调三者之间相互制约和相互作用的现象非常明显。我们决不孤立地、静止地对待语言事实。

《中原音韵》的作者第一个明确地提出了“入派三声”的理论，这是他的功绩。不过，“入派三声”的现象并不是在十四世纪时期开始的。从一些音韵资料看来，它的消失似乎要早一点，而且消失的过程也不是一下子就完成的。元朝人黄公绍《古今韵会举要》(成书于 1292 年)一书记载，北方话入声韵尾-p 已经消失，韵尾-k，-t 还继续存在。韵尾-p 消失以后并入了韵尾-t 中去了。说明在十四世纪之前，入声韵尾已开始消失。到了《中原音韵》的时代这种变化才基本接近完成，或已经完成。周氏也仅作了一番整理和归纳的工作，所以作者在“自序”上说得明白：

> 平、上、去、入四声，《音韵》无入声，派入平、上、去三声。前辈佳作中间，备载明白，但未有以集之者，今撮其同声，或有未当，与我同志改而正诸。①

作者说他的韵书是从“前辈佳作”(指北曲)中归纳得来的，也就是作者所说的当时杰出的“关、郑、白、马”诸名曲家的作品。这些作品做到“韵共守自然之音，字能通天下之语”。文学语言的造词用韵能做到如此自然和通俗的程度，那末说它基本上符合于当时的北方话语音的看法，当然是无可疑义的了。周氏的“入派三声”正是十四世纪北方话语音系统发生变化的真实纪录。

有些学者曾经怀疑过《中原音韵》“入派三声”的理论，认为在十四世纪的时代还是存在着入声韵的。他们主要是根据周氏曾经说过这样的话：

> 入声派入平、上、去三声者，以广其押韵，为作词而设耳。

---

① 《中原音韵·正语作词起例》，卷二第 27 页。

然呼吸言语之间还有入声之别。[1]

作者又说：

入派入平、上、去三声，如“鞸”字次本韵后，使黑白分明，以别本声、外来，庶使学者有才者本韵自足矣。[2]

他们认为，周氏使入派三声，仅仅是为了“作词而设”，而“呼吸言语之间”还是“黑白分明”“辨之可也”的。其实这样的看法是不正确的。这种结论必定扩大《中原音韵》和当时北方话语言的距离。这样的推论是完全违反作者自己在自序所说的原则的，作者辛勤的“撮其同声”的工作，正是依据了韵守自然、字通天下的典范的元曲为本的原则。我们可以从和周德清同时代人陶宗仪所说的话来证明这一点，当时的入声确实已派入平、上、去三声了。陶宗仪《辍耕录》说：

今中州之韵，入声似平声，又可作去声。

这里说的“入声似平声”，则是说入声中的一部分全浊声母字已读成为阳平了。而少量的清声母入声字也已经开始向去声演变。

当然，《中原音韵》作者的这两段话是有毛病的，一方面说“入派平、上、去三声”，同时又说“呼吸言语之间”“入声别而辨之可也”。这种说法似乎非常矛盾。其实，作者缺乏时地观念，他既没

---

① 《中原音韵·正语作词起例》，卷二，第29页。
② 《中原音韵·正语作词起例》，卷二，第27页。

有指出这种变化在十四世纪时代已基本完成，也没有指出这种已完成了的变化仅仅是在北方话区域内，而当时南方方言还是有入声存在的。而作者自己又是江西高安人，受了南方方言入声的影响，因此，作者说了这几句很模糊的话，留下了一个小缺点。

中古《切韵》以来，入声韵演变的趋势是非常明显的，但是由于各地方言受具体的不同历史条件和方言规律的制约，因而他们的发展道路也是不相同的。最明显的演变途径有三：一种是保存原来的面目，如现在的广东方言和福建方言，入声韵收韵尾-p，-t，-k。一种是处在过渡的阶段，入声韵尾-p，-t，-k 一律变成只附声门阻的喉塞音“ʔ”，如今日之江浙方言，不过这种情况不稳固，入声韵尾消失的趋向很大。另一种是入声韵尾完全消失，成为开尾音，如现代普通话。我们根据《中原音韵》的材料，它正是走的第三种道路。不过，我们也可以假定它是第二条道路的继续和发展，因为喉塞音“ʔ”是一个过渡阶段。那末我们也完全有理由可以相信，《中原音韵》的入声韵消失之前，确实有过一个暂短的过渡时期。所以我们在前面说过，入声韵的消失不是一下子结束的，而是经过了一个过程。

粗略地说，入声韵的消失大概可以分为两步走。第一步是韵母部分失落韵尾辅音-p，-t，-k，其间可能经过一个短暂的“ʔ”阶段，而最后成为开口音节。如：“独”“读”“牍”“毒”tuk→tu，“哭”k‘uk→k‘u，“谷”“毂”“骨”kuk→ku。也有的失落韵尾辅音以后，接着元音高化，最后变为开口音节。如：“郭”“椰”kuɑk→kuɑ→kuo，“讬”“托”tɑk→tɑ→tuo。

第二步是按照声母清浊的变化而分派三声。一般地说，清音就是不带音的辅音，浊音就是带音的辅音。《中原音韵》时期全浊声母已经消失，因此在第一步韵尾失落之后，原来为全浊声母的字一律归入阳平，原来为次浊声母的字一律归入去声，而原来是清音声母的字则归入上声，并且以转入上声的字为最多，很少例外。这和现代普通话的入派三声稍有不同，下面要谈到，这里就不重复了。

《中原音韵》共分十九个韵部。每个韵部里包括一个至数个韵母。各个韵部都分为平、上、去、入四声，但是入声派入三声的只有九个韵部，计“支思”“齐微”“鱼模”“皆来”“萧豪”“歌戈”“家麻”“车遮”“尤侯”。凡派入三声皆标明“入声作平声”“入声作上声”“入声作去声”。

根据我国已故的语言学家白涤洲氏在《北音入声演变考》一文中的研究，依照《中原音韵》的声母系统次序，将入声派入平、上、去三声的统计，转列如下[①]：

《中原音韵》入声变读三声分组统计表

声调 数目 声纽	阳	上	去	共
见	2	53		55
溪		24		24
群	6		1	7
疑		1	32	33
端		13		13
透	1	18		19
定	33	1		34
泥			7	7
知		11		11
彻		4		4

① 《女师大学术季刊》第二卷第二期，1931 年出版，《北音入声演变考》，白涤洲作。

续 表

声调 数目 声纽	阳	上	去	共
澄	23	2		25
娘			5	5
帮	3	27		30
滂		12		12
並	15	1		16
明		1	32	33
非		10		10
敷		1		1
奉	13			13
微			3	3
照		30		30
穿		18		18
床	14			14
审		33		33
禅	11	1		12
精	6	21		27
清		10		10
从	7			7
心		30		30
邪	9			9
影	1	3	19	23
晓		19		19
匣	35	2	3	40

续　表

声调/数目/声纽	阳	上	去	共
喻			33	33
来			55	55
日			14	14
共	179	346	204	729

在这张图表中,我们可以很清楚的看出,入声派入三声的规律是非常明显、整齐的。

声调	声母清浊	例　　字	共计
阳平	全浊	群定澄並奉床禅从邪匣	10
上声	清声	见溪端透知彻帮滂非敷照穿审精清心晓	17
去声	次浊	疑泥娘明微喻来日(例外:影)	9

《中原音韵》的入派三声是没有阴平的份儿的,这一点和现代普通话不同,而派入上声的字最多,也和现代普通话派入去声为最多的情况是不同的,这些都是它的特点。

我们将《中原音韵》全书有"入声派入平、上、去三声"的九个韵部的字归纳起来,再按照声母的不同而分列如下。

1. 全浊声母入声派入阳平字:

[並]　白帛舶薄箔泊渤拔僕魃勃别

[奉]　復佛服伏缚乏伐罚鹏袱

[定]　荻狄笛敌独毒读铎度镀凿夺达踏沓枽牍读突犊纛叠迭牒蝶喋谍垤姪楪凸跌

[从]　疾嫉集寂贼杂葺提截睫绝

［邪］ 夕习席袭俗续蓃

［澄］ 直值侄秩掷逐轴宅澤擇濁濯镯擢著猽

［崇］ 闸镯铡濁濯

［船］ 赎术術述实射食蚀秫折舌

［禅］ 十什石禅拾属淑熟塾芍杓蜀孰涉

［群］ 及极局傑竭碣镢撅

［匣］ 惑劾斛槲畫劃學鹤涸镬合盒盍活滑猾狎辖鍸侠峡洽匣祫鹄鹘鶯协穴挟瀩

例外：

［入作上］ 暴跋别躄逖脱涂辙彻局失室束

［入作去］ 剧

2. 清声母入声派入上声字：

［帮］ 笔北必毕跸荜碧壁璧卜不伯百柏迫擘檗剥驳钵拔八鳖

［滂］ 匹阘僻劈撲拍珀魄泼粕镤瞥撇潎

［非］ 復福幅蝠腹覆法發髮

［敷］ 拂

［端］ 的靮嫡滴德得督笃掇答搭嗒踏

［透］ 剔踢舌託拓橐魄飥柝塔獭榻塌铁餮帖贴

［精］ 唧积稷绩跡脊鲫足卒则雀爵柞作鑿咂匝节接楫癤

［清］ 七戚漆刺簇蹙鹊趞错遣撮切窃妾沏

［心］ 塞昔惜息锡淅簌速粟宿索搩繂削飒撒萨靸肩绁泄媟燮屟痆雪

［知］ 筑竹摘谪卓琢劄察插锸刮辍哲

［照］ 质只炙织骘汁隻烛粥责帻侧仄昃箦迮捉斫酌缴灼扎绌褶摺折浙

［彻］ 鸫黠畜撤

［穿］ 尺赤敕出触促策册栅测绰婥掣啜

［审］　涩瑟识適拭轼饰释湿奭缩谡叔菽

［见］　吉击激謚棘戟急汲给讫国谷穀毂骨菊踘骼革隔格掴角觉脚桷郭阁各葛割鸽蛤聒括甲胛夹结洁劫铗颊玦诀谲蕨鸩

［溪］　喫气泣曲麹屈哭窟酷客刻廓渴瘍阔恰掐怯挈箧客阙缺阕

［晓］　吸黑笏忽嚇壑熇谑瞎血歇蝎

［影］　一屋沃

例外：

［入作平］　博跋透族镞闸

［入作去］　穆睦刷

3．次浊声母入声派入去声字：

［明］　觅蜜墨密木沐没鹜麦貊陌蓦脉末幕漠寞莫沫妹滅篾蔑

［微］　牧目物勿襪

［泥娘］　匿内搦搙诺纳衲揑聂躡镊

［来］　立粒笠曆歷櫪瀝癧皪力栗勒肋禄鹿漉麓録籙绿醁陆戮律落络烙洛酪乐珞略掠烙臘蠟鑞拉粝辣裂冽鬣列劣六

［日］　日辱褥入弱蒻箬热爇肉

［疑］　鹢逆玉狱额客輵岳乐蕚鹗愕虐鄂啮臬蘖月虮

［喻］　逸易蜴译释溢镒液腋掖疫役佾泆翊翼欲注育鸽药跃鑰瀹拽噎叶烨业邺额悦说阅越钺樾蠍刖

例外：

［入作上］　抹兀

从中古的四声发展成为《中原音韵》时代的四类。如果把《中原音韵》说成是十四世纪时期北方话语音的代表，那末它的声调的四个调类也可以称得起是当时语言的一般基调。不过，我们也可以想像各地方言的调类是不完全相同的，比起《中原音韵》的四声来，或多或少，数量不一；但是就一般情况而论，阴调是高调，阳调是低调。从上面的叙述中，可见到《中原音韵》声调变化的一个梗概了。

五、从《中原音韵》到北京音系

在前面的几章里，我们已简略地谈过了《中原音韵》的声韵调系统，它代表了汉语近古的语音系统。但并不是说现代的北京音系就是直接由它变来的。现在要寻找北京音系的嫡亲祖宗，是一件很困难的事。好在中原音韵系统与它的差别也不太大，可能和它的嫡亲祖宗有兄弟关系，那我们就拿它来和北京音系相比较，同时，再和明清的一些官话韵书（如《韵略易通》《韵略汇通》《正音撮要》《五方元音》等）以及外国传教士用罗马字给汉字所注的音（《西字奇迹》《西儒耳目资》）参照比较，便可以比较详细地研究现代北京音系演变和发展的规律。

（一）北京音系声母的形成

现代北京话的声母可以用一首诗来说明：

春 tʂʻ	日 r	起 tɕʻ	每 m	早 ts，
采 tsʻ	桑 s	惊 tɕ	啼 tʻ	鸟 n；
风 f	过 k	扑 ɕʻ	鼻 p	香 ɕ，
花 x	开 kʻ	落 l，		
		知 tʂ	多 t	少 ʂ。[1]

① 《中国语文》1959 年 6 月号，周有光《“早梅诗”和拼音歌诀》。

用它和《中原音韵》的声母系统相比较,可以看出,自元代以来,鼻 p,扑 p‘,每 m,风 f,多 t,啼 t‘,鸟 n,早 ts,采 ts‘,桑 s,过 k,开 k‘,花 x,落 l 等声母,基本上没经多大的变化。我们可以说,自元代开始(或更早一些),现代北京话的声母系统已基本上肯定下来了。但是也有少数的声母发生了变化,下面分别加以叙述:

1. 见系和精系的颚化作用

北京话里的惊 tɕ,起 tɕ‘,香 ɕ(下称惊系)是由“见溪群晓匣”和“精清从心邪”两系的齐齿呼和撮口呼产生的。但这儿说的惊系舌面音决不能和中古的照三混为一谈。照三一组字在中古时期的音值也是 tɕ,tɕ‘,dʑ,ɕ,ʑ,就象今天宁波方言里把张、丑、乘、少、拾之类的字也念成 tɕ,tɕ‘,dʑ,ɕ,ʑ 一样。但是这一类字的寿命并不长,不久之后它们就归入了 tʃ,tʃ‘,dʒ,ʃ,ʒ,然后再变成 tʂ,tʂ‘,ʂ,ʐ,今天的北京话就是这种读音。我们指的惊系字是由“见溪群晓匣”和“精清从心邪”的颚化作用而产生的。k,k‘,x 和 ts,ts‘,s 和 i(y)相拼时,辅音舌面化,变成了 tɕ,tɕ‘,ɕ。这种规律几乎是毫无例外的。

k>tɕ:家九交坚涓基

k‘>tɕ‘:卡丘巧牵圈启

g>tɕ(仄):舅轿俭倦技

g>tɕ‘(平):求桥乾权其

x>ɕ:下朽晓宪喧希

ɣ>ɕ:遐学校限玄系

ts>tɕ:姐祭焦津将

ts‘>tɕ‘:取妻俏侵抢

dz>tɕ(仄):集嚼尽静

dz>tɕ‘(平):全樵秦墙

s>ɕ:胥西小辛相

z>ɕ：徐袖旋旬详

这种变化一定要在和 i,y(ǐw)相拼时才能进行,如果在中途失落了 i,y(ǐw),那就只好保留原样不变。如:桂、狂、遵、从、虽等字。而另一些字,它们后来产生,i 和 y(ǐw)韵头,也可能发生颚化作用。如:家、霞、效、奸、江等字。

见系和精系的颚化作用发生得很迟,一直到《五方元音》时(约1624—1672 年间),还没有惊系舌面音。[①] 到了 1743 年左右,我们才在清代无名氏的《圆音正考》里正式考证出当时惊系舌面音已经发生。作者在序言里写道:"试取三十六字母审之,隶见溪群晓匣五母者属团,隶精清从心邪五母者属尖。"[②]可见,当时见系与精系已不能分开,也就是同归于惊系了。

这和变化是分两方面进行的:

见溪群晓匣在《中原音韵》时代读 k,k‘,x,但是在意大利人利玛窦所记的山西方音里,它们在齐齿呼和撮口呼前却初步舌面化成为 c,c‘,ç(连中古的疑母 ŋ 也舌面化成了 ɲ)[③]。这种变化再进一步发展,就成了 tɕ,tɕ‘,ɕ。

ki(y)>ci(y)>tɕi(y)

k‘i(y)>c‘i(y)>tɕ‘i(y)

xi(y)>çi(y)>ɕi(y)

今天的方言里正表现了这个过程:闽广方言的见系还是 ki(y),k‘i(y),xi(y),浙江南部永康一带是 ci(y),c‘i(y),çi(y),而

---

① 樊腾凤《五方元音》有二十个声母:
梆匏木风　斗土鸟雷　竹虫石日
剪鹊丝云　金桥火蛙
这里的金桥火是 k—k(i),k‘—k‘(i),x—x(i);剪鹊丝是 ts—ts(i),ts‘—ts‘(i),s—s(i)。

② 转引自王力《汉语史稿》(修订本)上册第 124 页注释(2)。

③ 罗常培《耶稣会士在音韵学上的贡献》,载《中央研究院历史语言研究所集刊》一本三分。

其他方言区就全部成为 tɕi(y),tɕʻi(y),ɕi(y)了。[①]

另一方面,精清从心邪的变化却要迟一些。由精系到惊系的变化没经过什么过程,是一步完成的:

tsi(y)>tɕi(y)

tsʻi(y)>tɕʻi(y)

si(y)>ɕi(y)

在现代各种方言里,这一类变化很不一致。南方大多数方言区和部分北方话地区还没有完成这种变化。所以把这组音叫尖音,把见系字叫团音,分得很清楚。

2. 卷舌音的稳定

《中原音韵》里知系和照系的字,一部分为 tʂ,tʂʻ,ʂ,一部分为 tʃ,tʃʻ,ʃ。但不久之后,在兰廷秀的《韵略易通》里,就把它们完全读作枝 tʂ,春 tʂʻ,上 ʂ 了。其后虽然有时表现得不大稳定(如:《西儒耳目资》所记的山西方音把齐齿呼和撮口呼前的者 tʂ,撦 tʂʻ,石 ʂ 读作 tɕ,tɕʻ,ɕ)[②],但至少到了《五方元音》时,肯定竹、虫、石读成卷舌音 tʂ,tʂʻ,ʂ 已经稳定了。我们可以把这一演变过程看作是受了韵母影响的结果;最初的卷舌音是由于 ʅ 韵的作用而产生的,但同时知系和照系又可和 i 相拼,所以混合舌叶音 tʃ,tʃʻ,ʃ 仍然存在。到了后来,由于元音 i 的衰弱,混合舌叶音消失,扩大了卷舌音的势力。

中古　　《中原音韵》　　现代

ȶ
　>tɕ tʃ tʂ>tʃ tʂ>tʂ
tʃ

---

① 只是南京话里有些字还没完成这种变化,如:去 kʻi,给 ki,不知是什么原因。

② 罗常培《耶稣会士在音韵学上的贡献》,载《中央研究院历史语言研究所集刊》一本三分。

ȶ‘
　＞tɕ‘ tʃ‘ tʂ‘＞tʃ‘ tʂ‘＞tʂ‘
tʃ‘

ɕ
　＞ʃʂ——ʃʂ＞ʂ
ʃ

　　　　　　　平 tʂ‘ tʃ‘——tʂ‘
ȡ＞dʑ——dʒ＜
　　　　　　　仄 tʂ tʃ——tʂ

这个过程的完成，只是指北京话而言，事实上照系和知系在今天的方言里表现很复杂。如上面所举的例子，宁波话把照三字都读成了 tɕ，tɕ‘，dʑ，ɕ，ʑ，其他的都读成 ts，ts‘，dz，s，z；广州话仍然保持 ʃ 母的字；上海话则全部读为 ts，ts‘，s，z；沈阳话却又矫枉过正把精系的开口呼和合口呼读成 tʂ，tʂ‘，ʂ……能够象北京话把卷舌音、舌面音、舌尖前音分得清清楚楚的方言是不多的。所以，在学习普通话的时候，学会分别前面所说的三组字，是大多数方言区的人应该努力的。

3. 日母的变化

与上面一点有联系的就是关于日母的变化问题。

《中原音韵》的日母也有两读：一读为 ʒ，一读为 ʐ，它们都是由中古的日母 nʑ 变来的。但是后来，ʒ 母却和其他混合舌叶音的命运一样，也让位给 ʐ 母了。今天北京话里日母的字全部读为 ʐ。如：nʑ＞ʐ：人热忍饶日如让若儒润刃软。

在这里，我们还要谈谈另一部分中古的日母字。中古的一些日母止摄三等字（如：儿、尔、耳、二等），原来是读作 nʑi 的，当它们变成为 ʐʅ 之后，由于 ʐ 和 ʅ 的发音部位很相近，只是有无摩擦的分别而已。这样，两个音就发生了异化作用，产生了一个比较中和的音 ɹ，如果再在前面加上有卷舌作用的元音 ə，就成了 əɹ，就是今天北京话的儿韵，亦写作 ɚ。方言里情况可以帮助我们说明这一点。苏北话(如扬州话)大概也嫌 ʐ 和 ʅ 的发音部位太近,所以把日字念成 ɪəʔ,进一步竟把这些 ʐ 母字全部念成舌位较高的 ɪ 母了。例如:人 ɪən,如 ɪu,柔 ɪɤ,饶 ɪɔ 等。另一些方言(如杭州话)却把 ɚ 都念成了 ɪ̣(元音性的 ɪ)。变化虽各不同,但大都是由 ʐʅ 产生异化作用所致。

ʐʅ 一部分——北京 əɹ
——扬州 ɪ(儿韵为 a)
——杭州 ɪ̣

现代北京话儿韵的产生至迟不应该晚于十七世纪初叶,因为明万历年间徐孝《重订司马温公等韵图经》把开口韵“尔”“二”“而”独立了出来,金尼阁的《西儒耳目资》也开始把它写作 ul[əʳ]了。[①]

4. v 母的消亡

《中原音韵》的 v 是从中古的微母 ɱ 变来的,这个音保留的时间很长。兰廷秀把它写作无,已开始变成半元音 ʋ 了,发音部位是半舌半齿,这是由 v 向 w 过渡的音,表现了一个减少摩擦的过程。

ɱ>v>ʋ>w(u)

现代北京话里,这些字都读成零声母 w(u):

袜望微闻问物亡万勿吻武舞

但是切不可以认为所有的 v 都变成了 w(u),因为《中原音韵》时代有一部分 v 母字是从中古的 b 声母变来的。如:

肥防妇负凡复服伏房凤附份佛罚

这一类字今天都清化成 f 了。但是吴语区里仍旧念作 v,甚至还有念作 b 的(如:防缚肥等),闽广、客家方言更是如此,几乎都

① 罗常培《耶稣会士在音韵学上的贡献》,载《中央研究院历史语言研究所集刊》一本三分。

还念作重唇音 p,p‘和喉音 h。

现代北京话的零声母 w(u)来自中古的微母,这部分字,吴语区有些在口语里仍旧念 m(明微不分),如:袜 ma^{ʔ},问 məŋ,物 mə^{ʔ},味 mi。有些人在学“时髦腔”的北京音时,也常把 w(u)念成 ʋ,如:闻 ʋən,亡 ʋaŋ,微 ʋei,袜 ʋa 等,也是这种变化留下来的痕迹。

由近古到现代北京话声母演变举例①:

tɕ←k:家加嘉假贾嫁架驾稼价;居车举据锯,拘俱驹矩句;鸡稽计继繫,羁寄,饥肌几冀,基姬己纪记,机饥讥几既,季;交郊胶绞狡搅教较窖,骄娇矫,浇缴叫;鸠阄九久韭灸救究,纠;减夹;监鑑甲;检,剑劫,兼;金今襟锦禁急级给;艰间简柬拣,姦奸谏,建揭,肩监茧见结洁,捲卷眷绢,厥,涓决诀;巾紧吉,斤筋谨,均钧橘,君军;疆僵薑姜脚;江讲降觉角;兢棘;京荆惊境景警敬竟镜戟,颈劲,经径击激;菊。

tɕ‘←k‘:去;启契,企,器弃,欺起杞,岂气汽;巧,窍;丘;恰掐,嵌,欠怯,谦歉;钦泣;遣,圈,劝券阙,犬缺;乞,屈;羌却;壳;卿庆,轻罄,倾顷;穹麹,曲。

tɕ←g(仄):巨拒距遽,具惧;技妓,忌;轿舅臼咎柩;俭;及;件傑,键健竭,倦;仅,近,窘菌,郡掘;极;竞剧屐;局。

tɕ‘←g(平):渠,瞿;奇骑岐,祁耆鳍,其期旗棋,祈;乔桥;求球;潜,钳;禽擒琴;乾虔,权,勤芹,群裙;强;擎鲸,琼;穷。

ɕ←x:虾嚇;虚许;牺戏,嘻嬉熙喜,希稀;孝,嚣,晓;休朽嗅;险;脅;瞎;轩掀宪献歇蹶,显,喧,血,衅,欣,薰勋荤训;香乡享响向;兴;馨,兄,畜蓄,胸凶兇旭。

---

① 引自王力《汉语史稿》(修订本)上册,第 117 页。原注:例字大致依照中国科学院语言研究所所编的《方言调查字表》,1955 年,科学出版社出版。每摄用分号隔开,每韵(包括入声)用逗号隔开。

ɕ←ɣ：遐霞瑕下夏暇；奚兮系係繫，携；肴淆效校；咸鹹陷狭峡，衔匣；嫌协侠挟；间闲限苋，辖，贤弦现，玄悬县穴；降项巷学；行杏，幸，形刑型。

tɕ←ts：嗟姐借；蛆疽；祭际挤济；焦椒剿，酒；尖歼接；浸；煎剪箭溅，笺荐节；津尽进晋，俊；将浆蒋奖桨酱爵雀；即鲫稷，精晶旌睛井积迹脊绩。

tɕ‘←ts‘：趋取娶趣；妻凄砌；锹悄俏；秋；籤签佥妾；侵寝缉；迁浅，千切；亲七漆；枪抢鹊；清请，青蜻戚。

tɕ←dz(仄)：聚；就；渐捷；集辑；尽疾；践贱，截绝；匠嚼；静净籍藉，寂。

tɕ‘←dz(平)：樵；钱，前，全泉；秦；墙戕；情晴。

ɕ←s：胥絮，须鬚需；西犀洗细壻；消宵销小笑，萧箫啸；修羞秀绣锈；纤暹；心；仙鲜癣线薛亵泄，先屑，宣选雪；辛新薪信讯悉膝，荀询迅戌恤；相箱厢襄镶想鲞削；息熄媳；性姓昔惜，星腥醒锡析。

ɕ←ʑ：徐序绪叙；袖；寻；习袭；涎羡，旋；旬循巡殉；祥详像象；席夕；续。

tʂ←tʃ：渣诈榨炸；斋，债；抓爪；斩蘸贬；盏札扎紮；榛臻；庄装壮；捉；窄，争筝。

tʂ‘←tʃ‘：叉杈岔差；初楚，刍；钗差；揣；抄钞吵炒；插，忏；铲察；衬；疮创；窗。

tʂ←dʒ(仄)：乍；助；寨；闸；栈铡；撰；状；镯。

tʂ‘←dʒ(平)：查；锄；雏；豺，柴；巢；愁；潺；床；崇。

ʂ←ʃ：沙纱，傻；疏蔬梳，数；筛晒；师狮；史使驶；衰摔帅率，梢稍；瘦；杉霎，衫；山杀，删讪疝，闩栓刷，蝨，蟀；双朔；色(白话)；生笙甥省。

ʐ←nʑ：惹；如汝，儒乳；蕊；饶扰绕；柔揉；染冉；壬任妊入；然燃热，软；人仁忍认刃日，闰润；瓤壤攘让若弱；仍扔；戎绒肉，茸冗辱褥。

○←v：無毋巫诬武舞侮鹉务雾；微薇尾未味；晚挽万袜；文蚊纹闻吻刎问物勿；亡忘网望妄。

（二）北京音系韵母的形成

现代北京话的韵母也可以用下面一首诗来说明：

人 ən	远 yan	江 iaŋ	空 uŋ	夜 ie，
浪 aŋ	滑 ua	一 i	舟 ou	轻 iŋ；
儿 ɚ	咏 yŋ	诶 e	唷 io	调 iau，
橹 u	和 ɤ	爱 ai	啊 a	声 əŋ；
网 aŋ	罩 au	波 o	心 in	月 ye，
竿 an	穿 uan	水 uei	面 ian	云 yn；
鱼 y	虾 ia	留 iou	瓮 uəŋ	内 ei，
快 uai	活 uo	四 ɿ	时 ʅ	春 uən。[①]

从这里可以对比出，自《中原音韵》以来，北京话的韵母系统也基本上肯定了下来。下面再分别叙述一些个别的变化。

1. 闭口韵-m 的消失

中古时期的塞音韵尾到了《中原音韵》时期大部分都已消失了，但是还保留有盐咸、廉纤、侵寻等收-m 的闭口韵，以便和寒山、先天、真文等论-n 的韵区别开来，兰廷秀的《韵略易通》也是原样照搬。直到徐孝《重订司马温公等韵图》才把两组字合并为山摄（干敢炭谈、端疃彖团）和臻摄（根谌恨痕、昏惛混恽），十七世纪毕

① 《中国语文》1959 年 6 月号，周有光《"早梅诗"和拼音歌诀》。

拱宸更在他的《韵略汇通·凡例》里说：

> 真文之于侵寻，先全(即《中原音韵》里的先天)之于廉纤、山寒之于缄咸(即《中原音韵》里的监咸)，有何判别而分立一韵乎？

此后，一直到今天的北京话和大多数方言区里，只有收-n 和-ŋ 尾的阳声韵，闭口韵-m 都已消失了。因为要在前一个音节末尾紧闭双唇，而第二个音节起头又急忙打开，实在麻烦不过。除非遇到后面一个音节的声母也是双唇音，才可能存在这种现象。如：干部 kanpu‘>kampu，兰布 lanpu>lampu。

闭口韵还保留在闽粤语区里。

2. 元音ɤ的产生

我们还没在《中原音韵》里发现元音 ɤ 作为韵母。北京读为 ɤ 的车遮两韵，《中原音韵》却作 iɛ，iuɛ。此后的几本韵书，有读 ɛ 的，有读 o 的，《西儒耳目资》却作 ɤ，很不稳定，大约到清代以后才稳定了下来。这个音的产生，可以看为是卷舌音 tʂ，tʂ‘，ʂ，ʐ 和舌根音 k，k‘，x 与元音 o 或 ɛ 相拼时，产生元音弱化的结果。

$$\text{知系照系见系}+\text{歌戈车遮}\xrightarrow{\text{元音弱化}}\text{ɤ}$$

这个音在各方言区里表现得非常混乱，大多数地区读成 o 和 u(如上海话车 ts‘o，遮 tso，歌 ku，哥 ku)，四川话却把歌戈读作 o，把车遮读作 e，如：各 ko，合 xo，格 ke，核 xe。而南京话却是在声母卷舌时读 ə(如：车 tʂ‘əɤ)，声母不卷舌时读 ɛ(如：拆 tsɛʔ)。可见得声母对这个音有很大的影响：卷舌声母与这个带有卷舌趋势的元音很和谐，不卷舌的声母却常常与其他元音相结合。

3. 元音 y 的产生

《中原音韵》里的鱼模两韵读为 u，iu。这个韵母(iu)和相关的 iun，iuen，iuŋ，iueŋ 在今天北京话里都变成了 y，yn，yŋ。这种变化比较迟，不能早于十七世纪中叶，因为在《五方元音》里我们还发现了 iu 之类的音。在今天的山东某些方言里，iu 也没有变成 y，仍是 iu 或 iʉ。另一些地方(如昆明和南京)，则完全把这一类撮口呼读成齐齿呼，就是说在变化中失落了 u。例如：君 tɕin，取 tɕʻi，虚 ɕi，与 i，决 tɕie，缺 tɕʻie，靴 ɕie，月 ie。[①] 不过，北京话和大多数方言区都完成了 iu>y 的变化，这是一个简单的过程。因为 i 是前元音，而 u 是后元音，一前一后发音不便；于是就采取了这个既有 u 的特点(圆唇)又有 i 的特点(舌前)的元音 y，其他 iun，iuen 和 iuŋ，iueŋ 也相应地变成了 yn 和 yŋ。不过其中的 yŋ 变得还不彻底，以致人们听起来总觉得它还应该属于齐齿呼之类，所以汉语拼音方案采取的宽式记音干脆把它写成 iong，这倒是实事求是的。

4. 儿韵和儿化韵

儿韵在韵书上出现得很迟，儿化韵就更迟。大概是因为“不登大雅之堂”的原故，过去诗人对他不感兴趣。儿化韵起先只作为名词词尾而设“儿化”：

> 已而有娠，而生敬儿，故初名狗儿。又生一子，因狗儿之名，复名猪儿。宋明帝嫌狗儿名鄙，改名敬儿，故猪儿亦改为恭儿。(《南史·张敬儿传》)
>
> 打起黄莺儿，莫教枝上啼。(金昌绪诗)

---

① 这里姑且把南京话看作不分尖团，因为南京话到底是否分尖团音还不太清楚。

大约到了元代以后才在语音上“儿化”：

有那桩儿不共卿谋，那件儿不依卿奏。

害渴时喝一杓儿酪和粥。

您则与我半句儿俄延着唱。

您但提起刀枪，却早小鹿儿心头撞，今日央及煞娘娘，怎做的男儿当自强。

恰才这搭儿单于王使命。

一声儿绕汉宫，一声儿寄渭城。

——以上元曲《汉宫秋》

后来文人的笔记、小说也出现了儿化韵：

指着公子道：呸！小小子儿别说闲话。

抓了个小枕头儿，支着耳跟台子躺下。

我要看看你这心有几个窟窿儿。

就是老妈妈论儿，也道是：没那金钢钻儿，也不揽那磁器家伙。

头起儿就叫的是他。

——以上文康《儿女英雄传》

定了明儿后儿下帖儿请罢。

今儿才来，就惹出你家哥儿的病。

叫谁讨主子的好儿。

薄薄儿的一本文章。

且略等等儿，我出来了。

——以上曹雪芹《红楼梦》

到了清末劳乃宣，他干脆把儿化词的词合并成一个字来写：

转过年儿来，调着样儿也跟人家学。

由着他们性儿打去，反正豁出那块地方儿去就结啦，可自见箇儿还跐着文说守中立。

他说你瞧，中国如今不是外面儿都改嘞样儿嘞吗？国家也靠着我们大伙儿。

——以上劳乃宣《简字全谱》

实际上，儿化韵里的"儿"，还有从"日""而""知""少"等字变来的。例如：

由"日"变来的：今日——今儿　明日——明儿
由"而"变来的：慢慢而——慢慢儿
由"里"变来的：那里——那儿　这里——这儿
由"知"变来的：不知道——不儿道
由"少"变来的：多少钱——多儿钱

现代北京话里儿韵虽然不多，儿化韵却极为丰富。它可以用来丰富词义、增加修辞色彩、改造词性，所以有积极的作用。作为一种积极发展趋势来说，我们应该重视它，而不应该简单地摒弃。许多方言（如：南京话、杭州话、昆明话、郑州话等）也普遍存在着儿化现象，只是表现不同。北京话的儿化可以影响到前一个音节的声母（这大概近代发生的事）：

盘儿——p‘an+ər>p‘ar
坛儿——t‘an+ər>t‘ar
柜儿——kuei+ər>kuər
根儿——kən+ər>kər
云儿——yn+ər>yər
针儿——tʂən+ər>tʂər
缸儿——kaŋ+ər>kãr
凳儿——təŋ+ər>tãr
样儿——iaŋ+ər>iãr

南京话则更奇怪,竟然能影响声母:

今儿——tɕ in+ər>kər
前儿——tɕ‘ian+ər>ts‘ər

虽然儿化在方言中还不是一种普遍现象,普通话却应该把它吸收进去。

5. 桓欢韵的消失

《中原音韵》将《广韵》的寒山删凡、桓韵改成寒山、桓欢韵,这大概是以方音为根据的。因为中古的寒山删凡和桓的区别,只是开口和合口的关系,而《中原音韵》里两者的差别却在于主元音:寒山是 an,ian,uan,桓欢是 ɔn。但这不能使我们相信它就是北京话竿 an,穿 uan,面 ian 的直接来源。为什么中古的 uan 到近古变 ɔn,现代又回到老路上去了呢? 可以肯定,现代北京话里的穿 uan 是直接从中古的桓 uan 变来的。《广韵》里的“寒删山凡桓先仙元覃谈咸衔盐添严”十五个韵到了北京话就并成了远

yan，竿 an，穿 uan，面 ian 四个韵。（如果不是太严的话，可以归并为一个竿 an 韵。）这是运用最广泛而且最容易押的韵，各种文学形式都常常用到它。

由此可见，《广韵》到了中古时期，已经分头发展了：一方面产生了《中原音韵》，同时也产生了现代北京话的祖先。（当然，也有其他的方音。）从桓欢韵的变化发展，我们可以知道，并不是由《广韵》到《中原音韵》再到现代北京话的，而是：

《广韵》→《中原音韵》
《广韵》→现代北京话
《广韵》→其他方音

由近古到现代北京话韵母演变举例：

闭口韵的消失：眈贪谭潭探南男婪簪参蚕惨堪龛含函庵谙感坎砍憾勘暗担谈痰胆毯淡兰篮览揽榄滥缆惭三暂甘柑酣敢橄喊噉咸嵌搀喃楠俺。

针斟箴砧椹鱵珹深葠森椮参琛赈郴壬任纴鵀沉忱审婶沈朕枕甚黮衽姙。

兼缣鹣鰜淹腌醃阉厌恹暹憸佥椠签觇杴尖渐歼添廉奁帘鲇拈黏點钳盐炎簷阎严甜恬潜掩魇琰檢臉舔琰譣点艳焰餍酽巖欠芡店垫念傔堑茜。

金今衿禁襟骎绫浸祲音瘖阴暗心枔钦衾嵚侵歆林淋琳痳霖临琴芩禽檎擒噙廪凛懔锦噤饮您寝沁浸赁。

寻浔。

暹。

歌戈→ɤ：歌哥轲蛾俄何河荷可个贺苛合盒盍颗葛割鸽和课戈科窠棵讹禾乐恶恶鄂鳄。

车遮→ɤ：奢赊车遮捨舍惹客辙彻撤掣浙哲褶折没摄社射麝

赦额热。

iu→y：缕屡趋须鬚需取娶趣拘驹俱区驱瞿愚虚娱吁迂盂榆逾愉矩雨宇羽禹愈句具惧遇寓芋喻裕。

(三)北京音系声调的形成

《中原音韵》里入声已经消失掉了，但是周德清家乡的方言里还是有入声的。不但如此，后来《西儒耳目资》所记的山西音、《五方元音》所记的唐山音等等，都还有入声存在。就调类分为阴阳上去四类来说，现代北京话和《中原音韵》系统是差不多的。例如：两者都是全浊入声归入阳平，次浊入声归入去声。但是清音就复杂了：《中原音韵》里清入全部归入上声，而现代北京话里却没有规律可寻，阴阳上去都有①：

阴入归阴平：〔帮〕钵拨剥八逼鳖；〔滂〕泼拍劈霹撇瞥揲扑；〔非〕发；〔端〕答搭滴督；〔透〕塌剔踢贴秃托託脱；〔精〕哑嘬迹积绩接；〔清〕擦七漆桼戚切；〔心〕撒塞缩悉蟋析晰蜥膝削戌薛；〔知照〕只织汁摘(白话)粥(白话)桌捉涿；〔彻穿〕插拆(白话)出齣戳；〔审〕失湿蝨杀刷说；〔见〕搁胳割鸽刮括颳鹄郭蝈激揭结撅；〔溪〕瞌磕窟哭掐曲屈缺阙；〔晓〕喝黑忽惚吸瞎歇蝎；〔影〕一壹揖鸭押噎屋挖约。

阴入归阳平：〔非敷〕法(法子)弗拂绂福幅辐蝠；〔端〕答得德嫡镝；〔透〕橐；〔精〕则足卒节爵；〔心〕昔惜息媳熄锡；〔知照〕职蹠跖折哲摺辄竹竺烛築筑酌灼啄琢卓拙茁；〔彻穿〕察；〔审〕叔菽；〔见〕格阁革隔葛国帼虢级急汲亟吉击夹颊结洁劫菊掬鞠汩抉诀厥蹶；〔溪〕咳麯；〔晓〕胁。

① 引自王力《汉语史稿》(修订本)上册，第197页。

阴入归上声：〔帮〕百柏北笔瘪卜；〔滂〕匹癖；〔非〕法发；〔端〕笃；〔透〕塔獭帖铁；〔精〕脊；〔心〕索雪；〔知照〕眨窄（白话）嘱；〔彻穿〕尺；〔见〕合（量名）葛（姓）骨穀毂谷榑戟给甲；〔溪〕渴乞曲（歌曲）；〔晓〕郝血（白话）；〔影〕乙。

阴入归去声：〔帮〕必壁璧碧不；〔滂〕珀粕迫魄僻瀑曝；〔非敷〕腹覆複馥；〔端〕的；〔透〕榻蹋沓挞忒慝惕拓拆箨；〔精〕所酢凿鲫稷；〔清〕促猝蹴簇撮缉葺切窃妾鹊雀；〔心〕飒萨塞肃速宿夙粟谡泄燮亵屑洫恤；〔知照〕窒陟浙祝仄昃；〔彻穿〕彻撤触黜绰辍；〔审〕式释识适饰拭室煞霎设摄束；〔见〕各梏；〔溪〕克客刻酷阔廓扩，讫迄泣恰怯挈却确阙；〔晓〕赫霍豁壑，隙翕嚇旭；〔影〕厄轭扼亿忆臆益抑邑挹轧握咽沃斡握幄郁鬱。

这里的变化没有什么规律，我们只好做出这样的结论：中古的阴入声字在现代北京话里表现得很混乱，它们可以派入阴平、阳平、上声、去声四类声调，而且在其变化中丝毫没有任何规律。

另外，还需要谈一谈现代北京话里的轻声问题。轻声在过去的韵书里也不见提到，似乎没引起各韵书的作者和曲韵家们的注意。北京话里的一些语气词（的、了、吗、呢）、词尾（着、了、们）、方位词（上、下）、量词（个、只）、介词（在、到）等等，都读成为轻声。

轻声能使元音模糊化，使原来属于高或低的元音尖化，向自然元音 ə 发展；但它不是一种声调。

北京话的轻声有很大的作用，如：

买卖——买和卖 maimai≠买卖——（生意）maimə
多少——多和少 tuoʂau≠多少——数量 tnoʂə
针线——针和线 tʂənɕian≠针线——缝纫 tʂənɕie
本事——电影本事 pənʂɿ≠本事——能力 pənʂə
老子——李耳 lautsɿ≠老子——父亲自称 lautsə

所以它有区别词义、引起词性变化和语音变化的积极作用。

至于轻声在什么时候和什么条件下产生的,目前很难做肯定的回答。但我们可以设想,它不光是一种语音现象,而且也是语法现象和词汇现象。所以,当人们的口语中有了如象“呜呼(於戏)”“夥颐”之类的感叹词之后,当词尾产生之后,就应该同时有轻声来表示语气的轻重了。在古代的诗词里,很少或者不用这一类有轻声的词,只有在一些散文中它们才存在,所以韵书上当然也不会把它列入。它只活在人们的实际口语之中。

关于近古语音的调值,当然与现代北京话是有差别的,不过关于这一点,恐怕目前还很难有人能做得出令人满意的答案来。可以说,能够考证出它们的调类有不同的分别,并说明其变化,已很不错了。

(四) 北京音系与规范化的普通话音系

汉民族共同语——普通话的语音,是以北京语音为标准的;但是对于北京语音的吸收,并不是毫无选择的。北京音里的一些土音,在审音的时候,我们就应该有所取舍。应该认识到,普通话语音应该是规范化的、没有不良影响的标注音,而不等于北京的土音。但这项审音工作是十分复杂的,我们一方面应该研究北京音系的来源(这项工作前面已初步完成了),一方面要进一步剔出其糟粕,才能达到语音规范化的目的。在这里,我们所遇到的最大难关,就是对于北京土语的取舍问题。大致说来,北京话里的土音可以分下列几个方面[①]:

---

① 本节的叙述参考徐世荣《北京话里的土词和土音》,载《中国语文》1957 年 3 月号。

1. 受方音或其他读音影响的变化

工尺字：把尺念成 tʂi，这是受其他方言区入声的影响。
侵略：把侵字习惯地念成 tɕʻǐn。
寝室：把室字习惯地念成 ʂʅ̌。
结束：把束字习惯地念成 sù。
橙子：把橙字习惯地念成 tʂ^{c}ən。

虽然很难考出受了哪种方言的影响，但可以肯定是外地人学说不标准的北京话，使得北京人渐渐也习惯了这种不正确的读音。更明显的例子是：北京话原不分尖团音的，可是受了那些南方分尖团方言区人说话的影响，有些北京人，特别是那些“爱漂亮的女学生们”，也滥用了尖团音，读之使人刺耳。例：

向秀丽	siaŋsiouli
国家	kuotsia
铅笔	ts^{c}ianpi
希望	siuaŋ
看见	kʻantsian
下午	sia　u
学校	syesiau
危险	ueisian

这类读音，只会使标准音混乱，所以应当完全剔除。

2. 特殊的音变

这一类莫明其妙的变化叫人难以寻求其规律，只好称为“特殊的”。下面分声韵调的变化叙述：

（1）声母：

荷包——xɤpʻau　　同胞——tuŋpˇau

打扮——tapʻan　　板凳——pantʻaŋ

熨斗——yntʻon　　蝴蝶儿——xutʻier

顶好——tᶜiŋxau　　耳朵——ərtʻuo

簸箕——potɕʻi　　伙计——xuotɕʻi

借光——tɕʻiekuaŋ　　胡涂——xutᶜu

枇杷——pᶜipa　　恐怕——pʻaŋpʻa

脊梁——tɕiniaŋ　　钥匙——iaoʂʅ

一堆——i tsuei

（2）韵母：

雨淋——ylyn　　胆怯——tantɕᶜye

些微——ɕyeuei　　不兴——puxyŋ

寻思——ɕinsʅ　　出乱子——tʂʻnlantsʅ

暖和——nanxɤ　　摇撼——iauxuan

茧子——tɕiaŋtsʅ　　囟门儿——ɕiŋmar

亲家——tɕʻiŋtɕia　　天津——tʻiantɕiŋ

告诉——kausuŋ　　多么——tuoməŋ

避雨——peiy　　理会——lyxuei

胳肢窝——katʂʅuo　　大伯子——tapaitsʅ

埋怨——manyan

（3）声调：

劈柴——pǐtʂʻǎi　　光（仅仅）——kuāŋ

人中——ʐə́ntʂǔŋ　　喷香——pᶜànɕiāŋ

通红——tùŋxúŋ　　分菜——fàntsʻài

夹生——tɕiàʂāŋ　　刷（选）——ʂuà

拐弯儿——kuǎi uàr　　多余——tuō ȳ
蝴蝶儿——xùtiěr　　轴儿——tʂòur
谷雨——kū y̌　　吵嚷——tʂʻāuʐǎŋ
骨头——kútóu　　矫情——tɕiáutɕʻiŋ
笔直——pìtʂʅʻ　　雪白——ɕyèpái
过分——kuōfàn　　隔壁儿——tɕièpǐr

这里要加以说明的是：以上的字大多是从中古的入声演来。入声派入了三声字后，结合在语词里读音就不稳定了。事实上单独就“字”而论，它们的声调是稳定的。

（4）全变：

僻静——pèitɕìŋ　　隔断——tɕiétuàn
隔壁儿——tɕièpǐr　　自己——tɕìtɕǐ
这么——tsànman

3. 轻音节里的弱化音

我们在前面一节里已经谈到过轻声，这里着重谈的是轻声对于音素的影响。轻声可以改变声母或韵母，产生恶劣的弱化。所以这种现象在规范化的语音里是要剔除的，它不象上一节里所指的有语法和词汇意义。例如：

西红柿的红字，读作 ɣuŋ
擀面杖的面字，读作 man
咱们两个字，读成为 tsam
（同样，我们、你们、他们、怎么、那么、什么、多么里的“们”或“么”都成了 m。）
横竖的竖字，读作 ʂʅ
多少钱的少字，读作 r

4. 其他稀有的语音现象

是啊——ʂʅ＋a＞ʂa

四个——ʂʅ＋kɤ＞sə

五个——u＋kɤ＞uo

言语(言语一声)——ian＋y＞yan i

二十个——ərʂʅ kɤ＞ər ʂə

以上的现象,都是北方土语读音,很难为其他方言区的人所接受。在大力推广以北京语音为标准音的普通话的同时,如果不对这些现象加以规范,就很可能成为一种阻力,影响其他方言区的人学习普通话。普通话的审音工作,应该参照古音系统、现代实际读音和一般的读书音来进行,以免受方言或一般不正确的口语读音的影响。

六、现代汉语方言概况

（一）方音中的古音痕迹

语音的发展不可强求一致，所以甲方言的语音变化规律就不能强加在乙方言的头上——因为这种规律不是必然的。所以虽然我们在前面详细地谈到了从古代到今天的北京音系演变发展的过程、语音变化的规律，但是方言存在的事实使我们不得不承认：古音的痕迹还大量地保留在各种方言里，各种方言的演变发展过程是不一致的。大体说来，北方中原一带一直是政治经济的中心，所以文化和交通比较发达，语言的发展比较一致；而南方地区，尤其闽粤语区，由于重重山脉的阻隔，文化和交通都不太发达，所以语言的分歧比较大，发展速度极不一致，保留古音的成份比较多一些。但是，如今每一种方言都可以在《切韵》音系里找到自己的影子。这大约也就是因为《切韵》是个兼赅古今南北方音的大杂烩的缘故吧！根据各种方音不同的特点加以分类，我们可以大致把它们分为八个方言区：

其一，北方话区：又称为“官话区”，包括东北、长城以南、长江以北、西南、西北。以北京话为代表，下面再分为三个区：

(1) 北方“官话区”：长江以北，黄河流域和东北地区；

(2) 西南“官话区”：自湖北汉口以上，四川、云南、贵州、广西

一部分;

(3) 下江“官话区”:长江下游、镇江以上,九江以下沿江地带,包括南京、湖北一部分。

这里所说的“官话”,并不是指官场的通语,而是指运用范围较广的语言。

约有三亿八千七百万人使用这些方言。

其二,吴语区:包括镇江以东的江苏南部和浙江大部份(但杭州地点方言接近下江“官话”),以上海话为代表。

约有四千六百万人使用这些方言。

其三,湘语区:包括湖南省大部份地区(除西北部地区),以湘潭、湘乡一带的话为代表。

约有二千六百万人使用这些方言。

其四,赣语区:包括江西一部分(东北沿长江一带属下江“官话”,而南部属客家话)和湖北省东南角。以赣州话为代表。

约有一千三百万人使用这些方言。

其五,客家话:包括广东东北部、江西南部、福建西部、湖南南部,甚至广东南部、四川、台湾和广西也有说客家话的。以梅县话为代表。

约有二千万人使用这些方言。

其六,闽北语区:包括福建北部和台湾一小部分。以福州话为代表。

约有七百万人使用这种方言。

其七,闽南话区:福建南部、广东东部潮州汕头一带,海南岛大部分和台湾大部分,广东中部和南部沿海一带也有说这种话的,以厦门话为代表。

约有一千五百万人说这种话。

其八,粤语区:包括广东中部、南部和广西南部,以及港澳地区，以广州话为代表。

约二千七百万人说这种话。

如果对以上诸方言进行详细的研究，就会发现许多有趣的现象，在方言学里可以深入而全面地谈到这些；下面我们只准备把一些古音保存在方音中的重大语音现象加以对比的研究。

1. 全浊声母的保留

中古的浊塞音、塞擦音和擦音虽然在《中原音韵》时代早已消失了，可是在今天的吴语和湘语区里还保存着。

吴语区举上海话为例。它的浊音声母和中古系统几乎完全一致，而且在声调里面，浊音去声是旧去，浊音入声是阳入：

b：败倍暴办弊便弁步部排培陪袍盘旁朋彭皮贫平屏蒲

v：肥凡烦焚坟房防冯逢扶孚服复

d：道稻豆谈荡弟地调电殿定度杜惰队兑段断洞桶动台桃陶头坛唐堂腾提啼条田庭亭颓同童

g：跪贳共柜轧

dʑ：忌轿归健近竞具期祈桥求乾虔琴勤强渠权穷衢拳

z：就贱尽净静前钱秦情泉全栈站阵丈郑助状仲重池迟茶柴潮巢酬愁陈晨场长城程厨除船传床时蛇绍邵寿善擅甚慎尚上盛树字自在造赠坐罪才裁曹赵残层存从遂讼诵

少数例外字如“菌”，中古是渠殒切，属于群母，但是上海话却读为 tɕʻioŋ，不过绝大多数是与中古一致的。其间，从母字全部消失归入了邪母，而且慢慢地趋向于尖团不分了。

湘语区（略）。

2. 尖团音的区分问题

前面我们曾经讨论过精清从心邪和见溪群晓匣两系字在齐齿

呼和撮口呼前变为 tɕ,tɕʻ,ɕ 的问题,这一变化在北京话和大部分北方话地区都已全部完成了。可是在大多数方言区的情况就大不相同了。

最多的是只完成了见系的颚化,而精系的舌面化却没有完成或没有彻底完成。所以这些方言区的人就能很清楚地将下列两组字分开来:

精系齐齿呼撮口呼(ts,tsʻ,s)——

酒精节祭焦煎津俊将即取砌秋妾缉切鹊请戚须洗小秀心先辛息析

见系齐齿呼撮口呼(tɕ,tɕʻ,ɕ)——

驾车寄纠夹给厥巾均疆脚兢激去器巧丘恰欠钦犬壳穹许希孝休瞎宪血欣凶旭

吴语区是大多数能分尖团的,只是少数地区开始有了混乱和归并的趋势。江苏、湖北、贵州、云南、四川、甘肃、山西、吉林、辽宁等省分尖团的地区很少,只有在河北、山东、河南、陕西等地分尖团的地区占多数。有些地方(如湖北咸宁)塞擦音分尖团,擦音不分尖团,这是比较特殊的。一般说来,尖团合并的趋向是越来越明显的了。许多人口流动比较大的城市(如南京、上海)虽然原来是分尖团的,但是受了北京话的影响也混乱起来了。大多是老一辈的人还能分尖团,而年青一代却不能或不完全能分清尖团音。所以,从总的趋向来看,尖团音合并的趋向是肯定的。有人企图用尖团音的区分来解决一部分同音词的问题,是不妥当的。

3. 见系的颚化作用

在闽粤语地区,见系的颚化作用大多没有完成。他们仍把它读成 ki(y),kʻi(y),xi(y)。举广州话为例:

kiu：骄娇、矫缴轿、叫

k'iu：乔桥、窍

hiu：嚣枵鸮、晓

kim：兼、扦、剑、俭

k'im：钳

him：谦、险、欠

kin：坚肩、腱、健键件

k'in：虔乾

hin：牵掀轩、遣、显、宪献

kit：洁结、杰

k'it：竭诘孑揭

hit：歇蝎

k'yt：决诀阙孓厥缺

hyt：血

次举福州话为例：

k'iŋ：倾

k'i：起

køyŋ：其

k'øy：乞

kyɔŋ：强

这些方言区由于见系也没有颚化，所以也谈不上什么尖团音区分的问题了。他们把精系也读为 ts，ts'，s，根本就没有团音 tɕ，tɕ'，ɕ 存在。所以，在学习普通话时，只要掌握这个规律，把精系和见系的齐齿呼撮口呼全部念成 tɕ，tɕ'，ɕ 就行了。

4. 零声母问题

北京话里的零声母,都是从中古的云、餘、疑、影、微母变来的。其中 i,y,u 类零声母多从云、餘、疑、影母而来(u 还多一个微母),而 a,o,ə 之类零声母的来源只有疑母和影母。在今天的方言里,ŋ,v,ȵ 等声母还在“零声母字”里保持很大的优势。

先看广州话:

[ŋa]:牙芽衙、瓦雅、迓讶

[ŋɔ]:俄讹蛾鹅、我卧

[ŋai]:涯崖、艾

[ŋɐi]:危巍倪、蚁、毅诣艺呓魏伪

[ŋɔi]:呆、碍外

[ŋau]:肴淆爊、咬

[ŋɐu]:勾钩、牛、藕偶

[ŋou]:熬鳌、傲

[ŋan]:颜、眼、雁

[ŋɐt]:迄讫兀

上海话里“零声母字”的声母更加丰富,它有 ȵ,ŋ,v 等读音:

ȵiŋ:银

vəŋ:文纹问闻

ŋo:瓦

ŋa:外牙芽

ŋɤ:岸偶藕

vəˀ：勿物

ŋəˀ：月额

vī：微维惟未尾味肥

ȵi：宜疑耳二艺义严阎

ŋu：误悟互蛾鹅俄饿我卧

ȵy：愚娱虞语遇寓

võ：亡忘望

另外，北方话里山西和陕西很多地方也有把“零声母”u 读作 v，把 i，y 读成 ȵ 起头，把 a，o，ə 读成 ŋ 起头的。四川话也是如此：

vu：污乌呜钨巫吾梧吴无五伍午侮舞务

ȵi：宜疑仪蚁义毅艺议

ŋai：哀挨唉矮蔼爱艾碍隘

ŋau：熬袄奥傲

ŋou：欧呕殴偶藕

ŋan：鞍安俺按案岸暗庵

ŋaŋ：肮昂

这里也可以看出，以上方言由中古发展到今天，还没有摆脱掉这些多余的声母。在学习普通话时，一定要注意把它们读成零声母。

方言中还存在着元音起头的字前面加一个喉塞音 ʔ，例如上海话：

ʔuᴇ：委威畏喂弯湾晚挽

ʔyoŋ：拥勇永允

ʔø：安鞍暗案

ʔiɤ：忧优悠幽幼

ʔiɔ：妖邀腰要么

不过这种喉塞音大概是元音起头时常常会存在的，而且北京话里也常常会有这个音，所以我们不把它当做以上 ȵ，v，ŋ 等声母同样处理。

5. 入声和塞音收尾

除了北方话大部分地区外[①]，差不多所有的方言区和北方话少数地区都有入声，有的还分阴入和阳入。个别地区甚至有上入、中入和阳入三种入声。

关于入声，应作下列说明：

(1) 有入声收尾音-p，-t，-k 或-ʔ 的：

举广州话为例：

上阴入：

sok˥ 粟肃夙宿叔缩馊

mɔk˥ 剥

hak˥ 黑

tok˥ 督笃

kok˥ 谷毂菊麹

ts‘ok˥ 畜促束速蓄

tsok˥ 祝筑烛竹足嘱触捉粥

søt˥ 率蟀戌恤

---

① 这些地区的入声消失情况也不一定和北京话完全相同。如四川话就是入声一律归入阳平。

uɐt˥ 屈郁

fɐt˥ 弗拂佛忽

k'ɐp˥ 吸汲级给

iɐp˥ 揖邑泣

中阴入:

kɔk˧ 觉角各阁

tœk˧ 剁啄琢

tsœk˧ 芍酌着爵嚼鹊雀

k'yt˧ 决诀阙孓厥缺

k'it˧ 竭诘孑揭

tsat˧ 紮扎札铡轧

kap˧ 甲袂夹鸽蛤

tsip˧ 接辄折

阳入(下入):

长:mɔk˧ 莫寞膜幕

tɔk˧ 踱度铎

ioek˧ 钥药跃曰瘧虐弱若

yt˧ 粤越月阅愈穴悦

ɭit˧ 列烈裂

put˧ 拨脖勃

hap˧ 匣狎侠狭峡洽

tsap˧ 闸杂

tip˧ 迭牒蝶谍

短:iok˧ 欲慾狱玉育辱褥肉

lok˧ 六绿録禄鹿戮陆

iek˧ 役疫译易亦翼逆液腋

tsek˧ 寂藉直值殖植席夕

lɐk˧ 仂肋勒

mɐk˧ 墨默陌麦脉

ɭøt˧ 律率栗

tsɐt˧ 侄蛰窒疾

mɐt˧ 勿物蜜密袜

sɐp˧ 十拾什

hɐp˧ 盒合盍

这里的入声塞音收尾,也是与中古一样,和平声的-m,-n,-ŋ 收尾音遥遥相对。所以,我们可以说,中古的入声系统整齐地保留在现代广州话里,广州人学习普通话时,一定要把一类收尾音摔掉。

另外,上海话的入声是-ʔ 收尾的:

阳入:

yoʔ:局掘轴肉褥玉狱疫役欲域育月悦阅越岳

uaʔ:划滑檝

uəʔ:活或获

iaʔ:略剧捏瘧虐嚼协钥乐学

iɪʔ:鼻别密蜜觅灭敌狄笛迭蝶谍牒力立粒栗历猎列烈裂律极剧极及业热日逆集疾藉截绝习席拾亦择易叶

oʔ:薄仆瀑缚摸莫木目牧服伏复独牍毒洛络络乐六陆落鹿禄烙族昨浊俗熟属凿勺轴辱续岳获

aʔ:拔白麦脉袜罚乏达踏捺纳腊辣杂择闸宅十弱若额盒炸铡

əʔ:勃沫抹末没墨默脉物佛夺特突肋直植侄十实食择蚀泽贼着折舌术日入核合

阴入:

yoʔ:橘菊觉决缺屈瘸曲血畜蓄

uaʔ:括刮豁挖

uəʔ:骨阔忽

iaʔ：脚甲恰确却鹊怯削约

iɪʔ：逼笔毕必壁璧劈匹跌的帖踢剔激击积即急脊给节吃切七夕折昔吸泄雪恤乙益

oʔ：剥驳北扑腹督秃托脱捉桌作竹祝粥畜速叔郭各角哭壳忽豁恶屋握

aʔ：八伯百柏拍发髮答搭塔只扎尺赤察册拆杀革格夹甲恰叩吓压

əʔ：拨不迫勿得脱职则哲卒拙策彻出失湿式适瑟色说割渴刻黑

入声之所以分阴阳，在吴语区里可以说是由于清浊声母所致；所有浊音声母(包括次浊声母和零声母)的入声字归阳入，清音声母(及部分次浊声母字)的入声字归阴入。但是在其他方言区却不是如此，既然声母的浊音已归入清音了，那还分什么阴入和阳入呢？这是因为在过去浊音声母没有消失之前，入声(和其他声调)的阴阳已经分定了；所以即使后来浊音消失之后，也无法改变已经定了型的声调。例如：太原话的入声里，阴入全部是清音字，阳入全部是浊音字，虽然今天的太原方言里，并没有清浊声母的区别。

(2) 入声也可以是没有塞音收尾的，主要是因为这种方言里入声调比较长，下面举出的长沙话入声就是˨˦ 14。(略)。

(二) 口语中的文白异读

汉字不是标音的，而是一个个方块字，所以长期以来就存在着口语和读书音不一致的情况。在封建社会时代，一般的“士民庶人”平时尽管可以用土语乡谈，但是在读书作诗时，却一定要用“官话”。这种“官话”在魏晋时期是南京与洛阳话[1]，后来就慢慢地被

---

① 《颜氏家训·音辞篇》：“自兹厥后，音韵锋出，各有土风，递相非笑，指马之谕，未知孰是。共以帝王都邑，参校方俗，考核古今，为之折衷。搉而量之，独金陵与洛下耳。”金陵即今日的南京，洛下即今日的洛阳。

北京话(至少是北方话)取而代之。后来这种读书音的势力也逐渐影响到了一般人的方言交谈,使他们不自觉地把"官话音"渗进了方音里。这样,几乎每一种方言里都存在着文白异读的现象。

先举潮州话为例①:

	文	白
鲜卑的卑	pi	pui
扁平的扁	pieŋ	pĩ
改变的变	pieŋ	pĩ
把守的把	pa	pẽ
保护的保	pau	po
斑点的斑	paŋ	põĩ
聘请的聘	p‘eŋ	p‘ĩã
盲目的盲	meŋ	me
稻田的稻	tau	tiu
礼貌的礼	li	loi
接到的接	tsiˀ	tsiap
相争的相	siaŋ	sie
假装的假	kia	ke
旗竿的竿	kaŋ	ko
秧苗的秧	iaŋ	ŋ
平安的安	aŋ	ũã
远近的远	ieŋ	hŋ
长短的长	ts‘iaŋ	tɤŋ
人类的人	ziŋ	naŋ

① 引自李永明《潮州方言》。

上下的下	hia	e
父亲的父	hu	pe
多少的多	to	tsoi
抓住的抓	tsũã	zieu
相识的识	sek	pak
放假的放	huan	paŋ
香味的香	hiaŋ	p‘aŋ
浴盆的浴	iok	ek
利息的利	li	lai
重复的重	ts‘oŋ	teŋ
飞翔的飞	hui	pue
砖瓦的瓦	ua	hia
整齐的齐	ts‘i	tsoi

次举上海话为例：

	文	**白**
害怕的怕	p‘a	p‘o
闻味的闻	vəŋ	məŋ
贵贱的贵	kue	tɕy
跪着的跪	gue	dʑy
来去的去	tɕ‘y	tɕ‘i
医生的生	səŋ	sã
声音的声	səŋ	sã
认识的认	zəŋ	ȵiŋ
耳朵的耳	əɭ	ȵi
衣架的架	tɕia	ka

茄子的茄	dʑia	ga
菊花的花	hua	ho
把握的把	pa	po
解放的解	tɕia	ka
日晒的晒	sa	so
肥皂的肥	vi	bi
魔鬼的鬼	kue	tɕy
工人的人	zəŋ	ȵiŋ
问题的问	vəŋ	məŋ
大小的大	da	du
加减的加	tɕia	ka
相差的差	ts‘a	ts‘o
爪子的爪	tsa	tso
飞鸟的鸟	ȵiɔ	tiɔ
洗染的染	zø	ȵi
任性的任	zəŋ	ȵiŋ
灭亡的亡	vɔ̃	mɔ̃
耕田的耕	kəŋ	kã

可以很清楚地看到,这些读书音显然是受了北方话的影响。同时,就是北京话本身也有文白两读的现象存在:

	文	白
厚薄的薄	po	pau
烙印的烙	luo	lau
耕田的耕	kəŋ	tɕiŋ
嘴嚼的嚼	tɕye	tɕiau
麻雀的雀	tɕ‘ye	tɕ‘iau

皮壳的壳	tɕ‘ye(或 k‘ɕ)	tɕ‘iau
剥削的削	ɕye	ɕiau
热血的血	ɕye	ɕie
住宅的宅	tʂɤ	tʂai
喝粥的粥	tʂu	tʂou
丰硕的硕	ʂʅ	ʂuo
杉木的杉	ʂan	ʂa
芍药的芍	ʂuoye	ʂauiau
颜色的色	sɤ	ʂai
漱口的漱	su	ʂu
窃贼的贼	tsɤ	tsei
跃进的跃	ye	iau

这种文白异读大量存在的事实,使我们觉得:在汉语规范化的时候,有必要对这些两种或两种以上的读音加以抉择。一般地说,应该选择读书音,使它更合于规范。如:跃进的跃,念 ye 不念 īan;颜色的色不念 ʂai 念 sɤ。

附录：《洪武正韵》的声韵调

《洪武正韵》承袭了《礼部韵略》的体例，只标明韵目和声调，不标明声母。因此要用陈澧研究《广韵》反切上字的方法来分析《洪武正韵》的声母，分析的结果，得出三十一声类。下面我们把它跟三十六字母作个比较。

洪武正韵声类	假定音值	三十六字母	反切上字举例
古	k	见	公柯举吉
苦	k‘	溪	孔口去乞
渠	g	群	求祈巨极
五	ŋ	疑	阮吾语偶
呼	x	晓	荒虎许黑
胡	ɣ	匣	洪何弦辖
乌	○	影	汪迂因乙
以	j	喻及疑一部分	养于牛宜
陟	tʃ	知照	珍旨诸庄
丑	tʃ‘	彻穿	冒尺初尺
直	dʒ	澄床及禅一部分	仲长池状
所	ʃ	审	山商色失

续　表

洪武正韵声类	假定音值	三十六字母	反切上字举例
时	ʒ	禅	辰承是殊
而	ʑ	日	如日人尔
子	ts	精	宗租将足
七	ts‘	清	且戚此取
昨	dz	从	坐族才在
苏	s	心	孙思新悉
徐	z	邪	席象详旬
都	t	端	东得典丁
佗	t‘	透	汤天托惕
徒	d	定	同堂达田
奴	n	泥娘	年农乃女
卢	l	来	良龙闾力
博	p	帮	搏比卑北
普	p‘	滂	铺匹篇披
蒲	b	並	步避备弼
莫	m	明	末眉忙密
方	f	非敷	芳敷甫抚
符	v	奉	扶房冯防
武	ɱ	微	巫亡文罔

这个比较说明三十六字母的知彻澄已经跟照穿床完全合并，床母一部分并入禅母；疑母三等字并入喻母，大概疑母的消失是从三等字开始的。此外在等韵中长期承袭的非与敷、泥与娘的分别这里不再采用。

它跟《中原音韵》声母的主要差别是保留了中古的全浊声母和没有卷舌音。在南方官话中,知照系的字后来跟精系的字合流了,武母的字则游离于明母与奉母之间。

《洪武正韵》的韵母平、上、去声各二十二韵,入声十韵。下面我们把它们跟《礼部韵略》的韵母作了比较(都以平声代表上去入声):

《礼部韵略》	《洪武正韵》	《礼部韵略》	《洪武正韵》
支、微	支(ei)	阳、江	阳(ɑŋ)
齐	齐(i)	庚、青、蒸	庚(əŋ)
灰	灰(əi)	寒	寒(ɑn)
佳	皆(ai)	删	删(an)
鱼、模	鱼(y)、虞(u)	先、元	先(ɛn)
歌	歌(o)	真、文	真(en)
麻	麻(a)、遮(ɛ)	侵	侵(əm)
萧、肴	萧(iau)	覃、咸	覃(am)
豪	爻(ɑu)	盐	盐(iɛm)
尤	尤(au)		
东、冬	东(uŋ)		

从上面的比较里,我们看到《洪武正韵》的韵类比《礼部韵略》的韵类少了许多,但是这种减少并不是简单地归并。例如从麻韵中分出一个遮韵出来,而鱼、虞两韵完全变了样,《礼部韵略》"虞韵"一部分并入鱼韵,音值是 y;另一部分音值是 u,新立一个模韵,

这一点比《中原音韵》变得还要快。

《洪武正韵》的支、齐两韵的音值比较难定些，支韵的音值也可能是 i，但是绝不是舌尖元音 ɿ，ʅ，因为支韵里除了有知系、照系、精系的字以外，还有帮系、非系的字如：悲（逋眉切）、纰（篇夷切）、皮（蒲麋切）、麋（忙皮切）、霏（芳微切）、肥（符非切）、微（无非切），此外还有些喉牙音字，如夷（延知切）、奇（渠宜切）、羲（虚宜切）、伊（於宜切）等。

跟《中原音韵》比较，《洪武正韵》的支、齐、灰三韵在《中原音韵》是支思和齐微两韵，支思韵只包括支韵中的齿音字，其他都并入齐微韵；《洪武正韵》的鱼、模两韵在《中原音韵》是一韵，《洪武正韵》的萧、爻两韵在《中原音韵》也是一韵。《洪武正韵》的寒、删两韵不等于《中原音韵》的寒山和桓欢，《洪武正韵》的寒韵中有寒山韵的字，也有桓欢韵的字。例如：

寒 { 寒山——寒邯干看刊
　　 桓欢——欢官宽潘团桓

而删韵中没有桓欢韵的字，这就是说《中原音韵》的桓欢只是《洪武正韵》寒韵的一部分，更正确地说是寒韵的合口的那一部分。此外，《中原音韵》的闭口韵中已经没有唇音字了，而《洪武正韵》还有，例如：

覃：凡（符咸切）——温帆渢氾
　　梵（扶泛切）——帆颿钒泛汎氾盜渢
　　范（房啖切）——范笵範軓軐犯
盐：砭（悲廉切）——砭
　　贬（悲检切）——辨
　　窆（陂驗切）——砭砭

除闽广方言外，一般地说，闭口韵的消失南方比北方晚一些。

在声调方面，《洪武正韵》仍旧是平、上、去、入四声，入声只跟

阳声韵相配:

东——屋,真——质,寒——曷,删——辖,先——屑,

阳——药,庚——陌,侵——缉,覃——合,盐——葉。

这就意味着屋、药、陌的韵尾是-k,质、曷、辖、屑的韵尾是-t,缉、合、葉的韵尾是-p,至于平、上、去、入四声在调值上有没有阴阳的区别,我们没有足够的材料去证明它。

一般地说,《洪武正韵》在声母和声调方面更接近中古的语音系统,在韵母方面更接近《中原音韵》。所谓中原雅音就是如此。

语法篇

第一编 上古汉语语法

一、词　　法

词类是词法的基础。汉语词法的发展，主要是指词类的发展。汉语的词分成虚、实两类。实词能够作句子成分，在一定的环境下，又能回答一定的问题，独立成为一个句子；在内容上也都有实在的意义：表示实体或者动作、变化、性状、数量等概念。实词包括名词（附方位词）、动词（附判断词、能愿动词、趋向动词）、形容词、数词、量词和代词等六类。至于虚词，一般不作句子成分，在任何场合下都不能单独成为句子或回答问题；在内容上没有实在的意义，它们的基本用途是表示语法关系。虚词包括副词、介词、连词、助词、叹词等五类。其中的副词，除有虚词的特点之外，又有作状语及少数补语的能力；又有些表示肯定、否定或可能的副词，也可以单独回答问题。

汉语词类的分别，基本上古今一致，这充分说明语法发展的稳固性。但是，在每一词类里，许多词的语法特点和语法功能却是在不断地变化着。这里，先介绍一下上古汉语里各类词的特点。

（一）名　　词

上古名词有下列的几个特点：

1. 名词的辅助成分很少见。秦以前，有些名词（包括普通名词和专有名词）的前头可以加上“有”，作为辅助成分；如“有虞”“有商”“有民”“有政”“有众”“有居”等。“有”具有前附成分的性质：指明这个词为名词。但是，有很大的游离性。汉以后，“有”只用于朝代的名称前代，如“有唐”“有宋”等，它的构词能力逐渐丧失了。

汉时，名词的辅助成分“阿”和“子”“儿”等，虽然已经出现(见第三章)，但是，它们大量应用还是汉以后的事。因此，可以说，上古名词的辅助成分是不发达的。

2. 名词，包括人称名词，都没有数的范畴，没有表示单复数的语法形式。单复数的区分除用数词修饰外，就依靠具体的语言环境。试比较：

> 小子识之，苛政猛于虎也。(《礼记·檀弓下》)
> 小子鸣鼓而攻之，可也。(《论语·先进》)

两句都是孔子的话。第一句的“小子”指他的学生子路，单数；第二句的“小子”是指他的许多门人，多数。单复数的区分，全靠上下文来体会。

3. 名词，除了经常被形容词修饰之外，还直接与数词相结合(数/名或名/数)，数词后面不需要应用量词。如：

> 三人行，必有我师焉。(《论语·述而》)
> 以乘韦先，牛十二犒师。(《左传·僖公三十二年》)

至于中间插进量词的“数/量名”结构，则是很少见的。例如：

> 若有一个臣(《书·秦誓》)

4. 否定名词时，用否定词“非”。如：

非礼勿视。(《论语·颜渊》)

无恻隐之心，非人也。(《孟子·公孙丑上》)

在特殊的情况下，名词可以用“不”来否定。如：

晋灵公不君。(《左传·宣公二年》)

无子不庙，不庙则不书。(《公羊传·闵公三十二年》)

父不父，子不子。(《论语·颜渊》)

这样用“不”来否定名词的，就使名词带有形容词或动词的性质，一般是作为谓语用的。“不”的用法是不同于“非”的。汉以后，“不”否定名词的用法，一般不通行了，只有象“人不人，鬼不鬼”那样极少数的情形，还保留着上古语法的遗迹。

5. 名词能够直接作谓语，在主语和谓语中间不用判断词，就可以成判断句。如：

荀卿，赵人。(《史记·荀卿列传》)

天下者，高祖之天下。(《史记·魏其武安侯列传》)

百里奚，虞人也。(《孟子·万章上》)

南溟者，天池也。(《庄子·逍遥游》)

6. 名词还可以不用虚词而直接作状语。如：

舜勤民事而野死……冥勤其官而水死……稷勤百谷而山死。(《国语·鲁语》)

有席卷天下，包举宇内，囊括四海之意，并吞八荒之心。(贾谊《过秦论》)

天下云集而响应,赢粮而景从。(贾谊《过秦论》)

这类名词的用作状语,不仅是表地点的,而且可以是表状态的。

附方位词

方位词,象"东""南""前""后"等上古时常常直接放在动词前,作状语用。例如:"西游于秦。"(《战国策·齐策》)"南见老子。"(《庄子·庚桑楚》)"北救赵而西却秦。"(《史记·魏公子列传》)当然也有直接或间接(通过"以""之"作中介)附在名词后面,成为一种方位结构的。例如:"寄食门下。"(《战国策·齐策》)"长城之南,易水以北,未有所定也。"(《史记·刺客列传》)

(二) 动　　词

上古动词有下列几个特点:

1. 没有时态的标志和"体"的范畴。上古动词对于时态的表示,主要依靠时间副词的适用,在动词前面,加上"已""既""方""正"等,如:

> 秦昭王已破赵长平军,又进兵围邯郸。(《史记·魏公子列传》)
>
> 绛侯等既诛诸吕,齐王罢兵归。(《史记·灌婴列传》)
>
> 汉王方蒙矢石争天下,诸生宁能斗乎?(《史记·叔孙通列传》)

"已""既"表示"已经",相当于后来在动词后面的"了""过";"方""正"表示"正在",相当于后来在动词后面的"着"。

2．上古动词的前后，可以带一些没有意义的音节；如在动词前，可以带“爰”“曰”“言”等；在动词后，可以带“思”“止”等。例如：

爰居爰处，爰笑爰语。（《诗经·小雅·斯干》）
高山仰止，景行行止。（《诗经·小雅·车辖》）

这些虚词附在动词的前面或后面，看不出有什么附加意义，同时，它们的游离性很大。这种情况大都见于《诗经》中，散文中很少见，可以想见，它们是为了词句音节的谐和与整齐而增添的。这些虚词，是不是动词的辅助成分，还是疑问。汉以后这样的虚词逐渐消失了。

3．上古没有动量词，动词计数时，直接在前面加上数词，构成“数/动”结构：

季文子三思而后行。（《论语·公冶长》）
禹八年于外，三过其门而不入。（《孟子·滕文公上》）

4．上古语里被动式的构成，有下列几种：

① 动词＋于＋主动者。例：“御人以口给，屡憎于人。”（《论语·公冶长》）

② 为＋主动者＋动词。例：“身客死于秦，为天下笑。”（《史记·屈原贾谊列传》）

③ 动词前加“见”以表明被动。例：“欲予秦，秦城恐不可得，徒见欺。”（《史记·廉颇蔺相如列传》）

④ 为＋主动者＋所＋动词。例：“微赵君，几为丞相所卖。”（《史记·李斯列传》）

⑤ 动词前加“被”。例：“上念老母，临年被戮。”（《答苏武书》）

这种格式产生在秦汉时代。这时“被”的后面不出现主动者，都是直接附着一个动词的。

5．上古时动词一般不重叠，重叠后一般也只表示行为的连续。如：“行行重行行。”（《古诗十九首》）

6．判断词“是”，在汉末才形成，魏晋以后才大量应用。上古时与“是”相当的词，有“为”词，如：

四体不勤，五谷不分，孰为夫子？（《论语・微子》）

尔为尔，我为我。（《孟子・公孙丑上》）

这种用法并不多见。此外，与“是”相似的，还有“曰”“谓”等，严格说来，它们还是一般的动词，有“叫做”的意思。

7．上古能愿动词有表示可能的“可”“能”“足”，表示必要的“得”“宜”“须”，表示愿望的“愿”“欲”“肯”等。能愿动词在问答当中可以充当动词用，如：

能行大事乎？曰：能。（《左传・文公元年》）

跟动词结合在一起，拼成能愿合成谓语的，这是古今一样的。如：

门人欲厚葬之。（《论语・先进》）

8．上古趋向动词不发达。只有几个由单纯趋向动词所构成的趋向结构，如：

牛羊下来。（《诗经・王风・君子于役》）

单于……直冒汉围西北驰去。（《史记・卫将军骠骑列传》）

上古没有合成的趋向动词。

(三)形容词

上古形容词可以带有后附成分“如”“若”“尔”“然”“而”“耳”等,用来表示描写的作用,并且指明形容词性。例如:

屯如亶如,乘马班如。(《易经·屯卦》)
桑之未落,其叶沃若。(《诗经·卫风·氓》)
凄然似秋,煖然似春。(《庄子·大宗师》)

“如”“若”“然”等,这样的后附成分,大都为日母字,在语法意义上也都有“那样”的意思,相当于后来的结构助词“的”或“地”,只是“的”或“地”不仅可以附在一个词的后面,也可以附在一个词组的后面;至于古代的“如”“若”“然”等却只能附在一个词的后面,特别是一个形容词的后面,因此,我们认为是形容词的后附成分。上古附在形容词前面的,还有“其”“有”等:

北风其凉,雨雪其雱。(《诗经·邶风·北风》)
有洸有溃,既诒我肄。(《诗经·邶风·谷风》)

不过这种前附成分的游离性很大,散文中又不多见,所以,还不能认为是纯粹的前附成分。

上古叠音形容词非常发达,特别是单音形容词的重叠;如《诗经》中的“依依”“灼灼”“杲杲”“瀌瀌”“喈喈”“嘤嘤”“皎皎”等都是叠音形容词。散文中所见也不少;如:“是故无冥冥之志者,无昭昭之明;无惛惛之事者,无赫赫之功。”(《荀子·劝学篇》)四音的,如

“日初出沧沧凉凉”(《列子·汤问》)也已出现了。《尔雅·释训》一篇,除单音词的重叠之外,也收了不少这样四音的。至于三音的部分重叠形容词,比较少见,但在屈原的作品中却已常常运用;例如:“芳菲菲”“皇剡剡”“杳冥冥”“穆眇眇”等。又重叠的形容词,还可以带一个后附成分;例如:“蹙蹙然”“栩栩然”“揁揁然”“汲汲然”(《庄子》),“訚訚如”“申申如”“夭夭如”“侃侃如”(《论语》)等。

形容词重叠式的作用是对于摹声、绘景或抒情的加强,因之形容词的重叠式,一般不能用程度副词来修饰。例如“杨柳依依”,不能说成“杨柳甚依依”。

重叠形容词与一般形容词一样,可以直接充当谓语。例如:

> 南山崔崔。(《诗经·齐风·南山》)
> 雷填填兮雨冥冥。(《楚辞·山鬼》)
> 王者之民,皞皞如也。(《孟子·尽心上》)
> 万民熙熙。(《史记·匈奴列传》)

形容词在作定语时,一般放在中心词前,单音的就直接附上,双音的则大都加上结构助词“之”,例如:“鄙贱之人。”

(四)数词和量词

上古称数法:

“一、二、三……十、百、千、万、亿”等数词,上古语里早已具有了。数词是最稳固的,后来很少变化。

上列基本数词,可以构成一切合成数词。不过上古的合成数词,有几种特殊的地方:在两位或两位以上的数词中间,往往加个“有”字。这个“有”字,作“又”解,例如:

自今十年㞢五。(《卜辞》)

这里的“㞢”即“有”。

吾十有五而志于学。(《论语·为政》)
即去大梁百有二十里耳。(《荀子·强国》)

零位数的“零”,不表示出来,例如只有“三百只”“百五”这样的说法,没有“三百零六”“一百零五”的说法。

上古分数表示法有好多种,比现代语里繁复得多。最完备的格式是:“母数＋分＋名词＋之＋子数”,例如“四分度之一”(《汉书·律历志》)。其他的表示法,都是在这一表示法的基础上,加以种种变化而形成的。除了母数、子数不可省略以外,其他成分可以依次省略。如“参国之一”,省略了“分”字;“三分之一”,省略了“名词”;“二十之一”,省略了“名词”和“分”字;“二十七分十六”,省略了“名词”和“之”字;“什二三”,又是都省略了。省说名词,大概是由于上下文里出现过这个名词;省说成“什二三”的,是由于母数是“十”“百”等的整数。

上古倍数的表示法:一倍称“倍”,五倍称“蓰”,十倍称“什”,“百倍”“千倍”“万倍”可以称“百”“千”“万”,例如:“或相倍蓰,或相什百,或相千万。”(《孟子·滕文公上》)

上古约数的表示法也有好多种。列举如下:a. 相近数词的连用,如:“冠者五六人,童子六七人。”(《论语·先进》)。b. 数词前加上副词“可”“将”“且”等或不定数词“几”“数”等。如:“北山愚公者,年且九十。”(《列子·汤问》)“蒙雾露,沐霜雪,行几十年。”(《汉书·韩安国传》)余数不定也有几种表示法:数词后加上“所”“许”“余”等,例如:“邹忌修八尺有余。”(《战国策·齐策》)

序数和基数的形式,在上古前期没有什么分别。如《论语》中"三月不违仁"的"三月"和《诗经》中"七月流火,九月授衣"的"七月""九月",在形式上是相同的。序数的标志"第",在周代还没有产生。到汉代才产生了"第",是从列位意义转变而成次序意义的。如:

于是孝文帝乃以绛侯勃为右丞相,位次第一;平徙为左丞相,位次第二。(《史记·陈丞相世家》)

这个"第"字表示列位,但已具有序次的意义。又如:

吴公治平为天下第一。(《史记·贾谊列传》)

这里的"第"确是序数的标志了。又如:

光武帝……生于济阳宫后殿第二内中。(《论衡·吉验篇》)

其中的"第",表示序次的意义更为明确了。

上古量词:

上古语里还没有出现动量词。至于物量词,使用也不普遍;可是构成的类型已经有好多种。如:度量衡的单位"丈""仞""尺""寸""斗""石""斤""镒""钧";集体单位"纶""廛";一般单位"张""介(个)""个""匹""两(辆)";借用事物的部分的"头";借用盛物的器具的"箪""瓢"等等。

上古数词、数量词的语法特点:

1. 数词或数量词同名词结合而作为定语的,有五种方式:

a. 数量词放在名词前面的，例如："若有一个臣，断断兮，无他伎。"（《书·秦誓》）b. 在数量词和名词之间加进结构助词"之"。如："毛先生以三寸之舌，强于百万之师。"（《史记·平原君列传》）c. 数量词放在名词后面的，比较常见。如："皆赐玉五瑴、马三匹。"（《左传·庄公十八年》）d. 不用量词，单用数词，放在名词前或名词后，这是最常见的。例如："三人行，必有我师焉。"（《论语·述而》）"吏二缚一人诣王。"（《晏子春秋·内篇杂下》）

2. 上古语里，数词可以充当谓语，并且可以具有动词性而带着宾语，如：

世所谓不孝者，五。（《孟子·离娄下》）

士也罔极，二三其德。（《诗经·卫风·氓》）

孰能一之？对曰：不嗜杀人者能一之。（《孟子·梁惠王上》）

3. 上古汉语里既然没有动量词，表示动量词，就用数词直接放在动词前。如：

一沐三捉发，一饭三吐哺。（《史记·鲁周公世家》）

季文子三思而行，子闻之曰："再斯可矣。"（《论语·公冶长》）

（五）代　　词

上古语里的人称代词有下列的一些：

第一人称：吾、卬、余、予、朕等。

第二人称：尔、女（汝）、而（乃）、若等。

第三人称：其、之、彼等。

当时的人称代词不象现代语里这样的单纯，这是由于方言的分歧和书写的异体，并不是一种实际的语言里就有这样的繁复，所以实际使用上并没有分别。例如"若""汝""而""乃"常常混用。

吾翁即若翁，必欲烹而翁，则幸分我一杯羹。(《史记》)

吾翁即汝翁，必欲烹乃翁，幸分我一杯羹。(《汉书》)

上古语里人称代词表示复数的，有"侪""曹""属""等"一类词：

吾侪小人皆有阖庐以辟燥湿寒暑。(《左传·襄公十七年》)

吾属今为之虏矣。(《史记·项羽本纪》)

吾爱之重之，不愿汝曹效之也。(《汉书·马援传·诫兄子书》)

公等录录，所谓因人成事者也。(《史记·平原君虞卿列传》)

"侪"常用在"吾"的后面，"曹"常用在"汝""尔"的后面。

上古语里第三人称代词用得不很多；"其""之""彼"常用作指示代词，并不常用作人称代词，尤其很少作主语用。"其"一般作定语，"之"一般作宾语。当时关于第三人称的主语，经常是用复述或省略法。

指示代词有下列的一些：

近指的指示代词：此、兹、斯、是、时、实、已、今、然、乃、焉、之等。

远指的指示代词：彼、匪、其、厥、乃、若等。

上古语里指示代词这样复杂，也是由于书写的异体和方言的分歧。如“此”“兹”“斯”“是”“实”“时”“已”的读音极相近。“彼”“匪”原来都是重唇音，同音可以通用，如：

近可远在已。（《史记·夏本纪》）
迩可远在兹。（《书》）

疑问代词有下列的一些：

上古语的疑问代词：“谁”“孰”“何”“曷”“胡”“奚”“恶”“乌”“安”“焉”等。这些疑问代词在用法上并不完全相同，“谁”和“孰”是指人的，“谁”可以作主语、宾语和定语，“孰”只能作主语，表示反问和选择的意义。例如：

子率以正，孰敢不正？（《论语·颜渊》）
弟子孰为好学？（《论语·雍也》）

作主语，如果上文被代的名词没有出现，“谁”与“孰”的用法相同，如果上文被代的名词已经出现，“孰”能够表示反问和选择的意义，“谁”则不能。“孰”偶尔可以代事物，这也是“谁”所不能的。

“何”一般用来指事物，“安”“焉”一般用来指处所。

（六）副　　词

上古语里的副词是很丰富的，用来表示程度，范围、时间等各种意义上的微细的差别。主要有以下的九类：

1. 程度副词：最、尤、甚、极、绝；差、略；颇，稍等。

2．范围副词：皆、尽、举、毕、共、凡、各、每、独、仅、屡、频、约、几等。

3．时间副词：已、既、终、业、方、正、将、且、初、始、曾、竟、卒、乍等。

4．疑问副词：何、奚、安、焉、胡、或、若、盖、岂、宁等。

5．否定副词：不、否、弗、未、莫、匪、非、无、毋、止、勿、靡、罔等。

6．表敬副词：辱、惠、幸、伏、窃等。

各类的副词都可以用来表示微细的差别，例如时间副词能表示过去、现在、未来以及回忆过去(初)的意义；又能表示急速(立、卒)、长久(久、永)、经常(常、恒)、短暂(少、暂)等的意义。

否定副词，虽然同是表示否定的意思，可是用法上也有差别，不能随便地加以调换和代替，如“舍馆未定”(《孟子·离娄上》)，“未定”不好改成“不定”“非定”等。

上古语的副词，除了极少数以外，一般不能独立运用。“不”除了作否定副词之外，可以独立运用，又可作语气词和谓语，如：

> 惠王曰：“子去寡人之楚，亦思寡人不?”(《史记·张仪列传》)
>
> 不十人，不足以葬。(《左传·襄公二十八年》)

上古语里副词的一般语法功能，有修饰动词、修饰形容词和修饰整个谓语三种。举例如下：

> 成山斗入海，最居齐东北隅。(《史记·封禅书》)
>
> 王有孽子不害，最长，王弗爱。(《史记·淮南衡山列传》)
>
> 丰，吾所生长，极不忘耳。(《史记·高祖本纪》)

（七）介　　词

上古语里介词的语法特点，可以举出下列的几点：

1. 一般介词置于所介的前面，也有少数置于所介的后面的。例如：

其有不合者，仰而思之，夜以继日。（《孟子·离娄下》）

2. 有些介词可以省略。如：

大战（于）河曲。（《史记·晋世家》）

3. 介词一般带有所介的词语，如果所介的词语很明显的，也可以省略。如：

归至家，妻不下纴，嫂不为（苏秦）炊，父母不与（苏秦）言。（《战国策·秦策》）

4. 介词是由动词虚化而来的，有些介词仍然保留动词的特性，仍旧作动词或谓语用。如：

视其所以，观其所由，察其所安。（《论语·为政》）
人之过也，各于其党。（《论语·里仁》）

现代常用的介词，有很多在上古语里已经产生了，如："在""于""以""为""与""自""由""从""因"等。它们的用法有些同现代语里相近,有些到现在已经消失了。例如:“以”相当于“拿”“用”的意思保存下来了。但是,相当于“与”的意思却已经消失了:“主人以宾揖。”(《仪礼·大射仪》)相当于“田”的意思也已经消失了:“今以长沙豫章往。”(《汉书·西南夷传》)这些用法的消失,大概是由于介词严格分工的结果。

上古介词虽然丰富,可是用法不统一,一个介词往往有好多种不同的用法;例如“以”有十多种用法。另一方面,好几个介词又往往具有一种相同的用法;例如“诸”“乎”“爰”“焉”“那”“都”“之”等跟“于”的用法相同。由于长期的使用和发展,有些介词的用法固定下来了,有些用法被淘汰了,现代的介词用法就比较地统一。

(八) 连　　词

上古语里连词的语法作用,可以分做下面的几种来说:

1. 表示并列关系的连词,有“与”“而”“及”“且”“暨”“又”等。例如:

> 夫子之言性与天道,不可得而闻也。(《论语·公冶长》)
> 闻善而不善,皆以告其上。(《墨子·尚同》)

2. 表示选择关系的连词,有“若”“如”“抑”“其”“且”“将”等。例如:

> 孟氏使半为臣,若子若弟。(《左传·襄公十一年》)
> 安见方六七十,如五六十而非邦也者?(《论语·先进》)

3. 表示承接关系的连词,有“则”“即”“斯”“乃”“遂”“而”等。

例如：

行有余力，则以学文。（《论语·学而》）

与之地，即无地以给之。（《战国策·韩策》）

4. 表示转折系的连词，有“而”“然而”“但”“然”“况”等。例如：

贾而欲赢，而恶嚣乎？（《左传·昭公元年》）

太尉遂将北军，然尚有南军。（《史记·吕后本纪》）

5. 表示让步关系的连词，有“虽”“纵”“唯”“自”“每”“就”等。如：

果能此道矣，虽愚必明，虽柔必强。（《礼记·中庸》）

纵江东父兄怜而王我，我何面目见之？纵彼不言，籍独不愧于心乎？（《史记·项羽本纪》）

6. 表示假定关系的连词，有“如”“若”“令”“使”“犹”等。例如：

如耻之，莫若师文王。（《孟子·离娄上》）

公子若反晋国，则何以报不穀？（《左传·僖公二十三年》）

上古语里的连词，虽很丰富，可是不象现代连词用法那样统一而固定。一个连词可以兼表好几种关系，如“而”可以兼表并列、承接、转折等几种关系。同时,表示一种连接关系的又有好多个连词,如表示并列关系的有十几个,表示假设关系的有二十几个。这是当时用法不统一的现象。

(九)助　　词

上古语里的助词,可以分做下列的几种来说:

1. 结构助词。上古语的结构助词有“之”,用在定语和中心语之间,如“寡人之过”“三寸之舌”“操蛇之神”等等。上古结构助词“之”,还有一些别的用法,如:加在主语、谓语之间,构成一种特别的主谓词组。例如:

> 道之不行,已知之矣。(《论语·微子》)
> 子之哭也,壹似重有忧者。(《礼记·檀弓》)
> 天之于民厚矣。(《列子·说符》)

上古还没有用在状语补语和中心语间的结构助词。

结构助词还有一个附类。这类助词,附加在别的词或词组、句子上面,使其成为名词的性质,这在上古有“者”“所”字结构,如:

> 往者不可谏,来者犹可追。(《论语·微子》)
> 遍国中无与立谈者。(《孟子·离娄下》)
> 滔滔者,天下皆是也。(《论语·微子》)
> 其贤者使贤王,不肖者使不肖王。(《晏子春秋·内篇杂下》)

“所”限于加在动词的前面,用动词一起来表示动作所及的事物。如：

吾将瞷良人之所之也。（《孟子·离娄下》）

良人者，所仰望而终身也。（《孟子·离娄下》）

此百世之怨，而赵之所羞。（《史记·平原君列传》）

2. 语气助词。上古的语气助词，其主要作用是放在句末，帮助语句表示种种语气；另外一个作用是，放在词或词组的后面，表示提示和停顿。语气助词，按照它们所表示的不同语气，可以分成下列几类：

表示疑问语气的："乎""欤（与）""耶""哉""邪"等。例如：

三视晏子问："齐人善盗乎？"（《晏子春秋》）

见楚王，楚王曰："齐无人邪？"（《晏子春秋》）

孟子谓戴不胜曰：子欲子之王之善与？（《孟子·滕文公下》）

真待我以横逆，则君子必自反也；我必不仁也，必无礼也，此物奚宜至哉？（《孟子·离娄下》）

表示陈述语气的："矣""也""焉""耳"等。例如：

吾闻其语矣，未见其人也。（《论语·季氏》）

彼可取而代也。（《史记·项羽本纪》）

父去里所，复还，曰："孺子可教矣。"（《史记·留侯世家》）

狡兔有三窟，故得免其死耳。（《战国策·齐策》）

表示感叹语气的："夫""哉"等。如：

子在川上曰:"逝者如斯夫!不舍昼夜。"(《论语·子罕》)
孝哉!闵子骞!(《论语·先进》)

语气助词有单音的,有双音的,也有三音的。例如:

人之易其言也,无责耳矣!(《孟子·离娄上》)
寡人之于国也,尽心焉耳矣!(《孟子·梁惠王上》)

还有些单音的语气助词,原来是两个音的复合,如"之乎"为"诸"、"而已"为"耳"等。

(十)叹　词

上古语里的叹词,可以按照表达不同的感情分为好多种。同是一个叹词可以表达好多种感情,几个不同的叹词也可以表达同一种感情。大致说起来,上古语里,用"呜呼"表怨伤,"嘻"表惊讶,"噫"表叹息,"嗟乎"表感慨,等等。例如:

呜呼!哀哉尼父!(《礼记·檀弓》)
夫子曰:嘻!其甚也!(《礼记·檀弓》)
颜渊死。子曰:"噫!天丧予!"(《论语·先进》)
嗟呼!嗟呼!一人固不能独立!(《史记·越世家》)
嗟兹乎!圣人之言长乎哉!(《管子·小称》)

叹词是发出的声音不同,可以是单音,可以是双音,也可以是三音的,例如:"嗟乎!""嗟兹乎!"等。

二、句　　法

（一）词　　组

1. 联合词组

联合词组是并列着而在意义上有一定联系的词的组合。这种词组，在上古汉语里，是相当普遍地使用的。我们从词组结构形式上考察，就可以发现上古联合词组当中有两种不同的情况：一种是词组里并列词的中间不用连词；另一种是并列词的中间用连词。分别举例如下：

并列词的中间不用连词的：

> 晋楚不务德而兵争，与其来者可也；晋楚无信，我焉得有信？（《左传·宣公十一年》）
>
> 男女授受不亲，礼与？（《孟子·离娄上》）
>
> 齐晋秦楚，其在成周微甚。（《史记·十二诸侯年表》）
>
> 子不语怪力乱神。（《论语·述而》）

上面所举的“晋楚”“男女”“齐音秦楚”“怪力乱神”，都是并列词构成的联合词组，内中没有用连词的。

并列词的中间用连词的：

齐侯与蔡姬乘舟于囿。(《左传·僖公三年》)
禹拜稽首,让于稷、契暨皋陶。(《书·尧典》)
吾以子为异之问,曾由与求之问。(《论语·先进》)
田忌与孙膑、田婴俱伐魏,败之马陵。(《史记·孟尝君列传》)

上面所举四个联合词组都用了连词。上古联合词组里常用的连词的“与”“暨”“而”“及”等。

上古汉语里,已经存在比较复杂的联合结构,如下面的例子:

衣身之偏,握兵之要,在此行也。(《左传·闵公二年》)
离娄之明,公输子之巧,不以规矩,不能成方圆。(《孟子·离娄上》)

上面所举的“衣身之偏,握兵之要”“离娄之明,公输子之巧”都是由偏正结构的词组并列起来所组成的联合结构。

2. 偏正词组

偏正结构有两种形式:一种是中心词在后面,修饰限制的词在前面;另一种是中心词在前面,补充说明的词在后面。上古汉语里面,前一种形式的偏正结构使用得很普遍,后一种形式的偏正结构还未出现;大概它的普遍的使用和发展是中古和近古的事。因此,我们讨论上古的偏正结构,主要是讨论前一种形式。例如:

虽陨于深渊,则天命也。(《左传·哀公十五年》)
富岁,子弟多赖;凶岁,子弟多暴。(《孟子·告子上》)
狡兔死,良狗烹;高鸟尽,良弓藏。(《史记·淮阴侯列传》)

这里都是中心词为前面的词所修饰和限制的。在意义上可以很清楚地看出它们之间的偏正关系。在上古汉语里面的偏正结构，也有很多在中心词和修饰词中间加进"之"字来表明这种偏正关系的。例如：

仲尼之徒，无道桓文之事者。(《孟子·梁惠王上》)

太后之色少解。(《战国策·赵策》)

今君有区区之薛，不拊爱子其民，因而贾利之。(《战国策·齐策》)

鄙贱之人，不知将军宽之至此也。(《史记·廉颇蔺相如列传》)

这种"之"字的作用，同现代语的结构助词"的"是一样的。

3. 动宾词组

动宾结构词组的基本形式就是动词带宾语。一个动词带上一个名词或代词所构成的动宾词组里，那个动词对后边的名词或代词起着支配的作用。例如：

将焚公宫而弑晋侯。(《左传·僖公二十四年》)

由君子观之。(《孟子·离娄下》)

造祸而求福。(《史记·刺客列传》)

张袂成阴，挥汗成雨。(《晏子春秋·内篇杂下》)

上古汉语里的动宾词组大都限于一个动词带一个名词或一个代词的宾语，这和现代汉语里复杂的情况不同。上古两个动宾结构的运用也经常出现。例如：

比肩继踵而在。(《晏子春秋·内篇杂下》)

毛遂按剑历阶而上。(《史记·平原君列传》)

相如度秦王虽斋,决负约不偿城。(《史记·廉颇蔺相如列传》)

以若所为,求若所欲,犹缘木而求鱼也。(《孟子·梁惠王上》)

动宾词组,动词后面的宾语可以是双宾语,这在上古语里已常见。如:

后稷教民稼穑。(《孟子·滕文公上》)

王赐晏子酒。(《晏子春秋·内篇杂下》)

相如视秦王无意偿赵城。(《史记·廉颇蔺相如列传》)

4. 主谓词组

主谓结构的词组包含主语谓语,在句子中作为一个词组,充当句子中的一个成分,相当于一个词。

主谓词组跟偏正词组的区别;偏正词组中的关系是修饰或补充,主谓词组中的关系是表述或说明。上古汉语里,各个句子成分的基本结构比较简单,因而包含主谓结构的词组也是比较简单的,例如:

市人皆观公子执辔。(《史记·魏公子列传》)

始吾闻平原君贤。(《史记·魏公子列传》)

沛公居山东时,贪于财货。(《史记·项羽本纪》)

民又益喜,唯恐沛公不为秦王。(《汉书·高帝纪》)

在上古汉语里为了使得表示的意义更加紧凑，常常把主谓结构成为偏正的形式，在主语谓语之间加上一个“之”字。如：

天之弃商久矣。（《左传·僖公二十二年》）
桀纣之失天下也，失其民也。（《孟子·离娄上》）

主谓结构用作谓语，这是汉语的特点之一，在上古语中很常见。如：

髡心最欢，能饮一石。（《史记·滑稽列传》）
公子颜色愈和。（《史记·魏公子列传》）
陛下春秋高，法令亡常，大臣亡罪夷灭者数十家。（《汉书·李广苏建传》）

（二）句子成分和句子结构

汉语的语法结构，主要是依靠词序来组成的。词和词的组合按着一定的排列规则，形成种种语法结构。词序的固定性构成了汉语语法构造稳固性的基础。一种新的语法结构的产生和形成，往往需要几百年的时间。

我国古代的语言相当发达，现代汉语里的各种句子成分在古代语中都已经具有了。兹一一说明如下：

1. 主语

上古主语通常用名词、代词来表示。如：

秦伯纳女五人，怀嬴与焉。（《左传·僖公二十三年》）

吾闻庖丁之言,得养生焉。(《庄子·养生主》)

动词有时也可作主语,但动词作主语时具有名词性质。如:

克、伐、怨、欲,不行焉,可以为仁矣。(《论语·宪问》)

这里的"克""伐""怨""欲"都是表明一种情况,具有名词的性质,并不表示动态,因此可以当作名词看待。

"者"字结构,相当于现代汉语的"的"字结构,也具有名词的性质,在上古语里常常被用作主语。如:

往者不可谏,来者犹可追。(《论语·微子》)
夺项王天下者,必沛公也。(《史记·项羽本纪》)

此外,也有用联合结构和动宾结构作主语的情况。如:

燕、赵、韩、魏闻之,皆朝于齐。(《战国策·齐策》)
张袂成阴,挥汗成雨。(《晏子春秋·内篇杂下》)

"燕、赵、韩、魏"在这里是联合结构作主语;"张袂""挥汗"在这里是动宾词组作主语。

2. 谓语

上古句子的谓语常常动词、形容词来充当,动词作谓语有叙述的作用,形容词作谓语有描写的作用。如:

范增起,出,召项庄。(《史记·项羽本纪》)

籍长八尺余。(《史记·项羽本纪》)

孟子见梁惠王。(《孟子·梁惠王上》)

岂其士卒众多哉?(《史记·平原君列传》)

偏正词组和动宾词组也常用来充当谓语。偏正词组有描写的作用,动宾词组有叙述的作用。如:

高祖为人,隆准而龙颜,美须髯。(《史记·高祖本纪》)

秦王坐章台见相如。(《史记·廉颇蔺相如列传》)

上古谓语的连续和延伸不及现代语里那样复杂,但基本结构相同,都属于复杂谓语。谓语的连续是指句子的谓语部分有两个或两个以上的动词,它们所表示的动作,同属于一个主语,并且有次序先后的连续性。如:

吏二缚一人诣王。(《晏子春秋·内篇杂下》)

项庄拔剑起舞。(《史记·项羽本纪》)

黔敖为食于路,以待饿者而食之。(《礼记·檀弓下》)

谓语的延伸是指谓语部分里的两个动词,不属于同一主语,第一个动词的宾语同时又作第二个动词的主语,第二个动词的意义对第一个动词有所补充。如:

予助苗长矣。(《孟子·公孙丑上》)

某年月日,秦王与赵王会饮,令赵王鼓瑟。(《史记·廉颇蔺相如列传》)

晋侯使吕相绝秦。(《左传·成公十三年》)

秦王拜斯为客卿。(《史记·李斯列传》)

3. 定语

上古句子里的定语由形容词、数词、指代词充当,也可以用名词充当。例如:

狡兔死,良狗烹;高鸟尽,良弓藏。(《史记·淮阴侯列传》)
冠者五六人,童子六七人。(《论语·先进》)
君子哉若人,尚德哉若人!(《论语·宪问》)
取鸡、狗、马之血来!(《史记·平原君列传》)

上古句子里的主语比较简单,它的连带成分不复杂,因此上古的长句子较少。

4. 状语

上古句子里状语可以用表示时间和地位的名词来充当,也可以用副词和介词结构来表示。例如:

今吾日计之而不足,岁计之而有余。(《庄子·庚桑楚》)
君王宜郊迎,北面称臣。(《史记·郦生陆贾列传》)
文以五月五日生。(《史记·孟尝君列传》)

上古的状语也比较简单,在句子中的地位不十分固定。

5. 宾语

充当宾语的,一般是名词、代词。如:

叔孙武叔毁仲尼。(《论语·子张》)

于是入朝见威王。(《战国策·齐策》)

齐师伐我。(《左传·庄公十年》)

动词和形容词也可以作宾语,但它们的性质因此有些变化。如:

知之为知之,不知为不知,是知也。(《论语·为政》)

体有贵贱,有小大,无以小害大,无以贱害贵。(《孟子·告子上》)

联合结构和主谓结构的词组也可作宾语。如:

夫子之言性与天道,不可得而闻也。(《论语·公冶长》)

秦王大喜,传以示美人及左右。(《史记·廉颇蔺相如列传》)

市人皆观公子执辔。(《史记·魏公子列传》)

秦闻公子死,使蒙骜攻魏。(同上)

关于宾语在句子中的位置,到后面再讲。

6. 补语

形容词、副词和数词可以作补语,一般放在动词后面,用来表示情状、数量或结果。如:

田光坐定。(《史记·刺客列传》)

五马立踟蹰。(《陌上桑》)

公子行数里。(《史记·魏公子列传》)

上古对于补语的适用不很发达，特别是表示行为结果的补语很少见，汉代以后才逐渐出现。例如：

乃激怒张仪。(《史记·苏秦列传》)
旦日飨士卒，为击破沛公军。(《史记·项羽本纪》)

至于各种句子成分相互间的关系，再分述如下：

(1) 主语和谓语

在一般情况下，主语在前，谓语在后。例如：

庞涓死于此树之下。(《史记·孙子吴起列传》)
孟子见梁惠王。(《孟子·梁惠王上》)
左右皆笑之。(《战国策·齐策》)

(2) 状语的位置

上古语里状语的位置不十分固定，这里把几种不同的情况，分别加以说明。

表示地位的名词作状语时，可以放在动词的前面，也可以放在后面。例如：

孟尝君予车五十乘……西游于梁。(《战国策·齐策》)
黄帝尚不能全德，而战涿鹿之野。(《庄子·盗跖》)

表示时间的名词作状语时，多数放在动词前面，有时放在句首。例：

朝闻道，夕死可矣。（《论语·里仁》）

八月庚辰，宋穆公卒。（《左传·隐公三年》）

用介词结构来表示比较的关系，放在形容词的后面。例如：

苛政猛于虎。（《礼记·檀弓》）

冰，水为之，而寒于水。（《荀子·劝学》）

用介词结构表示工具的意义的，可以放在动词前面，也可以在后面。例如：

许子以釜甑爨，以铁耕乎？（《孟子·滕文公上》）

杀人，以梃与刀有以异乎？（《孟子·梁惠王上》）

这种表示工具的状语，有时省去介词。例：

箕畚运于渤海之尾。（《列子·汤问》）

用介词结构表示原因的，放在动词前面。例如：

君子不以言举人，不以人废言。（《论语·卫灵公》）

乃欲以一笑之故杀吾美人，不亦甚乎？（《史记·平原君虞卿列传》）

（3）宾语的位置

上古语中，宾语的位置虽然也不很固定，但是一般是放在动词的后面。主—动—宾的格式比主—宾—动的格式较为常用。这里把上古宾语前置的情况举例说明：

疑问代词作宾语的，放在动词前面。如：

> 吾谁欺？欺天乎？（《论语·子罕》）
> 吾非斯人之徒与而谁与？（《论语·微子》）
> 吾谁敢怨？（《左传·昭公二十七年》）
> 客何好……客何能？（《战国策·齐策》）

否定句里代词作宾语的，放在动词前面。如：

> 三岁贯女，莫我肯顾。（《诗经·魏风·硕鼠》）
> 而良人未之知也。（《孟子·离娄下》）
> 日月逝矣，岁不我与。（《论语·阳货》）

汉代以后，这两种前置的结构已开始消失了。

把宾语提前，并用“之”“是”等字使它跟动词隔开，这种形式也只是上古语所常用的。例如：

> 宋何罪之有？（《墨子·公输》）
> 戎狄是膺，荆舒是惩。（《诗经·鲁颂·閟宫》）

(4) 省略和复说

上古语里，省略主语的情况比较多。例如：

> 相如度秦王特以诈佯为予赵城，（　　）实不可得。（《史记·廉颇蔺相如列传》）
> 冉子退朝，子曰：“何晏也？”（　　）对曰：“有政。”（《论

语·子路》)

樊哙曰:"今日之事何如?"良曰:"(　　)甚急。"(《史记·项羽本纪》)

这里有承上的省略,有对话中的省略,是符合于语言习惯的。

上古第三人称代词不作主语,往往把它省略,或者承前复说主语名词。如:

舜使益掌火,益烈山泽而焚之。(《孟子·滕文公上》)

夫人具以语平原君,平原君乃免冠谢。(《史记·信陵君列传》)

上古还有重叠的复指和称代的复指。如:

太子丹患之,问其傅鞠武。(《史记·刺客列传》)

回也,其心三月不违仁。(《论语·雍也》)

(三)复　句

句子有单句和复句之分。上面所叙述的种种句子结构,都属于单句。单句又有单部句和双部句之分。只有谓语部分或者分不清是主语或谓语部分的,称为单部句。有主语和谓语两部分的,称为双部句。种种单句的格式在上古都已形成。

复句由单句构成。复句是用两个或者更多个在意义上有密切关系的单句所结合起来的,其中每一单句都不作另一单句的任何成分,而是作为复句里的分句。

上古汉语的复句,按其内部各个分句之间的关系,有联合复句

和偏正复句。兹分别说明如下:

上古联合复句里的分句有并列关系、递进关系和选择关系等。并列关系的复句在上古用得很普遍。例如:

鸟之将死,其鸣也哀;人之将死,其言也善。(《论语·泰伯》)

这样并列关系的复句,其内部一般不用关联词语。

递进关系的复句,其内部往往应用关联词语。例如:

非惟小国之君为然也,虽大国之君亦有之。(《孟子·万章下》)

夫罪轻且督深,而况有重罪乎!(《史记·李斯列传》)

选择关系的复句,可分有疑问的选择与没有疑问的选择。例如:

富贵者骄人乎,且贫贱者骄人乎?(《史记·魏世家》)

非其父兄,即其子弟。(《左传·襄公八年》)

上古偏正复句形式,比较简单。内部关系大都用意合法来表示,往往省去关联词语。

转折关系的复句里,往往是偏句在前,正句在后。例如:

吾纵生无益于人,吾可以死害于人乎哉?(《礼记·檀弓》)

此三臣者,岂不忠哉?然而不免于死。(《史记·李斯列传》)

夫环而攻之，必有得天时者矣；然而不胜者，是天时不如地利也。（《孟子·公孙丑下》）

假设关系和条件关系的复句里，也都是偏句在前，正句在后。有时省去关联词语。例如：

城不入，臣请完璧归赵。（《史记·廉颇蔺相如列传》）

五亩之宅，树之以桑，五十者可以衣帛矣。（《孟子·梁惠王上》）

有时用关联词语。例如：

而使虎豹失其爪牙，则人必制之矣。（《韩非子·人主》）

且使我有雒阳负郭田二顷，吾岂能佩相印乎？（《史记·苏秦列传》）

假设陛下居齐桓之处，将不合诸侯而匡天下乎？（《汉书·贾谊传》）

因果关系的复句里，其分句有的是前因后果，有的是前果后因。表示因果关系的关联词语，有的只用在一个分句中，有的在两个分句中都用。例如：

其言不让，是故哂之。（《论语·先进》）

君子之于禽兽也，见其生不忍见其死，闻其声不忍食其肉，是以君子远庖厨也。（《孟子·梁惠王上》）

吾所以为此者，以先国家之急而后私仇也。（《史记·廉颇蔺相如列传》）

有一种复句，结构上似乎是单句，但意义上却有偏正复句中的某种关系，这种格式，我们称之为紧缩复句。例如：

思则得之，不思则不得也。(《孟子·告子上》)
公徐行即免死，疾行则及祸。(《史记·项羽本纪》)

在取舍关系的复句里，上古常应用关联词。例如：

与其敬不足而礼有余也，不若礼不足而敬有余也。(《礼记·檀弓》)
与其有聚敛之臣，宁有盗臣。(《礼记·大学》)
与其害于民，宁我独死。(《左传·宣公十三年》)

上古的多重复句，虽然不及后代语里的复杂，但二重、三重复句已常运用。例如：

庄公寤生，惊姜氏，故名寤生，遂恶之。(《左传·隐公元年》)

夏礼吾能言之，杞不足征也；殷礼吾能言之，宋不足征也；文献不足征也。足，则吾能征之矣。(《论语·八佾》)

第二编

中古汉语语法

一、词　　法

（一）名　　词

汉魏以来关于名词发展的情况，可以举出下列几方面来说：

1. 名词的辅助成分的发展。上古处于萌芽状态的名词辅助成分“阿”“老”“子”“儿”等，在汉魏以后的口语中广泛地应用了。唐以后，还出现了名词辅助成分“家”“手”“头”等。名词辅助成分的增多，使得名词词性明确化，如“阿母”“老鼠”“鱼儿”“燕子”“圃家”“篙手”“眉头”等，一看便知是名词；又使得许多原来的形容词、动词构成为新的名词，如“壮”这个形容词，“侍”这个动词，构成了名词：“壮儿”“侍儿”。①

2. 人称名词数的萌芽。唐以后，书面中出现“伟”“弭”等，作为人称名词表示复数的后附成分。例如在《司空表圣文集》卷十的《障车文》中就有四处地方用到“儿郎伟”。据宋人楼钥的解释，“伟”是关中方言，相当于后代的“们”。

3. “数、量、名”结构的发展。上古时很少见到“数、量、名”的结构。大概到中古时这种结构才发展起来。如：

---

① 参看《汉语史讲义下·词汇篇》“构词法”部分。

吾不能为五斗米折腰。(《晋书·陶潜传》)
半匹红纱一丈绫。(白居易诗)
春种一粒粟,秋收万颗子。(李绅诗)

名词与数词的直接结合,只有在某种习用的场合或仿古的作品中才出现了。

4．名词性的合成谓语的发展。由判断词“是”和名词相结合而构成的判断合成谓语,是在中古时发达起来的。如:

我是虏家儿,不解汉儿歌。(《折杨柳枝歌》)
彼是礼法人。(《世说新语·简傲》)

5．重叠名词的发展。重叠名词,上古时已应用了,如“朝朝暮暮,阳台之下”(宋玉《高唐赋》),“人人各自以为孟尝君亲己”(《史记·孟尝君列传》)。到中古时,这种重叠名词普遍地应用了。凡可以计数的名词都可以重叠,来表示“每一”的意义。例如:

仰头相向鸣,夜夜达五更。(《孔雀东南飞》)
枝枝相复盖,叶叶相交迎。(同上)
树树皆秋色,山山唯落晖。(王绩诗)

这里的“夜夜”“枝枝”等,就是“每一夜”“每一枝”的意思!所以重叠的名词都具有量词的性质。

6．方位结构的发展。中古时除了一般的方位结构以外还发展了方位词“头”。如:

明朝望乡处，应见陇头梅。(宋之问《题大庾岭北驿》)
浔阳江头夜送客。(白居易《琵琶行》)
前头看后头，齐著铁钮锌。(《企喻歌》)

这也是跟名词的发展有关的。

(二) 动　词

中古时关于动词发展的情况，可以举出下列几方面来说：

1. 动量词的发展。魏晋以后，动量词的运用，使动词计数方式有了新发展，逐渐就形成了“动、数、量”的结构。如：

巴东三峡巫峡长，猿鸣三声泪沾裳。(《水经注》)
一日须来一百回。(杜甫诗)
虚绕千万遭。(孟郊诗)
吾于书，读不过三遍，终身不忘。(韩愈《张中丞传后叙》)

“动、数、量”结构的形成，不但加强动词计数表达的形象性，而且更明确动词的语法功能，使动量与名词有截然的划分。

2. 被动式的发展。上古语里表示被动式的许多结构，到魏晋以后逐渐消亡。只留下了“被”字式，得到发展。用“被”字式来代替其他格式。例如：

信而见疑，忠而被谤。(《史记·屈原贾生列传》)

这里是“见”和“被”同时并用的。到魏晋以后，就只用“被”字了。再进一步又在“被”字与动词之间插进主动者。例如：

祢衡被魏武谪为鼓吏。(《世说新语·言语》)
亮子被苏峻害。(《世说新语·方正》)
举体如被刀刺。(《颜氏家训·归心篇》)

到了唐宋时,这种格式更得到发展,动词后还可以带上宾语。如:

苦被老元偷格律。(白居易诗)
娘子被王郎道着丑貌。(《丑女缘起变文》)

3. 判断词"是"的发展。"是"在上古汉语里是指示代词,相当于现代的"这个"。如"富与贵,是人之所欲也"(《论语·里仁》),这里的"是"不是判断词,而是指示代词。

大概从汉代以后,指示代词才逐渐地带上判断作用,向判断词过渡。试比较:

余,而所嫁妇人之父也。(《左传·宣公十五年》)
余是所嫁妇人之父也。(《论衡·死伪篇》)

后者的"是"已具判断词的性质,但还没有脱离表示判断语气词"也"。到了六朝以后,真正的判断词成熟了。如:

问今是何世。(陶潜《桃花源记》)
张玄中、顾敷是顾和中外孙。(《世说新语·言语》)
佛是外国之神。(《高僧传·佛图澄传》)

往后,判断词"是"又可以附加否定副词"不"了。如:

都由不了此身本不是我。(《原人论》)
余亦不是仵茄之子,亦不是避难逃人。(《伍子胥变文》)
渠本不是我,我本不是渠。(《抚州曹山元证禅师语录》)

隋唐以来,判断词"是"就成为一般判断句中不可缺少的成分了。

4. 趋向动词的发展。汉魏以后,趋向动词开始大量运用。如:

车驾送出西明门。(《晋书·宣帝纪》)
何当大刀头,破镜飞上天。(古绝句)
燕飞来,啄皇孙。(《燕飞谣》)
愿作王母三青鸟,飞来飞去传消息。(薛道衡诗)
罗帏送上七香车。(王维诗)

到唐代,合成的趋向动词也开始普遍运用了:

笑入荷花去,佯羞不出来。(李白诗)
黄莺过水翻回去。(杜甫诗)
干叶不待黄,索索飞下来。(白居易诗)
方可以整顿起来。(《朱子语类》)

由于运用的发达,一些趋向动词也产生了许多引申意义。如表示产生的:"每登山临水,惹起平生心事。"(柳永词)表示出现的:"丹青画出是君山。"(李白诗)表示时间延续的:"为君留下相思枕。"(李白诗)表示完成的:"觉来知是梦,不胜悲。"(韦庄词)表示分离的:"拔去鸡头。"(《隋唐嘉话》)等等。这是趋向动词运用扩大的现象。

(三) 形 容 词

中古时期,关于形容词的发展,可以分做下列几方面来说:

1. 形容词重叠式的发展。单音形容词的重叠式,继承了上古的。如:"浩浩白水,回波如流;皎皎明月,浮云映之;青青之水,各忧其时。"(《韩朋赋》)同时,这种重叠式,明显地带有"很"的意义,有时还具有亲昵的意味。如:

纤纤作细步,精妙世无双。(《孔雀东南飞》)
高高明月照长城。(王昌龄诗)
弯弯月出挂城头。(岑参诗)
云青青兮欲雨,水澹澹兮生烟。(李白诗)

复音形容词的重叠式(AABB 式)或部分重叠式(ABB 或 AAB 式)也都有了发展,特别是部分重叠式。例如:

崛巍巍而特秀。(嵇康《琴赋》)
草大郁青青。(《读曲歌》)
霰雪白纷纷。(白居易诗)
天色低渗渗,池光漫油油。(元稹诗)
大孩儿闹攘攘。(《大唐三藏取经诗话》)

至于复音重叠式,更是普遍流行;如:"凄凄烈烈"(乐府《安东平》),"轰轰锵锵""岌岌汗汗""隐隐岸岸""散散漫漫""缭缭乱乱""喽喽窜窜""咤咤叫叫"(《目连变文》等)。

2. 形容词后附成分和结构助词的发展。上古语里形容词的后附成分，到中古时，还留存一个“然”。后来这个“然”的构词能力逐渐受了限制。其功能也只限于做副词的后附成分了。例如：

屋舍俨然。（陶潜《桃花源记》）
主上顷见征，歘然欲求伸。（杜甫诗）
触则兕觥犀角，厄厄然置于座中。（《游仙窟》）
有泉幽幽然。（柳宗元《石渠记》）

在形容词与中心词结合的中间，唐宋时代继承了已有的结构助词“之”，又发展起来新的“底”和“地”。“底”用于一般形容词或定语之后，“地”用于联绵形容词，特别是重叠形容词之后。如：

只是丑陋底人。（《抚州曹山元证禅师语录》）
一条平坦底道路。（《河南程氏遗书》）
暖底雪，活底花，嫩底柳。（《南湖诗余》）
亦是草漫漫地。（《悟本禅师语录》）
满眼里、汪汪地。（晁端礼词）

与“地”结合的又往往用来修饰动词。例如：“不住地偷观知远。”（《刘知远诸宫调》）所以“地”专作为状语的结构助词。但“底”“地”的这种分工原来并不明显[①]。

（四）数词和量词

中古时关于数词和量词的发展，可以举出下列几方面来说：

---

① 参见吕叔湘《论底、地之辨兼及底字的由来》（《汉语语法论文集》，科学出版社，51—58页）。

1. 动量词的发展，中古时，量词的种类，更加完备了，尤其关于动量词有显著的发展，如下列二类：

(1) 专用的动量词有“下”“偏(遍)”“过”“通”等等。例：

奋不受药，叩头千下。(《三国志·吴志·孙奋传》)

必当先读百遍，言读书百遍而意自见。(《三国志·魏志·王肃传》)

龟于路左顾者数过。(《世说新语·方正》)

因示语，攻难数十番。(《世说新语·文学》)

传吏疑其伪，乃椎鼓数十通。(《后汉书·光武帝纪》)

(2) 借用与动作有关的事物作为动量词，如“拳”“口”“杵”等等。例：

文襄使季舒殴帝三拳。(《魏书·孝静纪》)

公教人啖一口也。(《世说新语·捷悟》)

得石象芝，捣之三万六千杵。(《抱朴子·仙药篇》)

2. 数量词用法的发展。中古时，由于量词种类加多，用法特点也发生一定的变化。除了“数、量、名”的结构形成以外，量词和名词又发生谐适的作用，一定的名词须与一定的量词相联结。

3. 量词重叠式的发展。量词的重叠式，代替了名词的重叠式，用来表示“每”“各”的意义。如：

军书十二卷，卷卷有爷名。(《木兰辞》)

众多勇士……著种种衣，犹如天服。(《宋书·夷蛮传》)

4. 动量词位置的确定。中古时数词直接做状语的用法逐渐减少了,一定要跟动词结合起来。放在谓语前,就做状语;放在谓语后,就作补语。例如:

一日踏春一百回。(孟郊诗)
罗什与贤数番往复。(《高僧传·译经篇》)

5. 数量词中的数词可以省略。例如:

权时作个慰安人。(《维摩诘经讲变文》)

这是数量词运用发达后所产生的一种特殊形式。

(五) 代　　词

中古时关于代词的发展,可以分做下列几个方面来说:

1. 第三人称代词"他"的形成。第三人称代词到中古时才发展起来,多数来自方言,如"伊""渠"等。"伊""渠"等在中古使用很普遍,现在还保留在方言中。只有"他""它"一直发展下来,进入了普通话。"他""它"作为第三人称代词,初见于唐朝语录。当时"他""它"是不分的。如:

他曾问老僧。(《筠州洞山悟本禅师语录》)
为什么不得他衣钵。(《瑞州洞山良价禅师语录》)
它且于受礼。(《筠州洞山悟本禅师语录》)
它亦不曾受礼。(同上)

2. 第二人称代词“你”的出现。第二人称代词“你”一般认为是从上古的“爾”演变来的。唐朝语录中有加“人”旁的“儞”(例如:“儞每日噇个甚么。”《筠州洞山悟本禅师语录》)。“爾”省写作“尔”,那末“儞”省写作“你”就很自然的了。例如:

在生恨你极无量,贪爱之心日夜忙。(《敦煌变文汇集·譬喻经变文》)

3. 人称代词表示复数的“们”的产生。汉语语法中唯一标志人称代词复数的“们”字,是中古时逐渐形成的。“们”字开始书写极不一致。“们”字的前身“弭”“伟”,见于唐代。到宋代才出现“们”字,书写形式有各式各样:“懣(满)”、“瞞(瞒)”、“门”,例如:

更休与他懑宰执理会,但自安排着。(《清波杂志》)

不因你瞒番人在此,如何我瞒四千里路来?(《齐东野语》)

今反谓他们亦尝谤讪。(《杨龟山集》)

在它们说,便如鬼神变怪,有许多不可知底事。(《朱子语录辑略》)

4. 指示代词的发展。指示代词跟“此”“彼”相当的“这”“那”,在中古时开始出现了。开始时书写不统一,“这”或写作“者”“遮”等。例如:

者边走,那边走,只是寻花柳;那边走,者边走,莫厌金杯酒。(后蜀王衍《醉妆词》)

待我遮里兵才动,先使人将文字去与番人。(《挥麈余录》)

这个修门是道场。(《维摩法经变文》)
兽王问那大王。(《妙法莲华经变文》)
雅颂在于此,浮华致那边。(释尚颜诗)

5. 疑问代词的发展。"什么"始见于唐代,最初书写形式也不统一,有"拾没""是勿""甚么""甚末"等。例如:

不知而问曰:"拾没。"(《集韵》)
玄宗问黄幡绰:"是勿儿可怜?"(赵璘《因话录》)
为甚么不全肯?(《瑞州洞山良价禅师语录》)
和尚有什么事?(《筠州洞山悟本禅师语录》)

"怎么"也始见于唐代,最初书写形式有"怎末""作么生""怎生"等,也有写作"怎"或"争"。例如:

上堂曰:"向时作么生?奉时作么生?功时作么生?"(《筠州洞山悟本禅师语录》)
笑问鸳鸯两字怎生书?(欧阳修)
见说白杨堪作柱,争教红粉不成灰?(白居易诗)

(六) 副词

中古时关于副词的发展,有下列的两种情况是值得注意的:

1. 上古语里的副词:孔、太、寖、弥、乎、佥、索、比、虑、见、乡、雅、亟、遄、猥、蔑、奚、遐、傥、讵等,到中古时逐渐淘汰了。

2. 中古新产生的副词:"都、只(秖、衹)、没、便、就、也"等,普遍地应用起来了,一一分述如下:

“都”，表示全部的意义。如：

陶公疾笃，都无献替之言，朝士以为恨。（《世说新语·言语》）

适来都讲所唱经题。（《敦煌变文选·长兴四年中兴殿应圣节讲经文》）

“只（秖、衹）”，表示仅仅的意思。如：

只是认得驴前马后将为自己。（《筠州洞山悟本禅师语录》）

秖如万里无寸草处。（同上）

衹到潼关便即休。（同上）

“便”“就”，用来表示强调意义，“就”比“便”语气更强。如：

何不道出门便是草。（《筠州洞山悟本禅师语录》）

莫便是本来面目否？（同上）

“也”表示重复的意义。如：

也大奇，也大奇。（《筠州洞山悟本禅师语录》）

“没”表示否定的意义。如：

虽然没用处，要且离他不得。（《僧宝传·曹山本寂禅师》）

(七) 介　词

中古时关于介词的发展,主要的有下列两种情况:

1. 介词的发展。用法从上古语里沿用下来的介词:"于""以""为""自""与""由""从""用""因""在""至""到""讫""当""会""将"……多数用法缩小了,意义比较确定。一方面把同义的单音词合并为双音词,象"自从""在于""由于"等。例如:

自从为夫妻,何曾在乡土?(李白《江夏行》)

在于路上,观看三次,忽见一人,削发染衣,徐行缓步。(《敦煌变文选·太子成道变文》)

另一方面用法缩小,意义明确化了。例如"于",不再有"以"的用法,象"于战则胜,以守则固"(《韩非子·解老》)那样的例子了;"以",也不再有"与"的用法,象"主人以宾揖"(《仪礼·乡射礼》)那样的例子了。因此,用法范围缩小了,意义也比较明确了。

2. 介词"把"的产生。"把"字原来是动词,有"拿""握"的意义,到了唐代开始虚化为介词。如:

醉把花看益自伤。(白居易诗)

杜把金钗卜,卦卦皆虚。(《凤归云·闺怨》)

"把"字虚化而形成介词,对汉语语法严密化有很大的作用。"把"字结构后来使用越来越广泛。跟"把"用法相同的,还有一个"将"字。

"将"字虚化为介词比"把"字更早。例如:

郑伯将王自圉门入。(《左传·庄公二十一年》)

在上古时已具有萌芽了。到了中古，虚化更明显，使用也更广泛了。例如：

料理中堂，将少府安置。(《游仙窟》)
空将泽畔吟，寄尔江南管。(李白诗)

(八) 连　词

中古时关于连词的发展，也可以分为意义明确化和单词的复音化两方面来说。

1. 单音词的复音化。例如：

非但丧子千岁之质，亦当深误老表。(《搜神记》)
偷本非礼，所以不拜。(《世说新语·言语》)

2. 用法的明确化。连词的复音化对于音义的明确化也起了很大作用。例如“而”，可以表示并列、承接、转折、假设、比较等几种连接关系；“而且”，就只表示一种进一层的连接关系了。又如“如”也可以表示并列、选择、承接、转折、假设、比较等几种连接关系；“如果”，就只表示一种假设的连接关系了。所以双音的连词比单音的意义也来得明确。

(九) 助　词

中古时关于助词的发展，可以举出下列的两点来说：

1．结构助词“得”的出现。“得”原来是动词，有“获得”的意思，可以带宾语，可以直接作谓语。后来放在主要动词后面，表示可能的意义。再进一步，在主要动词后面，联系表示程度和结果的词语，以补充说明动作的程度或结果。例如：

浑成紫檀金屑文，作得琵琶声入云。（孟浩然《凉州词》）
太宗皇帝真长策，赚得英雄尽白头。（王定保《唐摭言》）
回看桃李都无色，映得芙蓉不是花。（白居易《山枇杷》）

“得”有时写作“的”，放在主要动词后面，联系表示动作可能达到的程度和结果的词语，这就是可能补语。可能补语有肯定和否定两种格式。肯定式的例子如：

纵使青春留得住，虚语，无情花对有情人。（《六一词·定风波》）

江南游女，问我何年归得去？（《东坡词·减字木兰花》）

否定式，就是把“得”换成“不”，如“留不住”“归不去”等。

2．语气助词“么”的出现。“么”是在唐代逐渐产生的，它是由“无”发展而来。当时诗人有用“无”作疑问语气词的。如：

晚来天欲雪，能饮一杯无？（白居易诗）
妆罢低声问夫婿，画眉深浅入时无？（朱庆余诗）

到了晚唐就有用“么”了。如：

不知陶靖节，还动此心么？（李中诗）

(十) 叹　词

中古时关于叹词的发展,也是在复音形式的增多。例如"咨嗟""咄咄""噫吁戏":

玄咨嗟,称善。(《世说新语·言语》)

石崇为客作豆粥,咄嗟便办。(《世说新语·汰侈》)

范看毕,咨嗟,甚以为有益,始重画。(《世说新语·巧艺》)

扬州吏民寻义逐之,窃视,唯作"咄咄怪事"四字而已。(《世说新语·黜免》)

噫吁戏!危乎高哉!(李白《蜀道难》)

象这样复音的形式,在上古语里是比较少见的。

二、句　法

（一）词　组

1. 联合词组　联合结构的形式比较简单，在中古时期，没有什么新的发展，仍旧分两种情况：一种是联合结构不用连词的。例如：

炉边人似月，皓腕疑霜雪。（韦庄词）

复有金石丝竹，罗绮珠翠，舞千女于其左。（唐宋传奇《柳毅传》）

禹因囚鸿蒙氏、章商氏、兜卢氏、犁娄氏。（唐宋传奇《古岳渎经》）

另一种是联合结构用连词的。例如：

毅与钱塘，遂为知心友。（唐宋传奇《柳毅传》）

时小娥年十四，始及笄，父与夫俱为盗所杀，尽掠金帛。（唐宋传奇《谢小娥传》）

2. 偏正词组　偏正结构有两种形式，即中心词在后面的和中心词在前面的；后一种形式在上古还未大量出现。中古时期偏正结构的发展，就是大量出现了中心词在前面的这种形式。

中心词在前面的这种结构里，中心词本身都是动词或形容词，在它后面的词语意义上有所补充，就是补语，所以这种结构也叫作后补结构。例如：

青草萋萋尽枯死，天马跛足随牦牛。（杜甫诗）
三月无雨旱风起，麦苗不秀多黄死。（白居易诗）
桑柘废来犹纳税，田园荒尽尚征苗。（杜荀鹤诗）

这种结构在六朝渐渐出现，到唐朝就非常盛行。但是这种结构的形式，那时还不十分固定，在中心词和它的补语之间可以插入其他的词，例如：

黄四娘家花满蹊，千朵万朵压枝低。（杜甫诗）
石角钩衣破，藤梢刺眼新。（同上）
白发催年老，青阳逼岁除。（孟浩然诗）

其间常常可以插入“得”或“不”来表明可能或不可能。插入“得”的：

垂杨只能惹春风，何曾系得行人住。（晏殊词）
江南游女，问我何年归得去。（东坡词）
其意谓必有勇力担当得起，方敢不动其心。（《朱子语类》五十二）

插入“不”的：

两箱悬崖数万仞,窥不见底。(《水经注》)
看即曲终留不住,云飘雨送向阳台。(白居易诗)
野火烧不尽,春风吹又生。(白居易诗)
海风吹不断,江月照还空。(李白诗)
故园留不住,应是恋弦歌。(孟浩然诗)
袖中犹觉有余香,冷落西风吹不去。(《老学庵笔记》)

这种结构里的补语部分,可以是词,也可以是词组。例如:

太宗皇帝真长策,赚得英雄尽白头。(《唐摭言》)
系得王孙归意切,不关芳草绿萋萋。(温庭筠诗)
春风还有长情处,系得人心免别离。(司空图诗)
壮年夜吹笛去,惊得鱼龙嗥舞。(蒋捷词)
应随王母瑶池宴,染得朝霞下广寒。(《藏一话腴》)

这里的补语部分都是由一个主谓结构组成的,我们无论从意义上分析还是从结构上分析,这种结构确实是复杂化了。

3. 动宾词组 动宾词组在中古时期,某些比较接近口语的书面材料中,也出现了比较复杂的情况,但不普遍,这里不举例了。

4. 主谓词组 主谓词组在句子中还是比较简单。例如:

是岁江南旱,衢州人食人。(白居易诗)
老妪力虽衰,犹得备晨炊。(杜甫诗)

中古时期由于偏正词组的发展,主谓结构出现在补语里,这是上古汉语所没有的。例如:

回看桃李都无色，映得芙蓉不是花。（白居易诗）

（二）句子成分和句子结构

中古句子结构的发展，表现在宾语、状语位置的趋于稳定和合成谓语的产生。分述如下：

1. 宾语的发展

按照逻辑来说，主—动—宾的结构，是符合于思维形式的客观规律的。所以主—动—宾的形式是逻辑和语法意义完全一致的。这种基本结构，从上古到中古到近代越来越稳定了。

古代汉语里主宾语的关系和现代汉语主宾语的关系存在着很大的差异，其间发展过程中的转折点就是在中古。

在上古，宾语的位置是不很固定的。到了中古，疑问代词作宾语和否定句里代词作宾语放在动词前面的情况已经消失了；宾语放在动词后面的格式，就成为最普遍的常用的了。事实上，汉代以后，疑问代词和否定句中代词宾语后置的情况已经很多出现了。如：

出户独彷徨，愁思当告谁？（《明月何皎皎》）
兰泽多芳草，采之欲遗谁？（《涉江采芙蓉》）

不过前置的情况还是很多的。一种语法结构的消失，往往需要几百年的时间；汉代可以说是消失这种结构的过渡时期。六朝以后，疑问代词宾语和否定句中代词宾语后置的格式在口语中已固定了（至于后代文人的前置用法，那是一种仿古）。例：

语笑向谁道？腹中阴忆汝。(《子夜歌》)
罗帐为谁褰？双枕何时有？(《子夜四时歌》)
通发不可料，憔悴为谁睹？(《读曲歌》)
华山畿，君既为侬死，独活为谁施？(《华山畿》)

这样的例句说明上古有条件的主—宾—动结构在六朝时候的口语中已消失了。

宾语的前置，在中古时，是跟“将”和“把”的用法有联系的。它们在上古句子中是作为独立的动词的。如：

汤自把钺，以伐昆吾。(《史记·殷本纪》)
郑伯将王自圉门入。(《左传·庄公二十一年》)

中古以后这种用法仍有。如：

今日把来，有甚理说。(《敦煌变文选·韩擒虎话本》)
令其兄子将米百车往馈之。(《旧唐书·张万福传》)

但更多的，是已经同名词、代词等组成介词结构，放到动词前面去，成为一种宾语前置的新格式，用来表示处所、工具等语法意义的。这并不是说上古汉语中没有处所、工具等语法意义的表示法，而只是说“将”“把”的这种用法是更为简练而明显地表达处所、工具等语法意义，因此这种宾语提前的表示法，是语法意义和语法形式发展的结果。例如：

莫把杭州刺史欺。(白居易诗)
如将月窟写，似把天河扑。(皮日休诗)

莫将天女与沙门，休把眷属恼菩萨。（敦煌变文）

不把庭前竹马骑。（敦煌变文）

已用当时法，谁将此义陈？（杜甫《寄李十二白》）

见酒须相忆，将诗莫浪传。（杜甫《江口送魏十八》）

念我常能数字至，将诗不必万人传。（杜甫《公安送韦二》）

这种格式，大体上在唐代已形成，近代更普遍地使用了。

2. 状语的发展

上古状语的位置可以放在动词前面，也可以放在动词后面。到了中古时期，状语的位置一般都固定在动词的前边。

处所状语在上古可前可后，到中古则固定在动词的前边。例：

君不见黄河之水天上来，奔流到海不复回。（李白《将进酒》）

县官急索租，租税从何出？（杜甫《兵车行》）

程度状语，上古时用介词结构后置来表示的现象，已不复见。中古多用程度副词放在动词或形容词的前边来表示。例如：

红豆生南国，春来发几枝？愿君多采撷，此物最相思。（王维《杂诗》）

工具状语后置的现象也在中古时消失了，它就固定在动词前面了。例如：

以一平板按其面。(沈括《梦溪笔谈》)

“被”字结构作状语的句式,也在中古时期形成和发展了。先秦时期表示被动意义的不是用“被”字句,而是用“于”“为”“见”等字的句式。例如:

劳心者治人,劳力者治于人。(《孟子·滕文公上》)

身客死于秦,为天下笑。(《史记·屈原贾生列传》)

投我以桃,报之以李,即此言爱人者必见爱也,而恶人者必见恶也。(《墨子·兼爱下》)

到了汉代,产生了“为……所”的句式,同时也有了“被”字句的萌芽。例如:

汉军却,为楚所挤。(《史记·项羽本纪》)

卫太子为江充所败。(《汉书·霍光传》)

汉代所用的被字句大体上和先秦的见字句式相当,“被”字后面没有主动者出现,只是把“被”字放在动词的前面。例:

屈原,楚贤臣也,被谗放逐,作《离骚赋》。(《史记·屈原贾生列传》)

实孝而赐死,诚忠而被诛。(《论衡·感虚篇》)

中古时期,这种句式得到普遍的运用。例如:

嵇康被诛后,山公举康子绍为秘书丞。(《世说新语·

政事》）

王武子被责，移第北邙下。（《世说新语·汰侈》）

兄泌娶妻，始入门，夜被劫。（《宋书·宗悫传》）

同时更重要的是"被"字后面出现了主动者，彼此组成介词结构放在动词的前面，起着状语的作用。唐宋以后，这种结构越来越普遍使用，奠定了现代语里被动句式的基础。例如：

祢衡被魏武谪为鼓吏。（《世说新语·言语》）

亮子被苏峻害。（《世说新语·方正》）

夫子嵇阮流，更被时俗恶。（杜甫诗）

共被微官缚，低头愧野人。（同上）

幸自祢衡人未识，赚他作赋被时轻。（秦韬玉《鹦鹉》）

行义唯愁被众知。（张籍诗）

在中古后期，这种结构有时还跟动词带语的结构结合起来应用。例如：

猴行者曰："我因八百岁时，偷吃十颗，被王母捉下。"（《大唐三藏取经诗话》卷十一）

全忠被克用挎倒。（《五代史平话·唐史》）

范氏宗族一半死于乱军之中，一半被大军擒获，献于临安。（《京本通俗小说·冯玉梅团圆》）

3. 合成谓语的产生和发展

中古时期，由判断词"是"形成了合成谓语，这是汉语语法史上的一大发展，对汉语语法结构的变化，起着很大的影响。在上古，

还没有用判断词“是”所构成的合成谓语,因此表示判断意义的语法形式比较纷繁。例如:

董狐,古之良史也。(《左传·宣公二年》)
晏婴,齐之习辞者也。(《晏子春秋·内篇杂下》)
白起,小竖子耳。(《史记·平原君列传》)

这是在句末用“也”“耳”来表示判断的语气的。也有在主语后面加“者”,并在主语同谓语之间作停顿的。如:

天下者,高祖天下。(《史记·魏其武安侯列传》)
此三人,皆人杰也。(《史记·高帝本纪》)

或者更在句末用“也”的。如:

五霸者,三王之罪人也。(《孟子·告子下》)
骊姬者,国色也。(《公羊传·僖公十年》)
廉颇者,赵之良将也。(《史记·廉颇蔺相如列传》)
魏公子无忌者,魏昭王少子而魏釐王母弟也。(《史记·魏公子列传》)

此外,也有用谓语直接与主语相联,令人从上下文中去领会判断意义的。如:

秦虎狼之国,不可信。(《史记·屈原贾生列传》)
今秦万乘之国,梁亦万乘之国,俱据万乘之国,交有称王之名。(《战国策·赵策》)

上古汉语中，同“是”所构成的判断合成谓语相当的形式，如：

尔为尔，我为我，虽袒裼裸裎于我侧，尔焉能浼我哉？（《孟子·公孙丑上》）

子为谁？（《论语·微子》）

用现代汉语来说就是：“你是你，我是我”“你是谁”。等等。

汉代书面语中，出现极少数的这样的例子：“余是所嫁妇人之父也。”（王充《论衡·死伪篇》）可见在汉代口语中已经出现“是”所构成的合成谓语，不过到了中古时期，它才作为一种普通形式。举例如下：

我是李府君亲。（《世说新语·言语》）

殷中军读《小品》，下二百签，皆是精微，世之幽滞。（《世说新语·文学》）

范是王之舅。（《世说新语·方正》）

谢中郎是王蓝田女婿。（《世说新语·简傲》）

佛是外国之神，非天子诸华所应祠奉。（《高僧传》）

此是谁家屋宅？（《敦煌变文·降魔变文》）

娘子徇贿是好事，董永为报阿耶娘。（《敦煌变文·董永行孝》）

问今是何世，乃不知有汉，无论魏晋。（陶潜《桃花源记》）

姊夫黄琬是刘璋祖母之侄。（《三国志·蜀志·来敏传》）

由“是”所构成的判断合成谓语，在六朝的口语中已经普遍地使用了。但在当时文人的作品里用得不多。这可能是由于新产生的语法形式跟传统的文言文不相容的缘故。因此也可以见得一种新的语法形式的形成,总是需要长的时间。变文中很多"是"的用法并不是构成这种合成谓语的。

是时也,春光扬艳,薰色芳菲。(《敦煌变文·庐山远公话》)

如是家中养得一男,父母看为珠玉。(《敦煌变文·庐山远公话》)

由"是"所构成的这种合成谓语,从中古后期到近代,越来越普遍使用了。而且谓语本身和它的主语也可以包含很复杂的内容。例如:

他是个不爱财的名将。(《京本通俗小说·碾玉观音》)

宋江是个快性的人。(《水浒传》二十一回)

押司是个风流人物。(同上)

那穿宝兰直裰的是个胖子。(《儒林外史》一回)

不是我有心要耽误你。(同上)

街东是宁国府,街西是荣国府。(《红楼梦》二回)

当日宁国公与荣国公是一母同胞弟兄两个。(同上)

原来景阳冈上打死大虫新充做都头的正是我这兄弟。(《水浒传》二十四回)

毕竟叫唤武都头的正是甚人。(同上)

这名字是你替他起的?(《儒林外史》二回)

此人是都中在古董中行贸易的号冷名子兴者。(《红楼梦》二回)

黛玉度其处必是荣府中之花园隔断过来的。(同上书,三回)

（三）复　句

复句构造的发展速度比句子成分的发展还要缓慢。因为句子的构造是更为稳固的。中古复句里的变化，主要表现在复句的关联词语方面。

中古复句的关联词语大都沿用上古语的；其中的变化，是由于从口语中吸收一些关联词语的缘故。

联合复句中并列关系的句子，其中分句之间一般不用关联词语。这与上古语相同。但中古时，一些理论文章中，并列关系复句在结构上出现了比上古复杂的形式。当然结构简单的句子还是很多的。例如：

射人先射马，擒贼先擒王。（杜甫诗）

但是在一些理论性的文章中也出现了一些比较长的句子，包含有三个，甚至三个分句以上的，这种句子的增多，实际上也就是并列结构内部的一种发展。例如：

“灼灼”状桃花之鲜，“依依”尽杨柳之貌，“杲杲”为出日之容，“瀌瀌”拟雨雪之状，“喈喈”逐黄鸟之声，“喓喓”学草虫之韵。（《文心雕龙·物色》）

并列关系的联合复句，有时用“便”字来表示并列或先后的关系。

与共语，便使其唱理。（《世说新语·文学》）

须臾温来，敦便奋其威容。(《世说新语·文学》)

三日不读《道德经》，便觉舌本闲强。(同上)

林尽水源，便得一山。山有小口，仿佛若有光，便舍船，从口入。(陶潜《桃花源记》)

便依吾敕赴前程，便请如今别法会，若逢大士维摩诘，问取根由病所因。(《敦煌变文·维摩诘经讲经文》)

“便”有时也用在偏正复句里，与“犹”“纵”等的意义相仿。例如：

便与先生应永诀，九重泉路尽交期。(杜甫诗)

便有文公来作记，尚须我辈与题诗。(陈师道《拱翠亭》)

莫道千金酬一笑，便明珠、万斛须邀。(柳永《合欢带》)

中古语里表示递进关系多用“非但”“非唯”“又”等关联词语。例如：

非但我言卿不可，李阳亦谓卿不可。(《世说新语·规箴》)

服五石散，非唯治病，亦觉神明开朗。(《世说新语·言语》)

人声之精者为言；文辞之于言，又其精也。(韩愈《送孟东野序》)

偏正复句的关联词语，大都沿袭上古语；其中一些发展的，如以“而”表示转折关系的关联词语在中古比上古较为普遍。

然而禽兽知山林之乐，而不知人之乐；人知从太守游而

乐，而不知太守之乐而乐也。（欧阳修《醉翁亭记》）

以为凡是州之山有异态者，皆我有也，而未知西山之怪特。（柳宗元《始得西山宴游记》）

逝者如斯，而未尝往也；盈虚者如彼，而卒莫消长也。（苏轼《前赤壁赋》）

表示转折关系的关联词语“只是”，也在中古出现，这是受了口语的影响的。例如：

夕阳无限好，只是近黄昏。（李商隐诗）

这里的“只是”相当于现代汉语中的“不过”。

“倘若”等用来表示假设和条件关系的，这时出现得很多。这种从口语中来的关联词语，有不少一直流行到现代。例如：

傥蒙赐渡，恩可杀身。（《伍子胥变文》）

倘若不弃是卑微，愿君努力当餐饭。（同上）

表示假设关系的“若非”，是在中古出现的。例如：

若非群玉山头见，会向瑶台月下逢。（李白诗）

表示条件关系的“非……不”“除却”“除非”等，也是在中古出现的（“非……不”相当于现代汉语中的“既不……又不”；“除却”相当现代汉语中的“除……外”；“除非”我们今天还用得很多，表示唯一的条件）。例如：

新来瘦，非干病酒，不是悲秋。(李清照词)

除却天边月，没人知。(韦庄词)

欲写相思，除非天样纸。(《董西厢》)

春无踪迹谁知？除非问取黄鹂。(黄庭坚词)

表示目的或因果关系的“因”“所以”在中古也用得很普遍。例如：

宅边有五柳树，因以为号焉。(陶潜《五柳先生传》)

予少以进士游京师，因得尽交当世之贤豪。(欧阳修《释秘演诗集序》)

所以枕流，欲洗其耳；所以漱石，欲砺其齿。(《世说新语》)

书于石，所以贺兹丘之遭也。(柳宗元《钴鉧潭西小丘记》)

第三编

近代汉语语法

一、词　　法

（一）名　　词

近代名词的发展特别表现在辅助成分的多样化和名词表数的完善化。

中古时期，已有很多属于名词的辅助成分，如“阿”“老”“子”“儿”“头”“家”“手”等。其中除一部分（如“阿”“老”“子”“儿”等）表示“亲昵指小”的意义之外，都成为名词构词的标志。近代又用这些成分来构造许多新的名词，如“阿舅”“阿哥”“老师”“老婆”“屋子”“拐子”“老头儿”“苗头”“店家”“鼓手”“红旗手”等等。在这个时期里，新的辅助成分又大量地出现了，如“者”“师”“员”“性”“度”“品”“主义”等等。这些新的辅助成分，具有极强的构词能力。名词辅助成分的迅速发展，不仅使名词词性明确化，而且大大增进新名词的产生。如现今出现的新名词“红旗手”“多面手”“突击手”“插秧手”“拖拉机手”“社员”“辅导员”“售货员”“工分主义”“一本书主义”“劲头”等，都是依据这种方法构成的。

近代名词的另一种发展是表示数的范畴的完善化。唐代，已出现了“们”的前身——“伟”和“弭”。至宋时，有了“们”和“门”“懑”“满”“瞒”“瞞”等，表示人称名词的多数。如：

孩子懑切记之。(《默记》)

唬杀贼阵里儿郎懑眼不扎。(《董西厢》)

秀才瞒、撰到专城贵。(吴编修词)

始初内臣宫嫔门皆携笔在后抄录。(《河南程氏遗书》)

浪儿门得成全这些方便。(史浩《鄮峰真隐词集》)

枢密侍郎们各自尽忠尽节为国家。(《三朝北盟会编·靖康中》)

正是军人们放马遽然到来。(《三朝北盟会编·绍兴甲寅》)

元明间,很多文献中,作“每”:

教普天下颠不剌的浪儿每许。(《董西厢》)

枉惹的街坊每耻笑,着亲邻每议。(《元曲选·神奴儿》)

百姓每自躲避了的,依律要了罪过,拿来做军。(《洪武四年户部安民帖》)

“们”这类字是用在代词和人称名词之后构成复数形式,大略相当于英语中的“-s”;但又不相同。“-s”用在一切名词之后,还可以用数量词来修饰。汉语的“们”等,只用在人称名词之后。大约在“五四”以前,这种复数形式还可以用数量词来修饰,如:

将一十七个先生每剃了头。(《元代白话碑》)

清河县里有几个奸诈的浮浪子弟们。(《水浒传》)

看着十来个小厮们挪花盆呢。(《红楼梦》)

请过众位姑娘们来。(《红楼梦》)

但在“五四”以后,数量词不用在这种形式的前面。现代汉语

中,只有“各位”“诸位”和这种复数形式可以并用,作为呼语。如:

各位代表先生们,各位同志们。(《毛泽东选集》)
诸位朋友们,今天让我来说个故事。(《赵树理选集》)

“们”的应用范围似乎有扩大的趋势。特别在书面语中,不只是人称名词可以带“们”来构成复数了。如:

这些眼睛们似乎连成一气,已经在那里咬他的灵魂了。(鲁迅《呐喊》)

这种用法可能是一种“拟人化”的修辞手段,不是语法的正格。此外,名词重叠的应用受到了限制。近代几个重叠名词大都是从古代沿袭下来的,如“人人”“家家”;或者是名词可作量词用的,如“门门”“件件”等。又关于否定的表示,一般在名词前不加否定词“非”,更不能用“不”,而是用“不是”,如“不是桃子”“不是语言学家”等。

近代语里,方位词不能单独地直接放在动词前面来作状语用,象“东游、西去”这样的语法。少数的“北伐、西望”等都是古语的遗迹。近代方位词必须和“边”“头”“面”等构成一种合成词,才能做状语,如:“东边来了一帮客人。”或者,方位词前面带介词“向”“从”“往”“朝”等构成一种介词结构,也可作状语,如:“陈大郎……向东而望。”(《古今小说》)

(二)动　　词

近代词里,动词发生了明显的变化,这可以举出下列的几点来说：

1. 动词时态助词的发展。在近代汉语里，“了”“着”“过”是表示动词时态的后附成分，产生在唐宋时。元以后，才得到了迅速发展。

南北朝时，“了”作为动词，有“终了”“了结”的意思，《广雅·释言》：“了，讫也。”例如：

晨起洒扫，食了洗涤。（王褒《僮约》）
官事未易了也。（《晋书·傅咸传》）

唐以后，“了”字开始虚化，用来表示行为的完成：

斗啼封裹了，知欲寄谁将？（孟浩然诗）
春风为开了，却拟笑春风。（李商隐诗）
吃了张眉竖眼，怒斗宣拳。（《茶酒论》）
二人辞了便进路。（《董永行孝变文》）

这些句里，“了”字已紧贴动词之后；但是，也还有独立补语的性质，用来表示“完毕”的意思。因之，当动词带宾语时，还可以放置在宾语之后。如：

作此语了，遂即南行。（《伍子胥变文》）
煞（杀）子胥了。（《伍子胥变文》）
但得上马了，一去头不回。（曹邺诗）

也有少数放置在宾语前而紧贴在动词后。如：

林花谢了春红，太匆匆。(李煜词)
等闲妨了绣功夫。(欧阳修词)

南宋以后，动词后的“了”，游离性逐渐减少了。如：

如今都教坏了学生，个个不肯读书。(《朱子语类》)
嫁了张员外。(《京本通俗小说》)
怎知卧龙又投了刘备？(《三国志平话》)
恐怕失了数年和好。(《汉宫秋》)
我问刘员外借了十个银子。(《玉清庵错送鸳鸯被》)

“著”本来也是动词，具有“附着”的意义。如：

风行而著于土。(《左传·庄公二十三年》)
常恐祖生先吾著鞭。(《晋书·刘琨传》)

南北朝以后，开始附在动词之后，意义也开始虚化。如：

长文尚小，载著车中。(《世说新语·德行》)
寄君蘼芜叶，插著丛台边。(吴均诗)

“著”字，只用在地点补语的前边，其作用很近于介词“在”。

这种结构进一步发展，到唐宋间，形成一种表示行为(或状态)持续的结构。如：

堆著黄金无买处。(王建诗)
如战阵厮杀，擂著鼓，只是向前去，有死无二。(《朱子

语类》)

元以后，这种表示持续时态的结构运用得更普遍了。可是元明间，它和表示完了时态的“了”的分工不是很明确的。该用“了”的却用“着”。如：“杨志因等候我了，犯着这罪。”(《宣和遗事》)该用“着”的却用“了”；如：“太后指了天曰。”(《五代史平话》)直到十七世纪以后，如《红楼梦》中，“了”和“着”才有明确的分工。

表示过去时态的“过”，用来表明动作行为已成为过去，产生在唐宋间。如：

> 而今只是那一般合看过底文字也未看，何况其他。(《朱子语类》)
>
> 看过了后，无时无候，又把起来思量一遍。(同上)
>
> 每日读书，只是读过了，便不知将此心去体会。(同上)

2. 动词后附成分的发展。“五四”以后，大概因为受了西洋语法的影响，产生了新的后附成分“化”，它可以使名词或形容词变成动词。如：“工业化”“机械化”“现代化”“欧化”“合作化”“电器化”“拉丁化”“劳动化”。

以上是由名词转成的动词。

“庸俗化”“具体化”“绿化”“强化”“硬化”“恶化”“激化”“简单化”。

以上是由形容词转成的动词。

动词后附成分“化”，大大增进了新的动词产生。同时，也给他们带上了明显的标志。

3. 动词重叠式的发展。古代有少数动词的重叠，只表示动作或行为的重复；到了近代，动词重叠形式具有了新的语法意义，即

“试一下”的短时义。如：

咱把汉朝世界三停占了二停，看看地都属于咱。(《三国志平话》)

咱们也把烟火放了解解酒。(《红楼梦》)

生怕人不知道，故意的表白表白。(同上)

有些句子里的动词重叠，只有“试”“略微”的意思，如：

我说必要给你争争气才罢。(《红楼梦》)

还得是你出去求求王爷，怎么挽回挽回才好。(同上)

这种动词的重叠，也可以在它们中间插入“一”字，把意思表达得更清楚。如：

则见李媒把张媒推一推。(《京本通俗小说》)

你倒照一照地下罢。(《红楼梦》)

有时为了加强语气，更在其后加以“儿化”，如：

不过觉得身子略软些，躺躺儿就起来了。(《红楼梦》)

我劝你也动一动儿。(同上)

至于并列动词的重叠形式，就没有上述语法意义，只是表示动作或行为的重复。如：

我还听见你天天在园子里和姊妹们顽顽笑笑。(《红

楼梦》)

说说笑笑,钻钻跳跳,十分亲热。(《儿女英雄传》)

4. 趋向动词的发展。近代语里,趋向动词不但具有动作趋向的意义,而且在一定程度上有帮助表示时态的作用。如表示动作开始的"起来",表示动作持续的"下去"等。

"起来"表示动作、行为的开始,这种用法至迟在元代就有了。如:

恐怕火盆内有火炭延烧起来。(《水浒传》)

宝玉见他哭了,也不觉心酸起来。(《红楼梦》)

有时,动词的宾语可以插进"起来"的中间。如:

看那些人放起火来。(《西游记》)

只这一句话,又勾起黛玉的梦来。(《红楼梦》)

表示动作持续的"下去"大概产生较晚,如:

便静静儿的听他唱下去。(《儿女英雄传》)

底下要只这等一折折的排下去,也就没多的话说了。(同上)

(三) 形容词

近代词里,形容词重叠式有了很大的发展。元杂剧中大量运用了这种重叠式。例如:

犹喜的消消洒洒、断断续续、出出律律、忽忽噜噜阴云开处。我只见霍霍闪闪电光星柱。怎禁那萧萧瑟瑟风,点点滴滴雨,送的来高高下下、凹凹凸凸一搭模糊,早做了扑扑簌簌、湿湿渌渌疏林人物,倒与他妆就了一幅昏昏惨惨潇湘水墨图。(《货郎旦》)

形容词重叠式在近代语里更有多种多样的结构。兹择要加以说明:

单音重叠,近代语里还有两种变式:一种是重叠式中插进"又""上"等,如"红上红""烂又烂""尖又尖"等;另一种是重叠式加"儿化",以加强语意,如"好好儿""园园儿""静静儿"等。

复音形容词重叠式,在中古有很大的发展,近代语里除在应用上扩大以外,并由此而产生出了一种变式:把复音形容词的头一个字重叠之后,再加嵌一个"里"字。如"胡里胡涂""邋里邋遢""啰里啰嗦""肮里肮脏""古里古怪"等。这种格式只限于连绵词或单纯复音形容词里应用,以表示一种贬义,可以叫作憎称格。

在复音形容词里,还有一种插进数词所构成的四字格。如:"一清二白""一干二净""横三竖四""三长两短""七零八落""乱七八糟"等。这种结构有表示强烈程度性的作用。

近代语里,形容词部分重叠式后面的重叠部分,有进一步趋于辅助成分的性质。如:

哗喇喇一净桶尿粪从上面直泼下来。(《红楼梦》)

做了自己的功课,忽听得纸窗呼喇喇一派风声。(同上)

这里的"喇喇"显然是形容词的辅助成分,在语言上有加强绘景摹声的作用。此外,如"黑呼呼"的"呼呼"、"闹烘烘"的"烘烘"、

“甜丝丝”的“丝丝”等等，都可以称为形容词重叠式里的重叠辅助成分。

在汉语的方言中，又有部分重叠成分前置的新格式，如“麻麻亮”(“天已经麻麻亮了”)等。

> 燕麦开花零零稀。(陕北民歌)
> 枪干子曼曼长。(赣西民歌)
> 铁柱子，滑滑光。(同上)

形容词重叠式的发展，对语言表达的形象性、生动性起着重大的作用。

中古时期，形容词的辅助成分是不发达的。近代语里，除了大批重叠的辅助成分出现之外，还有不少单音的辅助成分；如前附成分“可”、后附成分“式”等。

“可”作为形容词前附成分，在中古已有萌芽；如“可怜”(即今“可爱”)在诗歌中应用很广。“五四”前后，这种格式得到了迅速的发展。如“可敬”“可爱”“可怕”“可恼”“可恨”“可观”等；“可”对形容词的实词素“敬”“爱”等起肯定的作用，又作为形容词的明显标志，使得有些动词也形容词化了(如“可观”等)。

“式”是“五四”以后新形成的一个形容词后附成分，它的构词能力很强，可以使一些名词(甚至一些专有名词)或者主谓结构形容词化；如“中国式”“标本式”“英美式”“新式”“喷气式”等。其作用相当于助词“的”，而有“那”般样的意思。

形容词在作为定语或状语时，有时必须有结构助语“的”的帮助。元以后，产生了新的结构助词“的”，同时还保持着中古留下来的“底”和“地”；因此，形成了“的”“底”“地”并用局面。“五四”以后，有人在翻译时规定了它们的分工：“的”表示一般的“定/名”关系；

“底”表示领导性的“定/名”关系;“地”表示“状/动(或形)”关系。如:

那位白发飘飘的老科学家底最后的话在我底耳边。(巴金《亡命》)

她底心脏怦怦地跳得很厉害。(许钦文《鼻涕阿二》)

语言发展的结果:“的”和“底”逐渐趋于合并,只有“的”“地”的区别,还保存着。一般是定语后作“的”,状语后作“地”。

近代语里,形容词作谓语时,往往用“是”或“是……的”的结构来加强语意,如“他是聪明”“他是很老实的”。形容词重叠式一般不能直接作谓语,也必须用“的”或“是……的”,如“脸红红的”“脸是红红的”。这是跟古代“天苍苍”“路漫漫”“风萧萧”那样的结构完全不同的。

(四) 数词和量词

上古语里,在两位数字之间往往加一“有”(又)字;也有不加“有(又)”字的,如:“今臣之刀十九年矣。”(《庄子·养生主》)后一种格式不断发展,不再在两位数字间加“有(又)”字了。至于三位数字中间空了一位的,上古语里说“百六”等,近代常在空位上加“零”,如“一百零八将”,这样就不会发生误会了。因为“3 600”说成“三千六”、“45 000”说成“四万五”,也就不会误会成“三千零六”“四万零五”了。

古代表示分数的方法很复杂,到了近代就比较简单了。一般只说“几分之几”。另一种是说“几成”“几分”,如“七成”“八分”,是专指“十分之几”“百分之几十”的。

近代表示倍数的方法也比较简单,只在数词后加“倍”字;如

“一倍”“二倍”“十倍”“百倍”等。另有一种是用百分数来表示;如“百分之二百”是两倍、“百分之五百”是五倍。

现代表示约数的方法,不用古代的“所”“许”“且”“可”等字,而在整数前加“成”“上”,或者在整数后加“把”,如“成千”“上万”“万把”“百把”;或者在整数后加“来”“多”“左右”“上下”,或者“以上”“以下”。约数可以包括很广,如说“五十以上”,如果没有别的限定,则凡“五十”以上的数字都可以包括在内。

近代表示序数,在基数上加“第”是最常见的;不加“第”的,由于一般计数,多加量词,序数不加“第”,也不会发生误会。序数还有一些习惯上的说法。如表示“第一”,不用说数词,只在名词前加“元(年)”“初(一)”“首(都)”“大(哥)”“长(子)”等;表示“第二”加“次”,如“次日”;表示最后,加“末”,如“末(班车)”;这些都是用词汇意义来表示序次的。

量词在近代语里更有大的发展。兹分物量和动量两类说明如下:

(1) 物量词的种类很多。绝大部分表示具体事物的名词都可以借用作量词,如:“杯(牛奶)”“篮(水果)”“桶(水)”“盆(花)”“碗(饭)”“袋(米)”“车(泥)”“船(人)”“桌(菜)”“床(被)”等。由于物量词的发展,在度量衡单位里,近来又增加了一种复合量词,这大都是物量词和动量词的结合,如“架次”“人次”等;或者是变量词和衡量词的结合,如“吨公里”;或者是度量衡单位和时间单位的结合,如“秒公方”“千米小时”等等。例如:

> 兰州黄河年平均流量是一千一百秒公方。
>
> 火车的速度是五十千米小时。

(2) 动量词除了专用的动量词和借用器物的动量词以外,还有用表示时间的名词来作动量词的。例如:“辛苦了一夜,且自将息将息。”(《今古奇观》)“安住在张家村里,一住十五年……”(《清平山堂话本》)另外还有用重复动词来表示动量的,例如:“老鸦落地猛然跳几跳,去地上打一变,变成了着皂衣的婆婆,正是去年见的。”(《清平山堂话本·西湖三塔记》)“我没话说,教那个师父上来,我问他一问。”(《西游记》)

数词“二”和“两”,在用法上有如下的不同:“两”不用于序数,也不用于两位数词里的个位数;序数用“二”,两位数词里的个位数也用“二”,如说“第二”“十二”“一百零二”等。但是称说两个同类的事物,要用“两”,不用“二”,如“两个人”“两匹马”。度量衡单位量词前,有时用“两”,有时用“二”;数词“百”“千”“万”也可以看作一个单位,前面可以用“两”,但“两”以前更没有另外的数词。“两”还有表示约数的说法,“二”没有这种意义。

数词和量词结合已成为常规,一般数词不能单独在句子中充当成分。

一般单音量词都可以重叠,表示“每一”的意思,如“个个”“件件”等。

量词不能单独同名词结合,但是在数词“一”省略的情况下,量词就单独同名词相结合了,如说“做件工作”等。

数量词也可以重叠,用来表示“逐一”的意思。一般有三种方式:“一张一张”“一张张(省略数词)”“一一(省说量词)”。

数量词的主要的用度是做定语或补语;有时做状语或谓语,在一定上下文里还可以充当主语宾语;例如:“橘子很好,买了三斤。”

(五) 代　　词

第三人称代词阳性“他”和阴性“她”的区分,只限于书写形式中,口语里并没有区别。汉语至今根本不存在“性”的语法范畴。

“他”和“她”在书面上的区分，是“五四”以来由于翻译西文作品的需要而产生的。因为西洋语文中的人称代词有“性”的区别，翻译过来，如果对于第三人称代词的“性”不从形式上加以区分，那么就会意义不明或发生误会。例如：

> 她对于他已经是外人；而他对于她又何尝不是外人呢？（契诃夫《好人》，瞿秋白译）
>
> 有一天他送她回家，他便和她说爱她，愿意和她结婚——她身体一摇，仿佛他打了她一下，他也被她一吓。（高尔基《时代的牺牲》，瞿秋白译）

由此可见，“他”“她”的区分是出于一时的需要。有人想从语音上把它们分开，“他”仍读〔tá〕，“她”读〔jī〕，这是行不通的，因为口语和书面语不一样，口语中并没有那样的需要。

“它”是第三人称中性代词，用来代替事物的名称。“它”和“牠”原来是有区别的：前者代替无生命的，后者代替有生命的，后来趋向于混同了。如：“（野雀野鹿）为什么当初不逃到人类中来，现在却要逃到鹰鹯虎狼间去？或者，鹰鹯虎狼之于它们，正如跳蚤之于我们罢。”（鲁迅《夏三虫》）

> 这些国家的绝大多数都在执行着和平中立的外交政策，它们在国际事务中起着愈来愈大的作用。（刘少奇《中国共产党中央委员会向第八次全国代表大会的政治报告》）

人称代词表示复数的后附成分“们”，它的产生是在唐宋间。近代语里，这种形式，除了用来表示一般的人称复数之外，还有几种特殊的用法：

一般是用复数人称代词来总结上面所指的多数人物。例如：

老胡和老程他们不知那里寻来这么粗、这么长、粉脆的鲜藕。(《红楼梦》)

还有一种是用来表示敬称或谦称的意思：

若就是这句话呢，我们姑娘在时，我也跟着听熟了。(《红楼梦》)

我们一个丫头，姑娘只是混说。(《红楼梦》)

我虽门外汉，我们太太倒是善于钻营。(《聊斋志异》)

可巧老太太那里给林姑娘送钱来，正分给他们的丫头们呢。(《红楼梦》)

一般集合名词前习惯上用复数，如"我们国家"等等。

整个代词发展到近代语里基本上完善起来了，各个人称代词都齐全了，而且用法基本上统一起来了。

(六) 副　　词

近代汉语里的否定副词，除了沿用几个古语的副词之外，一般常用的只有"不"和"没有(没)"。如：

媳妇们见三婶：没有的穿戴，好意与他首饰衣衫。(《刘香宝卷》)

我又不是此间人。(《水浒传》四十二回)

“不要”的合音词“别”也是否定副词。如：

是我害了你了，你别怨我。(《红楼梦》)

这可以见得副词的发展，也趋向于规则化。

(七)介　　词

近代语里介词的发展可以分做下列两点来说：

(1) 有的词性更趋于固定。介词是从动词演变来的；如“把”“将”，由于作为介词用，就逐渐失了动词性。近代语里，“把”“将”一般不再作动词用了。

(2) 由于介词使用的发展，过去可以省略介词的地方，到了近代就不能省略了。例如：

卿(从)东来，故应有此物。(《世说新语》)

天冀北马多(于)天下。(韩愈《送温处士赴河阳军序》)

这些地方的介词，近代语里就不能省略了。例如：

恭楷写了，挂在灯上。(《红楼梦》)

他于十六日便起身赴京。(同上)

(八)连　　词

近代语里“和”“与”作连词用，或者作介词用。如：

贾母深爱那做小旦的和那做小丑的。(《红楼梦》)

"和"作连词用。

如今他在家中,只是和些孩子们混闹。(《红楼梦》)

"和"作介词用。

平儿与众媳妇等忙告诉他原故。(《红楼梦》)

"与"作连词用。

少不得进房来,先与贾母请安。(《红楼梦》)

"与"作介词用。

"与"是文言词,仍然介词和连词兼用。

"和"和"同"现在有趋于分工的现象:"和"专作连词用,"同"专作介词。如:

妇女有同男子平等的选举权和被选举权。(《宪法》第八十六条)

很多企业、机关、学校、部队和个人都主动地同别的单位和个人进行协作,以促进自己的工作和别人的工作共同发展。(《中国共产党中央委员会向第八届全国代表大会第二次会议的工作报告》)

文化革命同技术革命一样,同整个社会主义建设事业和任何革命事业一样,必须走群众路线。(人民日报社论《文化革命开始了》)

这样分工合乎语言规范的要求。不过究竟能不能实现,还要看事实。

过去"和"作连词用的,它的使用范围是比较狭小的,只是用于名词和代词。近代语里"和"的使用范围逐渐扩大了,可以用来连接动词、形容词、副词以及词组、句子。

"和"本来是放在并列成分的中间。如：

> 家人媳妇和丫鬟娘子都慌了，快请老爷进来。(《儒林外史》)

近来又形成了一种表示并列关系的新格式，"和"放置在并列成分当中最后一个成分的前面。这大概是由于受英语"and"和俄语"И"用法的影响，首先是出现在翻译作品里。近来逐渐在一般作品里通行开来。例如：

> 迭迭层层的浓雾降在道上、屋顶上、车上和车夫的大衣上。(列夫·托尔斯泰《三死》，瞿秋白译)
>
> 我觉得在路上时时遇到探索、讥笑、猥亵和轻蔑的眼光。(鲁迅《伤逝》)

连词"如果"用在偏正复句中，和"那么"互相呼应。"如果"用于偏句，表示假设的条件；"那么"用于正句，表示承接的关系。现在又产生一种新的用法，除了用在偏正复句里，还可以用在并列复句里，表示两个并列分句的对比关系，如：

> 如果我们回想一下，我党在幼年时期，我们对于马克思列宁主义的认识和对于中国革命的认识是何等肤浅，何等贫乏，则现在我们对于这些问题的认识是深刻得多，丰富得多了。(毛泽东《改造我们的学习》)

(九)助　词

结构助词“的”,宋人话本及元曲中已大量应用。如:

你如今依先做这道路,刁爷的生意,卖些胭脂绒线。(《京本通俗小说》)

那喝的人大踏步赶将来。(同上)

说来的话先瞒过咱!怎和他一半儿真实一半儿假。(关汉卿《一半儿·题情》)

通常用在定语的末了,表示限制或修饰的关系。此外还有一种用法,同古代“者”字一部分的功用相当,粘附在词或词组的后面,构成“的”字结构。例如:

第一件,要一个人材出众,好模好样的。(《京本通俗小说》)

元来贩漆的,都道杭州路近价贱,俱往远处去了。(《今古奇观》)

宋代开始出现了语气助词“的”,用法相当于古代文言的“也”。如:

偏你这几根白胡须是沙糖拌的。(《京本通俗小说》)

已留与主人家收漆,不曾带回,我明早就要去的。(《今古奇观》)

确定的语气，可以不用语气助词，但是用了“的”，语气就更确定了。

宋代又出现了语气助词“了”，用法相当于上古的“矣”。表示已然或将然的语气。例如：

问道：“在员外宅里多少年了？”（《京本通俗小说》）

铼儿慌忙安排些个安魂定魄汤与他吃罢，自没事了。（同上）

你老人家忒迂阔了，恁般大弄起来。（《今古奇观》）

官人出外好多时了，还不回，亏他撇得大娘下。（同上）

正商议间，众僧摆上晚斋，请他师徒们吃了。（《西游记》）

且莫哭！且莫哭！我问你，妖怪往那里去了？（同上）

语气助词“呢”产生以前，元明时有个“哩”，大都用来表夸张和疑问的语气；还有个“那”用来表示疑问的语气。例如：

店里有个好女子请你哩！（《元曲选·救风尘》）

仙子，可再有何人思凡哩？（《元曲选·张天师》）

爹爹，我在这里哩！（《西游记》）

我是个女孩儿，羞答答的怎生去那？（《鸳鸯被》）

别人家不似这般利害那！（《燕青博鱼》）

到了清代《儒林外史》《红楼梦》里，“呢”字大量使用。如：

还是古人的呢？还是现代人画的？（《儒林外史》）

何尝不是这样的呢？（《红楼梦》）

"呢"和"哩""那"声音相近,所表示的语气也相近,它一定是从"哩""那"转化而来的。

唐代出现了"么",是由"无"变来的,"无"和"么""吗"同音,近代多半写作"吗"。

(十) 叹　词

近代语里,叹词的语法功能大致可以分成两类,一类是表达强烈感情的,一类是对话中的应对呼唤的词。前者表示多种情绪,如"哈哈"表示喜悦,"唉"表示怨伤,"哼""呸"表示愤怒或鄙视,"啧"表示惊讶。后者如"喂""嘿"表示呼唤,"嗯""姆"表示答应,"嗳"表示追问。

叹词在句子中做独立成分,或做独词句。此外还有一些活用法。例如:

(1) 当动词用:

> 气的"嗳"了一声,说不出话来。(《红楼梦》)
> 贾母听了,便啐了一口。(同上)

(2) 做定语状语用:

> 宝玉听了,啊呀的一声,哭倒在床上。(《红楼梦》)
> 凤姐带病哼哼唧唧的说。(同上)

二、句　法

（一）词　组

1. 联合词组

联合词组在“五四”以后，有很多新的发展，举例如下：

这些干部、农民、秀才、狱吏、商人和钱粮师爷，就是我的可敬爱的先生。（《毛泽东选集》）

句子中的联合词组用了连词“和”，并且用在最后的两个并列成分之间。这种现象在以前的汉语里并不多见，而在“五四”以后，却非常普遍地发展和使用开来了。这很可能是受外语的影响，因为在外国语言里，连词用在联合词组最后两个成分之间，是很常见的现象。

现在我们所见的故事清楚起来了，美丽、幽雅、有趣而且分明。（鲁迅《好的故事》）

这里的联合词组，用了连词“而且”，有进一层的意思。这样连词在联合词组中间的使用也是近代语法上新产生的现象，似乎也是与西洋语法的影响分不开的。

联合词组的发展,确实使得近代句法日益精密化了。我们再来谈谈近代联合词组复杂化的情况:

只是教皇帝少见儒臣,多昵女色。(《汉宫秋》)

你便晨挑菜,夜看瓜,春种谷,夏浇麻。(《汉宫秋》)

老儿和这小厮上街来买了些鲜鱼、嫩鸡、酿鹅、肥鲊、时新果子之类归来。(《水浒传》)

这些句里的联合词组,它们当中的成分又是由别的词组构成因此是复杂化了的联合结构。第一、二句里的联合词组都是由动实结构联合起来的;第三句里的,是由五个偏正结构联合起来的。这种结构在现代语里是十分常见的,例如“文化革命和技术革命”。

2. 偏正词组

中心词在后的偏正词组,到现代更加普遍起来,并且进一步的复杂化。例如:

我是个斩头沥血的人,何肯戏弄良人。(《水浒传》)

凤姐只吃燕窝粥,两碟子精致小菜。(《红楼梦》)

九月里一场碗大的雹子,方近一千三百里地方,连人带房并牲口粮食,打伤了上千上万的。(同上)

上面这些例子都是简单的中心词在后的偏正结构形式,大多数中心词和前面的词之间有“的”字表明偏正关系,中间没有“的”的,我们也能够很快地看出它们的偏正关系,如第二例。这种简单的偏正结构形式,一直到现代汉语里没有什么变化。

至于偏正词组的复杂化的情形，中心词的前头一方面可以有几个词，另一方面也可以是几个其他结构形式的词组。例如：

圆底儿方口儿的铁酒杯。（《儿女英雄传》）

这可就是作父母带儿女的心肠，叫作乖的也疼，呆的也疼（同上）

上面第一例是中心词前面有两个词，第二例是中心词前面有两个动宾结构。在现代汉语里，这种复杂化了的偏正词组仍然是十分常见的。

中心词在前的后补词组，其中心词是动词或者形容词，后面的部分是对中心词在意义上有所补充。例如：

姚二郎便道："此位胡正卿极写得好。"（《水浒传》）

那妇人惊得魂魄都没了，只得从实招说。（同上）

从上面的几个例子中间可以看出来，后补结构的词组，在中心补语中间常常带有"得"来表明结果关系（"不"就是"得"的否定）。

3. 动宾词组

近代汉语里许多句子中，可以找到很多动宾词组。例：

晁盖叫许多头领，都来参拜了宋江，分两行坐下。（《水浒传》）

这等不是抬举宋江，明明的是苦我。（同上）

那里先拿鱼与你？（同上）

祝家庄那厮，好生无礼，平白欺侮俺山寨，因此行兵报仇。

(《水浒传》)

这个病也不知请了多少大夫,吃了多少药,花了多少钱,总不见一点效验儿。(《红楼梦》)

要是吃丸药,是不中用的。(同上)

结构的形式比起上古或中古的一般动宾词组要复杂一些,动词所带的宾语往往不止一个词,但比起现代汉语来,还是比较简单。现代汉语的如:

列宁认为,要实现无产阶级革命,要实现和巩固无产阶级专政,头等重要的是无产阶级要建立自己的一个真正革命的、同机会主义完全决裂的政党,即共产党。(《列宁主义万岁》)

宾语前的动词可以是动词组合成的联合词组,如"要实现和巩固无产阶级专政",这是动宾词组新发展。

现代汉语动宾词组格式多样。象"深切地同情并且积极支持一切被压迫民族和被侵略的国家反对殖民主义和维护民族独立的斗争",这个动宾词组可以分为好几层:动宾之中有偏正,偏正之中有联合,联合之中又有偏正等。这样复杂的词组,在上古和中古的材料中是很难找到的。

4. 主谓词组

近代和现代语里主谓结构的词组,比起上古和中古来要复杂得多,以一个主谓结构的词组作一个句子成分,往往比上古或中古的一个长句子还要复杂。

外面几席是他们姐妹们坐。(《红楼梦》)

让凤丫头坐上面，你们好生替我待东，难为他一年到头辛苦。(《红楼梦》)

平儿素昔只闻人说宝玉专能和女孩们接交。(同上)

今秋又遇着贾母高兴，多游玩了两次。(同上)

不中用，我知道我的病是不能好的了。(同上)

句子的复杂化首先是通过词组的复杂化。长句子的增多不是词与词无规则的乱堆积，而必须先通过词组，使各个句子成分紧密结合，构成复杂的句子。又主谓结构可以充当各个句子成分，除了做谓语、定语之外，也可以当作主语、状语等，所以在用途上比上古、中古要广泛得多。

(二) 句子成分和句子结构

近代语的句子结构，有很多发展，主要的是：

1. "把"字句的普遍适用

依靠"将""把"的帮助，把宾语提前的格式，在近代语里普遍地适用。如：

今人所以悠悠者，只是把学问不曾做一件事看。(《朱子语类》)

把窗儿纸微润破，见君瑞披衣坐。(《董西厢》)

若将此心推转，看这一边，极易。(《朱子语类》)

那人便将手把武松头发揪起来。(《水浒传》三十二回)

军士把枪将秦明妻子首级挑起在枪上。(同上书，三十四回)

林冲把陆虞候家打得粉碎。(《水浒传》七回)

平儿把眼圈儿一红,忙拿话岔过去了。(《红楼梦》七十一回)

到七日上,把个白胖胖的孩子跑掉了。(《儒林外史》六回)

原来那瘟猫,把床顶上的板跳蹋了一块。(同上书,五回)

在中古时,“将”和“把”的语法意义没有什么差别。到了近代后期出现了某些分工的现象:“把”字表示处置意义,“将”字表示工具意义,但不是截然分得很明显的;现代汉语里“将”“把”互用的现象也有。

这种宾语提前的句式,到近代语里,在很多情况下有特别的需要,因此在近代和现代语里,应用得非常广泛。如:“这黑大汉在此抢鱼,都赶散了渔船。”(《水浒传》)这样的句式在今天便不大顺口,如果改用“把”字句,就要顺口得多。中古以后这种宾语的前置增加了新的语法意义,因此“把”字句是汉语语法趋向完善的一种标志。

2. 定语的复杂化

从上古到中古,一般句子里限制中心词的修饰成分不会很多,因此长句子较少。近代的书面语中,已经见到了中心词前面有较多的修饰成分,例如:

你的心爱的三郎在这里。(《水浒传》二十一回)

把昨儿那一件孔雀毛的氅衣给他罢。(《红楼梦》五十二回)

这里“三郎”的前面用了“你的”“心爱的”两个定语；“氅衣”前面的定语更多了。象这种连用两个以上的定语来限制一个中心词的句式，在近代书面语里已经出现得很多。再举几例如下：

藏了一把尖长柄短、背厚刀薄的解腕刀。(《水浒传》二十六回)

贾母见宝玉身上穿着荔枝哆啰呢色的箭袖，大红猩猩毡盘金彩绣石青妆缎沿边的排穗褂。(《红楼梦》五十二回)

薛宝钗穿一件莲青斗纹锦上添花洋线番羓丝的鹤氅。(同上书，四十九回)

此外，还有以整个主谓结构作定语用的。例如：

两个猎户把武松打杀大虫的事，说向众人。(《水浒传》二十三回)

点了一本戏，是梁灏八十岁中状元的故事。(《儒林外史》二回)

到了“五四”以后，定语的连用及其复杂化，就更加普遍起来了。这也是实际生活的需要和时代的要求。长句子如果运用得好，可以把意思表达得更加清楚和准确，结构更加严密。例：

鲁迅是在文化战线上，代表全民族的大多数，向着敌人冲锋陷阵的最正确、最勇敢、最坚决、最忠实、最热忱的空前的民族英雄。(《毛泽东选集》)

象这样的句子里，一个中心词前面的修饰或限制的成分多到十几个;但是,读起来,仍然是非常顺口,丝毫也没有诘屈聱牙的感觉。

3. 状语的复杂化

状语复杂化的情况,与定语有相似之处。近代语里,用单音形容词的重叠放在动词的前面,同时又有趋向动词配合起来,描写动作的情态,这种格式用得很普遍。例如:

把那个石墩只一抱,轻轻地抱将起来。(《水浒传》二十八回)

回头看这日色时,渐渐地坠下去了。(同上书,二十三回)

一面说,一面抽抽搭搭的哭起来。(《红楼梦》五十五回)

探春没听完,已气的脸白气噎,越发呜呜咽咽的哭起来。(同上)

梅玖才慢慢地立起来和他相见。(《儒林外史》二回)

表示处所的状语常常由介词结构来充当。例如:

这边史进见了,便从树林子里跳将出来。(《水浒传》六回)

一时宝钗姊妹往薛姨妈房内去后,湘云往贾母处来,林黛玉回房歇息。(《红楼梦》四十九回)

只见是两个人在那里,见他来了,便想往石后树丛藏躲。(同上书,七十一回)

表示程度、范围、否定、肯定和重复的状语,近代语里绝大多数是用包含有这些意义的副词来表示的。例如表程度的:

小人据常说，只可打条四五十斤的，也十分重了。（《水浒传》四回）

门下知心腹的陆虞候陆谦，他和林冲最好。（同上书，七回）

好花，这屋子越暖，这花香的越浓！（《红楼梦》五十二回）

表范围的：

带一张弓，插一壶箭，引领从人，都到庄上来。（《水浒传》九回）

彼时合家皆知，无不纳闷，都有些疑心。（《红楼梦》十三回）

表否定的：

多得孙孔目维持，这棒不毒，因此走得动。（《水浒传》七回）

你自然不知道！（《红楼梦》六十七回）

表肯定的：

林冲看时，见那八百里梁山水泊，果然是个陷人去处！（《水浒传》一一回）

他如今要作法开端，一定是先拿我开端。（《红楼梦》五十五回）

表重复的：

你二位也知林冲和太尉是对头。(《水浒传》八回)

若是凤姐前,他便早已献殷勤,说出许多主意,又查出许多旧例来。(《红楼梦》五十五回)

这些状语的表示法,一直沿用至今。"五四"以后,状语和定语一样,一个中心词往往可以带两个或两个以上的状语,使句子增多了,表达的意思也更加严密而细致了。例如:

中国人民如果能很好地利用这些条件,积极地坚决地再接再厉地向前奋斗,战胜侵略和建设新中国,是毫无疑义的。(《毛泽东选集》)

有时候,为了使表达的意思更加突出,原因状语和目的状语往往可以前提,放到句首。如:

为了长期合作,统一战线中的各党派实行互助互让是必需的。(《毛泽东选集》)

同时表示时间的状语也特别加强和复杂化起来。例如:

国民经济的技术改造,在第二个五年计划内,必须首先集中在重工业特别是机器制造工业和冶金工业方面。(刘少奇《中共八大的政治报告》)

4. 新兴的成分共用法

成分共用法的产生,是"五四"以后新出现的语言现象,这使得汉语的语法结构更加精密起来了。成分共用是语言中一种经济的表达法；能够以少量的词句严密地表达较为复杂的意思，使得语言既精密又简练。在近代的语言中，这种格式得到普遍地发展和使用。例如：

文艺作品中反映出来的生活却可以而且应该比普通的实际生活更高，更强烈，更有集中性，更典型，更理想，因此就更带有普遍性。（《毛泽东选集》）

从上举例子中可以看出，两个能愿动词在句子里共用了一个中心动词，语势非常紧凑，语言简洁精炼，实际上是把两句话合起来并做一句话说，同时两个能愿动词之间再加上表示进层关系的连接词如第一、第二例，这样语言自然就显得精练简洁了。又如：

他们从自己生产和生活中的迫切要求出发，充分地发挥了自己的聪明才智，创造和改进了成千上万种的工具。（《人民日报社论·进一步开展农具改革运动》）

中苏两国最高领导人的会谈充分地反映和满足了两国人民的迫切要求。（《人民日报社论·站在保卫和平的最前线》）

这是两个动词在句子中共用一个宾语的情况，同样也是使语言显得非常精炼简洁。几个动词共用一个宾语还可以有选择的和进层的关系。举例如下：

这些同志自以为相信马克思主义，但是，他们却不努力宣传唯物主义，听了或看了主观主义的东西也不想一想，也不发议论。（《毛泽东选集》）

共产党需要而且欢迎群众对它提出批评，帮助它改进工

作。(《人民日报社论·为什么说资产阶级右派是反动派》)

他们依靠这支队伍,打击了并且战胜了封建买办和资产阶级的文艺。(《人民日报社论·为保卫社会主义的文艺战胜而斗争》)

近代汉语里的成分共用现象的产生,也很可能是受了翻译外国语言的影响而来的。

5. 新的插说法

插说,是句子中的独立成分,在上古和中古的语言中间已经具有了;在近代语里更加普遍地发展和使用了。例如:

邻人京城氏之孀妻有遗男(始龀)跳往助之。(《列子·汤问》)

南阳刘子骥(高尚士也)闻之,欣然规往。(陶潜《桃花源记》)

雨村忙回头看时,(不是别人)乃是当日同僚一案参革的号张如圭者。(《红楼梦》)

我这一辈子,(别说宝玉,就是宝金、宝银、宝皇帝)横竖不嫁人就是了。(同上)

若说这些丫头们(共总比起来)都没有晴雯生得好。(同上)

新兴的插说法是"五四"以后才出现的,可以分做两种情况来说,一种是附加式的插语。例如:

做工的人,傍午傍晚散了工,每每花四文铜钱,买一碗

酒——这是二十多年前的事，现在每碗要涨到十文——靠柜外站着，热热的喝了休息。（鲁迅《孔乙己》）

恰巧有辆刚打好的车——定作而没钱取货的——跟他所期望的车差不甚多。（老舍《骆驼祥子》）

忽然一种怀疑——人类普遍的、玄秘的怀疑——侵入他的心里。（叶圣陶《一课》）

一种是用“他想”“他以为”“他晓得”等等插入一个句子里，好象把句子隔开为两半；或者插在一个复合句的中间，把分句隔开。例如：

假如他平日交下几个——他想——象他自己一样的大汉，再多有个虎妞，他也不怕。（老舍《骆驼祥子》）

有了自己的车（他以为），就有了一切。（同上）

虎姑娘一向，（他晓得），不这样打扮。（同上）

（三）复　句

近代语里的复句，同古代语里比较起来，有着很大的差别。近代语里联合复句和偏正复句当中的并联词语，有明确的规范。不象古代那样分歧。又上古汉语复句中并列复句占优势，偏正复句不及现代汉语那么发达，多重复句也不象现代那么复杂。日益复杂的思维形式，要求有日益复杂的句子表达形式相适应，所以，近代以来出现了句子相互间从属关系的复杂现象。

近代联合复句的并列关系，也有继承了古代复句的表达方法不用关联词语的。例如：

读书人家的子弟熟悉笔墨,木匠的儿子会玩斧凿,兵家儿早识刀枪。(鲁迅《且介亭杂文二集·不应该那么写》)

近代语中产生大量积叠式的并列复句,用重叠关联词语"又"或"也",把两个、三个甚至五六个单句的意思联合在一起,表达一大串复杂的意思,这在上古是没有的,中古也不多。例:

你如何比我?你又有母亲,又有哥哥,这里又有买卖地土,家里又仍旧有房有地。(《红楼梦》四十五回)

又要研墨,又要蘸笔,又要铺纸,又要着颜色。(同上书,四十二回)

小人住的房屋也是寺里的,本钱也是寺里的。(《水浒传》四回)

只见也有梅花式的,也有海棠式的,也有笔锭如意的,也有八宝联春的。(《红楼梦》五十三回)

表示递进关系的关联词语,上古多用"非独""且""况且""还""且",中古出现了"非但"。到近代语里,用"不但""不仅",又用"而且""并且"等与之相响应。例如:

听你说话,分明是京都口吻,而且满面的诗礼家风。(《儿女英雄传》五回)

不但生事,而且我还没趣。(《红楼梦》二十六回)

不但我素日的用了心白用了,且连你素日待我之意也辜负了。(同上书,三十二回)

不但宝钗姐妹在此,且连邢岫烟也在那里。(同上)

近代语中有用“甚至于”作进一层关系的关联词语。如：

过了几天，宝玉更糊涂了，甚至于饭食不进。（《红楼梦》一一五回）

近代汉语里表示选择关系的关联词语是很多的。如：

或者你去找他，或者他来找你。
还是你的主张对呢？还是他的主张对呢？
中国人不是倒向帝国主义一边，就是倒向社会主义一边。

还有用“要么……要么”“是……还是……”等等格式，这些关联词语都能明确地表示：分句同分句之间的选择关系。这种选择关系的表达方式丰富多样，可以满足各种各样错综复杂思想的表达的需要。近代汉语里，使用这些格式的很多，例如：

每日或饭后，或晚间，薛姨妈便过来，或与贾母闲谈，或与王夫人相叙；宝钗日与黛玉、迎春姊妹等一处，或看书下棋，或做针黹。（《红楼梦》四回）

不是东风压了西风，就是西风压了东风。（同上书，八十二回）

不是想我的东西，就是想我的戏酒了。（同上书，五十三回）

近代语的偏正复句当中，表示转折关系所用的关联词语，最典型的格式是“虽然……但是……”，例如：

敌人虽然天天在暗害我们的党，但是党驱逐了暗害分子。(《毛泽东选集》)

其他关联词语，如：

即使日苏互不侵犯条约有订立的可能，苏联也决不会在条约中限制自己援助中国的行动。(毛泽东《苏联利益和人类利益的一致》)

又如：

县官虽小，事情却大。(《红楼梦》四十五回)

我虽是犯罪远流到此，却也看了些真山真水。(《水浒传》三十七回)

这一件事，虽然不致着我丧命，却也费些唇舌。(《明清话本小说》)

人家的官小虽小，到底也是个道台，银子一万多两呢？(《官场现形记》三十一回)

假设关系和条件关系的偏正复句，近代语里有很多地方不用关联词语，从上下文中可以体会出假设或条件的意义。例如：

你死了，我做和尚。(《红楼梦》三十回)

好便好，不好我使老大斧头砍他娘。(《水浒传》三十八回)

另外有一种表示假设和条件的，很近似于解释性的因果句，其中假设的结果不可能实现或已经实现的。例：

早知他来，我就不来了。（《红楼梦》八回）

早知是这样，我也不该求他了。（同上书，三十二回）

若不是从前日看出来，今日这话，再不对你说。（同上书，四十五回）

有一种假设条件关系的偏正复句包含有转折关系，这种复句显然具有两重性质，只是在意义或语气上着重在假设而已。例如：

纵到了至急为难，我剪了头发，做姑子去！（《红楼梦》四十六回）

虽如此，奶奶们取笑儿，我禁不起。（同上书，四十五回）

姐姐也自己保重些儿；就是哭出两缸泪来，也医不好棒疮。（同上书，三十四回）

用“除非”“不管”等做偏正句关联词语的。例如：

不管装什么的，你都每样打几个罢！（《红楼梦》三十五回）

只除非得这三个人，方才完得这件事。（《水浒传》十五回）

除非少爷赏我个本钱，才可以回家养活母亲。（《儒林外史》三十二回）

除非你承认了要他，才好措辞。（《老残游记》十七回）

任他缺分如何坏，做官的利息，总比做生意的好。（《官场现形记》三十一回）

偏正复句里表示因果关系的关联词语,近代语往往用“因为”“因”“所以”“就”“因此”等。例如:

因为我们小子选出来了,众亲友要给他贺喜,少不得家里摆个酒。(《红楼梦》四十五回)

我们起了个诗社,头一社就不齐全,众人脸软,所以就乱了。(同上)

众人都体谅他病中,且素日形体娇弱,禁不得一些委屈,所以他接待不周,礼数粗忽,也都不苛责。(《红楼梦》四十五回)

这陈通两三年内生了一脸髭髯,因此他一霎时便想不起。(《明清平话小说选》)

我闻有王相公的大名,故此一径来寻亲家。(《儒林外史》一回)

生的又矮又胖,但是头发不多,只拖了一根极细极短的辫子;因此众人就适他一个表号叫“田小辫子”。(《官场现形记》三十一回)

为这江州是个钱粮浩大的去处,抑且人广物盈,因此太师特地教他来做个知府。(《水浒传》三十七回)

独有林黛玉自幼不曾劝他去立身扬名等语,所以深敬黛玉。(《红楼梦》三十六回)

从上列例子中可以看出表达因果意义的复句格式很多,说明近代语的偏正复句比古代语发达。

偏句的设置,在“五四”以后,受了外语的影响,通过翻译作品的运用,就在一般中逐渐普遍起来。这对汉语复句来说是一个大变化。在已往汉语的习惯用法中,虽然已经出现过,如:“他骂你什么？你说。”(《官场现形记》)但大量地运用，成为一种普遍的常用格式，那是“五四”以后的事。例如：

但将来的命运，不也就可以推想而知么？如果乡下人还是这样的乡下人，老倒还是这样的老倒。(鲁迅《再论雷峰塔的倒掉》)

他给我的脚医好了，虽然我的脚仍旧有点儿跷。(高尔基《不平常的故事》，瞿秋白译)

什么地方吱的一声响，她以为这准是一颗流星，虽然她从来没有听见过流星有什么声音。(张天翼《夏夜梦》)

这种变化是符合于汉语句子结构的发展规律的。偏句有时放到正句的后面去，可以丰富和提高汉语的表达力，这是汉语所完全需要的。

紧缩复句。复句的紧缩形式，到近代语里更有进一步的发展。紧缩的格式更为多样，用途也更为扩大。由于紧缩复句能够用单句的形式表达复句的思想内容，所以是一种很精炼的表达方式，具有经济明快的特点。今略举二例如下：

给了更好，不给也没妨碍。(《红楼梦》四十六回)

留他不便，不留又不好。(同上书，一百零五回)

			र	ल	व	श	ष	स	ह	अ					
			ra	la	va	śa	sa	ṣa	ha	a					
ཞ	ཟ	འ	ར	ལ		ཤ		ས	ཧ	ཨ					
ža	za	ḫa	ra	la		śa		ṣa	ha	a					
10 神 禅	4 饧 涎	28 刑 贤		6 零 连		27 声 羶		3 新 鲜	23 兴 掀	1 因 烟	29 方切 中风			30 無切 非微	
23 禅	26 邪	28 匣		16 来		21 审		25 心	27 晓	30 影					
时	徐	胡		卢力		式	所	苏息	呼许	乌於					
ʑ	z	ɣ		l		ɕ	ʃ	s	x	○					
30 禅	25 邪	33 匣		35 来		29 审		24 心	32 晓	31 影	5 非	6 敷	7 奉	8 微	
30 辰 禅	25 饧 涎	33 礥 贤		35 邻 连		27 身 羶		24 新 仙	32 馨 祆	31 殷 焉	5 分 蕃	6 芬 翻	7 汾 烦	8 文 構	
时	徐	胡		卢		所		苏	呼	乌	方		符	武	

等 \ 呼 \ 韵摄 \ 调		止摄		蟹摄		
		平上去入	平上去入	平上去入	平上去入	平上去入
一等	开			哈海代 来亥代 ɒi		泰 盖 ɑi
	合			灰贿队 回罪对 wəi		泰 外 wɑi
二等	开			皆骇怪 皆骇拜 ɐi	佳蟹卦 佳蟹懈 æi	夬 犗 ai
	合			皆怪 怀怪 wɐi	佳蟹卦 娲夥卦 wæi	夬 夬 wai
纯三等 三等(1)	开	微尾未 希岂既 ɪai				废 肺 ɪɐi
	合	微尾未 非鬼贵 ɪwəi				废 废 ɪwɐi
三等(2)	开	之止志 之里吏 i(ĕ)i				
	合					
三四等	开	支纸寘 宜绮(义)ɪei	脂旨至 夷几利 ɪĕi			祭 例 ɪɛi
	合	支纸寘 为委伪 ɪwei	脂旨至 追鄙位 ɪwei			祭 卫 ɪwɛi
	开	支纸寘 支氏义 iei	脂旨至 脂姊至 iĕi			[齐][海]祭 [移][茝]制
	合	支纸寘 （为）弭（伪）iwei	脂旨至 隹癸醉 iwĕi			祭 芮 iwɛi
假四等	开			齐荠霁 奚礼计 ɛi		
	合			齐　霁 携　惠 ʷɛi		

合韵表

臻摄		山摄		果摄	假摄
平上去入	平上去入	平上去入	平上去入	平上去入	平上去入
痕很恨(没) 痕很恨(没)ən		寒旱翰曷 干旱旰割 ɑn		歌哿箇 何可箇 ɒ	
魂混慁没 昆本困没 wən		桓缓换末 官管贯括 wɑn		立果过 禾果卧 wɒ	
		删潸谏鎋 奸(赧)晏鎋 ɐn	山产裥黠 闲限苋黠 an		麻马祃 加下驾 a
		删潸谏鎋 还板患刮 wɐn	山产裥黠 顽(绾)幻滑 wan		麻马祃 瓜瓦化 wa
殷隐焮迄 斤谨靳迄 ɪən		元阮愿月 言偃建竭 ɪɐn		歌 (伽)ɪɑ	
文吻问物 云粉问勿 ɪwən		元阮愿月 袁阮愿月 ɪwɐn		歌 (靴)ɪwɒ	
					麻马祃 遮者夜 ia
真轸震质 巾(忍)(刃) 乙 ɪĕn	臻　栉 臻　瑟 ɪĕn	仙狝线薛 延辇扇(列)ɪɛn			
谆準稕术 (伦)殒律 ɪwĕn		仙狝线薛 员（免）恋 劣 ɪwɛn			
真轸震质 邻忍刃质 iĕn		仙狝线薛 连善战列 iɛn			
谆準稕术 伦尹闰聿 iwĕn		仙狝线薛 缘兖绢悦 iwɛn			
		先铣霰屑 前典甸结 ɛn			
		先铣霰屑 玄泫县决 wɛn			

声母系统比较表

ड	ढ	ण	त	थ	द	ध	न	प	फ	ब	भ	म				
ḍa	ḍ'a	ṇa	ta	t'a	da	d'a	na	pa	p'a	ba	b'a	ma				
			ཏ	ཐ	ད		ན	པ	ཕ	བ		མ	ཙ	ཚ	ཛ	ཝ
			ta	t'a	da		na	pa	p'a	ba	b'a	ma	tsa	ts'a	dza	wa
17 陈 缠			22 丁 颠	24 汀 天	16 亭 田		12 宁 年	8 宾 边	15 娉 偏	18 平 便		26 民 眠	25 精 笺	7 清 千	11 秦 前	
11 澄			5 端	6 透	7 定		8 泥	1 不	2 芳	3 并		4 明	18 精	19 清	20 从	
直		女	都	他	徒		奴	博方	普芳	蒲符		莫武	作子	仓七	昨疾	
ɖ		n	t	t'	d		n	p	p'	b		m	ts	ts'	dz	
15 澄		16 娘	9 端	10 透	11 定		12 泥	1 帮	2 滂	3 並		4 明	21 精	22 清	23 从	
15 陈 塵		16 纫 纖	9 丁 颠	10 汀 天	11 廷 田		12 宁 年	1 宾 边	2 缤 篇	3 频 蠙		4 民 眠	21 精 煎	22 亲 千	23 秦 前	
			都	佗	徒		奴	博	普	蒲		莫	子	七	昨	

梵文三十三体文及一声势	क	ख	ग	घ	ङ	च	छ	ज	झ	ञ	ट	ठ
梵文罗马字注音	ka	kʻa	ga	gʻa	ṅa	ca	cʻa	ja	jʻa	ña	ṭa	ṭʻa
藏文三十字母	ཀ	ཁ	ག		ང	ཅ	ཆ	ཇ		ཉ		
藏文罗马字注音	ka	kʻa	ga		ṅa	ca	cʻa	ja		ña		
《玉篇》卷首切字要法三十声类	9 经坚	20 轻牵	19 擎虔		5 迎妍	14 真甄	21 称燀			2 人然		
守温三十字母	13 见	14 溪	15 群		17 疑	24 照	22 穿	（禅）		12 日	9 知	10 彻
广韵五十一声类	古居	苦去	渠		五鱼	侧之	初昌	士食		而	陟	丑
国际音标注音	k	kʻ	g		ŋ	tʃ tɕ	tʃʻ tɕʻ	dʒ dʑ		ȵʑ	ȶ	ȶʻ
宋人三十六字母	17 见	18 溪	19 群		20 疑	26 照	27 穿	28 床		36 日	13 知	14 彻
《韵镜》卷首三十六字母归纳助纽字	17 经坚	18 轻牵	19 勤虔		20 银言	26 真甄	27 瞋燀	28 蓁潺		36 人然	13 珍邅	14 獵辿
《洪武正音》三十一声类	古	苦	渠		五	陟	丑	直		而		

宕摄	梗摄		曾摄	咸摄	
平上去入	平上去入	平上去入	平上去入	平上去入	平上去入
唐荡宕铎 郎朗浪各 ɒŋ			登等嶝德 登等邓则 ɪŋ	覃感勘合 含感绀合 ɒm	谈敢阚盍 甘敢滥盍 am
唐荡宕铎 光晃旷郭 wɒk			登　德 肱　或 wəŋ		
	耕耿诤麦 耕幸迸革 ɐŋ	庚梗映陌 庚梗孟格 aŋ		咸豏陷洽 咸减陷洽 ɐm	衔槛鉴狎 衔槛鉴甲 am
	耕　麦 宏　获 weŋ	庚梗映陌 横矿横获 waŋ			
阳养漾药 良两亮略 ɪɑk		庚梗映陌 京影敬戟 iæŋ		严俨酽业 严广欠业 ɪɐm	
阳养漾药 方往放缚 ɪwɑk		庚梗映陌 兵永病(戟) ɪwæŋ		凡范梵乏 凡犯剑法 ɪwɐm	
			蒸拯证职 陵拯证力 iĕŋ		
			职 逼 iwĕk		
				盐琰艳葉 廉检验辄 ɪɛm	
	昔 (役)ɪwɛk				
	清静劲昔 盈郢正益 iɛŋ			盐琰艳葉 (廉)琰艳涉 iɛm	
	清静　昔 营顷　役 iwɛŋ				
	青迥径锡 经挺定历 ɛŋ			添忝㮇帖 兼忝念协 ɛm	
	青迥径锡 扃迥　阒 wɛŋ				

独韵表

摄/韵/调/等	通摄		江摄	遇摄	效摄	流摄	深摄
	平上去入	平上去入	平上去入	平上去入	平上去入	平上去入	平上去入
一等	东董送屋 红孔贡木 un	冬(肿)宋沃 冬(湩)宋沃 woŋ		模姥暮 胡古故 wo	豪皓号 刁皓到 ɒu	侯厚候 侯后候 əu	
二等			江讲绛觉 江项绛角 ɔŋ		肴巧效 交巧教 ɐu		
纯三等 三等(1)	东　送屋 弓　仲六 ɪuŋ	锺肿用烛 容陇用玉 ɪwoŋ		虞麌遇 俱庾遇 ɪwo		尤有宥 鸠九救 ɪəu	
三等(2)				鱼语御 鱼吕据 io		幽黝幼 幽黝幼 iĕu	
三四等					宵小笑 娇小召 ɪɛu 宵小笑 遥沼笑 iɛu	侵寝沁缉 金锦禁立 ɪĕm 侵寝沁缉 林荏鸩入 iem	
假四等					萧篠啸 聊了弔 ɛu		

汉语史讲义

张世禄 著
申小龙 整理

下册

中国出版集团　东方出版中心

目　录

词汇篇

第一编　上古汉语词汇

第二编　中古汉语词汇

第三编 近代汉语词汇

第四编　汉语词汇发展简史

词汇篇

第一编

上古汉语词汇

一、词汇的时代特征

语言是随着社会的发展而发展，特别是它的词汇，处在差不多不断改变的状态中。工业和农业的不断发展，商业和运输业的不断发展，技术和科学的不断发展，就要求语言用工作需要的新的词和语来充实它的词汇。语言中词汇反映社会是最敏感的，当社会出现了新事物、新概念，必然要用词汇来反映它们。我们从汉语词汇的历史发展中明显看出这一规律。下面我们分期叙述。

（一）先秦时期词汇的时代特征

我们的祖国已有了五千年的悠久历史，历经了原始共产主义社会、奴隶社会、漫长的封建社会。鸦片战争后，经过了痛苦、屈辱的半封建半殖民地社会。到1949年才在党和毛主席领导下，走上了我们先烈们所渴望的和为此艰苦奋斗的社会主义、共产主义社会。

在物质生产方面，今天我们已有了近代化的工业机器高度的物质文明、发达的科学文化。今天有了这一些物质和精神财富，不是从天上掉下来的，而是经过我们祖先长年累月辛勤劳动的结果。我们从词汇中就可以看到这样的发展过程。

1. 反映渔猎时期的词汇

人是从猿人进化而来的，他们的初期还是住在大森林里，以木为巢，以渔猎为生，由于当时是以渔猎为人们主要的事业，所以在词汇中就有关这方面的词汇特别多。

(1) 生产工具的繁多名称

我们在甲骨文中就找到很多渔猎时期工具的名称。例如打野兽用的有矢、弓、弹，有捕捉野兽用的网、毕、阱。由于当时生产的需要，捕野兽用的网、毕、阱种类是很多的(今天看来觉得奇怪)，而当时是完全需要的。例：毕。甲文为，《说文》云："毕，田网也。"从形象中我们看到就很象一个捕捉野兽的网，甲文中记载很多：贞弗其九月……在歔(《前》5、455)。丁卯……兽正……，隻□百六十(《后》下1、4)。叀麦田亡戋，○其田麦，(《戬》10、8)。甲文中非但记载多，由字所孳生的字也很多，可能是毕种类的名称，(铁余3、1)(《后》下37、6)(《文》录789)从形象上会意很似捕鸟的。(《前》6、48、1)很象捕野猪的，(金璋148)象捕鸟的一种，周代金文中也有不同的，(禽簋)(不嬰簋)。网，当时是一种很重要的生产工具，种类也特别繁多。鱼网就有很多，有：罩，《说文》云："捕鱼器也。"罾，《说文》云："鱼网也。"这个"罾"字我们今天乡间还存在这一名字，也有这种捕鱼的网，当然古代不可能有现在的罾。罪，《说文》云："捕鱼竹网也。"罽《说文》云："鱼网也。"罛，《说文》云："鱼网也。"罭《说文》云："鱼网也。"从上面可以看到上古为了捕鱼，制造各种各样的网，反映在词汇中就有各种各样的名称。另外捕鱼的方法是"积柴水中以聚鱼也"，也给他取了一个名称叫罧。其他捕兽的网都有专有名称，捕鹿的网叫麗，捕鸟的网有罗，《说文》云："以丝罟鸟也。"有罬，《说文》云："捕鸟覆车也。"捕兔网叫罟，《说文》云："兔网也。"

有罝，《说文》云："兔网也。"捕马的网叫罵，捕猿的网叫𦌾，捕野豕的网叫羉。

阱，甲骨文也有各种名称，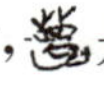是捕鹿阱的名称。就是古代的渔字，从形象上就是挖一个阱引水捕鱼的图画。其他的名称还很多，不能一一列举了。

古代打猎除木石丝做的工具外，犬是一个很重要的工具，当时为了需要，就豢养了很多的种类不同的狗，在词汇中就出现了很多不同狗的名称。有：尨，《说文》云："犬之多毛者。"獿，《说文》云：犬恶毛也。狡，《说文》云："少犬也。"猲，《说文》云："短喙犬也。"狂，《说文》云："黄犬黑头。"猈，《说文》云："短胫犬。"猗，《说文》云："犗犬也。"猵，《说文》云："恶健犬。""奘，妄强犬。"猛，《说文》云："健犬。"因为狗是生产上的主要工具之一，和人的关系很密切，所以对狗的各种动作也有细致的观察，给狗的动作也取了很多名称。臭，《说文》云："犬视貌。"猝，《说文》云："犬从草暴出逐人也。"猩，《说文》云："犬吠声。"獭，《说文》云："犬吠不止。"獥，《说文》云："小犬吠。"猥，《说文》云："犬吠声。"狠，《说文》云："犬斗声。"獳，《说文》云："怒犬貌。"狧，《说文》云："犬食也。"狃，《说文》云："犬性忕也。"獧，《说文》云："犬疾跳也。"猴，《说文》云："犬走也。"狟，《说文》云："犬行也。"猲，《说文》云："犬张耳也。"猍，《说文》云："犬大张龂怒也。"獨，《说文》云："犬相得而斗也。"我们从上面犬的名称和狗的动作词汇中可以看到繁复的程度是现代人所感到奇怪的，而当时是完全需要的，这就是渔猎社会鲜明的时代特征。

田猎由于季节的不同，人们也给它取了不同的名称，春天打猎叫蒐，夏天打猎叫苗，秋天打猎叫狝，冬天打猎叫狩。"宵田为獠，火田为狩。"（《尔雅·释天》）

田猎的不同目的分，也有不同的名称，例如祢是田猎的名称，是为了祭祖宗需要而去田猎的。

(2) 被猎的对象的繁多名称

我们从甲骨文中就见到古代渔猎时期人们被猎到动物远比近代多。这里举一些例子：象，隻象(前 3.31.3)；兕，逐兕(《菁》1)；虎，隻虎(《乙》2908)；虤，射虤(宁沪 1.389)；旨，隻旨(《下》1.4)；鹿，逐鹿(《前》3.32.2)；龟，逐龟(甲 3914)；昆，隻昆(《乙》764)；龟，隻龟(《前》2.30.1)；豕，逐豕(粹 947)；犷，隻犷(《乙》2908)；鱼，大隻鱼(《珠》760)。

(3) 田猎方法的名称

当时田猎方法是很多的，在甲骨文中记载下来的就有下列几种。逐，所逐的动物大都为兕、鹿、豕等，就是用犬追逐。“甲午王往逐兕，小臣甾车马，硪驭王事”(《菁》1)。射，所射的动物为兕、鹿、麋等，就是用矢射。例：彘甲骨文为，就象一只已经打倒而带着矢的野猪；鴙甲骨文为，象一只带矢的野鸡。就是用阱陷捕捉野兽，“丙午卜王，允三百又卌八(《下》41.12)”，“丙申卜殻贞苗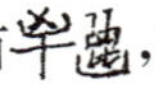，丙子允二百㞢九(前 4.42)”，就是用网去捕捉野兽。“其焚，癸卯允焚，隻兕七十一，豕十五，昆二十五(《乙》2507)”。

2. 反映畜牧时期的词汇

人类社会经过了田猎时期后就进入了畜牧时期。在畜牧时期就不同于田猎时期，过去是以打猎野兽过活，一切都取于自然的物品，到了畜牧时期就以豢养家畜为主要生活来源了，这是一个很大的进步，当然当时还有田猎这一工作的，不过已退居次要地位了。

人们由于畜牧，就产生了很多反映畜牧的词汇，象牲畜、家禽，当时就种类繁多，为了豢养的需要，动物如豕牛等一岁、二岁也有区别的必要；豢养的地方当时一定很多，也给它取了许多不同的名称。下面分别说明。

畜牧名称的繁多。一方面反映了当时家畜的种类多，另一方面也反映当时对这方面工作的需要。例牛当时就有各种名称的牛，犅《说文》云："特牛也。"特，《说文》云："朴特牛父也。"犗，《说文》云："騬牛也。""牻，白黑杂毛牛。"㹁，《说文》云："牻牛也。"犡，《说文》云："牛白脊也。"𤙭，《说文》云："黄牛虎文。"荦，《说文》云："驳牛也。"𤙴，《说文》云："牛白脊也。"𤘺，《说文》云："牛驳如星。"犥，《说文》云："牛黄白色。""犉黄牛黑唇。"犞，《说文》云："白牛也。"𤛮，《说文》云："牛长脊也。"牷，《说文》云："牛纯色。"等等。另外为了豢养工作上的需要，把牛一岁、二岁等也命名加以区别，如二岁牛叫𤘽、三岁的牛叫犙、四岁的牭等等。

马。种类很多，駓，《说文》云："黄马白毛也。"驖，《说文》云："马赤黑色也。"駻，《说文》云："马头有发赤色者。"馰，《说文》云："马白额也。"驔，《说文》云："骊马黄脊。"骥，《说文》云："千里马也。""骏，马之良材者。""骁，良马也。""骄，马高六尺为骄。""騋，马七尺为騋。""駥，马高八尺者。"其他还有驩、验、䮉、䮲、骆、驳等等很多。

在田猎时期犬是很重要的生产工具，而到了畜牧时期，人们为了放牧的需要，马已成为重要的生产资料了。与人的关系就特别密切，由于这样，在词汇中反映马的性格、动作的名字特别多，这也是必然的。例：駜是马吃饱了东西叫駜。駫，《说文》云："马盛肥也。""騯，马肥也。""䭵，马怒貌。"马低仰叫骧，马摇头叫𩣺，马行走的样子叫𩤩，马走很威仪叫骙，马由慢而走快叫𩦈，马跑得很快叫骎，马跑二马相碰叫馺。对马的疾步有各种形容词：䮒，《说文》云："马行疾也。""䯄，马步疾也。""騃，马行仡仡也。""骤，马疾步也。""𩡧，马疾走也。""䮚，马疾步也。""驱，马驰也。""驰，大驱也。""骛，乱驰也。""骋，直驰也。""駾，马行疾来貌。"另外马骇叫惊，马立叫驻……我们从这里可以见到，当时人们对马的性格、行动等了解是很深入的。这与那个时代的原因是分不开的。

鹿的名称也很多。例:牡鹿叫麚,大牡鹿叫麟,鹿之极有力者叫麤。鹿子叫麛等等。

豕。豧,是三毛丛居者;豶,羠豕也;豭,牡豕也,豝,牝豕也。豰,上谷名豬。豕按年龄分又有很多名称,生三月叫豯,生下来已有六月了叫豵,有三岁年龄的豕叫豣。

羊,有羝、羳、羖的不同种类。依年龄分,五月里生的羊叫羜,未满一年的羊叫䍺,六月里生的羊叫羍,夏天里生的羊叫羭,牝的叫羖。

当时为了豢养家畜,有很多关于牲畜的地方、名称也很多。牢,闲养牛马圈也。圈,养畜之闲也。槛,畜养之所。厕,养豕于厕。当时有利用山谷洞穴为牲畜的圈棚的叫阹:《说文》云:“依山谷为牛马圈也。”牢,牛马圈也。闲,为当时畜养之所。

今天我们看上去感到很繁复,而当时是完全需要的。上面这些例子只是一部分而已。可以想见,当时一定要复杂得多。

3. 反映农业时期的词汇

人类社会经过田猎时期,畜牧时期后就进入了农业时期。我国据历史学家研究,认为殷代后期已有农业了,到周代就以农业为主了。词汇是最敏感的,随着农业的产生和发展,词汇中就立即反映了这样的情况。

农业时期以种殖农作物为主要劳动内容,与畜牧时期以豢养家畜为主要内容是完全不同了,所以他反映的词汇也是完全与畜牧时期不同,除继承田猎、畜牧时期所遗留下来的词汇外,创造了大批新词;有的是旧词,但赋予了它新的内容,它的意思与过去完全不同了。下面分几个小点谈。

(1) 农作物名称

我们从甲骨文中和《诗经》中就见到很多农作物的名称,举例如下：禾，“武丁至禀辛受年，武文受禾”（《甲》2842）；“菽禾麻麦”（《诗经·生民》），“雒水轻利而宜禾，渭水多力而宜黍”（《淮南子·地形篇》）。黍，黍、年㞢足雨，王饮亡壱（《卜辞》），“丰年之时，虽贱者犹食黍”（《诗经·良耜》）。秬，“受秬年，受黍年”（《上》31.11《卜辞》），“秬鬯三卣”（舍文占齋），“诞降嘉种，维秬维秠”（《诗经·生民》）。𪎊，“我受畗年”（《乙》771《卜辞》），“弗受𪎊年”（《乙》640）。乘，“我受乘三月”（《前》3、30、3）。来，登来于二示（甲骨文1061），“贻我来牟”（《诗经·思文》），《广雅·释草》云：“大麦，麰也；小麦，来也。”《说文》云：“齐谓麦秾也。”菽，《诗经·七月》“纳禾稼”，麻，纳禾稼，“禾麻菽麦”。稷，纳禾稼，“禾麻菽麦，黍稷重穋”（《诗经·七月》）。秠、芑、糜，“诞降嘉种，维秬维秠，维糜维芑”（《诗经·生民》）。荏菽，“荏菽旆旆，禾役穟穟”（《诗经·生民》）。稌，“丰年多黍多稌”（《诗经·丰年》）。稻、粱，《诗经·甫田》：“黍稷稻粱，农夫之庆。”

(2) 农业劳动过程的名称

藉，“我受苗耤才始年”（《卜辞》乙3154），就是锄禾苗地。黍，“手黍，受年”（《前》3.29.7）。古时动词、名词不分，此地的黍是种黍的劳动过程名称，是一个动词。穫，“王经穫耤，征往”（甲骨文《甲》3420），“八月其穫”（《诗经·七月》），《说文》云：“穫，刈谷，收谷也。”此地的“穫”不是名词而是动词，指上半年的收麦和八月间的收稻、黍等农作物。

稼穑，甲骨文中为嗇，□其亦嗇（《舍》739），《诗经·伐檀》：种之曰稼，敛之曰穑。《左传·襄公九年》注：“种曰农，收曰穑。”《尚书·无逸》，有稼穑的双音词，指农作物的下种和收割。𤰈田，“王大令众人曰𤰈田，其受年十一月”（《续》2.28.5），即是种麦也。田，即种田，“手田于㣇，受年”（《下》40.15），《诗经·信南山》：“曾孙田之。”薅，即锄草，《诗经·良耜》：“以薅荼蓼，荼蓼朽止，黍稷茂止。”

耕、耘,《诗经·载芟》:“其耕泽泽,千耦其耘。”种,“种之黄茂”(《诗经·生民》)。耔,“今适南田,或耘或耔”。耕作,《史记》:“越王勾践身自耕作。”

(3) 劳动工具的名称

农业时期的劳动工具是逐步改进的,在初期是木制的和蚌制的工具,到了后来就为青铜制的,到春秋以后为铁制的劳动工具,到了汉代有钢制的劳动工具了。

耜耒,《说文》云:“手耕曲木也。”《易·系辞下》:“神农氏作,斫木为耜,揉木为耒。”在上古神农氏时代为木头的耒,后来到战国时候,就成为铁制的耒,《庄子·天下篇》,《释文》引《三仓》云:“耜耒,头铁也。”耨,《说文》云:“槈,薅器也。”《淮南子·田论篇》:“古者剡耜而耕,摩蜃而耨。”上古是蜃制的,到了战国时期就成为铁制的,《管子·禁藏篇》:“推引铫鎒以当剑戟。”铫,《庄子·外物篇》:“铫鎒于是乎始修。”镰,《说文》云:“刡,镰也,关西呼镰为刡。”刡、镰二字实际上是一件农具,由于方言不同,各地叫成二个不同名称罢了。椎,《淮南子》:“木钩而樵。”(注云:“钩,镰也。”)椎也是镰的一种,另外镰的名称还很多。《广雅·释器》中讲,划、铝、刡、锲、钹,镰也。《说文》云:“鉊,大镰也。”“剴,大镰也。”“锲,镰也。”钹,两刃有木柄可以刈草。铚,《说文》云:“穫禾短镰也。”《释名·释用器》:“铚,穫黍铁也。”这里所见的椎、划、铝、刡、锲、钹、剴、铚,都是各种镰不同的名称,可见当时镰是农业劳动中很重要的工具之一,用途很多,因此种类也很多。钱、镈,《诗经·臣工》:“命我众人,庤乃钱镈,奄观铚艾。”钼、夷、斤、劚,《国语·齐语》:“美金以铸剑戟,……恶金以铸钼、夷、斤、劚,试诸壤土。”以上所举的农业劳动工具中可以看到,工具名称没有变而他制造的原料是变了,从木制、蚌制到铜制、铁制。《管子·轻重乙篇》说:“一农之事必有一耜,一铫,一镰,一鎒,一椎,一铚,然后成为农。”可以说是主要农具的小结性列举。

(4) 农作物生长过程的名称

《诗经·大田》云:“既方既皂,既坚既好,不稂不莠。”

《诗经·生民》云:“实方,实苞,实种,实褎,实发,实秀,实坚,实好,实颖,实栗,即有邰家室。”这里的方、皂、坚、好、苞、种、褎、发、秀、颖、栗,都是具体的稻谷生长过程的名称。

(5) 农田水利除虫方面的名称

我们知道:农业生产中水利和除虫是很重要的一个方面,随着农业的发展,水利一定跟着发展,我们从词汇中也可以看到有关水利方面的词汇。“堙”,就是筑堤埂去挡住洪水,《国语》中有此记载:“昔共工……虞于湛乐,淫失其身,欲壅防百川,堕高堙庳以害天下。”《尚书·洪範》:“箕子乃言曰:‘我闻在昔,鲧堙洪水,汩陈其五行。’”“障”,也是筑堤防以遏水势之法。《尚书·祭法》:“鲧障鸿水而殛死。”这里的堙和障是记载上古鲧治水的方法,并不是说夏时已有农业了,因这些书都是周以后的书。所说的词,是后代的词,所以我们讲这是农业时期搞水利方面反映的词汇。“导”“疏”也是水利的一种名称。《淮南子·本经训》:“舜之时……龙门未开,吕梁未发,江淮通流,四海溟涬,民皆上邱陵,赴树木,舜乃使禹疏三江五湖,辟伊阙,导廛涧,平通沟陆,流注东海。”这里的导疏就是疏通河道,导洪水入海。“沟洫”:《论语》:“子曰:‘禹,吾无间然矣……卑宫室而尽力乎沟洫。’”就是搞农田水利。“渠”:到春秋以后,农业生产比过去大大发展,因而水利方面也跟着发展,战国时开了很多水渠,有名的“郑国渠”,它的工程是很大的。《史记·河渠书》上有记载,秦曰杀郑国,郑国曰始臣为间,然渠成,亦秦之利也,秦以为然,卒使就渠,渠就……因命为“郑国渠”。另外西门豹领导人民搞水利的故事在《史记·滑稽列传》中也有记载,褚先生补记:“西门豹,即发民凿十二渠,引河水,灌民田。”

关于除虫方面也有记载。《诗经·大田》:“去其螟螣,及其蟊贼,无害我田穉。”这里就反映了农民除灭害虫,得到丰收的愿望。“螟”“螣”“蟊贼”,这些害虫,今天仍然存在,当时词汇中也已有此记载了。

(6) 劳动分工的名称

社会进入了农业时期后,就出现了第一次的大分工。手工业和农业的分工(这方面着重到手工业一章谈),当时的家庭成员中也有分工了。男的主要从事耕田等田间繁重的劳动。例如“男”,《说文》云:以男性耕田,用手持农具,用力于田也。妇女就与过去不同了,从事家务劳动和副业生产。从“婦”字也可以看出,从女从帚,就是表明妇女已从事家务劳动。《诗经》中有很多反映妇女在家内织布、养蚕等工作。

其他如田、里,都是反映农业时期的词汇,当时的计量单位也与过去不同了,象“秒”“囷”“科”“程”,都是社会进入农业时期后,新出现的计量单位,这里简单提一提,不详细叙述了。

4. 反映手工业的词汇

农业时期,社会进行了第一次大分工,手工业和农业的分工,除妇女从事家庭手工业外,有一部分人专门去从事手工业生产了,当时主要是奴隶。在殷墟中已发现有手工业工场,发掘出来的手工业品也种类很多,产品花饰已很精细,《周礼·考工记》中记载手工业者已有各种分工,有专治玉的玉工,有木工、土工、骨工等。手工业与农业一样,在先秦时期,当中经过很大的发展,在初期是骨制品、石制品为主,后来为铜制品,春秋以后为铁制品,到战国已会炼钢,有钢制品。

(1) 手工业产品的繁多名称

在纺织品方面,蚕丝的传说很多,历史上记载是黄帝的妃子嫘祖所发明的，这里我们当然不信一个人能发明蚕丝，但这里可以了解到蚕丝早已有了。《礼记》中也有记载：昔者先王，未有麻丝，衣其羽皮，后圣有作，然后治其麻丝，以为布帛。甲骨文中蚕为，是蚕的形象的描绘，桑、丝字很多。在《诗经》中见到更多。《诗经·氓》："抱布贸丝。"《诗经·羔羊》："素丝五纶。"另外由麻或丝制成的成品很多。例：绉、绨、布、帛、衾、裯、纤、纻、纩、縠、网……

陶器有罍、釜、鬲、㪡、鬵、鬻、䰝、鬷、鬳、壶、瓶、豆、皿、罐、簋……

石器有簋、鉢、鼎、觯、簋、皿、豆、盉、笔。

骨器有觥、觿等。竹器有筐、篚、筥、筮。

铜器有鼎、鬲、甗、俎、匕、铲、簋、爵、角、斝、盉、觥、卣、方彝、鸟兽尊、壶、罍、觚、觯、盂、勺。乐器有琴、瑟、钟、鼓、箜篌。玉器有璧圭、璹瑁、琮珮、瑗、琬、玠、玚、珽、玦、璬。铁器有针、刀、锯、锥、凿、钰、铩、轲、箴。农具有铫、钱、镈、镰。产品也无法举尽，很多很多。象较大的工程的舟车，也早在甲骨文中已见到。"甲午王往逐兕，小臣甾车马，硪驭王车"(《菁》1)，战国时打仗时主要靠战车，这些都是手工业的制成品。甲骨文的，就象集体在造车。舟，在甲骨文中，《诗经》中都有此词，可见当时都有了。《尚书·禹贡》上记载的各地的贡品，可以见到当时手工业发达的程度。兖州：厥贡漆丝，厥篚织文。青州：厥贡盐、絺，厥篚檿丝。徐州：厥贡惟土五色，厥篚玄纤缟。扬州：厥贡惟金三品，厥篚织贝。荆州：厥贡羽、毛、齿革惟金三品，厥篚玄纁玑组。豫州：厥贡漆枲絺纻，厥篚纤纩。梁州：厥贡璆铁银镂砮磬，熊罴狐狸织皮。雍州：厥贡惟球琳琅玕。这里真是丰富多采，品种繁多。

酒、醋、糖也是当时重要手工业品之一，酒当时有各种各样的名称，品种很多，有醴……

(2) 手工业劳动过程的名称

“如切如磋,如琢如磨”,这是反映琢雕玉器的劳动过程的写照,“诞我祀如何? 或舂或揄,或簸或蹂,释之叟叟? 烝之浮浮”(《诗经·生民》),形象地叙述了家庭手工业制酒的过程,由米而到酒。

(3) 手工业者的繁多名称

在先秦的时候,手工业已有二种:一种是家庭手工业,是农奴家内的,没有专有名称。另一种是官营的手工业,就有很细的分工,由于从事的手工业不同,就有各种不同的名称。

我们从文献中可以找到记载,《左传·定公四年》:“周公相王室,以尹天下,于周为睦,分鲁公以……殷民六族,条氏、徐氏、萧氏、索氏、长勺氏、尾勺氏……分康叔以……殷民七族,陶氏、施氏、繁氏、锜氏、樊氏、终葵氏。”这里大部分是工奴,索氏即绳工也,长勺氏、尾勺氏是制造酒器的工人,陶氏即陶工,施氏即制旗的工人,繁氏是马缨工,锜氏是锉刀工或釜工,樊氏是篱笆工,终葵氏即椎工也。

《周礼·周官》也有记载:国有六职,百工与居一焉,审曲面执,以饰五材,以辨民器谓之百工,知者创物,巧者述之,守之世谓之工。凡攻木之工七,攻舍之工六,攻皮之工五,设色之工五,刮摩之工五,搏埴之工二。这里就有木工、舍工、革工、漆工、刮摩工等各种手工业者名称。《说文》里也有记载:“鞄,柔革工也。”(《周礼》曰柔皮之工鲍氏,鲍即鞄也。韗,攻皮治鼓工也。)

从上述我们可以知道:上古手工业已是分工的,由于从事的手工业不同,手工业者就有各种不同的名称,象今天有纺织女工、锻工、车工、木工、金工等名称是一样的。

5. 反映商业的词汇

随着农业和手工业的发展,交换也随之发生,我们古代已有神农氏时代“日中为市”的记载,先秦时期的商业是经过这样的道路的：先是物物交换，没有专门从事商业的人，到春秋战国时代，商人随着经济上的地位上升，政治上也成为统治阶级中的很重要的一部分了。东周以后就有官营和私营商业二种，到汉代就有对外贸易了。这方面到下节再谈。

在历史上关于商业也有很多的记载。《周易·系辞》：日中做市，招集天下的人民，聚会天下的货物，交易而退，各得其所。这种做生意的情况，很象我们目前乡下的市集。逢到市日，大家都去，时间过了，大家各得其所，市集散了。《尚书·酒诰》："肇牵车牛，远服贾，孝养厥父母。"从这里可以看到殷代后期已有进行商业的贾了。《诗经》中也有记载，《氓》："氓之蚩蚩，抱布贸丝。匪来贸丝，来即我谋。"《谷风》："既阻我德，贾用不售。"《荡之什·瞻卬》："如贾三倍，君子是识。"到了战国时代，商人势力很大，如郑国的弦高。吕不韦是一个大商贾，已进入政权机构，掌握大权。另外，象范蠡弃官从商，孔子的学生子贡也是当时有名的大商贾。

我们从词汇中也可以清楚看到商业的发展。市，商业起初是日中为市，进行交换，所以称为市。后来商业发展了就出现了专门从事商业的人，就有商和贾，商坐者为商，行者为贾。有了商贾就有肆，肆，《说文》云："市中陈物处也。"《周礼·内宰》："正其肆，陈其货贿。"交换的名词也产生了。贸易：《诗经·氓》："抱布贸丝。"商业起初是物物交换，后来发展为货币交换，于是货币也随之产生。我们从记载中可以看到很多货币的名称，有布、刀、贝、黄金、玉、钱、铜铲、铜刀、金银、圜舍、楚舍版等名称。起初货币是用贝和玉的，后来就用金属来做货币了。

6. 反映社会制度的词汇

(1) 母系制度的遗迹

在古代各民族都有过以女性为中心的母系社会，当时女人权力很大。婚姻制度是群婚制,人们只知其母而不知其父,这在历史上有很多记载。《吕氏春秋·恃君》曰:“昔太古尝无君矣,其民聚生群处,知母不知其父,无亲戚、兄弟、夫妻、男女之别。”《皇王大纪》有附宝感星而生黄帝的故事:“黄帝……母曰附宝,感大电光绕北斗枢星照于郊野,附宝孕二十四月生黄帝于寿丘。”《诗经·大雅·生民》:“厥初生民,时维姜嫄……履帝武敏歆,攸介攸止,载震载夙。载生载育,时维后稷。”这二个神话性的故事,实际是古代知母不知父情况的反映,因后来实行一夫一妻制了,后人替祖先写传时,感到无父难为情,所以就造成这种有趣的故事来,替祖先遮盖遮盖,我们今天看起来觉得没有什么,这是社会发展不可避免的一个过程。我们从词汇中也可以明显看到这方面的遗迹。从夏、殷时代的姓上看,都是女字旁,因母系社会子女是姓母姓的,周王姓姬,姜太公姓姜,唐尧姓姚,秦始皇姓嬴,其他很多姓,如妫、有娀都从女字旁。夏代名词和帝王名词都加“后”字(“后”字在甲骨文上为,王静安先生的解释,认为“后”字是象妇女产子的形象),如夏后面加后为夏后。《诗经·大雅·荡》“在夏后之世”。夏代王名字加后,如后启、后相、后缗、后芬、后荒、后芒、后泄、后昊、后发、后桀。大臣名字也加后,如后稷、后益、后夔、后羿、后寒、后杼。

(2) 禅让制度遗迹的名称

《礼记·礼运篇》有这样一段描写古原始社会的话:“大道之行也,天下为公,选贤与(尊唐)能(酋长公选),讲信修睦(和平)。故人不独亲其亲,不独子其子,使老有所终(养老),壮有所用(工作),幼有所长(抚养),矜、寡、孤、独、废疾者皆有所养,男有分(职业),女有归(生活可靠)。货恶其弃于地也,不必藏于己(生产品共同所有);力恶其不出于身也,不必为己(各尽所能)。是故谋闭而不兴(不欺诈争利),盗窃乱贼而不作(不掠夺),故外户而不闭(没有私有财产不关大门),是谓大同。”这里是儒家思想家想象出来的,但没有古代这方面的传闻，是不可能虚构出这样一幅古代大同的社会图景的。我们从“禅让”这一词中，反映出古代的酋长是公选的。《尚书·尧典》有记载：尧在帝位，咨询四岳（姜姓炎帝族），四岳推举虞舜为继位人，舜受各种试验后，摄位行政，尧死，舜正式即位。舜也照样咨询众人，选出禹来摄政行事，舜死，禹继位。禹在位时，众举皋陶作继位人，皋陶死，又举皋陶子伯益作继位人，禹死，子启夺伯益而自立，禅让制度从此结束了，因社会已由原始共产主义社会进入奴隶有级的社会了。

（3）阶级统治方面的名称

据历史学家研究，大多数意见都认为殷代已进入奴隶社会了，从原始共产主义社会转入为有敌对阶级的奴隶社会，这在社会发展史上是一个巨大的变化。在阶级社会里，一个是掌握一切大权的奴隶主阶级，一个是一点没有自由、如同牛马一样待遇的被压迫阶级，但统治阶级倒底是少数，他们要对大多数人进行统治，除经济上进行统治外，就创造了国家机器这样的强制机构来统治人民，它在词汇中马上得到反映。如“国”，甲骨文中我们已见到，写作“戋”，“戋”就是武力保卫人口；后来写作“或”，“或”就是用武力保卫人口和土地。最后变成“国”，“国”就是划定的国境，《殷墟卜辞》中有“鬼方征我东鄙，鬼方牧我西鄙”的记载，这里已可以见到当时已有了边鄙，即国境线。

国家出现，法律也必然随着出现，我们从文选上已可以看到“殷彝”这一个词，就是殷代刑法的名称。可见当时已有刑法。甲骨文已有军队和地牢等的记载，这些阶级统治的工具当时已具备了。

周代刑法比殷代更完备了，《尚书·吕刑篇》云：有五种刑罚，墨刑，即用刀刻面涂墨。劓刑，就是犯法的人割去鼻子。剕刑，犯法者受到割脚的处罚。宫刑，即犯法的，男子割去生殖器，女子禁闭宫中当奴隶。大辟刑，即杀头。

随着阶级社会的产生，阶级的等级制度也从没有到有，从不严到森严方向发展了。商代有君、邦伯、师长、百执事(统治阶级通称百姓)、臣、多臣、牧臣、耤臣、小耤臣、宰臧仆、奴、奚、童、妾等级名称。后面的为被统治阶级，被统治阶级中又有等级，耤臣为管农业奴隶的头领，“牧臣”为畜牧奴隶的首领，“宰”是手工业和厨下奴隶的名称，“臧”是执武器卫护王和贵族的亲信奴隶。除这些等级外，还有庶人(自由民)这一阶层。

西周后等级制度更厉害了，有公侯伯子男的等级，又有天子、诸侯、大夫、士(统治阶级)、工、商、皂、隶(被统治阶级)的等级名称。

到了东周时，由于商业的发展，本来为被统治阶级的商贾，随着商业经济的壮大，他们中的大商贾爬上了统治阶级的地位。

到了战国时，由于东周末期经济发生很大的变化，地主经济逐步形成，就出现了“地主”这样一个新的等级，当时王室衰落了，领主掌握大权。领主这一阶层地位提高了。战国时各国诸侯为了争权夺利，土地兼并还豢养了大批的士，信陵君家内有士三千人，这些士帮助主人谋划定策。总之，随着阶级的产生，社会上不象原始共产主义时那样，人们无贵贱之分，一律平等，而是划分为各种等级，词汇中就出现了很多等级的名称。

(4) 井田制度的名称

周灭殷后，就在全国范围内实行了井田制度。井田制度，是把田划为井字形九块，当中一块是公田，由种其他八块田的人去耕种，收获为王室所有，这一制度我们从下列词汇中就可以见其梗概。

井田：《国语·齐语》：“陵阜陆墐，井田畴均，则民不憾。”

公田：《孟子·滕文公》：“方里为井，井九百亩，其中为公田，八家皆私百亩，同养公田，公事毕，然后敢治私事。”行田：《吕氏春秋·乐成》：“魏氏之行田也，以百亩，邺独二百亩是恶田也，漳水在其旁，而西门豹弗知用。”这里的行田，不是真的田会走路，而是当时土地为王室所有，他可以今天给甲种，明天给乙种，所以称行田。反映井田制度的词汇当然很多，这里只不过举例罢了。

其他周代有很多制度在词汇上是显明反映的，如周代同姓不能通婚，我们从称谓上就可以见到，周代称同姓的都称诸父，而称异姓的诸侯，称诸舅、诸甥。

商代起就有嫡庶制度了，词汇上就有嫡子、庶子的名词出现。

在税收制度方面，井田制度时王室是以公田的收获为赋税收入的，到后来，生产力提高了，励奖开荒，土地兼并，井田制度破坏了。随着地主经济的产生和发展，赋税制也随着变了。到春秋时期就出现了亩税制，“税亩”这一词在《春秋·宣公十五年》“初税亩”中已出现，可见当时已实行亩税了。还有什一税，《左传·宣公十五年》：“非礼也，谷出不过藉，以丰财也。”“古者什一，藉而不税”，赋税制度一改变，马上在词汇中就得到反映。

7. 反映社会意识形态和文化的词汇

（1）古代崇拜神和祖先方面的名称

在古代由于生产力很低下，文化的不发达，对自然界各种现象不认识，在这样的情况下，必然对自然现象很畏惧，具体表现在对神的崇拜上。当时神在人们心目中是至高无上的，当时的一切大事都要问过神即通过占卜来决定。当时就有“巫”这样一种人，他们专门从事占卜等事情。占卜有很多种，一种是用龟壳卜的，一种是用筮卜的，甲骨文和《周易》就是卜卦后结果的记录，单从卜卦的名称也反映出卜卦种类的繁多。贞，《说文》云：“卜问也。”有占视兆问也……当时任何事都要通过占卜来决定，有时甚至酋长决定了的,而通过占卜后不合酋长意见,还是要遵照占卜的结果的。

崇拜神和祖先的另一表现,是祭祀名称的繁复和隆重。为求福而祭祀叫祷,除灾而祭祀的叫禳,烧柴焚燎以祭天神叫柴,以事类祭天神叫禷。依季节分,春祭叫祠,夏祭叫礿,五岁一大祭叫禘,另外如祼灌祭也、禜数祭也、鬃门祭祖先也。祫,大合祭先祖亲疏远近也等等名称。神,也给他们取了很多名词,社,地主也;祇,地神也;神,天神也;祆,胡神也。

人们不但信神,对鬼祟也是很崇拜和畏惧的,“鬼”这一名词在《诗经》中出现好几次,《子华子·晏子》:“极其回邪,如鬼如蜮。”《战国策· 楚策》:“谒者,难得见如鬼。”“祟”,《左传》载,晋侯有疾,卜曰:实沉台,骀为祟。楚昭王有疾,卜问曰:河为祟。上述充分反映出古代崇鬼神的思想。

(2) 历学天文学的名称

随着农业经济的发展,历学和天文学也跟着发展了,因农业生产是有季节性的,人们在生产实践中逐步掌握了天文的规律,总结而成为历法和天文学。

在甲骨文中我们已见到有历法的记录,夏代已有夏历,一年称为一岁,商代叫祀,周代叫一年。商代历法一年又分春秋二季,今秋其㞢降佳𢿦(《林》2.26.13),今岁秋不至兹商,二月一秋其至(河687)。一年又分十二月,大年还有十三月(闰月),十二月都用天干、地支记时。一日内又分日(日雨,《甲》549)夕,夕雨(《续》1.6.17)中日即日中,中日亦雨自南(《乙》478)。明,三月乙丑夕雨,乙卯明雨(《乙》163),《说文》云:“旦,明也。”昏,今日辛至昏雨(《宁沪》1.70)。旦,今旦王疾目,(《乙》64)各日,即落日也。还有分得更细的,有旦、明、大采、大食、盖日、中日、昃、小食、小采、夕等名称。可见当时历法已有一定水平。

到了西周时,历法比殷更进步了,用年记年,分一年为春夏秋冬四季了，同时用 28 宿观测太阳的运行，求得朔日之所在。到战国时期，楚人甘德、魏人石申测定黄道附近 120 个恒星的位置，与这些距北极的度数，用来观测木、火、土、金、水五个行星的运用，开始发现五个星出现的规律，他们测定恒星的记录是世界上最早的。

(3) 医学农学的名称

《周礼·天官·冢宰》属，有师医（大医生）、食医、疾医、疡医、兽医的名称。战国时有名的医生扁鹊，还著了很多医学方面的书，给我们留下了宝贵的遗产。

农学：战国时有农学家，总结了过去的农业经验，《吕氏春秋》"上农""任地""辨土""审时"四篇，给我们农学上的发展起一定的作用。

文字：文字古代相传为仓颉所造，这是不对的。据语言学家研究，我们夏代已有文字了，甲骨文就是当时的文字（主要是殷代的），到了战国时文字有大篆逐渐向小篆变化。古代（先秦）文与字是不同的，单体叫文，合体叫字。文字不必举例，甲骨文、金文和战国时的散文都是。

(4) 战国诸子百家方面的名称

在春秋战国时代是我国古代学术空前活跃的时代，百家争鸣，百家齐放。争辩风气风行一时。这样的时代特征反映在词汇中，是创造了浩如烟海的新词，反映各家学说的词。儒家的中庸、修身、齐家、治国、平天下、劳心、劳力、性善，墨家的兼爱，老子的清静、无为、道，荀子的性恶，公孙龙子的白马非马……

（二）秦汉时期词汇的时代特征

秦的统一是我国历史上的一个很大的转折点，在以前虽然也是有过统一，但地方割据的局面，从来没有消灭过。秦统一后就完全不同,中央建立了极权制度,地方上由过去的分封制改为郡县制,这样一来,国家这一阶级统治的工具更加完善了。秦统一后还实行了很多统一的措施,如书同文、车同轨、统一度量衡,这些对我们祖国生活的人民成为一个统一的民族,起着巨大的作用。同时由于秦始皇的残暴,虽然他想尽办法(如收尽天下兵器等办法)来消灭人民反抗的可能性,但他不知道就在他死后的第二年,手无寸铁的人民揭竿而起,把秦王朝打垮了。

汉代沿用秦制,基本上是一样的,所以我们把秦汉二代并一起讲。

1. 反映秦汉的极权制度的词汇

首先表现在封建主尊严程度的进一步提高。

在秦以前我们上节已谈到,封建主为了抬高自己的身价,统治人民,划分了很多等级。而秦始皇统一中国后,就更加厉害了。他把过去一般的人称代词"朕"占为已有,表示至尊无上,他住的地方叫宫或殿、用的东西都称御什么、规定皇帝的嫡妃叫后、王出去叫巡、到叫幸、王讲话叫诏,等等。这一切都充分表现出极权制度的专横和仇视人民。

其次表现在官吏制度上。皇帝实行独裁,政事不论大小,全由皇帝一人裁决。下设左丞相、右丞相,辅佐皇帝处理国政;丞相下设御史大夫,辅佐丞相处理朝政。还有太尉掌握军政,将军掌征伐,廷尉掌刑法治粟,内史掌财政经济,少府掌北海地泽的税收供皇帝本人用的费用,博士(顾问)等中央官。地方官:郡中设郡守,掌一郡政事;郡尉,辅佐郡守并主军事;监御史负责监视郡守。县中设县令长,掌一县的政事;县以下乡官有三老、啬夫、游徼:三老掌教化,啬夫掌狱讼、赋税,游徼掌捕盗贼。县下面还有亭,亭设亭长。

汉承秦制，但在开国初有过分封诸王的制度，不过已与秦以前大不同了。中央设相国、丞相、大司徒、太师、太傅、太保、太尉、御史大夫、列将军、奉常、郎中令、卫尉、太仆、廷尉、典客、宗正、水衡都尉、大行令、治粟内史、中尉、执金吾、大司马、大司空、太常等官。地方官，有二个系统：郡县系统有太守、都尉、县令长、县尉、乡啬夫、亭长。边塞系统有太守、都尉、侯官、塞尉、侯长、队长。从上面我们可以看到二点：一是皇帝独揽一切大权；二是国家机器与过去不同了，成为完整的整体，这部机器由皇帝一人开动，下面就全部动起来了。权力高度集中了。

第三，表现在刑法酷政的加强。

皇帝实行极权制度，必须引起人民和一切旧阶层的反抗，为了维护它，就必然要加强刑罚制度，秦汉时期的刑罚的残酷程度是令人毛骨悚然的，我们从词汇中可以见到，刑罚一是表现残酷，二是表现种类繁多。例：车裂赵高（《史记》），人是用车子把身体分裂而死。腰斩，不是一般的杀头，而是从腰部斩断而死。夷三族，一个人犯法，自己的父母兄弟子女……三族要全部杀光。这种残酷的刑罚，是超过先秦时代的。镬烹，是把犯人投入镬中活活的烧死。绞，就是把犯人活活绞死，有人绞死还不是一次就绞死，而是分几次绞死他。

在刑罚的项目上也比过去大大增加，秦死刑有单死、腰斩、车裂、磔、族。徒刑有鬼薪、城旦、髡、锥……汉代死刑有弃市，《汉书·景帝本纪》：中元二年，“改磔曰弃市”。师古注：“磔为张其尸也，弃市杀之于市也。”腰斩，《周礼·秋官·掌戮》注：“斩以铁钺，若今腰斩也。”枭首，《汉书·陈汤传》注：“枭谓斩其首而悬之也。”族刑，汉代初期废除过，后来又恢复了。洪迈《容斋随笔》卷一“汉轻族人”条：“主父偃，陷齐王于死，武帝欲勿诛，公孙丞相争之，遂族偃。郭解客杀人，吏奏解无罪，公孙大夫议，遂族解。”这里的主父偃和郭解就遭受到这种惨无人道的刑罚。徒刑有：一岁有罚作、复作，二岁有司寇，三岁有鬼薪、白粲等项目，四岁有城旦、舂，五岁有髡钳、城旦、舂。财产刑：有罚金，《汉书·哀帝本纪》注：如淳曰："令甲，诸侯在国，名田他县，罚金二两。"名誉刑：有夺爵，《汉书·景帝本纪》："夺爵为士伍，免之。"身体刑有黥、劓、刖左右趾、笞，《后汉书·郎顗传》：汉法肉刑三，谓黥也，劓也，左右趾也。文帝除之当黥者髡，钳城旦舂，当劓者笞三百，当左右趾者笞五百。身体刑除上面四种外，还有宫刑和断舌头。流刑，就是徙也。《魏书·刑罚志》载，少傅游雅疏云："汉武时，始启河右四郡，议诸疑罪而谪徙之。"

法律也项目众多。秦法有盗法、贼法、囚法、捕法、杂法、具法。汉初萧何增加户法、擅兴法三章，把人民的一切自由权利完全剥夺光，但人民是决不会向统治者低头的，秦汉时农民起义是一个接一个的起来了，有名的陈涉为首的农民起义，赤眉、黄巾等农民起义。

封建集权制度的又一表现，是君父名字的避讳的加严。这种反动的制度，也是为了提高皇帝的尊严实行中央集权制度服务的。周代已开始了，不过秦以后更加严格了；秦始皇的名字叫政，因此一切政字都要避讳，正月改成端月；秦始皇的父亲庄襄王名叫楚，为了避讳，改称楚为荆。汉高祖名邦，汉诏引《书》的"协和万邦"改为"协和万国"。高后名雉，为了避讳，就改称雉为野鸡。《汉书·杜邺传》用"雉升鼎耳"事，改雉为野鸡。汉景帝名启，为了避讳，称微子启为微子开。汉武帝名彻，为了避讳，改蒯彻为蒯通。汉光武名秀，改秀才为茂才。汉明帝名庄，改庄助为严助、庄安改严安。这里是举例性质，避讳的现象还很多。它的目的是提高王族威望，以便进行统治。

集权制度的又一表现为郡县制度。秦以前，各个小国是一个独立单位，它的一套政权组织与皇帝差不多。它们与王室的关系好似后来的附属国与宗主国的关系一样。小国的官吏都由小国国王自己任命。因此，到春秋战国时代，王室成为傀儡，它们根本不听王室的命令，各国为了兼并土地，纷战不休。秦汉实行集权制度，就根本改变过去的情况；实行郡县制，郡县是全国中央机构下属的一个组成部分，官吏由中央任命，地方要听中央的一切领导。我们在词汇中可以见到郡、县、乡、亭一系列的名词，就是反映了这一制度的。秦统一六国后就设天下为三十六郡，后来增加四郡，共为四十郡，郡下面设县，县下面设乡，乡下面设亭。

2. 反映秦统一后各项重大改革的词汇

秦统一六国后，采取很多重大的改革，对我们祖国后来的发展发生了很巨大的促进作用。秦始皇是一个暴君，但同时又是一位古代的政治家、有功劳的皇帝。秦统一后，秦始皇为了巩固统治，把过去的各项制度加以改革，"焚书""坑儒"是统一文化制度上的反映，在战国时代学说是百家争鸣，异说纷云。秦建立集权制度后，为了巩固它，当然要有统一的文化和思想基础，秦始皇采取了以荀派儒学和法家刑名之学的思想为基础，实行"行同伦"的政策，立即就遭到旧派的强烈反对，他们引经据典，反对这一政策，于是就发生焚书坑儒的事件。战国时候文字上是音异声、文异形的局面，秦统一后就实行了书同文的政策，在秦小篆的基础上统一文字，于是出现了"小篆"这一词汇。历史上记载李斯订定文字，依据籀文、古文笔划力求简易划一，当时的小篆就是大篆的简写，秦就是以这些简写字为基础进行统一。在度量衡方面，战国时期也是很混乱的，田畴异亩，度量衡各国均不同，秦统一后也进行了统一工作，规定货币为二等，黄金为上币唐一镒（二十刃）、铜钱为下币唐半刃，二百四十步为一亩等等。在实行车同轨方面，出现了"驰道"这一词汇。战国时期由于封建割据，车涂异轨，秦统一后，大辟驰道,并规定天下的驰道有统一的宽阔。以上这些制度的推行,词汇上马上都得到反映,于是出现了“焚书”“坑儒”“书同文”“车同轨”“行同伦”的词组,“小篆”“驰道”等这样的词。

秦统一后还动员了大批人民进行大建筑,如“长城”这一词是秦时才出现的,当时秦为了防止匈奴的入侵,建筑了闻名世界的万里长城,这一词是劳动人民付出了多少血汗和生命代价的结晶的反映。驰道当时遍及全国,是劳动人民辛勤开辟的。阿房宫,这一伟大的建筑,项羽攻陷咸阳后,烧了一个月才烧完。这些伟大的工程,都是空前的壮举,词汇中就有“长城”“驰道”“阿房宫”这样使人永远怀念的词。

3. 反映汉代教育事业的词汇

相传孔子时代已有学校了,孔子有学生三千人。到了汉代,教育事业大大发展了。中央有太学,地方有郡国学校。随着这方面的发展,词汇上就出现了很多新名词,太学是当时中央的一种学校,一般是官僚子弟念书的;郡国学校有四种不同的学校,在郡国的叫“学”,在县道邑侯国所立的叫“校”,乡立的叫“庠”,村聚所立的叫“序”;这里就出现了太学、学、校、庠、序的学校名称。另外还有鸿都门学,是专习尺牍及字画一类艺术的学校。学校内服务的人员也各有专名,校长叫太常,教员叫博士,学生叫太学生或员。郡国学校的教师,又有专名,学、校中的教师叫“经师”,庠、序中的叫“孝经师”。学校要有校舍,就出现“校舍”这一新名词,“教授”这一词也是那时产生的,即传授知识给学生。

4. 反映宗教思想的词汇

这一时期,宗教是很多的,“阴阳五行”学说在汉代有很大的发展,风行一时。道教是汉代创立的,佛教是汉代传入的,所以反映这方面的词汇也特别多，这里我们只能举例说一下。

“阴阳五行”学说的起源很早，“阴阳说”起源于《周易》，“五行说”起源于《洪範》，战国时代已有了，当时有阴阳家邹衍的“五行学说”，到了汉代为这种学说的全盛时代，什么事情都以“阴阳五行”进行解释，有些真是荒谬绝伦。在词汇上也出现了很多反映这方面的新词，如尸解，为修仙者死了称尸解，言将登仙，假托为尸以解化之。用在医学上说肺为金、肝为木、心为火、脾为土、肾为水，有所谓十二经脉，就是用阴阳来说明病理的，是以各分手足三阴三阳，共十二支：手少三焦，手少阴心，足少阳胆，足少阴肾，手太阳肠，手太阴肺，足太阳膀胱，足太阴脾，手阳明大肠，足阳明胃，手厥阴心包络。病的开始叫太阳。总之当时各门科学中都受到这种学说的影响，渗入了很多这方面的词。我们举例也不必多，因写出来没有什么价值。当时这方面的词汇是不少的。

道教创立于后汉的张道陵，教徒喜说神仙，推老子为天仙之长，宣扬导行、服饵、长生、飞升之术。说人们只要去邪累、清心神、积行树功、累德增善便可白日升天而获长生。《后汉书·张鲁传》有记载：“鲁字公旗。初，祖父陵，顺帝时客于蜀，学道鹤鸣山中，造作符书，以惑百姓。受其道者辄以五斗米，故谓之‘米贼’，陵传子衡，衡传于鲁，遂自号‘师君’，其来学者，初名为‘鬼卒’，后号‘祭酒’，各领部众，众多者名曰‘埋头’。”我们从这里就可以看到“师君”“鬼卒”“祭酒”“埋头”等道教词汇，其他如“符箓”“符祝”“九节杖”“丹鼎”等道教用品的名词，还有“奸令”“鬼吏”“仙官”“阴官”“道士”“道人”等他们的专有道名。

佛教的传入相传在西汉时已有了，公元前 2 年，即汉哀帝元寿元年，西域佛教国大月氏使臣伊存来朝，当时朝廷派博士弟子景卢从伊存那里受浮屠说。到汉明帝时，已流行开了。我们可以从汉明帝给刘英的诏书里褒奖他“诵黄老之微言，尚浮屠之仁祠”这一段文字中见到“浮屠”“伊蒲塞”“沙门”等佛教名词,因为当时假使社会不流行,皇帝马上要讲出这些宗教词汇是不可能的。后来外国的僧侣不断来华,中国的僧侣也大量翻译佛经,于是佛教词汇就大量出现,这里有外来词,也有自己创造的新词。除上述“沙门”“浮屠”“伊蒲塞”外,如“膜拜”等。(详见“外来词”一节)

5. 反映经济的词汇

秦汉时期的经济都比以前大大发展,无论是农业、手工业、商业都有了新的发展,特别对外贸易,由于汉代张骞通西域,打开了通向西方的交通线。下面分别叙述。

(1) 农业发展方面的名称

农业到了汉代,有了很大的发展,在生产工具上出现了耦犁和耧车的新式农具。词汇上也当然增加了“耦犁”和“耧车”这二个新词。耦犁是二人挽二犁,二人各扶一犁,一人牵引二牛。耧车是一种下种器,生产效率很高,一人一牛一天能下种一顷地。

汉代的耕作法也有很大进步,出现了一种新的耕作法叫代田法(词组),是一亩中每步分三甽,每甽宽一尺、深一尺,一步宽六尺,三甽每年换位一次,这样能经常保持地力,由于实行了这一先进耕作方法,产量要比过去每亩增产一石到二石。

农田水利的规模也比以前大了,汉代开了很多水渠,有名的有龙首渠、灵轵渠、成国渠、沣渠、白渠,能灌溉田数千顷到万余顷,其他各地小渠,沟道更多。

“垦田”这一个词是东汉大力垦田的反映,东汉垦田规模很大,垦田数达七百万亩左右,大大扩大了农田面积。

(2) 手工业发展方面的名称

秦汉时期的手工业也比先秦时更发展,具体表现在钢的广泛应用和新式手工业技术的不断出现。

钢是战国时期发明的，当时钢只用在兵器的制造上，农具还是用铁制的。而到了汉代，农具也用钢制造了。炼钢业有很大发展，我们从词汇中看到，增加了很多新词。例：炼钢的设备，有炉（熔铁炉）、排橐（风箱）、埵（吹火筒）、坊（土型范）。可见汉代的炼钢业是已较完备了。

纺织业也大大进步了，当时已能纺织出象“冰纨”“方空縠”“吹絮纶”等这样很精细的高档纺织品，刺绣业也有很大的进步，襄邑织工陈宝光家还发明了织花机，大大提高了生产效率。

汉代手工业应该大书特书的是发明了很多新手工业品和新手工业工具，这在词汇中出现了很多新名词。

纸是汉代发明，两汉由于学校的发达，经学又很繁琐，士人录写大量经传师说，竹简太重，很不方便，缣帛又太贵，买不起，就很需要一种代用品，于是就出现了纸。《汉书·外戚传·赵飞燕传》，就有一种“赫蹏”的东西，应劭（东汉人）注说是薄小纸，孟康注，说是染赤色纸。薄小纸也好，染赤色纸也好，总之已证明汉成帝时已有了纸。据《说文》记载当时的纸是用丝絮制成的，是丝絮制成，那当然价钱还很贵，到东汉时蔡伦发明的后人称为“蔡侯纸”的纸，就不是用价值很高的丝絮制成的，而是用树皮、麻头、破巾、破渔网为原料制成的。这是一个很大的发现，无论对手工业本身讲，对文化事业的发展上都有很大的贡献，大大促进了文化科学的飞速发展。词汇中就出现了“纸”和“蔡侯纸”这二个新词。

汉代的另一重大发明是产生了瓷器，我们在文献中第一次发现“瓷”的记载是西汉邹阳的《酒赋》中，在词汇中增添了“瓷”这一个新词。河南板桥水库和洛阳都有西汉四耳罐和盘的出土，河南信阳东汉墓中发现青瓷壶、杯、碗等物，证明两汉确有瓷器。由陶器跃进到瓷器，这对陶器是一次大革命，给手工业开辟出一条更宽广的新道路，在文化史上也是一个大创造。

在汉代我们的祖先已开始会制造玻璃，当时的新名词叫“阳燧”，王充《论衡》：方士熔炼五种石块，铸成阳燧，可在日光下取火，这就是制玻璃手工业的一个开端。汉代的制盐技术上也有了新的发明，“火井”就是反映新发明的词汇。火井是一种新的煮盐法，应用这种新方法，比本来用柴火煮盐水，一石盐水能得盐二三斗的产量增加到四五斗，产量几乎增加一倍，这是了不起的发明。“水排”这是一个新名词，它反映了炼钢业上一个大发明，东汉初年杜诗做南阳太守，创作水排，用水力鼓动排橐，创造农具，用力少，见功多。这也是一项了不起的事。本来炼钢的排橐是用人力的，非但费水力，同时风也不大，影响炼钢的质量。水排发明后，既节省了劳力，又提高了钢的质量。

翻车，这又是一个新名词，“渴鸟”不是口渴的鸟，这二个新名词是代表着汉代又二项重大创造。翻车是汉灵帝时宦官毕岚发明的，渴鸟也是他发明的。翻车是河边汲水的机车，渴鸟是汲水的曲筒。

水碓，东汉献帝末年雍州刺史张既督促陇西、天水、南安三郡富人造水碓，这里我们看到“水碓”这一新名词，它是用水力激水轮舂米的一种器械。

汉代不但在手工业方面有上述这样一系列的重大发明，在科学方面，汉安帝时，张衡制造了闻名世界的浑天仪、候风仪、地动仪等精密的科学仪器，其他科学也同样有很多发明，不一一列举了。

(3) 反映商业和对外贸易发展的词汇

秦汉时期的商业随着农业和手工业的发展，也比过去大大繁荣。表现在许多商业大城市的出现，汉代有长安、洛阳、邯郸、临淄、宛、江陵、吴、合肥、番禺、成都等大城市。这里我们想着重谈一谈汉代对外贸易在词汇中的反映。大鸿胪，是一个官名，是专门管理对外贸易的一个官。下面还有行人(出使外国)译官、别火(掌刑狱)及郡邸等官。那时对外贸易基本上是官营的,随着对外贸易的产生,就出现了新的名称,上面可以看到有行人,就是到外国去做贸易的政府官员,这不同于国内商业了,国内的商人叫商人或叫贾。由于要与外国人打交道,语言不通就要求有译官,外国商人到中国来做生意,就要有一个住的地方,汉代就给外国商人住的房屋取了一个专名叫邸(长安藁街有蛮夷邸,居住外国贡使和商人)。上面所出现的行人、译官、邸都是随着对外贸易的产生而产生的新名词。

由于对外贸易的发展,外国的商品就大量输入中国,在词汇中就出现了很多新的外来词。有“珊瑚”“珠玑”“玻璃”“犀象”“翡翠”等外国的东西,反映外国传入物品的外来词有“胭脂”“苜蓿”“葡萄”“酋长”“葽”“琵琶”等。

6. 反映农民起义的词汇

秦汉时期土地兼并比过去更厉害,结果造成富者田园万里、贫者无立锥之地,虽然秦汉的统治阶级,用尽了各种暴政酷刑,企图阻止人民的反抗。但是人民当忍无可忍,逼得无路可走时,就起来反抗。在这个时期中大规模的农民起义有四次。

“揭竿而起”这一词组,是概括了秦末农民陈涉领导农民起义的事情。秦始皇统一六国后为了防止人民的反抗,把天下的兵器全部收起来,认为这样他可以做王做到万世了,而他不知道,人民的力量是无敌的,人民虽手无寸铁,就是用竹竿把它削尖当武器,就把秦王朝打下去了。

“绿林”是公元 17 年荆州农民大起义的事,首领王匡、王凤领导起义军,居绿林山而得名。

“赤眉”是公元 18 年樊崇、杨音等领导农民起义的事,起义军与王莽军大战时,各人用赤色涂眉,作为记号而得名。

"黄巾"是汉末张角等领导农民大起义的事,他们头上都扎一块黄的头巾而得名。

这简单的四个词概括了四次规模很大的农民起义,由于农民的起义,打击了封建统治阶级,使新兴的统治者不得不作出某些让步,因而推动了社会的发展。

二、基本词汇

（一）基本词汇和一般词汇

什么是基本词汇，斯大林同志在他的著作《马克思主义与语言学问题》一书中阐述说："语言的词汇中的主要东西就是基本词汇，其中包括所有的根词，成为基本词汇的核心。基本词汇是比语言词汇窄小得多的，可是它的生命却长久得多，它在千百年的长时期中生存着并给语言构成新词的基础。"这就告诉我们，基本词汇与一般词汇是不同的。

在性质上，基本词汇具有历史的稳固性。在发展的过程中，基本词汇大部分被保存了下来。例如：反映自然现象的"日""月""山""水""风""雨""雷""电"等，人体的心、手等，称谓的"父""母""伯""叔""兄""弟""姊""妹"等，其他的也很多，都被保存到今天仍是人们生活中不可缺少的成分。而一般的词汇却不是这样，很多词随着社会的消失而消失了。例如："社稷""宗庙""朝廷""天子""皇帝""诸侯""诸公""后""妃"，等等。这些词都进了历史博物馆，成了历史性的东西。

在功能上，基本词汇具有构词的能力。例如："人"这个词，在古代无疑是基本词。可以构成"人民""人心""庶人""小人""大人""圣人""仁人"等。又如"舞"这个词，上古也属基本词。以它为基础可以构成很多新词。祭山川的——“兵舞”,祭社稷的——“帗舞”,四方的祭——“羽舞”,其他如“皇舞”“小舞”“旄舞”“干舞”“人舞”等都是。一般词汇是不具有这种构词能力的。所以基本词汇是语言词汇的基础,使语言词汇不断丰富的源泉。

基本词汇的生命力要比一般词汇长久得多,它在千百年的长时期中生存着。基本词汇和一般词汇具有这些不同,但基本词汇和一般词汇却是共同的统一整体,它们是相互联系、相互制约着的。基本词汇是语言词汇不可缺少的组成部分,没有基本词汇作基础,语言词汇也就失去了它的效用而不能生存;同时,没有语言词汇的存在,也无所谓基本词汇,更不用说基本词汇的特征了。基本词汇和一般词汇在发展的过程中是能相互转化的,有些基本词失掉了自己的职能而转入一般的词汇中。例如:“朕”这个词,在很早以前就可列入基本词的范围。但到了后来却被秦始皇所垄断成为他的独称,从此也就失去了作基本词的资格。

当然,一般词汇在发展过程中,有些词取得了基本词的资格而转入了基本词的行列。例如:

> 质尔人民。(《诗经·大雅》)
> 诸侯之宝三:土地、人民、政事。(《孟子·尽心》)

这里的“人民”“土地”,很难说在当时已经是基本词了。但经过长期历史的考验,也就加入了基本词汇的行列。又如:

> 依类象形故谓之文,其后形声相益即谓之字。字者,言孳乳而浸多也。(《说文解字》)

这里“文”“字”是两个字,到《秦琅琊台刻石》,有“书同文字”,但在当时“文字”还不能算作基本词，也是后来成为基本词的。

以上的例子举不胜举，足以说明一般词汇中的词有可能转化为基本词的。

（二）基本词汇的发展

我们的祖国是世界上最早建立的文明古国之一。远在公元前十二世纪，文化的发展已经放出了异常灿烂的光辉。文化的记载，大部分被保存了下来。甲骨文的出土，又为我们提供了考察殷商社会发展的有利条件。汉语基本词汇的历史发展，我们也只能以现存的书面材料为依据来进行考察。在奴隶社会的远古时期语言是不复杂的，基本词汇是很贫乏的，这是与当时语言的贫乏分不开。在语言词汇开始形成的时候，基本词汇和一般词汇是没有什么区别的。但在发展过程中，两者的界限愈来愈清楚，使我们可以看出哪些词是基本词，哪些不是基本词。在现在的甲骨文记载里，基本词汇和一般词汇的差别，还是不很容易区分的，但毕竟还是有差别的。因而我们不能从此得出结论说，在甲骨文时代里基本词汇和一般词汇之间的界限也还是不大的。我们知道，已经出土的甲骨文虽然很多，但毕竟不能代表整个甲骨文时代。历史事实告诉我们，殷商时代的物质文化已经相当发达。在另一些文件记载中，我们不难知道当时的基本词汇和一般词汇是有着很大的差别的。据历史学家的考证，在殷商时代的畜牧业还是很发达的，从反映畜牧的词汇来看，也就证明着在甲骨文时代里基本词汇和一般词汇差别不大的结论是不符合实际的。举例来说：“牛”“马”二词，可以肯定在当时是基本词。但两岁的牛称“犕”、三岁的牛称“犙”；两岁的马称“驹”、三岁的马称“駣”、八岁的马称“馴”等等，显然不能属于基本词。就是代表公牛、母牛的“牡”“牝”，公羊、母羊的

“[illegible]”“[illegible]”,公豕、母豕的“[illegible]”“[illegible]”等等也还不能作为基本词来看待,但是在发展的过程中,“牡”“牝”取得了基本词的资格,不仅是指公牛、母牛,而是可以泛指了。甚至《书经》有称母鸡为“牝鸡”。虽然在当时的基本词汇是比较贫乏的,但这与语言词汇的贫乏分不开。

基本词汇不是在一个时代里一下子产生的,它是附着时代的发展而不断增加和丰富,也有所消亡,有的转变了意义。基本词汇的丰富壮大还可以从方言和外来词中吸取营养。为了叙述的便利起见,我们按照实际情况,分别举例来谈。

(1) 自然现象的名称

关于反映自然界的事物和现象的基本词汇,在上古已经很丰富了。我们不可能全部都谈到,只能以代表性的举例来谈。这一类词具有最强烈的生命力,很多在甲骨文中已经出现,经过三四千年的历史发展一直沿用到现在。

例如:“日”“月”。在甲骨文中关于日月的记载是很多的,关于祭祀方面祭日的有“出日”“入日”“各日”“出入日”等。例如:

> 辛未又于出日。(《粹》597、598)
> 御各日,王受又。(《粹》1278)
> 戊戌卜,内,乎有敕于出日于入日宰。(《乙》2065)

在甲骨文中也有关于日蚀、月蚀的记载。例如:

> 日㞢食。(《林》1.10.5[㞢——又])
> 日月又食,佳若,日月又食戠若。(《佚》374)
> 月㞢食,闻,八月。(《甲》1289)

从以上例子中可以知道，“日”“月”在甲骨文中早就是基本词了。在《诗经·小雅·十月之交》中有“朔日辛卯，日有食之”。《诗经·小雅·东方之日》中有“东方之日兮，彼姝者子”“东方之月兮，彼姝者子”。同时，在《诗经》中出现了与日字有关的“阳”字。在《孟子》中也可以找到例子。意思是指“日光”，也可以解释为“太阳”。例如：

匪阳不晞。（《诗经·小雅·湛露》）
春日载阳。（《诗经·豳风·七月》）
秋阳以曝之。（《孟子·滕文公》）
阳光炽烈，坚冰立散。（《列子·汤问》）

“阳”还可以解释为山的南面。例如：“子之昌兮，遭我手猛之阳兮。”这也与阳光有关的，因为山南面向阳。到了汉代，“太阳”合成一个词，而是指阴阳二气之阳。所以有“太阳”“太阴”之称。例如：

日，实也。太阳之精不亏。（《说文解字》）
月，阙也。太阴之精。（《说文解字》）
六月，《坤》之初六，阴气受任于太阳。（《汉书·律历志》）
火，太阳也。阳尊，故托遂皇于天。（《尚书大传》）

在以上这些例子里，“太阳”还不是指“日”，“太阴”也不是指“月”。直到《淮南子·天文训》称“日者阳之主也……月者阴之宗也”，才指日为太阳、月为太阴。但“太阳”“太阴”还不是基本词。至于“太阳”成为基本词，“太阴”又让位给“月亮”，这是以后的事，不在上古部分讨论。

"日""月"在上古汉语中无疑是基本词,但发展到现在虽然还是基本词,但在口头上已经被双音的"太阳""月亮"所代替了。而另一些词,从甲骨文到现在仍旧是单音的。例如"天""地""星""云""风""雨""雷""电""冰""霜""雪""露""山""水",等等。这一类词在甲骨文中,关于"风""云""雨""雪"的例子是很多的。例如:

其宁风,三羊三犬三豕。(《谈》2.15.3)

宁巫大风。(《下》42.4)

尞于帝云。(《续》2.4.11)

又尞子六云五豕卯五羊。(《上》22.3—22.4)

训气求,庚申今日气雨。(《粹》771)

雨不足辰,不佳年。(《前》7.30.1)

其尞于雪,又大雨……(《金》189)

旬出幂,王疾者,中日雪,祸。(《前》6.17.7)

在《诗经》中,关于"天""地""星""云""风""雨""雷""电""冰""霜""雪""露""水""火"等的例子就更多。例如:

上天同云,雨雪雰雰。(《诗经·小雅·信南山》)

烨烨震电,不宁不令。百川沸腾,山冢崒崩。(《诗经·小雅·十月之交》)

习习谷风,以阴以雨。(《诗经·邶风·谷风》)

北风其凉,雨雪其雱。(《诗经·邶风·北风》)

浩浩昊天,不骏其德。(《诗经·小雅·雨无正》)

嘒彼小星,三五在东。(《诗经·召南·小星》)

牂羊坟首,三星在罶。(《诗经·小雅·苕之华》)

扬之水,不流束薪。(《诗经·王风·扬之水》)

叔在薮，火烈具阜。（《诗经·郑风·大叔于田》）

谓天盖高，不敢不局。谓地盖厚，不敢不蹐。（《诗经·小雅·正月》）

啴啴焞焞，如霆如雷。（《诗经·小雅·采芑》）

正月繁霜，我心忧伤。（《诗经·小雅·正月》）

如临深渊，如履薄冰。（《诗经·小雅·小旻》）

关于这类词的例子，在上古汉语中是很多的，举几天也举不完。从上面的一些例子看，足以证明这类词是基本词。它们有着历史相当久的历史稳固性，所以它们的生命力也特别强，以至直到现在仍是现代汉语的基本词。

（2）人体的名称

关于人体各部分所包括的内容是很多的，名称也很复杂，但在上古汉语里，不像现在的解剖学所谈的人体各部分的名称那样复杂。我们从词的角度去谈，所涉及的也是代表性的。在谈到人体各部分的名称时，我们首先要谈到"人"这个总的名称。"人"和"手""心"三个基本词，有着悠久的历史，也是相当稳固的基本词之一。例如：

历象日月星辰，敬授人时。（《尚书·虞书·尧典》）

执子之手，与子偕老。（《诗经·邶风·击鼓》）

知我者谓我心忧。（《诗经·王风·黍离》）

从《释名·释形体》来看，有一些词也有着相当长的历史。例如"胃""肾""肝""肺""腰""血""脓"等在上古已经出现。而更有一些词随着语言词汇的发展而变成双音化的。但在上古却是单音节的，从这些词可以看到其发展变化，也是我们这里要重点讨论的。

例如“首”“头”“目”“眼”“领”“颈”“牙”“齿”“足”“脚”“皮”“肤”等。这些词在上古都是基本词。其他如“耳”“鼻”“口”“唇”“眉”“肌”“身”等也都是基本词。例如：

> 手如柔荑，肤如凝脂，领如蝤蛴，齿如瓠犀，螓首蛾眉，巧笑倩兮，美目盼兮。(《诗经·卫风·硕人》)
>
> 噬肤灭鼻，无咎。(《易经·噬嗑》)
>
> 衣服节而肌肤和。(《墨子》)
>
> 目辨白黑美恶，耳辨音声清浊，口辨咸酸甘苦，鼻辨芬芳腥臊，骨体肤理辨寒暑病养。(《荀子·荣辱篇》)

“首”和“头”现在看来是同义词，但在词汇发展的历史上，“头”字的产生要晚些。在甲骨文中“头”字还没有出现，到了战国时代，在一部分子书中出现了“头”字。“首”和“头”似乎是同义词出现在作品中的。到后来，“首”字渐渐让位于“头”。例如：

> 椎柄长六尺，首长尺五寸。(《墨子》)
>
> 长椎柄长六尺，头长尺。(《墨子》)
>
> 此夫身女好而头马首者与？(《荀子》)

“头”字在作品中的应用领域是很广的，可以看出“首”的应用渐渐少下去。在子书中是很容易找到例子的。例如：

> 今有刀于此，试之人头，倅然断之，可谓利乎？(《墨子》)
>
> 鸿蒙拊髀雀跃掉头曰：吾弗知！吾弗知！(《庄子》)
>
> 若手臂之扞头目而覆胸腹也。(《荀子》)
>
> 谚曰：白头如新，倾盖如旧。(《史记》)

……烂羊头，关内侯。(《后汉书》)

“领”和“颈”在上古也是同义词。《诗经·卫风·硕人》有“领如蝤蛴”。《左传·吕相绝秦》有“引领西望”。这些领字都可以作“颈”字解。《说文解字》：“颈，头茎也。”“颈”字的应用，在战国时候的作品中例子也很多，战国以后的作品中更容易找。例如：

今遂至使民延颈举踵曰……(《庄子》)

夫马陆居则食草饮水，喜则交颈相靡，怒则分背相踶。(《庄子》)

人知贵生乐安而弃礼义，辟之是犹欲寿而殁颈。(《荀子》)

小人莫不延颈举踵而愿曰……(《荀子》)

百越之君，俯首系颈，委命下吏。(《史记》)

刳腹绝肠，折颈折颐。(《史记》)

刎颈之交。(《史记》)

日出旸谷，入于虞渊，莫知其动，须臾之间，俯人之颈。(《淮南子》)

见一士焉，深目玄准，雁颈而鸢肩。(《论衡》)

以上这些例句，可以说明“颈”字的应用是愈来愈广泛而普遍，差不多代替了“领”字在作品中的地位。

“目”和“眼”在上古汉语里，“目”是指眼睛的。而“眼”呢？一般说来，在战国时代还不是指眼睛，而是指“眼球”。但在具体的作品中，也可以解释为眼睛。例如：

……其于人也为寡发，为广颡，为多白眼。(《易经》)

聂政大乎，所杀者数十人。因自皮面，抉眼自屠出肠，遂以死。(《战国策》)

子胥抉眼。(《史记》)

抉吾眼，置之吴东门，以观越之灭吴也。(《史记》)

在《汉书·王莽传》中有“露眼赤精，大声而嘶”。这里的“精”，也就是后来所说的眼睛的“睛”。王筠《说文句读》：“精即是睛，与童子为一物。”虽然这里“眼”与“精”还没有合成一个词，但已具有这种趋向。发展到后来，“眼”渐渐的代替了“目”，再以后，“目”也就让位给“眼睛”了。

“牙”和“齿”，现在已经成为合成词“牙齿”。而在上古时候，两者是有区别的。段注《说文解字》：“统言之，皆称齿称牙；析言之，则前当唇者称齿，后在辅车者称牙。牙较大于齿。”也许古人是这样分法，但在实际作品中不一定解释得通。例如：

谁谓鼠无牙？何以穿我墉？(《诗经·召南·行露》)

假如说“两旁曰牙，中间曰齿”，就很难理解了。因为老鼠咬东西是用前面的牙齿，不会和狗咬骨头一样旁边的牙齿着力。我们认为：“牙”在上古是指牲畜的牙齿。例如：

豮豖之牙。(《周易·大畜》)

投之一骨，轻起相牙。(《战国策》)

由于“牙”是指牲畜之牙，所以与“爪”合成“爪牙”，这种词在古代作品中是很容易找到的。例如：

故差论其爪牙之士……(《墨子》)
彼爱其爪牙,畏其仇敌。(《荀子》)
以耿夔、任尚等为爪牙。(《后汉书》)

这里的“爪牙”有两种解释:一种是称武士为爪牙,一种是称羽党为爪牙。而“齿”在开始时不一定是指牙齿,而是指牙床骨,就是我们现在所说的齿龈。颜师古注《急就篇》:“齿者,总谓口中之骨,主齰齧者也。”《说文》:“齿,口断骨也。”所谓唇亡齿寒也具有这个意思。因为“牙齿”的本身不是怕寒的。

“足”和“脚”。“足”在书面语上的出现是很早的,也是很普遍的。例如:

启予足,启予手。(《论语》)
手足胼胝,三日不举火。(《庄子》)
断鳌之足,以立四极。(《列子》)

“足”在上古时候,还可以作为“满足”解释。例如:

祸莫大于不知足,咎莫大于欲得,故知足之足常足矣。(《老子》)

“足”作为“满足”来解释,与我们所要谈的人体部分的基本词无关,我们不去讨论它。但有一个词:“足下”与“足”略有关系,当然并不是指脚底下。而是在战国时称人主为“足下”。如:苏代《遗燕昭王书》、乐毅《报燕惠王书》、苏厉《与赵惠文王书》等,都称“足下”。“足下”的典故出于晋文公和介之推的故事。可见“足”字在很古的时候就属于基本词了。至于“脚”,在书面语上也出现得很早,但在当时,它与“足”不是同义词。“脚”在上古是指小腿的。《释名·释形体》:“脚,却也。以其坐时却在后也。”这说明“脚”本来是指“小腿”的。例如:

> 羊起而触之,折其脚。(《墨子》)
> 乳间股脚。(《庄子》)
> 詈侮捽搏,捶笞膑脚。(《荀子》)
> 孙子膑脚,兵法修列。(司马迁《报任少卿书》)

《太史公自序》也有:“孙子膑脚,而论兵法。”这些例子都证明了上古“脚”字,确实是指小腿而言的。“脚”代替“足”不在上古部分讨论。

“皮”和“肤”在上古也是有区别的。一般说来,“皮”是专指兽皮;“肤”是指人的皮肤。例如:

> 噬肤灭鼻,无咎。(《易经》)
> 饿其体肤。(《孟子》)
> 蚊虻噆肤,则通昔不寐以。(《庄子》)
> 岛夷皮服。(《书经》)
> 具炉橐,橐以牛皮。(《墨子》)

但是,在上古时,“皮”也可以指人的“皮肤”。例如:

> ……其皮为之灾也,今鲁国独非君之皮邪。吾愿吾刳形去皮,洒心去欲,而游于无人之野。(《庄子》)

到了汉代,也有“皮”指“皮肤”。例如:

乃割皮解肌，诀脉结筋。(《史记》)

根据以上例子，我们认为“肤”是专指人的“皮肤”；“皮”泛指动物的皮，也可以指人的“皮肤”。

(3) 亲属称谓和人称代词

关于亲属称谓成为基本词的，有些是很早的。从《释名·释亲》来看，亲属称谓的内容是相当丰富的。有“父”“母”“祖”“曾祖”“高祖”“兄”“弟”“子”“孙”“曾孙”“玄孙”“来孙”“昆孙”“仍孙”“伯父”“仲父”“叔父”“季父”“姑”“侄”“舅”“外甥”“姨”“妻”“姊”“妹”“妾”“嫂”，等等。例如：《论语·微子》：“周有八士：伯达、伯适、仲突、仲忽、叔夜、叔夏、季随、季騧。”这说明“伯”“叔”在上古用于排行：老大为“伯”，老二为“仲”，老三为“叔”，老四为“季”。在这一称谓中，经过发展消失了一些，如：季、仲。

《墨子·公孟》：“丧礼，君与父母、妻、后子死，三年丧服；伯父、叔父、兄弟期，族人五月；姑姊舅、甥皆有数月之丧。”

这一例句中关于亲属称谓的词，都保存了下来。关于亲属称谓的一些词，稳固性也是很强的，保存下来的也很多。但在发展过程中，这一类词在人民口语中都向着双音化发展，但这是上古以后的事了，不在这里讨论。下面我们想谈谈与称谓有关的一些词，如：“朋友”这一词，在上古也可以被认为是基本词了。例如：

亦云可使，怨及朋友。(《诗经》)
所求乎朋友，先施之，未能也。(《中庸》)
……朋友之交也。(《中庸》)
……与朋友交而不信乎？(《论语》)

……与朋友交,言而有信。(《论语》)

非所以要誉于乡党朋友也。(《孟子》)

从这些例子来看,“朋友”一词的使用是相当普遍的。而且在发展过程中,“朋友”这个词经历了长时期的考验,历史证明它是古代语基本词。

人称代词进入基本词汇,根据具体的词来说是有先后的。按照现有文献,我们可以知道,第一人称代词出现得比较早。在甲骨文中就有“我”“余”“朕”等第一人称代词。例如:

我不受其年。(《粹》867)

余弗其子帚侄子。(《前》1.25.3)

戊寅卜,朕出今夕。(《录》572)

甲戌卜王,余令角帚古朕也。(《粹》1244)

第一人称代词的发展,除了“朕”这一词被秦始皇垄断外,“我”字的生命力最长久,一直沿用到现在。在发展的过程中,还产生了新的第一人称代词。《尔雅·释诂》:“卬、吾、台、予、朕、身、甫、余、言,我也。”可见上古第一人称代词之多,其中有些很可能是从方言中来的。

第二人称代词,如“女”“乃”出现得也很早。在甲骨文中也已经有了。例如:

叀王不女媟?(《乙》3429)

戊戌卜,㱿贞:王曰侯虎:往余不𣗥其合,氏乃史归。贞:王曰:侯虎𡧊女史,𢍏受。(《菁》7)

第二人称代词如“女”不是专职的，发展到后来出现了“汝”。但书写形式，往往还是用“女”。例如：

王若曰：格汝众，予告汝训，汝猷黜乃心，无傲从康。（《尚书·商书》）

汝不和吉言于百姓，惟汝自生毒。（同上）

三岁贯女……逝将去女。（《诗经》）

女安，则为之。（《论语》）

谁谓女无家？（《诗经》）

从现有材料来看，第二人称代词“汝”可以说是古代的基本词。但到后来还是慢慢儿的消失了。第二人称代词除了“女”“乃”以外，还有“若”“尔”，等等。这里不再一一细谈了。

第三人称代词，在古代汉语中常用“彼”“其”等来代替，但这些词都不是专职的。至于第三人称代词“他”，正式成为第三人称代词，还不在上古。在上古汉语中也出现了“他”字。例如：

王顾左右而言他。（《孟子》）

《诗》曰：“他人有心，予忖度之。”（《孟子》）

在后一个例子中，“他”勉强可以解释为第三人称代词，但这种情况不是普遍的。到汉代的作品中，“他”还没有专作第三人称代词用。例如：

于是沛公乃夜引兵从他道还。（《史记》）

遭夫人、世子之丧，君不受，使大夫受于庙，其他如遭君丧。（《仪礼》）

从这些情况来看,第三人称代词作为基本词还是以后的事。

(4) 生产和生活用品的名称

社会发展的过程是从渔猎社会发展到畜牧社会,再由畜牧社会发展到农业社会。社会的发展制约着词汇的发展,反映这些社会特征的词汇,在我国的出土文献中可以找到很多。六畜在当时已经成为家畜,"马""牛""羊""鸡""犬""豕"这些词也无疑的是基本词。例如:

马三十丙。(《续》1.29.4)
□[illegible]入马。(《通》157)
牛一夫之于王亥,卌羊,辛亥用。(《前》4.8)
田鸡亡[illegible]。(《前》2.27)
……十五犬、十五羊、十五豚。(《前》2.23.6)
丙午卜,宾贞:㞢于且乙,十白豕。(《前》7.29)

在《卜辞》时代,六畜是祭祀的必需品,从祭祀次数的繁多和用牺牲的情况,可以证明当时的畜牧业是相当发达的,祭祀牺牲多的可以百计。例如:

贞[illegible]御牛三百。(《前》4.8.4)

也有用"三""四""五"的。例如:

辛未卜,丰贞,埋三犬,尞五犬五[illegible],卯四牛,一月。(《前》6.3.3)

以上这些基本词,如"马""牛""羊"等一直沿用到现在。而

“犬”这个词后来被“狗”代替了，“豕”让位给“豬”。在上古文献中，“狗”和“犬”，实质上是同义词。例如：

> 天地不仁，以万物为刍狗；圣人不仁，以百姓为刍狗。（《老子》）
>
> ……尝语君吾相狗也……吾相狗又不若吾相马也。（《庄子》）

《史记》中有“鸡鸣狗盗”“鼠窃狗偷”，《汉书》的“鼠窃狗盗”。

关于“豬”，上古作品中所反映的名目繁多。例如：

> 言私其豵，献豜于公。（《诗经》）
>
> 壹发五豝……一发五豵。（《诗经》）
>
> 既定尔娄豬，盍归吾艾豭。（《左传》）

按照《说文》的解释，豵，生六月豚也；豜，三岁豕；豝，牝豕也；豭，牡豕也。豬的类别这样繁复，发展到后来，只有“豬”的生命力最强，被保存了下来。

与六畜有关的词，如“牝”“牡”“雌”“雄”也可以作为古代汉语的基本词。“羔”“犊”“驹”等也是基本词。《急就篇》：“羊子曰羔，牛子曰犊，马子曰驹。”“飞曰雄雌，走曰牝牡。”《说文》称，马二岁曰驹；牡，畜父也；牝，畜母也。

“牡”“牝”二词，在甲骨文中是专指“公牛”“母牛”。因为还有“”“”“”表示“公羊”“公豬”“公鹿”。又有“”“”表示“母羊”“母豬”。在发展过程中，“牝”“牡”可以泛指。《说文句读》称，《易》有牝牛、牝马，《书》有牝鸡，《尔雅》有牝羊，是通称也。“牝”“牡”也就成了基本词，其他的都消失了。

农业生产的词汇在甲骨文中也很丰富，如禾、黍、粟、稷、麦，等等。在《毛诗》中所见到的也就更多。《周礼·天官》："以九职任万民：一曰三农，生九谷，二曰园圃，毓草木，三曰虞衡，作山泽之材，四曰薮牧，养蕃鸟兽。"可想而知，反映生产劳动等的词汇是很丰富的。在种植方面的有："圃""囿""瓜""果""树""桑""麻""栗"等，以及与种植有关的手工业品："丝""帛""布"等。稼穑方面的有："禾""啬""黍""粟""麦""稻""粱"等，以及和这些有关的："酒""鬯"等。这类词在《诗经》中的反映很多，随手可以捡到例子。例如：

诞实匍匐，克岐克嶷，以就口食。蓺之荏菽，荏菽旆旆。禾役穟穟，麻麦幪幪，瓜瓞唪唪。

诞降嘉种，维秬维秠，维穈维芑。恒之秬秠，是穫是亩。恒之穈芑，是任是负，以归肇祀。(《诗经·大雅·生民》)

……是生后稷，降之百福。黍稷重穋，稙稺菽麦。奄有下国，俾民稼穑。有稷有黍，有稻有秬。(《诗经·鲁颂·閟宫》)

王事靡盬，不能蓺稻粱。(《诗经·唐风·鸨羽》)

桑之未落，其叶沃若。(《诗经·卫风·氓》)

丰年多黍多稌，亦有高廪。万亿及秭，为酒为醴，烝畀祖妣，以合百礼，降福孔皆。(《诗经·周颂·丰年》)

山有漆，隰有栗。子有酒食，何不日鼓瑟。(《诗经·唐风·山有枢》)

揆之以日，作于楚室。树之榛栗，椅桐梓漆。(《诗经·鄘风·定之方中》)

从上面这些例句中，说明了当时农业的发达。这种情况在《书经》中的反映也是很明显的，尤其是《周书》中，差不多篇篇都有关于农业的文字。例如：

土爰稼穑……百谷用成。(《尚书·洪範》)

禾则尽起……岁则大熟。(《尚书·金縢》)

纯其蓺黍稷,奔走事厥考厥长。(《尚书·酒诰》)

惟曰:若稽田,既勤敷菑,惟其陈修,为厥疆畎。(《尚书·梓材》)

君子所所,其无逸,先知稼穑之艰难。(《尚书·无逸》)

诸如此类的例子,不胜枚举。其他还有一些词,如:"田""畴""町""亩"等也是当时的基本词。"田"可以是猎场,也可以是农田。例如:

文王不敢盘于游田。(《周书·无逸》)

叔于田,巷无居人。(《诗经·郑风·叔于田》)

雨我公田,遂及我私。(《诗经·小雅·大田》)

大田多稼,既种既戒。(同上)

在上面的例句中,前二例的"田"是指猎田;后二例的"田"是指农田。

随着农业社会的发展,"农夫""农人"这样的基本词也产生了。例如:

我田既臧,农夫之庆。(《诗经·小雅·甫田》)

嗟我农夫,我稼既同。(《诗经·豳风·七月》)

今农夫五口之家,其服役者不下二人……(《汉书·食货志》)

我取其陈,食我农人。(《诗经·小雅·甫田》)

此商人所以兼并农人,农人所流亡者也。(《汉书·食

货志》)

反映生产的词汇是这样丰富,在进行生产劳动或防御等也一定有词汇来反映,如耒、耜、钱、镈、铚、铫、鎒、镰等等。这些生产工具很少有传用下来的,即使有也变换了名称。反映这些事物的词也随之而消失了。例如:

三之日于耜。(《诗经・豳风・七月》)

庤乃钱镈,奄观铚艾。(《诗经・周颂・臣工》)

一农之事,必有一耜、一铫、一镰、一鎒、一椎、一铚,然后成为农。(《管子・轻重乙篇》)

……耕者必有一耒、一耜、一铫。(《管子・海王篇》)

"弓""矢"这两个词,我们大家都很熟悉。这两个词的产生也是有着悠久的历史的。"弓矢的发明是劳动工具改善的重要里程碑,随着弓矢的出现,打猎开始供给更多的必需的生活资料"(苏联科学院经济研究所编《政治经济学教科书》)。在我国古代文字的记载中,弓矢是上古社会一种主要的渔猎生产工具。到后来又成为侵略或防御的工具之一。例如:

田获三狐,得黄矢,贞吉。(《周易・下经》)

射雉,一矢亡,终以誉命。(同上)

噬干胏,得金矢,利艰贞,吉。(《周易・上经》)

既张我弓,既挟我矢。(《诗经・小雅・吉日》)

越人关弓而射之,则己谈笑而道之……其兄关弓而射之,则己垂涕而道之。(《孟子・告子下》)

弓矢斯张,干戈戚扬。(《诗经・大雅・公刘》)

士不敢弯弓而报怨。(《史记》)

子胥关弓执矢向使者。(《史记》)

在发展过程中,“矢”渐渐让位于“箭”。《说文》:“矢,箭也。”《释名·释兵》:“矢又谓之箭。”“箭”在我国古代也早就出现了,它是一种竹子的名称。《周礼·夏官》:“东南曰扬州,其利金、锡、竹、箭。”《尔雅·释地》:“东南之美者,有会稽之竹箭焉。”很可能是在以前有把这种竹子做箭干的,后来渐渐与“矢”成为同义词。一直到后来箭代替了矢。但这是中古的事。

反映生活用品的词在上古也是很多的。如居住的有宫、室、屋、房、楼等。“宫”开始时并不是指宫殿,只是人们居住的地方,后来被统治阶级独用了,我们在这里就不谈了。至于室、屋、房、楼,例子是很多的,它们也不是一个时代的产物。例如:

鹳鸣于垤,妇叹于室。(《诗经·豳风·东山》)

谁谓雀无角,何以穿我屋。(《诗经·召南·行露》)

胤之舞衣、大贝、鼖鼓,在西房;兑之戈、和之弓、垂之竹矢,在东房。(《尚书·周书·顾命》)

备穴者,城内为高楼。(《墨子·备穴》)

穿戴方面的有:“冠”“衣”“裳”“屦”“履”“屩”“跻”等等。《释名·释衣》谓服:“凡服,上曰衣……下曰裳。”例如:“制彼裳衣,勿士行枚。”(《诗经·豳风·东山》)。“屦”“履”就是现在所说的鞋子,在书写形体上不同,可能是古今词。段注《说文解字》:“《易》《诗》《三礼》《春秋传》《孟子》皆言屦,不言履;周末诸子、汉人书乃言履。《诗》《易》凡三履,皆谓践也。然则履本训践,后以为屦名,古今语异耳。”例如:

纠纠葛屦,可以履霜。(《诗经·魏风·葛屦》)

今之禽兽、麋鹿、蜚鸟、贞虫,因其羽毛以为衣裘,因其蹄蚤以为跨屦,因其水草以为饮食。(《墨子》)

脱屦户外,膝行而前。(《庄子》)

郤克伤于矢,流血及屦,未绝鼓音。(《左传》)

予子冠履,而断子之手足,子为之乎?(《墨子》)

履之所出,而迹岂履哉?(《庄子》)

从上面的例子中,可以看出“屦”“履”是代表同一的概念。以后又出现了“屩”,等于“跻”,解释为草履。例如:

赢縢履跻,负书担橐。(《战国策》)

蹑屩而见之。(《史记》)

布衣草跻而牧羊。(《汉书》)

其他如:“床”“几”“案”等词在古代也可以作基本词的。例如:

……杀孟阳于床。(《左传》)

登子反之床。(《左传》)

(5) 时令和方位的名称

关于时令和方位这一类词,远在三千多年前的甲骨文中,就有了表示时令的“年”“岁”“春”“秋”“日”“月”等,表示方位的“上”“下”“东”“西”“南”“北”,等等。

“年”在甲骨文中是指“年成”,当时,人们希望获得好的年成,这要祈求于神的。卜辞中反映求年一类的记载就很多。例如:

贞于王亥求年。(《后》上 1.1)
壬申贞求年于夔。(《后》上 22.4)
贞求年于丘。(《前》1.50)
癸丑卜贞求年于大甲十牢,祖乙十牢。(《后》上 27.6)
壬申求年于妣乙。(《后》上 22.3)

在这些例子中的求年,都是向神祈求好的收成。但当他们获得丰收以后,又有受年的记载。例如:

王大令众人曰协田,其受年。(《粹》8.66)
今岁商受年。(《燕》493)

从以上例子看,“年”的概念,在当时还不表示时令。《说文》:“年,谷熟也。”这一解释是符合例子中的情况的。

“岁”在甲骨文中,有“今岁”“来岁”。例如:

今岁秋不至兹商。(《后》687)
今岁亡祸。(《库》648)
来岁受年。(《甲》1493)
今来岁我受年。(《乙》979)
今来岁,我不其受年。(《乙》1732)

这些例子,一看上去,似乎可以解释为时令。但,“今来岁”表示时令,就不能解释了。因而“岁”在甲骨文中,也具有谷熟的意义。在《诗经》中,“岁”“年”可以解释为同义词。例如:

三岁为妇。(《诗经》)

三岁贯女。(《诗经》)
岁亦莫止。(《诗经》)

《尔雅·释天》:"夏曰岁,商曰祀,周曰年,唐虞曰载。"孙注:"四时一终曰岁。"从《书经》运用情况来看,这种说法基本上是讲得通的。例如:

帝曰:往钦哉,九载绩用弗成。(《尚书·虞书》)
二十有八载,帝乃殂落,百姓如丧考妣,三载四海遏密八音。(《尚书·虞书》)
惟三祀,十有二月朔。(《尚书·商书》)
王宅忧,亮阴三祀。(《尚书·商书》)
惟十有三年春,大会于孟津。(《尚书·周书》)
……或十年,或七八年,或五六年,或三四年。(《尚书·周书》)

"岁""祀""年""载",在这样的情况下成为基本词,年、岁的寿命就很长,在我们今天还是不可缺少的基本词。

表示四季的春、夏、秋、冬,在甲骨文中出现了"春""秋"两字,这是与农业生产季节有关的。例如:

来春不受其年。(《粹》881)
今春,王勿黍。(《续》1.53.3)
今秋我入商。(《下》42.3)

古人以"春秋"代表四季不是没有道理的,开始时只有两季,而这两季又是与农业生产季节关连着。"春""夏""秋""冬"这些词一直沿用下来，这里不再举例了。

关于方位的词，如："东""南""西""北""上""下"等词在甲骨文中已经用得很普遍了。例如：

东土受年。(《乙》3289)
南土受年。(《粹》904)
西土受年。(《乙》3409)
北土受年。(《乙》3925)
上下若，受我又。(《前》4.37.6)
上下弗若，不我其受又。(《前》5.22.2)

(6) 数词和量词

数的概念的形成是文化相当发展以后的事。数词作为汉语基本词，出现在历史记载中还是很早的。殷商时代经济文化的发展事实，甲骨文献的记载材料充分的证明了这一点。在甲骨文里，已经有一、二、三、四、五、六、七、八、九、十、百、千、万等，十五、二十、三十、四十、五十或百位数，有的是合体的，也有不合体的，中间以"又"隔开。例如：

十人又五。(《粹》594)
自今十五年㞢五。(《续》1.44.5)
五十犬、五十羊、五十豚。
三十犬、三十羊、三十豚。
二十犬、二十羊、三十豚。
十五犬、十五羊、十五豚。(《前》3.23.6)
贞、𢀛，御牛三百。(《前》4.8.4)
八日辛亥，允戈伐二千六百五十六人。(《后》下43.9)

从以上的一些记载中,我们可以看出数词的运用已经是相当普遍了,无疑的可以列入基本词汇。至于量词作为基本词,一般说来要比较晚些。虽然在甲骨文中有“朋”“卣”“丯”“[illegible]”“丙”等出现在数词的后面,研究甲骨文的人称这些词为量词。郭沫若释“丯”为“介”,即后来的“个”字。胡厚宣释“丙”为“匹”。例如:

> 庚午贞,龟大雋子帝丯(介)臣,血[illegible]在祖乙宗卜。(《粹》12)
> 其贞用三丯犬羊。(《佚》783)
> [illegible]示十丙㞢一[illegible],穷。(《粹》1504)

这些紧跟在数词后面的符号,看来确实是量词,但在更多的数词后面不一定带有这些符号,如再上面的一些例子。从这些情况来看,量词的应用还不是很稳定的,所以我们还不能用这些材料来证明。但量词“两”“头”“匹”“个”“箇”“枚”“丈”“尺”“寸”“斤”“斗”“升”“石”等不断出现而渐渐成为基本词。

“两”这个词在古代作品中出现得很早。例如:

> 之子于归,百两御之。(《诗经·召南·鹊巢》)

朱熹注:“两,一车也。一车两轮,故谓之两。”这里的“百两”是一百辆车子。我们还不能说它是量词。

> 葛屦五两,冠緌双止。(《诗经·齐风·南山》)

朱熹注:“两,二屦也。”这里的“两”更不能作为量词。“五两”就是“五双”。

广有一卒，卒偏之两。（《左传》）

这里的“两”是军队之称。

重锦三十两。（《左传》）

这里的“两”是指“匹”，古时候的布帛，二丈为一端，两端为一匹，所以称为“两”。

革车三百两。（《孟子》）
牛车千两。（《汉书》）

师古注：“车一乘曰一两，谓之两者，言其辕轮两两而耦。”这里的“两”可以说是量词了。从以上的情况来看，“两”在古代的用法是很不一致的，在后两个例子中，可以被认为是量词。

“头”本来是名词，在汉代作品中，已经可以作为量词用了。例如：

牛羊十余万头，车四千余两。（《汉书》）
首虏五百余人，掠马牛羊十万头。（《汉书》）
马牛羊驴橐驼七十余万头。（《汉书》）

在这些例子中，“头”字无疑的是量词。

“个”“箇”在上古的作品一开始就作为量词用的。《方言》：“箇，枚也，起于六国时。”《说文》：“枚，榦也，又箇也。”例如：

若有一个臣。（《大学》）

又弱一个焉。(《左传》)

负矢五十箇。(《荀子》)

竹竿万个。(《史记》)

梁王曰:若寡人国小也,尚有径寸之珠,照车前后各十二乘者十枚。(《史记》)

木器髹者千枚。(《史记》)

犍为郡于水滨得古磬十六枚是也。(《汉书》)

请干将铸作名剑二枚……越前来献三枚,阖闾得而宝之,以故使剑匠作为二枚。(《吴越春秋》)

从上面的例子中,可以看出“个”“箇”“枚”作为量词的运用。其中“枚”用的范围比较广。从这些用法中,也使我们知道:“枚”“个”“箇”可以作为基本词了。

“匹”字作为量词,有两种含义。一种是计布帛的数目,古时候以四丈为一匹;一种是计马的数目,一头为一匹。“马牛羊驴橐驼七十余万头”,《汉书》一例说明计马数也可以用“头”。后来“头”和“匹”分工了。马的数目用匹来计算,例如:

马二千匹,甲第一区。(《汉书》)

国多马,富人至四五千匹。(《汉书》)

其他如“尺”“寸”“斤”“斗”“石”“顷”“亩”可以用作量词。例如:在《周礼·考工记》关于“尺”“寸”的例子很多,这里不举了。

耨柄尺……其耨六寸。(《吕氏春秋》)

地方百里,提封九万顷,除山泽邑居,参分去一,为田六百万亩,治田勤谨,则亩益三升,不勤,则损亦如之。地方百里之

增减，辄为粟百八十万石矣。(《汉书》)

以上所谈的这些数量词，都是历史悠久，一直沿用到现在，它们的生命力是相当强的，也就不能不说这些词是古汉语的基本词。

(7) 田猎行为的名称

反映事物的行动和变化的词，在我国有文献的记载中是非常丰富的。在甲骨文中，在田猎时的行动就有不少词来反映。例如：“禽”“狩”“逐”“追”“射”，等等，下面我们先谈“禽”“狩”。

“禽”原先是用作动词的。例如：

王其田于昼，禽大豚。(《甲》3639)
引机发梁，适人可禽。(《墨子》)
服者不禽，格者不舍。(《荀子》)
齐师败绩，知伯亲禽颜庚。(《左传》)

从上面的例子中，我们可以知道：这些“禽”字都是动词。但在先秦也有名词“禽”。《孟子·离娄》：“人之所以异于禽兽者几希。”《周易·师·六五》：“田有禽。”等等都是名词。后来为了把两者区别开来，动词“禽”加手旁，为“擒”。

“狩”也有两种解释的，作为动词是打猎，作为名词解和兽是同音的，意义也相同。上古火猎为狩，这是田猎的一种名称。例如：

明夷于南狩。(《周易·明夷》)
叔于狩，巷无饮酒。(《诗经·郑风·叔于田》)
东有甫草，驾言行狩。(《诗经·小雅·车攻》)

上面例子中的“狩”都是一种行为。所以我们说“禽”“狩”在上古词汇中是属于基本词汇的范围。

“逐”“追”也是一种行动。按甲骨文的记载来看,“逐”似乎是逐兽。例如:“逐鹿”“逐豕”“逐兕”“逐毘”“逐”“逐”在甲骨文中的记载是很多很多的。这些用“逐”的情况下,却不用“追”。而“追”可能是用于追人的。例如:“三族,王其令追召方,及于或。”(《京》4387),无论是追人也好,逐兽也好,这两个词在上古也是基本词。

“獲”“穫”在甲骨文中已经分用了。田猎而得的为“獲”,农作而得的为“穫”。例如:

> 壬子卜贞,王田于许,往来亡灾,移御。獲鹿十一。(《前》2.26.7)
>
> 壬申卜贞王田鸡,往来亡灾,王稽,曰吉,移御,獲狐三。(《前》2.36.7)
>
> 王往穫耤,征往。(《甲》3420)
>
> 王往穫。(《林》2.16.20)
>
> 年不其穫。(《珠》1175)

在上面的一些例子中,“穫”“獲”的分工是很明确的,这一对词也无疑是基本词。在例句中,我们还可以看到另一些词,如“往”“来”,在当时也是基本词。

现在我们来谈谈与弓矢有关的一类词,如“射”“发”“张”“关”“觉”“弯”等,在当时也可以作为基本词的。“射”在甲骨文中已经很多了,大概有二十多种不同的写法。“射兕”“射䴥”“射鹿”“射獲”等的记载是很多的。《周易》中有:“井谷射鲋”(《井 · 九二》)、“公田射隼于高墉之上,獲之”(《解 · 上六》)、“射雉,一矢亡”(《旅 · 六五》)等。可见“射”是基本词无疑。

“射”“发”“关”“弯”等词在上古作品的应用也是屡见不鲜的，例如：

舞则选兮，射则贯兮。（《诗经》）

越人关弓而射之，则己谈笑而道之……其兄关弓而射之，则己垂涕泣而道之。（《孟子》）

羿不为拙射变其彀率，君子引而不发，跃如也。（《孟子》）

既张我弓，既挟我矢，发彼小豝。（《诗经》）

彼茁者葭，壹发五豝。（《诗经》）

自始合，而矢贯余及肘。（《左传》）

士不敢弯弓而报怨。（《史记》）

士不敢弯弓而报怨。（《过秦论》）

而且“张”不一定是“张弓”，琴、瑟、施、弦也可以叫张，也有张开的意思。例如：

琴瑟张而不平。（《礼记·檀弓》）

予口张而不能嗋。（《庄子》）

用贫求富，用饥求饱，虚腹张口，来归我食。（《荀子》）

及夕，子产闻其未张也，使速往，乃无所张矣。（《左传》）

下面所列举的这些词，很明显是当时的基本词，由于在发展过程中有些词义转变了，但它们的生命还是长久的，在我们现在的词汇中还是有它们的地位的。其他行动方面的词是不胜枚举的，如“牧”“伐”“俘”“受”“见”“杀”“进”“退”“征”“令”等词在甲骨文中已很多了，这些也都是基本词。

(8) 事物性状的名称

反映事物性质状态的词,在上古汉语中也是很丰富的,实在是不胜枚举。我们在《荀子·荣辱篇》《荀子·正名篇》中就可以找到很多关于事物性质状态的词。例如:

> 形体、色、理以目异;声音清浊,调竽奇声以耳异;甘、苦、咸、淡、辛、酸奇味以口异;香、臭、芬、郁、腥、臊、洒、酸奇臭以鼻异;疾、痒、沧、热、滑、铍、轻、重以形体异。(《荀子·正名篇》)
>
> ……故长短小大,善恶形相,非吉凶也。(《荀子·非相篇》)

上面加黑点的词,一般都可以认作为表示事物性质状态的词,可见这一类词的丰富。这些词的生命力是相当强的,也具有相当程度的稳固性。其他如"强""弱"也早就成为基本词了。例如:

> 晋国,天下莫强焉。(《孟子·梁惠王上》)
>
> 寡不可以敌众,弱不可以敌强。(《孟子·梁惠王上》)
>
> 天下无道,小役大,弱役强。(《孟子·离娄》)

"赤""朱""红"也是表示事物性质状态的词。"朱""赤"意义相似,就是我们现在所说的"大红"。"红"与"朱""赤"是有分别的,相当于我们现在所说的"粉红"。《辞源》:"赤,朱色也。朱,正赤色也。红,赤色之浅者。"颜注《急就篇》:"红,色赤而白也。"

> 周人尚赤。(《礼记》)
>
> 越玉五重,陈宝、赤刀、大训、弘璧、琬琰在西序。(《周

书·顾命》）

炼钢赤刃，用之以切玉如切泥焉。（《列子·汤问》）

恶紫之夺朱也。（《论语》）

红紫不以为亵服。（同上）

“香”“臭”在现在看来是一对反义词，但在上古作品中，“臭”这一概念的范围，要比现在宽广得多，是指一切气味。所以香味也可以称为臭。例如：

其臭如兰。（《周易·系辞》）

其香始升，上帝居歆，胡臭亶时。（《诗经·大雅》）

从这两个例子中，我们可以知道：兰花本来是香的，为什么不说“其香如兰”呢？这里的意思是指这气味如兰花一样的香。第二个例子也是，明明是“其香始升”，天帝闻到了就不应该说“胡臭亶时”。这里的“臭”也是香的反训。但是我们不能把上古作品用“臭”这一词的，全部讲释为香。“臭”字的概念要比“香”大得多。解释为气味是可靠的。例如：

若乘舟，汝弗济，臭厥载。（《商书·盘庚》）

如恶恶臭，如好好色。（《大学》）

色恶，不食；臭恶，不食。（《论语》）

一薰一莸，十年尚犹有臭。（《左传》）

上面这些例子中的“臭”，分明不能解释为“香”。香和臭在我们的语言里完全是反义的、对立的，除了它们都是表示事物的性质状态之外，是找不到共同之处了。

基本词的发展,我们就谈到这里。这使我们可以明显的看出,基本词是不断发展而壮大起来的。在发展过程中,有些消失了,有些转变了意义,同时,还增加了很多新的基本词。基本词的发展壮大固然是社会发展和被制约着的语言本身发展的结果,但是,外来词、方言词的被吸收也是使基本词丰富壮大的一个重要原因。对上古汉语基本词来说,在吸收外来词来丰富自己,是凤毛麟角,这是具体历史事实所制约着和决定着的。因为在上古时期,外来词的传入不是很丰富的。汉代通西域,曾有一些词被吸收到汉语里来,特别是植物方面的,如:"苜蓿""葡萄""胡桃""蚕豆""石榴"等等和一些乐器的名称如"琵琶""胡笳"等等。但这些词,我们还不能把它作为基本词。很明显,这些词初传进来,连基本的全民性的资格还没有取得,在发展的过程中才慢慢儿进入基本词,这不在上古部分讨论了。至于"方言"词的被吸收成为基本词,在数量上也不是很多的,尽管上古方言很分歧,但在春秋时期已经有了比较共同的语言——雅言,所以表现在书面语上还是比较统一的。但从具体方言中吸收成为基本词的例子还是可以找到的。例如:

"笔"这个词是从秦方言中吸收来的。《说文》:"笔,秦谓之笔。"又:"楚谓之聿,吴谓之不律,燕谓之弗。""笔"这个词,在当时可以说是基本词,但它是从方言中吸收来的。又是:

"箭"这个词是关西方言。《方言》:"箭,自关而东谓之矢,江淮之间谓之镞,关西曰箭。"

"案"在上古汉语中也是基本词,"案"就是有脚的盘,是古人的用具。如:"孟光举案齐眉。"《方言》:"案,陈、楚、宋、魏之间谓之槁,自关东西谓之案。"

"釜",《史记》有"破釜沉舟"。《方言》:"釜,自关而西或谓之釜,或谓之鍑。"可见"釜"也是方言词。

上面例子中的“筆”“箭”“案”“釜”都是方言词吸收到共同语中来的，而且都是上古的基本词。现在，我们再也看不出它们是方言词了。当然当这些词用于共同语以后，也就成了共同语的组成部分。

三、词义变化和词的结构

(一) 词 义 变 化

1. 词义变化的原因

我们在探求词义变化的原因，应该从二方面去探讨，一方面是非语言的原因，即社会的原因；另一方面是语言的原因，也就是语言内部的原因。因语音、语法、词汇在语言中是互相制约，互相联系的，当其他部分发生变化时，也必然引起词汇部分的相应变化，下面我们从二方面加以研究。

(1) 社会的原因

a. 由于社会生活的变化，出现了关于事物和现象的新概念，因此就必需给新事物找一个名称，于是除了创造新词和借词外，就利用了名称的转移(即词义的转移)，来反映新事物、新概念。新词的创造是我们适应时代需要的重要手段之一，但只用这个手段是不够的，因社会是不断发展，要不断增加新词，新词无限制的增多，就会使人们掌握起来困难，就阻碍人们的交际。为此，人们就用了另一种办法，用增加原来的意义或转移原词意义的办法来适应社会提出的需要。

在上古这一原因表现很显明，到了殷代末期，农业产生了，到了周代就成为人们的主要生产方式。由于农业的发展，就产生了很多过去所没有过的新事物和新现象，这就要求语言给它新的名称，当时就创造了很多新词，这方面我们在第一章词汇的时代特征中已有详细的叙述。我们知道单新词是不够的，所以又采用了另一种办法，用转移词义来满足社会发展的需要。下面我们举例说明。

田，在田猎时代是田猎的意思，是一个动词，到了农业时代"田"就转移意义了，就有种禾黍的田出现，要求语言给它名称，人们当时没有创造新词，而是用过去田猎的"田"，赋予它新的意义来表示这个新事物的新概念。我们在《易·系辞》中："以田以渔。"虞注："以罟取兽曰田。"《诗经·大叔于田》，这里的"田"字还是田猎的田，到了后来词义就变了，《说文》云："田，陈也，树谷曰田。"就是陈列谷的地方，这里的田就是农业上田地的"田"的意义了。

獲，在田猎时代，是指田猎所得到的收獲，就是指野兽一类的东西；到了农业时代，收獲的内容变了，不是野兽而是禾谷。这二个概念是不同的，但人们没有用创造新词解决，而是通过词义演变解决这个问题。《诗经·七月》："八月其獲。"就不是甲骨文中的"獲"了。后来为了区别二者，书面上就把"犭"旁改为"禾"旁了，在实际口语中是一样，都读獲音。

特，在畜牧时期是一种牛的名字，我们今天不懂词源学的人，就不可能知道它是牛的名称，只知道是特别的特，这个意义的形成在上古已完成了。《荀子·大略篇》："天下之人，惟各特意哉。"这里的特就表示特别的特词义了。

狂，在曰猎时代本是一种犬的名称，《说文》云："狾犬也。"到了后来就表示新概念"乱"的意义了。《淮南子·主术》："则狂而操利剑。"

狎，在田猎时代，它的意义是"犬可习"也，而到后来就表示戏的意义了，《荀子·正论》："今俳优、侏儒、狎徒詈侮而不斗者。"这里的“狎”就是表示新概念“戏”的意义了。

社会随着农业和手工业的发展，就产生了商业。商业先是物物交换，人们在交换过程中感到物物交换不便，于是就产生了货币，货币在当时是一种新事物，就要求给它名称。人们就用了转移词义的办法解决了这一个问题。“钱”本是一种农具名称，《说文》云：“钱，铫也，古田器。”《诗经》曰：“庤乃钱镈。”这里都是农具名称，而到了后来就转义为钱财的钱，成为货币的名称了，农具名称的词义消失了。

人类社会生产力发展到一定程度就产生了私有制，私有观念，当时讲这是一个新的概念，这个私的词也是通过词义转移而来的。私本来是一种禾的名称，后来就表示私有观念私的词义了。《诗经》“骏发尔私”的“私”就不是指禾的名称了，而是指私田的私。

另外像秉，在农业时代本来是禾束的意义。《诗经·小雅》：“彼有遗秉。”就是说田里还有遗剩的禾束，到后来就转义为“执”的意思了。《尔雅·释诂》：“秉，执也。”

穆，在农业时代是一种禾的名称，后来转义为美也。《诗经·清庙》：“於穆清庙。”《尚书·金縢》：“我其为王穆卜。”这里的穆不是指禾了，而是美的意思。

b. 事物发生了变化，但仍然保留它的名称，而它的词义附着事物内容的变化而变化了。

墨，王嘉《拾遗记》载，张仪、苏秦，佣力写书，行遇圣人之文，无以题记，则以墨书于掌。这里就可以看出秦以前已有墨了，桂馥云：“古者漆书之后，皆用石墨以书，《大戴礼》所谓‘石墨相着则黑’是也。汉以后松烟、桐煤既盛，故石墨遂湮废。”并其名人亦罕知之(见《辞源·墨字》)。墨到汉代仍叫墨，而事物的内容是完全不同了，秦以前的墨是石墨，汉以来就变成由松烟、桐煤做成的墨了。我们理解词义，当然是指后者，不会再是石墨的概念了。表明词义已变了。

纸,《说文》云:"絮一箈也。"段注:"箈下曰潎絮箦也,潎下曰于水中击絮也。"当时纸是用丝絮做成的,而到了后汉蔡伦造纸,是用树皮、麻头、破布、破渔网为原料而制成的。纸的名称没有变,但纸的内容是完全不同了。本来是丝絮制成的,后来是与现代差不多的纸。词义也随着变化了。

筆,古时用简牍的,笔就是刀锥之类能刻字的东西,或者是石头制成的,是蘸着漆写字的,当时就称筆,这在甲骨文中已有此字了。到秦时,蒙恬发明了笔,这种笔是以枯木为管,用羊毛、鹿毛为笔头的笔了。名称没有变,而事物的内容完全变了,词义也随着变化。

耜,是一种农具,古代是木头做成的,《易・系辞下》:"神农氏作,斫木为耜,揉木为耒。"到后来铁发明了,人们就用铁制的耜装在耒的上面,《庄子・天下篇》《释文》引《三仓》云:"耜,耒头铁也。"这里耜的名称仍没有变,而它的内容已由木变为铁器。在庄子时代的人,理解耜的词义就不会指木的耜了,因它的词义随事物的发展而变化了。

c. 把词用于特殊的语言环境和情况,用于一定的人群,用于专门术语,在这种特殊的应用中,词义就发生了变化,使词获得了新的意义。

我们在上古这段时期中,突出表现在秦代,别的时代也有,但没有秦代这样突出。秦始皇统一六国后为了巩固中央集权制度,为了提高统治者的尊严,就霸占了很多词汇,成为只有帝王能用的阶级同行语,使词义发生很大的变化。例:

朕,在先秦时是一个自称代名词,是任何人都可以的,不分贵贱,《书・禹谟》曰:"朕德罔克。"《离骚》:"朕皇考曰伯庸。"而秦始皇独占了这个词儿,成为皇帝的自称,别的任何人都不可以称朕,表示至尊无二,秦以后我们理解“朕”的词义就与秦以前大不同了。这是用于一定的人群而使词义变化的明证。

后,在古代的意思是很多的,称王也可以叫后,《易》曰:“后以施令告四方。”诸侯也有称后的,《书·舜典》:“班瑞于群后。”周秦以来,后就成为专有名词了,为天子之嫡妃,《礼记·曲礼》云:“天子有后。”

御在先秦时期,御是驾驭的意思,或是车上御马的人,《诗·车攻》:“徒御不惊。”秦以来,这个御就成为皇帝的专用词了。凡皇帝用的一切东西都加上御,书曰御书、服曰御人……“御”字从一般词汇转为同行语了,使它丧失了原来的意义,而获得了新的词义。

宫,《说文》云:“室也。”段注释宫,谓之室,室谓之宫,古代宫室同义,就是指一般人居住的房间,无分贵贱,均称为宫。而秦以后就为专指帝王住的房子称为宫,一般人不可以称宫,使宫的词义起了很大的变化,有了特殊的意义。

薨,薨古代是众多的意思,《诗经·螽斯》:“薨薨兮。”另一意思是疾也,《诗经·绵》:“度之薨薨。”《释文》引王注:“亟,疾也。”后来就转义为阶级同行语,专指诸侯死曰薨。

万岁,汉时为相庆贺之通称,《后汉书·吴良传》引《东观记》:“岁旦,郡门下椽王望,举觞上寿,掾史皆称万岁。”《后汉书·马援传》记载:“(李固)及出狱,京师市里皆称万岁。”这里我们也联想到俄语中的乌拉,也有相同的意思,而到后来,就转义了,成为帝王的代名词了。

用于专门术语的象佛教词汇。在汉代佛教就传入我国了,由于佛教的传入,翻译了很多的佛经,出现了大批的佛教词汇,这些词汇大部分是由一般词汇转义而成的,下面举例说明。

因缘,在古代早有此词了,是现在汉语“机会”的意思。《史记·田叔传》:“褚先生曰:‘……任安……为人将车之长安,留,求事为小吏，未有因缘也。’”而后来转为佛教词汇后，意义就完全变了，佛经解释因缘为：“一物之生，亲与强力者为因，疏添弱力者为缘，例如种子为因，雨露农夫为缘，此因缘和合而生米。”就是有缘分的意思了。现在汉语中的“缘分”“人缘”等词就是从这里派生的。

劫，本来是威胁和夺去的意义，是盗劫的劫，《说文》云：“人欲去，以力胁止曰劫。或曰以力去曰劫。”成为佛教词汇后，它是“劫簸”或“劫波”的略称。词的意义，他们解释为：“坏劫之末有火风水三灾”，是灾难的意义了，后来“浩劫”一词就是从这里派生的。

功德，原始意义是累功德以求福也，而后来成为专门术语后，就成为请和尚来祈诵叫作功德。

祖师，啖助《春秋正义》曰：“‘三传’之义本皆口传，后之学者，乃著竹帛，而以祖师之目题之。”《汉书·外戚传》：“定陶丁姬……《易》祖师丁将军之玄孙。”师古注：“祖，始也。”就是学术上开始研究的人，而后来成为宗教词汇后，就不是原始意义了。道教、佛教的所谓祖师，就是佛、道二教创立宗派之人，如达摩祖师、纯阳祖师。

阴阳，阳，《说文》云：“高明也。”《诗·湛露》：“匪阳不晞。”本来词义是山南面能晒到太阳的叫阳，山北面晒不到太阳的地方叫阴。到了汉代阴阳五行学说盛行，各种学说都以阴阳五行来解释，如《春秋繁露》上：“君为阳，臣为阴；父为阳，子为阴；夫为阳，妻为阴。”医学上，所谓阳，如《素问·生气通天论》云：“阳者，卫外而为固也。”《素问·六节藏象论》注：太阳，膀胱脉也；少阳，胆脉也；阳明，胃脉也。绘画上，画家三展笔为阳（见《画苑》），又凸面为阳，凹面为阴。总之，“阴”“阳”二词自从成为专门术语后，词义起了根本的变化。（由于避讳使词义变化待补）

d. 由于交际目的而使词义发生变化。

第一,激情,说话的人希望所说的话中加强印象,使语言更富有感情,更鲜明。(待补)

第二,人们在一定的场合下,希望把话说得柔和一些,普通我们称为婉言,它也要使词义变化的。

山陵崩,这一个词组的本义是山陵崩溃了。而在《战国策·触詟说赵太后篇》就含有特殊的词义:“一旦山陵崩,长安君何以自托于赵。”这里就是死的意思,人们对死总是感到不好的,而这里又不能不说,触詟就用了一个婉言法,以山陵崩喻死。

(2) 语言的原因

a. 语组或复合词的部分省略而使词义发生变化。(待补)

b. 整个词汇体系对词义的影响。(待补)

c. 在词源上是同族的,即构词上的同族体系的词的影响也可以引起词义的变化。(待补)

d. 词在句子的语法地位,即它的功能的影响,使词义发生变化。

王,甲骨文中见到的王,都是名词,而在上古时有时名词可作动词用的,在诸子散文中就有“王天下”的用法,这里就使词义变化,本来是指帝王的王,这里的“王”就转义为“统一”的意义了。

辟,“惟辟玉食”(《尚书》)马融注:“辟,君也。”而在《孟子》“入其疆,土地辟”的辟就为开辟的辟了,就使词义发生变化,由单义变化成多义了。

鱼肉的原始意义是名词,而后来作动词用后,就增加了“剥削”人民的意义了,《史记·窦婴田蚡列传》:“今,我在也,而人皆藉吾弟,令我百岁后,皆鱼肉之矣。”这里的鱼肉,就不是名词的鱼肉。我们现代汉语中还有时用这个词汇。

洁,是一个形容词,是清洁的意思,而有时它也可用作动词,就使洁的词义增加了。《论语·微子》:“欲洁其身而乱大伦。”这里的

“洁”不是清洁的意思，而是使其身洁的意思了，使“洁”增加了词义。

苦、劳，本来都是形容词，而它用作动词后，就增加了词义，“故天之将降大任于斯人也，必先苦其心志，劳其筋骨……”（《孟子·告子下》）苦是使其心志劳苦，劳是使其筋骨劳苦。

厚，是一个形容词，有时可以用作动词，就是使其墙壁厚。“厚其垣墙”（《左传·襄公三十一年》）。

这种例子很多，由于语法地位，即它的功能的影响而使词义发生变化。

2. 词义变化的过程

（1）词义的扩大

词义的扩大，就是词的外延的扩大。

雌、雄，它的原始意义是单指鸟的，《说文》云：“雌，鸟母也。雄，鸟父也。”因为在那时，各种动物雌雄都有专有名词的，如牛雄的叫牡，雌的叫牝；马牡的叫驵；鹿雄的叫麚。后来随着社会的发展，人们思维的能力的提高，人们在大量动物的雄、雌这一特性进行概括而得出后来雄、雌这二个抽象概念，就用代表鸟父鸟母的雄、雌二词来表示。在词义的变化过程中就表现为扩大，本来单指鸟的，现在指一切动物了。

鸣，本义是鸟声也，从鸟口，到后来就扩大为凡出声都叫鸣，人们有所宣泄也叫鸣，如云“以诗鸣”。

牵，原始意义是牵牛的牵，后来词义扩大之后，成为牵累、牵涉的牵，不是单指牵牛，而是为一切意义了。

隻，《说文》云：“隻，鸟一枚也。”后来扩大词义后，就为一般的计物单位名词了。《汉书·王莽传》：“得一隻舄。”

雙，鸟二枚曰雙，单指鸟，《诗·南山》：“冠緌雙止。”这里的雙就不是指鸟,成为偶的意思了。这个过程就是通过词义的扩大来完成的。

臊,本来的词义是“豕膏臭也”(《说文》)。后来的凡肉之腥者都叫腥。《史记·晋世家》:“犯肉腥臊,何足食?”这里词义就扩大了。

嘴,本来的词义是鸟嘴,形势尖锐向前突出,后扩大词义为一切嘴。不以尖锐与否为标准了,不尖锐也叫嘴,象人的嘴根本不尖锐,也叫嘴。

词义的扩大是与我们的思维发展分不开的,我们知道:词义是人认识了客观事物概括而成的概念,人们的认识过程,就是从个别到一般、具体到抽象、低级到高级发展的。表现在词义就是词义扩大。在上古的远古时期,人们的思维能力是比较差的,生产活动也比较狭窄,看到的事物就不广,特别当时人们的抽象思维比较差,如鸟有雌有雄,就专为鸟的雄、雌造了二个词;牛也有雄雌,也给它们造了二个词:牡和牝。其他动物都一样地给它们造词,这是当时人们思维水平不高的反映。后来生产规模也大了,人的抽象思维也比以前进步了,人们概括能力也更提高了,能把更多更广的事物中抽出其本质属性,而造成抽象概念。在词汇中就表现为二种现象:一是词义扩大,二是造出更多抽象词。

(2) 词义的缩小

a. 由于事物的发展而造成词义缩小

金,在青铜器时代,金就是铜,人们也不会混淆。到了后来,铁器时代,铁器出现了,金、银、锡、铝等金属都出现了,当时人们假使还用“金”一词来指一切金属,已不行了,因为人们听到你讲金时,不知你讲的是铜还是铝,为此人们就创造了银、锡、铁、铝等新词,而过去的金也代表一个概念,专指黄金了。这就是词义的缩小。

禾,本是指谷物的总称。《诗经·七月》:“十月纳禾稼。黍稷重穋，禾麻菽麦。”而后来就缩小了词义，专指禾稻的禾，《诗·生民》：“禾役穟穟。”这里的“禾”就是专指稻了。

b. 由于人们认识的深化而使词义缩小

春，是一个季节的名称，在殷代当时人们对天文历法的认识还很肤浅，“春”“秋”在甲骨文中已有了，据推算的结果，当时的春一季，就是后来的春夏二季的时间。到了春秋时代，人们由于长期实践的结果，对天文历法的认识水平有了提高，因此历法分季节分得更细密了，分一年为春夏秋冬四季，春词的词义就相对缩小了一半，成为今天相同的，单指春季的春了。

秋，也同样在殷代历法是指秋冬二季的，春秋后缩小为秋季的秋。

c. 由于一定的人群，用于特殊环境中，造成了词义的缩小

朕，在先秦是一个人称代名词，任何人都可以称朕，到秦代就不同了，被秦始皇占有之后，成为皇帝的自称，别的人就不能称。这里看出词义是缩小了，代词仍然是代词，而本来一切人，到那时为皇帝一个人了。

宫，本来的词义是室的意思，就是房子，一切房子都可以称宫或室，秦以后，由于皇帝的专用，只能限于王帝住的房子才能称宫，词义是大大缩小了。

其他如“室”，本义是指房子而言，而后来词义缩小了，即为内室的室，《仪礼·释宫》疏云：“栋北楣下为室，南壁而开户，以楣后两架之间为室，故云迫狭也。”江永曰：“后楣之下，以南为堂，以北为室与房，室与房东西相连为之。”这里的室，就不是指房子而是指内室这一概念了。《仪礼·释宫》云：“寝之后有下室。”《仪礼·士丧礼》注：“下室如今之内堂，正寝听事。”贾氏曰：“下室，燕寝也。”

从以上可以看到：词义的缩小原因是很多的，不过在古代词义的缩小不是很多的，最多的要推词义的转移。下面再举几个词

义缩小的例子:

瓦,《说文》云:“土器已烧之总名。”这是瓦的本义,如《诗·斯干》:“乃生女子……载弄之瓦。”《庄子·达生》:“以瓦注者巧。”《礼记·檀弓上》:“有虞氏瓦棺。”《楚辞·卜居》:“黄钟毁弃,瓦釜雷鸣。”上面所说的瓦都是《说文》讲的“土器已烧之总名”的本义。后来词义缩小为瓦片的瓦,《庄子·达生篇》:“虽有忮心者,不怨飘瓦。”

生,在上古时有二个主要的意义,一个是生育的生,一个是生死的生,后来指生死的生为“活”字所代替了,生的词义就缩小为只有生育的“生”一个主要意义了。

(3) 词义的转移

在上古词义的转移的现象是很多的,随着社会的发展,出现了很多新事物新概念,人们除创造新词外,另一主要手段就是通过词义的转移来表达新概念。词义转移,就是词的音形不变,而词义是由甲变为乙了。

玄的原始意义是黑的意思,“天命玄鸟”(《诗经·玄鸟》),玄鸟即黑鸟也,就是燕子,后来转到“不辨是非”的意义了。“玄之又玄,众妙之门”(《老子》),“而天下之德始玄同矣”(《庄子·胠箧》),“若愚若昏,是为玄德”(《庄子·天地》),这里的玄,不是黑的意思,而是道家所谓的“玄妙”的意思了。

钱,在农业时代是农具的名称,附货币的出现,它转义为货币的名称。农具名称这一原始意义消失了。

右,本义是右手也,后来引伸为左右的右,它右手的词义消失了,而造了“右手”这一复音词代替了“右”的本义。

左,本义是左手,后转义为左右的左。

年,本义是禾熟也,因为禾熟是一年一次,后来就为历法学家借去表示年岁的年后,本义禾熟的意思消失了。

秒，本义是禾芒也，因禾芒是很微小的，就引申为凡物细微者都称微秒，后来随着时间计算的精密，就要求表达很细微的时间单位，于是就借用了“秒”这一个词，从此“秒”就是一个时间单位词，它的禾芒的词义消失了。

臭，上古臭是气味的意思，《书经·盘庚》：“若乘舟，汝弗济，臭厥载。”《疏》：“古者香气秽气皆名为臭。”《易·系辞》“其臭如兰”就是像兰花一样的香，后来就转义为恶臭的臭了。《吕氏春秋》：“人有大臭者，其亲戚兄弟妻妾，知识无能与居者，自苦而居海上，海上有说其臭者，昼夜随之而弗能去。”（见《遇合篇》），这里就是臭的意思。

涕，上古是眼泪的意思，鼻涕上古叫泗，《诗经·泽陂》：“涕泗滂沱。”《毛诗》：“自目曰涕，自鼻曰泗。”后来就转义为鼻涕，王褒《僮约》：“目泪下，鼻涕长一尺。”因哭的时候是眼泪、鼻涕一齐来的。

文章，《周礼考工记》：“画缋之事……青与赤谓之文，赤与白谓之章。”先秦时代文章是指刺绣品，“瞽者，无以与乎文章之观”（《庄子·逍遥篇》），到汉代词义就转移为作品的意思了。“文章尔雅，训辞深厚”（《史记·儒林列传》），“文章则司马迁、相如”（《汉书·公孙弘传赞》），“刘向、王褒以文章显”（《汉书·公孙弘传赞》）。

词义转移，上古是很多的，比扩大、缩小要多，这里只是举几个例子罢了。

3. 词义变化的结果

词义的变化，造成了很多现象，如造成词义分化，即一词本来只有一义的，由于词义变化而成多义了；词义变化后，人们为了更好的表达新词义，往往促使了新词的创造；由于各个词义的变化，造成本来不是同义的而成为同义词。下面分别叙述：

(1) 词的单义分化为多义

我们越看到古的文字记载，如甲骨文中的词，是单义词多，而越到后来，单义词少了，多义词大量增加，在现代汉语中大部分词都是多义词。

闢，本来只有开一个意义，后来词义发展变化后成为多义词。《荀子·解蔽》:“是以闢耳目之欲。”这里的“闢”是屏除的意思了。《周礼·阍人》:“凡外内命夫命妇出入，则为闢。”这里的“闢”是避开的意思。从上面已可以见到闢到后来就成为含有开、屏除、避开等意义的多义词。

雪的本义是一种自然现象，后来由于词义的变化成为多义词了。《家语·子路初见》:“黍者所以雪桃。”是拭的意思。《吕览·不苟》:“故雪殽之耻。”是除的意思。在白发如雪、白肌如雪的时候，雪为形容词，雪白的意思。雪就成为有拭、除、雪白等词义的多义词。

乖，本意是戾也，经过词义变化，就有很多意义了。《楚辞·怨世》:“吾独乖剌而无当兮。”是差的意义，“楚执政众而乖”(《左传·昭公三十年》)，是逆也。“官失学微，六家分乖。”(《汉书·叙传》)，是离也。

道，原始意义是行路道也，如《论语·阳货》:“道听而涂说。”后来词义就大大增多了。《老子》“道生之”是指自然。《礼记·檀弓》:“斯道也，是礼也。”《礼记·乐记》“君子乐得其道”是指仁人也。《论语·阳货》“君子学道则爱人”是指礼乐也。《诗经·匪风》“顾瞻周道”是政令也。《礼记·大学》“道，学也”是言也。道的其他词义还很多，不能全部举出来。这里已看到它的词义比本来是“行道路”的词义发展了。

早，晨也，是它的原始意义，后来引申为速也。《战国策·齐策》:“早救之。”先也。《易·坤》:“由辩之不早辩也。”

昭，本义是日明也，后来引申为光明之称，显也。《左传·定公四年》:“以昭周公之明德。”光也。《诗经·云汉》:“昭回于天。”见也。《诗经·时迈》:“明昭有周。”晓也,蛰虫昭苏(见《辞源》)。

暗,原义是日无光也,后引申为事物不明也,《晋书·列女传·周颢母李氏》有诗:“名重而以暗。”

肥,《说文》云:“多肉也。”《礼记·礼运》:“肤革充盈,人之肥也。”后来引申为膏腴也,《孟子·告子》:“则地有肥硗。”厚肥也,《孟子·梁惠王》:“为肥甘不足于口与?”厚也。《战国策·秦策》:“而肥仁义之诫。”盛也。

规,本义是正圆之器也,后引申增加了新义,法度也叫规。

矩,本作巨,从工,象手持之形,后来扩大词义,有法度的新义了。《汉书·叙传》:“疆土逾矩。”注:“矩,法制也。”

(2) 词的新义替换了旧义

这种现象在某种意义上讲,等于新词的创造,一个词随着时代的发展。虽然还保存了音和形,但词义上是一次革命,新义在本质上是与旧义不同。

稀,原始意义是禾之根基,经过词义的变化(词义的转移),成为疏稀的稀,意义是根本上不同于禾之根基。

私,本义是一种禾的名称。后来转义为私田的私,《周颂》:“骏发尔私。”

秉,本义是禾束也,《诗经》:“彼有遗秉。”后转义为秉持的秉。

钱,本义是农具名,《诗经·臣工》:“庤乃钱镈。”后成为货币的名字了。

臭,本义是气味的意思,后转义为臭气的臭。

颁,大头也,《诗经》曰:“有颁其首。”后来为颁布的颁。

顽,梱木也,《说文》云:“梱,梡木未折也。”后转义为愚也,钝也。(《广雅·释诂》)

题,本义是头也,后引申为题目的题。头的意义消失了。

我们从上面的举例中可以看到,这些词经过词义的转移后,本义完全失去了,我们后人不知道词源的,就根本不知道它们还有原始意义。它的作用完全和新词的创造一样。

(3) 词义发展创造了新词

道的本义是行路道的,这是人们很容易理解的,而后来成为具有自然、礼、仁、言等意义的多义词了,人们要理解这么多词义有困难,于是就创造了很多新词以示区别。我们在上古就发现有道为词根创造的词就不少:道路、道德、道理、导、仁道等。但这里要说明一点,新词的创造不能全归结于词义的变化,它只是其中的一个原因罢了,其他原因此地不谈。

管,本义是竹管的意义,后来引申为管理的管,就创造了“管理”这一个新词。

女,本义是男女的女,后它也有人称代词第二人称“你”的词义,为了区别,就创造了“汝”这一个新词。

右,本义是右手,后来引申词义有帮助的意思,就造出了“佑”“祐”这些新词。

左,本义是左手,后来引申有辅佐的新义了,就造出了“佐”这一个新词。

西,本义是鸟归巢了,就是栖的意思,后来就把这个词引申词义为西方的西,为了表达本义,就另造了一个“栖”词。

田,本义是田猎也,后成为农业上田地的田,到春秋以来,田有租田的词义了,为了区别就造了“佃”这一个新词。

师,本义是师长的师,汉代输入了“师子”这一词,简称也叫师,就是说师就又增加了一个新义,为了区别就造了“狮”这一个新词。

(4) 词义变化造就了同义词

由于词义的变化,使本来不同义的词而成为同义词的这种现象在《尔雅》中很多,这里我们简单举例说明一下。

初、首、基、祖、元这五个词，它们的本义是不同的。初的本义是裁衣，首就是头，基是地基，祖是祖先，元是天地之始。后来词义变化，初因开始用刀裁衣，也引申为始义；首是人的头部，对人来讲是开始的部分也引申为始也；基是地基，而打地基是造房屋的开始，也引申为始也；祖是我们的祖先，也是始也；元为天地之始，也引申义为始也。到《尔雅》时就都有始意思的同义词了。

苞、芜、茂三词，在《尔雅》解释为丰盛也，它们的本义也是不同的。苞，是草木丛生也，《禹贡》云："草木渐苞。"后来因草木丛生就是很茂盛，就有此引申义了。"芜"，繁芜也，《洪範》云："庶草繁庑。"也有丰盛的意义。"茂"，茂盛也，《诗经·小雅·天保》云："如松柏之茂。"这里可以见到它们本来的词义范围是不同的，苞可以指草、木二样，芜本来是指草，茂指木。经过词义发展（词义扩大）这三个词成为同义词了。

崩、薨、无禄、卒、徂落、殪。它们都有不同的本义，后来由于统治阶级为了提高统治者的"尊严"，规定死也有不同的名称，上述几个词本来不同义的，现在同义了。《曲礼》："天子死曰崩，诸侯曰薨，大夫曰卒，士曰不禄，庶人曰死。""殪"，《左传·隐公九年》："衷戎师前后击之尽殪。"杜注："殪，死也。"这几个词都为死词义的同义词了。

唯、诺、应、譍，它们本来的涵义不尽相同。"诺"，《说文》云："应也。"疾应曰唯，缓应曰诺。"譍"，《说文》云："犹应也。"唯，独也，《易》："其唯圣人乎？"虽也，《史记》："唯天子亦不说也。"后来词义变化到《说文》时已成为应辞的同义词了。

（二）词的结构

1. 词的双音化发展

汉语有一条很重要的规律：单音向双音词发展的规律。上古的情况如何呢？我们摸了一下，发现上古已有很多的双音词了，这里我们应该着重指出的。我们现在已看不到当时的口语了，只能见到当时的书面语，这与语言的实际情况就大有出入，因为当时的书写很困难，要用刀刻到竹简和龟甲上去，很可能把实际语言中的双音词刻上去变为单音词。这样一来，我们看到的文献中就单音词占优势了。就是这样，我们在甲骨文中还是发现很多双音节词。如人名差不多是双音词："武丁""祖庚""廪辛""武乙""帝乙""帝辛""盘庚"……国名是双音词："鬼方""龙方""基方""黎方""户方"。当时的等级名称，如天子、太君、大人、君子、武人、小人、行人、刑人、众人。时间名词：甲子、丙子、乙亥、辛亥、中日、大食、小食、大采、小采、盖日、各日。地点名词，发现双音词也很多。在甲骨文中有这样一个特点：名词双音节多一些，其他词汇双音词不多，不过也有一种情况与后来不同，当时名词、动词是不大分的，名词同时又是动词。随着时代的推进，双音词是越来越多了，到周代，我们从《诗经》中可以见到双音词比甲骨文中不知多了几倍。如名词有："鸳鸯""蟋蟀""芄兰""关雎""南山""岐山""文王""武王""周公""召公"。动词有："翱翔""驰驱""转辗""跋涉""攀援"。形容词："窈窕""参差""崔嵬""玄黄""夭夭""旆旆"。副词有："斐然""惧然"……到了春秋战国时代，我们在诸子散文中见到，双音词触目皆是，此地倒也无法举。我们从甲骨文中看到的双音词与《诗经》诸子散文的双音词一比，非但数量是增加了。在词类上，本来是只有名词的双音词比较多，而那时，动词、形音词、副词、数量词等都是双音词了。《诗经》中我们已见到很多双音词，实际语言中一定更多，因诗是四言的，为了押韵等关系，往往容易把口语中的双音词拆开或简化为单音词。

总之，上古最古的材料甲骨文中已发现很多双音词。同时我们发现越到后来双音词越多，说明汉语的词汇是单音词向着多音词发展。

上面我们是从书面上看到的词是否双音节的事实，说明汉语是在向双音化发展，下面我们想谈一谈形成双音词增多的几种情况。

（1）创造新词的双音化

在甲骨文中我们已发现很多双音词，到了《诗经》时期，书面上的双音词更多了，这里我们发现一种现象，是新词的创造有双音化的趋势。举例如下：

词根或词的结合而造成新词。“道”在上古有很多词义：路也，《诗经》：“周道如砥。”理也，《中庸》：“率性之谓道。”而后来就创造了很多新词，都是双音化的，如：

道人，《汉书》：“道人始去。”

道士，《汉书·王莽传》：“卫将军王涉，素养道士。”

道地，《汉书·田延年传》：“霍将军召问延年，欲为道地。”

道故，《史记》：“若朋友交游，久不相见，卒然相睹，欢然道故。”

道家，《汉书》：“道家者流……清虚以自守，卑弱以自持。”

道真，《汉书·楚元王传》：“妒道真。”

道梓，松也（《广雅》）。

道路，《尔雅》：“达谓之道路。”

词根与词头词尾结合造成新词。

童子，《诗经·芄兰》：“童子佩韘。”

眸子，《孟子·离娄上》：“胸中正则眸子瞭焉。”

婢子，《礼记·檀弓》：“使吾二婢子夹我。”

词根重叠造成新词。

人人，《礼记·表记》：“人人失其所好。”《孟子·离娄上》：“人人亲其亲，长其长，而天下平。”

家家，《汉书·扬雄传》：“家家自以为稷契，人人自以为咎繇。”

纷纷,《史记·韩长孺传》:“大王无良臣,故事纷纷至此。”

这里只是举例而已。到后来的造词有很大一部分是用双音造词了。在第二节中还要较详细的分析。

(2) 常用成语的双音化

双音词造成的另一原因,是由于成语的经常应用,而凝结成双音词,这在上古各时代都有,甲骨文中一定也有,不过目前还没有人找出来,在《诗经》中用上古的成语的情况是很多的,举例如下:

寤寐,《诗经·关雎》:“寤寐求之。”古代是成语,而到了诸子散文,特别到了汉代已作为一个词来应用了,现在大多数人已不知道过去曾经是成语的情况了。它的凝结就成为一个词了。

权舆,《诗经·权舆》:“不承权舆。”上古是成语,后凝结成词了。

惸独,《诗经·正月》:“哿矣富人,哀此惸独。”

不淑,《诗经·君子偕老》:“子之不淑。”

於穆,《诗经·清庙》:“於穆清庙。”

滂沱,《诗经·泽陂》:“涕泗滂沱。”

上下,《诗经·燕燕》:“上下其音。”

沸腾,《诗经·十月之交》:“百川沸腾。”

陟降,《诗经·大雅》:“文王陟降。”

以上这些古代成语,在《诗经》中当时还可以作为成语加以应用,而到后来诸子散文中和汉代诗赋中,就当作一个词加以应用了。

(3) 语音分化的双音化

现代根据很多学者研究,我们上古有复辅音存在,到后来(东汉末年)复辅音分化成单纯辅音了。它的分化过程,是先在复辅音的二个成分之间插入一个中间成分,分化过程结束的时候,原来的那个音节就分离成为二个音节,就成为双音词。例:偻分化成为痀偻(见《庄子》二十二章,《列子》二章)、孔分化为窟窿、钲分化为丁宁、陴分化为僻倪、壶分化为胡卢、芎分化为鞠穷。

(4) 外来词音译的双音化

我国在秦汉时期就与外国交往了,先秦时期与汉族周围的民族,发生过军事、政治、文化等方面的接触,吸收了他们的一些词汇。特别汉代佛教传入,佛经的翻译,吸收了大批的佛教词汇,丰富了我们的汉语,而这些外来词大部分是译音的,是双音节或多音节的,这样就大大增多了汉语的双音节词,现在举例如下:

师比:《战国策·赵策》:"赐周绍胡服、衣冠、具带、黄金、师比。"

骆驼:《山海经·北山经》:"兽多橐驼。"

猩猩:《山海经·海内经》有"狌狌",《尔雅》作"猩猩"。

琵琶:《释名·释乐器》:"枇杷,本出于胡中,马上所鼓也。"

胭脂:《史记·匈奴列传》有"焉支山"。

苜蓿:《史记·大宛列传》:"马嗜苜蓿。汉使取其实来,于是天子始种苜蓿。"

蒲桃:《史记·大宛列传》:"蒲陶,肥饶地。"

膜拜:《穆天子传》:"膜拜而受。"

还有一种造成双音词原因,是名称更换、复音化,如目变为眼睛、日变成太阳、月变成月亮……这是中古的现象,此地不谈。

我们从上面几种情况可以看出:汉语是在向双音化的方向发展,这里主要的原因是新词创造的双音化,其他几种都是次要的。

2. 词的构造

词的结构这一章,我们想着重讨论一下上古(先秦到汉)这一段时间内词构造的情况。我们发现有很多现代有的构词结构,古代都有了,但不象现代结构那么多产,特别是主谓结构当时还只有萌芽。这一段时期内最突出的一种结构,是双声叠韵的单纯词特别多,《诗经》中可以找到大量的双声词和叠韵词(也有复合词的),到诸子散文中复音词多了,到汉代主要是复合词了。现在分别叙述。

(1) 单纯词

单纯词可分为双声的,叠韵的,重言的和其他的单纯词,《诗经》中为最多,诸子散文,汉代也有,现在举例说明如下:

双声的单纯词:

参差,《诗经·关雎》:"参差荇菜。"

玄黄,《诗经·卷耳》:"我马玄黄。"

缱绻,《诗经·民劳》:"以谨缱绻。"

蝃蝀,《诗经·蝃蝀》:"蝃蝀在东。"

匍匐,《诗经·谷风》:"匍匐救之。"

踟蹰,《诗经·静女》:"搔首踟蹰。"

邂逅,《诗经·野有蔓草》:"邂逅相遇。"

《楚辞》中有:"犹豫""容与""荒忽""耿介""蜷局""惆怅""零落""陆离""萧瑟""仿佛"。

叠韵的单纯词:

窈窕,《诗经·关雎》:"窈窕淑女。"

绸缪,《诗经·绸缪》:"绸缪束薪。"

沃若,《诗经·氓》:"其叶沃若。"

仳离,《诗经·中谷有蓷》:"有女仳离。"

婆娑,《诗经·东门之枌》:"市也婆娑。"

逍遥,《诗经·郑风·清人》:"河上乎逍遥。"

《诗经》中还有很多,如:"委蛇""虺隤""差池""岂弟""蒙戎""芍药"。《楚辞》中有:"纵容""颇颔""坎廪""惝恍""峥嵘""偃蹇""徘徊”“须臾”“萧条”“婵媛”。《说文》中如：“蝘蜓”“蜥蜴”“蚰蝎”“蛣蚰”“蝼蛄”“镆铘”“锒铛”。

重言的单纯词：

“孑孑干旄”，《诗・干旄》。

揭揭，《诗经・硕人》：“葭菼揭揭。”

趯趯，《诗经・草虫》：“趯趯阜螽。”

习习，《诗经・谷风》：“习习谷风。”

悠悠，《诗经・终风》：“悠悠我思。”

关关，《诗经・关雎》：“关关雎鸠。”

振振，《诗经・麟之趾》：“振振公子。”

喓喓，《诗经・虫草》：“喓喓草虫。”

泄泄，《诗经・雄雉》：“泄泄其羽。”

藋藋，《诗经・竹竿》：“藋藋竹竿。”

莫莫，《诗经・葛覃》：“维叶莫莫。”

靡靡，《诗经・黍离》：“行迈靡靡。”

肃肃，《诗经・小星》：“肃肃宵征。”

晏晏，《诗经・氓》：“言笑晏晏。”

惙惙，《诗经・草虫》：“忧心惙惙。”

崔崔，《诗经・南山》：“南山崔崔。”

迟迟，《诗经・谷风》：“行道迟迟。”

拟声的单纯词：

这一类的词各种语言都有，是模仿自然和动物（包括人的声音）的。如：

噫嘻，《诗经・噫嘻》：“噫嘻成王。”

於乎，《诗经・抑》：“於乎小子。”

哀哀，《诗经・蓼莪》：“哀哀父母。”

夥颐，《史记・陈涉世家》，“夥颐！涉之为王沈沈者！”

其他如“交交黄鸟”“丁丁蛛蛛”……有一部分是模仿自然界的声音的，这些都是单纯词。

译音的外来词的单纯词：

我们吸收外来词中有很大一部分是译音的，译外国词汇的音节，就是一个单纯词，例：琵琶，单“琵”别人不懂，也无意义，只有“琵琶”二字人家才懂，才有意义。举例如下：

“骆驼”“苜蓿”“蒲陶”“师比”“猩猩”“琅玡”“浮屠”“沙门”“塞蒲提”等。

（2）重叠词

重叠词与重言不同，重言是单纯词，拆开来无意义，而重叠词是词根的重叠，重叠之后有附加的意义，如“人人”是名词重叠，“纷”本来是乱的意思，“纷纷”一经重叠就有很乱的意思。同时这些重叠词，拆开来是一个词或词根，是有意义的。

重叠词我们初见于诸子散文，到汉代已较多了，但总的讲这一结构古代是不发达的。

人人，《礼记・表记》：“人人失其所好。”《孟子・离娄上》：“人人亲其亲，长其长。”《史记・秦始皇本纪》：“人人安乐。”《汉书・韩信传》：“人人各自以为大将。”《汉书・叔孙通传》：“人人奉职。”

岳岳，很高的意思。《楚辞・九思》：“株榛兮岳岳。”

纷纷，很乱的意思。《史记・韩长孺列传》：“大王无良臣，故事纷纷至此。”

家家，《汉书・扬雄传》：“家家自以为稷契，人人自以为咎繇。”

行行，“行行重行行”（《古诗十九首》）。表示连续的动作。

青青，“青青河畔草”（《古诗十九首》）。

（3）复合词

复合词在上古有词与词结合而成的，也有词根与词根结合而成的。这一种结构在上古是主要的结构形式，试分述如下：

〔A〕联合式

所谓联合式，就是二个词或词根他们的词又是并列的，不象下面要讲的主从式，其中一个意义是主要的，而另一个词根的词义是次要的。这种联合式中又有二种，一种是同义并列，它们的词义是相同或相近而结合成词；另一种是反义并列，它们的词义是相反的结合成词。

同义并列的复合词：

先生，《论语·为政》："有酒食先生馔。"《管子》："弟子职，先生施教，弟子是则。"《史记·平原君虞卿列传》："毛先生以三寸之舌，强于百万之师。"

供给，《左传·僖公元年》："贡之不入，寡君之罪也，敢不共给。"

宇宙，《淮南子·臣道》："纮宇宙而章三光。"

《淮南子·览冥训》："凤凰之翔，至德也……而燕雀佼之，以为不能与之争于宇宙之间。"

文字，见《秦琅琊台刻石》。

人民，土地：《孟子·尽心》："诸侯之宝三：土地，人民，政事。"

爱敬，《孝经》："爱敬尽于事亲。"

歌舞，《史记·乐书》："令沛得以四时歌舞宗庙。"

攻击，《史记·李斯列传》："相攻击如仇雠。"

讲授，《汉书·夏侯胜列传》："胜每讲授，常谓诸生曰……"

动摇，《汉书·文帝纪》："人人自安，难动摇。"

配偶，《后汉书·邓训传》注："其无妻者，为适配偶。"

爱慕，《后汉书·卓茂传》："虽行能与茂不同，而皆爱慕欣欣焉。"

其他如工作，《后汉书·和熹邓皇后纪》："殇帝康陵方中秘藏及诸工作，事事减约，十分居一。"宫室、痊愈、庆贺、酝酿、群众、辛苦、转辗、寻思、语言、商量、牺牲等。

反义并列复合词:

利害,《周礼·夏官·职方氏》:"周知其利害。"

是非,《穀梁传序》:"汉兴以来,瑰望硕儒,各信所习,是非纷错。"

反正,《左传·宣公十五年》:"天反时为灾,地反物为妖,民反德为乱,乱则妖灾生,故文反正为乏。"

呼吸,《淮南子·精神》:"吹呴呼吸,吐故内新。"

动静,《史记·五帝本纪》:"动静之物,大小之神。"

大小,《史记·天官书赞》:"大小有差,阔狭有常。"

阔狭,《史记·天官书赞》:"大小有差,阔狭有常。"

轻重,《史记·天官书赞》:"用管仲之谋,通轻重之权。"

厚薄,《史记·天官书赞》:"营丘垄之小大,高卑厚薄之度。"

其他如天地、春秋、纵横、左右、祸福、增减、尊卑、高低、先后等。

〔B〕主从式

在这段时期内,我们发现词的结构,主谓、动宾、动补、附加式都有,以后四种为多,主谓还处于萌芽状态,很少发现。

主谓式:

头痛,《史记·扁鹊仓公列传》:"齐侍御史成,自言病头痛。"

耳聋,《老子》:"五音令人耳聋。"

动补式:

这一结构那时已很多了。

扑灭,《尚书·盘庚上》:"若火之燎于原,不可向迩,其犹可扑灭。"

开通,《礼记·月令》:"开通道路,毋有障塞。"

持久,《战国策·赵策》:"旷日持久数岁。"

肃清,《汉书・韦贤传》:“王朝肃清,唯俊之庭。”

教化,《礼记・经解》:“故礼之教化也微。”

动宾式:

断发,《左传・襄公七年》:“断发文身。”

出货,《国语・鲁语》:“有货以卫身也,出货而可以免,子何爱焉?”

守节,失节,《左传・成公十五年》:“圣达节,次守节,下失节。”

守时,《国语》:“圣人随时以引,是谓守时。”

炼钢,《列子・汤问》:“炼钢赤刃,用之切玉如切泥焉。”

握手,《史记・滑稽列传》:“握手无罚,目眙不禁。”

罚金,《史记・张释之列传》:“一人犯跸,当罚金。”

开业,《史记・秦本纪》:“为后世开业,甚光美。”

传语,《后汉书・清河王庆传》:“令庆传语中常侍。”

放手,《后汉书・明帝纪》:“残吏放手。”

享福,《后汉书・郎顗传》:“是故高宗以享福,宋景以延年。”

附加式:

名词性。

新婚,《诗经・谷风》:“燕尔新婚,如兄如弟。”

国法,《周礼・夏官》:“以国法掌其政学。”

敌国,《史记・吴起列传》:“君不修德,则舟中之人皆敌国也。”

诗人,词人,《汉书・艺文志》:“诗人之赋丽以则,词人之赋丽以淫。”

动词性。

日用,《易・系辞》:“百姓日用而不知。”

自强,《易・乾卦》:“君子以自强。”

自制,《汉书・王吉传》:“今上下僭差,人人自制,是以贪财诛利,不畏死亡。”

自修,《大学》:“如琢如磨者,自修也。”

火驰,《庄子・天地》:“方且尊知而火驰。”

自爱,《史记・高祖本纪》:“愿季自爱。”

口授,《汉书・艺文志》:“口授弟子。”

幽杀,《后汉书・宦者传》:“曹节、王甫幽杀太后。”

形容词性。

云和,《周礼・大司乐》:“云和之琴瑟……冬日至于地上之圜丘奏之。”

雪白,《后汉书・宋弘传》:“清修雪白。”

风流,《后汉书・王龚传》:“士女沾教化,黔首仰风流。”

数词性。

三王、五帝、六书、五经、六国……

(4) 接合词

接合词是词根与词头词尾结合而成的词,这方面意见分歧是很大的,有的认为古代无词头词尾,有的认为有。我们认为古代有词头词尾。

上古我们发现有“有”“阿”“于”“句”的词头;有“子”“儿”“然”等词尾。“有”词头在甲骨文中和《诗》《书》中见到很多。

关于词头的由来,目前有二种说法:一种认为词头词尾是由实词向虚词转化,就是逐渐虚化;另一种意见认为最先是虚词,后来慢慢成为实词。我们认为虚化是较合社会发展的。

〔A〕上古有词头“有”“阿”“于”“句”构成的接合词。

有苗:“何忧于驩兜,何迁乎有苗。”(《皋陶谟》)

有夏:“有夏多罪,天命殛之。”(《汤誓》)

有梅:“摽有梅,其实七兮。”(《诗经・召南・摽有梅》)

有昊:“豺虎不食,投畀有北,有北不受,投畀有昊。”(《诗经・巷伯》)

有北，见《诗经·小雅·巷伯》。

有政：“友于兄弟，施于有政。”（《论语·为政》引《书经》）

有帝：“孔甲扰于有帝。”（《左传·昭公二十九年》）

有众：“今尔有众。”（《汤誓》）

于越：“于越入吴。”（《春秋·定公五年》）

句吴：“太伯之奔荆蛮，自号句吴。”（《史记·吴太伯世家》）

阿谁：“道逢乡里人，家中有阿谁。”《汉乐府·十五从军征》：“羹饭一时熟，不知贻阿谁。”

阿娇，《汉武故事》，说汉武帝皇后又名叫阿娇。

阿瞒，曹操名阿瞒。

阿斗，刘禅名阿斗。

阿蒙，吕蒙又名叫阿蒙。

“有”词头在上古时，到汉时已不见了，这是上古特有的词头，“阿”词头，汉代及三国是只有一个开端，到南北朝，这个词头就很多了，直到近代乡间还有此词头，一般加此词头有爱称的意思。

〔B〕有词尾“子”“儿”构成的接合词：

童子：“童子佩觿。”（《诗经·芄兰》）

眸子：“胸中正则眸子瞭焉。”（《孟子·离娄上》）

婢子：“使吾二婢子夹我。”（《礼记·檀弓》）

瞳子：“又闻项羽亦重瞳子。”（《史记·项羽本纪》）

儿子：“乡者夫人儿子皆以君。”（《汉书·高帝纪》）

小家子：“使乐成小家子得幸将军。”（《汉书·霍光传》）

乞儿：“明帝临辟雍，历二府，光观壮丽，而太尉府独卑陋，显宗东顾叹息曰：‘椎牛纵酒，勿令乞儿为宰。’”（《汉官仪》）

酒家儿，见《汉书·栾布传》。

副词有斐然、俨然等词。形容词：油然、沛然、浡然。“天油然作云，沛然下雨，则苗浡然兴之矣。”（《孟子》）浡焉、忽焉。“其兴也浡焉,其亡也忽焉。”(《左传》)率尔、莞尔。“子路率尔而对。”(《论语》)　“夫子莞尔而笑。”(《论语》)申申如,夭夭如。“子之燕居,申申如也,夭夭如也。”(《论语》)

四、熟语、方言词、外来词、同行语

(一) 熟　　语

1. 成语

成语是语言的特殊材料，在结构上它是词组。而在语言中的功用是作为一个意义单位来运用的，它就等于一个词。一般说来，成语是“定型化”了的固定词组，如：忠言逆耳(孔子)，天长地久(《老子》)，摇唇鼓舌(《庄子》)，一毛不拔(《孟子》)，青出于蓝(《荀子》)，吹毛求疵(《韩非》)，一鼓作气(《左传》)，万寿无疆(《诗经》)，朝三暮四(《列子》《庄子》)，阳春白雪、下里巴人(宋玉)，怒发冲冠(《史记》)，国富民安(《汉书》)，妄自尊大(《后汉书》)等等。这些成语具有强烈的生命力，相传几千年来一直在沿用着。但是有些成语在形成的过程中具有灵活性，例如：“捕风捉影”这一成语，有“系风捕景”“捕景系风”“捕风系影”等不同的说法。例如：《汉书》：“求之荡荡，如系风捕景，终不可得。”刘孝绰《谢高祖启》：“捕景系风，终无效答。”《水经注》：“南昌有大萧、小萧二峰，言萧史所游萃处，雷次宗云此乃系风捕影之论。”苏轼《答谢孝廉书》：“求物之妙，如系风捕影。”在现在的语言里都说成“捕风捉影”。又如“坐井观天”，《庄子·秋水篇》：“……是直用管窥天，用锥指地也，不亦小乎！”而《史记》有“戴盆何以望天”。直到韩愈的文章中才固定为

“坐井观天”。又如“对牛弹琴”,《庄子·齐物论》:“非所明而明之。”郭象注:“是犹对牛鼓簧耳。”李石《续博物志》:“亦面牛鼓簧。”《弘明集》:“昔公明仪为牛弹清角之操,伏食如故,非牛不闻,不合耳也。”《易林》云:“牛马聋聩不知声味。”故诸特举牛言之。《五灯会元》惟简答僧问,直云对牛弹琴。这里也有四种说法,到后来才固定下来,成为不可分割的统一整体。在这里我们还可以得出另一个结论:成语具有相当程度的稳固性。在发展过程中很多成语被保留了下来,同时又不断产生新的成语,也有一些势必会消失掉。

成语的结构形式和传统说法都是固定的,这是经过约定俗成而定型的,所以我们也就不能随便更改或调换词序。例如:“赴汤蹈火”,不能说成“赴水蹈火”。“朝三暮四”,不能说成“朝四暮三”。因为这是两回事情。《列子·黄帝篇》中狙公诳狙曰:“与若芧,朝三而暮四,足乎?众狙皆伏而喜。”《庄子》中也有同样的故事。本意是指诳术而言,后来引申为三心两意、翻覆不定的意思。当然,所谓不能随便的更改是相对而言的,在一定条件下还是可以的。如:“揠苗助长”,改为“拔苗助长”。这样的更改是完全必要而自然的。既没有变动原来的意义,也没有损害原有的形式和结构,更主要的是改得明确化,更容易为一般人所了解。

成语的来源,对上古汉语来说,只能说是来自民间的口语。古书中有所谓“谚曰”“里谚云”“鄙谚曰”“歌云”,等等,其中很多是精辟的成语,这些都是人民智慧的结晶。另一方面,我们说古代是一部分成语的形成时期。很多成语是从古代的寓言、故事、现成辞语(其中包括形容词语、比喻用语等)、辞句缩减而来的。但这些在古代都不成其为成语,我们只能说是成语的萌芽或“雏型”。后来被人们所应用,渐渐流传开来,成为定型的固定的东西,我们才称之为成语。考察这些成语的形成必须以有形的东西为基础,所以我们只能以现存的书面材料为依据,来看成语的形成和发展。上古书面材料是非常丰富的,我们只能重点的讨论。

2. 先秦的"成语"

先秦作品是我国古典文学遗产中比较早的文献,比较起来还是接近人民口语的,尤其是《诗经·国风》。出处在《诗》《书》中的成语多半是现成的辞句、辞句的缩减以及从原意引申而成的。这一特点是与《诗经》的形式、《书经》的记事分不开的。发展到子书中,与《诗》《书》中同样情况的"成语"固然不少,同时还出现了一种新的:如比喻、寓言等,很多就成为以后的成语,而且是很精采的一部分。这一特点与子书的雄辩说理分不开。现在我们举例来谈。例如:"战战兢兢,如临深渊,如履薄冰""巧言如簧""琴瑟友之""二三其德"(以上见于《诗经》)。"股肱耳目""功亏一篑""舍己从人""有条不紊""发号施令""离心离德"(以上见于《尚书》)。"羝羊触藩""隐恶扬善""见机而作""失之毫厘,谬以千里""谩藏诲盗"(以上见于《周易》)。

上面这些例子都是现成辞句成为成语的,这些成语都是相当精炼的,其中很多一直沿用到现在还活在人们的语言中。可是在当时并不是以成语的姿态出现的。这是一种,另一种则是辞句的缩简,到后来也成为成语。例如:

作福作威:惟辟作福,惟辟作威。(《尚书》)
数往知来:数往者顺,知来者逆。(《周易》)
山崩钟应:铜山崩而洛钟应。(《周易》)
殊涂同归:天下同归而殊涂。(《周易》)
惩前毖后:予其惩而毖后患。(《诗经》)
人言可畏:人之多言,亦可畏也。(《诗经》)

一日三秋：一日不见，如三秋兮。(《诗经》)
日升月恒：如日之升，如月之恒。(《诗经》)
素丝良马：素丝纰之，良马四之。(《诗经》)

还有一种成语，是从辞语的意思中引申出来的。例如：

恶贯满盈：商罪贯盈，天命诛之。(《尚书》)
霖雨苍生：若岁大旱，用汝作霖雨。(《尚书》)
鬼蜮伎俩：为鬼为蜮。(《诗经》)

以上这些例子，也是后来成语的来源之一。可见《诗》《书》中的“成语”是很多的。但与子书比较起来，还不及子书的丰富。而且子书中除了这些来源的成语以外，又有着一种新的成语源泉——寓言。

先秦诸子的百家争鸣，在学术上呈现出了百花齐放，诸子各家思想不同，形成了他们不同的文学风格。孟子、庄子、墨子首创了论辩说理文，到荀子更有了严谨的论辩说理的体制，韩非子差不多集各家之大成，不仅体制严谨，而且论调锐利。但诸子作品有着一个共同之点，就是论辩说理。由于论辩说理的出发点和采取的方法不同，在语言运用上也采取了各种不同的手段，比较突出的，如孟子的比喻、庄子的寓言和比喻。孟子的善用比喻，尽管有些地方与辩论不是针锋相对，或者不合逻辑，但他能使自己的对手归于失败。庄子更善用比喻，还创造了很多寓言，使他的文章更具有文学意义。这种风格也自然影响到其他作者。诸子的这种论辩说理，对我们探讨成语的人来说，可以说是找到了成语的另一来源。从寓言成为成语的，我们就可以找到不少例子。例如：

叶公好龙：叶公子高之好龙，雕文画之。天龙闻而示之，窥头于牖，施尾于堂，叶公见之，五色无主，是叶公非好龙也，好夫似龙而非龙也。(《庄子》)

东施效颦：西子病心而颦。其里之丑人，见而美之，归亦捧心而颦。(《庄子》)

守株待兔：宋人有耕田者，田中有株，兔走触株，折颈而死。因释其耒而守株，冀复得兔。兔不可复得，而身为宋国笑。(《韩非子》)

画蛇添足：楚有祠者，赐其舍人卮酒。舍人相谓曰：请画地为蛇，先成者饮。一人蛇先成，引酒，且言吾能为之足。未成，一人之蛇成，夺其卮曰：蛇固无足，子安能为三足？遂饮其酒。为蛇足者，终亡其酒。(《战国策》)

狐假虎威：虎求百兽而食之，得狐。狐曰："子无敢食我也，天帝使我长百兽。今子食我，是逆天帝命也。子以我为不信，吾为子先行，子随我后，观百兽之见我而敢不走乎?"虎以为然故遂与之行，兽见之皆走。虎不知兽畏己而走也，以为畏狐也。(《战国策》)

买椟还珠：楚人有卖其珠于郑者，为木兰之椟，薰以桂椒，缀以金玉，郑人买其椟而还其珠。(《韩非子》)

揠苗助长：宋人有闵其苗之不长而揠之者，芒芒然归，谓其人曰："今日病矣！予助苗长矣，"其子趋而往视之，苗则槁矣……助之长者，揠苗者也，非徒无益，而又害之。(《孟子》)

刻舟求剑：楚人有涉江者，其剑自舟中坠于水，遽契其舟，曰："是吾剑所以坠也。"舟止，从其所契处入水求之，舟已行矣，而剑不行，求剑若此，不亦惑乎！(《吕氏春秋》)

渔翁得利：赵且伐燕，苏代为燕谓惠王曰："今者臣来，过易水。蚌方出曝，而鹬啄其肉，蚌合而钳其啄。鹬曰：'今日不

雨,明日不雨,即有死蚌!'蚌亦谓鹬曰:'今日不出,明日不出,即有死鹬!'两者不肯相舍,渔者得而并禽之。"(《战国策》)

滥竽充数:齐宣王使南郭处士吹竽,廪食者数百人。湣王立,好一一吹之,而处士逃。(《韩非子》)

寓言的例子是举不胜举的,其他如"杞人忧天""闭门造车""望洋兴叹""愚公移山"等都是。这成语也是后来人应用而流传开来的。这类成语的显著特点是生动活泼,含有讽谕性质。由于它们有着深刻的内容和深厚的意义,所以能被人们世世代代的沿用,使这些成语具有强烈的稳固性和长久的生命力。以上仅仅是当时作品形成成语材料的一部分,更多的是现成辞句以及辞语缩减而成为成语的,其中包括比喻等。例如:"三思而行""文质彬彬""诲人不倦""苗而不秀""暴虎冯河""血气方刚""杀身成仁""见义勇为""患得患失"等。(以上见于《论语》)"舍生取义""一暴十寒""自暴自弃""一毛不拔""缘木求鱼""明察秋毫""五十步笑百步""出尔反尔""水深火热""手舞足蹈""为渊驱鱼""为丛驱雀""出类拔萃""枉尺直寻""恻隐之心""视民如伤",等等。(以上见于《孟子》)"越俎代庖""井底之蛙""得心应手""播糠眯目""松柏长青""见笑大方""沉鱼落雁""超轶绝尘""诡衔窃辔""每下愈况""螳臂当车""摇唇鼓舌"等。(以上见于《庄子》)"梧鼠技穷""狗彘不若""青出于蓝""以卵敌石""兵不血刃""驽马十驾"等。(以上见于《荀子》)"以逸代劳""知己知彼""百战百胜""脱兔之势""穷寇莫追""同舟而济"。(以上见于《孙子》)"知难而退""余勇可贾""外强中干""一鼓作气""旗靡辙乱""退避三舍""杀敌致果""包藏祸心""民不堪命""治丝而棼""宽猛相济""整军经武""十年生聚""先声夺人"等。(以上见于《左传》)"披坚执锐""冠盖相望""无妄之祸""亡羊补牢""两败俱伤""引锥刺股""安步当车""狡兔三窟""汗马功劳""米珠薪桂""鸡

鸣狗盗”“南辕北辙”等。(以上见于《战国策》)。“众志成城”“如火如荼”。(《国语》)“视死如归”。(《韩非子》)

以上这些生动、优美、含意深长的成语,都是我们语言大师的伟大创造,在成语这一方面给了我们取之不尽的源泉。先秦时期成语的来源是这样丰富,到了汉代,不但没有减色,而且有很多从故事中来的成语,构成汉成语中比较突出的一点。

3. 汉代的“成语”

汉代的作品,继承了上古创作的传统,语言大师司马迁等的作品都是比较接近人民口语的,成语在汉代史传中有着广阔的天地,以故事为内容的成语在汉代是比较发达的,这可以说是汉代成语产生方面的一大特点。以故事为内容的成语的发展是与史书记史实分不开的。故事内容的成语在先秦时候已经有了,如“退避三舍”这一成语,就是晋国与楚国的城濮之战,晋文公退避三舍仍取得战争的胜利。当然退避三舍不是取得胜利的原因,而是“师直为壮”。《史记》中出于故事的成语就更多了,下面举例来谈。例如:

指鹿为马:赵高欲为乱,恐群臣不听,乃先设验,持鹿献于二世,曰:“马也。”二世笑曰:“丞相误邪,谓鹿为马。”(《史记·秦二世本纪》)

一字千金:当是时,魏有信陵君,赵有平原君,齐有孟尝君,皆下士喜宾客以相倾。吕不韦以秦之强,羞不如。亦招致士,厚遇之,至食客三千人。是时诸侯多辩士,如荀卿之徒,著书布天下。吕不韦乃使其客人著所闻,集论以为八览、六论、十二纪,二十余万言。以为备天地万物古今之事,号曰《吕氏春秋》。布咸阳市门,悬千金其上,延诸侯游士宾客,有能增损一字者予千金。(《史记·吕不韦列传》)

> 破釜沉舟：项羽救巨鹿，乃悉引兵渡河，皆沉船，破釜甑，烧庐舍，持三日粮，以示士卒必死，无一还心。（《史记·项羽本纪》）
>
> 四面楚歌：项王军壁垓下，兵少食尽。汉军及诸侯兵围之数重，夜闻汉军四面皆楚歌。（《史记·项羽本纪》）
>
> 毛遂自荐：秦之围邯郸，赵使平原君，求救合从于楚，约与食客门下有勇力文武备具者二十人偕。平原君曰："使文能取胜，则善矣！文不能取胜，则歃血于华屋之下，必得定从而还。士不外索，取于食客门下足矣！"得十九人，余无可取者，无以满二十人。门下有毛遂者，前，自赞于平原君曰："遂闻君将合从于楚，约与食客门下二十人偕，不外索。今少一人，愿君即以遂备员而行矣。"（《史记·平原君列传》）

在《史记》中出现于故事的成语是很丰富的，例子是举不完的。其他如："优孟衣冠""完璧归赵""负荆请罪""刎颈之交"，等等，都是从《史记》故事中来的。这些成语都具有丰富的内容，而又一针见血的表现了出来。例如：颠倒是非、故意蒙混的"指鹿为马"，一语道破了赵高的专横。"一字千金"说明了文章的好和可贵。以"破釜沉舟"来表示决心，等等，以上这些成语在我们现在的语言中还是活着的，可见它们都具有相当程度的稳固性和长久的生命力。这一部分的成语是汉代成语的精华，但还有更大的一部分来自现成辞句和辞语缩减的成语，也是不可忽视的。例如："沾沾自喜""日暮途穷""抱薪救火""一飞冲天""一鸣惊人""犬马之心""深藏若虚""决胜千里""疾足先得""瓦解土崩""洞见症结""因人成事""鼠窃狗偷""以暴易暴""吐哺握发""死灰复燃""强弩之末""暴骨原野""疑兵之计""犬牙相错""一决雌雄""藏之名山""羽檄交驰""罪不容诛""磐石之固"等。（以上见于《史记》）"实事求是""一丘之貉”“草菅人命”“马革裹尸”“不识时务”“抱头鼠窜”“摇尾乞怜”“聚蚊成雷”“一举千里”“朝令暮改”“赴汤蹈火”“浆酒霍肉”“日削月朘”“箝口结舌”“九牛一毛”“乌合之众”“雷霆万钧”“信赏必罚”“老牛舐犊”等。(以上见于《汉书》,包括前后《汉书》)

其他如《淮南子》的“因噎废食”“百星不如一月”等都是很精炼的成语。

以上这些优美、精辟、内容丰富的例子中,我们可以看到汉代成语的一般情况。虽然有些成语时代特征比较强的封建性的糟粕随着时代的消失而消失了,例如:“女子无才便是德”“三从四德”“十年不字”“女为悦己者容”,等等,都只是历史性的成语了。但更多的成语被保存下来,尤其是从寓言、故事中来的成语,以及古人经验的积累,对我们是大有用处的,一般都具有教诲意义,但是学习古人的语言,从古人语言中吸取营养并不是一件容易的事。毛主席教导我们向人民群众学习语言,同时还要吸取古人语言中有生命的东西。在语言实践中,毛主席是我们的典范,下面我们略举几个例子来谈谈,例如:

“闭门造车”这一成语,我们知道在《中庸》中已经出现了。毛主席用“闭门造车”“自作聪明”来说明这些主观主义者。“患得患失”这一成语,早在《论语》中已经出现了,以此来说明那些资产阶级出身的个人主义者。“沾沾自喜”这一成语,在《史记》中就有了,以沾沾自喜于一得之功和一孔之见,来说明那些鼠目寸光、没有远大前途的庸俗事务主义者。“为渊驱鱼,为丛驱雀”本来是《孟子》中的,毛主席把这些关门主义者说成是为渊驱鱼、为丛驱雀,只会把群众赶到敌人那边去,博得敌人的喝采。凡此种种都是应用成语揭露出了主观主义、个人主义、事务主义、关门主义者的本质,既生动又形象,给人难忘的深刻影响。不仅如此,毛主席还以成语一针见血地揭出了国民党的“革命”本质:叶公好龙。嘴里天天说

“唤起民众”,民众起来了又害怕得要死。这样说明问题是最具体、最生动、最透辟也没有了,而且是那样的讽趣。“愚公移山”的寓言,我们大家都知道的,在抗日战争后期,毛主席号召全体人民要像“愚公移山”那样挖掉压在中国人民头上的帝国主义和封建主义这两座大山。这种成语的应用,节约了自己很多语言,而且表现出了我们对打倒帝国主义、封建主义的充分决心和信心,对革命必然取得胜利充满了乐观主义精神。毛主席运用成语来说明问题的例子是很多的。例如:以“阳春白雪”“下里巴人”来说明普及和提高的问题;以“惩前毖后,治病救人”来说明我们的批评和自我批评的宗旨;以“知彼知己,百战不殆”来说明我们的战术;以“实事求是”来作为我们对待一切事情的态度。这些成语都具有几千年的悠久历史,在毛主席的应用中又赋予新的生命。

4. 古书中的谚语

在上古成语中我们所谈到的都是书面语中的现成材料,是文人的创举。至于来自民间口语的成语,在上古也只能依靠书面材料。如何辨识它是民间口语中来的呢?最好还是看作者的态度。在古书中所引“谚曰”“鄙谚曰”“里谚曰”“俗谚曰”“时人语曰”等等。在这些谚语中有很多宝贵的成语,有些是人民生活的结晶。《汉书·贾谊传》有:“鄙谚曰:(或者作“里谚”)欲投鼠而忌器,此善谕也。”“投鼠忌器”,是成语。又如《汉书·薛宣传》有鄙谚曰:“苛政不亲,烦苦伤恩。”“苛政不亲”可以说是成语,而《汉书》作者称之为鄙谚,可以想像这是来自民间的口语。《史记》中也有鄙语云“尺有所短,寸有所长”等,也被称为鄙语。因为在封建社会中人民的语言被称为鄙俗的语言,班固、司马迁称为“鄙谚”也就不奇怪了。虽然我们不能说谚语都是来自民间口语的成语,但谚语一般是来自民间口语,其中有很多是成语,是精炼、优美的成语。如“同病相怜，同忧相救”“相马以舆，相士以居”，等等。谚语这一概念也比较大些，所以我们还是用谚语在古书中的运用这一标题来谈。

人民口语是文学语言取之不尽、用之不竭的源泉，其中包括谚语。尽管上古作家在引用谚语时称之为“鄙谚”“鄙语”等，但在实际应用上他们并不忽视。以孔孟经典、《春秋》《左传》直到《史记》《汉书》都用了大量的人民口语，如歌谣、俗语、里语、谚语等。现在就谚语方面举例来谈。例如：

> 歌曰：泰山其颓乎，梁木其坏乎。(《檀弓》)
>
> 歌曰：狸首之斑然，执女手之卷然。(《檀弓》)
>
> 南人有言曰：“人而无恒，不可以作巫医。”(《论语》)
>
> 故好而知其恶，恶而知其美者，天下鲜矣。故谚有之曰：“人莫知其子之恶，莫知其苗之硕。”(《大学》)
>
> 晏子对曰：善哉问也！天子适诸侯曰巡狩，巡狩者，巡所狩也；诸侯朝于天子曰述职，述职者，述所职也。无非事者。春省耕而补不足，秋省敛而助不给。夏谚曰：“吾王不游，吾何以休；吾王不豫，吾何以助。一游一豫，为诸侯度。”(《孟子》)
>
> 齐人有言曰：虽有智慧，不如乘势；虽有镃基，不如待时。今时则易然也。(《孟子》)
>
> 言自非圣人，在所变化，故谚曰：“白沙在涅，不染自黑；蓬生麻中，不扶自直。”言辅之者众也。(《孟子章指》)

上面这些例子，我们可以看出，人民语言在古代大文豪的说理辩论文中所占的地位是怎样的重要，他们可以利用谚语等来作为他们说理辩论的理论根据，也可以在外交辞令中成为他们说明问题的可靠材料，孔孟经典著作是这样，《左传》《史记》《汉书》等也是

这样。例如:

> 滕侯、薛侯来朝,争长……公使羽父请于薛侯曰:"君与滕君辱在寡人。周谚有之曰:'山有木,工则度之;宾有理,主则择之。'……寡人若朝于薛,不敢与诸侯任齿,君若辱贶寡人,则愿以滕君为请。"薛侯许之,乃长滕侯。(《左传》)

在这段话里,谚语在这里是多么扼要的说明了问题。又如"宫之奇谏假道",以"辅车相依,唇亡齿寒"的谚语比作虞虢之间的关系:

> 虢,虞之表也;虢亡,虞必从之,晋不可启,寇不可玩,一之为甚,其可再乎?谚所谓"辅车相依,唇亡齿寒"者,其虞、虢之谓也。

这种比喻性的谚语,既深刻又形象,而具体的说明了问题。直到现在还被我们所常用。谚语在《左传》中的记载是很多的,其中很多是人民经验的积累。例如:"匹夫无罪,怀璧其罪。""心苟无瑕,何恤乎无家。""原田每每,舍其旧而新是谋。""非宅是卜,唯邻是卜。"等等。

《史记》《汉书》中的谚语也很丰富,我们也可以略举一二。例如:"前事之不忘,后事之师也。""千金之子,不死于市。""谨上操下,如束湿薪。""死者复生,生者不愧。""儿妇人口不可用。""美女入室,恶女之仇。""利令智昏。""力则任鄙,智则樗里。""白头如新,倾盖如故。""桃李不言,下自成蹊。""人貌荣名,岂有既乎。""何知仁义,已享其利者为有德。""骄子不孝。""力田不如逢年,善仕不如遇合。""相马失之瘦,相士失之贫。"以上为《史记》例。

“苛政不亲，烦苦伤恩。”“千人所指，无病而死。”“不习为吏，视已成事。”“画地为狱议不入，刻木为吏期不对。”“遗子黄金满籯，不如一经。”“邪径败良田，谗口乱善人，桂树华不实，黄雀巢其颠。”“鬻棺者欲岁之疫。”“关西出将，关东出相。”“前有召父，后有杜母。”“前有管鲍，后有庆廉。”“掩目捕雀。”“徒儿二千石，不如一缝掖。”“作舍道旁，三年不成。”“盗不过五女门。”“贵易交，富易妻。”“生男如狼，犹恐其尪；生女如鼠，犹恐其虎。”“虏来尚可，尹来杀我。”“孤犊触乳，骄子骂母。”等等。以上为《汉书》例。

以上这些谚语都是很通俗的，尽管作者主观意图上认为这些语言是鄙俗的，但这些谚语事实上是给作品加强了语言的美。这些谚语的运用，无非是为了更能全面透辟的说明问题。这就以雄辩的事实说明了谚语的实际效用，它的发展也就有着广阔的天地。

（二）方 言 词

1. 方言和雅言

语言随着社会的发展而发展，也随着社会的统一而统一、分化而分化，方言的产生是社会分化的结果。我国古代语言是非常复杂的，这与当时社会的分化分不开的。《逸周书·世俘解》说自武王以后，周共灭九十九国，降服六百五十二国，虽然这一数字未必可靠，但却充分说明了周代以前社会的分裂情况。孟子说周公灭五十国，也说明了周以前的社会是分成许多小国的。不管这些国家是部落也好，部族也好，它们都各有着自己的经济基础，各有着自己早已形成的交际工具——语言。它们不可能说着统一的语言，因为这种语言是不存在的，也没有存在的可能。“到周初大封建，对殷代原始小邦林立的现象说来，多少含有统一天下于一尊的意义”(《中国通史简编》)。在那时是否立刻就有着统一的语言呢?恐怕还不见得。但在春秋时代确实有一种比较共同的语言,那就是统治阶级一般所说的官话——夏言,也就是后来所说的“雅言”。

一般说的“方言”这一概念,是对民族共同语讲的,它是民族共同语的分支,所交际的范围要比民族共同语狭小得多的。方言只能充当地区人们交际交流思想的工具。我们这里所说的方言是对“雅言”而说的。具体的说,也就是春秋战国时代各领主所属范围的不同语言。如秦有秦的语言、楚有楚的语言、晋齐等也都各有自己的语言。我们称之为方言。而在各统治阶级之间又有着一种比较共同的语言,那就是“雅言”。周祖谟、吴晓铃《方言校笺及通检》自序中说:“‘夏言’应当是以晋语为主。因为晋国立国在夏的旧邑,而且是一时的霸主,晋语在政治和文化上自然是占优势的。等到后来秦人强大起来,统一中夏以后,秦语和晋语又相互交融,到了西汉建都长安的时候,所承接下来的官话应当就是秦晋之间的语言了。”这一论证是有一定的理论根据的。马克思说过:“方言集中为统一的民族语言是由经济和政治的集中来决定的。”虽然“雅言”还不是汉民族统一的民族语言,但它是当时的一种共同语,也应该建立在一定的经济、政治和文化基础上。既然晋侯霸诸侯时立国于夏的旧邑,“共同语”也就有可能在这一基础上发展起来。随着这一“共同语”的产生,也就有方言和雅言的区分了。

2. 春秋战国的方言词汇

词汇学在我国语言学发展史上创始得最早,而方言词汇的记录,首推扬雄。《方言》成书并普遍流传于世是东汉和帝以后的事。既然方言是汉代的著作,又是记载当时的活语言,这就难免与春秋战国时候的方言有出入。但是,《方言》提供了我们探讨春秋战国时候方言词汇的有利条件。凡是古代方言,在《方言》一书中注为

“古今语”“古雅之别语”等。例如：“敦、豐、庬、乔、幠、般、嘏、奕、戎、京、奘、将，大也。东齐海岱之间曰乔，或曰幠。宋鲁陈卫之间谓之嘏，或曰戎。秦晋之间凡物壮大谓之嘏，或曰夏。秦晋之间凡人之大谓之奘，或谓之壮。燕之北鄙齐楚之郊或曰京，或曰将。皆古今语也。”

在春秋战国时代的方言中，大概楚言是比较难懂的。孟子骂楚人为南蛮鴃舌之人，想来是与楚言难懂有关系的。在上古文献中，《楚辞》在方言的运用上是比较突出的。例如：“蹇”这个词，在《楚辞》中是很多的。

“謇吾法夫前修兮。” “謇朝谇而夕替。”(《离骚》)
“蹇将憺兮寿宫。” “蹇谁留兮中洲。”(《九歌》)
“謇不可释也。” “蹇侘傺而含慼。”(《九章》)
“蹇淹留而无成。” “蹇充倔而无端兮。”(《九辩》)

这里的“蹇”为发语词。《方言》：“蹇，极吃也，楚语也。”(吃者，语难也，即口吃。)郭璞曰：“亦北方通语也。”

“羌”在楚辞中也是很多的。例如：

“羌中道而改路。” “羌内恕己以量人兮。”(《离骚》)
“羌愈思兮愁人。” “羌声色兮娱人。”(《九歌》)
“羌众人之所仇。” “羌中道而回畔兮。”(《九章》)

《玉篇》：“羌，楚语辞也。”《后汉书·张衡传》注：“羌，发语辞。”“蹇”“羌”的用法，差不多是《楚辞》所特有的。语尾词“些”在楚辞中也用得很多。

芰——菱

制芰荷以为衣兮。(《离骚》)

楚人名菱为芰。(《尔雅·释文》)蔆,芰也,楚谓之芰。(《说文》)

可见“芰”是楚方言。

宿莽——草

夕揽洲之宿莽。(《离骚》)搴长洲之宿莽。(《离骚》)

屮,莽草也。南楚曰莽。(《方言》)

苏——草

苏粪壤以充帏兮。(《离骚》)

苏,芥草也。江淮南楚之间曰苏。(《方言》)

汩——疾行

汩余若将不及兮。(《离骚》)

汩,疾行也。南楚之外曰汩。(《方言》)

侘傺——失志

心郁邑余侘傺兮。(《楚辞·九章》)

王逸注:“楚人谓失志怅然住立为侘傺。”

傺,逗也。南楚谓之傺。(《方言》)

修——长

路曼曼其修远兮。(《离骚》)

王注:“修,长也。”《方言》:“修,长也。陈、楚之间曰修。”

上面所举“芰”“宿莽”“苏”“汩”“侘傺”“修”也都是楚方言,不加注解是很懂它的意义。另外,还有很多词到现在已经看不出是方言词了。例如:

药,王注:“药,白芷也。”《本草》:“白芷,楚人谓之药。”

《九歌》:“辛夷楣兮药房。”

蚊,《说文》:“蜹,秦、晋谓之蜹,楚谓之蚊。”

宋玉《小言赋》:“体轻蚊翼。”

蝇,《方言》:“蝇,东齐谓之羊,陈、楚间谓之蝇。”

宋玉《小言赋》:“蝇蚋皆以顾盼。”“馆于蝇须。”

遥,《方言》:“遥,广远也,梁、楚曰遥。”

《招魂》:“倚沼畦瀛兮,遥望博。”

以上列举“药”“蚊”“蝇”“遥”,都是楚方言,而这些词被吸收到共同语中来了,谁也意识不到这些是方言词。文学作品中也运用方言,《楚辞》是比较突出的。但其他作品中的例子还是很多的。例如:

硕鼠、硕鼠,无食我黍。(《诗经》)

这里的“硕”是方言词,解释为大。《方言》:“硕、沈、巨、濯、讦、敦、夏、于,大也。齐宋之间曰巨,曰硕。”

《诗经·大雅》:“其风肆好。”“肆”即极也。也是方言词。

眄,方言词。《方言》:“自关而西秦晋之间曰眄。”“始得夫子一

眄而已。"(《列子》)

睇,方言词。《方言》:"陈楚之间、南楚之外曰睇。""既含睇兮又宜笑。"(《九歌》)

涷,《尔雅》:"暴雨谓之涷。"郭注:"今江东呼夏月暴雨为涷雨。"《楚辞》:"涷雨兮洒尘。"

箭,《方言》:"自关而东谓之矢,江淮之间谓之鍭,关西曰箭。"可见"箭"也是方言词。

> 今尝计军士,竹箭羽旄,幄幕甲盾拨劫……(《墨子》)

从上面的例子看来,上古方言词在作品中运用是不少的。其他如:豭、彘、豕、豨、豚、豯等都是方言词。《方言》:"豬,北燕朝鲜之间谓之豭。关东西或谓之彘,或谓之豕。南楚谓之豨。其子或谓之豚,或谓之豯,吴扬之间谓之豬子。"这里就不一一列举了。

3. 汉代的方言词汇

秦始皇二十六年,诸侯割据称雄的局面结束,中国成为一个中央集权的统一国家。经过楚汉相争以后,西汉时国家统一巩固,社会的统一促使语言的统一。从书面语的情况看来,实际上是有着共同的语言的。从《史记》到《汉书》各种文学作品,差不多都是以统一的语言写的。但是在另一方面,方言的分歧还是存在着,扬雄《方言》就是铁的证据。从扬雄《方言》看来,汉代方言还是很复杂的。有地点方言、地域方言等等。被扬雄称为某地语的为地点方言,某地某地之间语的为地域方言,当然也必然有共同语存在。被扬雄称为"凡语""凡通语""通名""四方之通语"的就是所谓共同语,例如《方言》卷一:"党、晓、哲,知也。楚谓之党,或曰晓。齐宋之间谓之哲。”这里的“知”分明是共同语。党、晓是楚方言，可以说是地点方言。哲是齐宋之间的地域方言。《方言》卷八：“蝙蝠，自关而东谓之服翼，或谓之飞鼠，或谓之老鼠，或谓之仙鼠。自关而西秦陇之间谓之蝙蝠。北燕谓之蠟蠼。”“雁，自关而东谓之驹鵝，南楚之外谓之鵝，或谓之鸧鴚。”“蝙蝠”“雁”在方言中有很多不同的说法，但表现在书面语上还是比较一致的。所以，我们说表现在书面语上的语言还是共同的、统一的。但是，方言在作品中的运用还是找得到的。例如：“夥颐，涉之为王沈沈者。”（《史记·陈涉世家》）楚人多为夥，“夥”，方言语词。

靡有孑遗，秏矣。（《汉书》）

师古注：“今俗语犹谓无为秏，音毛。”“毛”“秏”都是方言。“饥者毛食。”注：“衍集毛字作无。”（《后汉书》）

“破釜沉舟。”（《史记》）釜，方言词。《方言》：“自关而西或谓釜，或谓之鍑。”

“缃绮为下裙，紫绮为上襦。”（《陌上桑》）襦：短袄。《方言》：“西南蜀汉谓之曲领，或谓之襦。”可见“襦”是方言词。

“盎中无斗储，还视架上无悬衣。”（《东门引》）“家无儋石之储。”（《汉书》）“所谓家无甔石之储者也。”（《方言》）“瓽甀谓之盎，自关而西或谓之盆，或谓盎。”又：“齐之东北海岱之间谓之儋。”（或作甔）

“朝露待日晞”（《长歌行》）“晞”，方言词，与晒同义。《方言》：“膊、晒、晞、曓也……曓五谷之类，秦晋之间谓之晒，东齐北燕海岱之郊谓之晞。”

汉代作品中的方言词，例子要举是很多的。以上例子足够说明方言词在文学作品中的地位。汉代在政治、经济、文化上是比较统一的，书面语也比较统一。但在方言词的运用上也是很多的，因为方言是丰富共同语的源泉。

(三) 外 来 词

我们的汉语今天词汇这样丰富，在悠久的历史过程中除不断创造新词外，同时也不断从国内兄弟民族和世界各民族的语言中吸收词汇来丰富自己。

早在先秦时代，我们就和北方的少数民族(当时称狄)、东方的夷族、西方的羌族、南方的苗瑶黎等兄弟民族有着密切的联系。有着军事、政治、经济、文化等方面的频繁接触，在先秦时候，已从海上和印度、缅甸、马来亚、大秦(罗马帝国)、安息(古波斯国)发生了贸易联系，到汉代张骞通西域后，从陆路上打通了中西交通，双方的交往更多了，特别汉代传来了佛教，大量佛教词汇进入到汉语的词汇中，非但一般词汇，连基本词汇也有渗入的。我们下面分别叙述。

1. 对东夷语的吸收

我们在和东夷诸民族的接触中，相互吸收了很多东西，我们不但吸收了他们的东西，词汇也吸收来了。

金达莱，即杜鹃花，是朝鲜语 tʃin-ta-læ 的译音。

无穷花，即木槿，是朝鲜语 mn-kuy-hua 的音译。

珣，为上古东夷语“珣玗琪”的简称，是一种美玉。(见《尔雅·释地》)

鞮鞻(侏离、朱离、兜离或兜勒)，夷语，《周礼·春官》“鞮鞻氏掌四夷之乐”的“鞮鞻”。

轻剑、轻吕、路径，《逸周书·克殷解》说周武王用轻吕砍殷纣王的尸体，而《史记·周本纪》说轻剑砍的，张守节说轻吕剑名，郭沫若认为轻吕即匈奴的路径，是匈奴宝刀，外国学者说起源于突厥，是 kilidji 的译音。

2. 对匈奴语的吸收

匈奴是战国开始才称呼的北方少数民族。但少数民族是早有了，而古代是称另外名称的，商周时称鬼方，这在甲骨文中和《诗经》中记载，或称混夷，或獯鬻、猃狁；春秋时叫北狄；到战国时称匈奴。和这些民族的战争是从来没有停止过，要到汉代，才有一个时间是和平相处；到南北朝时他们又侵入中原，侵占了大块的北方土地。由于长久战争，所以在各方面都有接触；接触中吸收了他们的东西，也借入了他们的词汇。

骆驼，《逸周书·王会解》："请会以橐驼……为献。"《山海经·北山经》："其兽多橐驼。"

这"橐驼"二字是从北狄语中借入的，后来就写作"骆驼"了。

猩猩，《逸周书·王会解》："都郭生生，欺羽生生，若黄狗，人面能言。"晋孔晁注："都郭、北狄生生兽名。"《山海经·海内经》作"狌狌"，《尔雅》作"猩猩"。

是外来词音译的，所以有各种写法。

师比，是胡人用的一种金属带钩子，由于音译，所以有各种写法。

师比，赵武灵王"赐胡服衣冠贝带黄金师比"。（《战国策·赵策》）

犀比，晋制犀比，费白日些。（《楚辞·招魂》）

胥纰，黄金胥纰一。（《史记·匈奴列传》）

犀毗，黄金犀毗一。（《汉书·匈奴传》）

法人伯希和日人白鸟库吉都认为这是匈奴语的译音。

琵琶,《释名·释乐器》:“枇杷本出于胡中,马上所鼓也。”

在汉武帝时带物连名被吸收进来的。

胭脂,焉支,《史记·匈奴列传》,有焉支山,正文引《西河故事》云:“匈奴失祁连、焉支二山,乃歌曰:‘亡我祁连山,使我六畜不蕃息;失我焉支山,使我妇女无颜色。’”

《史记·匈奴列传》又写作“烟肢”。也是一个音译词,是一种用胭脂花制成,修饰面部用的颜料。

3. 对西域语的吸收

“西域”这一称呼开始于汉代,指玉门关、阳关以西的地方,包括于阗、大宛、焉耆等国家在内。就是当时西方的少数民族。与他们接触也主要是战争。军事上有战有停,有使节往来,特别汉代有有名的张骞通西域、班超等人征西域,在交往中相互吸收了词汇。

苜蓿,《史记·大宛列传》,“马嗜苜蓿,汉使取其实来,于是天子始种苜蓿,蒲陶肥饶地”。

《汉乐府·蛱蝶行》,“蛱蝶之遨游东园,奈何卒逢三月养子燕,接我苜蓿间”。

葡萄,司马相如《上林赋》,“樱桃、蒲桃”。

《史记·大宛列传》中也有此词,波兰汉学家赫迈莱夫斯基认为可能是发音类似 badaga 的古代大宛语的代表。

荽,即芫荽,来自西域的一种番菜。《博物志》称张骞通西域得荽,俗呼芫荽。

酋长,《汉书·宣帝纪》:“杨玉、酋非首。”注:“羌胡名人师为酋,如中国之魁。”

师子,《班超传》(《后汉书》):“初,月氏尝助汉击车师有功,是岁,贡奉珍宝、符拔、师子,因求汉公主。超拒还其使,由是怨恨。”

《顺帝纪》(《后汉书》)，阳嘉二年，疏勒国献师子、封牛，似虎正黄，有髯须，尾端茸毛大如斗。

有很多学者认为师子是伊兰语 Sarɣ 的译音，先传入西域，后转传入中国。

4. 对梵语的吸收

在先秦时代，印度人已从海上来中国通商了。他们带来很多东西，这里不但有印度的，另外像波斯、大秦等国的东西也带来了。我们的祖先就连物带词的吸收进来了。到汉代张骞通西域，陆路交通打开，他们的来往更多了，佛教的佛经是用梵文写的，由于佛经的翻译，大量的佛教词汇译过来了。

先秦时代：

圣木曼兑，《北海经・海内西经》："一曰挺木牙交。"是印度名"天花"，即佛座的莲花，为神物，梵语 Mandara 的译音。

菩堇，印度名小豆为 Maswrah 的译音。

黑水，印度叫黑为 Kala，与鸿鹭音近。

汉代：

膜拜，《穆天子传》："膜拜而受。"郭璞注："今之胡人礼佛，举手加头，称南膜拜者，即此类。"膜即南膜，南无的省略。

璃瑠，桓宽《盐铁论・力耕篇》："璧玉、珊瑚、璃瑠，咸为国之宝。"《汉书・西域传》，为璧瑠璃。

浮屠，沙门，伊蒲塞。《后汉书・光武十王传》：楚王英喜欢拜佛吃斋，于汉明帝永平八年拿着黄缣、白纨三十匹给朝廷，表示为自己赎罪。汉明帝批复他的诏书说："楚王诵黄老之微言，尚浮屠之仁祠，洁斋三月，与神为誓，何嫌何疑，当有悔吝？其还赎，以助伊蒲塞桑门之盛馔。"桑门为出家者之总名，浮屠为古佛教徒之通称。

5. 对其他语言的吸收

瑯琊,《管子·轻重甲》有琅玕:“禺氏不朝,请以白璧为币乎,昆仑之虚不朝,请以璆琳、琅玕为币乎。”《南史·中天竺传》:“西与大秦安息交市,多大秦珍物。”琅玕这东西是在先秦时代由印度人传入中国的,是音译,有琅玕、琅琊等不同识名。

育沛,《山海经·南山经》,招摇山产育沛。章鸿钊以为育沛即琥珀也。第一音相近。第二《本草纲目》中引宋大明《本草》云:“琥珀破结瘕,则功用相同。”第三《蜀都赋》《后汉书》《博物志》等记载琥珀产于永昌城界西去十八日程,琥珀山握之,现在缅甸北境所产的为世界第一,产地又相符。是缅甸音译。

盗骊、白义、逾轮,见《尔雅·释马》,日人小川琢治,认为这是土耳其语的吸收,盗骊为 dar 的译音,白义 Beigir、逾轮 jylan 的译音,这些都是当时西域传入的,而西域大约又是从土耳其输入的。

石榴:植物名,安石榴的简称,《博物志》:张骞通西域得安国榴种以归,故名“安石榴”。安石即安息,属古波斯国。

吹鞭:古乐器名,《说文》:“箛,吹鞭也。”日本人林谦三认为是希腊文 tibia 的对音。

槟榔:西汉时已经出现,初作“仁频”,到唐代“宾桹”。

司马相如《上林赋》:“留落胥邪,仁频并闾。”唐颜师古注:“仁频即宾桹也。”是马来亚 pinang 的对音,在汉代我国与南洋还没有直接往来,大约是通过西域再传入我国的。

(四) 阶级同行语

语言是交际工具,是全民性的,对各阶级一视同仁的,但是各阶级对语言都不是漠不关心的,社会的个别阶级或阶层,竭力设法利用语言为自己的阶级服务。他们把自己特别的用语强加到语言中去，运用其他社会集团的人很少或者根本不用的词和语，按照自己的方式来理解某些词的意义，想尽一切办法来歪曲全民语言，这样就产生了阶级同行语。

阶级同行语是全民语言的一部分，没有自己的语音体系和语法结构，只是换成一部分的特殊词汇。因此阶级同行语在词汇中特别突出。

我国在夏代已进入了阶级社会，商代的甲骨文中反映这方面的情况很多。如分等级的，这些词汇就是阶级同行语。有君、邦伯、师长、百执事、臣、多臣、牧臣、耤臣、小耤臣、宰臧仆、奴、奚、童、妾这样多的等级名称。

在周代有公、侯、伯、子、男的等级，又有天子、诸侯、大夫、士、工、商、皂、隶的等级称呼。统治阶级总是想尽一切办法来突出自己，如他们祭神的牲礼有特别名称叫太牢、皇帝死叫崩、诸侯死叫薨、大夫死叫不禄、士死叫卒、他们的祖庙叫太庙等。

秦始皇统一六国后，他实行了以皇帝为独裁的中央集权制度，为了巩固他的统治，就用一切办法来提高王帝和王族的尊严，表现在词汇上就是霸占一些词（本来是全民的语言）为他们服务，成为阶级同行语。

朕，本是一个第一人称代词，而秦始皇后成为帝皇的自称。表示至尊无二的意思。

孤、寡，也成为王帝的专称。《老子》："贵以贱为本，高以下为基，是以侯王自称孤寡、不毂。"

臣子和一般人民对王帝又要有特殊的称呼。

上，秦汉以来为皇帝之通称。

天子，《礼记·曲礼》："君天下曰天子。"

主上，《韩非子·扬权》："主上用之，其国危亡。"

陛下,《战国策·秦策》:“王使子诵……陛下尝轫车于赵矣。”

君,至尊也。

君王,《礼记·檀弓》:“君王讨敝邑之罪。”

大君,《易·师卦》:“大君有命。”

王,一般先秦都称王。

从上面这些对王的繁多称呼中就可以看出统治者为了提高自己的统治威信,在称呼上也千方百计的想办法加以突出。“天子”就是欺骗人民说,王帝是天的儿子,受命来统治人民的等等。他们的目的是,把王族特殊化,他们是不同一般人的,他们统治人民是完全对的。

王帝住的地方也有特别名称。

宫,过去是一般词汇房子的意思,而秦始皇统一六国后成为王帝住的房子叫宫了。

殿,王帝办公的地方叫殿。到后来还有很多特有的名称,如紫禁城、龙椅、龙床等。

皇帝到一个地方,叫幸某地,或称王。如《诗经·皇矣》:“王此大邦。”《史记·项羽本纪》:“沛公欲王关中。”

臣子和一般百姓对王室的人也要有特别的称呼。

太皇、太后,《汉书·外戚传序》:“汉兴因秦之称号,帝母称皇太后,祖母称太皇太后。”

太上皇,《史记·秦始皇本纪》:“追尊庄襄王为太上皇。”

太后,王帝的母亲,《战国策》:“赵太后新用事。”

后,天子之妃曰后,后本来也是一般词汇。

太子,天子之子,立为皇嗣者称太子。

公主,天子之女。

郡马,宗室之女封郡主者称郡马。

王帝用的东西也有特别名称。

如王帝穿的衣服叫御服，看的书叫御书。天子用的旗叫鸾旗，《汉书·贾捐之传》："鸾旗在前，属车在后。"王帝坐的车叫大驾。《后汉书·舆服志》："天子出有大驾，有法驾，有小驾。"

王帝讲话叫诏，皇帝布告臣民叫诏书，后来就叫圣旨了。

王帝给东西与臣民叫赐。如赐谥，天子赐臣下以谥号也。《周礼·春官·小吏》："小丧赐谥。"古代天子赐给诸侯有大功者衣服等凡九事叫九锡。而臣民给王东西叫贡，或叫献，朝贡。

王帝死了叫崩，坟叫陵，或叫山。《水经·渭水注》："秦名天子冢曰山，汉曰陵。"棺材叫梓宫。

另外，王帝的后裔叫王孙。《史记·淮阴侯列传》："吾哀王孙而进食。"

我们从上面又可以看出：这些特殊词汇是在极小一部分人中使用，即王帝和高级官吏。连下层官吏也不可能知道，一般人民更不用讲了。

诸侯在古代是地方的霸王，他们如王帝一样，为了自己特殊化，也造成了很多特殊的词汇，弄脏全民语言，如自称不穀。《左传·僖公四年》："岂不穀是为。"《左传·成公十三年》："不穀恶其无成德。"

元老，后世称旧臣之资望最高者曰元老。

殿下，王居宫殿，以见群臣，故臣下尊称殿下。

太夫人，《汉书·文帝纪》注："列侯之妻称夫人，列侯死，子复为列侯，乃得称太夫人。"

夫人，《汉书·文帝纪》注："列侯之妻称夫人。"

世子，古者称诸侯之嫡子称世子。

上面讲的是诸侯们常用的阶级同行语的举例而已，当时除这一些外，还有一般的尊谦称谓。

君子，《礼记·曲礼》："博闻强识而让，敦善行而不怠，谓之君子。”

大人,《论语·季氏》:“畏大人。”(注:大人,圣人也。)

令郎,《古诗》:“直说太守家有此令郎君。”

伉俪,《左传·成公十一年》:“已不能庇其伉俪而亡之。”

贵府,贵姓,贵恙。

鄙人,《文选》中王褒《四子讲德论》:“鄙人黯浅,不能究识。”

贱躯、贱恙、贱姓。

贱子,自谦之称。《后汉书·楼护传》:王邑自称“贱子”上寿。

贱妾,《后汉书·邓皇后纪》:“后有疾……下使贱妾获不知足之谤。”是妻对夫的谦称。

贱事,司马迁文:“又迫贱事。”

贱息,(自称子之谦称)《国策》:“老臣贱息舒祺。”

贤叔,对人家尊称。另外有贤姊、贤妻、贤郎、贤甥、贤阁。

王帝的事物都加御:

御札,君王之诏令也。

御仗,天子之仪仗也。

御前,天子所在曰御前。

御容,帝王之象也。

御制,指帝王所作诗文,另御膳、御书、御报……

赐氏,《左传》:“夏后嘉之,赐氏曰御龙。”

赐田,赐姓,汉高祖赐娄敬姓曰刘氏是也。

赐胙、赐复、赐福、赐屦、赐爵。

第二编

中古汉语词汇

一、词汇的时代特征

中古时期，从魏晋南北朝起一直到宋代止，前后经历了一千多年的历史，勤劳勇敢的中国人民在广阔富饶的土地上一代接一代地辛勤劳动，用自己的双手创造了无比灿烂的物质文明，作为人们交际工具的语言，敏感而积极地写下了这份荣光。在这一章里，我们就根据当时所留下来的著作或文献，从语言的词汇角度，来谈中古时期的时代特征。

（一）词汇反映时代特征

1. 魏晋南北朝隋的词汇特征

（1）封建集权制度词汇

每一个历史时期每一个朝代，都有一套适合统治阶级要求的封建的法制和整套压服人民的伦常制度。统治阶级这样做的唯一目的，为了加强君主集权制度，为了独揽天下大权，借此巩固封建王朝，巩固统治阶级残酷的奴役和摧残广大的劳动人民的地位。

这一时期，由于事件纷繁，朝代更替较多，情况相当复杂，要想把这个时候集权制度用词汇反映出来，不可能也没有必要，我们只是重点的来谈谈。

a. 反映法制及其他的词。在魏晋时期出现了一种所谓“九品中正制”，是曹魏时期的一种政权分配的选举制度。据《三国志·魏书·陈群传》谓“九品官人之法，群所建也”。魏文帝初即位时所制，内容是“州、郡、县，各置大小中正，各取本地人，在诸府公卿及各省郎吏有德充才盛者为之。区别所管人物，定为九等。其言行修着，则升进之；如以五升四，以六升五。或道义亏缺，则降下之；或自五退六，自六退七”（《通考》卷二八）。“九品中正制”反映了当时统治阶级一面在麻痹中间诸阶层和欺骗人民群众，解除人民对他们的反抗，一面是表现了大地主阶层内部在政权分配上的矛盾，想缓和彼此倾轧的一种方法。“谱牒”是与“九品中正制”同时而生的一种士族制即门阀制度。赵翼之说：“至魏九品中正法行，于是权归右姓，州大中正、主簿，郡中正、功曹，皆取著姓士族为之。有司选举，必稽谱牒……”（《陔余丛考》“谱学条”）当时讲究门阀等级，最高特权门阀的子弟可以不经过选举就能作高官领厚禄，世代独占各种要职。那种所谓九品的选举制度，实际上就是门第等级分类的反映，门阀制度剥夺了劳动人民的选举权，剥夺了劳动人民的政治权利。由于大门阀子弟可以不经过选举做官，而且不会作下品，中间诸阶层的子弟不会被选为上品，所以造成了“上品无寒门，下品无世族”的不合理制度。环绕着士族门阀制度出现了新的词语，如“清流”“回门”“次门”“后门”“勋门”“役门”等等。“亲王”是两晋南北朝时帝王封皇属子弟的官名。亲王可以充任州职，在政治上有其独立性。这是一种最高统治阶级独揽大权、霸占天下，加强一家集权巩固自己统治制度的反映。“都督诸州军事”官名，任职的人掌握军政重权。“魏文帝黄初三年（公元 222），始置都督诸军事”（《晋书·职官志》）。“总管”亦是掌握军政大权的官。“魏黄初始置都督诸州军事”。后用改都督军为总管。“（北周）武帝时，以王谦为益州总管。总管之名始此”（《文献通考·职官志》）。这两个词反映了当时这样一种情况：在封建统治阶级内部，原来在表面上看来比较缓和的矛盾现在已经保持不下去了,新形成的地方军阀与朝廷分庭抗礼,他们有自己的天地,再也不听皇帝的将令了。魏晋南北朝、隋各代官制很繁,除了上面所说的外新制官不多,大多是各代互相承袭,下面我们再举出几例大概可以看出当时一般情况。如东晋、南朝,对于不属其统治或失陷各州,亦虚设了机构,把这种机构称为“遥领”。又如北周太祖所制订的所谓六卿,即是“天官府”“地官府”“春官府”“夏官府”“秋官府”“冬官府”,只不过承因上代在名称上改变而已。

军事制度也是封建王朝维护集权制度的重要武器,统治阶级从来就是把这种武器掌握在自己手里,用来作为镇压人民反抗的战斗工具。因此我们要来谈一谈。梁代的设立六军:“领军”“护军”“左卫”“右卫”“游击”“骁骑”,说明了封建主要想永远地盘踞统治地位,就要掌握各种兵种作为他们的后盾,来对付其他的各阶层。南朝的屯备京城之兵,称为“章台”,说明了统治阶级的“作贼心虚”防恐自己的垮台,因此在他们的身边要有备军,若有风吹草动,就可赶快来个血腥的镇压,事实上人民之“患”防不胜防,封建主注定要灭亡的。由于有了各种兵种,因而在兵士制度上有了各种的名称,如“车下虎士”“丹阳青巾”“交州义士”“健儿”“武射”,又有“突将”“无前”“賨叟”“青羌”“散骑”“武骑”等等名称(《通考》卷一五一、一五四)。另外还有所谓“五校”“七军”。“五校”即“屯骑”“越骑”“步兵”“长水”“射声”,“七军”即“左卫”“右卫”“前军”“后军”“左军”“右军”“骁骑”(钱仪吉《补晋兵志》)。总之一句话:统治阶级只有依靠了军队,才有一时的统治,而最后不管你有多少的军队总归要死亡的。

在法律制度上,这个时期有各式各样的名称。如“刑名”“法例”“诈讹”“请赇”“告劾”“系讯”“断狱”“败亡”“卫官”“水火”“关市”“违制”“禁卫”“户禁”“朝会”“逃亡”“斗竞”“侵扰罪”“侈奢罪”

“左道不依经律”“不枉法受财罪”，等等(《隋书》卷二五、《晋书》卷三〇)。又有“廷杖”“刺面”“凿眼”“刖足”等(《三国志·吴书·孙和传》)。从上例看来，我们虽然看不到秦汉时期那种残酷肉刑的法律制度，但是北魏的定死罪特别重“反逆”，其余都可出钱赎死。还是可以知道被压榨得清贫如洗的劳动人民在黑暗的封建制度统治的时代里，是没有丝毫的获得享受法律的权利。一切法律刑罪对于统治阶级集团本身则可以“屈法伸之”，对于被压迫者则“按之”，表现着完全是对付劳动人民的，是为统治阶级服务的。在封建主的眼里，只要觉得人民有一点对他不满的反对，就说成“图谋不轨”而用法律来制裁甚至于杀戮。实际上，人民成为不合理的法律制度下的牺牲品。

b. 行为和语言的特殊化。中古时期有一种特别有趣的情况，那就是行为和语言的特殊化。照道理，我们人的行为和语言没有什么特殊化的，因为我们处在人类社会集团里工作和生活，人的一切活动都是为人民群众能完全了解。至于语言则是一种人们的实际工具、表达思想的工具，也是为人民群众所懂得的，在实际的社会生活中根本没有两套语言。但是，在封建社会制度下所形成起来的极为异歧的阶级差别，却带来了人们在行为和语言上的特殊化。统治阶级有他们自己的行为标准，他们的一举一动都秉着自己的利益进行，他们的语言也就按照着本身要求的反映而缀上了特殊化的色彩，虽然他们的语言是为社会各个集团所了解的，还总是带点儿别样的味道，一说出来人们总觉得两样。劳动人民却是另外一回事了，他们的行为和语言没有什么特殊化，行为只不过是一种辛勤劳动的表现，语言也只不过是反映这种情况而已。我们这里所要讲的，就是例子中所反映的这些情况。

在那个时候，称天子所到的地方为“幸”，由这个字构成了“临幸”“巡幸”几个词儿。《新唐书》：“数临幸观释菜。”一个人所到的地方有什么特别的呢,可是封建统治阶级为了表示他的“不平凡”,显示他的“尊严”,硬创造几个新词。我们看了这几个词之后只觉得当时社会阶级分歧多严格反映了封建社会不合理的等级制度。为什么天子能有资格享受这种权利,是因为他独揽天下大权的结果,是封建集权制度所带给他的。“奏案”实际上只不过一只平常的桌子,作了统治阶级观览文件用,却有了专名叫“奏案”。《三国志》注:孙权“拔刀砍前奏案”。皇帝与臣的对话,也有一个特别的名字叫“奏对”。《旧唐书·权德舆传》:“臣每于延英奏对,退思陛下求理之言,生逢盛明,感涕自贺。”在《南史·王韶之传》“凡诸诏黄,皆其辞也”中的“诏黄”,原来只是一张黄纸,经皇帝用作写布告的文件,于是就有了“诏黄”这个专名。我们说象这样一些词,只是统治阶级所造成,反映了统治阶级占有特权的一种情况,反映了那个时代由于阶级地位的不同而产生那种不仅在行为上不同,而在语言上也有特殊化的情况。

(2) 思想意识词汇

在这段历史时期里,战争频繁,社会动荡,经济、文化遭到破坏。虽然如此,在每一个朝代的统治阶级只要有一点太平时光,还是重视恢复和发展经济、科学、文化事业,因此在当时人民思想意识领域里留下了那个时期的各项成就。

a. 学术思想在词汇中的反映

我们从史籍记载得知,在隋代已经有了像现代一样的图书馆“秘阁藏书”,藏本众多,种类浩繁,在语言里有了下面的词儿反映了这一事实。如有“集略”“六艺略”“诸子略”“诗赋略”“兵书略”“术数略”“方技略”,又有“一曰甲部,纪六艺及小学等书;二曰乙部,有古诸子家、近世子家兵书、兵家、术数;三曰丙部,有史记、旧事,皇览薄、杂事;四曰丁部,有诗赋、图赞、《汲冢书》”(《隋书·经籍志》)。上面所说不能不说是反映了当时的一般学术状况。《汲冢书》是晋时一种新发现,对于当时的学术研究大有贡献。《晋书卷三·武帝纪》称咸宁五年(公元 279)十月……汲郡人不準掘魏襄王冢,得竹简、小篆古书十余万言,藏于秘府。《汲冢书》就是这时候发现的(有记载说是在太康二年。《晋书·束皙传》卷五一:"太康二年[公元 283]汲郡人不準盗发魏襄王墓,或安釐王冢,得竹书数十车。")。《汲冢书》的发现确实对那时学术界开辟了新的场面,在学术研究中增加了考证和古文字探讨的新内容,对于后来的人探索古代的经典文献和文字发展的研究作了前导的作用。西汉时期非常重视儒学,到了这个时候儒学已经是流于末流,代之而起的是阔论老庄,专述玄虚,造成了在学术思想上重"玄风"的一大特征,也给我们留下了反映这种情形的词汇。"玄",本义是理之深奥。《老子》:"玄之又玄,众妙之门。"当时"玄学"之风盛行之时,"玄"的意义有了转变,成为脱离现实高谈阔论的专义。由"玄"所构成的有"玄学""玄风""玄了"这些词儿。"玄学",是当时那些高谈阔论逃避现实的专门家所研究的一种幽奥的学问,把以研究这种学问的团体称之为"道家"。《北史·羊烈传》:"烈少通敏,好读书,能言名理,以'玄学'知名。"其时"玄学"影响深广,在唐代已经列于学宦。"玄风",是指那时的逃避现实寄于颓废思想的清谈之风气。沈约文《宋书·谢灵运传论》:"在晋中兴,玄风独扇。""玄了"是深悟的意思。《三国志·孔融传》注"融二子,八岁小儿,能'玄了'祸福"。我们从当时盛行的玄学之风看来,完全可以理解那时的社会矛盾日益扩大,统治阶级对现实局势的挽救,又渐次感觉失望;于是就产生那种清谈玄虚之学,虚无的颓废思想必然要抬头,而且随着社会矛盾的日益尖锐化,这种思想为步步猖獗,来支配士大夫的精神生活。他们对现实的统治需要儒家学为主流,但也力不胜挡,他们对自身统治前途悲观失望,乃至沉湎于虚无的颓废思想之中。"崇有论"是当时学术思想中重要的一种理论。这个理论内容是这样:“贱有则必外形,外形则必遗制,遗制则必忽防,忽防则必忘礼。礼制弗存,则无以为政矣……其甚者至于裸裎,言笑忘宜,以不惜为弘,士行又亏矣。……有生于无……生以有为己分,则虚无是有之所谓遗者也。故养既化之有,非无用之所能全也;理既有之众,非无为之所能循也。”(《晋书·裴頠传》)可见,这是一种说明了“有”是实质,是现实生活的产物,是合实际生活需要的;“无”是现象,只是表面的一种空谈无用的现象,在现实生活中无可用的。这种表现着二元论倾向的思想,实质上就是当时尖锐复杂的社会矛盾中反映了那些中间阶层对现实的一种意识形态,还是“玄”呢,还是“实”! “无君论”,也是当时学术思想中重要的一面。主张人类本来并没有阶级,没有人剥削人、没有人统治人,只不过后来出现了强者、力者,才出现了这种不合理的制度。主张反对统治阶级对人民群众的残酷压迫,狠狠地申诉和抨击了反动统治阶级。我们且看看这几句话,更了解得清楚:“君臣既立,众慝日滋,而欲攘臂乎桎梏之间,愁劳于涂炭之中,人主忧栗于庙堂之上,百姓煎扰乎困苦之中;闲之以礼度,整之以刑罚,是犹辟滔天之源,激不测之流,塞之以撮壤,障之以指掌也。”又:“君臣既立而变化遂滋。夫獭多则鱼扰,鹰众则鸟乱,有司设则百姓困,奉上厚则下民贫……民乏衣食,自给已剧,况如加赋敛,重以苦役,下不堪命。且冻且饥,冒法斯滥,于是乎在。”(《抱朴子·诘鲍篇》)我们说“无君论”思想,无疑的代表了劳动人民的呼声,是一种唯物论思想,而且,还影响了以后学术思想界。

我们上面所举的各例,要想全面的反映当时学术思想显然是不够,但还是可以看个大概。因此我们要讲下面一个题目了。

b. “阴阳五行”学说在词汇中的反映

“阴阳五行”学说到了这个时期已经是不太重要了,不过在与玄学之风盛行之下还有一定的影响,这是我们可以从当时的一般著作所可看到的。如对于历学上的影响就是一个正确的例证。“阳月”,《西京杂记》:“十月阴虽用事。而阴不孤立,此月纯阴,疑于无阳,故谓之‘阳月’。”“重阳”,九月九日“重阳”,由因日月都作为阳数而命名为节日名。杜甫诗:“旧日重阳日,传杯不放杯。”“阳会”,节日名。《采兰杂志》中记载:当时人们以二十九日为上九,初九日为中九,十九日为下九。每月下九置酒为妇女之欢,名叫“阳会”。“阳门”,星名。《宋史》:“阳门二星,在库楼东北,主守隘塞,御外寇。”“阳秋”,春秋叫阳秋。如孙盛《晋春秋》曰《晋阳秋》。“阳春”,即春日也。《开元天宝遗事》:“咸谓璟为有脚阳春,言所至之处,如阳春煦物也。”又,俗称阴历十月为小阳春。“阴月”,《西京杂记》:“四月阳虽用事而阳不独存,此月纯阳疑于无阴,故亦谓之阴月。”“阴会”,《协记辨方书》:阴阳家言,三月庚辰日,九月甲戌日,皆为阴会,百事不宜。“阴卯”,《晋书·五行志》:“旧为屐者齿皆达楄上,名曰露卯,太元中忽不彻名曰阴卯。”“阴兔”即月亮。梁简文帝《大法颂》:“阴兔两重,阳乌三足。”上面这些词儿反映这种情况:在当时“阴阳五行”之说尽管有它盛衰时期,对于学术思想界还是有相当的影响,而且对于当时的广大的人民群众也是有影响的。

c. 宗教词汇的反映

关于佛教的传入和传播发展情况,在第二章《外来词的大量输入》中有比较全面的叙述,这里不累赘了,现在只就当时所产生的一般宗教词汇来谈一下。

瞻礼神佛有一种仪式叫“烧香”,是为了请神佛保佑安福。如《三国志注》:“于吉立精舍,烧香读道书。”所说就是这个意思。“魔媪”,假托鬼神以惑群众而求己利的老女人。这是与古代的巫女差不多。《南史》:“师巫魔媪,送迎纷纭。”“魔媪”是随着佛教的传播应运而生,而且在当时成为一种职业,凡有“不测”之事都来请求魔媪，以获得解决。事实上这只是一种骗人的把戏，不但不能解决任何问题，相反的误人大事。当时之所以能够这样兴盛，是说明了人们受佛教影响之深已经是不可名状了。佛教盛行以后，人们认识上除了佛菩萨之外还存在着与此相对的“鬼”的认识，而且言鬼总是觉得不吉利。“鬼”这个单词产生的好多新词，如“死鬼”，《晋书·李寿载记》“龚壮作诗七篇，托言应璩以讽寿……若今人所作，时贤之话言也；古人所作，死鬼之常辞也。”这里“死鬼”一词和我们今天所理解的不同，是褒义之词，但离不开神助、佛助的意味儿。“鬼市”，是鬼神们的买卖交易的地方，拟鬼以人化。《避暑录话》：“海边鬼市，半夜而合，鸡鸣而散。”“鬼市”又可作为活人在夜间不置大而相叙贸易的地方。如《新唐书·西域传》所说的“西海有市，贸易不相见，置直物于旁，名鬼市。”这个词儿在诗人的诗里也出现，施肩吾诗：“腥臊海边多鬼市，乌夷居处无乡里。”人们在宗教迷信的影响下，往往把“鬼”的世界想像得和人的世界一样，有鬼的君主以及鬼世界所组织的一切机构和制度，“鬼兵”一词就是一个明显的例子。“鬼兵”就是阴兵。《晋书·王羲之传》：“王氏世事张氏五斗米道，凝之弥笃。孙恩之攻会稽，察佐请为之备，疑之不从……曰：‘吾已请大道，许鬼兵相助’。”《北史·齐武成纪》：河清三年，“晋阳讹言有鬼兵，百姓竞击铜铁捍之”。《蜀梼杌》：大昌军使徐瑶，善格斗，其兵皆文身黧黑，称为鬼兵，瑶为鬼魁。“迎会”，言鬼神到来，人们敲锣打鼓的来迎接的一种仪式。又名“赛会”。王穉登《吴社编》“凡神所栖舍，具威仪、箫鼓、杂戏迎之，曰：‘会’，富人有力者，捐金借骑以主其事，谓之‘会首’……里豪市侠，啸召俦侣，亦曰：‘会前’。荒阳小市，不能为会，各殚其才智，以俟大会并入之，曰：‘助会’。会所经行，市人之家，张筵列炬，士女罗拜，曰‘接会’”。“迎会”这一种仪式以后成为一种风俗，一年一度都有“迎会”，而且成为劳动人民辛苦一年的欢娱节日。这一风俗一直沿袭到解放以前。解放以后，随着人们不信迷信而已消声敛迹了。“拜愿”，也就是许愿，求神佛保佑万福无恙，有效验，则以礼拜，以谢佛助。象《宣府镇志》所说，许愿谢佛的一种情况。《宣府志》说“市人于五月十三日为父母妻子或己身疾病，具香纸牲醴于城隍庙拜祷，自其家门，且行且拜，至庙乃止，谓之‘拜愿’。今各处皆沿其风”。“抽签”，到神庙中拈签，以卜吉凶叫“抽签”，现在称“求签”（这个词现在快淘汰了）。《幸蜀记》：“初，衍祷张恶子庙，抽签得‘逆天者殃’四字。”《剑南诗自注》“予出蜀日，尝遣僧则华乞签于射供陆使君祠，使君以老杜诗为签，予得《遣兴》五首中第二首。”这个例子就是说明了以抽签卜吉凶来决定自己行动。“纸钱”，即冥钱。是鬼所使用的钱钞。《新唐书·王玙传》：“汉以来葬丧皆有瘗钱，后世里俗稍以纸寓钱为鬼事。自是玙乃用为禳袚。”《鼠璞》：“纸钱起于殷长史，南齐东昏侯，剪纸为钱……以代束帛。”封演《闻见记》：“古者享祀鬼神，有圭璧币帛，事毕则埋之……魏晋以来，始有其事。”这里是说明，“纸钱”一词出现的时代，也说明了它的产生与宗教分不开。“冥宝”，祭祷时所焚之黄纸，锡箔折成元宝形，叫“冥宝”。《清异录》：“周世宗发引之日，金银钱宝，皆寓以形，雕印文字，黄曰‘泉台上宝’，白曰‘冥游亚宝’。”这是一种鬼在阴间世界使用的钱钞，作为鬼与鬼彼此经济交涉的使用物。“送羹饭”，人病以为鬼所祭，于夜于某方向送饭叫“送羹饭”。《睽车志》：“有巫送鬼，自持咒前行，令一童担羹饭既行，童觉担渐重，至不能任，巫曰：此冤鬼难送也。”与“送羹饭”差不多的一种仪式叫“送鬼”，是以为人病是鬼所祟，具酒食以祭，可驱除病魔，使病全愈。这两种仪式一直沿传到解放前。在解放后的头几年已经是渐渐不见了。

(3) 生产和生活词汇

a. 反映农业生产的词汇

魏晋南北朝时期社会是比较动荡的，因为战争，大量地丧失了劳动力,田地荒芜,民不聊生,魏武帝曹操的诗:“白骨露于野,千里无鸡鸣。生民百遗一,念之断人肠。”(《三曹诗选·蒿里行》)一般地道出了那时的凄苦悲怆的景象。但是广大的劳动人民在这种惨痛的情况之下,还是用自己的智慧和双手在辛勤不倦地从事劳动,创造精神的、物质的巨大财富。而当时的统治阶级为了自己的地位巩固,不得不特别注意到农业生产,制订了一些发展生产的制度,鼓励人民热心于耕种。在这种情形下,农业生产的发展虽然比以前是缓慢得多,仍旧是有发展的。在词汇中我们可以看出来的。

“耧犁”是当时的新式农具。《齐民要术》:耧犁是一种“中置耧斗藏种以牛架之,一人执耧且行且摇,种乃随下”的农具。《农政全书》:“耧犁,耦车,下种器也。”《三国志》载:皇甫隆为敦煌太守,民不知耕,隆乃教民作耧犁,省力过半,得谷加五。当时有一种新式的灌水方法叫“衍溉”,《魏略》中说:“嘉平中,安定皇甫隆代起赵基为敦煌太守……隆到,教作耧犁,又教衍溉,岁终率计,其所省庸力过半,得谷加五。”“翻车”,也是当时的新式农具,以木作长槽,斜置溪岸,槽之两端设轴,连缀水板数十,板与槽同涧轴转,则激水上引,以溉田地。现在江南农村所用的水车,可以说是这种翻车的加工与发展吧。“翻车”又叫“龙骨车”。《三国志·魏书·杜夔传》注:“时有扶风马钧,巧思绝世……居京都,城中有坡可为囿,患无水以灌之,乃作翻车,令儿童转之,而灌水自覆,更入更出,其巧百倍于常,此二异也。”苏轼《无锡道中赋水车》诗自注:江浙间人目水车为龙骨车。上例的新农具的发展,对于“火耕水耨”的产业生产在技术上起了巨大的革新作用,无疑的大大地发展了农业生产,对于农业的劳动力也有所解放,可以有更多的时间从事其他农业劳动,说“事半功倍”是一点也不夸张的。至于发展农业生产的一些制度实施和某些旧制度的改革,也是发展农业的保证条件。如西晋时期“领佃”,把无主荒地由各州县政府招收人民耕种,和“屯田法”即以“代田兵种稻……各五十人为一屯，屯置司马，使皆如屯田法”(《晋书·食货志》)，都是对当时发展农业生产起着积极的作用。“度田”是东晋时期出现的一种新的制度。这种制度规定田赋为十分之一，按地每亩税米三升作收。“流人”是当时的一个特别词儿，是由于战争和灾荒造成人民破产而产生的，这种人当时能够“各随轻重，收其赎物”(《晋书·食货志》)。把他们安置到生产里面、从事生产，对当时的农业生产的发展有着一定的影响。这种制度的实施，确确实实对当时农业生产发展非常有利。还有南北朝的“均田制”和统治阶级亲耕“藉田”，劝农务蚕桑，好处也相当大，显然是能够促进农业生产的。

我们在上面所举的仅只几个词儿中，已经是可以看到，当时的农业生产在兵荒马乱、天灾人祸的困境中还是有发展的，而且还留下了我们今天还在使用的农具，其中所起的巨大作用，当是广大的劳动人民。

b. 反映手工业生产的词汇

舟车制造每个时代都有，不过这时期造的异常庞大，制作之精已经达到空前的境地。如：“舟舰”，是一种作战的兵船。《晋书·王濬传》：“武帝谋伐吴，诏濬修舟舰。濬乃作大船连舫，方百二十步，受二千余人，以木为城，起楼橹，开出四门，其上皆得驰马来往。又画鹢首怪兽于船首，以惧江神。舟棹之盛，自古未有。”“舠舸”，长而小行驶疾飞的战船。按《类篇》说是“船长貌”，按《玉篇》看是一种“小船”。《梁书·王僧辩传》：“并载士，两边悉八十棹，棹手皆越人，去来趣袭，捷过风电。”可见这是一种灵活性很大的战船。南齐祖冲之发明的“千里船”可以日行余里。还有“指南船”的发明(《宋书·礼志五》)。在车的制造上也有好多新发明。“犊车”，用八条牛拉的车(《宋书·礼志五》)。《宋书·礼志五》：“犊车，輧车之流也。”“追锋车”，《晋书》：“追锋车，去小车盖，加通幰，如轺车。”

“四望车”是一种没有车壁的车子。还有一些“平扇舆”“徘徊舆”“眠舆”都是一些轻巧便捷的车子(《晋书》卷七九、九九,《陈书》卷三十六)。纺织品制造上当时出现了多品种的制造,如“斑布”,《梁书·林邑国传》:“出……吉贝、沈木香,吉贝者,树名也,其华成时如鹅毳,抽其绪纺之以作布,洁白与纻布不殊,亦染成五色,织为斑布也。”又如“南布”“花练”“紫缬”“百练缣”等多品种,可见当时纺织工业是发达的,如果技术和机械没有发展到一定高度的水平,是不可能有的。当时造纸业也有相当的发展,好多优质量的纸造出来了。如“密香纸”是一种用密香树皮作的纸。嵇含《南方草木状》卷上:“……极香而坚韧,水渍不溃烂,太康五年(公元 284),大秦国献三万幅,尝以万幅赐……杜预,令写所撰《春秋释例》及《经传集解》以进。”“蔡侯纸”,以蔡伦命名的纸张。当时所产纸张分品目,即有“赤纸”“缥纸”“麻纸”“敕纸”“法纸”,等等(《艺文类聚》卷五八)。墨的制造技术也相当复杂。象有些墨用漆、烟、松煤制成叫“墨丸”(《洞天清录》)。其他的制造方面有“木牛流马”,是诸葛亮所制成的机关马,用以自动运军粮(《三国志·蜀书》)。机械工业上有比较大型的绫机的机件叫“蹑”。《三国志·魏书·杜夔传》注引《马钧传》中记载马钧:“为博士,居贫,乃思绫机之变,不言而世人知其巧矣。旧绫机五十综者五十蹑,六十综者六十蹑。”当时有了这样的先进工具,自然在丝织品工业上有相应的发达,我们从当时织成品看也可知道一般了。如有“缣总”“绡德”“罗”“纨绮縠”等等之类。这里要特别提出来的是当时已经有了先进的炼钢法,叫“横法钢”。炼出来的是一种精钢。以上所有这些都反映了当时手工业比较发达的,手工业的技术也发展到相当的高度。

c. 反映商业的词汇

商业在那个时期是不够重视的,在三国时代却有压制发展的现象,“旗亭”“当市楼”就告诉了我们有这种情况。然而,总的说来，还是发展繁荣的。“旗亭”“当市楼”是怎样的东西，在《三辅黄图》卷三中告诉我们：“在突门夹横桥，大道市楼皆重屋，又曰旗亭，楼在杜门大道南，又有当市楼，有令署，以察商贾货财卖买贸易之事。”晋代商业虽受到恶税的影响，很难发达，但由于当时有新的市场交易出现，说来要算兴隆的，这种新形式叫“互市”。《魏书》记载说：“魏……于南垂立互市以致南，货羽毛齿革之属，无远不至。”《晋书》：“石勒……求通使交市，逖不报书，而听互市，收利十倍，于是公私丰赡。”当时的对外贸易也通过“互市”来进行。如《隋书·职官志》中记载：“初，炀帝置四方馆于建国门外，以待四方使者，后罢之。有事则置……东方曰东夷使者，南方曰南蛮使者，西方曰西戎使者，北方曰北狄使者，各一人，掌其方国及互市事。”又如《隋书·食货志》记载“以西域多诸宝物，令裴矩往张掖监诸商胡互市”。从“借贷”一词上看出当时官吏见到行有利可图，他们就利用作官地位的便利，经商牟利。《魏书》说：“诏曰：刺史牧民，为万里之表。自顷每因发调，逼民假贷。大商富贾，要射时利；旬日之间，增赢十倍，上下通同，分以润屋。故编户之家，困于冻馁；豪富之门，日有兼积。为政之弊，莫过于此。”如果那时商业不发达的话，就不会有这种情况。

总的说来，买卖交易已经发展到大规模的互市交易，万商云集已经到了空前的了。

d. 反映人民生活的词汇

人民的生活是异常广泛的，我们这里只就几个方面来说的。

当时人民的衣饰是各式各样的。“无颜帢”是魏的时候才制成通行的。《晋书卷二七五·五行志上》：“初魏造白帢，横缝其前身以别，后名之曰颜帢。”“颜帢”流传到后来“稍去其缝”的叫“无颜帢”。“乌纱帽”，据《宋书卷三〇·五行志一》记载，是在“明帝初，司徒建安王休仁，统军赭圻，制‘乌纱帽’。反抽帽裙，民间谓之司徒状。京邑翕然相尚”。其他如像帽因势为名的有“山鹊归林”“兔子度坑”“反缚黄离喽”“凤凰度三桥”等名称（《南齐书卷一九・五行志》）。“幞头”，帽的一种名称。郭若虚《图画见闻志》卷一：“汉魏以前，始戴幅巾。晋宋之世，方用羃䍦。后周以三尺皂绢，向后幞发，名折上巾，通谓之‘幞头’。武帝时，裁成四脚。”当时人穿的鞋子也有各种名称。如“阴卯”，《晋书卷二七・五行志上》：“旧为屐者，齿皆达楄上，名曰‘露卯’。太元中，忽不彻，名曰‘阴卯’。”“虎皮靴”，《梁书卷二六・萧琛传》：“时王俭当朝，琛年少，未为俭所识，负其才气，欲候俭。时俭宴于乐游苑，乃著‘虎皮靴’，策桃枝杖，直造俭坐，俭与语，大悦。”不过这种鞋子在当时还没有流传开来。“穿角履”为当时大家爱穿的一种鞋子。《魏书・王慧龙传附王遵业传》：“时政归门下，世谓侍中、黄门为小宰相，而遵业从容恬素，若处邱园，尝著‘穿角履’。好事者多毁新履以学之。”还有当时的鞋子分妇人是圆头鞋，男子为方头鞋。在晋时都是方头了（《宋书卷三〇・五行志》）。关于当时的妇女装饰，我们也可以在下面这几个词看出来。如“五兵佩”“飞天紒”“夹领小袖”等。“五兵佩”，据《晋书・五行志上》记载是这样一种东西，“以金银瑇瑁之属，为斧钺戈戟以当笄”的饰物。“飞天紒”，《宋书・五行志一》：“民间妇人结发者，三分发，抽其鬟，直向上，谓之‘飞天紒’。”

衣饰只是人民生活的极小一部分，我们仅就所举例子看来，可以了解到当时人民生活比较充实的，花样也多，足可证明人民生活是丰富多采的。

2. 唐宋词汇特征

（1）封建典章制度词汇

唐宋时期的典章制度一般地说都沿用前代的，而稍微有点变化。总之，统治阶级设立制度，唯一的目的还是造成他压迫人民群众的根据，也利用制度来维持和巩固自己的地位。下面我们先从官制上说起：

“同平章事”，是当时的官名。唐时以尚书、中书、门下三省之长官称为宰相，又以其官隆重，不常置，以他官慑其职，谓之同中书门下平章事，省称“同平章事”。“内相”，在当时虽然有宰相主大权，而贽常居中参裁可否，时号“内相”（《新唐书卷一五七·陆贽传》）。还有所谓“九寺、五监、一台”的官制。“九寺”即太常、光禄、卫尉、宗正、太仆、大理、鸿胪、司农、太府等，“五监”即国子、少府、将作、军器、都水，“一台”即御史台，是一种监察机关。另外，唐时还设置“使”官，以督察州县。如巡察使、安抚使、存抚使、观风俗使、黜陟使、宣抚使、营田使、转运使、户口使、租庸使、度支使、盐铁使、两税使、榷营使、防御使之名，以辅政治。从上面仅有这些官名设置看来，唐时的一切——从中央到地方——权力都集中在皇帝手中，强固了中央集权制度，虽然统治阶级内部（皇帝、藩镇、宦官、官僚间）存在矛盾，但在这样的集权之下，在一定时期里也无可能发展为矛盾的冲突，皇帝的统治地位是巩固的。五代、宋、金时期所设置的官名是继承唐制，但也有一些新的官名出现，如“三司”“二府”之名。“三司”即户部、盐铁、度支合并后的官名；“二府”即枢密院、中书省，是统辖各部、掌管民事的官府（《宋史卷一六二·职官志》）。“使相”是当时的一种空衔官名。其他还有：“都转运使”“转运使”“随军转运使”“团练使”“制置使”“经略使”等名称。还有“贵官”是位于宰相之上的官名，职权比宰相大（《宋史卷一六一·职官志》）。在官名的总称上也是分开，分中央的、地方的，地方的称为“外官”，又分为“亲民”和“厘务”二等。可见这时期中央政权组织还是集权制，皇帝一手统治天下。对于培养和选拔人才方面也设有专门组织，来进行工作，如唐时设有“大学”“国子学”“四门学”“州学”“崇文馆”“弘文馆”。宋时设有“昭文馆”“集贤院”。上面所有这些组织,对于“小民”是绝缘的,而对皇室、贵族、大官僚子弟开门。可见当时的阶级分野极端严重。

在兵制上也有各种名称。当时“府兵制”是士兵的来源,是一种兵役制度(《新唐书卷五十·兵志》)。“府兵”“彍骑”“方镇”“禁兵”是军队组织名称。“府兵”下设有团、队、火三种;“彍骑”设有白丁、宁丁、品子、强子几级(《新唐书卷五十·兵志》)。宋代“禁兵”“厢兵”“乡兵”“蕃兵”的名称。“禁兵”是天子的卫兵;“厢兵”是各州的军队;“乡兵”是选自户籍,或土民应募而经过训练,以为防守的军队;“蕃兵”是塞下所属诸部落的蕃篱军队(《宋史·兵志》,《通考》卷一五六)。“水军”,是南宋时以江淮为守而设立的兵团《宋史·兵志》,军队是统治阶级巩固自己政权的有力工具,每个时期的统治阶级无不重视军队的建立,唐宋王朝也不例外。

刑法制度上也有新的变化。唐宋时期在刑法制度上减去某种毒刑,大部分是依照上代的。“律”,用刑科条也;“会”,国家制度也;“格”,百官有司所谓之事也;“式”,所常守之法也。“谋大逆”“谋叛”“谋恶逆”“劝不道”“大不敬”“不孝”“不睦”“不义”“内乱”等,都是唐时法制的名称。“敕”,禁于未然之谓敕;“令”,禁于已然之谓令;“格”,设于此以待彼之至谓格;“式”,设于此使彼效之谓专制,是宋时的法制(《旧唐书卷五十·刑法志》)。其他如“杖、配役、刺配”等,“刺配”,《通考卷一六八·刑考七》记载:“晋天福中,始创刺面之法,遂为戢奸重典,宋因其法。”《大学衍义补》卷一〇五云:“……为刺配之法,既杖其脊,又配其人,而且刺其面,是一人之身,一事之犯,而兼受三刑也。”“投崖”“炮掷”“钉割”“脔杀”“分尸五京”“取心以献”则是辽时的酷刑,俱是惨无人道。

其他的还有像造就法律人才的则设有“律学”。《旧唐书卷三·太宗纪》:“贞观六年(公元632)……初置律学。”又《旧唐书卷四四·职官志三·国子监》:“律学博士一人……学生五十人,博士掌教文武官八品已上，及庶人子弟为生者，以律令为专业，格式法例，亦兼习之。”

这里我们要提出的，那时所谓的“十恶”：“谋反、谋大逆、谋叛、谋恶逆、不道（即杀一家非死罪三人以上）、大不敬（即犯皇帝尊严）、不孝、不睦、不义、内乱”等，规定甚严格，犯了没有所谓许赎的便利。这种恶制不仅只是“三纲五常”的刑法条文化，而且是完全镇压人民的斗争和反抗。这一法制以后的每个朝代虽有所不同，仍旧苛厉地统治着中国人民一直到蒋家的最残酷最腐朽皇朝结束为止。

（2）思想意识词汇

唐宋时期是比较稳定的时期，在政治上、经济上、文化上都有相当的发展。反映在人民思想意识上是比较前进的，下面分几个小点来谈。

a. 学术思想在词汇中的反映

“本体论”是唐时以韩愈为代表的哲学派的根本理论，认为世界最本源的东西就是“道”，是独自存在于精神当中，体现在人类社会的现实生活中，就是“三纲五常”和其时的生产关系。说人也是“道”的产物，其最本质的东西就是“性礼”，“性”就是“道”的体现。我们说，这是一种唯心论的思想，是代表了当时俗权大地主集团利益之言，与广大的人民格格不入。“礼”，是当时柳宗元提出来的一种哲学思想。他从论“情”、论“性”为出发点，认为人类的“性”都是平等的、善的，而“情”则是后天的环境所决定。在讨论“礼”的观点上有二元论的哲学意识，确认封建秩序是不可变易的，他的改良主义主张就是从这里来的。我们说这种也是要不得的。“气和理”为宋时的一种哲学思想，“气”指的是物质，“理”指的是精神，从“气和理”来探讨宇宙的起源和人类生活的实践。我们且看这段文字：“……其说曰，无极而太极，太极动而生阳，动极而静，静而生阴；静极复动,一动一静,互为其根,分阴分阳,两仪立焉。阳变阴合……五气顺布,四时行焉,五行一阴阳也。阴阳一太极也,太极本无极也。五行三生也。各一其性,无极之真。二五之精,妙合而凝;乾道成男,坤道成女;二气交感,化为万物……惟人也得其秀而最美,形既生矣,神发知矣。五性感动,而善恶分、万事出矣。圣人定之以中正仁义,而主静,立人极焉……故曰:立天之道,曰阴与阳;立地之道,曰柔与刚;立人大道,曰仁与义。又曰:原始反终,故知死生之说,大哉《易》也,斯其至矣。"(《宋史·周敦颐传》)得知,当时就有人提出要从社会现实的矛盾基础上,来认识客观世界的矛盾性,来研究宇宙的精神和物质的关系,这是一种具有朴素的辩证法因素的哲学思想,这是很可贵的。在研究宇宙起源和关系的问题,还有朱熹的二元论思想,"理不在气先,气亦不在理后","若无此气,则理亦无挂搭处"(《朱子语录》)。

我们在上面所可观看得到了这些词儿:"道""性""理""情""礼""气"等,只是当时学术思想意识中的一个侧面,然而我们却有可能观察到当时的学术思想是相当复杂的,有唯心论的、二元论的、朴素唯物论的,而这些也是构成当时蓬蓬勃勃地发展的哲学思想,有这样的哲学思想存在,可以肯定在人们的意识中是有着斗争的;还可以想见,斗争一定是很激烈。在另一方面说来,是反映了那时的辉煌学术成就,而对以后各代的哲学思想发展起着巨大的作用,特别是那种朴素的辩证法观点更是可贵的。

b. 反映礼教的词汇

封建礼教是作为统治阶级麻痹人民思想的重要工具之一。用礼教来压服人、束缚人,使得人民动弹不得,是一切统治阶级惯用的伎俩,因此每个时代都有一整套礼教制度,他们要人民唯命是听,逆来顺受,绝不希望人民由自己来决定行动和日常生活中的一切。这样,统治阶级的地位巩固,家天下的皇朝政权巩固了。

我们先说一些关于婚姻上面的情况。“归妻”就是结婚。“冥婚”,替死者结亲。《旧唐书·萧至忠传》:“韦庶人为亡弟赠汝南王洵与至忠亡女为冥婚合葬。”“卖婚”,以余钱娶妻。《通典》:“山东人士尚阀阈,嫁娶必多取资,故谓之‘卖婚’。”“系亲”,《宋史卷一一五·礼志十八》:“公主下降,初被选尚者,即拜驸马都尉,赐玉带、袭衣、银鞍勒马、采罗百匹谓之‘系亲’。”“鬼媒人”,《昨梦录》:“北俗,男女青年当嫁娶未婚而死者,两家命媒互求之,谓之‘鬼媒人’。通家状细帖,各以父母命祷而卜之,得吉,即制冥衣……媒就男墓备酒果,祭以合婚。设两座相并,各立小幡……奠毕……其相喜者,则二幡微动,以致相合;若一不喜者,幡不为动……两象亦薄以币帛酬鬼媒。”

在丧祭方面的。“出孝”,《新唐书卷九八·韦挺传》:“今衣冠上族,辰日不哭,谓为重丧;亲宾来吊,辄不临举。又闾里佃人,每有重丧,不即发问,先造邑社,待营办具,乃始发哀。至假车乘,雇棺椁,以荣送葬。既葬,邻伍会集,相与酣醉。名曰‘出孝’。”“送血泪”,宇文懋昭《大金国志》卷三九:“……其亲友死,则以刀剺额,血泪交下,谓之‘送血泪’。死者埋之而无棺椁,贵者生焚所宠奴婢、所乘鞍马以殉之。其祀祭、饮食之物尽焚之,谓之‘烧饭’。”

其他像“同庚会”,年老者相聚的一种庆贺仪式。“太君”,《宋史·职官志》:“凡升朝官以上,遇恩母封县太君,妻封县君,更上则郡太君。”《司马温公书仪》:“母亡云先太夫人、先太君。无封邑者,止云先夫人。”

因为限于材料,我们只说这些了。这里想附带谈谈一些反映特殊形式的词。像“红雨”,指的是桃花。李贺诗:“桃花乱落如红雨。”“章台”,指杨柳。“银钩”,指书法。《书苑》:“晋索靖草书绝代,名银钩虿尾。”“木奴”,指橘子。《襄阳耆旧传》:“李衡种橘千株,曰:‘我有千头木奴。’”另外又指果实的通称。《齐民要术·种杏》注:“木奴千,无凶年。”“九春”,指的是鹿茸。“玉兔”,指为月亮。傅咸文:“月中何有?玉兔捣药。”故用来指月亮的。“木公”,称松树。“木母”,称梅树。《湖海新闻》:宋神宗问叶涛曰:“卿自山路来,木公木母如何?”曰:“木公正傲岁,木母正含春。”这一些特殊形式的词,可以说都是上层分子所“创造”的,在民间流传不广或者根本没有流传,词的生命力很薄弱,在词汇里头是一种相当于集团语词差不多,是注定要死亡的。

c. 宗教词汇的增多

唐宋时期,宗教势力是强大的,传教、信教在当时成为一种普遍的现象,我们举佛教兴盛的情况,也可以知道当时一般情况。如《旧唐书·姚崇传》所记载的:“先是,中宗时,公主外戚皆奏请度人为僧尼,亦有出私财造寺者,富户强丁,皆经营避役,远近充满。至是,崇奏曰:‘佛不在外,求之于心……何用妄度奸人,令坏正法。’上纳其言,令有司隐括僧徒,以伪滥还俗者万二千余人。”又《旧唐书·武宗纪》:“会昌五年四月……检括天下寺及僧尼人数,大凡寺四千六百,兰若四万,僧尼二十六万五百。”就当时景况来说,佛教势力最大。宗教的兴旺,对于语言影响很大,而致留下了好多词汇。

度牒,“度牒”是当时一种作为免除徭役租税的证书,发给僧尼们的。“僧祇户”是寺院的佃户和荫托户。“金狄”是当时称佛的一种名称,因佛身为金色,又系外来宗教而得名的。“景教”,是基督教的乃司脱利安派(Nestorians Christianity),在唐贞观九年(公元635)就传来我国的。《唐会要》卷四九:“贞观十二年七月(公元638)诏曰:‘道无常名,圣无常体,随方设教,密济群生,波斯僧阿罗本远将经教,来献京上,详其教旨,玄妙无为,观其元宗……生成立要,济物利人,宣行天下,所司即于京义宁坊建寺一所,度僧廿一人。’”“大奉寺”,即景教的更名。《唐会要》:“天宝四载九月,诏曰:

'波斯经教，出自大秦传习而来，久行中国，爰初建寺，因以为名。将欲示人，必修其本，其两京波斯寺宜改为大秦寺，天下诸府郡置者亦准此。'""女冠""道士"，是侍奉道教的人的称号。"律""禅""法相""三论""真言""净土""天台""华严"都是当时佛教宗派的名称。当时对道士修行有三种法号，如"法师""威仪师""律师"。"炼师"则是指德高思精的道士。道士的斋也有好几种，如"金录大斋""黄录斋""明真斋""三元斋""八节斋""涂炭斋""自然斋"。而禳谢的复有三亭，即"章""醮""理沙"。因道教有所谓丹药之术，以除治百病。如"药石"，《旧唐书卷六五・高士廉传》："……太宗又命驾将临之，司空房玄龄以上饵药石，不宜临丧，抗表切谏。""日燎丹"，《新唐书卷七七・武宗王贤妃传》："帝稍惑方士说，欲饵药长年，后寝不豫，才人每谓亲近曰：'陛下日燎丹，言我取不死，肤泽消槁，吾独忧之。'"

（3）生产和生活词汇

唐宋时期是一个"国强民富"的时代，是一个产业空前庞大和经济繁荣的时代，社会生产力有了空前的发展，人民生活安宁而富裕。这样的兴盛景况的出现当然与当时在政治措施上的实行一整套改良政策解决了和缓和了社会矛盾分不开，也和当时在农业上的生产改革、手工业上新式工具出现、工商业的发达、对外贸易的频繁分不开。农业、手工业、工商业领域中每一新的技术和经验的出现，它们间的关系进一步改善，在语言词汇中都得到了反映，因此我们就依据反映兴盛的工、农、商业的词汇来讨论那时的社会面貌的可能。

a. 反映农业的词汇

"均田法"，是唐时一种分配土地耕种的制度，也就是"租、庸、调"法。这一制度的实施，在当时是大大地促进农业生产发展的。"庄田"，集多数田地，佣农耕种，而设课其勤懒、收其租入者，叫做

“庄田”。《旧唐书》：“官健有庄田户籍者，仰州县放免差役。”“庄奴”即佃户。晁补之诗：“庄奴不入租，报我田久荒。”“官庄”，庄田之属于公家的叫“官庄”。《宋史》：“屯田郎中、员外郎，掌屯田、营田、职学田、官庄之政令。”“庄户”，庄田上的农民。“佃”即佃户，代人家耕田的人。《新五代史·楚世家》：“……严氏不悦，给曰：‘家田佃户，以公贵，颇不力农，请往视之……’”“佃作”，谓从事于农业耕作。“垦荒”，当时统治阶级为了加强自己的统治，遐想造成一个“国泰民安”的太平世界，大力提倡免役垦荒，发展农业生产。当时被号召来从事者甚多，所以“垦荒”一词在当时使用频率很高，成为大家知道的一个词儿。所以《清会典》记载说：“请制各省有可垦荒地，招徕报垦，酌借牛、种，限水田六年，旱田十年，准其升科。”“垦艺”，《新唐书》：“辟美田数十里，劝士垦艺。”王安石的农业改良政策反映在语言中的，有了下面这些新词儿，如“方田法”“青苗法”“均输法”“市易法”“农田水利法”等。

关于农作物的，当时茶棉产量极高，为人民岁收重要之物，与人民生活关系甚大，下面的一些词儿反映这种情况的。如关于茶的名称当时就有“片茶”“散茶”之称。有“龙凤”“石乳”“白乳”“仙芝”“玉律”“先春”“绿芽”“龙溪”“雨前”“雨后”“紫笋”“阳羡”“日铸”“谢源”“黄龙”“双井”“社前”“火前”“水南”“白牙”“蒙顶”等名目。可见当时制茶业是发达的(《宋史卷一八四·食货志》)。棉花有“木棉”之称(《陔余丛考》卷三〇)。“水车”是农业技术上的新农具，对于水利灌溉非常有利，减少了劳动力，保证了农业产量的大大增产。《旧唐书卷一七·文宗纪上》：大和二年（公元八二八年）“闰三月丙戌朔，内出水车样，令京兆府造水车，散给缘郑白渠百姓，以溉水田。”“木牛”，《南越笔记》：“木牛者，代耕之器也。以两人字架拖之，架各安辘轳一具，辘轳中系以长绳六丈，以一铁安绳中，以贯犁之曳钩。用时，一人扶犁，二人对坐架上，此转则犁来，彼转则犁去，一手能有两牛之力，耕具之最善者也。”“踏犁”，也是当时的新式农具，以此代替牛的耕田。农业上能有这种的新式农具，对当时农业的发展作用一定很大的。因为技术愈先进，生产力越向前发展，农产量也就大大提高了。

由于茶的生产和制造的发达，当时出现了一种饮茶风气，关于这方面的，就有了一些词来反映。如“茶令”，王十朋诗：“搜我肺肠著茶令。”自注：“予归与诸友讲茶令，每会茶，指一物为题，各举故事，不通者罚。”“茶话”，方岳《入局》诗：“茶话略无尘土杂，荷香剩有水风兼。”“茶饼”，弘君举《食檄》：“催厨人作茶饼，熬油煎葱沥茶以绢。”“干茶钱”，《都城纪胜》：“水茶坊……设桌凳，以茶为由，后生辈甘于费钱，谓之干茶钱。”“茶坊”，《南宋市肆记》：“诸处茶肆：清乐茶坊、八仙茶坊、珠子茶坊。”“茶市”，即贸易茶叶的市场。这里我们谈关于饮茶之风情况，只是作为因茶叶的生产发展、制茶工业的发达而引起的这种变化，目的是说明茶叶生产与制作，而不是说明饮茶之风。

b. 反映工商业的词汇

农业的发达，必然促进工商业的发达，因此在当时的工商业呈现一片兴盛的情况，发展是空前的。我先举出唐时的一种情况，就可以看出当时的繁荣盛气。如对于对外贸易的记载：“南海舶，外国船也。每岁至安南、广州。师子国舶最大，梯上下数丈，皆积宝货。”

关于市场情况的反映：“草市”，是唐宋时期一种特殊市场交易，场所建于城外。王建《汴路即事》诗：“草市迎江货，津桥税海商。”陆游诗：“草市寒沽酒，江城夜捣衣。”范成大《吴船录》“太平宫前草市”。可见当时这种市场繁荣的情况。除“草市”外，还有定期的或不定期的市场交易，如：“会”“墟市”“宫市”。“宫市”，是当时官营的商业。《旧唐书·张建封传》“时宦者主宫中市买，谓之宫市”,主持盐铁专卖和对外贸易。其他如“滞货”,《世说注》:“谢安乡人有罢中宿县者,还诣安。问其归资曰……惟有五万蒲葵,又以非时为滞货,安乃取其中者捉之,于是士庶竞慕,价增数倍。”“估价、抬价”,《新五代史·王章传》:“供军之余不堪者,命有司高估其价,估定又增,谓之抬估。”“财运”,《拾遗记》:“人生财运有限,不得盈溢,惧为身之患害。”“财气”,《梦书》:“梦见利缘吉,财气生。”“邸店”“邸肆”,是当时专利的商行。

货币的大量流通。“新五铢钱”为隋开皇元年(公元581)的货币,“开元通宝”为唐武德四年(公元621)的货币,“泉宝钱”是唐乾封元年(公元666)的货币,“重宝大钱”为唐乾元元年(公元758)的货币等等。宋时有了钞币,盛行钞币。如,以铸钱原料分的有“夹锡钱”“小平钱”“乾亨新钱”“折十钱”“太平钱”。以数目分的有“短钱”(以八十为百,故名),“长钱”(官用足百,故名)。以宝命名的有太祖(约公元962)时的“宋通元宝”,太宗时(约公元977)的“太平通宝”“淳化元宝”,还有“正隆通宝”“泰和重宝”等等。纸币当时称钞。“钞引”是当时的一种货币,钞有“大钞”“小钞”之别;“大钞”,即一贯至十贯分五等称之,“小钞”即一百至七百分五等称之。后来关于钞的名称很多,如:“钱引”“关子”“公据”“会子”,“贞祐宝券”“贞祐通宝”“兴定宝泉”“元光珍货”“中统元宝钞”“中通统银货”“厘钞”“至元钞”“至大银钞”“至元钞样”等等。“飞钱”,相当于现在的汇票,《新唐书·食货志》:“商贾至京师,委钱诸通进奏院及诸军、诸使、富家,以轻装趋四方,合券乃取之,号飞钱。”另外如“交子”也相当于汇票的性质。

至于对外贸易也有一些词儿来反映。如“黑暗”,即犀角,《酉阳杂俎》:“波斯谓牙为白暗,犀为黑暗。”杜甫诗:“黑暗通蛮贡。”“白暗”即象牙(见“黑暗”条)。“藩贾”,是称外国商人的通称。“胡贾”,也是外国商人的通称。

从上面这些词儿看来，工商业是发达的，并且有了资本主义商业的萌芽，我国向来的农业经济到这个时期已经不能是单线条的发展下去，资本主义的商业经济在我国的经济上开辟了新的天地，而且还在以农业经济为主的条件下缓慢地向前发展。当时能有资本主义商业的萌芽是有几个原因的。如：① 货币制造业的大大地发展，开始有了“飞钱”，通货流通了。② 大城市的出现，如长安、洛阳、成都、幽州（北京）、南昌、江陵，特别是扬州、杭州、广州等东南和海外贸易的大都市都空前繁荣，这就大大地促进了资本主义商业的因素，而且也给资本主义商业发展有了市场的基础。③ 交通运输空前发达，水陆交通四通八达，象很多的驿站设置即证明了这一点。④ 对外贸易的日渐发展，当时就与日本、琉球、南洋、印度、中亚和欧洲诸国通商贸易，影响和促进了资本主义商业因素的萌芽和发展。

c. 反映矿业和手工业机器制造的词汇

手工业的发展，到了唐宋时期已经有了规模较大的手工业作坊，全国每个角落都有手工业工场，从业的工人数目空前的增多。诚如《马可·波罗游记》所记载的情况：“杭州城（临安）有十二种职业，各业有一万二千户，每户至少十人，其中若干户多至二十四人、四十人不等，这种职业的主人自己都不操作，只是指挥工人作工；生产品供给附近许多城市。”这段记载虽然在人数上是有夸大的，但是还是能说明一些问题的。手工业的技术操作也有了大大的提高，就说丝织品吧，就种类多、花式巧、质量好。并且，当时还有了新机械的发明。无疑的，所有的这些对手工业的发展，提供了飞跃的条件。手工业分有官办的、私办的和民间副业各行各业，经营兵工、矿冶、铸纸、纺织、刺绣、瓷器、铜铁器、煮盐、造船、造纸、造酒、印刷等多专业，规模是很大的。由于手工业的高度发展，大城市集中了许多手工业者和工人，于是出现了各行各业的行会组织，这种能把人和生产组织起来的行会制度,大大地推动了手工业的发展。

这种高度发展的手工业,实际上是说明了一种资本主义经济的萌芽和发展在我国形成了,而且有着像上一小段所说的根本基础上向前发展。

在瓷器制造上。当时有洪州的“瓷褐”、寿州的“瓷黄”、邢州的“瓷白”、越州(即绍兴)的“瓷青”,都列为瓷器的上品,这些瓷器制造要求技术高、操作步骤复杂,如果当时没有高度发展的制瓷工业是很难想像的(《国史补》)。在瓷器当中有分为“黄碗”,可以盛冷物的;“冷水磁器”,可以盛热物的品名。

竹夹,是一种手工制造的用具。《茶经》卷中:“竹夹,或以桃柳蒲葵木为之,或以柿心木为之,长一尺,银裹两头。”

宝鑪,《新唐书·安乐公主传》:“为宝鑪,镂怪兽神禽,间以玳贝珊瑚,不可涯计。”这种器制作之精,是达到了相当的水平,又美观大方,可以说是当时的上等器物。

造纸种类上品种是多的,如“剡藤苔笺”“十色笺”“六合笺”“竹笺”“白蒲重抄”“滑薄”“丝栏”“朱丝栏”“茧纸”“宣纸”“由拳纸”“蒲圻纸”“鞾钞纸”“薛涛笺”,等等(《茶经·中卷》)。

纺织品上的,有“轻纱”是一种举之若无,裁之为衣真若烟雾的纺织品。“绫纱”,据李肇《国史补》说是一种花色多、质量好的织品。“毛裙”,用百鸟的毛为原料的纺织品。“单丝碧罗笼裙”,是一种特奇的多花样的纺织物。“绫锦”,是当时畅销国外,质量高、花色多又精巧的织成品。“刻丝”“薄缣”,都是为当时有的高质量纺织品。“方胜花”,是当时毛织品,质轻美观。又有能四时备用的纺织品,花色都以桃李为对象,鲜艳夺目;次为“春旛”“灯毬”“竞渡”“艾虎”“云月”等类。

印刷工业当时很发达,在技术上、印刷上都有很高成就。

墨板,《猗觉寮杂记》:“雕印文字,唐以前无之,唐末益州始有墨板。”

雕板，《记异录》：“……予恨家贫，不能力致，他日稍达，愿刻板印之，庶及天下习学之者。”（《博物志》《续博物志》）《旧五代史·冯道传》：“时以诸经舛缪，与同列李愚委学官田敏等，取西京郑覃所刊石经，雕为印版，流布天下，后进赖之。”

印板，《五代会要》：“长兴三年二月，中书门下奉请依石经文字，刻《九经》印板，敕令国子监博士儒徒，将西京石经本，各以所业本经句度钞写注出，仔细看读，然后顾召能雕字工匠人，各部随帙刻印，广颁天下。”

活板，《梦溪笔谈》：“其法用胶泥刻字，薄如钱唇，每字为一印，火烧令坚；先设一铁板，以松脂、蜡和纸灰之类冒之；欲印则以一铁范置铁板上，乃密布字，印满铁板为一板，持就火炀之，药稍熔，则以一平板按其面，则字平如砥。”

由于印刷术的发展，书籍的装订也有了变化。

旋风装，一种四角向外的装订法。

蝴蝶装，每页开展，不用线缀，以每页之中缝，粘合于书脊之上，开书的时候，形似蝴蝶，故名。张萱《疑耀》：“秘阁中所藏宋板书，皆如今制乡会进呈试录，谓之蝴蝶装。其糊经数百年不脱落。”

麻纱板，是一种书板恶劣，运销不开的书。《老学庵笔记》：“三舍法行时，有教官出《易》义题云：‘乾为金，坤又为金，何也？’诸生乃怀监本《易》至帘前……复请曰：先生恐是看了‘麻板本’，若监本则坤为釜也。”

宋时火药发明了，并且用于各种技术部门，火药的制造也成了专门技术。关于弹药方面的就有这样许多制作：

火枪药，即用黄纸十六层为筒，内装柳炭、铁滓、磁粒、硫黄、砒霜、硝药等，用法装入枪筒，用火点燃能放射丈余远。

灰炮，是一种用瓦罐装硝药、石灰、铁蒺藜等的武器，可以说是一种原始的手榴弹。

突火枪药,是一种用巨竹筒代替纸筒,并于弹药内安引火线,燃点后转射百余步远。

霹雳炮,即用纸包硫黄、硝药、石灰等,是一种杀伤力很大的武器。

当时的发明有:"计时器",是用以前的时漏改造制成的记时间的器械。

行业的组织也有了。如"行头""行首""行人"的名称。"行头",《旧唐书志第二十八·食货志上》:"有因交关用欠陌钱者,宜但令本行头及居停主人、牙人等检察送官。如有容隐,兼许卖物领钱人纠告,其行头、主人、牙人,重加科罪。"

行首,《太平御览》卷二八〇"刘景复"条引《纂异记》:"……乙丑春,有金银行首纠合其徒,以绡画美人捧胡琴以从。"

行人,《旧唐书》卷四九《食货志下》:"建中元年敕:'……量出官米十万石,麦十万石,每日量付两市行人下价粜货'。"

我们看了上面这些例子后,当时我国具有资本主义经济萌芽性质的手工业已经发展到相当高度,是令人吃惊的。如果没有受一切反动统治阶级的有意识地压制和以征收重税为名而以摧残的话,无疑的,我国社会很可能在很早时期内就已经发展成为资本主义,走上资本主义的道路了。

d. 人民生活在词汇中的反映

从衣饰上看:

浑脱毡帽,《新唐书·五行志》:"太尉长孙无忌,以乌羊毛为浑脱毡帽。人多效之,谓之'赵公浑脱'。"

"砑绢帽",《唐语林卷五·补遗》:"汝南王琎,宁王长子也。姿容妍美,明皇钟爱……每随游幸,常戴'砑绢帽'。"

仆射样,《旧唐书·裴冕传》:"冕性本侈靡……自创巾子,其状新奇，市肆因而效之，呼称‘仆射样’。”

“鱼媚子”，《宋史·五行志》：“淳化三年，京师里巷妇人竞剪黑光纸团靥，又装镂鱼腮中骨，号‘鱼媚子’，以饰面。”

密四门、便裆，徐大焯《烬余录》：“崇宁、大观间，衣服相尚短窄。宣靖之间，内及闺阁，外及乡僻，上衣逼窄称其体，襞开四缝而扣之，曰：‘密四门’；小衣逼管开缝而扣之，曰‘便裆’。”

赶上裙，《宋史·五行志》：“理宗朝，宫妃系前后掩裙而长窣地，名‘赶上裙’。”

抛家髻，《新唐书·五行志》：“唐末，京都妇女之梳发，以两鬓抱面，状如椎髻，时谓之‘抛家髻’。”

盘福龙，徐大焯《烬余录》：“发髻大而扁曰‘盘福龙’亦曰‘便眠觉’。”

百不知、血晕妆，《唐语林卷六·补遗》：“长庆中，京城妇人首饰，有以金碧珠翠，笄栉步摇，无不具美，谓之‘百不知’。妇人去眉，以丹紫三四横约于目上下，谓之‘血晕妆’。”

泪妆，《宋史·五行志》：“粉点眼角，名‘泪妆’。”

棕屩，《新唐书·张志和传》：“居江湖，自称烟波钓徒……茨以生草，椽栋不施斤斧，豹席棕屩。”

千重袜，《清异录》：“唐制，立冬进‘千重袜’，其法用罗帛十余层，锦夹络子。”

错到底，《老学庵笔记》：“宣和末，妇人鞋底尖，以二色合成，名‘错到底’”。

关于婚嫁上的，有“草帖子”“细帖”“相亲”“插钗”“回立筋”“追节”“送聘”“下财礼”“坐虚帐”“坐床”“走送”“合髻”“送三朝礼”“会郎”“暖女会”“洗头”“贺满月”等等。吴自牧《梦粱录》：“婚娶之法，先凭媒氏，以‘草帖之通于男家……媒氏通音，然后过‘细帖’，又谓‘定帖’……然后男家择日备酒礼诣女家。或借园圃，或湖舫内，两等目见,谓之‘相亲’。男以酒四杯,女则添备双杯,此礼取男强女弱之意,如新人中意,即以金钗插于冠髻中,名曰‘插钗’……更以空酒罇一双,投入清水,盛四金鱼,以箸一双、葱两株,安于罇内,谓之‘回鱼箸’……全凭媒氏往来,朔望传话,遇节序亦以冠花彩段合物酒果遗送,谓之‘追节’。女家以巧作女工金宝帕环答之,次下则‘送聘’……及上细杂色彩缎匹帛,加以花茶果物、团圆饼、羊酒等物,又送官会银铤,谓之‘下财礼’……过,入中门,至一室中少歇,当中悬帐,谓之‘坐虚帐’。或径迎入房室内,坐于床上,谓之‘坐床富贵’。其家委亲戚接待女家亲戚,及亲送客,会阳次拂备酒四盏款待……名曰‘走送’。……次男左女右结发,名曰‘合髻’……三日,女家送冠花、彩缎、鹅蛋,以金银缸儿盛油蜜,顿于盘中。四围撒帖套丁胶于上,并以茶饼鹅羊果物等合送女婿家,谓之‘送三朝礼’也。……女亲家广设华筵,款待新婿,名曰‘会郎’。……女家备鼓吹迎送婿回宅第,女家或于九朝内移厨往婿家致酒,谓之‘暖女会’。自后迎女回家,以冠花、缎匹、合食之类送归婿家,谓‘洗头’。至一月,女家送弥月礼合,婿家开筵,延款亲家及亲眷,谓之‘贺满月会亲’。自此礼仪可简。遇节序,两亲互送节仪。若士庶百姓之家,贫富不等,亦宜随家丰俭,却不拘此礼,若果无所措,则已之。”

从饮食上看,唐人食品有“汤”“料”“臛”“炙”“脍”“丸”“脯”“羹”“脔”“饳”“饤”“饼”等等。肉食的除六畜外,还用鹿、熊、狸、兔等。像烧一只鸡就有“葱醋”“仙人脔”“剔缕”三种名称(韦巨源《食谱》)。“春饼”,《月令广义》:“唐人立春日食春饼、生菜,号春盘。……春饼者,薄剂熯菜肉裹食也。”“银饼馅”,《唐摭言》:“韦澳、孙宏同在翰苑,宣宗赐‘银饼馅’,食之甚美,皆乳酪膏腴所制。”宋时有著名的菜肴,如花包子、羊饭、鲍羹、爊物等(百岁寓翁《枫窗小牍》)。又如所谓“脯肠十色”:“肉线条子”“皂角铤子”“云梦羓儿”“虾脂”“妳房”“ 旋鲊”“金山盐豉”“酒醋肉”“肉瓜虀”等。酒有所谓“蔷薇露”“流香酒”“蓬莱春酒”“郫筩酒”等。

游戏方面的则有“蹋球”,《唐语林卷五·补遗》:“今乐人又有‘蹋球’之戏。作彩画木球,高一二尺,女妓登蹑,球转而行,萦回去来,无不如意。”“彩选格”,徐度《却扫编》:“彩选格(即升官图)起于唐李郃,本朝踵之者,有赵明远、尹师鲁。元丰官制行,有宋保国,皆取一时官制为之。至刘贡父独因其法,取西汉官秩升黜次第为之。”“打马”,《事物绀珠》:“打马,用铜或牙角为钱样,共五十四枚,上刻良马名,布图四面,以投子掷打之。”“鞑子”,《格致镜源》引《事物原始》:“今时小儿以铅锡为钱,装以鸡羽,呼为‘毽子’。三四成群走踢,有‘里外廉’‘拖枪’‘耸膝’‘突肚’‘佛顶珠’‘剪刀’拐之名色。亦蹴踘之遗事也。”(徐大焯《烬余录》)

就以上各例看来,一方面使我们知道当时的人民生活是丰富多彩的,可以说,人民在欢乐地度过和平的日子。另一方面也是反映了当时的社会状况,当时社会经过了魏晋南北朝动荡以后,此时期已经是处于安定的状态了,统治阶级所实行一系列的改良主义政策收到了一定的效果,阶级矛盾暂时得到缓和,社会出现了一片“升平景象”,人民也可以安居乐业,因此社会生产力大大地向前发展,提供了人民能有丰富多彩的生活提供了物质基础。这个时期虽有“安史之乱”和改朝换代的冲突,但很快地就平定下来,对于人民生活的影响是不严重的,所以说,当时各个方面是呈现了一片和平气象,是发展的。

(二)阶级同行语与避讳词

1. 阶级同行语

阶级同行语我们把它的范围划定得很狭窄,只是指当时封建贵族阶级所使用的特殊语言。这种语言只能在一个集团内部使用而流行于这个集团里，其他集团里的人是完全懂不了的。在集团的活动范围里，他们用这种语言表达对客观事物的看法，表示他们的喜怒哀乐，表明他们的趣味和爱好。但是，我们都知道，阶级同行语只是一种不能脱离全民语言的丰富词汇、构词和语法构造表现形式的语言，不能说是一种独立的语言，因为它没有自己的词汇和语法构造。

那末，在中古时期有没有阶级同行语，有多少阶级同行语，下面我们就为数很少的例子来说明一下。

帝王称“宅家”“天家”“大家”“官家”。《通鉴·唐昭宗乾宁四年》：韩建发兵围十六宅，诸王呼曰：“宅家救儿。”（昭宗光化三年）刘季述等至思政殿，皇后趋至拜曰：“军容勿惊‘宅家’。”《湘山野录》：“王帝官天下，故曰‘官家’。”花蕊夫人诗：“明朝腊月官家出。”《独断》：“天子无外，以天下为家，故称‘天家’。”又：“亲近侍从称曰‘大家’。”《旧唐书》：“（宴吐蕃使于麟德殿）拜谢曰：‘……惟愿大家万岁。’”上面的例子都是说明了帝王的专称。这种称呼只有用来称呼帝王的，绝不能用来称其他的人，否则就要犯王法，论定判罪了。使用这种称呼的人也是以帝王为中心这一狭小的集团里的人物，再不能超出这个集团的范围，而且我们也从这种称呼上也看出了当时的阶级分野和阶级的压迫，所以说在这些词语后面有着血淋淋的阶级压迫的事实。

白身，是统治阶级称呼平民的名词：《新唐书·选举志》：“白身视五经、三传……一经、三史皆通者，奖擢之。”

白丁，《北史·李敏传》：“（隋文帝）谓（乐平）公主曰：‘敏何官？’对曰：‘一白丁耳。’”

白士，即寒士。《晋书·羊祜传》：“（与从弟琇书）云：‘以白士而居重位，何能不与盛满受责乎？’”这一些词都是用来称呼平民的，可以说这些词永远不会呼到显贵们的身上。从名称看，就有这样的不平等。

内助，《三国书·魏书·郭后传》："帝王之治天下，不惟外辅，亦有内助。"《宋史·孟后传》："宣仁太后语帝曰：得贤内助，非细事也。"

相公，《日知录》："前代拜相者必封公，故称之曰相公。"《复斋漫录》："韩子华兄弟皆为宰相，其家呼子华三相公，呼持国五相公。"

阁老，《国史补》："宰相呼为元老，或曰堂老。两省相呼为阁老。"《困学纪闻》："(杜少陵)《赠严阁老》诗：'扈圣登黄阁，明公独少年。'旧史……严武迁给事中……属门下者，升之曰黄门省，故云黄阁。……《通鉴》王涯谓给事中郑肃、韩佽曰：'二阁老不用封勒。'此唐人称给事中为阁老也。……"

堂老，见前条。

员外，《旧唐书·李峤传》："为吏部时，志欲曲行私惠……奏置员外官数千人。"后来用"员外"来称有钱有势之徒，是假借过来的。

告老，蔡邕《陈太丘碑》："时年七十，遂隐丘山，悬车告老。"《北史·高允传》："允以老疾频上表乞骸骨，不许，于是乃著《告老诗》。"

悬车，见前条。

陛见，《北史·张普传》："表乞朝直之日时听奉见，自此之后，月一陛见。""陛见"是谒见天子的意思。

孺人，大夫之妻称孺人，庶人称妻子，古无论职官大小，其妻通称孺人。江淹赋："左对孺人，右顾稚子。"

老身，《新五代史·汉家人传》"(太后李氏谓宋太祖曰)老身，未终残年，属此多难，惟衰朽托于始终。"

哥，当时一个特别称呼。如称父亲为"哥"。《旧唐书》："玄宗泣曰:'四哥仁孝……'"如称弟为"哥"的,宋钦宗称高宗为九哥。如父对子称"哥",《淳化阁帖》有唐太宗与高宗书,称"哥哥敕"。好汉,对勇敢者之称。《旧唐书·狄仁杰传》载,武后问狄仁杰曰:"朕要一好汉任使。"仁杰乃荐张柬之:"宰相才也。"苏东坡诗:"人间一好汉,谁似张长史。"

娘子,《北里志》"一曲高歌绫一匹,两头娘子拜夫人。"《辍耕录》"都下自庶人妻以及大官之国夫人,皆曰娘子。"

我们从以上举例说明了:① 这一些特殊的词汇的流通范围异常狭窄,只是在一个集团里才是为人了解的词语,不能作为全民所懂得的语言。而且这一些语言是随着集团的死亡而死亡的,我们今天已经不使用,而只是作为一个历史时期某种条件下所产生的反映特殊意义的陈迹的语言,也就是说,是一种已经死了的语言。② 充分反映了中古时期的阶级分野,如阶级的压迫,亦反映了人民使用语言上受到一定的压制。如"宅家"一词就不能使用,只有统治阶级集团里的人有权利使用。

2. 避讳词

避讳词是统治阶级一手制造出来的,是一种阶级对语言的垄断表现,是阶级利用语言的产物。统治阶级为了独占天下,显示尊严,在社会的各个领域里加强威势,作为交际和交流思想的语言也无例外。避讳词在我国长时期的历史过程中虽有所变化但总是存在着,尤其在古典作品中大量地出现,给我们阅读古典作品带来了困难,因此,我们在这里还是要作个简略的交代。

避讳词出现的方式很多:有改字、空字、缺笔、改音等;种类也很多:有改姓、改名、改常语、改名号、改史实等等。下面我们就来举例子吧:

《魏书·高祐传》:"本名禧,以与咸阳王同名,高祖赐名祐。"

《北齐书·赵彦深传》："本名隐，避齐庙讳，故以字行……高欢六世祖名隐也。"

《晋书·职官志》："太宰、太傅、太保，周之三公官……晋初以景帝讳故，又采《周官》官名，置太宰，以代太师之任。"

《南史·隐逸传》："陶潜字渊明，或云字深明，名元亮。"上"渊"字亦当为"深"，后人回改之。《宋书》说"陶潜字渊明，或云渊明，字元亮"。这里很明显，《南史》原文一定与《宋书》相同，但因为要避讳，改"渊"为"深"的，后人校刊《南史》的人不明白，才传写颠倒成这样。

《南齐书·柳世隆传》："辅国将军、骁将军萧讳。"有汲古阁本注"鸾"字。从《宋书·沈攸传》看来，是梁武帝父萧顺之，非齐明帝萧鸾。

《隋书·高祖纪》："方置文渊之柱，非止尉佗之拜。"这里是用马援铜柱事，援字文渊，因避讳，改为"深"的。

《齐东野史》："王羲之父讳正，故每书正月为初月，或作一月，余则以'政'字代之。王舒除会稽内史，以祖讳会，以会稽为郐稽。……李翱祖父名楚今，故为文皆以今为兹。杜甫父名闲，故杜诗无闲字。……曾鲁公父名会，故避之者以勘会为勘当。蔡京父名准，改平准务为平货务。"

《旧唐书·穆宗纪》："元和十五年，恒王房子孙改为泜王房。"恒五当是恒小愍王，泜王即愍王之讹，因要避讳，民旁改成氏而误为泜。

《老学庵笔记》："田登作郡，自讳其名……举州皆谓灯为火。上元放灯，许人入州治游观，吏遂书榜揭于市曰：'本州依例放火三日'。"（今谚"只许官家放火，不许百姓点灯"，就是从这里来的。）

《野客丛书》："钱王讳镠，以石榴为金樱……杨行密据扬州，扬人呼蜜为蜂糖。"

《容斋三笔·鄂州兴唐寺钟》:“题志云:‘大唐天祐二年三月十五日新铸。’勒官阶姓名者两人,一曰金紫光禄大、检校尚书左仆射兼御史大陈知新;一曰银青光禄大、检校尚书右仆射兼御史大杨琮。‘大’字之下,皆当有夫字而悉削去。”杨行密父名怤,怤与夫同音。是时行密据淮南,故将佐为之讳。于夫字皆空而书,其后建国曰吴,乃改大夫为大卿。因此这里大约是避讳去一人名一字吧,亦多之本空字,后人连写了。

《宋史·夏国传》:“(李彝兴)本名彝殷,避宋宣祖讳,改殷为兴。”

《宋史·地理志》:“大观四年,以瑕丘县为瑕县,龚丘县为龚县。”(这里系避孔子讳)

《柳河东集·陆文通先生墓表》注:“陆淳字元仲,避唐宪讳,赐名质。”今《通志·艺文略》于淳著《集传春秋微旨》《集传春秋辨疑》,题作陆淳撰。于淳著《集传春秋纂例》,则是题陆质撰,这里仅是二人,应该是写明白的。

《旧唐书·外戚传》:“(窦怀贞少有名誉,韦庶人干政,怀贞委曲取容)改名从一,以避后父讳,自是名称日损。”后父是韦玄贞。

《新唐书·姚崇传》:“崇字元之……始名元崇,以与突厥叱剌同名,武后时以字行,至开元世后避帝号,更名今。”

《旧唐书·崔元玮传》:“本名晔,以字下体有则天祖讳,乃改为玄玮。”

从上面的例子看来,难道不是统治阶级一手造成的吗?统治阶级要残酷地压迫人民,在语言上也想要垄断起来窃为己有。可是,他们要进坟墓的,随之,这些避讳也就跟着死亡了。

二、外来词的大量输入

（一）来自佛经翻译的外来词

外来词的吸收是一个长期的历史过程。在每一个历史时期，只要我们与其他各族人民接触，彼此在政治上、经济上、文化上的影响和交流，就会在语言中产生相互吸收、相互丰富的情况，外来词就是在这种情况下被吸收过来的。

我们从历史上知道，佛教传入我国大约是在汉武帝收复西域以后，到汉明帝时候。从这时起，我国人民才慢慢地信仰起佛教来的。汉明帝八年（公元 65）曾派蔡愔到西域去拜佛求经；两年后，蔡愔回来了。同时，天竺僧人摄摩腾和竺法兰用白马驮经到中国来，这是佛教正式传入我国的开始。并且，我们在《后汉书·光武十王传》记载，说有一个楚王英喜欢拜佛吃斋，在汉明帝八年拿着黄缣、白纨三十匹给朝廷，表示为自己赎罪。汉明帝批复他的诏书说："楚王诵黄老之微言，尚浮屠之仁祠，洁斋三月，与神为誓，何嫌何疑，当有悔吝？其还赎，以助伊蒲塞桑门之盛馔。"从中得知，佛教的词已经流入到我国来了。自从东汉摄摩腾、竺可兰同译《四十二章经》，东晋鸠摩罗什翻译《金刚经》《法华经》《维摩经》《阿弥陀经》，佛驮跋陀翻译《华严经》之后，佛教更盛。佛教家创造的所谓"天堂"和"地狱""因果报应"之说，为广大的在封建制度下受到残酷摧残的受苦受难的人们找到了一条走向“极乐世界”的出路,所以佛教很快地为广大的受压迫受剥削的人民所接受所信仰。统治阶级也利用它作为麻痹人民意志、解除人民武装的工具,借以巩固自己的残酷的封建统治和肆无忌惮的奴役人民的地位。由于封建统治阶级有目的的提倡和国君的信仰(如北魏宣武帝亲讲佛书、南朝梁武帝舍身同泰寺等),更使佛教兴盛,佛教徒日趋众多,可以说佛教已经在人民生活中扎下根了。

自东汉末年至东晋以前,翻译佛经是逐渐地多起来,但是那时还处于自流的情况;至于有组织的大规模的佛经翻译,还是从苻秦秘书郎赵政开始的。在翻译佛经语言上,自流时期,由于绝大部分都用直译法来翻译,造成文词晦涩难懂、诘屈聱牙,大大地限制了它的流通范围,影响不深。可以这样说:在六朝以前,佛经只是在佛教徒内部诵习,一般的文学作品,并不受佛学影响。到了东晋以后,大谈玄学,风气突变,那时的翻译已经用了意译法,注意到汉语实际情况,因此佛教流传极广,而且为广大的文人学士所喜爱,他们大谈佛经,并还经常地在作品中引用佛教词语,造成了一种几乎不用佛教禅语不好过的声势。到了隋唐的时候,声势尤盛,佛经的翻译方法又作了进一步改正,汉语中许多佛教外来词大量地在这个时期传入的日渐增多,而且好多的词语在广大的群众中经常使用。因此,我们谈到佛教外来词,也就以这个时期为主。至于宋代,已经日趋减少了。所以我们说,中古时期大量的佛教外来语进入到汉语词汇中应当是在公元四世纪东晋时代一直到十二世纪南宋前半期这一段历史时期中。

中古时期佛教外来语对于汉语影响很深作用很大的,其中有不少的词语早已汉化,按着汉语词汇的内部规律被广大的群众广泛地使用,几乎成了汉语的全民语言了。其中有一些虽然还没有全部汉化,但使用的频率很大,在日常生活中少不了使用到它。我们对于这些外来词,就有必要,经过一番考证来辨清它的词源,这是有好处的。当然,也有一部分它的使用范围非常狭,只是佛教专门用语,人们是不去用到它,也就不能成为全民语言。总之,佛教外来词很有一部分是历来为汉族人民所喜爱、所使用,因而广泛地渗入到各种文学作品里,成为一种有特殊色彩的文学语言,大大地丰富了汉语词汇。

下面我们对佛教外来词大抵分为音译、意译和半音半意译三种例子中,作一个简单的叙述。

1. 音译词

佛——梵语 Buddha,初译作"浮图"(如汉明帝的诏书),南北朝时代译作"佛图"如《世说新语・言语篇》:"庾公尝入佛图,见卧佛。"也作"佛陀"或作"佛驮",同时也称"佛",如梁释慧皎写的《高僧传》中即多单称为"佛",而少见"佛图"。"佛"的意思是觉也、智也。《宗轮论述记》说:"佛陀,梵语音,此云觉者,随旧略语,但称曰佛。"汉语本来有个"佛",但与外来词的"佛"毫无关系。(《说文》解释为"见不审也",段氏解为"仿佛也"。)后来,"佛"有引申的用法,把"佛"作为教主如来的别称,故有人把"佛图"称为佛教徒,也有人把佛堂称作"佛图"(见《世说新语・言语篇》),也有人把佛与塔等同起来,如唐岑参的《与诸公登慈恩寺浮图》诗,浮图即指塔。其实梵语"佛"与"塔"不同字。

塔——梵语 Stupa,译音为"私鍮簸"或作"数斗波"。《大唐西域记》作"窣堵波"。也作"兜婆""偷婆"或"塔婆"。《西域记》说:"'窣堵波',即旧所谓浮图也,又曰'鍮婆',又曰'塔婆',又曰'私鍮婆',又曰'数斗婆',皆讹也。"事实上,《西域记》所说的"讹也"是不了解把 Stupa 节缩为 tupe 的读音。"塔"既然是 Stupa 之省,那末 tupa 再进一步演化为 tup 是理所当然的。"塔"即"浮图"在《世说新语》里见到,是一种十六角七级的东西(见《正字通》引《通雅》说)。“塔”这个单音词出现得比较早,《高僧传》“康僧会”条有述孙权造塔事:“有支亮……资学于谶。谦又受业于亮,博览经籍,莫不精究。……汉献末乱,避地于吴。孙权闻其才慧,召见悦之,拜为博士。使辅导东宫,与韦曜诸人,共尽匡益……谦以大教虽行,而经多梵文,未尽翻译,已妙善方言,乃收集众本,译为汉语……皆行于世。时吴地初染大法,风化未全,僧会欲使道振江左,兴立图寺,乃杖锡东游,以吴赤乌十年,初达建业,营立茅茨,设像行道……权大叹服,即为建塔,以始有佛寺,故号建初寺,因名其地为佛陀里,由是江左大法遂兴。”《魏书·释老志》有“像塔”,《洛阳伽蓝记》有“宫塔”“大塔”等名词,可见在南北朝以前,“塔”已经普遍通行。古人也有把“塔”称为“佛堂”,如葛洪《字苑》说:“塔,佛堂也。”不过这只是极少数。

劫——梵语 Kalpa,佛经译为“劫簸”或“劫波”,略称“劫”(Ka)。佛教上的“劫”与汉语原有的“劫”不同,《说文》解释为:“人欲去,以力胁止曰劫,或曰以力去曰劫。”段注《说文》释为:“以力止人之去曰劫。”佛教家的“劫”有二层意思,一个是就世界成坏而立的数量,一个是计算昼夜日月的数量。至于我们现在所说的“劫难”的“劫”应该说从佛经之说“天地之外,四维上下,更有天地,亦有无终极。然皆有成败,一成一败,谓之一劫”(《隋书·经籍志》)而来的。所以管灾难叫“劫数”有遭厄运的意思,语源本此。

魔——mara,为“魔罗”的略称,释为行夺命、障碍、扰乱、破坏等等意思。旧译作“磨”,为南朝梁武帝改为“魔”。《玄应音义·二十一》说:“魔,莫何反,书无此字,译人义作。梵之魔罗,比翻名障,能为修道作障碍故。亦言杀者,常行放逸慧命故。或云恶者,多爱欲故。”《大乘法苑义林章》卷六本说:“梵之魔罗,此云扰乱、障碍、破坏,扰乱身心,障碍善法,破坏胜事,故名恶罗,此略云魔。”所以佛教家有所谓四魔，即一为烦恼魔；二为阴魔（蕴魔），又名五众魔；三为死魔；四为自在天子魔之说。另外还有所谓五魔之说，即一为天魔；二为罪魔；三为行魔；四为恼魔；五为死魔（《詈言》）。我们常说的“魔鬼”一词，就是来源于第五种死魔的。“魔”的原义并不是鬼的意思，而是引伸出来的。白居易诗：“唯有诗魔降不得。”吴筠《步虚词》：“豁落制六天，流铃威百魔。”（《乐府诗集》卷七八）都是从引伸意义所来的有“魔力”“魔障”等意思。

阎罗王——为梵语 yama-raja 的对音。“阎罗王”即“阎王”“阎罗”，俗传是管地狱的神，亦即鬼的统治者。《法苑珠林》中说：“阎罗王者，昔为沙毗国王，常与维陀如生王战，兵力不敌，因之誓愿为地狱主。臣佐十八人，悉忿怼，同立誓曰：‘后当奉助，治此罪人。’……十八者诸小王是。”这是一个很有趣的故事，但也说出了词的由来。《戒庵漫笔》中说：“佛言琰魔罗，盖主捺落茄者。阎罗即琰魔罗之异译。余十八王，见于《阿含》等经，名皆梵语，王主一狱，乃阎罗僚属。”“阎罗王”一词虽反映了佛家的神话故事，但对汉语来说却留下了比较深的影响。我们平常对那些杀人不眨眼的反动分子叫做“阎罗王”，是从这里引伸出来的。俗语所说的“豆腐水做，阎王鬼做”大概是从阎罗王管鬼的这一点上来的。

菩萨——梵语为 Bodhisattva，是“菩提萨埵”或“菩提李埵”的简称。旧译作“大道心众生”，或“道众生”，新译作“大觉有情”或“觉有情”等。由“菩提，佛道也；萨埵，成众生也，用诸佛道以成众生而得名”（《乐府诗集》卷七八）。汉语中本无“萨”字，唐人作“扶薛”，或作“菩萨”。“萨”字当为“薛”字的讹变。现在我们说“菩萨”已经没有了“大觉有情”的意义了，纯粹是为信佛之徒烧香礼拜的一种泥塑木雕的偶像，而且随着信仰迷信的人日渐减少，已经在人们头脑里逐渐地消失了。

罗汉——梵语 Arhat，是“阿罗汉”的简称。《智度论》卷三中说:“阿罗名贼,汉名破,一切烦恼破是名阿罗汉;复次,阿罗汉一切漏尽故应得一切世间诸天人供养;复次,阿罗不,罗汉名生,后世中更不生,是名阿罗汉。”意思就是说:一是杀贼,杀烦恼贼之意;二是应供,当受人天供养之意;三是不生,永久涅槃不再受生死果报之意。总起来说,意思是佛家的圣者。

刹那——梵语 Ksana,是一念间、一瞬间的意思。《大唐西域记》卷二:“时极短者,谓刹那也。”《探玄记》卷十八:“刹那者,此云念顷,于一弹指顷有六十刹那。”《胜鬘宝窟》中说:“外国称刹那,此云念也。”

2. 意译词

方便——梵语 Upaya,又曰“伛和”。“方便”本来意思是谓一种切实的、真实可行的方法,用至于一切的事物而都有利。用这种方法也只有随着这种方法运动趋向去做一切事情,就可以达到目的,亦即“利物有则云方,随时而施曰便”。《维摩注》说:“以无量方便,饶益众生。”《高僧传》“求那跋摩”条:“喜息乐方便。”《法华文句》:“方者法也,便者用也。法有方圆,用有差会。三权是矩、是方,一实是规、是圆。若智诣于矩,则善用偏法,逗会众生。若智诣于规,则善用圆法,逗会众生。”又说:“又方便者门也。门各能通,通于所通。方便权略,皆是导引,为真实作门,真实得显,功由方便。……从能显得名,故以门释方便。如开方便门,示真实相。”现在我们对有益于人的事称为“方便”,意义便是从这里来的。

现在、过去、未来——这是佛教的所谓“三世说”,“三世”就是事物的三方面流变的意思,就是指一切事物的流变都有“过去、未来和现在”。梵语过去是 atita、未来是 anagatakala、现在是 pratyutpanna。在佛教里有二种“三世”说,即一刹那的“三世”和果报的“三世”。前者就是《宝积经》卷九四所说的:“三世,所谓过去、未来、现在。云何过去世？若法生已灭是名过去世；云何未来世？若法未生未起，是名未来世；云何现在世？若法生已未灭，是名现在世。”法，即规则，谓一切事物和道理的通名。我们现在所说的“过去、未来和现在”的意义，应该从这里由生。果报的“三世”，就是一期的生老病死为现在世，以过去无数之生老病死为过去世，以未来无数之生老病死为未来世。

未曾有——梵语 Adbhuta，本来意思是希有或谓意外之事。《法华经·序品》说：“是诸大众，得未曾有，欢喜合掌。”汉语中“未曾有”是过去从来没有过的意思。当我们对于新生事物的出现，是表示无限的高兴，故现在这个意思是从这里引伸出来的。

世界——梵语 Loka。《楞严经》卷四：“世为迁流，界为方位。汝今当知，东、西、南、北、上、东南、西南、东北、西北、下为界，过去、未来、现在为世。”《名义集》卷三：“间之，与界名异义同，间是隔别间差，分是界畔分齐。”这里与《世说新语·排调篇》注引战国《尸子》说“天地四方曰宇，往古今来曰宙”有着同样的意思。现在我们所说的“世界”本源于此，不过在词义上有了变化。如“世界”可以指全球，也可以指“科学世界”“精神世界”和“现实世界”等等比较狭小的限于一个组织领域或某一现象领域。

平等——梵语 Samata，意思是对于差别来讲的，谓无高下深浅之别。《金刚经》：“是法平等，无有高下。”《五灯会元》中说：“天平等，故常覆；地平等，故常载；日用平等，故四时常明；涅槃平等，故凡圣不二；人心平等，故高低无净。”可见，这个词已经在南北朝出现了。

因缘——梵语 hetupratyaya，是“一物之生，亲与强力者为因，疏添弱力者为缘”的意思，如“种子为因，雨露农夫为缘，此因缘和合而生。”《维摩经·佛国品》注：“什曰：力强为因，力弱为缘。肇曰：前后相生因也，现相助成缘也。诸法要因缘相假，然后成立。”

"因缘"汉语里原来有这个词,当作机会解的。如《史记·田叔列传》附褚先生曰:"(任安)为人将车之长安,留,求事为小吏,未有因缘也。"又可作依据解,如《汉书》:"备之,经纪可因缘而存著也。"由于有了外来词"因缘"一词,其意义更其纷繁了。"因缘"也可以作"姻缘",如辛弃疾《恋绣衾》:"如今只恨因缘浅,也不曾抵死恨伊。"

不可思议——佛家谓理的深妙或谓事的希奇,不可以心思的,不可以议论的,称为"不可思议"。《维摩经》慧远疏说:"'不可思议'者,经中亦名不思议也。通释是一,于中分别非无差异,据实望情名不思议,据情望实名不可思议。"佛家有所谓四种不可思议的说法,就是《增一阿含经》卷十八中说:"有四不可思议事,非小乘所能知。云何为四?一世界不可思议,二众生不可思议,三龙不可思议,四佛土境界不可思议。"还有所谓五种"不可思议",即《智度论》卷三十所说:"经说五事不可思议,谓众生多少,业果报,坐禅人力,诸龙力,诸佛力。以五不可思议中佛力最不可思议。"这不过是佛家的一种唯心之说。我们现在所说的"不可思议"的意思从这里来,不过已经与唯心的说法完全绝缘了。

礼拜——梵语为 Yandana(或 Namas-Kara),是指一种恭敬的仪式。《西域记》卷二说:"致敬之式,其仪九等:一发言慰问,二俯首示敬,三举手高揖,四合掌手拱,五屈膝,六长跪,七手膝踞地,八五轮俱屈,九五体投地。"汉语"礼拜"一语的意义当是这里来。

信心——梵语 Citta-mati,意思是对所信之佛深信而无疑心。《传灯录》卷二十说三祖僧曾作有《信心铭》。现在我们所说的"信心"一词,其意义本源于此。

3. 半音半意译词

尼——梵语 Bhiksuni,是女子出家受具足戒者的通称。佛家管男僧叫比丘(Bhiksu),女僧叫比丘尼,"尼"是简称。《善见论》

说:“尼者女也。”又解释说:“尼者,天竺女人通名也。”《慧林音义》卷二说:“出家之女之总名。”从这里知道,“尼”原来是泛指,经过约定俗成,“尼”便特指女僧了,并且在口语中往往接上一个汉字“姑”,这样,“尼姑”便成了半音半意译了。还应当指出的,“尼”之音,表示女性。

忏悔——梵语 Ksamayati 的略译,当为 Ksamayati 的头一个音缀的对音加上意译“悔”而成。四明之《金光明经文句记》卷三中说:“‘忏悔’二字,乃双举二音,梵语忏摩,华言悔过。”《玄应音义》卷十四对“忏悔”作解释:“忏悔,此言讹略也。书无忏字,正言叉摩,此云忍,谓容恕我罪也。”《慧苑音义》下说:“忏悔谓忏摩,此云请忍,谓请前人忍受我悔罪。”“忏悔”意义应是悔过请人忍恕的意思。“忏悔”最早见于南北朝作品《高僧传》,如“释玄高”条:“自今已后,依方等忏悔,当得轻受。”又“佛陀耶舍”条:“竭诚忏悔。”当今之义,本源于此的。

彼岸——梵语为 pāra,音译为“波罗”,意译为“彼岸”。因“彼”“波”古音近,可以说是半音半意译。佛家以生死之境界,譬之此岸,业烦恼譬之中流,涅槃譬之彼岸。《智度论》卷十二说:“以生死为此岸,涅槃为彼岸。”在实际运用中,这个词的意义扩大了,凡是事情做得成功,都称为“到彼岸”。《智度论》一“于事成办,亦名到彼岸”的话,足证那时该词的意义已经形成。

此外还有“夜叉”“袈裟(Kaṣāya)”“和尚(Upādhyāya)”“僧(Samgha)”“钵(Patra)”“三昧(Samādhi)”“禅(Dhyāna)”“圆满(Parisphuta)”“有情(Sattva)”“转变(Parinama)”“相应(Yoga)”“变相(Viparinata)”“烦恼(Klesa)”“庄严(Saritá 或 mandana)”“慈悲(Karunā)”“究竟(uttara)”“毕竟(atyanta)”“金刚(vajva)”“天堂(Devasabha)”“地狱(Naraka)”“宿命(Purvanivasaunjmrti)”“法宝(Dharma-mani)”“法门(Dharma-paryāya)”“法平等

(dharmasamata)”“导师(nayaka)”“我执(ātma-grāha)”“性性(dharmakara)”“信仰”“妄想”“真相”“不二法门”“五体投地”“痴人说梦”“清规戒律”“茄蓝”“般若”“兰若”“刹”等等词语,都来自佛教,不一一例证了。

我们从上面举例中,可以看出两个方面:一方面,有些词语只作为佛教用语流入中国,流行于佛教界,或钻研佛学的极少数专家的极小的范围里。因此这些词对汉语影响不大。纵使有一些影响吧,在今天也会随着信仰佛教的人数的锐减,这些词就成为历史上的词语了。另一方面,好些佛教词语,由于使用的频率数相当高,也由于语言本身的历史发展,已经进入到汉语词汇里来,成为汉语词汇的血液。在今天如果我们没有历史词汇学和词源学的知识,对于这些词很难辨认得出。

中古时期大量的佛教外来词吸收,成为这一个历史时期在语言上一个特征。这些词不仅在当时佛教大流行之下满足了人们的交际需要,而且这些词被吸收到汉语来以后,随着汉语的发展都进行了符合汉语的变革,融合于汉语词汇中,具有了很强的生命力。

(二)来自外族接触的外来词

我国自古以来,特别是中古时期,由于国家的昌盛、经济文化的繁荣,西方的、亚洲的好多国家都来我国,与我交通,彼此学习。我们举一个例子就可想见当时一般。如“光仁天皇宝龟元年,阿倍仲麻吕卒于唐。仲麻吕,中务大辅正五位上船守之子也。初灵龟二年,从遣唐使西游,为留学生。仲麻吕性聪敏,好读书,唐玄宗爱其才而厚遇之。于是更名曰朝衡,遂仕于唐,官至秘书监,历左补阙。天平胜宝五年,仲麻吕欲从大使清河东归。王维、李白之徒,以诗送之。衡至明州海岸,将上舟,惜别入夜,仰见海天,以国言作

《三笠山月歌》。且译之汉语，以示唐人，众大叹赏。途而泛海遇飓风，漂泊安南。人或传衡没于海，李白作诗哭之。不几，衡自安南复适唐，肃宗喜其无恙，授左散骑常侍、安南都护。累迁北海郡开国公，食邑三千户，至是而卒，年七十，或云七十三。代宗悼惜，赠以潞州大都督。衡留于唐，前后五十年，博览多识，当时我邦才学之士甚多，而吉备、朝衡二人，最擅名海西云”（松原苗《日本国史略》，卷二）。从历史上看，我国曾与印度、阿剌伯、伊兰、波斯、马来亚、缅甸、越南、暹逻、朝鲜、日本等国家都发生过相当密切的关系。各民族彼此交往的结果，就在语言上不可避免的发生了彼此吸收和丰富的现象：一些新的词语——外来词——出现了。外来词的吸收是丰富语言词汇的一个方面，因此，汉语在中古时期由于与别国频繁的接触，吸收了别国最生动最精密最有表现力的词语，丰富了汉语词汇，并且有些词语已经成为汉语的基本词了。

具体的说来，中古时期我国和印度、朝鲜、日本等国关系相当密切，在政治上、经济上、文化上互相影响。这些情况都有事实可根据。如：“东夷来附者，处扶桑馆，赐宅慕化里。西夷来附者，处崦嵫馆，赐宅慕义里。自葱岭已西，至于大秦，百国千城，莫不欢附。商胡贩客，曰奔塞下，所谓尽天地之区已。乐中国土风，因而宅者，不可胜数。是以附化之民，万有余家，门巷修整，阊阖填列，青槐荫陌，绿柳垂庭，天下难得之货，咸悉在焉。别立市于洛水南，号曰四通市。”（杨衒之《洛阳伽蓝记》，卷三）又如：“景真于南涧寺舍身斋，有元徽紫皮裤褶，余物称是。于乐游设会，伎人皆著御衣，又度丝锦，与‘昆仑舶’营货，辄使传令防送过南州津。”（《南齐书卷三·荀伯玉传》）再如：“六年……前右大臣吉备真备薨。真备，右卫士少尉下道国胜子也。灵龟二年，从聘使适唐留学，通经史。归任大学助教，为东宫师。大被礼遇，赐姓吉备朝臣，历进中纳言、右大臣。讨押胜，窜道镜，至是薨，年八十三。”（松原苗《日本国史略》,卷二)在国内,我国曾有过民族杂居的情况。在南北朝时代,所谓五胡十六国,就是民族杂居的时代。在北齐的时候盛学鲜卑语,颜之推的《颜氏家训·教子篇》中说:“齐朝有一士大夫尝称吾曰:‘我有一儿,年已十七,颇晓书疏。教其鲜卑语及弹琵琶,稍欲通解,以此伏事公卿,无不宠爱,亦要事也。’吾时俯而不答。”北魏孝文帝(公元495)时曾禁用胡语。这些都是当时的实际情况。民族间的交往,在语言上不可避免的出现互相学习语言,因而互相影响,这是必然的事。

在本节里,我们就要讨论因两民族在政治上、经济上、文化上的交流,在语言上所产生的新情况,即外来词。

八哥——“八哥”之鸜鹆的俗名,又名“哵哵”。《负暄杂录》说:“南唐李后主讳煜,改鸜鹆为(八哥)。”可见,“八哥”一名在魏晋南北朝时期就已经出现了。“哵哵”是阿拉伯语 babghā 或 babbaghā 的对音。

胡卢巴——是一种药名,又叫“苦豆”,大约在北宗时候由阿剌伯传入,阿剌伯名为 hulbah。根据历史记载知道:在宋嘉祐二年(公元1057)修《嘉祐补注本草》时收入这个词。苏颂《图经本草》中说:“今出广州,或云种出海南诸番,盖其地芦菔子也……唐以前方不见用,《本草》不著,盖是近出。”

没药——“没药”又作“末药”,是一味药名。这个词在开宝六年(公元973)修《开宝本草》时才出现的。来自波斯国,当是阿剌伯文“murr”的对音。明李时珍在他所著的《本草纲目》所说:“没、末皆梵语。”那是不知道来源才搞错的。

祖母绿——一叫“绿柱玉(emexald)”,又叫“翠玉”,来自阿剌伯国。《珍玩考》称“祖母绿”,《辍耕录》作“助木剌”,《清秘藏》为“子母绿”,又为“助木绿”(《续通典》卷一四八),都是阿剌伯文“Zumunrud”的对音。“祖母绿”是一种有色的光耀夺目的宝石。

《珍玩考》:“宝石中有‘祖母绿’者,形似玻璃而晶莹过之。”

柘枝舞——段安节在《乐府杂录》中所记载的各种教坊乐舞中有一种名为“柘枝舞”,当是胡地传入。据唐人沈亚之的《沈下贤集·柘枝舞赋序》中说:“今自有土之乐舞堂上者,唯胡部与焉,而柘枝益肆于态。”又刘梦得《刘梦得文集卷五·观舞柘枝诗》中说:“胡服何葳蕤,仙仙登绮墀。”故知。据近人向达在《唐代长安与西域文明》中说:“余以为柘枝舞出于石国……石国《魏书》作者舌,《西域记》作赭时,杜还《经行记》作赭支。《新唐书·西域传》云:‘石或曰柘支,曰柘析,曰赭时,汉大宛北鄙也。’《文献通考·四裔考·突厥考》中记有柘羯,当亦石国。凡所谓者舌、赭时、赭支、柘支、柘析以及柘羯,皆波斯语‘Chaj’一字之译音。”我们说这一说法是正确的。《琐碎录》中说:“柘枝舞,本北魏拓枝之名,易拓为柘,易跋为枝也,古歌舞不相合。”此一说法可以讨论。我们可以肯定地说:“柘枝舞”来自西域。

觱篥——“觱篥”一作“筚篥”,是一种乐器名。原出于龟兹,后传入我国。唐代九部夷乐、安国乐都用到它,故可以推断唐以前或唐时期就传入我国。唐人的诗歌中就用到这个名词,如李颀诗:“南山截竹为筚篥。”

波菜——为“波薐菜”的简称。《嘉话录》:“波薐种自西国,有僧将其子来,云本是颇陵国之种。语讹为波薐耳。”《唐会要》卷一百“泥婆罗国”条记载:“(太宗时)尼波罗国献波薐菜,类红、蓝,实如蒺藜,火熟之能益食味。”又唐太宗时,(泥婆罗国)“遣使献波薐菜、浑提葱。”由此可知,“波薐菜”为唐译自西域的植物名词。这种菜也从这个时候起在我国种开了,成为家常的蔬菜之一。

叆叇——即“眼镜”的别名,是个音译名词。宋人祝穆《方舆胜略》:“满剌加国出‘叆叇’”。(满剌加为 Malacca 的译名)满剌加又名麻六甲,在马来半岛西面,古时本一小国,受我国册封(《续通典》卷一四八)。公元一八一四年属英国。宋人赵希鹄《洞天清录》中说:“叆叇,老人不辨细书,以此掩目即明。”可见,“叆叇”一词在宋时已经出现。

耶悉茗——一名“茉莉”,是波斯语 jasmine 的对音。《群芳谱》:“昔刘王有侍女名素馨。”这是把一种素馨花也即耶悉茗作为人名字的。(《龟山志》:“冢上生此花,因以得名。”)可见,这个名词已经在南北朝时期出现,或者还要早一点。《丹铅总录》:“佛书谓之蔓华,北土曰奈,《晋书》都人簪奈花,为织女戴孝。”明李时珍以“茉莉”载入《本草纲目》,又说原出于波斯国,这是对的。

蘋果——梵语 bimbara,音译为“频婆罗”,简称为“频婆”,后来又简之为“频”,是一种植物名词。因为是一种植物,所以在“频”的上面加上“艹”成为“蘋”;是一种会结果的植物,故又在“蘋”的后面加上个后加成分“果”,变成了“蘋果”,成为一个半音半意译的新形声词。象这样的情况已经有了,并且可以在唐代文献里找到,如敦煌变文《丑女缘起》“口似蘋婆果”就是。

(三)中古时期的汉语贷词

诚如我们在第一、二节所说的,我国在中古时期广泛地与世界各民族发生接触,给我国语言词汇上带来了新的血液,丰富和发展了汉语词汇。同样的,汉语中的许多词语也被其他各民族所吸收,成为他们丰富词汇的一部分。我们把一些从汉语借去的词称为“贷词”。贷词有它的历史性,是在长时期的民族接触的历史进程中逐渐形成的。因此,我们了解贷词就必须从“历史词汇学”观点出发,对贷词进行讨论。

贷词的讨论对我们了解过去各民族彼此交往很有帮助,我们可以借贷词的帮助来搞懂在一定的历史时期里民族间在政治上、经济上、文化上的影响而在语言上所发生的复杂情况。

贷词中有一些是属于原是由中国语借到外国语里去的词，以后又经过辗转反辙把它重新译回来。这样的结果，由于在语音上的改变及适合于他方语言规律的结果，已经是昧于所出，不能还原，于是写成了几个互不相干的词儿而造成出人意外的难懂，连“唐人都唔知呢啲系唐话喽！”

中古时期究竟有多少贷词，因为材料的不足和学者们研究得不够，是不大知道的。现在仅就大家公认的汉语贷词举几个来说明：

笔——“笔”为藏族人民所借去，藏文作“pir”。据《唐会要》记载，吐蕃王弄讚赞普（Sron-btsan Sgampo）请唐高宗（公元650—683）派遣造纸笔工人。可见中国的毛笔至晚在七世纪已经输入西藏了。古时汉语的-t尾许多中亚语都用-r来对，所以pir恰是古代汉语piĕt很精确的对音。

丝——我国养蚕缫丝事业发达甚早，技术很高。按历史的记载可以知道大概在三世纪时就已经传到日本，五世纪时就传到了印度，而后又传至世界各国。现代印欧语言里关于“丝”的读音，如英语读“silk”，中世纪英语作“silk”或“selk”，它是从盎格鲁撒克逊语“seolc，seoloc”演变来的；和与古北欧语“silki”，瑞典语“silke”，立陶宛语“szilkai”，俄语“shelk”，拉丁语“serimn，sericus”，希腊语“sēres，sērikos”都有关系。而这些词语都是与古汉语“丝 si̯og”有关，可以说是汉语里借去的。

茶——“茶”在中古时期被借去的一个汉语词，相传印度一和尚菩提达摩（Bodhidharma）曾喝了中国茶，使他精神百倍，达到九年不睡的故事。后来，更加频繁地被荷兰、爪哇、法国、丹麦等国家所应用，而且在他们的日常生活中促进了许多新词的产生。

唐家子——为突厥语所借去。从材料上看，这个词最早出现在七世纪突厥的碑文里，写作“Tabghač”。“Tabghač”一词据学者们的研究，认为是“唐家子”的对音。当时是作为中央西亚人用来称中国的。《长春真人西游记》卷上：“九月二十七日至阿里马城……土人呼果为阿里马，盖多果实，以是名其城……土人惟以瓶取水，戴而归，及其中原汲器，喜曰：‘桃花石诸事皆巧。’桃花石谓汉人也。”（见罗常培《语言与文化》）

拔河——“拔河”是日本所借去。“拔河”是一种拉大绳的游戏。唐《封氏闻见记》：“拔河古谓之牵钩，襄、汉风俗，常以正月望日为之。相传楚将伐吴，以此教战。古用篾缆，今民则用大麻絙（即绳），长四五十丈，两头分系小索数十条，分二朋（帮也），两相齐挽，当大絙之中，立大旗为界，震鼓叫噪，使相牵引，以却者为胜，就者为输，名曰‘拔河’。”

道具——“道具”原为我国翻译佛经的用语，日本语的“道具”字作“ダウグ（dōgu）”从汉语中借去的。《释氏要览》说：“道具，《中阿含经》云：‘所蓄之物可资身进道者，即是增长善法之具。’”《菩萨戒经》说：“资生顺道之具。”《天台别传》说：“衣钵、道具，分为两分。”可见日语被用来指工具和作业的必需器物品，又源本于此。这一词语何时借去不可考，大概说来是中古唐的时候吧。

石炭——日本人称“煤”为“石炭”，是从汉语借去的。《宋史·陈尧佐传》说：“徙河东路，以地寒民贫，仰石炭以生，奏除其税。”《水经注·漯水》说：“山有石炭，火之，热同樵炭也。”《豫章记》说：“（建城）县有葛乡，有石炭二顷，可燃以爨。”这个词什么时候借了去不可考。

经济——日语译作“keizai”，是从汉语里借去的，日本人谓凡人类利用财富满足其欲望的作“经济”。《宋史·王安石传》：“以文章节行高一世，而尤以道德经济为己任。”《文中子》：“皆有经济之道。”日语的词义已经有了引伸。

社会——日语译作“shakai”，是指商业组织。《东京梦华录》：“八月秋社，市学先生预敛诸生钱作社会。春社重午重九，亦是如是。”《梦粱录》：“安排社会，结溥台阁，迎列于道。”《二程全书》亦书“乡民为社会”之语。《贞观画史》：“《田家社会图》，史道硕画。”日语词义有了引伸，该词大概在宋时从汉语里借了去。

挨拶——日语借自汉语，汉语原义是人众拥挤的意思。如葛长庚文：“其时士庶挨拶。”日语意义作为表示两人相见时所说的“相见之辞”，或作为寒暄、客套。至于该词什么时候被借去，是很难考定了。

三、基本词汇的继承和发展

汉语的基本词汇在上古时期大部分已经形成了，基本词汇的稳固性强，一直发展和巩固下来，当然基本词汇也随着社会的发展变化而在发展变化着，不断地丰富着。

（一）基本词汇的继承

上古形成的基本词汇，中古时期将它们绝大部分都继承下来，"话本"是中古较晚的作品，以它为代表。

关于继承上古自然现象方面的基本词汇，例如：

风、云——"风云之气未衰。"（《警世通言》第十二卷）

火——"范汝为情急，放火自焚而死。"（《警世通言》第十二卷）

天——"只听得背后喊声震天。"（《警世通言》第十二卷）

山——"那溃兵如山而至，寡不敌众。"（《警世通言》第十二卷）

其他如：雨、电、冰、霜、雪、星、露、土、地、日、月、海、江、河、草、木、石、花、鱼、鸟。

关于继承上古肢体方面的基本词汇，例如：

心——"徐信动了个恻隐之心。"（《警世通言》卷十二）

口——"妇人口渴。"（《警世通言》卷十二）

眉、眼——"妇女低眉下眼，那个在意。"（《警世通言》卷十二）

手——“手拿象板，立于筵前唱起。”（《警世通言》卷十二）

其他如：耳、身、鼻、臂、面、齿、指……

关于继承上古方位和时令方面的基本词汇，例如：

冬——“是年冬，高宗命韩蕲士讳世忠的……”（《警世通言》卷十二）

日——“一日，冯公与夫人商议。”（《京本通俗小说》）

年——“光阴荏苒，不觉两年。”（《清平山堂话本》卷一）

后——“退入后堂，再不出来。”（《警世通言》卷七）

东、西——“兵火之际，东逃西躲。”（《京本通俗小说》）

其他如：南、北、春、夏、秋、前、上、下、左、右、里、外、岁、月、夜、时……

关于继承上古亲属名称方面的基本词汇，例如：

父——“父女重逢，且悲且喜。”（《京本通俗小说》）

妻——“原来俊卿之妻，却是徐信的浑家崔氏。”（《警世通言》卷十二）

子——“我是刘添瑞之子安住的便是。”（《合同文字记》）

其他如：祖、孙、伯、叔、母、女、兄、弟、姊、妹……

关于继承上古生产方面的基本词汇，例如：

网——“万一为漏网之鱼，苟延残喘。”（《警世通言》卷十二）

猪、羊——“猪羊进入宰生家，一步步来寻死路。”（《古今小说》卷二六）

米、麦、蚕、牛、马、鸡、鹅——“金珠无数，米麦成仓。蚕桑茂胜，牛马挨肩，鸡鹅鸭鸟，满荡鱼鲜。”（《快嘴李翠莲记》）

其他如：耕、种、锄、田、渔（渔夫）、禾、苗、谷、稻、秧、黍、粱……

关于继承上古物质文化方面的基本词汇，例如：

刀——“希周慌忙抱住，夺去其刀。”（《警世通言》卷十二）

书——“读书学礼。”（《清平山堂话本》卷一）

房——“不出僧房，我与你同去问他。”（《警世通言》卷十二）

门——“那汉还站在门首，依依不去。”（《警世通言》卷十二）

衣——“单衣蓬首，露坐于地上。”（《警世通言》卷十二）

其他如：宫、殿、宝、冠、裙、巾、床、席、戈、矛、剑、车……

关于继承上古其他方面的基本词汇，例如：

寒、暖——“忽至春末夏初，天气不暖不寒，花红柳绿之时。”（《喻世明言》卷二十六）

论——“讲论只凭三寸舌。”（《小说引子》）

见——“约莫没有见。”（《小说引子》）

深、浅——“秤评天下浅和深。”（《小说引子》）

其他如形容词：大、小、善、恶、高、低、美、丑……动词：走、跑、击、掘、杀……

（二）基本词汇的发展

基本词汇的发展表现为两种方式，一种是新词的产生，一种是保留旧词同时创造与旧词同义的新词，以及旧词灌新义。把这种放在一起谈。

关于亲属称谓方面：

丈人——“独称妻父曰丈人，自柳宗元呼杨詹事为丈人始。”（《鸡肋篇》）《通俗常言疏证》：“按此说非也，丈人之称，始于南北朝，非始于唐也，考裴松之注《三国志》，献帝舅车骑将军董承，注云，古无丈人之名，故谓之舅，则是南北朝已称丈人也。”

叔、伯——上古“伯”“叔”已经出现，意义与以后不同，“伯”是老大，“叔”是老二，“伯”“叔”有时指长幼。到了中古“伯”“叔”方单独用来代替“伯父”“叔父”，例如：

诸姑伯叔，犹子比儿。（梁周兴嗣《千字文》）

伯既如此，无心独存。（《南史》）

哥——《说文》“哥，声也。从二可，古文以为歌字”。这和“哥哥”的“哥”字没有关系。从唐代起，“哥”字开始在口语里代替了“兄”字。例如：

岐王等奏之云：“邠哥有术。”（《旧唐书·邠王守礼传》）

帝呼宁王为宁哥。（《酉阳杂俎》）

上幸宁王第，叙家人礼……上曰：“大哥好作主人。”（张九龄《勅赐宁王池宴诗序》）

弟兄二人姓刘，哥哥名刘添祥，年四十岁，妻已故；兄弟名刘添瑞，年三十五岁。（《合同文字记》卷一）

兄弟代替弟。

亲家翁、亲家公始见于《隋书》：

刘金骣……呼定兴作亲家翁。（《隋书·房陵王勇传》）

帝览之泣曰：“吾宗社几倾，赖亲家公而获全耳。”（《隋书·李浑传》）

亲家、亲家母——“嵩子衡，尚新昌公主，嵩妻入谒，帝呼为亲家。”（《新唐书·萧瑀传》）

《通俗常言疏证》按：“又亲家母，见《五代史补》，按唐时只称女之姑为亲家，至五代始称为亲家母也。”

北方方言发展起来的称谓词，例如：

婆婆——“小娘子道：‘不识婆婆。’”（《喻世明言》卷三五）

老公——“我是你姑姑,自从你嫁了老公,我家寒,攀陪你不着,到今不来往。”(《喻世明言》卷三五)

媳妇——“我有个女孩儿,刘二哥求做媳妇,就今日说开。”(《喻世明言》卷三五)

“话本”中其他如:“姑姑”“小老公”“小老婆”(“妾”)“浑家”等等。

其他方面的基本词:

太阳——“太阳”以及“太阴”早在上古就出现了,但是没有在全民语言中代替“日”的用法,只是“日”的一种别称。《说文解字》:“日,实也,太阳之精不亏。”《淮南子·天文训》:“日者,阳之主也……月者,阴之宗也。”后来“太阴”没有进入全民语言,取得基本词的资格;而“太阳”却进入了全民语言,取得了基本词的资格。“太阳”到了中古就开始普遍代替“日”的用法,例如:

> 王公曰:“使太阳与万物同辉,臣下何以瞻仰?”(《世说新语》)
>
> 若太阳下同万物,苍生何由仰照?(《晋书·王导传》)
>
> 天鸡警晓于蟠桃,踆乌晰耀于太阳。(李白《大鹏赋》)
>
> 葵藿倾太阳,物性固莫夺。(杜甫诗)
>
> 幸因腐草虫,敢近太阳飞?(杜甫诗)
>
> 愿君光明如太阳。(李贺诗)

脚——上古“脚”是指小腿,中古以后代替了“足”的用法。《说文解字》:“脚,胫也。”《释名》:“脚,却也,以其坐时却在后也。”上古的用法都作小腿用,例如:

> 羊起而触之,折其脚。(《墨子·明鬼下》)

乳间股脚。(《庄子·徐无鬼篇》)

擢项颐,结股脚,连雕尻。(《汉书·东方朔传》)

“股脚”连用,可见指的是“大腿”和“小腿”。到了中古,“脚”的意义转变了,代替了“足”,“足”逐渐离开基本词汇,“脚”作“足”的用法却进入了基本词汇。例如:

潜无履,王弘顾左右为之造履。左右请履度,潜便坐伸脚令度焉。(《晋书·陶潜传》)

这是“脚”代替“足”的一个典型的例子。

又过数日,妇人脚不痛了。(《警世通言》第十二卷)

鞋——上古“鞋”叫“履”,不叫“鞋”。《方言》:“履,其通语也。”到了汉代有一种皮做的“鞋”叫“鞵”。“鞵”和“鞋”是古今字。中古以后一般的鞋都叫“鞋”,不是皮做的也叫“鞋”,例如:

邺下一领军贪甚……坐事伏法,籍其家,麻鞋一屋……余财宝不可胜言。(《颜氏家训》)

白头厌伴渔人宿,黄帽青鞋归去来。(杜甫诗)

美人蹋上歌舞来,罗袜绣鞵随步没。(白居易诗)

竹鞋葵扇白绡巾,林野为家云是身。(白居易诗)

刬袜步香阶,手提金缕鞋。(李煜词)

桌——上古只有“几”“案”,没有“桌”,“桌”起源很晚,大约是在宋代,如:

> 咸平、景德中，主家造檀香倚卓。(杨亿《谈苑》)

“卓”与“桌”“棹”相同。

椅——上古只有“席”和“床”，没有“椅”。“椅”大约起源于宋代。(王力先生意见)

茶——唐朝开始有“茶”。(见陆羽《茶经》)例如：

> 石崖采芝叟，乡俗采茶歌。(韩偓诗)
> 采茶溪树绿。(温庭筠诗)

钞——宋朝开始用纸币，一开始叫“钞引”，等于现在的汇票。后来“钞”成了钱币的通称。

草市——唐代商业的兴起，出现一种买卖的市场叫“草市”。例如：

> 草市迎江货，津桥税海商。(唐王建《汴路即事》)
> 草市寒沽酒，江城夜捣衣。(宋陆游《村居》)

《水经注》中“肥水注”有“草市门”。

(三) 中古时期外来词汇进入基本词汇

佛教在汉朝就开始传入中国，以后佛教的词汇也随着传入中国，有的进入汉语的基本词汇，例如：

和尚——“和尚大情小节，一一都认了”“当日推出这和尚来，一个书会先生看见，就法场上做了一只曲儿。”(《话本》86 页)“和尚”是印度梵语，佛教词汇。

佛——初译“浮屠”“浮图”“佛图”“佛陀”，最后简称为“佛”。

塔——初译“浮屠”（与“佛”同译名），但梵语为“窣堵坡”（或译“率都婆”），故简称为“塔”。

僧——梵语“僧伽”的简称。“僧伽”是和合的意思。

尼——梵语“比丘尼”的简称，原义是女子出家受具足戒者。男的称为“比丘”，就是和尚。

菩萨——全名是“菩提萨埵”，是“大觉有情”的意思。“有情”等于“众生”，即一切的人类和动物。

罗汉——“阿罗汉”的简称，意译是佛家圣者。

地狱——梵语“泥犁”的意译。

阎罗——鬼王的意思。

> 生为上柱国，死作阎罗王，斯亦足矣。（《隋书·韩擒虎传》）
>
> 关节不到，有阎罗包老。（《宋史·包拯传》）

还有些词深入到基本词汇，一般人现在已分别不出是外来词，例如：

世界——上古叫“天下”“宇宙”，以后“世界”变成了“天下”“宇宙”的同义词。“世界”最初的意义：“世为迁流，界为方位。汝今当知，东、西、南、北、东南、西南、东北、西北、上、下为界，过去、未来、现在为世。”（《楞严经》）

现在——上面说过“过去、未来、现在为世”，所以叫“三世”，表示时间的意思。“现在”本作“见在”，《论衡·正说篇》：“夫《尚书》灭绝于秦，其见在者二十九篇。”这里的“见在”只是“目前存在”，和佛经“现在”的意不同，利用它来翻译佛经意义就变化了，“现在”就有了新的意义。

因果——上古“因”“果”是两个词，利用它们来译佛经就变成了一个词了，有了新的意义“因果报应”。

结果——由“结成果实”引伸为“原因所造成的后果”。“结果”是“因果”而来的。

庄严——上古“庄”“严”是两个词，像“因果”一样，以后变成一个词了。《阿弥陀经》：“功德庄严。”《华严探玄记》：“庄严有二义，一是具德义，二交饰义。”不过以后用的意义，与佛经用的意义不相同。

法宝——佛教以“佛”“法”“僧”为三宝。“法宝”是三宝之一。

圆满——晋朝译《华严经》：“显现自在力，演说圆满经。”“圆满”是圆融无碍的意义。

其他如：念、因缘、魔鬼、方便、平等、毕竟、信心、信仰、慈悲、真相、忏悔、妄想、导师、烦恼、转变、一刹那……

四、口语词汇的发展

上古时期书面语言最初是在口语基础上发展起来的，后来逐渐离开口语，到了六朝开始出现一种新的书面语言，这种新的书面语言发展到宋朝便成熟了，也就是现代“白话”的来源。这条发展线索，罗常培和吕叔湘两位先生合作的《现代汉语规范问题》一文中阐述得很清楚。

> 汉语很早就有书面语言，这种书面语言必然是在口语的基础上产生的……但是在古代社会里，书面语言只是一部分受过教育的人的交际工具，这就很容易使它与人民口语脱节；用来书写的汉字的特殊性质也起了一定的诱导作用。书面语言的规范和口语脱节的情形，《世说新语》等书和一些偶然留传下来的文件透露了一点消息；唐朝和尚的语录以及保藏在敦煌石室里的民间文学作品把它暴露得更加清楚。一种新的书面语言开始出现，到了十二、十三世纪就有了相当多并且相当纯净的作品：“语录”（禅家和理学家的），外交使臣纪录（如保存在《三朝北盟会编》的），“诸宫调”“话本”，以及许多笔记小说里记下来的片段对话。这种新的书面语言和旧的书面语言，用后世所起的名称说就是“白话”和“文言”，虽然也互相影响，但基本上是分道扬镳，各有应用的范围。这“白话”就是我

们现在的民族共同语的来源。

中古时期口语的发展可以分成三个时期来谈,第一个时期是魏晋六朝时期,第二个时期是唐朝时期,第三个时期是宋朝时期。

(一) 魏晋六朝口语词汇的发展

这个时期像上面所说的,露出了一点苗头,一种新的书面语还没有形成,只是在文言文的作品中有接近口语词汇的现象,《世说新语》基本上还是文言文,不过与那些严重脱离口语的骈文比较起来,还是要好懂些。随便举一段看看。

> 陈仲举言为士则,行为世范,登车揽辔,有澄清天下之志。为豫太守,至便问徐孺子所在,欲先看之。主簿白群情欲府君先入廨,陈曰:"武王式商容之闾,席不暇暖。吾之礼贤有何不可。"(《世说新语·德行第一》)
>
> 周子居常云:"吾时月不见黄叔度,则鄙吝之心已复生矣。"(同上)

看起来比骈文容易懂,如:"行为""澄清"等明白易懂,比较接近口语。又如:"流泪""深广""男子""锄""菜"("园中锄菜")"依附""哭泣""神气""阿奴""挑"("后园挑菜")、早已、粉碎、一顿饭、平常、干饭、分别、礼拜、债主、门地、瓦屋、邻居、衣服、水牛、鹊子、牛屋、床办、竹片……接近口语的词汇比较多,从整个文章看也是容易懂的,尽管保留好多文言成分。又如:"如万顷之陂,澄之不清,扰之不浊。其器深广,难测量也。"形式虽然是文言的,但不古奥,"清""浊""深广""测量"都好懂。

六朝民歌里的口语词汇，整理讲民歌都是口语词汇，但是经过文人加工，就不完全是口语词汇。民歌中保留的口语词汇是比较多的。例如：

郎、侬——《子夜歌》："天不绝人愿，故使侬见郎。""侬"是方言词。《续方言又补》："吴人率自称曰侬。""郎"在民歌中是常见的一个词。

可怜——《子夜歌》："婉伸郎膝下，何处不可怜。""可怜"是"可爱"的意思，民歌中常见。同时，"可怜"也作"怜惜"意思用，例如：《琅琊王歌辞》："公死姥更嫁，孤儿甚可怜。"今天"可怜"只保存"怜惜"意思，"可爱"意思消失了。

浮萍——《子夜歌》："素不知浮萍，转动春风移。""浮萍"，民歌习惯用作比喻。

辛苦——《子夜歌》："果得一莲时，流离婴辛苦。"

情人——《子夜四时歌·春歌》："情人戏春月，窈窕曳露罗裙。""曳"也是口语词。

莲子——《子夜四时歌·夏歌》："泛舟芙蓉湖，散思莲子间。"此地"莲子"不是"莲"之"子"而是指整个莲蓬。"子"是作词尾用。

野鸡——《子夜四时歌·秋歌》："秋爱两两雁，春感双双燕。雄鹰接野鸡，雉落谁当见。""野鸡"就是"雉"，上古叫"雉"，"野鸡"是后出现的。

帽——《读曲歌》："白门前，乌帽白帽来。白帽郎是侬，良不知乌帽郎是谁。""帽"在上古叫"冠"。"帽"是以后产生的口语词。

躞蹀——《读曲歌》："徙倚望行云，躞蹀待郎归。"

女儿——《采桑度》："蚕生春三月，春桑正含绿。女儿采春桑，歌吹当春曲。"此"女儿"不是儿女的"女儿"，而是一般年青女子的称呼。又如：《襄阳乐》："大堤诸女儿，花艳惊郎目。""女儿"与

“郎”相对。

袴——《安东平》:“吴中细布,阔幅长度。我有一端,与郎作袴。”上古没有“袴”这样的词。

前头、后头——《企喻歌》:“前行看后行,齐著铁裲裆。前头看后头,齐著铁鉦鉾。”这里“头”作词尾用,不是实词。当中“着”字也是口语词,至今还保存在吴方言里。

(二) 唐朝口语词汇的发展

唐朝和尚的语录,敦煌变文更加接近口语,先从整个文体来看,例如:

> 楚王太子,长大未有妻房。王问百官:“谁有女堪为妃后?朕闻:国无东宫,半国旷地,东海流泉溢,树无枝,半树死;太子为半国之尊,未有妻房,卿等如何?”大夫魏陵启言王曰:“臣闻秦穆公之女,年登二八,美丽迷人。眉如画月,颊似凝光,眼似流星,面如花色。发长七尺,鼻直颜(额)方,耳似珰珠,手垂过膝,拾指纤长。愿王出敕,与太子平章。傥如得称圣情,万国和光善事。”
>
> 遂遣魏陵,召募秦公之女。楚王唤其魏陵曰:“劳卿远路,冒涉风霜。”
>
> 其王见女,姿容丽质,忽生虎狼之心。魏陵曲取王情:“愿陛下自纳为妃后,东宫太子,别与外求。美女无穷,岂妨大道。”王闻魏之语,喜不自升(胜),即纳秦女为妃,在内不朝三日。(《伍子胥变文》)

当我们看“变文”时,觉得比《世说新语》好懂。从上文我们可以看出，用的词汇虽然好多是上古的，但是用的都是活下来的词汇，没有使用已死的词汇。例如，基本词："树""枝""眉""颊""眼""面""鼻""颜(额)""耳""手""膝""风""霜""国""宫""妻"等，又如"如""似""侻如""和"都是活下来的古语词，没有陈腐的古语词。又如"美丽""流星""纤长""召募""如何""珰珠"等是双音词，有的是由古语单音词发展来的，如"美丽""召募"等。总之变文使用的词是接近当时的口语，绝大部分一直活到现在。

又如民间说唱形式的变文，《董永变文》：

人生在世审思量，暂时吵闹有何方(妨)；
大众志心须净听，先须孝顺阿耶娘。
好事恶事皆抄录，善恶童子每抄将。
孝感先贤说董永，年登十五二亲亡。
自叹福薄无兄弟，眼中流泪数千行；
为缘多生无姊妹，亦无知识及亲房。
家里贫穷无钱物，所买(卖)当身殡耶娘。

这种说唱变文来自民间，语言很通俗，只是在口语的基础上稍为加工适应形势。其中好多的词汇在今天仍然活着，例如："耶娘""兄弟""姊妹""亲房""暂时""大众""孝顺""童子""知识""贫穷""吵闹""买""眼中流泪"……几乎完全是口语词。

以上这些例子在变文中俯拾皆是，例如："勾引""商量""骨肉"("父母骨肉在堂内")"娘子""小孩子""儿郎""分付"……

这时口语词汇的发展，以"变文"为代表，其他文人作品也有反映，如《晋书》，特别是唐诗中运用了好多通俗的口语词汇。

《晋书》是唐朝房玄龄等撰。例如：

马(码)头——《地理志》："武昌郡鄂县有新兴、马头。"

乡亲——《皇甫谧传》:“其后乡亲劝令应命。”

适意——《文苑·张翰传》:“张翰曰:‘人生贵适意耳。’”

其他如“长远”“地方”“家舅”“小女”“孤儿”“寡妇”“修行”“轻重”(“不知轻重”)、“安稳”“书生”“晚生”“麻油”……

杜甫诗中的口语词,例如:

高兴——“晚来高兴尽。”

打——“风急打船头。”

点——“穿花蛱蝶深深见,点水蜻蜓款款飞。”

其他如“亭子”“晚饭”“父老”“儿童”“妇女”……

白居易的语言更接近口语,他有个有名的故事,他努力学习人民语言,释惠洪《冷斋夜话》云:“白乐天每作诗,令老妪解之,问曰解否?妇曰解,则录之,不解则易之。”他的语言的确通俗易懂,例如:

> 新丰老翁八十八,头发眉须皆似雪……问翁臂折来几年,兼问致折何因缘?翁云贯属新丰县,生逢圣代无征战。……(《新丰折臂翁》)
>
> 玄宗末岁初选入,入时十六今六十……今日宫中年最老,大家遥赐“尚书”号,小头鞋履窄衣裳,青黛点眉眉细长。外人不见见应笑,天宝末年时世壮。(《上阳白发人》)

这些诗句是很接近口语的,如“鞋”,上古说“履”不说“鞋”,又如“头发”“大家”……

其他如:

慌忙——“荒(慌)忙为求情。”

快活——“谁知将相王侯外,别有优游快活人。”

（三）宋朝口语词汇的发展

中古时期口语词汇的发展，它的线索，六朝以《世说新语》为代表，唐朝以“变文”为代表，宋朝以“话本”为代表。“话本”是在“变文”的基础上发展起来的。现在叙述宋朝时期口语词汇的发展，总括谈一谈中古时期口语词汇发展的特点。

一种新的书面语言发展到宋“话本”可以说是已经成熟了，“话本”本身就是在民间“说话”（即“说书”）的基础上发展起来，编成书的时候，不过把口语稍加整理。《话本》的语言对近古小说影响非常大，《西游记》《水浒传》《红楼梦》等是在话本的基础上发展起来的。

“话本”的语言结构不论哪一方面和近代的“白话”文都很接近，录取一段，可以窥见词汇发展的全貌。

> 徐信虽然有三分本事，那溃兵如山而至，寡不敌众，舍命而走。但闻四野号哭之声，回头不见了崔氏，乱军中无处寻觅，只得前行。行了数日，叹了口气，没奈何只索罢了。行到睢阳，肚中饥渴，上一个村店，买些酒饭。原来乱离之时，店中也不北往昔，没有酒卖了；就是饭，也不过是粗粝之物。又怕众人抢夺，交了足钱，方才取出来与你充饥。

口语词汇发展的几个特征：

1. 最明显的一个特征，是虚词的发展，《话本》以前的虚词多数没有脱离文言虚词“之”“其”“者”“耳”“哉”“也”……《话本》里出现了大量的口语里的语气词，如“的”“了”“罢”……过去虽然也出现过，并不多。当然“话本”以及以后所有的“白话”文也继承了一部分有用的文言虚词。

了——“了”在变文就出现了,例如:《董永变文》:

直至三日复墓了,拜辞父母几田常。
所卖一身商量了,是何女人立门傍?
便与将丝分付了,都来只要两间房。

宋以前虽有,并不太多,到了宋朝就大量涌现出来了。《朱子语类》:

若只管说,不过一两日都说尽了。
过得此二关……便一节易似一节了。
公更添说与道为二物,愈不好了。
想得高山更上去,立人不住了。

《话本》里就更多了。上面举的一小段不过一百来字,就连用了六个“了”字。“了”字在“话本”里俯拾皆是:

将几件衣服与妇人穿了;同他在店中吃了些饭食,借半间房子,做一块儿安顿。

又过数日,妇人脚不痛了,徐信和他做了一对夫妻上路……徐信去充了个军校,就于建康城中居住。

少顷,吃了茶,还了茶钱出门。

吕中翊失散了女儿,无处寻觅,嗟叹了一回,只索赴任去了。

的——作领属用的,以及作语气词用的,例如《话本》:

虽然不是自己的老婆,年貌相仿佛。

以己度人道:“这妇人想也是遭难的。”

希周有祖传宝镜,乃是两镜合扇的。

问道:“适才赍公牒来的何人?”

郡王听罢,大喜道:“好诗!”问乙侍者:“廊下壁间诗是你作的?”乙侍者:“复恩王,是侍者做的。”郡王道:“既是你做的,你且解与我知道。”

他不是害什么心病,是害的相思病。

他的度牒也被追了,却那得钱来替你还府中!

先前说过的话,如何赖得?

张老跪复:“恩王,小的女儿没福,做出事来,其中屈了一个,望恩王做主!”

与“的”同义异体的“底”:

去枣槊巷口,一个小小底茶房。

罢——作语气词用,以及当“完了”用,例如《话本》:

有什么话就讲罢。

说罢,杨玉同娘子都去了。

想得:“就是两个夫子,缓缓而行也罢,只是少一个头口。没奈何,把一匹与江居坐,那一匹教他两个轮流坐罢。”

那王听罢,大喜道:“好诗!”

荆公看罢,艴然大怒。

说罢,杨玉同娘都去了。

宴罢归来,恣游花市。

当日茶市方罢,相是日中。

那官人吃罢,看着王二道……

方才说罢,只见这和尚将着他浑家从寺廊下出来。

夫人道:“恁地说,我也罢了。”

哩——

寻得下莫喜,寻不来莫怪,只是比往常一倍钱要两倍哩!(《京本通俗小说》)

殿直道:“未要去,还有人哩!”(同上)

么——

荆公道:“伺他来,要拜谒他么?”(《警世通言》卷四)

你肯拜我为哥哥么?我救你这一顿拳踢。(《清平山堂话本》)

撰得些利息来过日子,却不好么?(《合同文字记》)

2. 有词头词尾结构的词大量涌现。有词头词尾的词是口语的一个特征。

《话本》中词尾“儿”化的特别丰富。可见《话本》是在北方方言基础上发展起来的。

盘儿、馉饳儿——“等多时,只见一个男女托个盘儿,口中叫:‘卖鹌鹑馉饳儿!’”(《喻世明言》卷三十五)

水滴儿——“待要写了付与浑家,正研墨,觉得手重,惹翻砚水滴儿,打湿了纸。”(《喻世明言》卷三十五)

篦儿——“那妇女把金篦儿去剔那蜡烛灯。”(《喻世明言》卷三十五)

简帖儿——“只因这封简帖儿，变出一本蹊蹊作怪底小说来。”(《喻世明言》卷三十五)

镮儿——“包着一对落索镮儿，两只短金钗子。”(《喻世明言》卷三十五)

两口儿——“夫妻两口儿正在家里坐地，一个送封简帖儿来，与他浑家。”(《喻世明言》卷三十五)

词尾“子”字虽然就已经出现了，但是很少，“话本”里就大量地涌现出来，例如：

妻子——“我也在乱军中不见了妻子。”(《警世通言》卷十二)

娘子——“不知娘子意下如何?”(《警世通言》卷十二)

汉子——“那肆中先有一个汉子坐下。”(《警世通言》卷十二)

房子——“借半间房子做一块儿安顿。”(《警世通言》卷十二)

身子——“我一个身子被他骗了。”(《警世通言》卷十二)

《话本》中词尾“头”字也不少：

心头——“徐信心头火起。”(《警世通言》卷十二)

念头——“一时念头差了。”(《警世通言》卷十二)

势头——“玉梅见势头不好。”(《警世通言》卷十二)

3. 人称代词的发展变化，第二人称代词“你”和第三人称代词“他”都是产生于唐，广泛使用于宋。由于口语中“我”“你”“他”的普遍运用，文言代词“吾”“汝”等就逐渐消失了。

> 你是官家儿女，掳劫在此，与你何干？韩元帅部下将士，都是北人，你也是北人。(《警世通言》卷十二)
>
> 天幸死了，出脱了你，你还想他怎么？(《警世通言》卷

十二)

凡族人不肯从他为乱者,先将斩首示众……贼党见他凡事畏缩,就他鳅儿的外号改做'范盲鳅',是笑他无用的意思。(《警世通言》卷十二)

生下他时,梦见一尊金身罗汉投怀。(《警世通言》卷十二)

《话本》里人称代词都是应用当时口语"我""你""他"复数加"们",只有极少数地方用文言代词。

4. 口语词汇的发展也影响到基本词汇的发展变化。

单音向复音发展的,例如:

眉——眉毛

目——眼睛

鼻——鼻子

应道:"则是茶坊里见个粗眉毛、大眼睛、蹶鼻子、略绰口的官人,教把这封简子来与小娘子。"(《喻世明言》卷三十五)

这三个例子很典型,代表单音发展为双音的三个类型。

衣——衣服

穿了衣服入草舍。(《警世通言》卷十二)

哭——号哭

城中日夜号哭。(《警世通言》卷十二)

言——言语

奇怪！看他言语行步，好似建州范家郎君。（《警世通言》卷十二）

其他如：行走、探问、答应、寻觅、允许、道理……

不仅表现在单音变复音上，就是单音变单音，复音变复音也表现口语词汇的发展变化，例如：

食——吃

次早起来，吃饭罢。（《喻世明言》卷三十八）

足——脚

又过数日，妇人脚不痛了。（《京本通俗小说》）

夫妇——夫妻

徐信和他做了一对夫妻上路。（《金瓶梅词话》第四回）

其他如："首"——"头"，"闻"——"听"，"思"——"想"……

口语词汇的发展还表现在以下几个方面：方言词的使用，基本词汇的发展变化，词的结构的发展变化。这三个方面分开来谈，它们虽然独立成为一节或一章，应该把它们看作是中古口语词汇发展的一部分。

（四）口语的发展与方言的使用

口语词汇发展的另一个特征是方言词进入书面语言。考查是否是方言词,有的书面语里没有注的,现在只能从方言的形式和内容来识别,可能不正确。

宋话本里的方言词,例如:揲子——

> 这里安排车仗,从里面叫出几个人来,都着紫衫,尽戴花红揲子,推数辆太平车。(《喻世明言》卷三十三)

"揲子"是一种头巾。关于头巾,除了"揲子"这个名称外,还有一个比较普通的名字"盖头",例如:

> 这小夫人着乾红销金大袖团花霞幢,销金盖头。(《警世通言》卷十六)
>
> 小姑姆姆戴盖头,伯伯替我做孝子。(《快嘴李翠莲记》)

将"揲子"和"盖头"加以比较,"盖头"比较常用,同时历史稳固性大,"揲子"以后就消失了。可见"揲子"是当时的方言词。馉饳儿——

> 等多时,只见一个男女托个盘儿,口中叫"卖鹌鹑馉饳儿"! 官人把手打招,叫"买馉饳儿"。(《喻世明言》卷三十五)

"馉饳儿"和"馄饨"是一类的东西,"馄饨"当时已经有了,见《越言释》卷二:"见《广雅・玉篇》作'腷肫'。"就是同一个《话本》的另一篇里也有"馄饨"(第143页)出现。同时根据词尾"儿"字,可见是当时的北方方言。

"尴尬"是方言词,现在仍然保留在吴方言里,这个词早已进入共同语了,在上古已经出现过了,一直巩固下来。

王七三官人道："这个开酒店的汉子又尴尬，也是鬼了，我们走休。"兀自说未了，就店里起一阵风。(《二刻拍案惊奇》卷六)

宁家——"官府只得将僧可常追了度牒，杖一百，发灵隐寺，转发宁家。"(《警世通言》卷十二)又"沈昱并原告人，宁家听候。"(《喻世明言》卷二十六)"宁家"就是"回家"的意思，当时"回家"已经普遍使用，不用"回家"而用"宁家"，可见作者是受方言的影响。

头口——"就是两个夫子，缓缓而行也罢，只是少一个头口。"(《警世通言》卷四)

"头口"就是"牲口"。(见后注)

登东——"荆公见屋傍有个坑厕，讨一张毛纸，走去登东。"(《警世通言》卷四)

"登东"是到厕所去的意思。(见后注)

庵老——"马都头道：'员外可知道庵老，原来你这般刷子。'"(《清平山堂话本》卷三)

注："庵老"有老手、行家的意思。"刷子"，詈人的言语。

朴实头——"官人，你好朴实头。"(《清平山堂话本》卷三)

注："朴实头"即老实头，质朴诚实。"朴实"是一个普通的词，加上一个"头"字，显然是方言词。

打话——"二人也不打话，一径且回。"(《喻世明言》卷二十六)

注："打话"，说话。还有"打紧"都是北方方言词。"打紧"见《话本》第160页。

巴巴急急——"父子三人，正是衣不遮身，食不充口，巴巴急急，口食不敷。"(《喻世明言》卷二十六)

注："巴巴急急"即巴巴结结，是勉强对付的意思。

重叠词是口语的一个特征，重叠词多数从方言口语中发展起来的。

巴得——"'……你到我家中,实把这件事说与我娘道。'万秀娘听道:'好!'巴得到家中。"(《警世通言》卷三十七)

注:"巴得",盼望到的。还有"巴不得"。

脚子门——"万秀娘移步出那脚子门,来后花园里,仰面观天。"(《警世通言》卷三十七)

注:"脚子门",即角门,在正门左右的旁边。

兀底——"方秀娘道:'哥哥,兀底便是劫了我底十条龙苗忠!'"(《警世通言》卷三十七)

注:"兀底",兀的、这个。

搋——"只见陶铁僧栾了四五十钱,鹰觑鹘望,看布帘里面,约莫没有人见,把那见钱怀中便搋。"

注:"搋"是偷藏东西在怀里。

兜答——"女儿诸般好了,只是口快,我和你放心不下。打紧他公公难理会,不比等闲的,婆婆又兜答,人家又大,伯伯、姆姆,手下许多人,如何是好?"(《警世通言》卷三十七)

注:"兜",含有利害的意思。

上面一段里好多是北方方言词,如:"打紧""公公""婆婆""姆姆"(丈夫的嫂嫂)。"话本"里北方方言词很多,其他如:"恁的""兀自""巴掌""村"(粗野)、"趲足""嗹嗻""歇浪"(停止)、"搡"(击打)、"掿得"……

宋朝《集韵》记载当时的方言,见《续方言又补》。例如:

拽——"拽,拖也,山东语。"

憔悴——"关中谓癯弱为憔悴。"

鼾——"鼾,卧息也,吴人谓鼻声为鼾。"

泪——"关中谓目汁曰泪。"

盂——"齐人谓盘曰盂。"

稞——“青州谓麦曰稞。”

籴——“关中谓买粟麦曰籴。”

飓——“越人谓具四方之风曰飓。”

蛇——“关中谓毒虫曰蛇。”

晋朝郭璞注扬雄《方言》,用当时方言中的双音词注《方言》的单音字,双音词是联绵词,例如:

《方言》:“慧,秦谓谩。”郭注:“言谩佗也。”

《方言》:“好,秦曰娥。”郭注:“言娥娥也。”

《方言》:“宋魏之间谓之嬴。”郭注:“言嬴嬴也。”

《方言》:“嫷,美也,南楚之外曰嫷。”郭注:“言婑嫷也。”

《方言》:“木细细枝谓之杪。”郭注:“言杪梢也。”

其他如:“般”——“般桓”,“牴”——“触牴”等等。

用双音词注单音字并加以解释,例如:

《方言》:“晋卫曰俺。”郭注:“俺俭,多意气也。”

《方言》:“浑,盛也。”郭注:“们浑,肥满也。”

《方言》:“愋,愧也,梁宋曰愋。”郭注:“敕愋,亦惭貌也。”

《方言》:“徥,幻也。”郭注:“徥,偕行貌。”

《方言》:“踞,力也。东齐曰踞。”郭注:“律踞,多力貌。”

《方言》:“自关而西秦晋之间凡细而有容谓之魏。”郭注:“魏魏,小成貌。”

《方言》:“僇,盛也。陈宋之间曰僇。”郭注:“僇伴,粗大貌。”

《方言》:“江淮之间曰泡。”郭注:“泡肥,洪张貌。”

郭璞用双音注单音,双音都是联绵词,单音是联绵词词素的一部分。如果这些双音的联绵词在郭璞当时不存在于方言之中的话,郭璞是没有办法知道汉朝扬雄时代的方言情况,可见郭璞注中的方言词是晋朝郭璞时代的方言词。当然这些联绵词在扬雄时代也已经存在于方言中,不可能扬雄时代都是单音词,到郭璞时代都发展成为双音词,扬雄受汉字影响,纪录方言以汉字为单位,古人词的概念不强。

郭璞注中有的虽然没有注明什么是当时的方言,但是我们推断是否是当时的方言,有的注中注明是当时某地方言,那就更加清楚了,例如:

《方言》:“平原谓啼极无声谓之哓哴。”郭注:“今关西语亦然。”

《方言》:“掓,杀也。”郭注:“今关西人呼打为掓。”

《方言》:“凡物盛多谓之寇。”郭注:“今江东有皃,其多无数,俗谓之寇皃。”

《方言》:“秦晋之际,河阴之间曰𩜋饐,此秦语也。”郭注:“今关西人呼欲饱为𩜋饐。”

《方言》:“釥、嫽,好也。青徐、海岱之间曰釥,或谓之嫽。”郭注:“今通呼小姣洁喜好者为嫽釥。”

《方言》:“自关而东,河济之间谓之媌。”郭注:“今关西人亦呼好为媌。”

我们从《方言》的郭璞注中,可以了解晋代方言的概况。上面只略举一部分例子,类似以上情形材料很多。

五、词义的变化

（一）词义与社会的关系

词是反映客观物质的，词的意义被客观物质所决定。斯大林说过："语言是直接与思维联系的，它把人的思维活动的结果，认识活动的结果，用词及由词组成的句子记载下来，巩固下来。"① 我们人的思维活动是受着变化无常的客观事实所支配所决定，客观事实一旦失去了，我们人就立即停止思维活动，在人们实际的活动中，就不可能有语言的交际活动。所以说，词在反映物质世界时是随着物质的变化而变化，而且表现得极为敏感。

在人们认识客观世界的实践过程中，语言的词起着相当重大的作用。当人们要用概念（即反映概念的词儿）说明对象的实质，并把人们对对象的全部认识确定下来，作为词的内容——词义就可以帮助人们认识清楚对象，和把对象的本质认识确定下来。并且还能够帮助我们把这一些和那一些对象的本质即使只有丝厘的差别，还是能够把它们区别开来。由于词即它的内容——词义使人们获得对于客观事物的根据，反映客观事物的能力。

但是，客观事物是处于经常不断变化当中，这就引起人们对于客观事物的认识发生与它相适应的变化，这样就引起了反映客观事物的概念的变化、词的变化。在语言中，一方面，触角最敏感词，经常处于不断变化当中,大量的新词产生;另一方面,语言的创造者、使用者用简捷的方法,跟着客观事物的变化改变词的意义,达到反映的正确性。同时,客观事物在一定时期内有它的相对稳定性,这就规定了词儿在一定的历史范围内具有稳定的性质,也就是说,使词义具有一定的稳定性、巩固性。

词义的变化被客观事物所决定,因此在每一个历史时期的诸多变化,在词汇里头的反映就有新词的产生、旧词的死亡、词义转化等;反过来,我们也可从词汇上的变化看出某一个历史时期一般变化情况。譬如我们拿“爱人”这个词儿来说吧,解放前与解放后意义完全不同,解放后是作为未婚妻,或者指丈夫,或者指妻子。

中古时期,中间虽然有“安史之乱”和改朝换代的变化,一般的说来,生产力比较发展,人民的生活比较安定,这是可以从第一章里可以看到的,这种情况反映到语言中来,就使得新词产生和词的变化。例如在宋朝的时候发明了火药,这就使得人民生活中起了很大的变化,开头对一件事物认识不足,也不深刻,到后来由于火药的运用,有了新的认识,随着人的社会实践的深化,人们的认识更深入,了解得更透彻。举个例子来说:“爆竹”,《通俗篇》:“古时爆竹皆以真竹着火爆之。”是一种火著竹毕剥有声的东西,相传作为驱鬼之用。这个意义也就是它的本来意义。自从宋的时候发明了火药,觉到这种“以火著竹”不行,于是就用“纸卷火药加以药线”来充当爆竹,爆火发声。到这里“爆竹”的意义改变了,被一种加深了的新意义所代替。《瓮牖闲评》:“岁旦燎竹于庭,所谓燎竹者,爆竹也。”这里用的“爆竹”一词意义就是转化了的意义。中古时期商业经济是繁荣的,当时出现了大都市,出现了大小的各种市集,货物的卖买有一定的贸易手续,有一定经纪人管理市场,进行合理的贸易。例如“贾”这个词儿,最初的意义是作估定货物价格,以求进行贸易,是一种估价行为和货物价格没有分别的表示。表现着人们对这个词儿混然一体的认识，意思就是说人们由于社会发展的限制，对这个词儿不可能有充分的较明确的认识。如上古时代就表现了这种情况。《周礼》：“商贾阜通货贿。”又：“辨其苦良，比其小大而贾之。”后来，随着商业的发达，市场的繁荣，人们逐渐的在贸易卖买当中明了估价人、估价的行为和被估定出来的价值等概念，分清楚了，于是产生了新认识，这种新认识，就使得“贾”的意义开始分化。“贾”的词义分化在隋唐时就已经存在了。由于词义的分化，在词的形式上也发生了分化。人们把商贾的“贾”字作为“贾”，把货物价格写作为“格”。显然，这一个词义分明了。“钱”的出现，是因为工商业的发展，原来用实物交易、贝壳交易和其他等各样形式的交易都不能适应于工商业发展的需要，钱的出现就是弥补了这种需要，而改变了原始的、笨重的交易方式，“钱”在古代是一种进行农业生产的工具，犹如现在的钱铲，作划地除草之用。《诗经》：“庤刀钱镈。”自从古时的农具作为交易的媒介，而后制作钱币以后，人们对于这个词的认识是慢慢深化的。再也不会作为一种农具的名称叫“钱”认识，而是作为通货来认识了。由于是钱的铸造使用金、银、铜决定钱的币值，一直到宋时使用纸币为止。这一历史的演变，不能不说人们对钱的认识过程中，在不断深化和改变的钱的意义本质也是不同的。

上面我们举例说明的，是就社会发展的情况来看词义的变化的。事实上词义的变化是复杂的，除了社会变化引起词义变化之外，由于人们彼此之间的交际，因交际的需要也促使词义发生变化。譬如在一定的条件下，此义变化到彼义用，以后稳定下来。如“风流”一词，原来的意义是表示流风余韵，即遗风教化的意思。《后汉书·王畅传》：“士女沾教化，黔首仰风流。”《汉书·赵充国辛庆忌传赞》：“其风声气俗，自古而然；今之歌谣慷慨，风流犹存耳。”这里的“风流”因为语言环境的关系，已经在开始变化，原来的“遗风教化”的意义在转化。《北史》:“金石可灭,而风流不泯。”这里“风流”一词有所变,但仍旧保留着原来的部分意义。到了以后由于交际的需要慢慢地意思深化起来,变化到具有品格的意义。如《三国名臣序赞》:“标榜风流,远朋管乐。”这里比原来的意义更加分野了。到了后来,却转化为具有风光荣宠的意义。如《世说新语》:“韩康伯门庭萧寂,居然有名士风流。”又如“官家”一词,原来是作为皇帝的专称。《湘山野录》:“五帝时是官天下,三王时家天下,兼有五帝三王之德,故称为官家。”花蕊夫人诗:“明朝腊日官家出。”到了后来,在交际过程中慢慢地转化为公家。白居易诗:“自此光阴为己有,从前日月属官家。”因为由皇帝是治理天下大事,为大家(事实上是为了自己)做好事情而来的。而且这点还具有泛称的指一般做官的人。这里从专称转化到泛指,在词的意义上自起了变化的。

在语言的本身,也存在着引起词义变化的原因:如语言中复合词的部分省略,而使得词义在一定程度上的变化,又如词的功能的影响要引起词义的变化。还有整个的词汇体系要影响到词义的变化等等。例如“我”作“己”用,“我”的意义改变了。韩愈《柳子厚墓志铭》:“诸公要人争欲令出我门下,交口荐誉之。”又如由原来的代名词转变成为表态副词。象庾信《哀江南赋》:“以鹑首而赐秦,天何为而此醉?”这个“此”的词性转变,在意义上引起了变化,否则代名词就只是代名词,绝无作表态副词的可能。又如“妖饶”一词,原来是佳美的意思。欧阳修《醉翁琴趣外篇·诉衷情》词:“歌时眉黛舞时腰,无处不妖饶。”又《少年游》词:“绿云双辫插金翘,年纪正妖饶。”王安石《北陂杏花》诗:“一陂春水绕花身,身影妖饶各占春。”但是作为“饶”的意义时,是发生了变化,不能作为“佳美”的意义,而变成“美好”的意义,虽然“佳美”和“美好”在实际运用中是差不多,几乎是没有多大差别,但严格的说来是有了变化,“佳美”要比“美好”意义更深一层。在我们日常生活运用能够区别这两种意义是有好处的。韩愈《次同冠峡》诗:“今日是何朝,天晴物色饶。”又《城南联句》:“书饶罄鱼茧,纪盛播琴筝。”杜牧《题吴兴消暑楼》诗:“晴日登攀好,危楼物象饶。”柳永《法曲献仙音》词:“惯怜惜饶,心性正厌厌多病,柳腰花态娇无力。”这里所有的“饶”都是“美好”的意义。甚至于“饶”有“让”的意义。李白《上皇西巡南京歌》:“柳色未饶秦地绿,花光不减上阳红。”未饶,就是未让的意义。李商隐《宋玉》诗:“楚辞已不饶唐勒,《风赋》何曾让景差。”这里饶和让互之,饶就是让的意义。辛弃疾《最高楼》词:“风流怕有人知处,影儿守定竹旁厢。且饶他,桃李趁,少年场。”这个“饶”也是让的意义。

另外象忌讳和委宛的说法,也能引起词义的变化。忌讳和委宛语是统治阶级所造出来的,这种现象的存在,是反映了统治阶级的腐朽思想,反人民的思想——严酷的阶级压迫和阶级分野的产物。我们举例来说:如“尿”,《说文》:“尿,小便也。”可是有人把尿称为“前溲”。“前溲”,《史记·扁鹊仓公列传》:“令人不得前后溲。”《索隐》:“前溲谓小便;后溲,大便也。”也有称作“小遗”。“小遗”,《汉书·东方朔传》:“朔尝醉入殿中,小遗殿上。”颜师古注:“小遗者,小便也。”也有称作“旋”,“旋”,韩愈《张中丞传后序》:“巡起旋。”旋,小便。从这些名称上看来,我们不能不说是一种词义变化吧,这是由忌讳造成的。下面几个例子还是由委宛所造成的。如《国语·晋语》:“又重之以寡君之不禄。”曹丕《与吴质书》:“元瑜长逝,化为异物。”秦观诗:“辩才虽物化,参寥犹夙昔。”刘长卿诗:“抚存怜齿稚,叹逝顾身衰。”这里的“不禄”“长逝”“物化”“逝”都是指死的意义。《南史·虞荔传》:“卿年事已多,气力稍减。”姚合诗:“归去知何日,相逢各长年。”这里的“年事多”“长年”都是指老的意义。

我们从上面叙述得知,词义的变化是多种多样的,造成词义的变化的原因首先是由于社会的变化和发展,如果我们离开了这一原因来谈词义变化是毫无意义的。但是其他的几种原因也是重要的,缺少了这些条件,同样的也不能有其变化和发展。所以我们应该把词义的变化看成是诸多复杂的现象,是社会的产物也是语言的产生,正象语言离不开社会一样。只有这样,我们才能对词义的变化和发展有个明确的认识。

(二) 词义变化的规律

语言是交际和交流思想的工具,随着社会的变化而变化。但是语言并不是机械地随着变化,而是受语言发展的内部规律所制约着的,按照着本身的要求于符合内部规律地变化,否则是不可想像。在词的意义变化上也是一样,有它按着内部规律的发展和变化。词义的变化规律有三个方面,即扩大、缩小和转化规律。下面我们分着来谈。

1. 词义的扩大

词义的扩大,就是概念外延的扩大,换句话说,就是缩小特征,扩大应用范围。词义的扩大是由人们对客观事物认识的深刻化和对客观事物作细致的分析所决定。这是因为人们在社会实践的工作中,丰富了知识和经验,对过去关于对象认识的片面性、不加分析提供了进一步认识的条件,从片面到全面,从不加分析到分析。于是反映在语言上就有了词义上的扩大变化。

江——“江”本来是专有名词,专指长江。《说文》:“江,江水。出蜀湔氐徼外岷山,入海。”《孟子·滕文公上》:“决汝汉,排淮泗,而注之江。”《墨子·鲁问》:“昔者楚人与越人舟战于江。”在上古的时候已经从专指长江的意义发生了变化,变成泛称的普通名词,象

《书经·禹贡》中就有所谓“三江”“九江”。后来索性在专有名词后面加上“江”字，如《史记·货殖列传》“浙江南则越”。这里“江”已经是泛指河流，成为河的通称。到了唐的时候，“江”的意义更进一步地扩大，如在杜甫诗中时常说到的“江山”，既不是专称，也不是泛指的普通词了。过去俗语说“江山好改，本性难移”就是很好的例子。“江山”指的是国家。

河——《说文》：“河，河水，出敦煌塞外昆仑山，发源注海。”是专指黄河。如《书经·禹贡》：“浮于洛，达于河。”《论语·子罕》：“凤鸟不至，河不出图，吾已矣夫！”《墨子·尚贤下》：“昔者舜耕于历山，陶以河濒，渔于雷泽。”它和“江”一样，上古时候意义已经发生了变化，而且在中古时候变成了河流的通称。《晋书·舆服志》：“横汾河而祠后土。”当作为“气吞山河”“河山锦绣”的“山河”“河山”意义扩大到完全与本义不大相关了。

脸——《说文》没有“脸”字。《集韵》：“脸，颊也。”《韵会》：“脸，目下颊上也。”“脸”所指的范围非常小，只是指面上擦胭脂的地方。梁简文帝《妾薄命》乐府：“玉貌歇红脸，长颦串翠眉。”陈后主《紫骝马》乐府：“红脸桃花色，客别重羞眉。”白居易《昭君怨》：“满面胡沙满面风，眉消残黛脸消红。”晏几道词：“轻匀两脸花，淡扫双眉柳。”晏殊词：“芳莲九蕊开新艳，轻红淡白匀双脸。”同时，“脸”的意义也有扩大的，有的倾向于指的面部。如韦庄《江州》诗：“十月醉眠金雁驿，临歧无恨脸波横。”到了《水浒传》三二回：“那小喽啰把水直泼到宋江脸上。”脸有专指颊的，如“红脸”“玉脸”之类。亦有指面的，这一种变化不能不说是词义的扩大呀。“脸”扩大到指面部，是经过曲折过程的。先是由“脸”到“颊”后由“颊”的意义引伸到了面部的意义，才完成了它的变化使命。

头——“头”，是指人体的最上部分。由于词义的扩大，成为一般事物的先头和尽头的部分名称。如梁简文帝书：“安城王饷奴子一头。”《五杂组》:“晋元帝谢赐功德净馔一头,又谢齐功德食一头。”以后这个词就干脆发展成为语助词,像“眉头”(骆宾王诗)、“鼻头”(白居易诗)。我们说,一个词的词性转化,在意义上是起了大变化的。原来实词现在变成了虚词素,原来是有意义的,现在只具有了语法意义,这样的一个变化过程,是可以作为词义扩大的过程,因为它从狭隘的意义变成广泛的语法意义,因而具有虚词素的性质。

琴——是一种古代的乐器。琴体是一个前部稍宽、尾部稍窄的长形,其上按五条或七条的琴弦,以手弹奏。以后时代里由于各种琴乐器的发明,这个词就由专称变化成泛称,指一切的琴乐器。《文献通考》:“唐文宗朝,女伶郑中丞,善弹胡琴。”这里的琴就是泛指的意义。

哭——《说文》:“无声出涕。”《玉篇》:“哀之发声。”这个词在以后发生了扩大意义的变化,不论是有声或者无声,都称作为“哭”。《邵氏闻见录》:“唐故事,天下有冤者,许哭于太宗昭陵之下。”

再——《说文》:“再,一举而二也。”是作为“二次”的意思。象“再醮”“再造”“再生”都合于这个意义。《书经》:“朕言不再。”《左传》:“一之为甚,其可再乎。”这个“再”,也是这个意义。到了唐宋时期“再”的意义扩大了,成了具有“复”的意义。

2. 词义的缩小

词义的缩小就是外延的缩小,换句话说就是扩大特征,缩小应用的范围。当人们在社会实践中生活中,积累起丰富的知识和经验之后,对于客观世界的认识是深刻的,只要有微些的变化就能很快地觉察得到,用非常正确的词加以反映这样深刻的认识。在语言中,在与社会变化相应的变化中,产生了大量的新词。但也有用变换词的意义来实现的。把原来概括得广泛的词意改造成能完全反映事物深刻变化的意义，词义的缩小就是这样地产生的。我们举例来看。

汤——“汤”，原来的意义是沸水或热水的泛指。《论语·季氏》：“见不善如探汤。”《楚辞·九歌》：“浴兰汤兮沐芳。”到后来在意义上起了变化，专指菜羹的汤，如唐人诗：“洗手作羹汤。”

老子——“老子”，在上古时期只是作为长老的自称，如《后汉书·马援传》：“诸曹时白外事，援辄曰：‘此丞、椽之任，何足相烦。’颇表老子，使得遨游。”又《后汉书·逸民列传·韩康传》：“使者欲奏杀亭长。康曰：‘此自老子与之，亭长何罪？’”到了中古时期，这个词的意义开始有了缩小，从长老的自称变为专指父亲。如《宋书·孝友传》：“骠亦请贼曰：‘儿年少自能走，今为老子不惜去。老子不惜死，乞活此儿！’”《老学庵笔记》：“予在南郑，见西陲俚俗谓父曰老子。虽年十七八，有子亦称老子。乃悟西人所谓‘大范老子、小范老子’，盖尊之以为父也。”

恶——“恶”，在上古时期作为“不好”解。如《论语·里仁》：“士志于道，而耻恶衣恶食，未足与议也。”《大学》：“如恶恶臭，如好好色。”《荀子》：“无国而不有美俗，无国而不有恶俗。”但是我们从陆机诗：“渴不饮盗泉水，热不息恶木阴。”和《西京杂记》：“宁逢恶宾，不逢故人。”的例中看来，可以清楚地认识“恶”的意义缩小了，改变了。

趾——“趾”，本作“止”，足也。《仪礼·士昏礼》：“皆有枕，北止。”郑注：“足也。”后来变了脚趾的意思，这样是由整个的脚缩小至于脚的一部分。

3. 词义的转化

就是一个词从这个意义转化到另外一个，或者引伸到另外一个意义。转化是人们在社会实践中对客观事物的认识需要产生

的,它是一种运用原有词的意义基础上加以改造赋予新的意义,来正确反映客观事实。例如:

勤——“勤”,《说文》:“劳也。”这是它的本义。如《诗经·豳风·鸱鸮》:“恩斯勤斯,鬻子之闵斯。”《墨子·非命》:“今天下之君子之为文学、出言谈也,非将勤劳其颊舌而利其唇吻也。”到唐代以后,词义有了转化,如韩愈《进学解》说:“业精于勤荒于嬉。”这里除了勤劳的意义外,还有了持续而不间断的劳作的意义。

稍——“稍”,在上古时代是渐的意思。如《史记·信陵君列传》:“其后秦稍蚕食魏,十八岁而虏魏王,屠大梁。”另外还有廪食的意思。如《仪礼》:“惟稍受之。”疏:“以其稍稍给之,故谓米廪为稍。”在中古时期开始转化到“略微”的意义了。如《唐语林》:“弟感其言,为之稍节。”《资暇集》:“稍留心为学者,则妄穿凿。”《因话录》:“全姨有寡居者,持节入宫,妆饰稍过,上见之极不悦。”

回——“回”,上古时期作为转弯、环绕、运转的意义。如《离骚》:“回朕车以复路兮。”《墨子·辞过》:“凡回于天地之间,包于四海之内。”《荀子·儒效》:“图回天下于掌上。”这一个后来转化为回避的意义。如《汉书·赵广汉传》:“(广汉)见事风生,无所回避。”以后大约是在唐时吧,又转化为归的意义。如孟浩然诗:“谁道山公醉,犹能骑马回。”王翰诗:“古来征战几人回。”这个“回”的意义一直沿用到今天。

购——在古代“购”是悬赏征求的意思。如《汉书·项羽传》:“吾闻汉购我头千金。”《史记》:“购吴王千金。”到后来由于悬赏总以金钱作报酬这一意义上引伸为凡金钱收买称购的意义,到这里,这个“购”已经在意义上转化了。如苏轼《孙莘老求墨妙亭诗》:“吴兴太守真好古,购买断缺挥缣缯。”司马光诗:“栽培亲荷锸,购买屡倾橐。”欧阳修文:“而长安秦汉故都时时发掘所得,原父悉购而藏之。”“购”的这个意义就在那时起一直沿用到现在。

根——“根”是植物茎干最下部分，吸收营养之处，是植物生长的根茎和茎点。后来由植物的根茎的意义引伸为凡是事物的下部都叫“根”了。如庾信文：“云出山根。”苏辙诗：“舌根遗味轻浮齿。”

先生——我们根据《韩诗外传》知道：“古谓知道者，曰‘先生’。何也？犹言先醒也。不闻道术之人，则冥于得失，不知乱之所有，眊眊乎其犹醉也。故世人有先生者，有后生者，有不生者。”从韩愈的《进学解》里知道：先生一词的意义已经有了转化，成为教育者独尊之称，象“诸生弟子事先生，于兹有年矣”就是很明显的例子。

赏——《说文》：“赏，赐有功也。”《书经》：“赏延于世。”《周礼·载师》：“赏田牧田。”后来转化为欣赏的意思。如《南史》：“知音者希，真赏殆绝。”又转化为玩赏、赞赏的意义。如陶潜诗：“奇文共欣赏。”

被——“被”本意是受、遭的意思，是一个实词。如《史记·魏其武安侯传》：“身被数十创。”后来从实词的意义转化为虚词的意义即语法的意义。如《颜氏家训》：“父子并有琴书之艺，尤妙丹青，常被元帝所使。”

把——《说文》：“把，握也。”是个实词。如《战国策·燕策》：“臣左手把其袖。”到了后来，也发生了转化，从实词变化成为虚词。如李白《清平乐》：“应是天仙狂醉，把白云揉碎。”

活——“活”，本意是生的意思，与死相对。如《孟子·离娄》：“自作孽，不可活。”后来转化为“救死”的意义。如《庄子·外物篇》：“君岂有斗升之水而活我哉。”又转化为“活计”的意义。如《魏书·北海王详传》：“但令母子相保，共汝扫市作活也。”王建诗：“贫儿活计亦曾闻。”白居易诗：“休厌家贫活计微。”后来又转化为“生动”的意思。如杜牧诗：“雨余山态活。”

破——“破”，本义是坏损的意义。如《诗经·豳风·破斧》：“既破我斧，又缺我斨。”《后汉书·郭太传》：“甑已破矣。”《左传·

隐公三年》:“淫破义。”疏:“破为破散。”但是到后来,从原来的意义转化为几个意义。如“在”义。李贺《潞州张大宅病酒遇江使寄上十四兄》诗:“系书随短羽,写恨破长笺。”这里的破的意义就是“在”的意义。如“得”义。皮日休《鲁望戏题书印囊奉和诗》:“不知夫子将心印,印破人间万卷书。”“印破”就是“印得”的意思。《宋百家诗》存穆修《江南春》诗:“战回春色青蒲剑,买破韶光录荇钱。”这里的“买破”就是“买得”的意思。

鬭——“鬭”,本意是遇的意思。《说文》段注:“凡今人云鬭接者,是遇之理也。周语:‘谷雒鬭’谓二水本异道,而息相结合为一,古凡鬭接用鬭字。鬥争用鬥字。”后来由“鬭”的意义引伸为“趁”的意义。如元稹连昌宫诗:“百官队仗避岐薛,杨氏诸姨车鬥风。”这里的“鬭风”就是“趁风”“乘风”的意思。又如《花庵中兴词选》中康与之《瑞鹤仙词·上元》:“闹蛾儿满路,成团打块,簇着冠儿鬭转。”“鬭转”是指云乱转的意义。

词的变化是复杂的,并不是始终不变的采取一种方式,而是交叉地进行。就拿中古时间来说吧,我们就以这段较长的历史演变过程中全面地看到,就发现了词义的变化常常是在几种方式的相续或交叉之下进行的。如“人”这个词从古到宋代为止的变化就经过了深化和变迁的方式。古人认为“有七尺之骸,手足之异,戴发含齿,倚而趣者谓之人”(《列子·黄帝》)。显然,中古时期对于人是不会有象上古时那样的看法。这是因为我们人在长时期的社会实践过程中,对人的认识经过了从肤浅到深入,从表面到本质的阶段,最后获得全面地合乎科学的认识了。下面举个例子来看看。

岁——“岁”的较古意义是指“岁星”。三国孙炎说:“取岁星行一次也。”引伸指“一年的时间”,故用这来纪年,如“岁次××”“岁在××”。又在这个意思基础上滋生出“五谷成熟”的意思来。如《左传·昭公三十二年》:“如农夫之望岁。”这几个意思并存,当然是词义的扩大。后来“岁星”和“五谷成熟”两个意思逐渐和该词脱离了关系和消亡了。只有“年”的意义存在。这又是词义的缩小。后来把“年龄的单位”叫“岁”,这个用法可以说是在中古时期产生的。如《北史·柳遐传》:“髫岁便有成人之量。”把“岁”代为“年龄的单位”在词义上是一种转移。我们从“岁”这一个词上就看出了从本义到扩大、扩大到缩小、缩小到转移的这种复杂情况。因此我们对词义的变化不能是看成简单的,否则对我们理解词义的变化就会有影响,看得不深刻不全面难于明了意义。在日常生活中常有“望文生义”的笑话产生,就是不了解词义变化的复杂性缘故。

(三) 词义变化的结果

从上面两节叙述里我们了解了词义为什么变化,和用什么方式来表现变化,那末变化的结果是怎样呢?表现一些什么情况呢?这一节里,就要说明这个问题。

词义演变的结果表现了多义词的产生、同义词的增加和在不消灭原来词的形式上产生了新的意义而原来的意义消失。下面我们分点叙述:

1. 多义词的产生

因为词义的变化而产生的多义词在性质上都是以原来的意义为基础,在这个基础上派生出许多的同义词。这一种现象是表明了人们在每一个历史时期里,基于人们彼此交际和交流思想的实践要求,是能够灵活运用语词来表达复杂变化的客观事实。也表明了在语言实践发展需要下,我们可以拿此事物的名称来称呼在某种意义上有联系的彼事物,并用既存的语词去表达与其原义相关的新概念,亦即反映复杂的客观事物变化的本身的相互联系。

例如：

开——“开”，原来的意义是“打开”。如《老子》：“天门开阖。”又：“善闭，无关键而不可开。”与它同义的则有“张开”。如《史记·信陵君列传》“公子诚一开口请如姬”。“开辟”，如《尔雅》：“开，辟也。”《旧唐书·贾耽传》：“孝武却地开边。”“放散开”，《长恨歌》：“春风桃李花开日。”李白《春夜宴从弟桃花园序》：“开琼筵以坐花。”“启行”，如《京本通俗小说》“将次开船”等等。在上面所列同义词中，“放散开”在中古的时期就已经出现了。

打——“打”，本意是“击”的意思。如《北史·张彝传》：“以瓦石击打公门。”由“击”的意义产生了与它同义的“及”，因为“击”是要目的物，目的物受击所致。这个新的意义在中古时期就已经存在，如丁谓：“赤洪崖打白洪崖。”

辛——“辛”，本意指十干之第八位。如《尔雅·释天》“太岁在辛曰重光，月在辛曰塞”这种意思，在它词义的演变过程里产生了“辛辣”“悲伤”“悲痛”等多义词。“辛辣”，《楚辞·招魂》：“辛甘行些。”“悲伤”，《白虎通·五行》：“辛所以煞伤之也。”“悲痛”，杜甫诗：“役役常苦辛。”李白诗：“自古多艰辛。”在这三个词中，“悲痛”已经在中古时期有了。

放——“放”，本义是“纵、逐”的意思。在中古时期有了几个意义，有“使”“有”。“使”，杨万里《春暖郡圃散策》诗：“倩谁留许春寒著，更放梅花住少时。”辛弃疾《鹧鸪天》词：“但将痛饮酬风月，莫放离歌入管弦。”黄庭坚《鹧鸪天》词：“人生莫放酒杯干。”这里的“放”都是“使”的意义。“有”，《太平乐府》九中睢景臣《哨遍·高祖还乡》：“有甚胡突处，明标著册历，见放著文书。”这里“放”是“有”的意义。

2. 同义词的增加

词义演变的结果，同义词是必然要产生的。在所产生的各个新意义之间彼此都是同义的，而所有的新意义也和原来的意义同义。意义相同就是指它们在反映客观事物的复杂性时，表现在它们之间的共同性，但也有它们之间的细致的差别性。它们都是人们在社会实践活动中对客观的复杂事物认识的结果，如果没有这一基础，同义词是不可能产生的。

饶——“饶”由于词义的变化结果，产生了“娇饶”“妖饶”“夭饶”等同义词，它们的意义基本上都是“佳美”的意思。如李商隐《无题》诗：“露花终裛湿，风蝶强娇饶。”温庭筠《柳》诗：“香随静婉歌尘起，影伴娇饶舞袖垂。”欧阳修《少年游》词：“绿云双亸插金翘，年纪正妖饶。”《花庵中兴词选》中吴子和《丑奴儿》词：“谩回首妖饶何处，眷恋无由。”晁端礼《水龙吟》词：“小桃一种夭饶，偏占春工用意。”

賸——“賸”即“剩”，有“真也”“尽也”“颇也”“多也”的意义。具有这些意义的词都是同义的。如岑参《送张秘书》诗：“鲈鲙剩堪忆，莼羹殊可餐。”“剩堪”就是“真堪”的意思。杜牧《代人寄远六言》诗：“賸肯新年归否？江南绿草迢迢。”“賸肯”就是“真肯”的意思。司空图《白菊》诗：“黄鹂啭后谁同听，白菊开时且賸过。”欧阳修《蝶恋花》词：“老去风情应不到，凭君剩把芳尊倒。”这里都是作“尽”解。杜甫《舍弟观赴蓝田取妻子到江陵喜寄》诗：“剩欲提携如意舞，喜多行坐白头吟。”陈师道《和黄生出游》诗：“賸欲登临强作欢，衣冠未动意先阑。”这里也是作“颇”解。王维《送张道士归山》诗：“人间若剩住，天上复离群。”柳宗元《种木槲花》诗：“抵因长作龙城守，剩种庭前木槲花。”这里也都作“多”解。

禁——“禁”的本义是“制之勿使为也”的意思。如《易经》：“禁民为非曰义。”以后这个词的意义发生的变化，产生了“当、耐、受”的新意义，具有这新意义的词都是同义。如杜甫《春水生》诗：“一夜水高二尺强，数日不可更禁当。”刘克庄《汉宫春》词：“而今零落，更禁当、多少风吹!”这里作“当”义解。陈允平《六丑》词:“更杜鹃院落黄昏近,谁禁受得。”这里作“受”解。《宋百家诗》存周弼《留题唐栖寺》诗:“香台穴碎逃秋蚁,古殿巢翻失暮鸦。惟有溪梅最禁耐,傍篱争发向阳花。”这里作“耐”解。“禁当”“禁耐”“禁受”都是由一个意义来的同义词。

许——“许”,本义是“听也、从也。”如《孟子》:“则王许之乎。”后来当它发展到副词时,意义也就变了,具有了“这样”“如此”的意思。由这个意义所产生的新词都是同义词。如“如许”“尔许”“能许”“宁许”“何许”“怎许”等。范成大《盘龙驿》词:“行路如许难,谁能不华发。”柳永《临江仙》词:“问怎生禁得如许无聊。”这里应作“如此”解。杜荀鹤《醉书僧壁》诗:“九华山色真堪爱,留得高僧尔许年。”毛幵《薄幸》词:“自见了生尘罗袜,尔许娇波流眄。”陆畅《惊雪》诗:“天人宁许巧,剪水作花飞。”葛长庚《沁园春》词:“相府如潭,侯门似海,那得烟霄能许高。”陆游《桃园忆故人》词:“试问岁华何许,芳草连天暮。”杨无咎《鹧鸪天》词:“风流意态犹难画,潇洒襟怀怎许传?”

3. 新旧义的更替

旧义消失,新义产生,仍保留原有的形式,在词义演变上产生这种情况是不多的,在语言实际演变中,总是以创造新词来反映客观事物的复杂性,但是这保留形和音而变其意义的词在某种性质上说,还是符合于语言的需要。

家——“家”,本义是人所居住的地方。《玉篇》:“人所居通曰家。”在中古时期,“家”除了它本义外,产生了与“价”相同的新意义,作为估量词,当“这般”“那般”讲。当我们在使用新的意义时,旧义是消失了。如李颀《题僧房双桐》诗:“谁能事音律,焦尾蔡邕家。”王安石《送张宣义之官越幕》诗:“谁谓贵公子,乃如寒士家。”

这里的“家”不是指蔡邕的家和寒士的家，而只是作为“如蔡邕这般”的和“如寒士这般”的。

看——“看”，当它从动词变为估量词时，在意义上发生了变化是无疑。当人们用着估量词的时候，已经抛弃了原来作动词的“看”的意义，只利用它的形和音。如杜甫《赠韦左丞》诗：“赋料扬雄敌，诗看子建亲。”李白《送别》诗：“看君颍上去，新月到应圆。”刘辰翁《花犯》词：“便把似一年春看，惜花花自老。”这里的“看”都作为估量词“料”的意义解。

“取”和“看”一样，是一个动词，本义是“收也，受也”的意思，但当它变为语助词时，原来的意义消失了，变成和语助词“着”和“得”一样性质的词。如武则天《如意娘》诗：“不信比来长下泪，开箱验取石榴裙。”李白《长相思》：“不信妾肠断，归来看取明镜前。”苏轼《雨中花慢》词：“不如留取十分春态，付与明年。”辛弃疾《水龙吟》词：“倩何人唤取，红巾翠袖，揾英雄泪。”当我们看上面的例子时，再也不会想到取的原来意义。

六、熟语的继承和发展

（一）成语的继承及其形成

成语最初出现的时候并非是成语，最初出现只是一般的词组或句子，以后经过人家普遍地长期不断地运用才形成成语，形式才稳固下来。上古有的成语已经形成了，有的只出现没有形成，经过中古的运用，上古已经形成的就更加巩固，未形成的开始形成，不断地得到巩固。中古时期继承的成语，例如：

疾风知劲草：《后汉书·王霸传》有“疾风知劲草”语，唐宋一直延用下来。

唐太宗诗：“疾风知劲草，板荡识荩臣。”

《宋书·顾恺之传》：“松柳异质，荠荼殊性，故疾风知劲草，严霜识贞木。”

天长地久：《老子·上篇》有“天长地久”语，唐乐府卢纶有《天长地久》词，白居易《长恨歌》：“天长地久有时尽，此恨绵绵无尽期。”

旁若无人：《史记》：“（荆轲与高渐离）歌于市中，相乐也，已而相泣，旁若无人者。”《晋书》：“（王猛见桓温）面谈当世之事扪虱而言，旁若无人。”

“四分五裂”这个成语上古已经形成了，中古把它巩固下来。

《六韬·奇兵篇》:“四分五裂者,所以击圆破方也。”

《史记·张仪列传》:“此所谓四分五裂之道也。”

又

《汉书·邹阳传》:“四分五裂之国。”

中古沿用下来。

《三国志·魏书·司马朗传》:“此乃四分五裂,战争之地,难以自安。”

《北史·周法尚传》:“卒有不虞,四分五裂,腹心有事,首尾未知。”

“四分五裂”这个成语的形成一开始就比较固定,有的成语的形成由不固定到固定,如:“四通八达”最初它的形式不固定,有“四通五达”,还有“七通八达”,经过选择,“四通八达”固定下来了,其余淘汰了。

《子华子·晏子问党篇》:“齐之为国也……其涂之所出,四通八达,游士之所凑也。”

《史记·郦食其传》:“陈留天下之冲,四通五达之郊也。”

《晋书·慕容德载记》:“滑台四通八达,非帝王之居。”

《五灯会元》:“子入处真实,得坐披衣,向后自看,自然七通八达。”

又如“覆水难收”一开始形式也不固定,有“反水不收”,有“覆水不收”,直到“水覆难再收”以后形式才固定下来。“覆水难收”这个成语起源于一个历史故事。

《鹖冠子》:“太公既封齐侯,道遇前妻,再拜求合,公取盆水覆地,会收之,惟得少泥。公曰:‘谁言离更合,覆水定难收。’”

“覆水难收”这个成语的形成从内容上说是来源于这个历史故事,从形式说,只取这个故事当中不相连的四个字。以后人家运用这个历史故事说明道理,也就创造了不少形式,如:

《后汉书·光武帝纪》:“反水不收,后悔无及。”

《后汉书·何进传》:“覆水不收,宜深思之。”

李白诗:“雨落不上天,水覆难再收。”

长期运用,经过选择还是“覆水难收”比“反水不收”“覆水不收”好,于是固定下来。成语的形成过程是曲折的,一开始人家并不把它当作成语看,不遵守什么形式,由于长期的普遍的运用,大家才自觉地遵守一定的形式。

成语形成的形式是多种多样的,有的改换一个字,有的将原来的颠倒过来,如:

朝不谋夕——《左传·昭公元年》:“(赵孟)曰:‘吾侪偷食,朝不谋夕。’”

《晋书》载李密《陈情表》:“人命危浅,朝不虑夕。”得“谋”改“虑”。

根深蒂固——《老子》:“有国之母,可以长久,是谓深根固柢,长生久视之通。”

《晋书》:仆射王彪之曰桓温“居上流,已割天下之半。其弟复处西藩,兵权尽出一门,亦非深根固蒂之宜也。”后来颠倒过来,变成“根深蒂固”。(“柢”与“蒂”通用)

千钧一发——《孔丛子》:“齐东郭亥欲攻田氏,子贡曰:‘今子,士也,位卑图大,殆非子之任也。夫之一缕之任,系千钧之重,上悬于无极之高,下垂于不测之深,旁人皆畏其绝,而造之者不知,其子之谓乎!’”

韩愈文有“一发引千钧”语,以后形成“千钧一发”成语。

(二)成语的发展

“中古时期成语的发展”这一节谈的是中古时期新的成语的产

生，有的这个时期还没有形成成语，以后才形成的，我们从现在追溯上去是在这个时期产生的。成语来源不一样，形式也不一样。

1. 有的来源于历史故事，如：

望梅止渴：

《世说新语》："魏武行役，失汲道，三军皆渴，乃令曰：'前有大梅林，饶子，甘酸可以解渴。'士卒闻之，口皆出水。"

"望梅止渴"来源于这个历史故事，从形式上看，故事当中没有出现"望梅止渴"四个字连书在一起的字样，后人根据这个故事的意思概括成四个字："望梅止渴"，这个时候，这个成语面貌才正式出现，但是穷本追源要上溯到这个历史故事。从内容上看，成语"望梅止渴"的意义与故事中的意义不相同，故事的意义是本义，成语"望梅止渴"用的是比喻意义，同成语"画饼充饥"的意义相近。后人运用这个成语很普遍，元贾仲明《玉梳记》剧："你要我，便是望梅止渴。"《临川梦》剧："望梅思解渴，割肉借医疮。""望梅思解渴"是灵活运用成语的一种方法。

画饼充饥：

魏明帝诏卢毓曰："'选举莫取有名，名如画地作饼，不可啖也。'"成语"画饼充饥"来源于此。此最初用的就是比喻意义。

雪中送炭：

《宋史·太宗本纪》："淳化四年，雨雪太寒，遣中使赐孤老贫穷人米炭。"成语"雪中送炭"就是根据这个故事概括而成的。此地送的是真"炭"，成语是取比喻意义，比喻救助最困难之中的人。后人常用此成语：《范石湖集·大雪送炭与芥隐》诗："不是雪中须送炭，聊装风景要诗来。"又范有"雪中送炭"诗。后人多将"雪中送炭"和"锦上添花"相对而用。

胸有成竹：

苏东坡《文与可画筼筜谷偃竹记》："画竹必先得成竹于脑中，

执笔熟视,乃见其所欲画者,急起从之,振笔直遂,以追其所见,如兔起鹘落,少纵则逝矣,与可之教予为此。”成语“胸有成竹”根据“画竹必得成竹于胸中”组织成功的。来源地方是本义,成语“胸有成竹”是比喻意义,比喻事先满有把握,《病玉缘》剧:“他见识深远,谅有成竹在胸哩。”

落井下石:

韩文《柳子厚墓志》:“落陷穽,不一引手救,反挤之,又下石焉者皆是也……闻子厚之风,亦可以少愧矣。”成语“落井下石”来源于此,原来就是比喻意义。

草木皆兵:

《晋书》:“苻坚以轻骑兼道赴寿春,每与苻融登城而望,见晋师行阵齐整,将士精锐,又北望八公山,草木皆人形,曰亦劲敌也。”由原来“草木皆人形”变成“草木皆兵”,把整个故事的意思都概括进去了,形式上也像成语了。成语“草木皆兵”同成语“风声鹤唳”意义相近,也经常联用,取其比喻意义。

双管齐下:

郭若虚《图画见闻志》:“唐张璪,尤善画松,尝手握双管,一时齐下,一为生枝,一为枯枝。”成语“双管齐下”最初指的是真的两枝笔同时画画,以后比喻两件事情同时进行。

令人绝倒:

《晋书》:“王澄(字平子)……每闻玠言,辄叹息绝倒。故时人为子语:‘卫玠谈道,平子绝倒。’”以后人家形容感动得很,谓之“令人绝倒”。

司空见惯:

《唐宋遗史》:“刘禹锡罢苏州,过扬州帅杜鸿渐饮,大醉,归宿传舍,既醒,见二姬在侧,惊问之,乃曰:‘郎中席上与司空诗,因遣某来。’问何诗,曰:‘高髻云鬟宫样妆,春风一曲杜韦娘。司空见惯浑闲事，断尽苏州刺史肠。”

风声鹤唳：

《晋书》：（苻坚众号百万，列阵临淝水，（谢）玄以兵八千涉水）“坚众奔溃……弃甲宵遁，闻风声鹤唳，皆以为王师。”

一箭双雕：

《北史》：“共（突厥）游猎，留之竟岁，尝有二雕飞而争肉，因以箭两只与晟，请射取之。晟驰往，遇雕相擢，遂一箭双贯焉。”将“贯”改“雕”，概括成语来源的整个意义。

打草惊蛇：

唐《酉阳杂俎》：“王鲁为当涂宰，颇以资产为务。会部民连状诉主簿贪贿于县尹，鲁判乃曰：‘汝虽打草，吾以蛇惊。’”

傍若无人：

《晋书》：“（尚在王导座，作鸲鹆舞）导令坐者鼓掌击节，尚俯仰在中，傍若无人。”

名落孙山：

《文酒清话》：“周生与孙山同应试，托山探问得失，山得殿尾，而周不售，未便置答，即曰：‘解名尽处是孙山，余人更在孙山外。’”以后考试不取叫“名落孙山”来源于此典。

津津有味：

《南史》：“刘邕爱食疮痂，以为味似鳆鱼，尝诣孟灵休，孟先患灸疮，痂落席上，邕取食之，灵休大怪之。痂未落者悉褫以饴邕，遍体血出，而邕口角津津。”成语“津津有味”来源于此。

恒河沙数：

《弥陀经疏钞》：“恒河在西域无热河侧，沙至微细，佛近彼河说法，凡言多者常取为喻。”《大智度论》：“问曰：‘恒河中沙有几许？’答曰：‘一切算数所不能知，惟有佛及法身菩萨能知其数。一切阎提中微尘生灭多少，皆能知数，何况恒河沙？’”以后形容数目极其多谓之“恒河沙数”。

2. 有的成语来源于寓言,例如:

黔驴之技或黔驴技穷:

唐寓言《黔之驴》:“黔无驴。有好事者船载以入,至,则无可用,放之山下。虎视之,庞然大物也,以为神。蔽林间窥之,稍出近之,憗憗然莫相知。他日,驴一鸣,虎大骇,远遁,以为且噬己也,甚恐。然往来视之,觉无异能者。益习其声,终不敢搏。稍近,益狎,荡倚冲冒,驴不胜怒,蹄之。虎因喜,计之曰:‘技止此耳!’因跳踉大㘎,断其喉,尽其肉,乃去。

噫!形之庞也类有德,声之宏也类有能,向不出其技,虎虽猛,疑畏卒不敢取,今若是焉,悲夫!”

3. 有的成语来源于一般文人作品,例如:

目不识丁:

《新唐书·张弘靖传》:“天下无事,尔辈挽两石弓,不如识一丁字。”后人用作形容文盲或讽刺无知。

寄人篱下:

《南史·张融传》:“丈夫常删诗书、制礼乐,何至因循寄人篱下。”

中流砥柱:

《水经注》:“故破山以通河,河水分流,包山而过,山见水中若柱然,故曰砥柱也。”

势如破竹:

《晋书·杜预传》:“兵威已振,譬如破竹数节之后,皆迎刃而解。”以后“势如破竹”来源于此。《三国志演义》:“凭高视下,势如破竹。”

坐井观天:

《昌黎文集·原道》:“老子之小仁义,非毁之也,其见者小也。

坐井而观天，曰天小者，非天小也。彼以煦煦为仁，孑孑为义，其小之也则宜。”

牢不可破：

韩愈《平淮西碑》：“并为一谈，牢不可破。”

引人入胜：

《世说新语》：“酒正自引人入胜地。”

水落石出：

东坡《后赤壁赋》：“山高月小，水落石出。”成语“水落石出”非此本义，喻为真相毕露。

醉翁之意不在酒：

欧阳修《醉翁亭记》：“醉翁之意不在酒，在乎山水之间也。”成语“醉翁之意不在酒”非此本义，喻为表面在此而意在彼，由此及彼。

4. 源于诗歌的成语。唐朝的诗歌繁盛，后人家传户诵，产生不少成语，例如：

更上一层楼：

“更上一层楼”这个人人传诵普遍使用的成语就是唐朝诗人王之涣的诗句《登鹳鹊楼》：“白日依山尽，黄河入海流。欲穷千里目，更上一层楼。”成语“更上一层楼”非此本义，借用比喻意义：百尺竿头，更进一步，不要满足。用现在的话说就是“跃进再跃进”。可见成语的本义和喻义是不相同的。

擒贼先擒王：

杜甫《出塞》诗：“射人先射马，擒贼先擒王。”

别有天地：

李白诗：“桃花流水杳然去，别有天地非人间。”

倾盆大雨：

杜甫诗：“白帝城下雨翻盆。”成语“倾盆大雨”的来源与此有关。陆游诗："黑云寒空万马屯，转盼白雨如倾盆。"

风吹雨打：

杜甫诗："不如醉里风吹尽，可忍醒时雨打稀。"

陆希声诗："风吹雨打未摧残。"

汪元量诗："风吹雨打并成空。"

雪上加霜：

鲍照诗："君不见冰上霜，表里阴且寒。"

《传灯录》："（伊禅谓大阳和尚）雪上更加霜。"

走马看花：

孟郊诗："春风得意马蹄疾，一日看遍长安花。"

成语的来源，除了来源于历史故事、文人作品和寓言外，还有的来自民间的口语，民间的谚语就是一种成语。谚语在第三节里谈，现在还谈一下成语形成的形式上的几个特点。

上面已经谈了一些，但不全面不系统。成语的形成，形式上由不完整而完整，有的是节缩的，有的是加以修改的，也有从原句中直接移用过来的。

1. 原句是分散而节缩成成语的，例如：

一网打尽：

《宋史》载，苏舜钦监进奏院，循例祠神，以伎乐娱宾，王拱辰讽御史鱼周询举刻之，被斥者十余人，拱辰自喜曰："吾一举网尽矣。"把"吾一举网尽矣"一句话节缩成四个字成语"一网打尽"。

天涯地角：

韩愈《祭十二郎文》："不得与汝相养以生，相守以死，一在天之涯，一在地之角。"成语"天涯地角"由此节缩而成。后也有改成"天涯海角"。

袖手旁观：

韩愈《祭柳子厚文》："不善为断，血指汗颜，巧匠旁观，缩手袖间。”

唾面自干：

《新唐书》载，娄师德教弟耐事，弟曰：“人有唾面，洁之乃已。”师德曰：“未也。洁之，是违其怒，正使自干耳。”取上句“唾面”，取下句“自干”节缩成“唾面自干”。

鹤立鸡群：

《晋书》：“稽绍始入洛，或谓王戎曰：‘昨于稠人中始见稽绍，昂昂然如野鹤之在鸡群。’戎曰：‘君复未见其父耳。’”

窥见一斑：

《晋书》载，王子猷数岁时，尝见逸少门生樗蒲曰：“南风不竞，奈何？”门生曰：“此郎亦管中窥豹，特见一斑。”

衣钵相传：

《旧五代史》：“从此庙堂添故事，登庸衣钵亦相传。”

一视同仁：

韩愈《原人》：“是故圣人一视而同仁，笃近而举远。”

驾轻就熟：

韩愈《送石处士序》：“若驷马驾轻车，就熟路，而王良、造父为之先后也。”

一刻千金：

苏轼《春夜》诗：“春宵一刻值千金。”

摇尾乞怜：

韩文公《与韦舍人书》：“若俯首帖耳，摇尾而乞怜者，非我之志也。”

2. 有的节缩带有创造，不像上面成语里的成分都出现，而只出现一部分，例如：

得陇望蜀：

《晋书·宣帝纪》：“魏武曰：‘人苦无足，既得陇右，复欲得蜀。’”

斩草除根：

《新唐书》："张柬之、桓彦范诛张易之、昌宗，而不杀三思，薛季昶曰：'去草不去根，终当复生。'"按成语"斩草除根"的成分只出现"草"与"根"两个字，后人根据"去草不去根，终当复生"的意思创造"斩草除根"的成语。

又如上面举过的例子"望梅止渴""画饼充饥"都带有创造，根据"名如画地作饼，不可啖也"创造成成语"画饼充饥"，根据魏武行役的历史故事概括成成语"望梅止渴"。

3. 有的成语是经过修改和加工而成的。改动个别字，使成语具有普遍使用意义，例如：

仰人鼻息：

《三国志》："(韩馥欲以冀州让袁绍，长史耿武谏)曰：'绍孤客穷军，仰我鼻息，譬如婴儿在股掌之上，绝其乳哺，立可饿杀。"只将"仰我鼻息"的"我"字改成"人"字，使用的范围就广泛得多了，不局限于"我"，而可应用于一切"人"。

斯文扫地：

《新唐书》载，祭酒祝钦明于武后前作《八风舞》，转目摇头，备诸丑态，卢藏用叹曰："祝公五经扫地矣。"将"五经"改成"斯文"，使用的范围就广了。

4. 有的修改是为了表意确恰和合乎口语习惯，容易明了。

将"觉我形秽"改成"自觉形秽"更合乎习惯。"觉我形秽"来源于《晋书·卫玠传》："骠骑将军王济……每见玠，辄叹曰：'珠玉在侧，觉我形秽。'"

5. 有的修改将其次序颠倒过来，如：

"敢怒而不敢言"来自杜牧《阿房宫赋》："不敢言而敢怒。"

6. 还有直接移用原句的，这类比较多。例如：

前面举过的例子"水落石出""更上一层楼""醉翁之意不在酒"

等等。其他如：

岂有此理：

《南齐书·虞悰传》："郁林废，悰窃叹曰：'王徐遂缚袴废天子，天下岂有此理耶。'"

牢不可破：

韩愈《平淮西碑》："并为一谈，牢不可破。"

虚有其表：

《太平广记》载，萧嵩草苏颋为相制云："国之瑰宝。"帝曰："岂可斥其父名。"掷其书于地曰："虚有其表耳。"谓嵩状伟而多髯也。

一刀两断：

《朱子语录》："克己者是从根源上一刀两断，便斩绝了。"

一日千里：

《后汉书补逸》："（同郡郭林宗）尝见（充）而奇之，曰：'王生一日千里，王佐才也。'"

一知半解：

《沧浪诗话》："有透彻之悟，有但得一知半解之悟。"

摧枯拉朽：

《晋书》："将军之举武昌，摧枯拉朽，何所顾虑乎？"

垂头丧气：

《新唐书》："计无所用，垂头丧气。"

五体投地：

唐《楞严经》："阿难闻已，重复悲泪，五体投地，长跪合掌。"

奴颜婢膝：

晋《抱朴子》："以岳峙独立者为涩吝疏拙，以奴颜婢膝者为晓解当世。"

(三) 谚　语

谚语是劳动人民生活和生产经验的总结,是人民口头习用的语言。在上古书面语言中就已经开始引用民间的谚语了。例如《孟子》:"夏谚曰:'吾王不游,吾何以休? 吾王不豫,吾何以助? 一游一豫,为诸侯度。'"《史记》:"鄙语曰:'利令智昏。'"《新书》:"鄙谚曰:'欲投鼠而忌器,此善谕也。'"又:"鄙谚曰:'前车覆而后车戒。'"

到了中古时期谚语更加发展了,内容丰富,范围广大,有劳动生产方面的,有日常生活方面的,有人情事理生活经验方面的,有反抗封建统治方面的,等等。

1. 关于劳动生产方面的谚语,总结了生产的经验,观察气候季节,反映出劳动人民勤俭的品质。例如:

"早起三朝当一工。"(见宋楼钥诗)

"田怕秋旱,人怕老贫。"(陈后主引谚)

"桃三李四,梅子十二。"(宋陆佃《埤雅·释木》)"桃三",桃树三年便结果,余者类推。

"东家种竹西家笋。"《齐民要术》:"竹性爱向西南。引谚云:东家种竹,西家治地,谓其滋蔓而来生也。"此谚语又作比喻用。

"春无三日晴。"(《五灯会元》)

"五更侵早起,更有夜行人。"(《传灯录》)本义:你早,还有人比你更早。喻义:你行,还有人比你更行。

"长江无六月。"(《五灯会元》)

"冬至长于岁。"(《旧唐书》)

"触露不掐葵,日中不剪韭。"(宋罗愿《尔雅翼》)

《齐民要术》引谚:"智如禹汤,不如常耕。"又《说郛》:"耕而不劳，不如作暴。”

“鸡寒上距，鸭寒下觜。”宋陆游《老学庵笔记》：“淮南谚云：‘鸡寒上树，鸭寒下水。’验之皆不然。有一媪曰：‘鸡寒上距，鸭寒下觜耳。上距谓缩一足，下觜谓藏其咮于翼间。’”

2. 关于日常生活的谚语，包括男女爱情方面的谚语，例如：

“男大须婚，女大须嫁。”（《五灯会元》）

“教妇初来，教儿婴孩。”（《颜氏家训・教子篇》引俗谚云）现在谚语“三朝媳妇，月里孩儿”与此相近。

“落索阿姑餐。”《颜氏家训・治家篇》：“妇人之性，率宠子婿，而虐儿妇……谚云：‘落索阿姑餐’，此其相报也。”

“不痴不聋，不成姑公。”这个谚语从上古一直发展下来，到宋朝才定型。

周朝《慎子》：“不聪不明不能王，不瞽不聋不能公。”汉代《释名》：“充耳所以止听，故里语曰：‘不瘖不聋，不成姑公。’”晋张湛《列子・力命篇》注：“不瞽不聋，不能成公。”

《隋书・长孙平传》载，有告都督邴绍非毁朝廷者，帝将斩之，平谏曰：“……鄙谚曰：‘不痴不聋，未堪作大家翁。’此言虽小，可以喻大。”

《因话录》：“郭暧尝与升平公主琴瑟不调，主恚……尚父拘暧，诣朝待罪，上曰：‘不痴不聋，不作阿家阿公。’”

《宋书・庾炳之传》：“何尚奏曰：‘仲文尝言，不痴不聋，不成姑公。’”

“盗不过五女门。”（《后汉书・陈蕃传》引谚云）

“嫁鸡随鸡，嫁狗随狗。”

宋《埤雅》：“嫁鸡与之飞，嫁狗与之走。”以后运用发展下来，形成“嫁鸡随鸡，嫁狗随狗”。

欧阳修《代鸠妇言》：“人言嫁鸡逐鸡飞，安知嫁鸠被鸠逐。”灵活运用谚言。宋赵汝燧诗:“嫁狗逐狗鸡逐鸡。”陈造诗:“兰摧蕙枯昆玉碎,不如人家‘嫁狗逐狗鸡逐鸡’。”诗里运用谚语,在形式上有所限制,所以有所改动。此谚语反映封建道德。

“外甥多似舅。”《晋书·何无忌传》《世说新语》、王维诗等皆运用此谚语。

“丑丑妇胜空房。”《东坡居士集》:“胶西先生赵明叔,家贫好饮,不择酒而醉。常云:‘薄薄酒,胜茶汤;丑丑妇,胜空房。’其言虽俚,而近乎达。”

“情人眼里出西施。”《复斋漫录》所载宋时谚语。《复斋漫录》:“‘情人眼里有西施’,鄙语也,山谷取以为诗,其《答益公春思》云:‘草茅多奇士,蓬荜有秀色。西施逐人眼,称心斯为得。’”

“美女不观灯,美男不看春。”(晋《闺范》注引谚)。

3. 关于生活经验和人情事理方面的谚语,例如:

“千里送鹅毛,礼轻人意重。”《东坡集·以土物寄少游》诗:“且同千里寄鹅毛,何用孜孜饮麋鹿。”又《山谷集·谢陈适用惠纸》诗:“千里鹅毛意不轻。”又欧阳修诗:“鹅毛千里赠,所重以其人。”此谚语以后使用频繁。

“十个指头有长短。”(刘商《胡笳十八拍》)

“生姜是老的辣。”《宋史·晏敦复传》:“姜桂之性,到老愈辣。”

“甘蔗是老根子甜。”《晋书》载,顾恺之倒食甘蔗曰:“渐入佳境。”

“若要功夫深,铁杵磨成针。”宋郑思肖《百二十图诗集》:“骊山老姥磨铁杵,欲作绣针图。”这个谚语来自民间传说。

“兔儿不吃窠边草”“鸬鹚不打脚下塘”。前者《全唐诗录》注是唐谚,后者与前者义近,亦唐谚。

“宰相肚里好撑船。”《水东日记》:“(杨戬)答诗云:‘数点浮萍容不得，如何肚里好撑船。’”盖谚有之。

“三世长者方知穿衣吃饭。”《困学纪闻》：“魏文帝诏云：‘三世长者知被服，五世长者知饮食。’”以后有人将“长者”改为“仕宦”，违背民谚的本义。如《老学庵笔记》载谚云：“三世仕宦方解著衣吃饭。”

“贫不学俭，富不学奢。”《意林·任子》：“谚云：‘富不学奢而奢，贫不学俭而俭。’人情皆能，惟圣人能节之。”《三国志·魏书·任城陈萧二王传》注：“谚云：‘贫不学俭，卑不学恭，’非人情也，势使然耳。”《新唐书·马周传》：“里语云：‘贫不学俭，富不学奢。’言自然也。”李滨《摭异记》：“（李泌奏）引谚：‘贫不学俭而俭自来，富不学奢而奢自至。’”

“若要好，问三老。”应璩诗：“古有行道人，陌上见三叟。年各百岁余，相与锄禾莠。住车问三叟，何以得此寿？上叟前置辞，室中妪粗丑；中叟前致辞，量腹节所受；下叟前置辞，夜卧不覆首。要哉三叟言，所以能长久。”

4．关于反抗封建统治和反对剥削方面的谚语，例如：

“只许州官放火，不许百姓点灯。”冯梦龙《谭概》：“田登作郡，怒人触其名，犯者必笞，举州皆谓灯为火。值上元放灯，吏揭榜于市曰：‘本州依例，放火三日。’”此谚语来源于此。

“好官不过多得钱。”（《宋史》）

“杀人偿命，欠债还钱。”（李之彦《东谷所见》）

“一日不作，一日不食。”《传灯录》：“（百丈怀海禅师）凡作务执劳，必先于众，主者不忍，密收作具而请息之……（师）既偏求作具不获，而亦忘食，故有‘一日不作，一日不食’之语。”《野客丛书》：“今俗鄙语……谓‘一日不作，一日不食’，而《赵世家》曰：‘一日不作，百日不食。’”

(四) 成语的割裂和典故的滥用

中古文人在继承和运用古代成语方面有过贡献,使汉语文学语言得到了发展和丰富。但是,他们也曾割裂成语,堆砌典故,六朝以后形成一种风气。

割裂成语,例如:

"友于"本出自《论语·为政》:"惟孝友于兄弟。"这句话是说兄弟间的友谊,中古文人把这一整句话活生生拆开,从中抽出"友于"两个字代表这一整句话的意思,割裂成语好多类似这种情况。割裂使用"友于"的例子:

《后汉书·史弼传》:"陛下隆于友于,不忍遏绝。"

《文选》中丘迟《与陈伯之书》:"朱鲔涉血于友于。"

《晋书·孝友传序》:"夏方、盛彦,体至以驰芬;庾衮、颜含,笃友于而宣范。"

"赤也"见《左传·襄公三年》:"赤也可。"指羊舌赤。割裂用的:萧统《七契》:"斯乃赤也所以去鲁,孟尝所以出秦。"

"而立"来自《论语·为政》:"三十而立,四十而不惑。"以"而立"代替"三十",苏轼诗:"侍者方当而立岁。"

又如"夫唱妇随"叫作"刑于之化"。

"刑于"出于《诗经·大雅·思齐》:"刑于寡妻。"刑,法也。"刑于寡妻"是"以礼法对待其妻"的意思。

又如:"夫妻恩爱"叫作"于飞之乐。"

"于飞"出于《左传·庄公二十二年》:"凤凰于飞。"

以上不管词的虚实,生硬地割裂开来。这还比较容易看出它的来历,下面的一种割裂就比较难以看得出它的来历。

上面是两个字连在一起的,下面割裂的是两个字不连在一起,从一句话里上下抽一个字合并在一起，来代表这句话的意思。例如：

《唐语林·政事上》："在具瞻之地，自有国容；居无事之时，何劳武备？"

"具瞻"断取于《诗经·小雅·节南山》："赫赫师尹，民具尔瞻。"

又《唐语林·文学》："嗟尔小子，亦克厥修。"

"厥修"断取于《诗经·大雅·文王》："无念尔祖，聿修厥德。"

又《剧谈录》："曝山椒之畏景，事等焚躯；起天际之油云，法同剪爪。"

"油云"断取于《孟子·梁惠王》："天油然作云。"

不仅割裂，而且堆砌，一句一典甚至一句数典，堆砌典故是六朝文人的通病。例如：谢惠连的《雪赋》中的一段就连用了六个关于"雪"的典故，炫耀他的"博学"。

"臣闻雪宫建于东国。"

"雪宫"取自《孟子·梁惠王》："齐宣王见孟子于雪宫。"

又："雪山峙于西域。"

"雪山"取自《汉书·西域传》："天山冬夏有雪。"

又："咏于来思。"

"来思"取自《诗经·小雅·采薇》："今我来思，雨雪霏霏。"

又："姬满申歌于黄竹。"

"黄竹"取自《穆天子传》："天子游黄台之丘……大寒，北风雨雪，有冻人。天子作诗三章以哀民曰：'我徂黄竹，……'"

又："曹风以麻衣比色。"

"麻衣"取自《诗经·曹风·蜉蝣》："麻衣如雪。"

又："楚谣以幽兰俪曲。"

"幽兰"取自宋玉《风赋》："为幽兰白雪之曲。"

割裂成语、堆砌典故的害处：不能表达意思，晦涩难懂，破坏语言的纯洁和健康，“总之，割裂的成语，和堆砌的典故，都是严重脱离人民口语的，是汉语文学语言史上的逆流”(参见王力《汉语史论稿》)。

七、词 的 结 构

汉语词的结构在上古时期，大抵已经形成了，后来发展的部分偏在重叠形式的增多和词头词尾的增加以及个别新的结构的产生（如名量结合的结构）。汉语词的结构的发展有两个特点：一个特点是复音节词愈来愈多，一个特点是上古已经形成的结构形式后来没有消失，只有增多没有减少。历史上形成的结构都巩固在现在现代汉语里。

中古词的结构的发展情况也正说明了这些的特点：中古复音词越来越多；上古已经形成的结构，中古全部继承下来；中古词的结构有新的发展。

（一）单音词发展为复音词

单音词发展为复音词有好几种情况：一种以原来单音词为词素一部分，另外增加一部分；一种以另外一种复音词代替原来的单音词。

1. 以原来单音词为词素一部分发展为复音词的（材料均见《清平山堂话本》）。

（1）两个近义的单音词发展为双音词的，例如：

寻觅　语言　缘故　答应　理会

探问　昏迷　听候　抛弃　召募

(2) 以原来单音词为基础,加上描写和加上特征部分的词素,如:

眉毛　丈夫　父亲　母亲　清亮　头发

体态　恩宠　黄昏　功劳　响亮

(3) 以原来单音词为词根加词头词尾的,例如:

妻子　鼻子　娘子　亭子

话儿　笠儿　松柯儿　纸包儿　阁儿

前头　后头　外头　心头　念头

枪手　老手　快手　水手　毒手

阿爷　阿爹　阿公　阿伯

老婆　老公

(4) 单音词重叠的,例如:

爸爸　哥哥　弟弟　姑姑　看看　渐渐

2. 以不相同词素的双音词代替单音词,例如:

目——眼睛　日——太阳　雉——野鸡　翌——明日

是——今日　何——什么　言——说话　忆——想起

(二) 继承上古词的结构

上古词的结构,第一编已经谈了,中古对于继承上古词的结构部分,只略略说明一下,避免重复。略提一下,目的是为了说明,上古形成的以后就成了规律发展下来。

单纯词:蹭蹬　蹊跷　馄饨　鏖鏖　娄罗　齁齁　挣扎　嗑嗑　丁东　丁当　菩萨　和尚　一刹那

中古双音的单纯词(联绵词)好像没有上古来得多。

重叠词:中古重叠的形式比较复杂,有“AA”式,有“ABB”式,有“AABB”式等。

“AA”式：堂堂　淅淅　沨沨　霍霍

“ABB”式：死搭搭　勃腾腾　铁铮铮　干爆爆　黑窣窣　新鏃鏃　圆滚滚　出捞捞　冷湫湫　虚飘飘　乱董董　焦巴巴　屌漉漉　厚蛰蛰　硬绷绷

“AABB”式：零零碎碎　条条直直　稀稀疏疏　劫劫波波　蓬蓬勃勃

复合词：

1. 联合式：

(1) 同义并列的复合词：

轻盈　提拔　慌忙　处置　推敲

(2) 反义并列的复合词：

举止　轻重

2. 主从式：

(1) 主谓式：花红

(2) 动补式：惊动　熨帖　调停

(3) 动宾式：喝采　盖头　动手　上学

(4) 附加式：脚板　私房　门徒　手艺

复合词的联合结构和主从结构，除了主谓结构比较少外，其他的结构在中古时期都随着词汇数量的增多而发展，数量很多，只列举一二。

（三）中古接合词的结构

中古产生的结构，接合词的结构比较多一些，如词尾“子”“头”“手”“儿”词头“阿”“老”，虽然有的在上古就已经产生了，但是，它的发展还是在中古，例如：“子”“儿”等。

词头"阿"字的发展:

汉朝出现过"阿谁""阿娇","阿翁""阿堵"见《世说新语》。

阿耶娘——"大众志心须净听,先须孝顺阿耶娘。"(《董永变文》)

阿娘——"殡葬之日无钱物,所卖当身殡阿娘。"(同上)

阿郎——"所有庄田不将货,弃货今辰事阿郎。"(同上)

阿耶——"阿耶无大儿,木兰无长兄。"(《木兰辞》)

阿爹——"北方呼父曰阿爹。"(《续方言又补》注:"《通鉴唐纪·德宗》注")

阿公——"衢州视事际,有妇人姓翁陈牒论田产,称阿公阿翁在日。"(唐赵璘《因话录》)

其他如"阿伯""阿兄""阿浩"等。"阿"字都作称谓的词头。

词头"老"字:

老婆——"虽不是自己的老婆,年儿也相仿佛。"(《警世通言》卷十二)

老公——"老公又不要我,又无亲戚投奔,不死更待何时!"(《清平山堂话本》)

词尾"儿"字:

宋《话本》里的词尾"儿"特别丰富,如:

曲儿——"取出文房四宝,做了只曲儿。"(《清平山堂话本》)

水滴儿——"正研墨,觉得手重,惹翻砚水滴儿,打湿了纸。"(《清平山堂话本》)

简帖儿——"只因这封简帖儿,变出一本蹊跷作怪底小说来。"(《清平山堂话本》)

其他如"小厮儿""松柯儿""雌儿""阁儿""殡儿""话儿""镮儿""两口儿""一块儿""篦儿""纸裹儿""山亭儿""门儿""纸包儿""馈饳儿""担儿"……

词尾“子”字：

上古词尾“子”就出现了，如“瞳子”“眸子”等。

中古有了发展，如：

崽子——“娈婉丱童及弱年崽子。”（《水经注》）

亭子——“郑县亭子涧之滨。”（杜甫诗）

面子——“相公握禁兵，拥大旆，独当一面，不领复恭意作面子耶。”（《旧唐书·张濬传》）

日子——“胡乱去开个柴米店，撰得些利息来过日子，却不好么？”（《清平山堂话本》第100页）

发展到宋话本时期，就屡见不鲜了，如：“蚊子”“揲子”“汉子”“身子”“房子”“妻子”“娘子”“膀子”“刷子”“龛子”“篾子”……

词尾“手”，如：

枪手——“载鲍，煜枪手文，亦谓代人作文也。”（《梦笔生花》）

老手——“老手王摩诘，穷交孟浩然。”（苏轼诗）

快手——“西将及能细直史快手，复有二千余人。”（《宋书·王镇恶传》）

水手——“吕梁、百步两洪湍浅险恶，多坏舟楫，由是水手、牛驴、捽户盘剥人等。”（《宋史·河渠志》）

毒手——“（谓李阳）曰：‘孤往日厌卿老拳，卿亦饱孤毒手。’”（《晋书·石勒载记》）

词尾“头”，如：

东头、西头——“士龙住东头，士衡住西头。”（《世说新语》）

前头——“天火忽然前头现，先生失却走忙忙。”（《董永变文》）

土馒头——“城外土馒头。”（王梵志诗）

外头——“娇声出外头。”（李白诗）

心头——“徐信心头火起。”（《警世通言》卷十二）

“知我心头痛。”（《警世通言》卷十二）

念头——“一时差讹了念头。”(《警世通言》卷十二)
势头——“玉梅见势头不好。”(《警世通言》卷十二)
手头——“手头有百十钱。”(《喻世明言》卷三五)

第三编

近代汉语词汇

一、词汇的时代特征

从元代到五四运动，这一时期一共经过了 600 多年，包括元、明、清三个朝代，词汇的发展粗略地分，大致可以分成两阶段：第一阶段是从元代起一直到鸦片战争前，这 561 年中间，中国封建社会高度发展，在封建社会内部发展了资本主义因素，因此，必然反映到词汇上，产生了大量的新词。除资本主义性质的手工业急剧发展以外，还同时并存着不属于商品生产的封建性质的明代官手工业经济。政治上，经历了二次少数民族统治，因此在一些社会制度、文化方面都有特殊的词汇，由于异民族的统治，还出现了一些当时具体社会所特有的民族压迫的词汇。

第二阶段是从鸦片战争到五四运动，这期间中间社会面貌变化最大，中国社会从封建社会进入了半殖民地半封建的社会，在经济上由于帝国主义经济势力的侵入，出现了许多近代工业和半殖民地经济；在政治上，也动荡得很厉害，鸦片战争、甲午战争、八国联军、太平天国、戊戌变法、辛亥革命、五四运动，这些重大的社会历史事件，也对汉语的词汇发展起了决定性的影响。现在我们顺着时代首先从元代谈起。

（一）元代词汇的特征

元代是异民族统治的朝代，当时蒙古人统治中国后，虽不少承袭中国旧制，但也有很多官制，是蒙古人带来的，所以在名称上看来似乎都是外来译名。

达鲁花赤："达鲁花赤"元朝文献中经常碰到，《元典章》中就有二百余见，其别称很多，这是因为蒙文音译的缘故。《元朝秘史》有"达鲁合臣"，意译作"镇守官"。明叶子奇《草木子》云："元路、州、县各立长官，曰达鲁花赤，掌印信以总一府一县之治。判署则用正官，在府则总管，在县则县尹。达鲁花赤犹华言荷包上压口捺子也，亦犹古言总辖之比。"清赵翼《廿二史札记》蒙古官名条亦云："达鲁花赤，掌印办事之长官，不论职之文武大小，或路或府或州、县皆设此官。""达鲁花赤"是蒙古语 daruɣači 之对音。

札鲁忽赤：《元典章》中有"札鲁忽赤""札鲁花赤""札鲁火赤""劄鲁火赤"皆一语之异译也。《元史·百官志》云："国初未有官制，首置断事官曰札鲁忽赤，会决庶务，奸盗诈伪、蛊毒厌魅、诱掠逃驱、轻重罪囚，及边远出征官吏、每岁从驾分司上都存留住冬诸事，悉掌之。"《廿二史札记》"蒙古官名"条云："札鲁忽赤，《本纪》，太祖开创之初置此官，位在百司三公上，犹汉之大将军也，亦名断事官，得专生杀，故最尊，见忙哥撒儿及布鲁海牙传。"蒙古语 žarɣu（名词）义为"裁判""诉讼"，žarɣuči 义为"裁判者、断事人"，即为"札鲁忽赤"之对音。

怯里马赤：《元典章》有用"怯里马赤"，如译史怯里马赤"怯里马赤阿散"，亦有"怯烈马赤"例子如"怯烈马赤站班"。《草木子·杂俎篇》云："北人不识字，使之为长官，或缺正官，要题判署事及写日子，七字钩不从右七转而从左ㄔ转，见者为笑。立怯里马赤，盖译史也,以通华夷言语文字。”《至元译语》“通事”作“乞里觅赤”。“怯里马赤”为蒙古语“通译官”之对音。

必阇赤:《元典章》中出现二十次。《元史・兵志》“宿卫”门云:“为天子主文史者曰必阇赤。”《元史语解》改译为“笔且齐”,解云“写字人也”。《至元译语》“秀才”之蒙译为“纳阑必阇赤”。《黑鞑事略》:“鞑人无相之称,即只称之曰必彻彻;必彻彻者汉语令史也,使之主行文书尔。”又云“管文书则曰必彻彻”。“必阇赤”为蒙古语 bičikči 或 bičigäči 的对音,此二语之意义皆为“书记”“秘书”“抄写人”。

怯薛:《元典章》有“怯薛”“怯薛歹”及“也可怯薛”诸名称。《元史・兵志》“四怯薛”条云:“太祖命其世领怯薛之长。怯薛者,犹言番直宿卫也。凡宿卫,每三日而一更。申、酉、戌日,博尔忽领之,为第一怯薛;即也可怯薛。博尔忽早绝,太祖命以别速部代之,而非四杰功臣之类;故太祖以自名领之。其云也可者,言天子自领之故也。亥、子、丑日,博尔术领之,为二怯薛。”又云:“若夫宿卫之士,则谓之怯薛歹;亦以三日分番入卫。”“怯薛”是 käšik 的意译,意为“有一部分者”或“应分者”。(以上材料取自翁独健《元典章译语集解》,见《燕京学报》第 30 期,页 279—288)

兵马司:“京师有兵马司,专理捕盗及斗殴等事。其制起于元世祖至元九年。改千户所为大都路兵马司,掌京城捕盗事。见《世祖本纪》。又《续通考》云:京南北有两兵司马,各至千人,每百户所中产者一人,充资发官,有纲运及流徙者主,则执兵导送,外此则不敢役,示专其捕盗职。”(见赵翼《陔余丛考》卷二十六“兵马司”条)

省:“今制分天下为各省,盖仍前明之制,而明则因元之旧也。元时诸路各设行中书省,是以有省之名。前明改行省为布政使司,而口语相沿不改,故犹称省耳。原省之名之所起,则本于汉,按《汉书·昭帝纪》,帝年幼,帝姊鄂邑公主共养省中。注:伏俨曰:蔡邕云:本为禁中,门阁有禁也,后以孝元皇后父名禁,故避之曰省中也。”(引文同上,卷二十七)一直到元代,“省”还作为一个官名而存在。如“中书省”“尚书省”至元代“中书省”诸官,不在京里,而分设于各路,所以又转移到各地方名称为省。

帽顶:“《辍耕录》记元大德间,有回回巨商卖红剌石一块于官,重一两三钱,直中统钞十四万锭,用嵌帽顶上,累朝皇帝正旦及天寿节大朝贺则服用之,又河南王卜怜吉歹尝郊行,天暖,欲易凉帽,左右捧笠侍,风吹堕石上,跌碎御赐玉顶,王不嗔责。”(同上,卷三十三)又《元史》“仁宗为皇太子时,淮东宣慰使撒都献七宝帽顶”。可见“帽顶”一词在元代已有。

九儒十丐:《谢叠山集》有《送方伯载序》曰:“今世俗人有十等,一官二吏,先之者贵之也;七匠、八娼、九儒、十丐后之者贱之也。”《郑所南集》又谓:“元制:一官、二吏、三僧、四道、五医、六工、七猎、八民、九儒、十丐。”“九儒十丐”后世常连用,说明元代的等级制度。

(二)明代词汇的特征

1. 社会制度名称

黄册:“黄册”一名“赋役黄册”,赋出于土田,役出于丁口,土田丁口皆归于户,黄册为总记土田丁口之户籍。其编制起于洪武十四年:“十四年诏天下府州县编赋役黄册。”(见傅维麟《明书》,《会典》所记更详)

鱼鳞图册:黄册以户为主,以人为经,以土地为纬,各归其业主,一切户口内之新旧变迁,分居析爨情形,皆具于册,为赋役升降之凭籍。鱼鳞图册以土田为主,地域为经,人为纬,业各归其本区,区内田土形状、步亩、方位、主名，各以邻界造成图册，遇有土地上之争讼，即以是为质证。“(洪武)二十年十二月，鱼鳞册成”。(《续通考》卷二)

本色、折色：夏秋税粮以米麦为“本色”，其他折纳税粮之物，皆谓之“折色”。

粮长：明代设立“粮长”制度，赋税有“粮长”来收，粮长设立是在洪武四年九月。其总的目的是为了保护国家主要财源。《太祖实录》卷一〇二“(洪武八年十二月癸巳)上谕御史台臣曰：‘比设粮长，令其掌收民租，以总输纳，免有司科扰之弊，于民甚便。’”

永充
轮充
朋充
串充 } 粮长的任期从长到短，从“永充”至“轮充”最后至“朋充”或“串充”。这现象产生其直接原因是政府的日益沉重的赋役负担已超过了一般粮长的负荷能力，因而不得不设法调整以求任务的完成。农民无力缴付租税，粮长千方百计地把租税转移到农民身上。《嘉定县志·徭役》“高皇帝……以殷实户充粮长……盖有累世相承不易者。……永乐以后，渐用岁更。宣德初，户部言，粮长岁更，顽民玩之，故多负租，请如旧便(按即永充)。至嘉靖中，为抑强扶弱之法，粮长不独任大家，以中户轮充。初轮充者如得美官，已而纳粟于仓，投银于柜，老人概斛，法令一新，粮长大抵破家，则轮充又为朋充”。

辖里：上年里长催毕科条，即充当下年粮长，经收各项税粮，名曰“辖里”。

里甲：略如宋之保役法，为由人民执行官府最下层行政事务之组织单位，为一切役法之主干。除军、匠户别有军匠之役外，其余普通民户，以相邻一百十户为一里，一里之中，推丁粮最多者十户为里长。其余百户为十甲，每十户为一甲，有甲首一人；每岁由里长一名偕甲首一名率领一甲之户应役；十年之中，每里长甲首及每甲皆轮役一次，值役曰“当年”，轮次曰“排年”。

均徭：略似唐宋以来之色役。为人民执役于官府，供官府之指令奔走与需要，皆有一定之经常性者，验丁力资产之厚薄，以定役之轻重，由里甲编第均输，故曰均徭。

杂役：无一定之名目，均徭以外，一切非经常之使役科派，皆属临时编签，岁有增益损减者，皆名之曰“杂役”。

一条鞭：“一条鞭”是赋役之改革，使赋役形式化繁为简，以救赋税制度之混乱。其正当之名称应为“一条编”，“鞭”为“编”之假借或俗写名，时或称“条编”或“条鞭”法，即将赋役之名繁复项目总编为一条，故称“一条编”。《明史·食货志》“一条鞭法者，总括一州县之赋役，量地计丁，丁粮毕输于官。一岁之役，官为佥募，力差则计其工食之费，量为增减，银差则计其交纳之费，加以增耗。凡额办、派办、京库岁需与存留、供亿诸费，以及土贡方物，悉并为一条，皆计亩征银，折办于官，故谓之一条鞭”。从一条鞭法的内容来看，意味着减轻徭役，偏重田产税的倾向，在征税形式上开展了货币地租道路，它客观反映了社会经济中商品流通有了一定程度增长。

从以上的例子中可以看出明代赋税制度性质的演变，自两税制转入一条鞭，是由对人税转入对物税，再就是现物税转入货币税。这也反映出社会商品经济发展的规模，此外还有赋税收解程序上之变化由民收民解转为宦收官解（粮长制），再到货币交赋税。

掣签：“吏部掣签，始于明万历中。孙丕扬为冢宰，时大选，外官竞为请托，丕扬创为掣签之法，分签为四隅，东北则北京为主，而以山东及河南……东南……西南……吏部之有签自此始也。”（见《陔余丛考》卷二十六引《明史·选举志》及《东林列传》）

月费："京官俸银之外，别有月费一种，起于前明。明初诸司皂隶主驺从，宣德间始有纳银免役者，因杨士奇言京官禄薄，改名曰柴薪银。天顺以来始以官品崇卑，定立名数，每岁银解户部，在京诸司，则皆出自畿内，及山东山西河南州县南京诸司，则皆出自南畿，此月费所由来也。"(见《陔余丛考》卷二十七傅维麟《明书·杨士奇传》)

民壮："明天顺初，令召募民壮鞍马器械，悉从官给，本户有粮免五石……每里佥二名或三名五名，春夏秋每月操一次，各操二歇三，遇警调集，官给行粮，后王阳明破浰头等贼，及平宸濠，皆用其力。"(见《陔余丛考》卷二十七"民壮"条引《涌幢小品》之说)

绿头巾："明制，乐人例用碧绿巾裹头，故吴人以妻之有淫行者，谓其夫为绿头巾。"(事见《七修类稿》)又《知新录》云："明制……伶人妇不带冠子，不穿褙子，然则伶人不惟裹绿巾，兼着绿衣。"

2. 官手工业的名称

(1) 官手工业的基本内容

造作：官手工业内关于营造方面的都称造作。如内府造作，专门负责修建亲王、郡王以至镇国将军、辅国将军……等皇族宫室；仗仪造作，营造皇帝、皇太子、亲王……的卤簿和车驾；城垣造作，专门负责修建皇城、京城；坛城造作；庙宇造作等。

在军器、军装成造方面的产品名称有：

碗口铜铳	石榴炮
信炮	佛郎机炮
火车	鸟嘴枪
火伞	佛郎机铜铳
大二三将军	佛郎机铁铳

手把铜铳　　连珠佛郎机炮
鸟嘴铳　　三山连珠炮
子母炮　　铁棒雷飞炮
神机火枪　　铅弹等
补机炮

军装的名称有：

胖袄（分长短）　　鞹鞋
袄裤等

“明初有火车、火伞、大二三将军等炮及碗口铜铳、手把铜铳、佛郎机等品。建文东昌之战，燕军为火器所乘，死者万余。征南时，张辅以神铳击破交趾象阵。也先围京城，于忠肃欲放大铜铳，掘土坑藏身，亲燃火于药线以击敌，是皆火器之试于用者。而鸟枪则起于嘉靖中。郎瑛《七修类稿》云：‘嘉靖间，倭入内地，有被擒者，并得其铳，遂令所擒之倭教演，中国遂传其法。今且遍天下云。按《续通考》所记，前明军器，但有弓弩、盔甲、枪刀、铜铳之类。而铅弹则嘉靖四十三年始用。’唐顺之疏云：‘国初止有神机火枪一种，而佛郎机、子母炮、鸟嘴铳皆后出，鸟嘴铳最猛利，以铜铁为管，木橐承之，中贮铅弹，其点放之法，两手握管，手不动而药线燃，其管背施二臬，以目对臬，以臬对所欲击之人，无不着者。火技至此而极，是倭人用以肆其巧于中国，而中国习之者也。’”（见《陔余丛考》卷三十“火炮火枪”条引文）

从以上这段话中，可以看出当时官手工业这许多军器产品都是新发展的。这些武器制法大都来自国外，所以名称上如“佛郎机”是外来译名。

在织造方面的产品名称有：

制帛：包括郊祀制帛、奉先制帛、展亲制帛、礼神制帛、报功制帛等。

冠服:包括皇帝、皇太子、亲王以及将军以下皇族所用的衮冕袍服、冠服,赏赐番僧、贡使衣服,赐给状元、进士冠服,祭祀净衣等。

在铸器成造方面的产品名称有:

金牌:包括有亲王"印符金牌""上直守卫官军金牌"。

印信,朝钟,钱粮法马等。

在烧造方面的产品名称有:

券砖,方砖,副砖,斧刀砖。

在造船方面的船只名称有:

黄船(御用),马船(运马用),快船(水军征进用),海运船(出使西洋用),后湖船,备倭船,战船,粮船(河运和海运漕粮用)。

这些官手工业的产品名称中可以看出官手工业的性质,是商品性的,他的服务对象是统治阶级统治的需要和豪奢生活所需的手工业制作。

(2) 官手工业的组织名称

司:古代主也,主其事的意思:《书》"钦乃攸司"。从"主其事"的意思而变为官署名如《礼记》"天子之五官曰:司徒、司马、司空、司士、司寇",到明代"司"不是作为构词前面部分"司××"而把"司"放在后半部分成为"××司",在意义上也起一定变化,从官职的名称演变到官手工业的组织名称。例如"营缮司""虞衡司""都水司""屯田司"。凡是"司"是明代工部制作直接领导的,是官手工业的主要部门,是直接领导或监督官手工业的行政事务。一些任务特别繁重的工作,则另设"分司"。

营缮司:全称"营缮清吏司"。掌官府器仗、城垣、坛庙、经营兴造的工作。

虞衡司:全称"虞衡清吏司"。掌山泽、采捕、陶冶之事。

都水司:全称"都水清吏司"。掌川渎、陂池、桥道、舟车、织造和衡量的事情。

屯田司：本来主要任务是领导屯田的，后来屯种的领导，划归地方管理。它职掌官手工业的柴炭、南方抽分、竹木局和沿江芦课等工作。

监：此词原为领导和监察的意思。《礼记》“天子使其大夫为三监，监于方伯之国”，是领诸侯而督察之意。衙署也叫监，如“国子监”“钦天监”。明代皇宫有大批宦官。二十四个衙门就设立二十四个监局。其中有很多是负有官手工业生产任务的。这些制造的手工业品，是满足皇帝及其周围人豪奢生活的。在皇城内设立了许多庞大工场，从事制造，这种制作就叫做“内府制作”。

司礼监：是宦官叫衙门的首衙门，其中关于手工业造作的有：御前作、营造龙床、龙桌。

内官监：“内官监掌成造婚礼奁、冠、舄、伞、扇、衾、褥、帐、幔、仪仗及内官、内使贴黄诸造作，并宫内器用、首饰与架阁文书诸事。”（《凤洲杂编》卷五）

御用监：“凡御前所用围屏、摆设器具皆取办焉。”（《酌中志》卷十六《内府衙门职掌》）

尚衣监：“掌印太监一员，管理、佥书、掌司等数十员，掌造御用冠冕、袍服、履舄、靴袜之事。”（同上）

局：《礼记》“左右有局”谓军之左右有部分，不相滥也，故分一部分的都叫局。这里所指的局，是属于宦官控制的内府造作的官手工业工场。此外还有一些虞衡司领导一些官手工业工场。

巾帽局：“掌造内官诸人纱帽、靴袜及预备赏赐巾帽诸事。”（《凤洲杂编》卷五）

针工局：“掌造诸婚礼服裳，付内官监收用，及造内官诸人衣服铺盖诸事。”（同上）

内职局：“掌染造御用及宫内应用……”（《酌中志》卷十六“内

府衙门职掌")

银作局:设有"掌印太监一员……专管造金银铎、针枝……"(同上)

兵仗局:掌御用兵器,并提督匠役造作刀甲之类。兵仗局还设有"火药局"。

此外属于虞衡司的局有:

宝源局:负责内外衙门铜铁器皿及铸钱等。

皮作局:把进解的生皮进行加工。

军器局:专司制造军器、军装等。

厂:官手工业的厂,都是具体生产单位或保管物料具体单位。如工部领导下"修仓厂"全称"修理京仓厂"(专管京仓修理)、琉璃厂、黑窑厂、神木厂(在北京崇文门外,专保管木材)、山西大木厂(在朝阳门外,储放木材兼造作)、台基厂(储放木材兼设计)。都水司领导下的厂有器皿厂。内府监局领导下有"盔甲厂"(又名鞍辔局)。

库:对于保管物料的内府十库——内承运库、承运库、供用库、甲字库、乙字库、丙字库、丁字库、戊字库、广积库、节慎库等。

从上面这些机构的编制和内容,都是很明显地可以看出官手工业的性质是封建的,它只是为了满足统治阶级的统治需要和奢侈生活的需要而设立的。

(3) 工匠制度名称

班匠:是"轮班工匠"的简称。班匠就是全国各地被划入匠籍的工匠分为若干班,轮流到京师服役,每次服役时间初期定为三月,以后期限又有变更,就是打破三年一班的硬性规定,而按各部门实际需要。如锯匠、瓦匠等为五年一班,石匠、艌匠等为二年一班。

留工匠:班匠除轮班赴京上工外,还因特殊制作的需要,存留于地方的叫留工匠。

住坐工匠:"住坐"名称,元时已有,至元二十九年江东道宣慰司八儿思不花呈称:“若将应有铁匠,全家起移,各路住坐,似为便当……卑职切详……若尽起移,附近住坐……彼中广土众民,所用农器之类,何处取给?……若令铁匠依旧安业住坐,不令起遣,督勒各处官司,严加禁治……自然盗息民安。”这里“住坐”作动词用,可是明代作名词是工匠的名称。住坐工匠是附籍于京师附近的大兴、宛平,一般说就是就地服役的工匠。

民匠:是“住坐民匠”的简称。住坐工匠依户籍的不同,分为民匠和军匠两种。民匠是直接从民间征来,隶属于工部,服务对象是皇族,主管机关是内府的内官监。

军匠:军匠一般是在军中负责制造军器的手工业者,由于皇宫的需要,被分发服役,军匠则隶属于军籍。

作头:或曰“匠头”。作头是从工匠中选拔出来的。“所以统率各匠,督其役而考其成也”(《龙江船厂志》卷三“官司志”)。“统以匠头,督以年例”(《明会典》卷一九二“军器条”)。

从以上这几个例中,可以看出工匠服役办法,是封建时代劳役制在官手工业中的体现。班匠服役期间是从自己劳动时间中挤出来的,在指定地点为封建主作无偿劳动。无疑,这是手工业上的劳役制。坐匠虽然有“月粮”“直米”“月盐”等报酬,但是服役地点在门禁森严的皇宫里面,人身没有自由。

(4) 官手工业的物料来源

额办:福建《宁化县志》上说:“《禹贡》‘漆丝贡于兖,盐絺贡于青’。此岁所常用之物,因惟土之所有,即今之额办也。”(卷五“赋贡上”)“额办”是按照定额进贡“土之所有,岁所常用之物”。

岁办:岁办之名元时有,《吴江县志》“贡办”条,有“元岁办四事”的记载。到明代虽存其名,但已转变本意,而变成为一个并非按年上供的一个征派项目。

杂办:《泉州府志》卷二十一“历朝上供”云:“于额办、岁办之外,又有泛杂之办也。”可见杂办是不定时、不定额,一有命令便得征办的税赋。

坐办:或称“坐派”,一般是遇大修建或特殊需要时派办的。

从上例这些名称中所反映的内容来看,官手工业物料来源是封建性的掠夺,名目繁多,随时征派,可见官手工业对于人民的压榨。以上这些名称都是针对农民,向农民头上“办”的。

抽分:是以商业税的形式向商人征收的,在商人贩运的货物中抽出几分之几的货物,作为官有。抽分的征收机构是“竹木局”。

鱼课:是对渔民捕鱼的课税。鱼课本来征米,后改为征物料,征收机构是“河泊所”。

矿课:是从工商业者经营的矿场,用矿课的名义征收。随着金属的不同而有“铁课”“铜课”“铝课”等。

地课:是以农民和工农为剥削的对象。

从以上这些词的内容来看,当时官手工业的生产原料是通过各种方式剥削来的,而且剥削对象的范围非常广泛。

此外还有:

田赋:明代田赋中征收丝、绵、麻、布。

采取:凡是物料缺少,王朝便令出产地方采取。采取是不付任何代价收买。

拘收:驴、马、牛、骡倒死之后,皮、角、鬃毛都要在指定地点集中缴纳,这叫“拘收”。

采办:采办和采取不同。《明史·食货志》云:凡岁办不给,“则官出钱以市,曰采办”。可见采办是由官出钱采购的。

从以上可以看出,这些词反映了这些原料,绝大部分不是市场交换而来,其余绝大部分是自然经济性质。

（三）元明清生产力发展和词汇的丰富

中国封建社会发展到唐宋时代，农业和工业都已有较高的发展，中间经过元代的摧残，一度呈现出衰退的现象。明帝国建立以后，为了稳定和巩固其统治，对农民工商业者采取了一系列的让步措施，放奴婢、兴水利、奖励垦荒、大力推广桑棉的种植，减轻商税、田赋与徭役，严惩贪污等，这便大大地刺激了劳动者生产的积极性和创造性。

生产经验不断积累起来，生产技术不断得到改善，新的生产工具也在不断的发明，随着这些新事的不断出现，就使人们不断地创造新词以丰富他们的词汇。

1. 农业发展与词汇之丰富

这一段时间来农业亦有很大的发展，自从元代以来灌溉工具增多了，原有的各种重要农具如拒镰、劚刀、风车、翻车、筒车等比过去使用更加普遍，更加广泛，同时又发明了一些新农具，如“耘荡”“秧马”等，产生了一些新名词。农产品商品化的影响下，资本主义侵入农村，商人操纵市场，创造了不少新的剥削形式。

(1) 生产工具和技术的名称

在灌溉方面：元人王桢《农书》所记述之水车有七种。

翻车：王桢所谓“翻车”其实即“龙骨车”“水戽”，翻车发明在汉末，到这时才通行。此车适宜南方。

筒车：利用牛转的旋转拖动翻车的装置。

水转翻车

驴转筒车

高转筒车

明代西洋教士传入三种新式灌溉工具,龙骨木斗为自己发明。

龙尾车:因“龙骨车”之名起的。亦名“螺旋运水机”,在中国并不普遍。《农政全书》:“《龙尾车记》曰:‘龙尾车者,河滨挈水之器也。……今作龙尾车,物省而不烦,用力少而得水多,其大者一器所出,若决渠焉;累接而上,可使在山,是不忧高田。筑为堤塍而出之,计日可尽,是不忧潦与下田。……龙尾者,入水不障水,出水不帆风,其本身无铢两之重。且交缠相发,可以一力转二轮;递互连机,可以一力转数轮,故用一人之力,常得数人之功。’”又说:“龙尾者,水象也,象水之宛委而上升也。龙尾之物有六:一曰轴,轴者转之主也,水所由以下而为上也。二曰墙,墙者以束水也。……三曰围,围者外体也,所以为固抱也。四曰枢,枢者所以为利转也。五曰轮,轮者所以受转也。六曰架,架者所以制高下也。承枢而转轮也。”

玉衡:其实是气压式抽水机,是双筒抽水机。

恒升:也是一种气压式抽机,是单筒式。

龙骨木斗:《农政全书》:“近河南及真定诸府,大作井以灌田……其起法有桔槔,有辘轳,有龙骨木斗……”此种工具发明比较晚,大概在明末。这工具大抵用于北方井水灌溉。因井中之水,不能如翻车之以木板刮上,乃采用翻车之龙骨相联制,及筒车之水筒制,制成一串水斗,相连如练,套于一大辘轳之上;辘轳之轴端装一立齿轮,与别一卧齿轮相衔;用牛驴回转卧齿轮,则立齿轮随之回转,水斗随之继续上升。

前三种为当时很普遍之灌溉工具,后四种并不普遍。

清代的灌溉工具有:

车:“制,以木为底,两旁有墙,墙上缩木,曰扶栏,用鹳脚以属栏与墙,复以鹤膝贯串众辐,居中激水。车前有轴,轴有齿,曰掉头,辐循转其上。贯轴曰关,冒关曰槌,盛轴两端,曰眠牛。人踏槌

则轴转，而辐随动矣。"(《江震物产表》)

大棚："车聚数车之力以泄水者也。案：明正统中，周文襄巡抚时，令概县排年里长每名置官车一辆，如某都某围田被水淹没，则粮长拘集官车若干辆，督令人夫并力戽救，须臾水尽，而口粮又官给之，最为良法。"(同上)

连车："连接数车递引溪水入田以救旱者也。"俗呼"打缠"。(同上)

水车：即明代以前之"龙骨车"。清代转称"水车"。

风车："风车，为下河戽水灌溉之用。"

牛车："牛车设车篷，四柱如亭，架四阿，谓之截口。"(《高邮州志》卷一百—一百零一)

搅水车："文童伏处田间，每见农人用土法溉水效少工多，远水则层递维艰，高田则舒转不及。因精心研究，创造螺旋搅水车，结构尚灵，试用颇便。"(《己酉大政记》卷三)

(2) 商业资本和高利贷的名称

丝鬼：又名"丝客人"。"盖新丝出市，买丝者谓之丝客人，开行代买者谓之丝主人，亦曰秤手。秤手口蜜腹剑，狡狯百出……贫家男妇，废寝忘餐，育蚕成丝，其苦不可言状，一岁赋税租债、衣食日用皆取给焉。虽善价而沽，犹虞不足，而市侩乃百般侮弄之，是可忍也孰不可忍也。长俗名买丝者曰丝鬼，洵然。"(丁宝书等《长兴县志》卷八)

盘定买："又因油米麕集，买空卖空名曰作盘定买，实则大注赌博，每一盘长落，赢亏必在数十万缗上下，因而贿通官吏，把持行市。"(张之洞《张文襄公奏稿》卷四，页七至八)

茧行："在无锡最初设立茧行，开始收买蚕茧的乃是外国人，……其后外国人欲开茧行者，都利用中国人的名义，沿为习惯。"(日本外务省《清国事情》下)

抛盘:“外商委托从事收购(蚕茧),预先规定数量,中国人估出价额,向外商领取银钱,这叫做抛盘。”(日本外务省《清国事情》下)

囤积:“目下虽禁出口,又复将米囤积;民食艰难,盗贼蜂起。”(江春霖《江侍御奏议》卷一)

从以上这几个词中充分反映出资本主义的商业资本在农村中活动,商人对农产品市场操纵,和商业资本勾结封建政权与帝国主义对农民进行骗诈和掠夺。

放灰:“煅石为灰,将耨时,撒灰于田,而后耘之,色黄者一夕而青,否则薄收。灰多出桐木。煅灰者,二三月间,大船装载,放田户记簿,谓之放灰,收获之后收灰谷,岁以为常。”(《黔阳县志》卷十六)

经纪:“盖种茶者,多由入山办茶之经纪付给资本,足以敷其茶造收成之用。而茶经纪则只坐享其成,且更盘剥其重利焉。”(《一九〇三通商各关华洋贸易总册》下卷)

糖抵、蔗抵:“历来糖商息借银号款项,转借与糖庄,期以糖抵。而糖庄之于蔗农,给以白镪者有之,供以豆饼者有之,则期以蔗抵。”(《一九〇五通商各关华洋贸易总册》下卷)

从以上几个例子,反映商人资本在农村中活动是与高利贷相结合的,以上反映了商人对农民的剥削方式——赊销贷款。

包售:“故与刘甘善,至是合本包售民间罂粟,凭识见以为垄断,历年所获甚丰。”(《益闻录》第一四九号)

卖空仓:“其奸巧大猾,挟厚赀,牟重利,贫户有所假贷,则先与之钱,指树蜡为券,减常贾而雠之,俗谓之卖空仓。”(吴嘉谟等《井研县志》卷八)

以上这些词反映了商人对农民剥削又一种形式是“廉价预买”。

印子钱:“晋人放债之名目也。每日索逋,还讫盖一印子,以是得名。是虽盘剥小民,然剜肉医疮,亦权济目前之急。”(《申报》,光绪六年九月十七日)是属于高利贷的货币借贷形式。

放黄米:“交青黄不接之时,(农民)室如悬磬。牟利之徒乘其急乏,贷以米石,而故昂其值,谓之放黄米。一俟新谷登场,按月计利清偿,至有数石之谷,不足偿一石之米者,贫农之苦殆不堪问。”(《江阴县志》卷九)

这是属于高利贷的实物借贷形式。

2. 手工业发展与词汇之丰富

手工业的发展打破了中国自然经济“男耕女织”的局面,纺织业长期停留于家庭手工业形式中解放出来,成为独立的机织工业,这种分工的发展,带来了许多新的词汇。不但是纺织业如此,其他制陶业、造纸业、制糖业、榨油业、制茶业、木材采伐业、土木建筑业、矿物采冶业等,都是如此。随着手工业的发展,新词发展空前未有的,现在不可能一一例举。因为实在太多了,只能挂一漏万,因为纺织业比较典型些,就举纺织业作为举例性质。

(1) 生产工具、方法、成品名称

棉纺织业:我们且先引用孙琳《纺织图说》(《布机说》,页一〇)一文中一段文章来看看:

> 机身曰机床,前为前腿,后为后腿。后腿之上,架搁花摘,花摘两头,横板四块曰摘关。机身中柱,上檐斜撑木曰缟缕。中架榻槅关板,贯绳索而下系综扇,接拴曲落棒,转缚踏脚棒,用以为高下之枢纽也。后腿下脚,向里镶小笋,小笋斜架大腿木,大腿木穿插撑臂,直系扣架,中填竹扣,穿布经而赖推收,往来隙处,便于纳梭过杼。

从这段文章出现的专业名词数量,就可见当时词数增加的情况了。

关于生产方面的词有：

赶车	弹花凳	捁竹
纺车	搓花盖	综扣
搅车(轧车)	筒子	木楔
铁轴	扛帚(竹丝刷)	糊盆
弓(弹花弓)	弹花槌	碇子(木碇、铁碇)
手车	脚车	探扣娘
豁片(即布经)		

关于生产方法方面的词有：

弹花	接头	探扣
去子	打浆	摇纱
取花	纺织	分当
刷纱	晒花	弹熟
经车	浆纱	刷线
捉综	纺纱	牵经

缫丝和丝织业：我们也引一段文章，来看看当时新词增加的程度(陈作霖《凤麓小志》卷三)：

> 织缎之机，名目百余，向于高子安中书处，得机器谱，爰循其次序志之：
>
> 曰鼎桩，曰跕桩(以名为之)，曰鼎机石，曰马头，曰仙人洞，曰猪脚坑，曰脚竹桩，曰脚竹钉，曰脚竹，曰搭马竹，曰机头，曰机身子，曰核齿核当，曰筐门，曰鸡冠，曰机颈子，曰江楔，曰坐板，曰蜡尺，曰蝁槽，曰局头，曰衬局，曰拖机布，曰局头槽，亦名敖口，曰穿札，曰压伏，曰狗脑，曰海底楔，曰靠山楔，曰千金桩(俗名较闩)，曰较尺，曰辫，曰辫楔，亦名辫仁，曰

遭线，曰遭线管，曰伏辫绳，曰和边绳，曰虾须绳，曰脑闩，曰三架梁，曰鹦哥架，曰仙桥，曰狮子口，曰鸽子笼，曰牛眼睛，曰穿心竹，曰弓篷（竹也），曰菱角钩（铁也），曰鸭子觜，曰楔障板，曰隔板，曰楼柱……

从上面这段引文，还没有抄完，只引了一半，由此可见当时生产中新词增加的数量了。

当时主要的生产工具有：

丝车	竹磨	手车
活头	锅马	风车
缫车	丝笼	繉架
花机	缴竿	繉心
腰扣	荞灰	车筳

以上为缫丝工具。丝织工具有：

茅刷	牵架	天平
刷架	牵杆	坐板
拖扒	牵扒	踬板
羊角	机床	竹筬
线纵	梭	铜剪
筬夹	柲尺	铜镊
辊心	幅尺	铜针

上列这些词中，有许多并不是这时才有，过去已经产生。

(2) 行会组织名称

行会组织在宋以后就已经产生，但是还是初期的手工业组织形态，其组织作用并不重要，其主要作用是供政府指挥，受政府制约。但是发展到明代以后，行会组织是手工业调整内部关系的基本组织形式。

明人田汝成《西湖游览志余》引《辍耕录》所记,“乃今三百六十行,各有市语,不相通用。仓猝聆之,竟不知为何等语”。

又如元人关汉卿《金线池》第一折:“我想一百二十行,门门都好着衣吃饭。”乔孟符《扬州梦》一折:“列一百二十行,经商财货。”

到了清代,行会组织形式非常发达,不但各行各业都有,而且组织完备,其基本形式有三种:一、行,二、帮,三、会。

行、同行:“外处同行来此合伙开店者……”(长沙,靴帽店条规,道光年间)

内行、外行:“一议内行不准与外行隐瞒合伙,查明公同,议革。”(长沙,裱店条规,道光三十年十二月)

行规:“一议自议规之后,如有滥废行规,被我等查实者,务必传公议罚,不得二人抵实一人以成恨怨。”(长沙,明瓦店条规,道光十一年)

行头:或名呈头。“按苏州府长洲、元和、吴县三县丝织业的机户和机匠以圆妙观机房殿俗称祖师殿为行会会馆。并立有行头名色,康熙十二年革除后,复改行头为呈头。”(孙珮《苏州织造局志》卷一一)

帮、入帮:“一议外行入帮,均要学习三载,香钱、酒席诸照旧章,如未学习手艺者,均不许入帮。”(长沙,明瓦店条规,道光十一年)

入帮钱(又作帮费钱):“一议外来客师,公议入帮钱一串五百文……倘有半月内不入帮费钱者,议罚。”(长沙,香店条规,嘉庆年间)

本帮、外帮:“一议本省客师以及本帮在外帮学习者……”(长沙,靴帽店条规,道光年间)

帮贸:“一议外来客师,遵照宪断,责重首士查明来历,方可帮贸,同行不得卡阻。”(益阳,烟匠条规)

帮作：即入帮，入加帮的组织。“一外来客师新到帮作者，出钱六串文上行。”（长沙，京刀店条规，乾隆三十一年）“帮作”又作“帮琢”。“一未经星沙学习来此帮琢者，入会银二两，违者议罚。”（长沙，戥店条规，乾隆五十八年）

会、会钱：“一议凡本城新开木店，出入会钱六百四十文。”（长沙，木行条规，道光三十年）

会银：“一新开店者，入会银二十两，演戏一台，备席请同行……”（长沙，戥店条规，乾隆五十八年）

从以上这些词中，可以看出，行会有很大的权力，干涉店铺开业，肯定工匠工作地位，有共同遵守的“行规”，以及成员参加组织要缴纳“会银”或“入帮钱”。

行会的集会场所的名称：

会馆：“京师瓦木工人，多京东之深、蓟州人……凡属工徒，皆有会馆……”（枝巢子《旧京琐记》）“锡箔出陈村，为工数百人，设会馆。”（冯奉初等：《咸丰顺德县志》卷三）

公所：“剞劂公所，在教场南，清乾隆四年刻字同业公建。”（曹允源等：《吴县志》卷三〇）

公会：“袜业公会，[在]大郭家巷，清乾隆始[建]，黄陂业一界集合之公所”，此名称不常见。（吕复东等《夏口县志》卷五）

书院：“窑户陶成、陶庆二会，创有书院，曰景仰书院。”（龚钺《景德镇陶歌》）

“会馆”“公所”为普遍，而“公会”“书院”不常见。

（3）商业繁荣方面的名称

手工业发展，大量的商品要求进行交换，于是随之而来的是，交通事业，市场扩大，新兴城市兴起，这些都是彼此互为影响，互为准备。如元代，海运已经积累一定经验，这为以后的手工业发展创造了条件。《大元海运记》下附有云：

潮汛　前月起水二十五,二十八日是大汛至。次日初五是下岸,潮汛不曾差今古。次月初十是起水,十三大汛必然理。二十还逢下岸潮,只隔七日循环尔。

风信　春后雪花落不止,四个月日有风水,二月十八潘婆飓,三月十八一般起,四月十八打麻风,六月十九彭祖忌,秋前……

观象　日落生耳于南北,必起风雨莫疑惑。落日犹如糖饼红,无雨必须忌风伯。日没观色如胭脂,三日之中风作厄,若还接日有乌云,隔日必然风雨逼。风云接日却露白,晴明天象便分得……

以上见李剑农《宋元明经济史稿》,页一一七,所记《大元海运记》下之附条。

随着各地商品的交流,虽然仍旧存在着不平衡的现象,但总的看来,从明嘉靖以后,各地土特产的交流是频繁的,国内经济联系迅速加强。江南小市镇兴起有如雨后春笋,扩大许多地名。兹以苏州府吴江县小市镇的兴起为例:

双杨市　在十一都。"明初居民止数十家,以村名。嘉靖间始称为市。民至三百余家,自成市井。"

严墓市　在十七都。"明初以村名,时已有邸肆,而居民止百余家,嘉靖间倍之。货物颇多,乃称为市。"

梅堰市　在十九都。"明初以村名。嘉靖间居民五百余家,自成市井,乃称为市。"

盛泽镇　在二十都。"……明初以村名,居民止五六十家,嘉靖间倍之。以绫绸为业,始称为市。"

庉村市　在二十七都。"明初以村名,有前后二村。嘉靖间始称为市。时居民数百家,铁工过半。"

以上见《乾隆震泽县志》卷四“镇市村”、《乾隆吴江县志》卷四“镇市村”。

随着城市兴起，手工业专业化，在构词上出现了一个值得注意的现象，这就是在一些产品的命名时，常以出产或生产地名，或以制作店号，或以生产者作为构词的词根或名称。如：

潞绸：山西潞安是为当时北中国丝织业中心，这里出产的潞绸，名闻中外，据《潞安府志》载“在昔（明）全盛时，其登机鸣杼者奚啻数千家”。（《顺治潞安府志・卷一地理・气候物产》）

湖丝：湖州是产丝中心。《西吴里语》说“合群俱有而独盛于归安，湖丝虽遍天下……”（宋雷《西吴里语》卷三）

湖笔：《归安县志》：“湖州府土产笔，元时冯应科、陆文宝善制笔，其乡习而精之，故湖笔名于世，其地名善琏村，属归安。”《乌程县志》：“湖笔著名时，制有兰蕊为最胜，乌程界内所造，皆自善琏徙居之人也。”（《辞源》）

湖绉：丝织物，有花素二种，以产于湖州得名，绉本绉襞之义，今平面者，亦通称之，而转名有绉纹者为鸡皮绉，近吴县及盛泽等处，仿织甚盛。“湖绉起于明时……”（李堂等《乾隆湖州府志》卷四一，页二四至二五）

顾绣：①“绣作：精细雅洁，称苏州绣，顾姓妇人，故名顾绣。”（习寯等《乾隆苏州府志》卷一二，页十七）

②“顾氏露香园组绣之巧，写生如画……”（谈起行、叶承《乾隆上海县志》卷一，页二三）“顾绣衣裙，露香园遗制……”“顾绣画幅，亦有人物山水花鸟各项色样。”（同上书，卷五，页六九）

③“顾绣，仿上海顾氏露香园制，今郡城内外人多习之。”（陆锡熊等《乾隆娄县志》卷一一，页九）

仰家扇：“折叠扇，康熙间有制之，最工者曰仰家扇，今江宁犹传其法。”（姚鼐《嘉庆江宁府志》卷一一，页八）

皮作坊：南京地名。因皮业集中之地，故以此作为地名。“评事街亦名皮作坊，见《金陵世纪》。今由打钉巷抵七家湾，攻皮者比户而居……而转东一巷，名曰皮场，盖亦皮作场之所。”(甘熙《白下琐言》卷六，页六)

故衣廊：南京地名。至今未变。“在北门桥之南，其地多故衣铺，为旌德(安徽)人裁缝聚集之所。”(甘熙《白下琐言》卷六，页三)

此外南京有类似以行业为地名的有“铜作坊”“铁作坊”“银作坊”“弓箭坊”“颜料坊”“剪子巷”“绫庄巷”“绒庄巷”“木料市”，这些至今还是这样称呼。

楚胜桥：苏州地名。“雨伞，《吴门表隐》：谓以业名地者，有做伞桥，业此者聚族而居。按今讹之为楚胜桥。”(曹允源等《吴县志》卷五一)

木梳巷：苏州地方。“木梳，以黄杨木者佳，枣树者次之，苏城旧有木梳巷名，业此者居之。”(同上)

歙砚：“砚石出婺之龙尾山，而曰歙砚，以婺固古歙州地也。”(江登云、江绍莲《橙阳散志》卷末，页四二、四三。按此乾隆中叶纪事)

广漆：“广中产漆，售行他省，皆称广漆。粤中工人制造几匣器皿，无不精雅，髹器中磨砑最细者，退光为上。”(李调元《南越笔记》卷一三)

乌江面：“乌江面，乌江关岸上一民家制面，博如大韭叶，味绝佳，两岸多有学制者，皆不及也，以地称乌江面，市者以为珍馈云。”(郑珍等《道光遵义府志》卷一七)

湖绸：“湖绸，散丝而织曰水绸，纺丝而织曰纺绸。”(李堂等《乾隆湖州府志》卷四一)

贵州绸、遵义绸：“自他省言曰贵州绸。自黔言，曰遵义绸。自遵义言，佳者曰府绸……”(吴振棫《黔语》卷下)

粤纱："粤纱，金陵、苏、杭皆不及，然亦用吴丝……"（沈廷芳等《乾隆广州府志》卷四八）

万寿绸："万寿绸，出合肥机房，在万寿寺左右，故名。"（黄之隽等《乾隆江南通志》卷八六）

此外还有很多，如芜湖米、绍兴酒、高邮蛋、莱阳梨、闽笋、松江青、孝感布、吉阳布等等，不一一列举。

这些词充分反映了手工业繁荣，社会市场不断扩大，许多工业中心城市也逐渐形成，它们已经在比较集中的生产某几种产品或某一种产品，这种商品经济的发展直接影响了语言词汇。在农业方面也是这样，随工业城市繁荣，社会分工不断发展，农产品是越来越多向商品化发展，不少人已不只是把消费剩余的产品变为商品，而是有意识在为市场生产可获厚利的商品。这些词的产生与当时社会直接有关。

（四）词汇反映社会历史事件

1. 反映太平天国运动的词汇

太平天国根据拜上帝教的平等思想，于建国初期宣布过废除私有财产制度的政策。

从太平天国所创造的新词来看，常常以"太平""天""礼拜""圣""主"作为构词成分，这反映了太平天国的宗教思想。

从天朝田亩制度的"尚尚田""尚中田……"这些词的产生，说明了太平天国废除了地主阶级土地占有制，按人口和土地等级平分的"无处不公平"的思想。这些词产生的社会根源，也是随着土地所有制的改变，土地的命名不是以所有方面分类，而是以土地质量来命名，这是土地分配的需要而产生的。

从反映赋税制度的词来看，第一是词数不多，说明当时税的种类少,没有苛捐杂税。其次如“特捐”和“进贡”两词,也反映了对待地主和对待劳动人民的鲜明态度。“特捐”是对地主阶级施用,含有抑制豪强的社会意义,而“进贡”则是人民自愿的捐献。

从反映供给制度的词来看,如“礼拜钱”是太平天国的供给制度,按等级不同,并非是薪给制度,近似副食费。“小菜钱”也是一种供给制度,它的意义不等于一般日常买菜的钱,它也是一种分配制度。买菜钱不因官兵而分等级,可知食用时平等分享。反映了太平天国的特殊供给制度。

从“营”和“典”的构词来看,“营”是社会组织,也是军队编制,如“诸匠营”是国营手工业机关,也是生活组织机构,两者合一的组织单位。

“典”是典守主管之意,从词汇内所包括的范围,服务对象有朝内典官和军中典官。朝内典官包括办理整个政府事务和为天王、诸王等服务的。总之,太平天国的整个社会组织,是以“营”和“典”来概括的。“营”是社会组织单位,“典”是社会管理单位。

从教育的词汇来看,“礼拜堂”又是学校又是教堂。又如教学课本是“圣书”“诏旨书”,这些反映出太平天国教育制度是宗教、教育、政治三者密切结合的。

从“公举”这些词反映了太平天国管理制度的民主。

(1) 权利与义务的名称

权利方面:供给制度就是最主要的部分。

国库:国库制度建筑在人无私财的原则之上,它是财务机关,一切财物供国库,但同时也是供给生活待遇的机关,如征粮、征税、生产物资、供应军需。除国库以外,还有“公库”和“圣库”。

礼拜钱:太平天国的供给制度它不是薪给制度,它是分给官兵的,礼拜钱不仅官兵多寡有不同,官之中也按级有多寡,兵之中牌尾得少于牌面。

买菜钱：副食费除礼拜钱外，又有买菜钱，是规定可领的。

义务方面：其中最主要的是赋税制度的名称。

田赋有：

地丁银：征收时分上下两忙，如《皖樵纪实》说咸丰七年，"贼勒征上忙地丁银""勒征下忙地丁银"。

花名册：征收事务由乡官主办，是征收登记簿。《海虞贼乱志》说"出为示，着旅帅、卒长按田造花名册"。

商业税有：

关税：是指在商埠及其他水陆要冲对于往来货物所征的税，就是货物通税。《汇纂》"贼粮"篇"关榷交易"章说"其龙江关则专设提中关为官一人，职同指挥；九江关则以伪九江郡总制陈作霖兼收关税"。《金陵杂记》说天京附近"设关卡三道，以防偷漏，其名为伪天朝提中关、提头关、提下关"。

执照，由单、商凭、印照、卡凭、店凭等：商店必须缴营业税（原名叫什么，已不可考）除缴营业税以外，就是必须领取营业许可证。《海虞贼乱志》说"开张者领店凭"。

船钞：是以船本身为征课对象的税。《汇纂》称"船料"，《劫余杂识》称"船捐"，凡设有关税机构的地方，船钞归关税机构征收，其他各地由征收营业税的机构兼收。

杂捐有：

门牌捐：领用门牌，须缴捐费。

丁口捐：《劫余杂识》："常赋正捐外，有门牌捐、船捐、丁口捐、丝车捐诸名目。"

店捐：《海虞贼乱志》有"起……店捐"一语。此店捐，很可能就是商店营业税。

房捐：《海虞贼乱志》有"起房捐"。《吴江庚辛纪事》有"收房捐"的话。

火药捐：又称“红粉钱”,《花溪日记》说:“又逼全州火药捐五千余银。”《海虞贼乱志》说:“每亩折办红粉钱七十文。”太平天国称火药为“红粉”。

大捐：是对地主阶级的一种临时捐派,在财政项目之外,含有抑制豪强的社会政策意义。《越州纪略》:“曩称富人,重为刻剥,名曰大捐,千金万金亦不等。不受者,械系之。”《难中记》说在杭州一带“趁缫丝刈麦之际,迫各乡官按户勒索,名曰写大捐”。

进贡：太平天国在克复一个地区后,有收受人民捐献以裕军用的办法,称为“进贡”。贡额不限多少,一般由人民量力自定,物品也不限种类,凡金、银、钱、米、鸡、鸭、鱼、猪、本地土产以及其他生活所需都可充贡。每地只于克复之初举办一次。顾深《虎穴生还记》“立乡官,出示安民,各村进贡后,给一小令旗,扯于树梢,名曰安民旗,又曰进贡旗”。陈徽言《武昌纪事》说“贼僭设伪进贡公所,使民间进贡,凡金、银、钱、米、鸡、鸭、茶叶皆可充贡。且云进贡者仍各归本业,盖进贡与拜上异,拜上则为兵,进贡者依然为民也。于是人争趋之。时城中钱米富有者无几,皆捧盘米,上压百钱或千钱;惟典商及素封之家,有贡黄金多至数百两,贡银铤累置案上,前后使四人舁之者”。

从以上这些词可以看出,太平天国的供给制度是人无私财,一切财物归国库,这原是国库制度规定,事实上国库制度虽然是建筑在人无私财的原则上,但也允许私有少数银钱,但限额极低。大体上也近于平等。

在义务方面：太平天国的税赋种类是比清代少得多,是非常轻的,税法也比较良好。

最值得注意的是大捐和进贡这两项,“大捐”是对地主阶级是采取强制,“不受者,械系之”。而“进贡”则是采取不论什么,不论多少,量力自愿捐献的。从这里也可看出太平天国运动的革命性和人民性。

(2) 乡官制度和社会成员的名称

编制——伍、两、卒、旅、师、军。

乡官制度,设:伍长、两司马、百长、旅长、师帅、军帅、卒长。

伍长的军制有:刚强、勇敢、雄猛、果毅、威武。

公举:是乡官任免办法,乡官以由地方人民公举产生为原则。

保举:《天朝田亩制度》规定:"民能遵条命及力农者则为贤为良,或举或赏……凡天下每岁一举,以补诸之缺。"

社会人员:乡兵。

天王:最高统治者。

天将:主将、朝将等。

妖:太平天国是反民族压迫和阶级压迫的斗争。革命基本群众是穷苦农民。他们斗争的主要对象对内是清朝统治阶级,包括官僚和地主,对他们态度上稍有区别,对清朝贵族和官僚统称为妖,以严厉镇压为原则。

藏妖:"于官幕吏胥避居家属及阀阅之家,其抄愈甚,且杀人而焚其庐,并追究收留之家,谓之藏妖,亦焚杀之。"(《汇纂》卷十"虏劫")

(3) 教育制度和考试制度的名称

礼拜堂:即学校,平时作学校,礼拜日作礼拜。成人教育与宣传宗教相结合,谓之"做礼拜"。

圣书:分两种:一是旧遗朝圣书,即《旧约》;一是新遗诏圣书,即《新约》。是宣传宗教的圣经,也是学校教育的教材。

诏旨书:即《真命诏旨书》,又作《天命诏制书》,是学校教材。内收癸子三年正月以前天父天兄下凡指旨和天王诏旨多件,教人敬奉上帝、耶稣,拥护天王、服从领导,遵守严格的军事纪律、发扬勇往直前的战斗精神。

童子：照字义讲应为男孩，但太平天国主张男女平等，《三字经》中屡称小孩子，《幼学》中有《姊道》《妹道》《嫂道》《婶道》《女道》等诗，所以童子包括女孩。确切地说，童子是施教对象，小学生。

从以上这些词中，也反映了当时的教育制度是教育与宗教、政治相结合的。

(4) 社会组织和生活制度的名称

太平天国废除私有财产制度的理想虽未实现，却在天京城内没收财产，实施一种特殊形式的社会组织和生活制度，这是一种军事共产主义性质的制度，而以农民小生产者的幻想为基础的。

营：这名称是军事编制上名称，因为太平天国社会编制也是按照军事编制的形式来编制的，故亦称“营”。

诸匠营：是国营手工业机关，包括木营、织营、金匠营、金靴营、镌刻营、绣锦营等六种。

女绣锦营：太平天国初期严立男女之别，除诸王得夫妇同居并于王府中设有女官外，其余自侯以下全体官兵虽夫妇亦不得聚首。所以诸匠营和各种典官机关的人员都是男子，没有女子参加的。牌尾馆也是男子为限，不收容女子。女子另立绣锦营，分别工作。

女绣锦营由善女红的女子组成，“置指挥以下官领之”，“制造金彩冠服之工”。

女营：天京女子除为女官、女使和编入女绣锦营以外，一概编入女营。老弱残废的女子一并编入女营，不另设女牌尾馆。

牌尾馆：牌尾是牌面的对称，牌面是壮丁，牌尾就是老小。《金陵癸申纪事略》：“凡男子十六岁至五十岁谓之牌面，余为牌尾”。“牌尾馆”又称作“老人馆”或“老民残废馆”。《向荣奏稿》卷四“贼又设老人馆，凡须白者居之”。

典：“典”即典守主管之意，其机关叫衙。

典官分朝内典官与军中典官二类。朝内典官又可分为二类：一类是专为天王、诸王、侯、丞相、检点、指挥等服务的；一类是办理整个政府事务的。

办理采办、保管、收发的典官有：

典圣库、典圣粮、典油盐、典买办等。

办理物品出产和收发工作的有：

典茶心、典旗帜、典铜匠、典红粉等。

办理文书医学及其他职务的有：

典簿书、典危急、典诏命、典罪囚等。

2. 反映鸦片战争后重大事件的词汇

这一时期的历史事件特别多，自第一次鸦片战争以后，中国开始走上半殖民地半封建的社会，帝国主义侵略使中国套上了一连串的不平等条约，中国人民也从此担负起反对资本主义侵略和封建压迫的双重任务。

(1) 帝国主义侵略和清季屈辱方面的词汇。

鸦片战争	马关条约
南京条约	中俄条约
虎门条约	辛丑条约
望厦条约	英法联军
天津条约	赔款
江华条约	借款
烟台条约	割让
天津教案	海关
川省教案	外债
芜湖教案	洋枪队
租借地	庚子赔款

势力范围	入超
租界	自由贸易
瓜分	议和
最惠国	公使
八国联军	港澳
领事馆	顾问
大使	亲善
领事裁判权	调停
总税务司	传道
通商口岸	出品
五口通商	利润
原料	市场
二十一条	塘沽协定
出超	

(2) 中国人民反抗和民族资产阶级革命方面的词汇。

三元里	黑旗军
太平天国	护国战争
金田起义	哥老会
捻军	苗教
辛亥革命	民报
光复会	华兴会
武昌起义	护法运动
同盟会	扶清灭洋
义和团(义和拳)	朱红灯
平英团	升平学社

(3) 资产阶级改良运动和清朝官僚反抗方面的词汇。

禁烟运动	上海广方言馆

焚烟	变法
洋务运动	康梁
维新运动	时务报
百日维新	强学会
招商局	戊戌变法
江南制造局	出洋
电报	留学
同文馆	北洋舰队

二、北方话词汇的发展

（一）北方话词汇发展的政治原因

语言的发展，与社会的发展有着密切的不可分割的联系，而这个联系最显著的是表现在语言的词汇上面，如我们前面所说的那样。汉语词汇发展到近古这一阶段，它不仅在内容上反映了当时的时代风貌，而且还出现了一种非常值得我们注意的现象，这就是北方话词汇的发展。北方话词汇的发展直接地影响着现代汉语，我们知道，现代汉语普通话是以北方方言为基础方言的，追溯其历史原因，是由于近古北方话词汇的发展所决定的。

近古北方话词汇的发展，原因很多，在本节里我们先谈它发展的政治原因，其他方面的原因，我们将在下面各节里详细地谈。

大家都知道，汉族有着悠久的历史和光辉的文化传统，而北方却始终是汉族的政治和文化的中心，历代帝王的都城大多都建立在北方，这对汉语的发展，无疑是有着巨大的影响的。从十三世纪元朝开始建都北京以来，这种影响就愈来愈大，以北京话为代表的北方方言迅速地发展起来了，并且逐渐地形成了一种通行全国的“官话”。官话的流行，对于北方话词汇的发展起着很大的作用。

苏联已故汉学家康拉德在《论汉语》这本小册子里，对官话的流行曾作了这样的描述：

> 当然，首都北京的知识分子和官吏阶层曾经使用官话；可以简单地说是官吏阶层，因为在一九一一年革命前的封建中国，绝大多数的知识分子是做官的。这个官吏阶层是由小土地所有者阶层的代表构成，他们往往只拥有小块土地，而在庞大的遍布全国的统治机构里服务。官吏阶层当时是由全国各地——从北京到云南，从上海到成都——出身的人形成的。就其组成来说，这个阶层可以说是全国性的。各地出身的人在家乡是地方方言的使用者，但经过了同样的长期的教育、官吏训练和在北京举行的科举考试，他们也习惯了北京话，而北京话又代替了他们的家乡话。后来他们把北京话传播到中国各角落——作为他们自己惯用的语言，作为衙门的语言，也作为跟居民交际的语言。这样一来，官话已经不是一个社会集团的习惯语，而是真正的全国口语。这点决不意味着一种社会集团语在人民群众的语言习惯中的推广，如有人可能想象的那样；恰恰相反，它意味着一种地方方言（北京话）在范围广大的共同的使用过程中的胜利。官吏阶层并不创造全国语言，只是促成它的传播而已。因此可以明白，为什么在北方（如在沈阳）和在遥远的南方（如在云南）都可能碰到北京官话。

这里很清楚地说明了北京官话的流行是与政治中心的势力相联系着的。我们还可以猜想，这些官吏阶层的人在讲北方话的时候，一方面固然是用北方语音，另一方面，恐怕更多的是使用着北方话的词汇。因此北方话词汇随着官话的传播，也渗入到全国的各角落，逐渐为各地的人所了解，甚至使用，这样就使得北方话词汇比较其他方言的词汇具有更大的普遍性。北方话词汇能够这样的发展起来，而其他方言的词汇却不能够，这是因为北方话词汇的发展有着其他方言词汇所不具备的政治、文化方面的有利条件。

(二) 北方话词汇发展的语言文学原因

1. 唐宋以来口语词汇发展的巨大影响

近古时期,汉语的发展显然是有两股潮流:一股是前节所说的以北京话为代表的北方官话的流行;另一股是白话文的产生和发展。我们知道,白话文是当时比较地接近人民口头语言的一种书面语言,它在中古的时候已经产生,到中古末期,即到宋朝这种白话文已经相当地成熟了,"话本"的出现就是很好的证明。唐宋以来发展起来的这股白话文的潮流,对北方话词汇的发展也有着极巨大的影响。白话文的特点,最显明的是表现在对口语词汇的运用上,很多口语词汇中的词进入到书面语言中去了,这使得白话文同旧的书面语言(即所谓"文言文")对立起来,同时也使得口语词汇得到大大的发展。白话文的方言基础,大多都是北方话,因此北方话口语词汇便大量地进入书面语言,依靠着书面语言的流传而获得了广泛的传播。许多原来只有北方人懂得的北方话中的口语词,由于在书面语言中经常出现,并且流传到非北方地区去,逐渐地也为非北方地区的人所了解,这样,这些北方话中的口语词慢慢地就渗入到非北方话的区域里去了。

2. 元曲对北方话词汇的大量运用

上面说过,北方话词汇的发展与接近口语的白话作品的产生和流传是联系在一起的,在近古这一段时期里,我们先来看看元代的情况。在元代用白话来写的作品,最主要的那就是当时极为盛行的元曲,而在元曲中间,绝大多数又是北曲,它的方言基础是北方话,因此在元曲里大量运用了北方话词汇。现在我们试以下面两个方面为例，就可以看出北方话词汇在当时的书面语言里面广泛使用的一般情况。

首先是在通常事物的名称方面，很多北方话的词进入了书面语：

“合酪”，一作“合落”，又作“饸饹”，是荞麦面制成汤饼类的食品。（《元剧俗语方言例释》）

你若说实情呵！我可便买与你个合酪吃。（《元曲选·勘头巾》）

等他每来家，教他敷衍与我听，我请他吃分合落儿。（《元曲选·西天取经》）

添换上，是荞麦面的饸饹。（《雍熙乐府》）

“瓦罐”，乞丐手里所拿的东西。（《元剧俗语方言例释》）

投奔我的，都是那矜爷害娘、冻妻饿子、折屋卖田、提瓦罐爻槌运。（《元曲选·金线池》）

你把那摇槌来悬，瓦罐来擎。绕间檐，乞残剩。（《元曲选·东堂老》）

你若提著一个瓦罐还家来，我可也怨不得你。（《元曲选·破窑记》）

只弄得水尽鹅飞不气长，少不得提瓦罐街头唱。（《雍熙乐府》）

“烧刀子”，即是烧酒。

叫张千去买一壶烧刀子与你吃咱。（《元曲选·救孝子》）

“门程”,即门槛。(《元剧俗语方言例释》)

那厮可便舒著腿挺,权着门程。(《元曲选·绯衣梦》)

坐着门程,披着头梢。将小名儿唤,马杓儿敲。(《元曲选·桃花女》)

每日懒出门程,绣房里坐。(《元曲选·对玉梳》)

“哨子”,一作“哨厮”,即流氓,地棍。(《元剧俗语方言例释》)

泰安神州谎子极多,哨子极广,怎生得一个护臂跟随将我去方可。(《元曲选·黑旋风》)

甚么刘安住!这里哨子每极多,见咱有些家私,假做刘安住来认俺。(《元曲选·合同文字》)

只怕有那杀风景的哨厮每排捏呵!(《元曲选·百花亭》)

“酒务儿”,即酒馆。

大嫂,俺到那酒务儿里避雪去来。(《元曲选·看钱奴》)

自家是个卖酒的。在这郑州城十里铺上,开着个酒务儿。(《元曲选·灰阑记》)

远远望见一个酒务儿,且到那里避一避风雪。(《元曲选·生金阁》)

在下店小二的便是。在这上蔡县北关外十里店,开著个小酒务儿。(《元曲选·盆儿鬼》)

上面所举的这些例子,如“合酪”“瓦罐”“烧刀子”“门程”“哨子”“酒务儿”都是当时北方的口语,在以前的书面语里很少见到,或者是根本不用的，可是在元曲里，象这样一类的例子是屡见不鲜的，可以说是不胜枚举。也有一些进入书面语言之后，便广泛地流传开来，逐渐地为各地的人所了解，获得了很大的普遍性，并且一直沿用到现在，成为现代汉语词汇中的词了。如：

师父，怎生有船无梢公。（《元曲选·度柳翠》）

恰才若不是大哥打散了这火庄家，着小人好生没意思。（《元曲选·伍员吹箫》）

大哥，俺是个穷货郎儿，那得金银财宝来。（《元曲选·盆儿鬼》）

北方人把船家叫做“梢公”，把种田的叫做“庄家”，把做小买卖的叫做“货郎儿”，这几个词在当时，地方色彩是很重的，可是当它们进入了书面语言之后，便巩固下来，发展开来了，渗入到其他的方言区域里面，而获得了普遍的意义。

“收撮” 收束，结束。（见《元剧俗语方言例释》）

若是楚国天臣见了呵！其实难回避，怎收撮！（《元曲选·气英布》）

恼的我无名火怎收撮，泼毛团怎敢张罗！（《元曲选·西天取经》）

“师父你疾来救我，这公事怎好收撮。”（《元曲选·忍字记》）

“定害”，打扰，麻烦。（《元剧俗语方言例释》）

必然见我早晚吃穿衣服，定害他了，因此上恩多怨深。

（《元曲选·合汗衫》）

我每日定害姑姑，多承雅意。（《元曲选·望江亭》）

如今则有俺哥哥那分家私，也吃我定害不过。（《元曲选·冤家债主》）

此处有个员外，姓刘，我数番定害他。（《元曲选·勘头巾》）

“料持”，料理，安排。（《元剧俗语方言例释》）

想是个猪精，我去料持他。（《元曲选·西天取经》）

料持下酒者，今日他敢来见我也！（《西厢记》）

“趔过”，走过。（《元剧俗语方言例释》）

这搭儿休超垛，识吊头打闹里疾趔过。（《元曲选·对玉梳》）

我与你打闹处先趔过，拿笠儿忙盖合。（《元曲选·酷寒亭》）

“停分”，平分。（《元剧俗语方言例释》）

爹爹也全不怕九故十亲笑耻，则待要停分了两下的财礼。（《元曲选·秋胡戏妻》）

若不是死了俺娘亲和父亲，这家私和你匹半停分。（《元曲选·杀狗劝夫》）

要从良便写约无差错，他要家私停分有下梢。（《元曲选·罗李郎》）

“撒和”，喂饲牲口。（《元剧俗语方言例释》）

大的个孩儿，他撒和头口去了。（《元曲选·冻苏秦》）

打了罗又要洗麸，洗了麸又要撒和头口。（《元曲选·来生债》）

头房里下，先撒和那马者！（《西厢记》）

“稍”，送。

兄弟你出路去比不的在家，须小心着意者，有便频频的稍个书信回来，也免的我忧念。（《元曲选·合同文字》）

这些表示动作和行为的词，都是当时的北方口语，它们在以后的发展变化中，有的慢慢地被消亡了，有的则到现在还仍然活在北方的口语中间，例如现在北方人还有把“送”叫做“稍”的。

在这方面，同样也有很多词，由于进入了书面语言便得到了巩固和发展，一直被保留下来成为现代汉语词汇的一部分。例如：

拦截 “我恰待向前些，他把我紧拦截。”（《元曲选·范张鸡黍》）

瞅 “这老子怎么瞅我那一眼，敢是见那个告状的人，我则做不知道。”（《元曲选·陈州粜米》）

打扮 “小姐这个是什么打扮，你当初嫁那富贵的可不好来。”（《元曲选·举案齐眉》）

抱怨 “船便开，倘若有些不测，只不要抱怨我。”（《元曲选·潇湘雨》）

打搅 “长老说那里话，小生连月打搅，感激不尽。”（《元曲选·竹叶舟》）

我们从上面所举出来的两方面的约略情况来看,在元代北方话词汇大量地被运用到书面语言中去的情形下,总是有一部分词被巩固下来和发展开来,突破北方地域的局限性,而渗入到其他方言的区域里去。由此可见,当时盛极一时的元曲,对于北方话词汇的发展确实起着巨大的作用。

3. 明清白话文学的重大影响

白话文从宋元开始产生以来,到明清时期已经是相当成熟了,在这个时候,很多用白话文写的辉煌巨著陆续出现,如施耐庵的《水浒传》、吴承恩的《西游记》、吴敬梓的《儒林外史》和曹雪芹的《红楼梦》,等等。这些作品不仅在文学上有着崇高的地位,就是在语言的运用上也有着巨大的成就。特别值得提出来的是:这些作品都是用北方话来写作的,对北方话的发展,意义非常重大。如果我们从汉语词汇历史发展的角度上来看,近古北方话词汇的发展和逐渐地渗入到其他方言区域里去,很大程度上是由这些作品的流传来决定的。因为这些作品不仅在北方流传,而且也同样在非北方地区流传;本来是北方话中的语词,只有北方人懂得的语词,也由此逐渐地为非北方地区的人所理解,甚至使用。

例如"脑袋"这个词,是北方话中的语词,别地人不大懂得它的意思,可是它在《水浒传》里常常见到,在《红楼梦》里也使用过,于是别地人也就了解了"脑袋"是指"头"。

> 薛霸便提起水火棍来,望着林冲脑袋上劈将来。(《水浒传》八回)
>
> 我也要会会这凤奶奶去,看他是几个脑袋、几只手!(《红楼梦》六十五回)

关于日常生活方面的用词更是如此，我们看下面这样的几个词：

洗漱　天明，武松起来，洗漱罢，众多上户牵一口羖羊，挑一担酒，都在厅前伺候。（《水浒传》二十三回）

"洗澡"，在《水浒传》中用"洗浴"，在《西游记》和《红楼梦》里用"洗澡"。

> 不多时，那个人又和一个汉子两个来，一个提着浴桶，一个提一大桶汤来。看着武松道："请都头洗浴。"武松想道："不要等我洗浴了来下手？我也不怕他，且落得洗一洗。"（《水浒传》二十八回）
>
> 土地道："这怪占了浴池，一日三遭，出来洗澡。如今巳时已过，午时将来哑。"（《西游记》七十二回）
>
> 起来，让我洗澡去。（《红楼梦》三十一回）

盥漱　宝玉命取表来看时，果然针已指到子初二刻了，方从新盥漱，宽衣安歇。（《红楼梦》一十九回）

睡觉　宝玉推他说道："快别睡觉，咱们外头顽去。一会子好吃饭。"（《红楼梦》六十二回）

"洗漱""洗澡""盥漱""睡觉"，这都是日常生活方面的普通用词，可是在各地的方言里，有着各自的名称，也就是说，各地方言在日常生活方面的用词是不同的。"洗漱""洗澡""盥漱""睡觉"是北方话词汇中的词，为什么它会有这样的普遍性，为非北方地区的人所同样地了解和使用呢？这与这些词在白话文巨著中的运用和由此而得到广泛的传播，有着密切的关系。

在平时常用的一般词汇方面，由于书面上的运用，很多词也很快地流传开来了。如：

嘴巴　只见王夫人翻身起来，照金钏儿脸上就打了个嘴巴。（《红楼梦》三十回）

耳刮子　他娘也正为芳官之气未平，又恨春燕不遂他的心，便走上来打了个耳刮子……（《红楼梦》五十九回）

"嘴巴"和"耳刮子"是表示同一概念的两个词，一向在北方话中被常常使用，近古以来，这两个词在非北方话区域里也被使用着。

撒谎　宝玉笑道："你瞧瞧，眼睛上的泪珠儿没干，还撒谎呢。"（《红楼梦》三十二回）

下流　杜少卿笑道："你这匪类！下流无耻极矣！"（《儒林外史》三十二回）湘云沉了脸，说道："下流东西，好生走吧。"（《红楼梦》三十一回）

搭讪　宝玉自知又把话说造次了，当着许多人，比才在黛玉跟前更不好意思，便急回身，又同别人搭讪去了。（《红楼梦》三十回）

操心　为我一个人，娘儿两个天天儿操心！妈妈为我生气，还犹可；要只管叫妹妹为我操心，我更不是人了。（《红楼梦》三十五回）

捣鬼　柳氏听了，笑道："你这个小猴儿精又捣鬼了！你姐姐有什么好地方儿？"（《红楼梦》六十一回）

鬼胎　袭人等怀着鬼胎，又不敢去招惹他，恐他生气。（《红楼梦》九十五回）

粪窖　智深不等他占身，右脚早起，腾的把李四先踢下粪窖里去。张三恰待走，智深左脚早起，两个泼皮都踢在粪窖里挣扎。（《水浒传》七回）

螃蟹　宝钗道："……现在这里的人，从老太太起，连上屋里的人，有多一半都是爱吃螃蟹的。"（《红楼梦》三十七回）

"撒谎""下流""搭讪""操心""捣鬼""鬼胎""粪窖""螃蟹"等，

都是北方话中的常用词，我们在这里只是举例，象这类性质的常用词，当然是很多的，我们没有必要也不可能一一列举出来。这类性质的常用词应该说是北方话词汇中进入书面语言而被广泛流传开来的数量最多的一部分，它们是几乎全部地被保留和继承下来，成为现代汉语词汇中的常用词。

另外，还有很大一部分北方话中的常用词，也同样是几乎全部地被保留和继承到现代汉语的词汇中来了，但是这一部分词在构词上有着显著的特点，即它们是由词根和接合成分“子”“儿”所构成。例如：

碟子　琥珀笑道：“……你们看看，他没吃两个螃蟹，倒喝了一碟子醋了。”（《红楼梦》三十八回）

卓子　说犹未了，武松把刀肐查子插在卓子上，用左手揪住那妇人头髻，右手匹胸提住，把卓子一脚踢倒了，隔卓子把这妇人轻轻地提将过来了，一交放翻在灵床子上，两脚踏住。（《水浒传》二十六回）

鸳鸯等笑着答应了，高声的说道：“这满桌子的腿子，二奶奶只管吃就是了。”（《红楼梦》三十八回）

茄子　刘老老笑道：“别哄我了。茄子跑出这个味儿来了，我们也不用种粮食，只种茄子了。”（《红楼梦》四十一回）

傻子　凤姐……连忙赔笑说道：“太太这话说得极是。我能活了多大？知道什么轻重？想来父母跟前，别说一个丫头，就是那么大的一个活宝贝，不给老爷给谁？背地里的话，那里信的？——我竟是个傻子。……”（《红楼梦》四十六回）

乱子　他也不过怕事情不密，大家闹出乱子来不好看。（《红楼梦》九十一回）

凳子　且说鲁达寻思，恐怕店小二赶去拦截他，且向店里掇条凳子，坐了两个时辰。（《水浒传》三回）

盹儿　袭人便说:“告诉不得你。昨日夜里热闹非常。连往日老太太、太太带着众人玩,也不及昨儿这一玩。一坛酒,我们都鼓捣光了。一个个喝的把臊都丢了,又都唱起来。四更多天,才横三竖四的打了一个盹儿。”(《红楼梦》六十三回)

由词根和接合成分构成新词,是近古北方话词汇本身发展和丰富起来的主要现象之一。这种构词方法一经书面语言的纪录,便巩固下来,成为北方话词汇发展的一个重要趋势。

上面所举的这些例子,仅是北方话词汇进入书面语言而广泛地流传开来的一部分,它们在发展过程中逐渐地渗入了其他方言区,获得了普遍性,同时它们也被保留和继承下来,成为现代汉语词汇中的重要的一部分。至于当时进入书面语,但在流传过程中没有发展开来的其他很多北方话词汇中的词,即是普遍性不大,仍然局限在北方区域的那些词,我们就不谈了。

在这里,我们还要指出,白话文到晚清时期一直是在不断的发展着和壮大着,逐渐地有代替旧的书面语言——文言文的趋向,所以在五四时期就不可避免的要有一场大论战。当然,五四时期白话和文言的论战,主要的是代表着两种思想、两种势力,即先进思想、进步势力和封建思想、反动势力之间的斗争;而从白话文本身的发展来看,这一场论战、这一次斗争也是必然要发生的。

经过五四时期的这次斗争,“一方面,‘白话文运动’使一向只使用在所谓通俗文学上的白话取得了使用于一切场合的文学语言的地位;另一方面,‘国语运动’又给予以北京话为代表的北方话一种民族共同语的地位。二者相结合,我们就获得了在书面形式和口头形式两方面都有了相当的规范的统一的文学语言,打开了早先的言文不一致和方言并立的局面”(罗常培《略论汉语的规范化》,《中国语文》1955 年 10 月)。由此可见,近古时期白话文的发展和官话的流行,以及后来它们两者的相结合,是直接地影响着现代汉语,并且决定了现代汉语普通话是以北方话为基础方言,以北京语音为标准音,因为这是符合汉语的实际情况和历史发展的。

4. 各地方言的影响

近古北方话词汇的发展,除了前面所说的依靠官话的传播和白话文的流传而渗入到其他方言的区域里面去以外,还体现在北方话词汇也吸收其他方言中的词这一点上面。其他方言中的怎样会进入到北方话词汇中去的呢?这个问题我们仍要联系到官话的传播和白话文的流传上面来进行观察。

我们在第一节中,在说明官话的传播时,曾引述了苏联已故汉学家康拉德的一段话,指出当时的官吏阶层在传播方面的巨大作用,而官吏阶层来自全国各地,官话虽然已经是他们的惯用语,但是他们讲的终究不是道地的北方话,我们可以肯定地说,这些官吏阶层的人在讲北方官话的时候,里面一定还夹杂着很多的他自己家乡话中的语词,这样长久地下去,很自然地会有一部分语词进入到北方话词汇中去,为北方话词汇所吸收。这是就官话的传播方面说。那么别地方言为北方话词汇所吸收与白话文的流传又有什么关系呢?我们知道,白话文的作者中间,有很多并不是北方人,他们在写作的时候,固然基本上是用北方话来写,但是也不可避免的会有自己的方言中的词跑到作品里去而流传开来,为北方话词汇所吸收。

我们下面举几个吴方言中的词为北方话词汇所吸收的例子来看看:

面皮

你昨日打我这一顿,亏你有甚么面皮又来见我?(《元曲选·虎头牌》)

鲁智深喝道:"……且看兄弟面皮,饶你两个性命。"(《水浒传》九回)

只见管营叫唤林冲到点视厅上,说道:"你来这里许多时,柴大官人面皮不曾抬举的你。"(《水浒传》十回)

众人都不喜欢,以此周进安身不牢;因是碍着夏总甲的面皮,不好辞他,将就混了一年。(《儒林外史》二回)

尴尬,或作"尲尬""尷尬"

这些时春山感损蛾眉淡,好是忒尲尬。(《词林摘艳》)

……李小二应了,自了门首叫老婆道:"大姐,这两个人来的不尷尬。"老婆道:"怎么的不尷尬?"(《水浒传》十回)

杨志道:"你这般说话却似放屁。前日行的须是好地面,如今是尴尬去处。若不日里赶过去,谁敢五更半夜走。"(《水浒传》十六回)

陈木南回到下处,心里想道:"这事不尴尬!长随又走了,虔婆家又走不进他的门,银子又用的精光,还剩了一屁股两肋巴的债,不如卷了行李,往福建去罢!"(《儒林外史》五十四回)

尴尬人难免尴尬事,鸳鸯女誓绝鸳鸯偶。(《红楼梦》四十六回回目)

促掐,又作"促恰"

我打你个促掐的弟子孩儿!酾这么滚汤般热酒来烫我!(《元曲选·生金阁》)

师父,你既肯度脱弟子成仙了道,怎生又要把我掉在大江之中,险丧性命,你好促掐也!(《元曲选·竹叶舟》)

桃花女！桃花女！你好促恰也！（《元曲选·桃花女》）

黄文烨听的说时，只在背后骂说道："又做这等促掐短命的事！"（《水浒传》四十一回）

物事

哎，村物事；泼东西！怎到的那里。（《元曲选·岳阳楼》）

只见那一个军官模样的人，去伴当怀里，取出一帕子物事，递与管营和差拨。（《水浒传》十回）

滥泥浆

脚底下踹着滑滑擦擦滥泥浆。（《元曲选·货郎担》）

面熟

莫不你两个有些儿曾面熟。（《元曲选·鲁斋郎》）

有伏路小校，前来报说："有个胡须将军，匹马单鞭，要见元帅。"……关胜道："与我唤来。"没多时，来到帐中，拜见关胜。关胜看了，有些面熟。（《水浒传》六十四回）

从这里，很可以看出北方话词汇的丰富与发展，是和吸收其他方言中的词分不开的。

三、外来词的发展

从元代开始到五四运动为止，这一历史阶段的汉民族语言中的外来词，依照这些词汇进入汉语的不同时间和不同的来源，大致上可以分成以下四个历史时期。

1. 第一个历史时期：从元朝建立到元代覆亡为止。事实上在元代以前，汉人和蒙古人的接触已有很长的一段历史，当然汉语不可能不受蒙古语的影响；在元朝灭亡以后，汉民族和蒙古族的接触更频繁一些，一部分蒙古人已被汉人同化，一部分蒙古人作为我们中国的少数民族而存在，汉语和蒙古语的交往，自然不会随着元朝的灭亡而终止。虽然，元代以前和元代以后都有蒙古语的外来语不断进入汉语词汇，但比起蒙古人入侵到元朝覆亡这一历史时期，在数量方面是小得多，所以我们研究汉语中的蒙古语来源的外来词时应以元代为基本时期。以元代作为汉语词汇中蒙古语来源的外来词的基本时期也是由当时蒙古族统治中国的具体历史条件所决定的。

自从蒙古贵族统治中国建立元朝以后，欧亚各国的文化也通过蒙古人而传来中国。这些文化的传入是由蒙古语作为媒介的，所以汉语外来词中来源于蒙古语的其中有一部分不但汉语词汇中是外来词，就是蒙古语本身也是外来词。

从现代汉语中保存蒙古语来源的外来词能考查的数量不多；

仅“站”“歹”等个别例子。其原因：

（1）蒙古入主中原是以暴力方式来统治中国，对中国人民进行残酷的剥削和压迫，特别是民族压迫，激起中原人民的反抗和愤怒，所以一旦元代统治被推翻后，中原人民由于民族自尊观念，不愿再用蒙古语的外来词，所以随着元代政权的推翻，这些来源于蒙古语的外来词很快就消失了。

（2）元代蒙古语词汇被汉语词汇中吸收的外来词，绝大多数是音译，如“也里可温”“按答奚”等；这些词不论在音读上或者构词上都不符合汉族人民的习惯，它不是用与新词意义相关的词根来构词，而是以汉字纯粹去音译蒙古语词汇，从词的汉字面貌上看不出它的意义来，难认难记，不易为汉族人民所接受。此外，许多三个音节甚至三个音节以上的外来词与汉语词汇发展双音化的趋势是不符合的。这也是这些外来词很快消亡，不为汉语词汇流传下来的原因之一。

（3）元代蒙古民族还处于奴隶制社会末期的游牧性质的社会，他们的生产文化等方面都比封建社会经济有高度发展的中国社会落后得多，因此汉民族向他们学习先进的生产技术和文化艺术等比较少，汉语在这些方面吸收的外来词汇也就比较少。而吸收进汉语词汇里来的一些特殊制度、官阶名称都是些官场内部用语或少数人使用的词汇，广大人民并没有习惯使用，加上元朝统治的历史时间并不长，随着这些词所代事物制度官阶等取消而死亡了。例如“达鲁花赤”是一种地方官的官名，专为异族统治所特有的，随着元朝被推翻，这种官制被根本废除，而代表这个事物概念的词自然不会保存下来。

（4）还有一些蒙古语来源的汉语外来词，被汉语词汇吸收后完全汉语化了，已经和其他汉语的词汇混在一起找不出它外来词的痕迹来了。如果不是详细考证也就无法辨别出它原来是由蒙古语词汇进入汉民族语言词汇的外来词了。如作为交通工具停歇处的“站”,根据近人考证,这是来源于蒙古语词汇的外来词,如果没有近人考证,先从“站”字字面上看是认不出它是外来词的。但是因为文献的局限和考证工作做得不够充分,所以今天这方面的词(被吸收保存在现代汉语里的词)知道的不多。

2. 第二个历史时期:明末利玛窦诸人东来以后到清初康熙年间为止。在明代,西方国家的海盗性势力不断东侵,随之而来的是耶稣会和天主教教士。当时在欧洲宗教改革之后,旧教寻求新的传教区,遂与西方海盗势力结合,向东方发展,利用十字架与袈裟为侵略中国的开路先锋。1581 年(万历九年)耶稣会教士利玛窦至广东肇庆,建教堂传教,利玛窦等人一方面传教,一方面也传授西方科学知识,以取得明朝政府以及一些官僚士大夫的采纳和支持。明朝由于当时社会经济的发展,对西方自然科学是需要的,一些官僚士大夫如徐光启、李之藻等都努力于吸取西方科学,当时传入中国的西方文化包括哲学、艺术与自然科学,其中自然科学占大部分,翻译了大批西方的科学书籍,如明人徐光启与利玛窦合译的《几何原本》中出现了许多平面几何方面的外来词。李之藻的《圜容较义》出现了许多关于圆“内接”“外接”的外来词。徐光启《测量法义》应用了测量方面的新词。物理学教士汤若望著的《泰西水法》、徐光启著的《农政全书》水力专章出现了一些水力机械方面西洋专门术语。王徵与教士邓玉函合译的《远西奇器图说》中出现了一些有关物理学中重心、比重、杠杆、滑车等简单机械构造方面的科学术语。

枪炮铸造技术的输入。明末因为外患紧急,无法对付,对于西洋新式火器的需要是很迫切的。明天启时期,兵部曾召请西方教士来京铸造火器。教士汤若望曾与焦勗合著《则克录》(又名《火攻挈要》),其中对炮台建筑、各种炮身的铸造技术、火药成分、大炮施放方法以及炮兵教练等项皆齐备。我们从明代官手工业增加生产的火器名称上可以知道这些名称都是外来的。例如“佛郎机炮”“佛郎机铜铳”“佛郎机铁铳”“连珠佛郎机炮”……这些词都是从西洋输入的。

3. 第三个历史时期：清兵入关到鸦片战争。1631年(天聪五年)皇太极由于集权制度和奴隶制向封建制的过渡的客观需要，遂仿照明朝封建政制的形式设立了六部。1636年又设立了内阁形式的内三院(国史院、秘书院、弘文院)，是年又改国号为“大清”。“大清”即“金”的音转，为了避免惹起汉族人民对历史上金朝侵略的民族仇恨，故改为清，事实上“清”也是外来的音译。族称满洲，“满洲”也是音译，改元崇德。皇太极由后金汗王进位为大清皇帝。清朝统治267年时间里，汉族人民和满族人民接触很多，满语词也就成为汉语外来词的一个来源。

虽然鸦片战争以后，满洲族对汉族人民的影响很大，不断有外来词吸收，但鸦片战争以后吸收外来词的主流已为西洋语言所替代，所以这一时期基本上确定到鸦片战争为止。

至于满洲语来源的外来词，在现代汉语中保存下来的数量不多，其情形与第一时期蒙古语来源的外来词有类同的地方，所以这里不另作分析。读者可参考第一历史时期的分析。

4. 第四个历史时期：鸦片战争到五四运动前后。这时期吸收了大量的欧洲资产阶级文化名词和日语来源的汉语的外来词，这是这个时期汉语外来词两大主流，其中尤以日语转译的外来词更为突出。在这时期吸收的外来词，无论在数量上或质量上，超过了以往历史上任何时期，是汉语史上任何历史时期都不能比的，而且这类词儿在现代汉语里保留了相当多的数量，成为现代汉语词汇中不可缺少的部分，由于这些新词的吸收，大大丰富了现代汉语的词汇宝库，对中国人民吸收欧洲近代文明、近代科学技术一定程度上起了决定性的作用，对今后汉语发展遗留了极其广泛的影响。

（一）蒙古语对汉语的影响

这一时期的外来词有音译、有意译，有汉语进入蒙古语成为蒙古语外来词，再由蒙古语回到汉语成为汉语外来词；有一个蒙古语词、汉语外来词同时并存音译和意译二个词的形式；有其他国家语词进入蒙古语，再由蒙古语媒介进入汉语词汇成为汉语外来词。有音译和音译叠译的词。虽然这时期汉语吸收外来词的形式多种多样，但是音译词占绝大部分，而其他几种形式数量上很少，所以是次要的。

1. 蒙古语来源的音译词

汉语外来词	词的意义
孔	人也。《长春真人西游记》卷上“腾吃利蒙古孔”，译语为“天人也”。
达鲁花赤	蒙古语中之音译。原意为掌管者、看守者，起初作蒙古之看仓者或看城者。后蒙古创建官制以后，此字乃演变为地方官之专名。
也里可温	亦译作“也立乔”。“也里可温”指景教徒，元人亦用来泛指此种宗教。
按答奚	或译“按打奚”。译自蒙古语，原字有被杀伤之意，犹言处死。
拔睹儿	译自蒙古语。意为勇士。或译“拔都鲁”“八都儿”“八都鲁”“把都儿”“把阿秃儿”“霸都鲁”等。
不兰奚	或译“孛兰奚”，元代逃亡之农奴如无原主认

领,即"发付有司,收系当差","成为官奴"。"不兰奚"主要即指此种人。或译作"阑遗"或"拦遗"。

也可　为蒙古语中"大"的音译。"教对金长老道与铁哥都元帅也可那衍……"(《元代白话碑集录》,页14),"也可那衍"意谓"大官人""长老"之意。

火鲁赤　或译"豁儿赤"。《元秘史》"火儿赤"、《元史・兵志》及《塔察儿传》"火而赤"、《元史・阿剌罕传》"货鲁赤"、《至元译语》皆蒙古语之同名异译。《黑鞑事略》"卫则曰火鲁赤",《元代白话碑集录》亦作"火鲁赤"。"火鲁"为蒙古语"箭筒"之意,"赤"加于名词之后,意为从事此事之人,略与汉语之"者"字相当。

节该　为元代公文中摘引节文时所习用的术语。

呵　"呵"原为一般的语气词,在这里并非指一般的语气词用法,而是用来翻译蒙古语中表示条件和假设的语气,如"那底每,这令旨听了以后,搔扰呵,将那搔扰……"(《元代白话碑集录・1257年鹿邑太清宫令旨碑》)"搔扰呵"意即"如有搔扰"。

上头　翻译蒙古语中表示原因的语气。"马儿年和尚与先生每对证,佛修赢了先生每上头,将一十七个先生每剃了头发,交做了和尚"(《元代白话碑集录》,页29)。这里的"上头"相当于"由于……""因为……""依据……"。

奥鲁　主要指留在军队后面的家属人口财物。

哈剌章	蒙古人用以称彝族中之黑彝。时彝族居云南,故此词又作地理名词,泛指云南昆明、大理一带地界。
怯薛	译自蒙古语。有"部分""班次"之义。后为蒙古人的一种亲军宿卫制度,自成吉思汗时即已建立。刘时中散曲:"怯薛回家去,一个个欺凌亲戚盼视乡间。"(见《金元戏曲方言考》"怯薛"条)
速古儿赤	译自蒙古语。为怯薛执事之一。《元史·舆服志》"仪卫"条:"司香二人掌侍香以主服御者,国语曰速古儿赤。"蒙古语音译。原意为自由者,不受管辖者,为蒙古诸王的一种崇高封号。
必阇赤	蒙古语音译,《元典章》又译作"閟者赤"。彭大雅《黑鞑事略》云:"必彻彻者,汉语令史也,使之主行文书耳。""管文事则曰必彻彻。"此皆必彻彻即必阇赤之异译。《元史·兵志》"宿卫"条:"为天子主文史者曰必阇赤。"此字原意为掌文书者,"必阇"原意为文书。此与速古儿赤,云都赤之构词相同。
阿妈	同"阿马"。女真称父曰"阿马"。(货)"阿妈有甚话对你孩儿说。"(诈)"这书房存得阿马。"(见《金元戏曲方言考》"阿马"条)
铁里温	头也。(拜)"铁里温都哈喇"。(按)《华夷译语》:"帖里温,头也。"铁、帖音近。(见《金元戏曲方言考》"铁里温"条)
哈喇	杀。"铁里温都哈喇"。此云杀头。(吾)"只

	一刀哈喇了。"(引文同上)
站	汉语的"站"只作久立讲,至于驿站,中途暂驻之处的话来源于蒙古语的 jam 的对音,元史中的"站赤"即 jamci,意思是管站者。《词源》引《元史·兵志》:"元制。站赤者,驿传之译名也。……凡站,陆则以马以牛,或以驴,或以车,而水则以舟,其给驿传玺书,谓之铺马圣旨。"
歹	彭大雅《黑鞑事略》说蒙人管不好叫"解"。《康熙字典》引《字学三正》说:"解与好歹之歹同。""邀小人今夜做些生活。"(《新编五代史平话·梁史卷上》)"朝廷料其有歹意。"(同上书,《晋史卷上》)"河东素有歹志。"(同上)

2. 蒙古语来源的意译词

汉语外来词	词的意义
有来	为蒙古语之意译。表"有"的过去词,此处为曾有过之意,有时"有来"也用来翻译助动词"有"的过去词。
根底	此词实蒙古语助词之意译。一般用于名词或代名词的与格(第三格),略相当于汉语副动词的"对""对于"或"给……"。有时"根底"亦用来翻译蒙古语领格(第二格)的语助词,略与汉语的"属于"相当。"和尚根底寺,也立乔大师(指景教徒),根底胡木剌(指景教徒寺院),先生根底观院,达失蛮(指回教徒),根底密昔吉(指回教徒寺院)。"(见《元代白话碑集

	录》,页 5)
更	“更”字的用法,相当于汉语“再”“又”等,乃蒙古语“巴撒”之意译。“更属本宫旧有的乘田村西观谷常住瞻宫地土,不拣是谁休倚气力侵占者。”(见《元代白话碑集录》,页 81)

3. 突厥、波斯语来源的音译词

其他国家的词,通过蒙古语的媒介而进入汉语词汇的外来词。

汉语外来词	**词的意义**
胡木剌	“胡木剌”即“忽木剌”之异译,《至顺镇江志》所载《大兴国寺碑文记》“薛里吉思建七寺事”内作“忽木剌”。“胡木剌”即指景教徒的寺院。此字非原本为蒙古语,乃出自叙利亚语之“umra”。
斡耳朵	或译作“斡儿朵”“兀鲁朵”。见《元史》“窝里朵”,《黑鞑事略》“兀里朵”,《长春真人西游记》“窝里朵”。此字译自蒙古语,原字来源于突厥语,意为蒙古之“行帐”,《元秘史》旁译为“宫”,《元史》译作“行帐”或“行宫”。
八合识	蒙古语中之突厥语借词,意为“师父”或译为“博士”。
达失蛮	或译“答失蛮”“达识蛮”“达实密”“大石马”指回教徒,音译自波斯语。
密昔吉	意为回教徒之寺院,即指清真寺。今案此字译自阿拉伯语之“masjia”。

4. 蒙古语中汉语贷词的回流

由汉语到蒙古语再由蒙古语回到汉语成为汉语的外来词。

汉语词	**词的意义**
仙孔	“仙孔”即为“仙人”。“仙”乃蒙古语中之汉语借字，译时还原。“孔”为蒙古语“人”之音译。丘处机曾被称为“腾吃利蒙古孔（译语谓天人也）”。（《长春真人西游记》卷上）
先生	“先生”一词，元人用来专指道士。此词蒙古词是从汉字“先生”一词借去的，但既经借去以后成为蒙古词汇中的外来词，其意义已不同于汉语“先生”的本义，相当于汉语“道士”。汉人再从蒙古语翻译为汉语时，把“先生”两词搬进汉语里来作为“道士”，不再作为原来汉语“先生”的本义。“根底胡木剌，先生根底观院……”这里的“先生”一词，作为“道士”解释。西方史料如剌失德《集史》《马可·波罗游记》诸书，亦均有“先生”一词之音译，以称“道士”。但是这种用法会造成混乱，不符合汉语发展规律，所以不可巩固下来为汉语词汇所吸收。
赏生	“赏生”即先生，这是由于后来译者已不知蒙古语中“先生”一词乃从汉语中借去的，译者依照蒙古语中“先生”一词的读音，音译之，由于蒙古语对先生这词的读法，较汉语原来读音有所变化，所以再音译成语词时变成“赏生”。
脱因	为“道人”之音译，“道人”这词也是从汉语中借去的，当时蒙古人用“道人”一词称佛教的和尚，用

"先生"一词称道教的"道士"。当译者把蒙古语中的"道人"还译为汉语时,多意译为"和尚",有时译音则用"脱因"两字。这种译法与"先生"转译为"赏生"的情形有所不同,"赏生"的译法,是由于译者不了解此词汇的来源。"脱因"的译法,或为译者有意识地避免还原为"道人"一词,以免汉人误会。

5. 音译意译并存的蒙古语外来词

由于音译词使人不易理解词的意义,所以遂渐转化为意译,于是一个蒙古语词译到汉语中来,既有音译词又有意译词,造成意译和音译并存的局面。

汉语词		词的意义
音译	意译	
那衍	官人	或译作"那演""那颜"。《元秘史》旁译作"官人"。"教对金长老道与铁哥都元帅也可(大也)那衍"(《元代白话碑集录》,页 14)。"也可那衍"即"大官人也"。"皇帝福荫里荼罕官人"(同上书,页 9)。这里"荼罕官人"就是意译。
必答	俺每	"俺每"为第一身复数"必答"之意译。"必答"是蒙古文 bida 的音译,元碑译文中"俺每"一词与"咱"常常互用。蒙文碑中"必答"一词,在白话译文中或译"咱""咱每",或译"俺每""咱每",并无定例。"更没俺每的明白圣旨,推称诸投下……"(同上书,页 23)
巴	俺	"巴"乃蒙古语 ba 的音译。蒙古语"巴"字虽

		俱译作“俺”，但“俺”又用以译“必答”，与“咱”互用。
扎撒	法度（或军法）	“扎撒”译自蒙古语，指成吉思汗的法令。《元典章》有译作“劄撒”，《元秘史》译作“扎撒黑”，旁译为“法度”或“军法”。《元史·太宗纪》“大札撒”原注：“华言大法令也。”此词原为军法之意，后引申为一般的军政法令。“照依故违扎撒治罪”即处死之意。即相当于汉人所谓“按军法从事”。
宝儿赤	厨子	“宝儿赤”蒙古语之音译。《元秘史》作“保兀儿臣”，旁译为“厨子”。《元史·兵志》“宿卫”条：“亲烹饪以奉上饮者曰博尔赤。”明杨士奇《历代名臣奏议》载郑介夫《上金镜太平策》云：“《周礼·天官·冢宰》，曰膳夫，曰庖人，曰内饔，曰外饔，曰浆人，曰烹人，曰笾人，今之博儿赤也。”
怯里麻赤	通事	《元史》作“怯里马赤”，《至元译语》作“乞里觅赤”，又作“通事”。意译相当于“通事”，元代有此专职。“本处官人根底，怯列麻赤收敛过往众百姓根底晓谕。”

（二）明代西洋文化输入对汉语的影响

在这一时期汉语出现许多西方语言的借词。（大多是拉丁语的）

例如明熹宗天启七年（公元 1627），王徵所译《远西奇器图说录》一书就有下面许多新词，这些词大多是意译借词，第一次在汉语词汇中出现,并且一直保留到今天的现代汉语里。

齿轮	起重
滑车	自鸣钟
风扇	自行车
螺丝	轮盘
机车	地球
重心	地平线
水库	比例
载重	

此外“测量”一词,在徐光启 1627 年译的《测量法义》中已经出现。

“远镜”。现在日常所称的“望远镜”在明代物理教士汤若望著的《远镜说》就已经出现,不过那时不叫“望远镜”,而称作“远镜”,以后象《海客日谭》、马建忠《东行初录》还都作“远镜”。“望远镜”的名称起得比较晚的。

“几何”一词是 Geometry 的简译,明代徐光启和利玛窦合译的《几何原本》已有“几何”这词出现,从此“几何”这词一直沿用到今天。

“名理学”这词在 1636 年李之藻和傅泛济合译的《名理探》中就已出现,但该书同时又有一个音译词“络日伽”,这词是 logica 的对音。

在“名理探”还介绍了一些社会科学的意译借词,例如:

文法(卷一)

关系(卷一)

特殊(卷二)

性能(卷四)

灵魂(序言)

此外，还有一些音译词，后来没有流传下来，而以另外一些意译词所代替。如下面三个词(均见《名理探》卷一)：

额各诺靡加：是 Economics 的音译，后来改用日译词“经济学”。

薄利第加：是 Politics 的音译，后来改用意译词“政治学”。

斐西加：是 Physic 的音译，后来改用音译词“医学”。

除《名理探》上这些词以外，还有：

阿芙蓉：这是阿拉伯语 afyun 的音译，见李时珍《本草纲目》。后来鸦片战争前后，英帝国主义独占远东的鸦片市场，英语的音译词“鸦片”opium 这才完全代替了阿拉伯语的“阿芙蓉”。英语“鸦片”opium 来自希腊语 opion。

(三) 满族统治对汉语的影响

满族统治者，统治中国 267 年，在这一段时间里，满汉两族人民的接触很多，满语词汇也就成为汉语外来词的一个来源。

今举例如下：

努尔哈齐：是 Nurhaci 的音译。是清帝国的奠基人。

赫图阿拉：是 Heta ala 的音译。地名，今辽宁省新宾附近。

猞猁狲：是 Silun 的音译。满族狩猎所得的动物，见《满洲实录》页 56。

天命汗钱：见王鍾翰《清史杂考》页 35“天命汗钱”条注云“贾敬颜同志赠我一枚，一面无字，一面有无圈点满文”。

abkai(左，天之意)、fulengga(右，命之意)、han(上，汗之意)、jiha(下，钱之意)四字，合之即系“天命汗钱”之意。

贝勒	beile	beise 本为 beile 之复数形，久而久之，贝
贝子	beise	

勒、贝子演变为爵位的等级。参阅《满洲实录》页371“注记”引《大清全书》。又在《武录》卷四页一一下的“八固山”小注下,则有“四大王”“四小王”的译法。

额真或厄真　是ejen汉译作家主、主人,或主。额真实质上为当时满族社会中之奴隶主,地位仅次于“贝勒”“贝子”。(《满洲实录》,页110、253等)

伊尔根　是irgen的音译,汉译作“部民”“百姓”或“民”。(《满洲实录》,页106、270等)“伊尔根”为当时满族社会中之自由民。

巴图鲁　是baturu即“勇”的意思。清奕赓《东华录缀言》(《佳梦轩丛书》本)卷二,页三上云:“巴图鲁,译言勇也。国初赐巴图鲁号者,俱系满洲、蒙古人员,然非亲历军旅者弗赐也。今之汉官亦得赐。每观大吏等奏言,若叙某人履历有号者,必曰蒙赐勇号。是直以巴图鲁为勇矣,殊失本来之意旨。”

阿哈　是aha音译,意即奴隶,亦作“包衣”(booi),全称为“包衣阿哈”(booi aha),包衣阿哈即“家里的”或“家里的奴隶”即“家奴”。(《满洲实录》,页87、163)

包衣捏儿麻　是booi niyalma的音译,即“男仆”。(见《满洲实录》,页34)

包衣赫赫　是booi hehe的音译,即“女婢”。(同上,页35)

控马奴　是kutule的音译,《清文鉴》译作“牧马者”(卷十,页215),另处又译作“仆厮”(页216)。又《柳边纪略》作“苦独力”。(《国文学库》本卷一,

页九)《黑龙江外纪》作"库图勒"转为"库特勒"。(《渐西村舍》本卷三,页十四下)

乌津　是 ujin 的音译。"阿哈"被允许结婚后所生子女。又译作"家生子"。

辈奴　"一辈奴"是由 futahi 译来;"二辈奴"是由"furna"译来;"三辈奴"是由 bolhosu 译来;"四辈奴"是由"genggiyesu"译来。(俱见《清文鉴》卷十,页 11 上)

诸申　是 jušen 的音译,又译作"满洲"或"编氓"或"部属"或"民间"。"诸申"一语系女真 jučen 变化而来,本来是指自由民女真人而言。也作属于奴隶性质的一些女真人。《清文鉴》里就明白解释为"满洲臣仆"。诸申是由破了产的女真自由民逐渐演变而成为泛指属于奴隶性质的人们的代名词。

尼堪　是 nikan 的音译,《清文鉴》译作"汉人",又《清文汇书》除译"汉人"之外,又别译"蛮子"。(卷二,页二一下)"尼堪"是指主要从事农业生产的汉人。

拖克索　是 tokso 的音译。《清文汇书》作"庄子""屯里"(卷七,页四上)。《清文鉴》说得很清楚:"田耕的人所住的地方叫做拖克索。"(卷十九,页三十三上)

拨什库　是 boškū 的音译。比庄头高一级的官员。

牛录　是 nirui 的音译。即八旗中的佐领。

布库　是 buk 的音译。摔跤、角力。

哈勒巴　是 halba 的音译。肩胛骨。

克食　是 kesi 的音译。皇帝赐食,以示恩典。

章京　　是 janggin 的音译。指系次于额真的官。
萨其马　　是 sacima 的音译。是一种糕点。
他坦　　是 tatan 的音译。指场所;窝铺;野宿营地。
乌珠　　是 uju 的音译。指头脑;头目。
哈什蚂　　是 hasima 的音译。是一种河鱼名。

(四) 鸦片战争后外来词的增加

自从鸦片战争以后,中国社会向半殖民地半封建社会转化,这对中国知识分子是一个很大的刺激。闭关时代的中国知识分子,虽然曾经跟资本主义的物质文明发生过一定的交往,如明代徐光启,清初梅文鼎、王锡阐等,都以融贯中外学术而著名的。但是仅限于学习西方的数学、历法、医学、火器等,当时的士大夫并不真正了解西方资本主义物质文明的内容和意义,他们还被禁锢在整理旧典籍的狭窄范围内。一直到鸦片战争发生而战争失败,这才是对中国知识界当头的一棒,堂堂天朝大国竟被一向在中国人眼里视作蛮夷的小邦打败了,这是一个出乎意外的奇耻大辱。一些先进知识分子,不仅从自己方面来检查失败的原因,而且他们也渴望了解敌人,他们是怎样取得胜利的。于是就开始了向西方学习的运动。

随着帝国主义侵略势力不断深入,中国人民和欧洲资本主义国家人民接触机会越来越多,资本主义的物质文明急剧渗入中国社会,中国人民深受资本主义势力的奴役,但同时中国人民也学到许多适合于自己的有益的东西。社会形势发生新的变化,要求语言用新的词来反映社会交际中新的事物、新的概念,充实汉语的词汇宝库。随着这种社会需要,于是汉语相应增加了大量的哲学上、政治上、经济上、科学上和文学上的名词术语。这些增加的词中,果然有不少是汉族人民自己创造的新词,但是更重要的是吸收了大量的外来词。

这时期外来词主要来源,一是西方;一是东方。西方可以“英语”为代表,东方可以“日语”为代表。这都是具体历史条件所决定的。英国资本主义发展比较早,是当时第一号富于侵略性的国家,而日本是东方近代资本主义发展最早的国家,而且和中国邻近,中国和日本在历史上有密切的联系,所以这一时期汉语中大量出现来源于日语的外来词是很自然的事。

1. 英语来源的外来词

英国在十六、十七世纪已经发展了资本主义经济,成为世界上经济实力最强大的国家。它拥有大批近代工业的新企业,有雄厚的资金,资本主义经济发展规律决定它必然要向外扩张寻找海外市场开辟殖民地。

鸦片战争也是英国首先开始的,所以中国人民和英语接触的机会也特别多一些。一般人也为着生活上的需要,自然而然地要和英美资本主义物质文化发生接触,加以应用。于是反映社会发展的汉语自然而然地为着适应新环境的需要而创造出许多英语来源的外来词。近世以来首先和中国人民有频繁接触的是英国人,因此英语和现代汉语的接触不但频繁而且早。再加上后来中国人民和说英语的美国人接触,就使得英语词汇里更多的词汇,传入汉语的词汇中来,而许多其他欧洲语言的词汇也通过英语传入了汉语,被改造成现代汉语的外来词。从现代汉语外来词的直接来源来说,这些由英语转入现代汉语而被改造的其他语言的词也应当算作英语来源的汉语外来词。现在让我们把纯粹英语来源的现代汉语外来词和非纯粹英语来源的现代汉语的外来词分别列举于下:

(1) 纯粹英语来源的外来词

汉语的词	英语的词	词的意义
爱克	acre	英亩。
阿门	amen	基督教祈祷完毕时之用语,意即心愿如此。
啤酒(皮酒)	beer	大麦酿成之酒。
扑克胜	boxing	拳击。
约翰勃尔	john bull	亦称“约翰牛”,为英人之绰号。
白脱(白塔油)	butter	牛油。
吉士	cheese	干酪。
可儿脱	coal-tar	煤焦油。
达尔玲(达灵)	darling	意中人,爱人。
费厄泼赖	fair play	公正的竞赛与裁判。
法新	farthing	英币名,值一便士之四分之一。
英国杭	English horn	木制管乐器。
汉厥怀脱(或作担)	hundredweight	在英112磅,美国100磅。
黑漆板凳	husband	丈夫之谐音。
因制	inch	英寸。
开司	kiss	接吻。
嚜(唛)	mark	商标。
玛斯	mass	天主教徒举行之晚餐礼(圣餐)或礼拜仪式。
密斯特	mister	先生。
阿尔迈	old man	老人。
边扣	pin	别针,大头针。

磅	pound	英国衡量名。
镑(金镑)	pound	英国货币单位。
舍来克	sellac	充漆,漆片。
先令	shilling	英国银币名。
司必令	spring	弹簧,发条。
水汀(沪)	steam	暖气。
司的克	stick	手杖。
司卫脱(沪)	sweater	汗衫。
听	tin	一筒。
华尔街	Wall Street	纽约街名,国际上作美国金融代名词。
极仔(闽)	cake	糕饼。
卡脱(克脱)	cut	割开,中断、结束。
考而夫(高尔夫)	golf	一种草地上游戏。
拉斯卡(沪)	last car	最后一班车。
扑克	poker	一种纸牌。
布丁	pudding	食后的甜点心。
雪丝黛	sister	姊妹。
吨	ton	重量名。
托辣斯(託辣斯)	trust	以独占市场为目的的企业同盟。
道林纸	Daweing	一种精细纸张。
唐宁街	Downing Street	伦敦街名,代表英国官场。
法拉特	Farad	英国科学家名,电学名词。
法兰绒(佛兰绒)	Flannel	一种西服料。
朱耳(焦耳、焦尔)	Joule	英国物理学家名,物理学功能单位。

马克斯维尔	Maxwell	英国物理学家名,电学磁感之实用单位。
瓦特	Watt	英国物理学家名,每秒钟内电流所生之单位。

(2) 非纯粹英语来源的外来词

其他国家的词汇进入英语,再由英语进入汉语。这些既是英语的外来词,又转变成汉语的外来词。

汉语词	英语词及其来源
俱乐部	英语词 club 来源于古代斯干的那维亚语 klubba。
他拉(他赖,大赉)	英语词 dollar 元,银元,价值一元的金币、银币、纸币。来源于德语 joachimstaler 就是最先在 1519 年波希米亚之圣犹阿泰姆山谷(山谷,德语作 thal,或 tal)中铸造出来的银币。
欧姆	是电气阻力单位。英语 ohm,由德国电学家 G.S. Ohm 而得名。
帮浦(泵,滂浦)	抽水机、唧筒。英语 pump,是由中古低德语 pumpe 或西班牙语 bombu 而来。
华尔兹舞	一种双人跳的旋转舞。英语 wallz,来自德语 walzen。
锌	一种化学元素。英语 zinc,来自德语 zink。
基督教	英语 Christianity,来自拉丁语 Christus。
狄克推多	独裁,专政。英语 dictator,来自拉丁语。
引得	索引。英语 index,来自拉丁语 indicate "指出"。
马达,摩托	发动机。英语 motor,来自拉丁语 movere,

	matum"转动"。
鸦片	英语 opium,来自希腊语 opion。
锑(安的摩尼)	英语 antimony,来自中世纪拉丁语 antimonium。
歇私的里	英语 hysteria,一种精神失常的病态。来自拉丁语 hystericus。
霓虹灯	一种氖气灯。英语 neon,来自拉丁语。
安琪儿	天使,亦作美丽可爱之通称。英语 angel,来自法语 angele。
酒吧	酒馆。英语 bar,来自法语 barre。
泗门汀,士敏土	水泥。英语 cement,来源于古法语 ciment。
乞克(则纸)	支票。英语 check,来自古法语 eschec,eschac。
冰淇淋	一种冷饮。英语 ice-cream,来自法语 cresme。
引擎	发动机。英语 engine,来自古法语 engin。
罗(哥)	十二打,144 个。英语 grass,来自古法语 gros。
幽默	滑稽,诙谐。英语 humour,来自古法语 humar,umar。
逻辑	论理法,推理法。英语 logic,古法语 logique,拉丁语 logic,希腊语 logike。
密斯(蜜司)	女士,小姐。英语 miss,古法语 maistresse,maistre 阴性。
那摩温(沪)	工头。英语 number one,number 来自古法语 nomber。
浪漫史	传奇,艳事。英语 romance,古法语 romanz,romans。

沙辣子	西餐中之生菜食品。英语 salad,古法语 salade。
赛因斯	科学。英语 science,拉丁语 scientca。
哔叽	一种衣料名称。英语 serge,古法语 sarge。
西崽	仆人。英语 servent,古法语 servant, servir 服侍。
抬头	称呼。英语 title,古法语、拉丁语 titulus "铭文、标签、头衔、标记、信号"。
吐司(土斯)	切成片的面包。英语 toast,古法语 taster 烘烤,烤面包。
扮带	吊带。英语 band,法语 bande。
版克	银行。英语 bank,法语 banque。
硼	一种元素名。英语 boron 来自法语。
哈啰	呼喊声。英语 hollo (halloa, hollo, holloa)法语 holà,ho(啊)+là(那里)。
碘	英语 iodine,法语 iode(希腊 iōdēs 像紫罗兰的)+英语的 chlorine——由于它的紫罗兰的气味而来的。
柠檬	英语 lemon,法语 limon。
模特儿	模型,模型人。英语 model,法语 modele。
摩登	现代,时髦。英语 modern,法语 moderne。
吗啡	一种麻醉剂。英语 morphine(morphin, morphia),法语 morphine, morphin。

2. 日语来源的外来词

从十九世纪晚期开始,汉语词汇中出现大量的外来词,除上面举的英语来源的外来词以外,还有日语来源的外来词。为什么会出现那么多的日语借词呢？

（1）日本自从经过“明治维新”运动以后，很快走上了资本主义道路。甲午战争以后由于中国军事上和政治上的失败，一些爱国知识分子眼见清廷腐败，中国被列强侵略，因此想效法日本“变法图强”。戊戌变法失败后，梁启超东渡日本，在横滨出版了《清议报》和《新民丛报》，这两种刊物上都曾使用了大量的日语词。并且他积极鼓励向日本学习，阅读日本书籍。

（2）从1896年起，清政府派遣了大批学生留学日本，以后不断增加。1905年孙中山先生领导成立“同盟会”以后，很多革命活动都是在日本进行的，许多留日学生，在日本受教育，参加革命组织以后，自然会把大量的日语词作为汉语外来词吸收来，表达新的革命思想。当时革命的《民报》和改良派的《新民丛报》的论战文中就出现了好多日语词，这对汉语影响很大。

（3）被汉语词汇所吸收的日语词汇成分，这些词大都是日本从欧美语言中吸收进来的日语词汇，并加以改造成日语外来词。这些词反映了欧美资本主义社会的文化、社会生活和科学技术，而这些刚好也是中国人民需要学习的，因此，这些词很快就被吸收进汉语词汇中来了。

汉语词汇又是怎样吸收这些日语词汇成分呢？在吸收这些来自日语词汇成分的时候，其吸收方式与上述汉语吸收欧美词汇成分时有所不同。

我们知道，日本的文字受汉字的影响非常大。日本也是使用方块字的国家，在它的语言中除了少部分使用或夹用“假名”以外，一般都使用方块字，所以日本人在吸收欧美外来的词汇成分时，曾采用两种方式：一种是“意译”，一种是“音译”。

音译词：如原文为gas，日文是“ガス”，方块字写做“瓦斯”。这可以看出日文的外来词中音译词，有用片假名写的，也有用方块字写的。现在一般趋向于“片假名”而我们吸收的只是方块字的。

意译词：如交响乐，原文为 symphony，日本文则为“交响乐”。这些意译词都是用方块字来书写的，汉语吸收这些词汇时，就把日语词连音带义一并搬过来，现代汉语的很大部分外来词，都是经过日本人用方块字意译成为日语的外来词，再传入汉语的。

这些向日语借来的汉语外来词，具体分析起来，有以下几种情况：

① 日语原有的词

纯粹是日语词汇，这些日语词本身并不属于外来借词。

汉语词	**日语词**	**汉语词**	**日语词**
场合	baai	便所	benjo
场面	bamenn	备品	bihin
场所	basho	武士道	bushidō
舞台	butai	命令	meirei
贮蓄	chochiku	身份	mibun
调制	chōsei	见习	minarai
大本营	daihon-ei	内容	naiyō
不景气	bukeiki	认可	ninka
服从	bukujū	玩具	omocha
服务	bukumn	例外	reigai
复写	bukusha	联想	rensō
保健	hoken	浪人	ronin
方针	hōshin	作物	sakumotsu
表现	hyōgon	作战	sakusen
解决	kaiketsu	请求	seikyu
经验	keiken	接近	sekken
权威	ken-i	说教	sekkyō
化妆品	keshohin	节约	setsuyaku

希望	kibō	支部	shibu
交换	kōkan	支配	shihai
克服	kokubuku	市场	shijō
故障	koshō	执行	shikkō
交通	kōstū	侵害	shingai
共同	kyōdō	申请	shinsei
距离	kyori	处女作	shojosaku
处刑	shokei	想像	sōzō
集团	shudan	取缔	torishimari
宗教	shukyō	打消	uchikeshi
仓库	sōko	话题	wadai

② 日语用汉字音译的外来词

本为日本音译“外来词”的汉字写法而被借用到汉字中来。

汉字写法	**片假名写法**	**西文原名**
加答儿	カタル	katarrh（德）
瓦斯	ガス	gas
米（或“米突”）	メートル	mètre（法）
虎列拉（虎列剌）	コレラ	cholera
淋巴	リンハ	lymph
混凝土	コンクリート	concrete
窒扶斯	チブス	tynhus
俱乐部	クラブ	club
浪漫	ロウマン	romantic
苏达	ソウダ	soda

③ 日语用汉字意译的外来词

先由日本人以汉字的配合去“意译”欧美语言的词，再由汉族人民搬进现代汉语里面来，加以改造而成的现代汉语外来词。

汉语词	日语词	日语词的来源
马铃薯	bareisho	〈英〉potato
辩证法	benshōho	〈英〉dialectic
美学	bigaku	〈英〉aesthetics
美术	bijutsu	〈英〉art
美化	bika	〈英〉beautification
微积分	biseki bun	〈英〉differential and integral calculus
物质	busshitsu	〈英〉matter;substance
治外法权	chigaihoken	〈英〉extraterritoriality
蓄电池	chikudenchi	〈英〉astorage battery
直觉	chokkaku	〈英〉intuition
抽象	chūshō	〈英〉abstract
谈判	danpan	〈英〉negotiation
断定	dantei	〈英〉decision;judgement
电车	densha	〈英〉a tram-car
电信	denshin	〈英〉telegraph;cable
动议	dōgi	〈英〉a motion
现象	gensho	〈英〉phenomenon
互惠	gokei	〈英〉reciprocity
反对	hantai	〈英〉opposition
引渡	hikiwatashi	〈英〉delivery;tranber
否定	hitei	〈英〉denial;negation
法庭	hōtei	〈英〉a court
方程式	hoteishiki	〈英〉an equation
意识	ishiki	〈英〉consciousness
改良	kairyō	〈英〉improvement

溃疡　　kaiyō　　〈英〉cankerous

④ 日语用古汉语词汇意译的外来词

本为古汉语词汇，后被日本借用作为“意译”欧美语言的词，它的意义已不同于原来古汉语词的本意，而赋予新的意义。这些词再由汉族人民借用过来，变成与古义不同的现代汉语词汇。

文学　《论语·先进》：“文学：子游、子夏。”谓文章博学。

文化　《说苑·指武》：“凡武之兴，为不服也，文化不改，然后加诛。”谓文治教化。

文明　《易经·乾卦·文言》：“见龙在田，天下文明。”谓文理光明。

文法　《史记》：“程不识，孝景时以数直谏为太中大夫，为人廉，谨于文法。”原意为法律规则之属。

分析　《汉书·中山诸王传》：“诸侯地稍自分析弱小。”《后汉书·徐防传》：“诸家分析，各有异说。”谓分别剖析意义。

物理　《晋书》：“（元帝）聪明有机断，尤精物理。”谓事物之理。

铅笔　《东观汉记》：“曹褒寝则怀铅笔，行则诵诗书。”任昉表“人蓄油素，家怀铅笔”。谓古代铅造的笔。

索引　《易林》：“爱我婴女，索引不得。”原为牵引的意思，今天就书中重要资料摘举标题，依序排列，俾为检查资料之指导叫索引，这意思是从日本人借用 index 的意译语沿用过来的。

组织　《辽史·食货志》：“树桑麻，习组织。”是纺织的意思。

政府　《宋史·欧阳修传》：“其在政府，与韩琦同心辅政。”谓国家之统治机关。

消化	《周书・苏绰传》："邪伪之心，嗜欲之性，潜以消化，而不知其所以然。"谓消融化合。
经济	《宋史・王安石传》："以文章节行高一世，而尤以道德经济为己任。"是经世济民之意。《文中子》："皆有经济之道。"现代日语借用为 Economy 之音译，又经济作节俭解，也是从日本借来的，如"经济小吃""时间经济"。
意味	杜牧诗："始觉空门意味长。"白居易诗："偷闲意味胜常闲。"本为有意趣耐玩味的意思，今日汉语中在"意味"后面加上一个"着"字，来当作动词的用法。例如"这句话意味着……"则是从日语"……ヲ意味シテイル"的句型中借用过来的。
共和	《史记・周本纪》："厉王奔于彘，召公、周公二相行政，号曰共和。"韦昭注："公卿相与和而修政事，号曰共和也。"《竹书纪年》："厉王十二年出奔彘，十三年共伯和摄行天子事，号曰共和。"《汉书・古今人表》注："共，伯爵，和其名。"意即二人以上合议执行政务。今作民主政治之意是日本人译 sepublic 时借用这个名词，而为我国沿用。
形而上学	"形而上"见《易经・系辞》："形而上谓之道，形而下谓之器。"日本人借用为 metophysics 的意译。
宪法	（1）大法，主法。《国语・晋语》："赏善罚奸，国之宪法也。"（2）法律。《北史・王韶元岩传论》："晋、蜀二王，帝之爱子，擅以权宠，莫拘宪法。"今之"宪法"作为国家根本大法是从 constitution 的意译，而我国是沿用过来的。
唯心	本为佛典用语，意为一切皆有心造。《楞伽经》：

“由自心执著，心似外境转，彼所见非有，是故说唯心。”今之哲学意义之“唯心”是日本人借用为 idealism 的意译，而为我国所沿用。

唯物　《易经》“盈天地之间唯万物”，今唯物之哲学意义，为日本人借用为 materialism 的意译，而为我国所沿用。

地主　集会地方之主人。《左传·哀公十二年》：“夫诸侯之会，事既毕矣，侯伯致礼地主归饩，以相辞也。”注：“地主，所会主人也。”今日所说“地主阶级”一语则是从日语借来的。

人道　（1）人情。《易经·谦卦》：“人道恶盈而好谦。”（2）人伦。《史记·礼书》：“人道经纬万端。”今天常用的“人道主义”是 humanitarianism 译词，从日语借来的。

生产　生计产业。《史记》“不事家人生产作业”，今日经济学上所用的“生产”production 是日语中借用的。

⑤ 日语自造方块字翻译的外来词。

腺　日译汉字音读为セン，是 gland 的译名，指分泌某种液体的器官。例如“甲状腺”“淋巴腺”“内分泌腺”等。

膣　日译汉音读为チツ，是 vagina 的译名，例如“膣加答儿”(catarhus vaginee)即是妇女带下病。

癌　日译汉字读为ガン。例如“肝癌”“胃癌”“乳癌”等。

粍　（ミリメートル的嵌字）即 millimetre 的译名略号。

糎　(センチメートル的嵌字)即 centimetre 的译名略号。

吋　(インチ的嵌字)即 inch 的译名略号。

足　(フート的嵌字)即 foot(pl、feet)的译名略号。

码　(ヤード的嵌字)即 yard 的译名略号。

粁　(キロメートル的嵌字)即 kilometre 的译名略号。

哩　(マイル的嵌字)即 mile 的译名略号。

瓩　(キログラム的嵌字)即 kilogram 的译名略号。

吨　(トン的嵌字)即 ton 的译名略号。

总之这一时期日语外来词的借词形式简单地可以分成两种：一种是借原词的借词,一般是原词照说的,基本上保存语音的形式和内容的统一,这种借词是用汉字的音节来对照记音的,差不多都是原词的音节。所以这类外来词是借音的。另一种是以日语部分的借词,出现了一种不从语音形式借取,而借取汉语词的书写形式。

四、词的构成

（一）近古时期构词的主要特征

整个词汇发展的趋势是从单音词向复音词发展。到了近古，不仅继承了过去已经形成的复音词，如：上古产生的联绵词：窈窕、仿佛、犹豫、鸳鸯、翱翔等等。中古产生的：太阳、水车、和尚、尼姑、现在、过去等词。而且有许多过去还未形成复音词的到这时已发展成复音词了。元曲中这样的例子很多。例如："觑"在《元曲选·张天师》中还是作为单音词使用。"觑"："张千，门首觑者。"但是，在其他杂剧中却又发现了"觑"与其他词相结合，构成双音词。这说明了"觑"已开始趋向双音化。如：

观觑　我出门来观觑。（《元曲选·魔合罗》）

看觑　则道怎生样看觑我。（《元曲选·虎头牌》）

"惧"与其他词相结合变为双音词。

惧怯　营帐内休惧怯。（《元曲选·虎头牌》）

惧怕　一应人等谁不惧怕。（《元曲选·后庭花》）

怕惧　不由我心儿里猛然添怕惧。（《元曲选·对玉梳》）

在元曲中，我们可以看到单音词与复音词同时并存的现象。例如：在《元曲选·魔合罗》中，有时用"寻"，有时用"搜寻"。

寻　教我满眼无处寻。（《元曲选·魔合罗》）

搜寻　要搜寻百谋千计。(《元曲选·魔合罗》)

寻觅　那坨儿无寻觅。(《元曲选·黑旋风》)

也有两个单音词相结合成为双音词的。例如:

须　我须不是故意来赚你的。(《元曲选·马陵道》)

索　也不索看。(《元曲选·东堂老》)

须索　我与你须索从头觑。(《元曲选·魔合罗》)

也有这种情况:形成双音词的词素又与其他词相结合,形成新的双音词。例如:

弃　你着他弃一壁儿就一壁儿。(《元曲选·神奴儿》)

弃舍　着我难弃舍。(《元曲选·黑旋风》)

抛弃　又怕半路里轻抛弃。(《元曲选·救风尘》)

抛闪　则被抛闪杀。(《元曲选·虎头牌》)

元曲中,甚至在同一场戏曲中出现单音词与复音词同时并存的现象(《元曲选·魔合罗》中同时出现"寻"与"搜寻"),这说明了"觑""寻""弃"等词正是由单音词转向复音词的过渡时期。

近古时期产生的许多新词大多都是复音词。例如:随着工业的发展产生了"脚车""纺车""手车""火车""火伞""花衣""接头"。随着农业的发展产生了"秧马""耘荡"。印刷事业的发展产生了"铅字""套印""饾板"。此外,"白糖""红糖""晒糖""哈密瓜"(外来词)等,都是当时产生的新的合成词。

单音词向复音词发展,是整个词汇发展的规律,也是近古词汇发展的特点。这个倾向在上古时期就已经显示出来了。随着社会的发展,则愈来愈明朗了。

近古时期词汇发展的主要特征是重叠词的大量出现和合成词的增多。重叠词的大量使用在戏曲中特别突出。重叠的方式多种多样,有像"翩翩""双双""嘻嘻""悄悄式"的重叠,有像"翠巍巍""扑簌簌""生擦擦"式的重叠,有像"层层叠叠""纷纷扬扬""凄凄惶惶”式的重叠，也有像“惶恐惶恐”“叮咀叮咀”“见识见识”式的重叠。这主要与戏曲小说的发展分不开的。合成词的增多可以说是词汇发展的必然趋势。近古时期合成词构成的方式在上古、中古都已形成了，但到近古时期更加显著的成为一条规律。汉语合成词的丰富与外来词的吸收分不开，被吸收进来的外来词可以说大多是合成词，只有为数不多的几个单音词。例如：“站”“歹”，它们已经进入汉语基本词汇的行列。但是，必须指出，外来词的吸收只是丰富了汉语的合成词，而不能作为决定因素，起决定作用的应该认为是内因，也就是汉语词汇发展的内部规律。

1. 重叠词

整个来讲，重叠词包括单音词的重叠和复音词的重叠，其作用在于加强意义、变更原义、造成词的音乐性，这类词在元明戏曲中最多。小说中也不少。

(1) 单音重叠意义不变

分为名词重叠、动词重叠、形容词重叠。

名词重叠变为形容词的，如：

习习东风，卖花声吹入，小小帘拢。(《宋元戏文辑佚·琵琶怨》)

层层如雨脚，郁郁似云头。(《水浒传》八回)

智深抡起禅杖把松树只一下，打的树有二寸深痕，齐齐折了。(同上书，五回)

停杯注明，正秋高夜凝，寒气肃肃。(《宋元戏文辑佚·雷世杰》)

晓风习习和气扇，正飞柳絮飘绵。(《宋元戏文辑佚·百花亭》)

门外森森麻麦,窗前猗猗荷花。(《水浒传》九回)

一面看了,只管出神,心内还默默记诵。(《红楼梦》二十三回)

晴雯偏偏还没听见。(《红楼梦》二十六回)

你听那战鼓鼕鼕。(《元曲选·㑳梅香》)

只听的喊杀声声,更催着战鼓逢逢。(《元曲选·尉迟恭》)

动词重叠例:

贾母笑道:"你先给你娘瞧瞧去再走。"(《红楼梦》五十二回)

你身上不大好,又连日多事,该歇歇才是。(同上书,十三回)

凤姐进入茅屋,先命宝玉等出去玩玩。(同上书,十五回)

正打算到贾政这边谋一个大小事件与儿子管管。(同上书,二十三回)

形容词重叠例:

船稳潮平慢慢行。(《元曲选·伍员吹箫》)

习习东风,卖花声吹入,小小帘拢。(《宋元戏文辑佚·琵琶怨》)

纤纤玉笋柔。窄窄金莲小。(《宋元戏文辑佚·司马相如题桥记》)

看那凤尾森森,龙吟细细,正是潇湘馆。(《红楼梦》二十六回)

一面细细端详了半日。(《红楼梦》四十一回)
我见他尽在嘻嘻冷笑中。(《元曲选·尉迟恭》)
轻轻洒旆舞薰风。(《水浒传》八回)

(2)单音重叠意义扩大。例如:

见了书便嗔,句句称官宦门,孜孜的扯破家书。(《宋元戏文辑佚·王魁负桂英》)

这里的"句"不是一句,而是每一句的意思。

点点不离杨柳外,声声乱打蓬窗闹。(《宋元戏曲辑佚·张琼莲》)

这里的声声也是这样,表示有很多声音。

粉蜨翩翩斗穿,双双戏取在花径前。(《宋元戏文辑佚·百花亭》)
朝朝等着他,日日盼着他。(《宋元戏文辑佚·刘盼盼》)
人人俊丽,个个英雄。(《水浒传》九回)
明日再取十丸来,天天临睡时候,叫袭人伏侍你吃了再睡。(《红楼梦》二十三回)
娘娘吩咐,说你日日在外游嬉,渐次疏懒了功课。(《红楼梦》二十三回)

在单音重叠词后面加"的""地"仍构成形容词。例如:

薛蟠哼哼的道。(《红楼梦》四十七回)

悠悠的声揭谯楼品画角。珰珰的水滴铜壶玉漏敲。刷刷的风飐芭蕉凤尾摇。厌厌的月上花梢树影高。悄悄的私出兰房离绣幕。擦擦的行过阑干上甬道。霍霍的摇动珠帘。你等着巴巴的弹响窗棂恁时节的是俺来了。(《元曲选·㑳梅香》)

我两日前悄悄的绣下一个香囊儿。(同上)

这两日樊素累累的对我说道。(同上)

每人暗暗的写了,一齐封进去。(《红楼梦》二十二回)

于是众人方慢慢的散去。(同上)

(3) ABB重叠的形容词。例如:

试看人生,得足何时足?有酒从教醉醺醺,醉乡堪宿。(《宋元戏文辑佚·王魁负桂英》)

生擦擦音信全乖,拈指有十余载。(《宋元戏文辑佚·司马相如题桥记》)

翠巍巍柳条,翠巍巍柳条,见忒楞楞晓莺儿飞过树梢。扑簌簌乱红,舞翩翩粉蝶儿,飞过画桥。(《宋元戏文辑佚·张翠莲》)

闹花深处,滴溜溜酒旆招。(《宋元戏文辑佚·张翠莲》)

章悬悬,泪涟涟,待甚日,重逢潘岳一面?(《宋元戏文辑佚·杨实锦香囊》)

目下里,共你握手前行步,莫悠悠。(《西厢记》)

闷厌厌,怎得眠一觉?恨绵绵空懊恼。(同上)

意迟迟,总有锦绣新诗,谁谓暗传深意。(同上)

夜悠悠,房寂寂,怕银漏迢迢暗漏。(《元曲选·墙头马上》)

独立在帘儿下,教我眼巴巴。(《元曲选·刘盼盼》)

骨碌碌怪眼睁圆。(《元曲选·尉迟恭》)

头直上乱纷纷,雪似筛,耳边厢飒剌剌风又摆。(《元曲选·朱太守风雪渔樵记》)

说着,进贾母屋里,气忿忿的躺着去了。(《红楼梦》二二回)

宝玉道:"什么大家彼此?他们有大家彼此,我只是赤条条无牵挂的!"(同上)

山边茅草,乱丝丝攒遍地刀枪;满地石头,磣可可睡两行虎豹。(《水浒传》十六回)

在这类叠词后面加"的"仍旧还是形容词。如:

我则见舞飘飘的六花飞,更那堪这昏惨惨的兀那彤云霭。……既不沙却怎生白茫茫的无个边界。(《元曲选·朱太守》)

武松道罢,一双手按住胳膝,两只眼睁得圆彪彪的看著。(《水浒传》二十六回)

武松把那被包打开,一抖,那颗人头血渌渌的滚出来。(同上)

(4) AABB重叠的形容词

把双音词的两个音节各各重复一次,仍构成形容词。例如:

我与姐姐说明这一愿,则愿的俺小姐嫁一个风风流流可可喜喜标标致致好姐夫也。(《元曲选·㑇梅香》)

军器多般分外别。层层叠叠攒霜雪。(《元曲选·尉

迟恭》)

纷纷扬扬下著如此这般大雪。(《元曲选·朱太守》)

把衣服洗得干干净净。(《醒世恒言·卖油郎独占花魁》)

秦重打扮得齐齐整整。(同上)

美娘想起夜来之事,恍恍惚惚,不甚记得真了。(同上)

夫妻两口,凄凄惶惶,东逃西窜。(同上)

一只手提着梢棒,一只手把胸膛前袒开,浪浪跄跄,直奔过乱树林来。(《水浒传》二十三回)

武松在轿上看时,只见亚肩叠背,闹闹嚷嚷,屯街塞巷,都来看迎大虫。(同上)

那妇人独自一个,冷冷清清立在帘儿下看那大雪。(《水浒传》第二十四回)

一时,只见宁府大殡浩浩荡荡,压地银山一般从北而至。(《红楼梦》十四回)

那花瓣儿浮在水面,飘飘荡荡,竟流出沁芳闸去了。(同上书,二十三回)

偶然两句吹到耳朵内,明明白白,一字不落。(同上)

谁知接接连连,许多事情,就把你忘了。(《红楼梦》二十六回)

只见那一双蝴蝶,忽起忽落,来来往往,将欲过河去了。(同上书,二十七回)

这种形式的叠词后面也有加"的"字的。如:

明儿你闲了,只管来找我,别和他们鬼鬼祟祟的。(《红楼梦》二十四回)

黛玉道:"你这个傻丫头,冒冒失失的,吓我一跳,这会子

打那里来?”(《红楼梦》二十四回)

我那里知道这些事? 罪罪过过的!(同上书,二十五回)

便抽抽搭搭的哭起来。(同上书,二十九回)

(5) ABAB重叠的词

把原来的双音词重复一次构成的叠词,可以说这种形式到近古时比中古多了。例如:

黛玉笑道:“带来了,就给我们见识见识也罢了。”(《红楼梦》五十二回)

也不收拾收拾,弄的你黑眉乌嘴的,那里还像个大家子念书的孩子?(《红楼梦》二十四回)

赵姨娘平时也该教导教导他。(同上书,二十五回)

也不教训教训。(同上)

宝玉告诉:“没有什么。不过怕我进园淘气,吩咐吩咐。”(《红楼梦》二十三回)

每每要在宝玉面前现弄现弄。(同上书,二十四回)

你也不打听打听,就恼我到这步田地!(同上书,二十六回)

论理,我们里面也须得他来整治整治,都忒不像了。(《红楼梦》十四回)

要屈尊大妹妹一个月,在这里料理料理,我就放心了。(《红楼梦》十三回)

外面的大事已经大哥哥料理清了,不过是里面照管照管。(同上)

横竖要求大妹妹辛苦辛苦。(同上)

(6) 象声词的重叠

这类词在汉语中很多,虽不具备词汇的意义,但谈起来非常好听,听到的如闻其声。上古时已经出现了这类词,近古时也同样的用到它们。例如:

听潺潺流水溪边响,古寺遥闻钟磬音。(《宋元戏文辑佚·刘盼盼》)

淅淅飒飒金风动,伤情处听孤鸿。(《宋元戏文辑佚·乐昌公主破镜重圆》)

渐觉夕阳西坠,听啾啾唧唧寒蛩。(同上)

格格低了头只是笑。(《醒世恒言·卖油郎独占花魁》)

玷玎珰鞭搠紧相从,好下手的也尉迟恭。(《元曲选·尉迟恭》)

我是一个不带头巾男子汉,叮叮当当响的婆娘。(《水浒传》二十一回)

(7) 双声叠韵词

双声叠韵是汉语词的特点,是由于一字一音的缘故造成的。它的作用在于音节和谐,读起来方便有节奏,富于音乐性,使人有一种美的感觉。这种现象在上古最为突出,《诗经》中很多这样的例子。到中古,在杜甫的诗中还是大量运用,但从它发展总的趋势来看是比上古少了。而到了近古,由于词结构的丰富,双声叠韵词不是主要的现象。而一般人也不讲究这种形式了。但在小说戏曲中有时也用到。例如:

却似半天里起个霹雳,振得那山冈也动。(《水浒传》二十三回)

那大虫急要挣扎，早没了气力。（《水浒传》二十三回）

如今被左司家朦胧劾奏。（《元曲选·鸳鸯被》）

他是个病人则怕劳碌着他。（《元曲选·㑇梅香》）

只索将这肺腑之言实诉与小娘子。（同上）

春闱赴选音传，恩爱惹离怨。（《元曲选·王魁负桂英》）

把鸳鸯打开两边。（同上）

奏笙歌，拨琵琶，凤丝龙笛。（同上）

拚酩酊从教不记取。（同上）

2. 合成词

是包含两个或两个以上词素的词，合成词中的每个词都具有单独的意义。成为合成词后，在某些情况之下它们采取词的原义，如“桌”加“子”变为“桌子”，“儿”加“子”变为“儿子”。但在某些情况之下就要改变原来每个词的意义，而具有新的意义。例如：“狼”是一种野兽的名字。“狈”，兽名，狼属。当它们结合成为“狼狈”一词时其意义就变了。“狼狈”，《博物典汇》：“狼前二足长，后二足短。狈前二足短，后二足长。狼无狈不立，狈无狼不行。故言相需而不可离者。曰狼狈，俗谓相倚为恶者，亦曰狼狈为奸。”辞源同样。“好歹”在构成词时，不解释为好，也不解释为歹，而是说话人不识好坏的意思。“拳打”不是拳头，也不是打，而是解释为“用拳头打人”。“鸣鼓”既不是鸟叫声，也不是乐器名，而是打鼓的意思。

合成词结构的各种形式在上古都已有了，但在某些结构形式还不是那么明显的成为一条规律。发展到中古就比较完善了。近古时期，合成词构成方式最多的还是并列结构、附加结构，这是因为这种结构形式在上古时代就已经很多了，到了近古，一方面继承了上古、中古时已经出现的并列等结构的词，一方面也由于近古时期产生了许多新的并列、附加等结构的词，至于主谓结构的形式，上古时是少得可怜的,直到近古还不能说它丰富。

上面我们说过了,汉语合成词的丰富主要在于汉语词汇发展的内部规律。但是我们也不否认,外来词的吸收的确是汉语合成词丰富的源泉。由于与各国各民族的经常接触,许多新事物被介绍到中国来,反映这些事物的新词也就不断地跟着进来,扩大了汉语合成词的队伍。

近古是民族矛盾、阶级矛盾最尖锐的时期,蒙古统治者入主中原,外国传教士进入内地传教,尤其是清末西欧文化的输入给中国带来了大批外来词,它们都被吸收到汉语词汇中来,成为一般词汇,有的甚至成为基本词汇,被长期保存下来。这些外来词的绝大部分是合成词。从结构上看,也可以分成几种形式。

构成并列结构的有:执行、故障、侵害、请求、共同、交换、经济、命令、组织、文法、关系、说教。

构成附加结构的有:铅笔、舞台、电车、美学、美术、火车、轮船、铁路、机车、重心、地球、水库、保健。

构成动宾结构的有:克服。

以上都是意译词,不像音译词那样容易分辨得出。

汉语词汇是在不断吸收方言词的基础上逐渐丰富起来的,被吸收的方言词大多是合成词,因此,方言词的吸收也扩大了合成词的队伍。近古时期的小说话本都是以北方话为基础,因此,这一阶段合成词的来源基本上是北方方言词。例如,造成并列结构的:

早晚:时候,时间。

家童,门首觑者,苏先生这早晚敢待来也。(《元曲选·冻苏秦》剧一折《王长者白》)

红娘白:"老有话说,明白妾来回报,这早晚怕夫人寻我,回去也。"(《西厢记》剧二本三折)

吴学究白:"这两个贼子到的那里,不必差人接应,只早晚山儿敢待来也。"(《元曲选·李逵负荆》剧四折)

倒换:调换。

旦白:"我收拾一包袱金银财物,今晚著梅香送出来。你倒换过,做你的财礼下来娶我。"(《元曲选·绯衣梦》剧一折)

李千娇白:"路途上厮见,无甚么与你,这一只金钗儿,倒换些钱钞,做盘缠去。"(《元曲选·争报恩》剧一折)

动静:态度、举止、模样。

范学士白:"老夫看了这两个模样动静,敢不中去么?"(《元曲选·陈州粜米》剧楔子)

正末白:"大嫂,我想那壁是个大人的动静。我将这宝物献与他咱,愁甚么不得官做。"(《元曲选·生金阁》剧一折)

惶恐:惭愧。

小生虽有虚名,其实不副,惶恐!惶恐!(《元曲选·百花亭》)

彭大白:"你常在我跟前,卖弄这阴阳有准,祸福无差,今日如何?好惶恐人也!"(《元曲选·桃花女》剧楔子)

精细:清醒、苏醒。

小撇古白:"父亲,你精细者!"(《元曲选·陈州粜米》剧

一折)

李彦和白:"大嫂,你精细者!"(《元曲选·货郎旦》剧一折)

附和结构的如:

管教:定教。

我和你待摆手去横行,管教他抹着我的无干净。(《元曲选·黑旋风》剧一折)

家长:① 丈夫;② 家主。

有儿夫的不掳掠,无家长的落便宜。(《元曲选·拜月亭》剧一折)

只说道奸夫是船家,猛将咱家长喉咙掐。(《元曲选·货郎旦》剧四折)

教师:拳教师,浪子,狂徒。

人都道你是教师,人都道你是浪子,上长街百十样风流事,到家中一千场五代史。(《元曲选·罗李郎》剧三折)

动宾结构的如:

从良:

我将小姐央,夫人快。他不令许放,我亲自写与从良。(《西厢记》剧二折)

侯云："老爹，你也好与我一纸从良的文书了。"（《元曲选·罗李郎》剧楔子）

接脚：接脚夫妻、再婚夫妻。

正旦白："谁知他两个倒起不良之心，冒认婆婆做了接脚。"（《元曲选·窦娥冤》剧二折）

（二）近古合成词构成的主要方式

1. 接合词

词头"阿""老"，词尾"子""儿""头""手"等在上古、中古就已出现。到了近古，词尾"儿"特别多，这是因为近古的文艺作品中大量使用北方方言词的原故。因此，反映在这个时期构词的主要特点是词尾"儿"的增多。

应该指出的是：近古时从音韵上讲，很多词都因加上"儿"被儿化，不成为一个独立的音节。而有些"儿"却能成为独立的音节。但从词汇的角度来看，不论是否儿化，它们都是词尾。

在元曲、小说、话本中这样的例子不胜枚举。

例如，名词如"儿"仍为名词：

我将这饭罐儿与俺哥哥送饭去。（《元曲选·伍员吹箫》）

既是这等，你跟我到庄儿上宰个羔羊儿杀个鸡儿，那饭儿中吃。这个则是豆儿粥，你吃不的。（同上）

则他那身材儿长共短。（同上）

见炕上有个纺车儿，越发以为稀奇。（《红楼梦》十五回）

一见宝玉来，都抿着嘴儿笑他。（同上）

那里找活猴儿去！(《红楼梦》二十四回)

凤姐儿忙起身说:“我也恍惚看见有一个人影儿。”(同上书,四十七回)

薛姨妈笑道:“小鬼头儿！你怕什么？不过骂几句就完了。”(同上)

使他赚几个辛苦钱儿,我一个钱也不要。(同上书,十五回)

大正月里,娘儿们姐儿们都喜喜欢欢的,你又怎么这个样儿了？(同上书,二十二回)

将一个小小的机关儿把你来完备了。(《元曲选·㑇梅香》)

动词名词化:

只见凤姐儿站在山坡上招手儿。(《红楼梦》二十七回)

正说着,只见荣国府中的王兴媳妇来了,往里探头儿。(同上书,十四回)

拿我比戏子,给众人取笑儿！(同上书,二十二回)

看了混账书,也拿我取笑儿。(同上书,二十六回)

刚才这两遭说话虽不多,口角儿就很剪断。(同上书,二十七回)

又没叫你替我解闷儿。(同上书,二十回)

还有一个好玩的东西给你带回去玩儿。(同上)

那女子趁势儿把棍往怀里只一带,那和尚便跟了过来。(《儿女英雄传》六回)

这件事在我心里也不知过了多少过儿了。(同上书,四十回)

头起儿就叫的是他。(《儿女英雄传》四十回)

这天算都有了吃儿了。(同上书,二十九回)

难道连寻宿儿的那一个也盖在里头不成?(同上书,六回)

老太太又说起逗笑儿的话来了。(《红楼梦》八十四回)

我故意的一碗里头多抓了一把盐,记了暗记儿。(同上书,一〇三回)

形容词名词化:

叫谁讨主子好儿。(《红楼梦》七十四回)

我听见宝二爷娶亲,我要来看看热闹儿。(同上书,九十七回)

好好儿的,又生气了?(同上书,二十回)

定了明儿后儿下帖儿请罢。(同上书,六十七回)

昨儿险些死了。(《儿女英雄传》三回)

简直的我就叫这两孩子认你作个干老儿,他两就算你的干儿子。(同上书,三十九回)

万一有个失闪,我店家推不上干净儿来。(同上书,五回)

把玻璃上那个挡儿拉开,得点亮儿。(同上书,二十九回)

数词转化为名词:

要是差一点儿的,早累的不知怎么样了。(《红楼梦》二十四回)

不想二爷要茶喝,叫姐姐们一个儿也没有。(同上)

早告诉我一声儿,多大点子事,还值的耽误到这会子!

(《红楼梦》二十四回)

袭人那怕他得十分儿,也不恼他,原该的。(同上书,二十六回)

一半儿为国忧民,一半儿愁花病酒。(《元曲选·汉宫秋》)

他叫得慢一会儿,紧一声儿。(同上)

这一股儿一断,那上身绑的绳子便一段段的松了下来。(《儿女英雄传》六回)

在"儿"后面加"的"变为副词。例如:

大家偷偷儿的各处搜寻。(《红楼梦》九十四回)

那就是活活儿的现世报了。(同上书,八十三回)

倒要静静儿的歇歇儿。(同上书,六十七回)

算到今日之下,整整儿的七十年。(《儿女英雄传》三十二回)

"儿"还用在人名之后。如:

娶妻刘氏,生子小名板儿。(《红楼梦》六回)

话说贾琏听凤姐儿说有话商量,因止步问是何话。(同上书,二十二回)

贾琏听了,倒在炕上,拍手笑道:"我竟不知平儿这么利害,从此倒服了他了。"(同上)

又生一女,名唤青儿。(同上书,六回)

凤姐下了车,一手扶着丰儿。(同上书,十四回)

宝钗叫道:"颦儿急了,还不回来呢?走了倒没意思。"

（《红楼梦》二十五回）

因命四儿剪烛烹茶。（同上书，二十一回）

因见智能儿过来，宝玉笑道："能儿来了。"（同上书，十五回）

词尾"子"在上古、中古时也已经出现了。例如：

郑州亭子涧之滨。（杜甫诗）

缠得红罗手帕子。（王建诗）

龟毛拂子长三尺。（陆游诗）

到了近古，这种结构形式并没有发生很大的变动，只是在量上增多了。一般说来，如词尾"子"都变为名词，但也有少数情况是不发生变化的。

名词加"子"仍为名词。例如：

不是取不了那贼子的首级。（《儿女英雄传》八回）

这头巾环子便是赃仗。（《元曲选·勘头巾》）

则你便是，怪道一个鼻子和俺奶奶的一般般样那。（同上）

只有一个儿子，名唤王成。（《红楼梦》六回）

上得冈子，当不过这热，权且在这林子里歇一歇。（《水浒传》十六回）

只见远远地一个汉子，挑着一付担桶，唱上冈子来。（同上）

杨志戴上凉笠儿，穿着青纱衫子。（同上）

一个捧出一大捧枣子来。（《水浒传》十六回）

只见两个客人去车子前取出两个椰瓢来,一个捧出一大捧枣子来。(同上)

你这客人好不君子相!(同上)

这绢子果然是你丢的那一块。(《红楼梦》二十七回)

原来这亭子四面俱是游廊曲栏。(同上)

遂向袖中取出扇子来向草地下来扑。(同上)

进来他就跳上桌子,把桌子上的菜舔了个干净。(《儿女英雄传》六回)

动词加"子"名词化。例如:

偏这拐子又租了我的房子居住。(《红楼梦》四回)

那十一个厢禁军,担子又重,无有一个稍轻。(《水浒传》十六回)

有一碟子豆腐皮儿的包子。(《红楼梦》八回)

那时要仗我这把刀,是张弹弓子。(《儿女英雄传》八回)

干也罢了,必定还要带出幌子来。(《红楼梦》十九回)

一个耗子便接令去偷米。(同上)

你一般也遇见对子了。(同上)

这会子我来了,你大模厮样儿的躺在炕上,见了我也不理一理儿。(同上书,二十回)

刚解开了钮子,被袭人将手推开,又自扣了。(同上书,二十一回)

形容词加"子"名词化。例如:

好生带了宝玉去,别叫他老子唬着他。(《红楼梦》二十

三回）

他素日又和宝玉鬼鬼祟祟的，只当人家都是瞎子，看不见。（同上书，十回）

遣了个能干小耗子去打听。（同上书，十九回）

我也包好了交给小子们去了。（同上书，八回）

数词加“子”名词化：

念书是很好的事，不然就潦倒一辈子了，终久怎么样呢？（《红楼梦》九回）

我才到他那边解劝了他一会子。（同上书，十回）

兼请太爷来家受一受一家子的礼。（同上书，十回）

现叫奴才们找了一班小戏儿并一档子打十番的，都在园子里戏台上预备着呢。（同上书，十一回）

称呼后加“子”为名词：

恰才樊素小娘子将简帖儿和香囊到小姐行去了，良久杳无音信。（《元曲选·㑳梅香》）

瞧瞧嫂子和侄儿。（《红楼梦》十回）

遂带了一个婆子。（同上）

婶子，你是知道的，那媳妇虽则见了人有说有笑的，他可心细。（同上）

至于词尾“头”在中古时也已出现。例如：《通俗常言疏证》就有“外头”“里头”“后头”“上头”“下头”等词出现，并认为在内为里头，在外为外头，在前为前头，在后为后头，在上为上头。

近古时,词尾"头"出现的频率虽比"儿""子"少,但与中古时期比,又要多得多。例如:

正说着,外头人回道。(《红楼梦》十一回)

今儿得了彩头,该赏我们了。(同上书,十七回)

姑娘们都在后头玩呢!把他送了去。(同上书,二十回)

里头还有些不干净的话,都告诉了他姐姐。(同上书,十四回)

我们伙计,一个在前头,挽着一个绳头,一个伙计在后头,挽着一个绳头。(《老残游记》卷八)

宝玉听了,点头笑道:"你不知道,他心里自然又有个想头了。"(《红楼梦》二十七回)

这英莲受了拐子这几年折磨,才得了个路头。(同上书,四回)

但你要安心留我,不在这上头。(同上书,十九回)

满屋里上头是灯,下头是火。(同上书,二十回)

谁知你不防头,就说出来了。(同上书,二十二回)

小人自会做活结头。(《水浒传》十七回)

"家"在唐宋以后开始虚化,逐渐形成词尾。元明戏曲小说中可以看到它在构词上的活跃情况。如:

酒家道:"这厮醉了休惹他。"(《水浒传》二十三回)

酒店家去里面切出二斤熟牛肉。(同上)

武松敲着桌子叫道:"主人家,怎的不来筛酒?"(同上)

秀才家,那个不风魔。(《董解元西厢记》)

女孩儿家直恁响喉咙。(《西厢记》)

你是一个男子汉家。(《元曲选·渔樵记》)

妾当死于地下,以谢君家。(《元曲选·琵琶记》)

你嫂嫂是个年少妇人家。(《元曲选·铁拐李》)

谁知他那小孩子家不知好歹。(《红楼梦》十回)

你是个老人家,别人吵,你还要管他们才是。(《红楼梦》二十回)

2. 复合词

组成复合词的词素都是实词素,它们可以由两个意义相近或相反的词构成并列关系,也可以由一个为主一个为副的词构成偏正式。这种构词方式,从上古到近古并没有多大变化,而只是更加完善,更加丰富了。这是因为近古时期一方面继承了上古、中古时产生的词,另一方面在这个阶段也产生了不少新词,它们都大大地补充了复合词的结构。

(1) 联合式

由两个义近或意义相反的词构成,这种造词的形式在上古时就已经很多了。到了近古显得更加活跃。例如:

及至说了半天话儿,又提起媳妇的病,他倒渐渐的气色平和了。(《红楼梦》十回)

冯紫英因说他有一个幼时从学的先生,姓张,名友士,学问最渊博。(同上)

那里有这样禽兽的人。(同上书,十一回)

俗传出女儿国,故花最繁盛。(同上书,十七回)

一个个围绕着,送至贾母门前。(《红楼梦》十七回)

邢夫人忙上来劝解。(同上书,十八回)

王夫人摸索着宝玉的脖项。(《红楼梦》二十三回)

薛蟠又跳起来喧嚷道。(同上书,二十八回)

黄莺儿怕你寻友处迷了伴侣。(《元曲选·金钱记》)

父亲的言语。(《元曲选·陈州粜米》)

手中那条枪不知颠倒。(《水浒传》七十七回)

砍伐山中木植,填塞断了。(同上书,七十八回)

众多军卒。(《水浒传》七十八回)

亦不过虚掩眼目而已。(《红楼梦》九回)

这贾菌少孤,其母疼爱非常。(同上)

气的是为他兄弟不学好,不上心念书,才弄的学房里吵闹。(同上书,十回)

这类词是由两个意义相近或相同的词构成的,在构成新词后,其意义仍然不变。

另外还有一类并列词是由两个意义相反的词构成的,在构成新词后,仍包含原来的两个意义。这类词在近古时仍可见到许多。例如:

西门庆那厮手脚了得。(《水浒传》二十六回)

却回来望西边寻去,又寻了两日,绝无些动静。(同上书,七十三回)

太公放心,好歹要救女儿还你。(同上)

"歹"原是蒙古语词,被吸收到汉语基本词中来,它常和好结合,构成并列词,这种例子在《红楼梦》、元曲中都可以找到不少。

小人只是这里剪径,做些小买卖。(《水浒传》七十三回)

小人有甚心情看书写字,朝夕只是想念小姐。(《元曲

选·会钱记》）

正是：花影不离身左右，鸟声只在耳东西。（《红楼梦》二十八回）

且能断人的生死。（同上书，十回）

薛姨妈等忙了手脚，各处遍请名医，皆不识病源。（同上书，九十八回）

紧咬著牙始终一声儿不言语。（《儿女英雄传》九回）

惟恐落人褒贬。（《红楼梦》十四回）

这“贫富”二字原是市井小人的见识。（《儿女英雄传》九回）

（2）偏正式

它的结构有动宾式的，有附加式的，有主谓式的。主谓结构在上古少得可怜，中古逐渐增多，近古时却发展得特别快。其中出现最多的要算是附加结构。

动宾结构的有：

宋江道：“我和你赌砍头，你如何却来负荆？”（《水浒传》七十三回）

背岸西独自钓鱼。（同上书，七十七回）

飞马直取童贯。（同上）

奔马逃命。（同上）

明日只奏道：“天气暑热，军士不伏水土，权且罢战退兵。”（《水浒传》七十八回）

左手拈弓，右手搭箭，拽满弓，翻身背射一箭。（同上）

梁山泊好汉看见官军阵脚乱了，一齐鸣鼓摇船，直冲上来。（《水浒传》七十八回）

黛玉将剪子一摔,拭泪说道。(《红楼梦》十七回)

宝玉听了,又是咬牙,又是笑。(同上书,二十八回)

十三妹嚷道:“用不着你多事,你不用在那盆里洗手。”(《儿女英雄传》九回)

这是我刚才擦脸的。(同上)

见个生眼儿的娘儿们就没说话先红脸。(同上)

第二件便从意外算到我的终身。(《儿女英雄传》九回)

他还看不入眼。(同上)

附加结构在近古要算最多了。如:

乘其退走,我这里再出精兵,两路击之,宋江可擒也。(《水浒传》一〇六回)

若不配个佳婿,岂不辜负?(《明清平话小说选·风流配》)

因强盗都有洋枪,乡下洋枪没有买处,也不敢买。(《老残游记》卷四)

紧接着张老夫妻把煮的肘子、肥鸡、连饭锅、小菜、酱油、蒜片,饭碗、匙箸,分作两三荡都搬运了来,分作两桌。(《儿女英雄传》九回)

说着,走到堂屋里,把那桌子上茶壶里的茶倒了半碗过来,蘸着那茶,在炕桌上写了两行字。(同上)

张金凤偷眼一看。(同上)

尤其难得的是,眼见他的相貌。(同上)

俗语说的:“人同此心,心同此理。”(同上)

这眼界也就太高了,不是情理。(同上)

这事也不是求得人的,也不是旁人包办得来的。(《儿女

英雄传》九回）

主谓结构的有：

因半日未尝歇息，眼酸脚软，忽又见前面露出一所院落来。（《红楼梦》十七回）

又不知有妨碍没妨碍，所以我心里实在着急。（同上书，十回）

张老儿见说着心病，便笑道。（《风流配》）

这杨志手快，随复一刀，砍个正着。（《水浒传》七十七回）

呼延灼道："我漏你到这里，正要活捉你。"（同上书，七十九回）

神号鬼哭，昏昏日色无光。（同上）

杀得童贯胆寒心碎，梦里也怕。（同上书，七十七回）

董平听得弓弦响，抬手去隔，一箭正中右臂。（同上书，七十八回）

尤其难得的是眼见他的相貌，耳听他的言谈。（《儿女英雄传》九回）

五、词的变化

（一）词义变化的原因及其过程

社会的发展必然影响到词的发展，一些旧词消失了，新词产生了。大批的词也随着社会的发展发生了意义上的变化。从上古一直到近古，有些词的意义并不发生变化，主要表现在某些基本词上。例如：人、山、水、地、牛、羊、马，等等。有部分基本词如“日”“月”发展到后来变为构词的词根，它们本身为太阳、月亮所代替，但是意义并没有发生变化，仍然还是指同一的东西。有一部分词则随着社会的变迁发生了很大的变化，有的消失了原义而赋予新的意义。譬如随着资本主义的萌芽，近古时期的手工业、农业、自然科学等方面都得到很大的发展，反映到词汇上就是涌现出大批的新词和改变了一些旧词的意义。例如：

车船：为宋人所创，当时船棚上还无人撑驾，用车轮脚而行，但到了清末有轮渡，后面能拖船，称之为木轮船，要比一般的船快多了。所以清末时车船的实用意义，已不再等于宋时的意义。

纸币：纸币的应用也是由于社会更换繁复出现的，宋时已经开始出现了纸币，但还只是作为盐茶券用，然而到了元明时就作为钞用，清中叶以后开始称纸币，应用也普遍了。这就使得纸币的意义由原来较小的范围而成了较广的。

条子：原指一般长条形的物体，到清时，棉纺织业中已变成一种经过加工过的棉花半成品。“于是约熟花衣作带形，削细竹茎为心……其状外圆而中空，名条子。”（孙星衍等《嘉庆松江府志》卷六）

花衣：原来是指花色的棉花。但在这时棉纺织行业中已变成经过加工脱子的棉花。“取花塞两轴之隙，而半足胥远，则子自内落，无子之花自外出，若云叆云速然，名‘花衣’。”（同上）

弓：在上古时弯形的都为弓，到了近古，由于棉纺织业的兴起，“弓”就变为指弹棉花的弓了。“绵必弹之使如轻云，谓弹花衣。弹花者名‘弓’，弓以木作圆柱状，长四五尺，粗盈握……绳下着弓，以左手执弓，右手持槌，坐击之。”（张春华《沪城岁事衢歌》）

烟：烟草，古时就有了，凡气体都认为是烟，以后由于吸烟的关系，其意义扩大了，泛指一切的烟草。烟草之种植也由此开始。

其他如“马头”“机头”“狗脑”“辫”“狮子口”“牛眼睛”，在当时缫丝业中都是机器或机器零件的名称。（见陈作霖《凤麓小志》卷三《志事・记机业》第七引高子安《机器谱》）

在近古产生的新词中，有的是为这时专设的某些机构、制度而构成的，它们就必然具有新的意义。例如：

三考：明朝制度，吏员每三年考一次，九年考满，给予出身，做小官吏。

二府：明制，知府之下有同知，是副职性质，别称为二府。

学里：明制，作为管理儒生的机关。

神童：是由古代童子科演变而来的一种举士制度。明制，对于特殊聪慧的儿童由官员们举荐，可以由皇帝亲唱试，给予读书或进学的优待机会。

三法司：明制，刑部、都察院、大理寺这三个机关称为三法司，职掌司法和狱讼事情的。

总督：元制，诸路的民政最高机构为总督府，总管是次于达鲁花赤的主官。

这些词也会随着社会的变化而变化，有的随机关的消失而消失，有的则变了意义，有的也被保存了下来。然而，它们在当时是具有独特的意义的。

随着自然科学的发展，人民对事物认识的加深，也会引起词义的变化。例如：

燈：古时“灯”是火焰如豆的油灯。但到了近古时期，随着工农业生产提高，科学发达，“灯”已经和煤油灯、煤气灯、电灯联系起来了。

礮：俗作砲，以机发石也。古人攻战之具。《新唐书》：“以机发石为攻城械，号将军礮。”今借用为火礮字。元以西域人亦思马因与阿老瓦丁所造大礮攻襄阳，是为中国战事用火礮之始。这样，人们想到“礮”时就与火礮相联系。发石之礮已不存在。

由石砲变为火砲，随之就产生了供砲需要的砲弹，研究枪砲之学术——砲学，砲弹、砲学之名由此而起。

燐：《淮南子注》：“野火之忽隐忽现作青色者。”又：“精在地暴露百日则为燐。遥望炯炯若燃火也。”故谓之燐火。俗谓之鬼火。给人以阴森之感觉。但到了近古，科学文化之进步“燐”随之也改变了原始的意义，成为化学原素之词。

随着“燐”字字义之改变，产生了燐酸、燐化氢、燐酸钠、燐酸钙等化学名词。

汽：原与汔同，近也。随着汽车、汽船、汽机的产生，皆用水蒸气之力，故名。

随着“汽”字之义的改变，产生了汽车、汽油、汽管、汽机、汽锅等等。

有些词的意义也会随着外国势力的侵入而发生了改变。具有特殊意义。如：

神《辞源》：① 天神也，人鬼之对称。《周礼・大司乐》："以祀天神。"② 不可知谓。《易》："阴阳不测之谓神。"到近古时神是神圣不可侵犯的，也就是上帝之称。

圣：① 谓之无不通也。《书》："睿作圣。"② 修养人格造乎至极之地谓之圣。《通书》："士希贤、贤希圣、圣希天。"③ 凡极至者谓之圣。如诗圣、药圣。④ 至尊之称。如君主之言词曰圣谕、圣训。到了近古，基督教兴起，圣用之于上帝。

圣母：唐武后之尊号。《封氏闻见记》："则天垂拱四年，得瑞石于洛水，文曰：'圣母临人。永昌帝业。'号其石为宝图。于是群百上尊号，请称'圣母神皇'。"到了清时嗣皇帝即位，尊其生母为"圣母皇太后"。见《清通典》。基督徒传入，教徒称耶稣之母马利亚为圣母。

帝：《辞通》：① 君也。王天下之号，如三皇五帝。② 神之尊者亦称帝。如白帝、赤帝。③ 天也。《诗经》："帝命不违。"基督教则称耶稣为上帝。

在谈到词义的时候，我们还要顺便提到一点，有些词的意义并没有发生变化，但名称改变了，这类词也有好些，这主要是因为事物本身并没有变化，它仍然需要有一定的词来反映它，然而词汇的贫乏，不能恰如其分地反映某一事物的特征和某些事件。因此新词陆续产生了。例如：

喫，上古用"食"来表示。如：

硕鼠硕鼠，无食我黍。(《诗经・唐风・硕鼠》)

皎皎白驹，食我场苗。(《诗经・小雅・白驹》)

到了中古，"喫"代替了"食"。近古时仍然用"喫"来表示。如：

你们不得洒家言语，胡乱便要买酒喫，好大胆！（《水浒传》十六回）

喫了早饭，众头领叫一个小喽啰把昨夜担儿挑了。（同上书，十二回）

故此先来望你一望，求钟茶喫。（《西游记》十四回）

吃酒吃饭，都有个凑趣儿的。（《红楼梦》四十回）

凤姐道："他早吃了饭了，不用给他。"（同上）

"喝"，上古用"饮"表示，近古（明代以后）用"喝"表示。但在《西游记》《红楼梦》中有些地方还是用"喫"表示。例如：

众怪闻言大喜，即安排酒果接风，将椰酒满斟一石碗奉上，大圣喝了一口。（《西游记》五回）

却说那怪物坐在上面，自斟自酌，喝了一盏，扳过人来，血淋淋的喝上两口。（同上书，三十回）

我的手脚粗，又喝了酒，仔细失手打了这磁杯。（《红楼梦》四十一回）

他自己老了，又不顾体面，一味的好酒，喝醉了无人不骂。（同上）

贾琏、凤姐忙让吃酒，叫他上炕去。（同上书，十六回）

旁边一个婆子道："爷们才到凝曦轩，带了十番，那里吃酒去了。"（同上书，十一回）

何九叔心中疑忌，想道："这人从来不肯和我吃酒！今日这杯酒必有蹊跷。"（《水浒传》二十四回）

从上面可以看到"喝""喫"同时并用，说明"喝"还没有完全代替上古的"饮"，"喝"完全代替了"饮"的地位是近古以后的事情。

“端”，明末清初时开始用“端”这个词，在这以前是用“掇”来表示的。元曲中差不多都用“掇”。例如：

我掇过这个香卓儿。(《元曲选·争报恩》)

下次小的掇一个卓儿。(《元曲选·东堂老》)

在《红楼梦》中却都是用“端”。例如：

李纨端了一碗放在贾母桌上。(《红楼梦》四十回)

袭人听说，便端过两个小掐丝盒子开。(同上书，三十七回)

但是在《醒世姻缘传》四十八回有云：“端茶掇饭。”从这里却又看出了“端”与“掇”在近古时还未完全统一，“掇”还保存了过渡时期的痕迹，近古以后“掇”字逐渐消失，被“端”所代替。

“羞”，在元曲中用“羞”，如：

我须是脸儿羞。(《元曲选·潇湘雨》)

但是在明朝的小说中用“摭羞”“摭”，如：“如今没的摭羞。”“没地摭器儿来缠我。”

到了《红楼梦》中却又变为“羞臊”。如：

倒把巧姐看得羞臊。(《红楼梦》十八回)

“羞”与“臊”是一音之转。

“肥”，古时“肥”“胖”无别，统统称肥，到了明朝时才开始有了

分别,“肥”可以用来形容动物,也可以用来形容人,而“胖”只能专指人而言。例如:

这个汉子却肥。(《水浒传》三十回)

当中坐着一个胖和尚。(同上书,六回)

庄客拣了两头肥水牛杀了。(同上书,一回)

后边来的是一条胖汉。(《西游记》十三回)

只见一个胖大和尚,脱的赤条条的,背上刺着花绣,坐在松树根头乘凉。(《水浒传》十七回)

概念之变化与社会风格习惯有关,拿胡子来说就是这样,古人以胡子多为美观,也没有剃胡子的习惯,他们把胡子分为“髯”“髭”“须”。两颊上的胡子为“髯”,嘴上边的为“髭”,下边的为“须”。但到了宋以后,不再留着满脸的胡子,也就没必要把胡子分为三种名称,胡子就开始成为统一的名称。

有些词发展到近古所表示的意义范围要比从前大。例如:

朝奉:秦始皇令当时的一些富豪和朝臣一起向他朝见、请安,称为“奉朝请”,元以后就称富翁或当铺里管事的人为朝奉。

虞候:武官名。唐代方镇都置有虞候,治不守法的人,元朝以后,方镇的亲随小军校也叫做虞候。

承务:承务郎的省称。宋代,八品的地方官的勋阶叫做承务部。金、元时代,从七品上的勋阶也叫做承务。

解元:科举时乡试首荐者之称。乡试本称解试,到明时士大夫通以乡试第一为解元。

门子:旧时做官的人,为了表示他的操守,对于贴身跟随和承值办公处所,以至于私人住宅往来传递的从人,一般都用没有成年的童子充当,原是避免请托贿赂和乘机作弊的用意,慢慢就成了一种制度。这类童子称为门子。

察院：都督院简称。明代专司监察的机构，它所属的官员就是御史，御史们出差在外，他的衙署也仍称为察院。

员外：原是官名，后来作为一般地主阶级的尊称。到明清时连中小商人也称员外了。这说明了当时商人地位的提高。

主管：指户佣的伙计。到了明代话本里，主管便兼有奴仆头儿或店铺管事的人的意义了。

从良：古代妓女隶属在乐籍，是一种职业，脱离嫁人叫做从良。以后奴婢赎身也叫从良。

角：古代的酒器。最初是用牛角制的，后来酒器名称遂多，从角酒店里卖酒的数量单位也称为角。

破落户：原来是做官或是地主人家，后来家道中落，而又不务正业称为破落户，地方上的流氓痞子也称破落户。

长随：明代小太监做大太监的随从，叫做长随。后来作一般奴仆的通称。

红毛：原称荷兰人为红毛，英国人入中国，则扩大称为一切外国人。

行钱：宋代人谓代放债之人也。《清尊录》："凡富人以钱委人，权其子而取其半，谓之行钱。"

火：《辞通》：① 物在空气中，与氧气化合而燃烧，所生光与热之现象也。② 焚也。《左传》："凡火，人火曰火，天火曰灾。"③ 古兵制以十人为火，故谓同火者曰火伴，此外喻文之急者曰火，如火速、火急。心有所激也为火，俗亦谓怒曰火。星名即大火也。到了明时，火字之义又扩大为姓也。《明史纪事本末》："火济从诸葛亮南征孟获，有功，封罗甸国王。"所以"火"之义是逐步扩大的。

神：最早解释为天神也。人鬼之对称。《周礼·大司乐》："以祀天神。"也解释为不可知；阴阳不测之谓神。精气也谓神，如精神、神气。到了明朝，有人姓神。《风俗通》云："神农氏作。"《明史》有名神英的。

生：生之义颇多，有释为死之对；生存之时曰生，如平生、此生；凡生物之生皆名生，如群生、众生；烹饪未熟曰生；未稔熟曰生；养生之事曰生，如生计、生产。儒生、书生皆曰生。此外养也、产也都为生。中古时（唐朝）又作语气词用：如李白《戏赠杜甫》云："借问别来太瘦生，只为从前作诗苦。"还有可怜生、作么生之类。到元以后，戏曲兴起，作正生、小生之脚色名，元曲之末即为生也。如晚生或称晚末，眷生或称眷末。元明之际"生""末"通用。可看出生义之扩大化，由生死之义扩大运用到戏曲上了。

与此相反，词的意义也可能愈变愈小，成为专指某一样事情了。例如：

先生：上古谓老年教学者，父兄也。有道者之称，年长者之称，主人之称。到元朝则称道士为先生。《经世大典・马政篇》："至元廿四年，江淮省言，江南和尚也里可温先生，出皆乘轿，养马者少。"

帝：为君也。王天下之号，如三皇五帝。帝也，为神之尊称。如白帝、赤帝。也称天。《诗经》："帝命不违。"到了近代资本主义势力侵入，基督教兴起，帝则为上帝之称。

上厅行首：元明年间对于妓女的美称。因为她们时常要承应官府，或是参拜，或是歌舞，凡是有官身出入官厅，并且在行列中领头的一定是最有色艺的，所以对于妓女们称为上厅行首，渐渐地变为一般妓女的代名词了。

冰魂：宋苏轼咏梅花诗有"玉雪为骨冰为魂"的句子，后来常以"冰魂"为梅花的代词。

太太：明时部民呼有司眷属。唯中丞以上得称太太，见胡应麟《甲乙賸言》。以后发展到称仕宦者之妻皆为太太。这是以后的事情。而在明时却只是专指。

词义发展的另一个情况，就是某些词发展到近古意义与过去不同了。例如：

钱：上古时钱为农器之称，即铁铲。以刬地除草者。自宋以后钱为货币之称。

舍人：官名，如通文舍人，太子官属，唐置掌受笺启及参谒之礼劳问之事，清代始废。宋元时世俗尊称贵显子弟曰舍人或曰小舍，明代唐臣应袭支庶。在卫所亦称舍人。清时督抚署中有舍人厅，掌传达之事。清世称常关之书吏亦曰舍人。

头目：头目二字连用见于《荀子》："下之于上也，若手臂之捍头目也。"后称一群之长曰头目。元伶军官号头目。

待诏：官名，汉时四方上书者咸待诏公车，唐时翰林院为待诏之所，明亦置翰林院待诏，以备应对，清因之，同时又称工匠、手艺人为待诏。

打、动、击：到明清时也引申为弹劾、动击的意思。

伴读：官名，宋时有南北院伴，以教宗室，辽与明皆为亲主府官。

同年：科举时代，同榜考取举人、进士乡贡的，互称同年。到明清时也有引为考中的淑女之称。

入彀：唐太宗私幸端门，见新进士缀行而出，喜曰：天下英雄，入吾彀中。言英雄为所笼络也。明清时谓考试中式为入彀。

勾当：宋元明清时都当作事情解释，在明清时也解释为对某一事件含有鄙视意味。

小说：本义是一派哲学思想，最初见于庄子。《庄子·外物篇》"饰小说以干县令"。这个意义与近古时期出现的小说意义不同，宋时小说就已经是指文艺创作了。到元明清时也就继承了这个说法。

秀才：唐宋时，对于参加科举考试的都称秀才。明清两代的科举制度，童生先经府、县考试，再经全省的院考查录取后称秀才。

楔子：木工用木片塞紧所作器具或工事的结构，以便利工作，这种木片叫做楔子。后来元曲把在剧首或折之间加入一段介绍人物、情节和联系前后剧情的文字，小说把开端叙述，引起全书的一段文字，都叫楔子，引伸为填空、引子解释。

从上面可以看到近古时期词义变化仍然是通过扩大缩小转义的过程来实现的。

词义的变化是复杂多端的，它发展的基本过程是扩大、缩小、转义，但实际上并不是简单的直线的发展，在发展过程中必然会产生一些多义现象，有的词原义扩大了，但也可能随之又因人们的需要而缩小了。或者发生了转义的现象。例如“肥”的本义是肥胖，《说文》：“肥，多肉也。”后来把富裕的意思也称肥。《苦辛吟》“自然国家肥”，使其意义扩大了。到了近古，“肥”字仍然还是作肥胖解释，词义又缩小了。与此同时又产生了“胖”与“肥”同时并存，专指人的肥胖，这在上面就已经谈过了。

(二) 词义变化的结果

词汇发展愈来愈丰富，词义发展也随之愈来愈丰富了。词义变化的结果，形成了同义词和一词多义的现象，因为词义的扩大、缩小和引申的结果，使词失去原义而具有新的意义，与此同时也往往会形成一些新词。造成的这些新词必然含有一部分意义相同或相近的。这就构成了同义词，同义词的增多使得词更准确的表现事物，更精确更细致的表达我们的思想。一词多义和同义词的增多是汉语词汇丰富的原因之一。这种现象在上古时就已出现了，中古就已经很多了，近古时期就更不用说。

同义词包括近义词和等义词，词义变化产生的同义词：

由于需要，地方官吏增多，其名称也增多，有的表示相同的概念，有的却只存在细微的差别。例如：

抚台：也称作巡抚，也称抚院、抚军、中丞、部院，是总揽一省政务的最高地方长官。

制台：也称总督、制军。是总揽一省或几省政务的地方最高长官。官阶比巡抚大一级，但实际上两者地位平行，职权也差不多。制台偏重军政，巡抚偏重民政。所以抚台与抚军、中丞、部院是同义词。制台与总督、制军也是同义的。

与“制台”同义的还有“大帅”：是总督和巡抚，一般尊称为大帅、帅、节帅。

太守、知府：知府是管理一府政务的长官。地位略等于古时的太守。所以，当时人也称知府为太守。

同寅、同官、同事：同在一起做官，地位差不多的彼此称同寅。

扶觇、扶旗、扶鸾：由两人扶住一个丁字形木架的两端，木架中间悬一枝木笔，下面放一沙盘，依术施行。鬼神降临之后，木笔就可以自动在沙上写字，或作诗词，或开药方，写完即停笔。这是一种骗人的把戏。

牙笏、朝板：是象牙做成的手板，本是从前大臣朝见皇帝时所用的东西（清时无牙笏），道士在朝真或斋醮时也照例拿牙笏。

秀才、秀士、生员、诸生：参加科举被录取者。

老虎：又称於菟，也有称为大虫的。（大虫的产生是由于当时人避“虎”字），在《水浒传》中可以见到这样的例子：“只听得乱树背后扑地一声响，跳出一只吊睛白额大虫来。”

班指、搬指、扳指：本是套在右手大指上，为射箭时钩弦之用的，后来成为一种装饰品，多用玉质制成，以翡翠的较为名贵。

职事、执事：指旌旗一类的仪仗。

打更：在当时分得很详细，起更、定更称为初更，最后一次打更称为散更。

手版：就等于手本，是属员谒见长官时的一种名帖，有红禀、白禀之分。

此外，班房、牢房、监狱等义。

由卑称而产生出来的词，意义相同而用法不同。例如：

卑职：清朝官场习惯，州、县官谒见长官时，自称卑职。道台谒见督、抚时自称职道。知府谒见督、抚、藩、臬时自称卑府。藩台、臬台谒见督、抚时自称司里。

而其实“卑职”“职台”“卑府”“司里”这些词总的还是谒见，意义并没有发生变化。

此外又如：

会试：清朝科举考试制度，分为乡试、会试、复试、殿试，总的也不过是考试而已，例行手续而已。

词义变化产生一词多义现象：

头脑：有作体格解释的。如：

> 我这里也几次问人家来，却没这般头脑。（《警世通言》卷十四）

也有作首领解释的。如：

> 你老人家就是这学里的头脑了。（《红楼梦》九回）

学生：一般是前辈对后辈称。但有时也解释为科举人士的名称。如：

> 先在小儿馆中伴读，后在学生书房管书柬。（《警世通言》卷二十六）

六、熟语的引用与继承

熟语发展到近古更加丰富了，这是因为一方面继承了上古、中古时期出现的熟语，另一方面在近古时创造了许多新的熟语。

熟语的引用丰富了文学作品的语言。由于它是人民智慧的结晶，是千百年陶冶出来的最精辟最生动最形象的语言材料，因此，它在人民语言中具有很大的稳固性，为人民所喜爱。

我们所指的熟语包括了成语、谚语、歇后语，它们来源于历史故事、古典作品、寓言与民间传说，因此，近古时期引用的熟语不外乎是从这三方面来的。文学作品《红楼梦》《水浒传》《西游记》《儒林外史》的作者曹雪芹、施耐庵、吴承恩、吴敬梓之所以成为使用语言的巨匠，是与他们恰如其分的使用成语、谚语和歇后语分不开的。

（一）成语的引用与继承

近古成语的丰富是与它的继承性分不开的，应该认为近古时期引用的成语大部分是从上古、中古来的。我们说成语有很大的稳固性，在较长的时期内是不容易变化的，但它又不是一成不变的，随着社会的发展变化，成语也或多或少的起了变化，有的消失了，有的意义引申了，有的则更改了个别的字。在新的历史条件下,也就必然会产生一些适合于现阶段的新成语。虽然它反映社会的发展没有一般词汇的灵活性大,但它毕竟是有发展的。

构成成语是由于社会的约定俗成,在开始时说法往往不固定。就拿“九霄云外”来讲,现在我们一律说成“九霄云外”,但是在近古时不是这样统一的。例如:

即便纵云,赶到九霄云里,轮着宝杖,又不好下手。(《西游记》五十八回)

他两个各踏云光,跳斗上九霄云内。(同上)

他就顾不得八戒、沙僧、诸天等众,一路筋斗,跳上九霄空里。(同上书,六十五回)

把这水火棍一隔,丢去九霄云外。(《水浒传》九回)

又如:“七上八下”源自赵德麟《侯鲭录》,到《五灯会元》时为“七零八落”,到元贾仲名曲又作为“七上八落”。

有的成语在发展过程中次序颠倒了,意义与原来相同的。例如:

岂不闻“兔死狐悲,物伤其类”。(《水浒传》二十八回)

“兔死狐悲”在《宋史·李全传》作“狐死兔泣”。

“钓名沽誉”可作“沽名钓誉”,例如:

好好的一个清净洁白女子,也学的钓名沽誉,入了国贼禄鬼之流!(《红楼梦》三十六回)

可知那些死的都是沽名钓誉,并不知君臣的大义。(同上)

“搬弄是非”也可作“搬是弄非”，例如：

恼的是那狐朋狗友，搬是弄非，调三窝四。（《红楼梦》十回）

“四万八千里”也可作“八万四千里”，例如：

假若扇着人，要飘到八万四千里，方息阴风。（《西游记》五十五回）

有的成语在发展过程中，可以引伸出一些与自己意义相同的成语。例如：

恼的是那狐朋狗友，搬是弄非，调三窝四。（《红楼梦》十回）

“狐朋狗友”大概是由“狐群狗党”变来的。

从此，风声鹤唳，草木皆妖。（《红楼梦》一〇二回）

“草木皆妖”是由“草木皆兵”来的。“草木皆兵”形容惊疑之极，来源于《晋书·苻坚载记》。

有些成语在发展过程中变为同义的了。例如：

这几个人早已吓得魂飞魄散了！（《老残游记》卷八）

那老龙听说是孙行者齐天大圣，吓得魂不附体，魄散九霄。（《西游记》六十三回）

“魂飞魄散”和“魂不附体”都是形容惊恐之极。

> 玉钏儿道:“吃罢,吃罢! 你不用和我甜嘴蜜舌的了。我都知道啊!”(《红楼梦》三十五回)

“甜嘴蜜舌”与“甜言蜜语”“口甜如蜜”同,它们大概都是由“口蜜腹剑”来的。

成语在开始时用法不定,但在约定俗成后,是不大允许改动的。尤其是有典故的成语。例如:“负荆请罪”“毛遂自荐”“弄巧成拙”“守株待兔”“胸有成竹”“班门弄斧”等等。在近古时,只是作为比喻来引用的,并没有发现有变动。

我们说的成语一般指四字组成的而言,也有三字、五字以上的,但为数不多。例如:

> 若应了那句“树倒猢狲散”的俗语,岂不虚称了一世诗书旧族了!(《红楼梦》十三回)
>
> 坐山观虎斗。(同上书,十六回)
>
> 凤姐又说:“‘打墙也是动土’,已经惊动了人,今儿乐得还去逛逛。”(同上书,二十九回)
>
> 贾政听说,忙叩头,说道:“母亲如此说,儿子无立足之地了!”(同上书,三十三回)
>
> 亲生女非比他行,家丑不可外扬。(《元曲选·㑇梅香》)

1. 源于上古中古的成语

近古成语的来源有两方面:一是来源于历史文献,一是来源于口语。历史文献包括了历史故事、古典作品、寓言。

来源于历史文献的,例如:

宝玉便笑道："姐姐通今博古，色色都知道，怎么连这一出戏的名儿也不知道，就说了这么一套？这叫做'负荆请罪'。"(《红楼梦》三十回)

"负荆请罪"，自认过也。来源于《史记·廉颇蔺相如列传》："廉颇闻之，肉袒负荆，因宾客至蔺相如门谢罪。"

岂不闻"兔死狐悲，物伤其类"。(《水浒传》二十八回)

"兔死狐悲"比喻物各伤其类，《宋史·李全传》原作"狐死兔泣，李氏灭，夏氏宁得独存"。现在作"兔死狐悲"。

弟子一时失口，胡谈几字，诚所谓"班门弄斧"。(《西游记》六十四回)

"班门弄斧"本作"鲁班门前弄大斧"，来源于鲁班的故事。明梅之焕《题太白墓》诗："采石丘边一堆土，李白之名交千古。来来往往诗一首，鲁班门前弄大斧。"就用到了。

那厮专生恶念，不务本等，专好打家截道，杀人放火！相交的都是些狐群狗党！(《西游记》五十六回)

"狐群狗党"指小人的朋党。见秦简夫杂剧《东堂老》。

好好的一个清净洁白女子，也学的钓名沽誉，入了国贼禄鬼之流！(《红楼梦》三十六回)

“钓名沽誉”指假饰善行,猎取名誉。《迩言等五种》:“按古人以酒得名者,非必皆贤士,故酒曰沽名,渔曰钓誉。”

彼时黛玉在窗下对镜理妆,听宝玉说上学去,因笑道:“好,这一去可是要‘蟾宫折桂’了,我不能送你了。”(《红楼梦》九回)

叶梦得《避暑录话》:“世以登科为折桂,此以郤诜对策东堂。自云桂林一枝也。自唐以来用之。”(《通俗编》)

如今我们家赫赫扬扬,已将百载,一日倘或“乐极生悲”,若应了那句“树倒猢狲散”的俗语,岂不虚称了一世的诗书旧族了?(《红楼梦》十三回)

“乐极生悲”,欢乐之极每每发生悲感。《太公阴谋》:“武王觞铭曰‘乐极则悲,沉湎致非’。”(《通俗编》)

若真也葬花,可谓“东施效颦”也。(《红楼梦》三十回)

“东施效颦”比喻丑人学美只益其丑。出自《庄子》。

我寻思起来,有三个人,义胆包身,武艺出众,敢赴汤蹈火,同死同生,义气最重。(《水浒传》十五回)

“赴汤蹈火”形容冒险的精神。源出《汉书》。

来源于口语的:这一类的成语,一般的都找不到它们的来源,是由人民长期口传以后再用文字记下来的。例如:

如今便赶着躲了，料也躲不及，少不得要使个“金蝉脱壳”的法子。（《红楼梦》二十七回）

“金蝉脱壳”比喻设计逃脱。

今儿有人送来极新鲜的山鸡，烫了吃，很好的，我就“借花献佛”了！（《老残游记》卷六）

“借花献佛”形容借他人物品作为贡献。

这几个人早已吓得魂飞魄散了。（《老残游记》卷八）

把个行者勒得耳红面赤，眼胀头昏，在地上打滚。（《西游记》五十六回）

“耳红面赤”也作面红耳赤，形容人当羞时脸成红色。

他只顾图汗马之功，猛拚一死，将来弃君于何地？（《红楼梦》三十六回）

“汗马之功”指战阵的功劳。

设若叫人哼出一声不是来，我们不用说，粉身碎骨，还是平常，后来二爷一生的声名品行，岂不完了呢？（《红楼梦》三十四回）

“粉身碎骨”形容牺牲自己的程度。

宝玉听了,便走来直问到脸上道:“你这么说是安心咒我天诛地灭?”(《红楼梦》二十九回)

“天诛地灭”意思为天地所不容,一般用为誓词。

偏一些儿,他们就“指桑骂槐”的抱怨。(《红楼梦》十六回)

“指桑骂槐”用来比喻借事骂人。

我想养由基穿杨神箭百发百中。(《元曲选·伍员吹箫》)

“百发百中”形容射的准确。《战国策·西周策》,养由基于百步外射杨叫“百发百中”。《南齐书》上则引为“十发十中”。

众人一声答应,七手八脚,忙把宝玉送入怡红院内自己床上卧好。(《红楼梦》三十三回)

“七手八脚”形容事情忙乱。宋《五灯会元》:“德光上堂偈云,七手八脚,三头两面,耳听不闻,眼觑不见,苦乐顺逆,打成一片。”(《通俗编》)

2. 近古时期的新成语

近古时期的成语有很多是由上古、中古来的,但更主要的应该是这时期新产生的成语。因为大量新成语的出现必然丰富了汉语的词汇。这时期的新成语,一部分是在过去成语的基础上发展起来的:由于成语的发展分化出许多同义的成语。另外也有一部分成语是在新的历史条件下产生的新成语。它们都反映在文学作品中和文献中。例如"耀武扬威"：

我这里走的慌，他可也赶的凶，似这般耀武扬威争强奋勇。(《元曲选·单鞭夺槊》)

莫不是我前生烧着什么断头香。(《元曲选·救孝子》)

即是成语"烧断头香"。

柳毅去了也。既然这般呵，今日虽不成这桩亲事，后日还要将机就机报答他的大恩。(《元曲选·柳毅传书》)

这般顺水推船。地也，你不分好歹何为地。(《元曲选·窦娥冤》)

我尽让你说几句便罢。则管里倚老卖老，口里唠唠叨叨的说个不了。(《元曲选·谢金吾》)

"倚老卖老"：自以年老为可恃，而任意放纵。

你怎的吃食讳食，你不曾见，是我见来。(《元曲选·鸳鸯被》)

再休想吉祥如意，多管是你恶限临逼。(《元曲选·赚蒯通》)

哈叭狗儿咬虼蚤，也有咬着时，也有咬不着时，我不信你了。(《元曲选·桃花女》)

上一句为歇后语，转变成语就是"狗咬虼蚤"。

以下这句可以看到歇后语与成语的关系，它们之间可以互相转化。

咱两个协罗厮钻,尾巴厮结,打会官司,任你百样儿伶牙俐齿,怎知大人行会断的没头公事。(《元曲选·杀狗劝夫》)

也作“俐齿伶牙”。

你休听那厮说短论长那般的俐齿伶牙。(《元曲选·合汗衫》)

这是揉着我山儿的痒处,管教他瓮中捉鳖,手到拿来。(同上)

“瓮中捉鳖”在《五灯会元》中已引用。原作:“园悟答徐俯曰:瓮里何曾走却鳖。”

今日个雪消也见死尸,祸临头有甚嗟。(《元曲选·百花亭》)

即作成语“雪消见尸”。

非是我指空话空做这等巧神通也。(《元曲选·桃花女》)

假若俺高皇差你个梅香背井离乡,卧雪眠霜。(《元曲选·汉宫秋》)

“背井离乡”也有作“离乡背井”,意义相同。

以上的例子出于《元曲选》。在历史文献中,我们也可以见到一些例子。例如:

以钱为命：明文，黄辉《题牲义李长者册》：夫富而悭者以一钱为命，贫而丐者亦以一钱为命，是二人者竟何好哉。

不徇颜面：《元史·相威传》作“世祖谕曰‘朕知卿不徇颜面’”。而在《新唐书·刘子玄传》：“史局深籍禁门，所以杜颜面，防请谒也。”在《旧唐书·长孙无忌传》：“帝曰：闻所在官司，犹自多有颜面。”（《通俗编》）

（二）谚语的引用与继承

谚语是劳动人民创造的最精炼、最形象、最生动的语言，它总结了生产斗争和阶级斗争的经验。由于它是人民斗争经验的总结，所以这些生动的、幽默的、为人民大众所喜爱的谚语，具有无穷的生命力，被长期保存下来。在上古时期，谚语已开始在文学作品中出现，但过去的文人学者认为谚语是不雅的语言。虽然作品中引用了一些谚语，也只是作为引谚而用的，其实他们并不重视它。到了中古，书面语趋向口语，谚语被大量应用到文学作品中，丰富了文学作品语言。而到了近古，文学作品中应用谚语情况显得特别突出，谚语也更加丰富了，这一方面是由于继承上古、中古出现的谚语，一方面在近古时期又出现了新的谚语。

谚语是人民口头创作的，被作家引用到书面语里，使它在作品中占有一定的地位，但是要想找出谚语的出处，那是很困难的。

1. 近古时期文学作品中引用的谚语

例如：

常言道：“表壮不如里壮。”嫂嫂把得家定，我哥哥烦恼做

甚么！岂不闻古人言:“篱牢犬不入。”(《水浒传》二十四回)

自古道:“骏马却驮痴汉走,美妻常伴拙夫眠。”(同上)

自古“入门休问荣枯事,观看容颜便得知”。(同上)

天有不测风云,人有暂时祸福。(《水浒传》二十六回)

正是:“灯蛾扑火,惹焰烧身。”(同上书,二十九回)

常言道:“不冷不热,五谷不结。”(《西游记》五十九回)

常言道:“朋友妻,不可欺;朋友妾,不可灭。”(同上书,六十回)

罗刹闻言,滴泪告道:“大王,常言说:‘男儿无妇财无主,女子无夫身无主。’我的性命,险些儿被这猢狲害了!”(同上)

万岁,“差之毫厘,失之千里”矣。(同上书,六十二回)

“陛下,人不可貌相,海水不可斗量。”(同上)

古人有言:“火烧到身,各自去扫;蜂蚕入怀,随即解衣。”(《水浒传》十七回)

哥哥正是“急来抱佛脚,闲时不烧香”。(同上)

哥哥,三十六计,走为上计。若不快走时,更待甚么!(同上书,十八回)

武松虽是粗卤汉子,便死也不怕,还省得“有冤报冤,有仇报仇”,并不伤犯众位。(《水浒传》二十六回)

自古道:“不怕官,只怕管。”林冲不合吃着他的请受,权且让他这一次。(同上书,七回)

泼贼！我自来又和你无甚么冤仇,你如何这等害我！正是“杀人可恕,情理难容”。(同上书,十回)

今儿我听了他的短儿,“人急造反,狗急跳墙”,不但生事,而且我还没趣。(《红楼梦》二十七回)

这些文学作品中引用的谚语,有一部分是人民长期经验得出来的，也有一部分是经过文人修改过的。

谚语在文学作品中具有修辞的作用，它能一针见血的指出事物的本质，增加了语言的说服力。如上面举的例子“表壮不如里壮”“篱牢犬不入”，《水浒传》二十四回武松别兄时针对潘金莲的说辞是非常恰当的。

古代人民在生产斗争中总结出来的经验如：“夹雨夹雪，无休无歇”“清明断雪，谷雨断霜”“未喫端午节，布袄未可送”“夏至有风三伏热，重阳无雨一冬晴”“一年之计在于春，一日之计在于晨”“一年三百六十日”“九月重阳，菱母消洋”“春寒多雨水”“四月麦秀寒，五月温和暖”等谚语一直流传下来。

2. 近古时期的新谚语

(1) 有关生产的谚语

有利无利，但看二月十二。（《明诗综》引吴中谚）
四月八，冻杀鸭。（同上书，引黔中谚）
六月不热，五谷不结。（同上书，引吴中谚）
除夜犬不吠，新年无疫疠。（同上）
天无三日晴，地无三尺平。（同上）
江阴莫动手，无锡莫开口。（同上）
一年种谷，三年生金。（《古谣谚》）
九月重阳，移火进房。（《明诗综》引黔中谚）
十日雨连连，高山也是田。（《明诗综》引吴中谚）

(2) 有关阶级斗争的谚语

官不威，牙爪威。（《元曲选·虎头牌》《元曲选·勘头

巾》等)

李生黄瓜,民皆无家。(《元史·五行志二》《通俗编》)

土贼犹可,土兵杀我。(《明史·林俊传》《通俗编》)

职方贱如狗,都督满街走。(《明史·奸臣传·马士英》《古谣谚》)

官要起,问三李。(《古谣谚》)

记不得,问老许。做不得,问小李。(同上)

军中有一曹,西贼闻之心胆摇。(同上)

贼如梳,军如篦,士兵如剃。(同上)

两京十二部,独有一王恕。(同上)

天雨氂,事不齐。(同上)

天雨线,民起怨。中原地,事必变。(同上)

苇生成旗,民皆流离。苇生成枪,杀伐遭殃。(同上)

(3) 有关人情世故的谚语

知人知面不知心。(《元曲选·单鞭夺槊》《元曲选·魔合罗》《红楼梦》等)

不受苦中苦,难为人上人。(《元曲选·东堂老》)

肚皮里,怀鬼胎。(《元曲选·抱妆盒》)

画虎画皮难画骨。(《元曲选·魔合罗》)

谁有闲钱补笊篱。(《元曲选·黑旋风》《元曲选·秋胡戏妻》等)

那个猫不吃腥。(《元曲选·合汗衫》)

若要小儿安,常带三分饥与寒。(元李冶《敬斋古今黈》云:"俗谚有之,小儿欲得安,无过饥与寒。")

空里来,巧里去。(明金木散人编《鼓掌绝尘》)

巧言不如直道。(《元曲选·王粲登楼》)
吃乌饭,屙黑屎。(《元曲选·东坡梦》)
一子成道,九族生天。(《元曲选·货郎担》)
没酒没浆,不成道场。(《元曲选·桃花女》)
头醋不酸,二醋不醨。(《元曲选·气英布》)
路遥知马力,日久见人心。(《元曲选·争报恩》)
离家一里,不如屋里。(《元曲选·朱砂担》)
安排香饵钓鳌鱼。(《元曲选·赚蒯通》)
家有千贯,不如日进分文。(《元曲选·东堂老》)
牡丹花下死,做鬼也风流。(《元曲选·留鞋记》)

(4)谚语的发展变化

谚语在发展过程中,与成语一样也是有变化的。例如:

“猪来贫,狗来富,猫儿来,开质库。”娄元礼《田家五行》“凡六畜自来,可占吉凶”云云。到了明江盈科《雪涛谈丛》载其邑谚云:“猪来穷来,狗来富来,猫来孝来。故猪猫二物皆为人忌,与娄氏所录不同。”(《通俗编》)

《吴下田家志》谓:“九月九,生衣出抖擞。”但在《明诗综》载黔中谚,又为:“九月重阳,移火进房。”

又如:

《纪历撮要》载农谚:“小麦不怕神共鬼,但怕四月八夜雨。”《广信府志》载田家谚:“四月八日晴,鱼儿上高坪。”到了《明诗综》引黔中谚又变为:“四月八,冻杀鸭。”

“有利无利,但看二月十二。”《明诗综》:花朝日晴,则百果多实。吴中谚云云。《月令广义》:四月十四,得东南风吉,十六黄昏时日月对照,主夏秋旱。月上迟有白色,主大水。谚云:有利无利,只看四月十四,有谷无谷,只看四月十六。二说不同。(《通俗编》)

"儿孙自有儿孙福,莫与儿孙作马牛。"《癸辛杂识》载"叶李纪梦诗"有"儿孙自有儿孙福"句。《宋诗纪事》载嘉祐时天台道士徐守信诗:"儿孙自有儿孙计,莫与儿孙作马牛。"元关汉卿《蝴蝶梦》别作"莫为儿孙作远忧"。(《通俗编》)

"人不知,鬼不见。"《墨子·耕柱篇》:巫马子谓墨子之为义也,人不见而贵,鬼不见而富。元人《争报恩》《冤家债主》等曲俱有"人不知,鬼不觉"语。(《通俗编》)

近古时期产生的谚语,绝大部分被保存了下来,成为作家语言不可缺少的部分,它也长期的流传于人民口头中,尤其是生产斗争方面的谚语,更显示出它兴旺的生命力。

(三)歇后语的引用与继承

歇后语是一种特殊结构的语言,它具有巧妙的修饰手段,是由两句组成的,前面的一句为形象的比喻,后一句是解释,表白事理。但有些歇后语往往是后一句歇去,留下前面的一句,更觉意味深长,生动有趣,促使人们开动脑筋去推想。

大批歇后语在书面语中出现,应该认为是从元明以来杂剧小说开始的。歇后语的作用,给《红楼梦》《儒林外史》等伟大著作的语言增加了不少色彩。

歇后语不仅仅在修辞上起作用,而且它还具有丰富的社会内容,是社会生活的反映。如:

> 自古道:"灭门的知县",你和他拗些什么?(《儒林外史》一回)
>
> 呆,秀才,吃长斋,胡须满腮,经书不揭开,纸笔自己安排,明年不请我自来。(同上书,二回)

我们没来由，今日为他得罪严老大"老虎头上拍苍蝇"怎的？（《儒林外史》六回）

"死知府不如一个活老鼠"，那个理他？（同上书，二十八回）

有些歇后语是由历史故事引用过来的。如：

我看的是李逵骂了宋江，后来又赔不是。（《红楼梦》三十回）

这是从《元曲选·李逵负荆》来的。

有的歇后语是由成语变来的。如：

我如今也是骑上老虎了，虽然看破些，无奈一时也难宽放。（《红楼梦》五十五回）

这是由成语"骑虎难下"变来的。在这里省了"下不来"。

你们就这么大胆子小看她，可是鸡蛋往石头上碰？（《红楼梦》五十五回）

古成语有"以卵压面"，这句话则是由此引来的。

歇后语都是从实际生活中总结出来的，用的恰当，能增加语言使用的效果。它有两种不同的表现手法，有的有两句，前句为比喻，后句为解释。例如：

没良心的，"狗咬吕洞宾，不识好歹"。（《红楼梦》二十五回）

你忙什么?“金簪儿掉在井里头,有你的只是有你的”。(《红楼梦》三十回)

这可是“仓老鼠向老鸹去借粮”,守着的没有,飞着的倒有?(《红楼梦》六十一回)

那宝玉是个丈八的灯台,照见人家,照不见自己的,只知嫌人家腌臜。这是他的房子,由着你们糟塌,越不成体统了。(同上书,十九回)

他们庄家老实人,外明不知里暗的事,“黄柏木作了磬槌子,外头体面里头苦!”(同上书,五十三回)

“半夜里不见了枪头子,攮到贼肚里。”(《儒林外史》六回)

周进听了这话,自己想“‘瘫子掉在井里,捞起也是坐。’有甚么亏负我?”随即应允了。(同上书,二回)

这个正合着古语“瞒天讨价,就地还钱”!我说二三百银子,你就说二三十两!“戴着斗笠亲嘴,差着一帽子”怪不得人说你们“诗云子曰”的人难讲话!这样看来,你们好像“老鼠尾巴上害疖子,出脓也不多”。倒是我多事,不该来惹这婆子口舌。(同上书,十四回)

也有的解释在前,比喻在后。例如:

秀才,指日就是:那“吃长斋,胡须满腮”,竟被他说一个着!(《儒林外史》二回)

袭人本来从小儿不言不语,我只说是没嘴的葫芦。(《红楼梦》七十八回)

你又没才干,又没口齿,锯了嘴子的葫芦,就只会一味瞎小心,应贤良的名儿!(《红楼梦》六十八回)

你们时常叫他出去作诗文,难道他都没作上来么?小孩

子家慢慢的教导他。可是人家说的"胖子也不是一口儿吃的"。(《红楼梦》八十四回)

有的歇后语往往后一句歇掉。例如：

岫烟来钓着了一个，随将竿子仍旧递给探春，探春又递与宝玉。宝玉道："我是要做姜太公的。"(《红楼梦》八十一回)

原来的歇后语是"姜太公钓鱼一直钩，愿者上钩，不愿者去休"。

呸！原来也是个银样蜡枪头！(《红楼梦》二十五回)

"银样蜡枪头"意思就是说中看不中用。

事还是竟弄破了好，还是"开弓不放箭"，大家弄几个钱有益？(《儒林外史》十三回)

我指点你，你却不要"过了庙不下雨"。(同上)

马老先生，而今这银子，我也不问是你出，是他出，你们原是"毡袜裹脚靴"，但须要我效劳的来。(《儒林外史》十四回)

"毡袜裹脚靴"就是鞋不离袜，不分彼此的意思。

琏儿不配，就只配我和平儿这一对"烧糊了的卷子"和他混罢咧。(《红楼梦》四十六回)

同时应该指出，有些歇后语具有封建思想或对劳动人民加以侮辱，对于这类歇后语应加以区分。例如：

我倒怕人家笑话呢！只是这里扫帚颠倒竖，也没主子，也没奴才，也没大老婆，没小老婆——都是混帐世界了！(《红楼梦》八十三回)

猪八戒吃人参果，全不知滋味！(《儒林外史》六回)

有一些既不能算作成语，也不能算作谚语，更不能作为歇后语的，它们被人们称做俗语，也就是为人们常说的话。有的来自古时，有的产生于当时，在近古的小说中也引用了很多。例如：

平儿说道："'癞虾蟆想吃天鹅肉！'没人伦的混帐东西！起这样念头，叫他不得好死。"(《红楼梦》十一回)

他二人竟从来没有听见过"不是冤家不聚头"的这句俗话儿。(同上书，二十九回)

古人云："千金难买一笑。"几把扇子，能值几何？(同上书，二十一回)

常言道：人死不知心。(《元曲选·望江亭》)

呆老子，常言道：女大不中留。(《元曲选·李逵负荆》)

俗语儿说的好，"朝廷还有三门子穷亲"呢，何况你我？(《红楼梦》六回)

但只俗语说的："瘦死的骆驼比马还大"呢。(同上书，六回)

平儿咬牙道："没良心的！'过了河儿就拆桥'，明儿还想我替你撒谎呢！"(同上书，二十一回)

"过了河儿就拆桥"是从成语"过河拆桥"上来的。

李忠见鲁达凶猛，敢怒而不敢言。(《水浒传》三回)

七、基本词汇和阶级同行语

（一）基本词汇的继承和发展

1. 近古基本词汇的继承与变化

语言的发展变化，不是用消灭旧的建立新的方法来实现的，而是通过旧质要素的不断衰亡和新质要素的不断积累的方法来实现的。这就是说，语言的发展有着它的历史继承性和稳固性。语言的历史继承性和稳固性，在语言的基本词汇上面很显著的表现出来。我们知道，基本词汇的历史继承性和稳固性是基本词汇的主要特点之一。斯大林曾经说过："既然基本词汇能在许多历史时期中很好的使用着，那就没有任何必要去消灭它。更不要说，把千百年积累起来的基本词汇消灭掉了，又不可能在很短期间内创造新的基本词汇，那就会使语言瘫痪，使人们完全丧失相互交际的可能。"（《马克思主义与语言学问题》）由此可见，基本词汇的历史继承性和稳固性，使得语言一代一代的传下来有了可能，而不至发生中断的现象。

基本词汇的历史继承性和稳固性，是由它所代表的客观事物的稳定性所决定的。基本词汇所代表的事物，在一般生活中不仅是最常见的，而且也是最重要的，其中有许多本身就是长期存在着的客观物，例如："风""云""雷""冰""霜""雪""雾""星""山""水"

“鱼”“牛”“羊”“马”“鸡”……这许多词在上古的时候，就已经常常被使用着，已经是语言中的基本词了。它们在千百年的历史中生存着，很少起变化，基本上是完全被保留下来了。斯大林说：“譬如：把‘水’‘地’‘山’等等不叫做水、地、山等等，而又叫做旁的名称，又有什么必要呢？……在历史上没有什么特别必要的时候，决不会作什么重大改革的。”(《马克思主义与语言学问题》)

我们说基本词汇有着历史继承性和稳固性，并不是说基本词汇就没有发展变化，事实上基本词汇也是在发展着和变化着的。例如，从上古、中古一直到近古，有许多客观事物的原有名称已经改变了，有许多基本词在上古是单音节的，可是到了中古、近古就变成复音节的词；同时在基本词汇的自身中间，有一部分基本词会消失掉，而有些原来不是基本词的也会取得基本词的资格进入到基本词汇中来，等等。

近古基本词汇的变化，很多现象都是中古的继续。在事物原有名称的改变方面，我们以《水浒传》里所用的一些基本词的情况为例，如古代的“足”变成“脚”。

> 次日，早斋罢，长老使侍者到僧堂里坐禅处唤智深时，尚兀自未起。待他起来，穿了直裰，赤着脚一道烟走出僧堂来。……(《水浒传》四回)
>
> 戴宗叫李逵安排些素酒素饭吃了，烧汤洗了脚，上床歇了。(《水浒传》五十三回)

“卧”变成“睡”。

> 众人拿着火，一齐照将入来。只见供桌上赤条条地睡着一个大汉。(《水浒传》三回)

话说鲁智深回到丛林选佛场中禅床上，扑倒头便睡。（《水浒传》四回）

“面”变成“脸”。

那小喽啰把水直泼到宋江脸上。（《水浒传》三十二回）

取一面七斤半铁叶团头护身枷钉了，脸上免不得刺了两行金印，迭配孟州牢城。（同上书，二十七回）

在单音节词向复音节词转变方面（包括事物原有名称改变之后转变为复音化在内），我们仍以《水浒传》里所用的一些基本词的情况为例，如“目”转换成“眼睛”。

武松把只脚望大虫面门上，眼睛里只顾乱踢。（《水浒传》二十二回）

“耳”转换成“耳朵”，“鼻”转换成“鼻子”。

打到五七十拳，那大虫眼里、口里、鼻子里、耳朵里，都迸出鲜血来。（《水浒传》二十二回）

“舌”转变成“舌头”。

戴宗道：“你如今敢再瞒我吃荤么？”李逵道：“今后但吃时，舌头上生碗来大疔疮。……”（《水浒传》五十三回）

李逵听说，吃了一惊，把舌头伸将出来，半日缩不进去。（《水浒传》五十三回）

"发"转变成"头发"。

张青拿起剪刀,替武松把前后头发都剪了。(《水浒传》三十一回)

"木"转变成"树木"。

李逵不省得这法,只道和他走路一般,只听耳朵边风雨之声,两边房屋树木,一似连排价倒了的,脚底下如云催雾趱。(《水浒传》五十三回)

复音化是整个汉语词汇发展的一个重要趋势,基本词汇中间的一些单音词由单音向复音的转变,与这种趋势有着密切的关系,因为基本词汇是语言的词汇的基础,它的变化与发展,必然地要影响到整个语言的词汇。

2. 近古基本词吸收的外来词

我们汉族有着悠久的历史文化,很早就与他族人民有过往来和接触,因此在我们汉语里,很早就有借词出现,如上古时期的"琵琶""葡萄""石榴""狮子"等;到中古时期,由于佛教的兴盛,梵语来源的外来词增加了很多,如"塔""玻璃""圆满""世界""法宝""天堂""地狱",等等。这些词在汉语长期历史发展的过程中,稳固下来并逐渐地为广大人民所了解,获得了全民的性质,因此,它们也就进入了汉语的基本词汇。近古时期,由于外族的入侵,汉语词汇吸收的外来词就更多了。在这段时期里,不仅蒙古贵族和满洲贵族长期地统治了汉族人民,而且在清朝末年鸦片战争之后,西方列强又侵入中国,传来了西方的资产阶级文明,于是在汉语词汇里就出现大量的反映新鲜事物的外来词，对于现代汉语有着很大的影响。

在蒙古政权统治中国的时候，汉语吸收了很多蒙古语中的词，例如：

抹邻，即马。(《元剧俗语方言例释》)

米罕整斤吞，抹邻不会骑。(《元曲选·哭存孝》)

论俺番将，不好步走，则骑抹邻。(《元曲选·破天阵》)

虎刺孩，强盗的意思。(《元剧俗语方言例释》)

你这个虎刺孩作死也！你的银子又少，怎敢骂我！(《元曲选·陈州粜米》)

看了这虎刺孩武艺，委实高强。(《元曲选·射柳捶丸》)

牙不，又作“哑步”“耶步”，蒙古语走的意思。(《元剧俗语方言例释》)

此计大妙！你先到那里，你便等着我；我先到那里，我便等着你。若见了你呵！跳上马牙不约儿赤便走。(“约儿赤”蒙古语去的意思)(《元曲选·黑旋风》)

我敌不过他也，逃命，哑步！哑步！(《元曲选·阴山破虏》)

站，汉语本义只是“久立”的意思。而“驿站”“车站”的“站”，则来源于蒙古语。

哈喇，蒙古语“杀”。(《元剧俗语方言例释》)

诈传平公的命，将伍员赚将来，拿住哈喇了。(《元曲选·伍员吹箫》)

依我的愚见，只消差人赚将韩信到来，哈喇了就是。(《元曲选·赚蒯通》)

换了金钗也是我，周桥上骗钱也是我。若不饶，便哈喇了罢！(《元曲选·金凤钗》)

米罕，一作“米哈”，蒙古语“肉”。(《元剧俗语方言例释》)

俺正在帐房吃了些米罕，往后山中打筋陡耍子去。(《元曲选·破天阵》)

好米哈吃上几块。(《元曲选·射柳捶丸》)

在当时进入汉语词汇的蒙古语是很多的，可是流传开来的却并不多，而进入基本词汇的则是更少，如上面所举的这些例子中，只有一个“站”被流传开来，并且获得了全民的意义而进入了汉语的基本词汇。

明清时期(鸦片战争以前阶段)外来词进入到基本词汇的，例如：

鸦片，从英语里借来。

《本草纲目·谷部》“阿芙蓉”下说：“阿芙蓉，一名阿片，俗作鸦片，只罂粟花之津液也。”

清人魏源所撰的《海国图志》中的一些借词，进入基本词汇的，如：

轮船，当时译成“火轮舟”。

《海国图志》卷二：“有能造西洋战舰、火轮舟……者为科甲出。”

火车，当时译成“火轮车”。

《海国图志》卷八十三：“且火机所拖不独舟也，又有火轮车。车旁插铁管煮水压蒸动轮，其后竖缚数十车……”

铁路，又译作“辙路”。

《海国图志》卷八十三：“道光十年，英吉利国都两大城间造辙路九十余里，费银四百万员。”又：“西洋贸易不但航海，即其在本国水陆运载，亦力求易简轻便之术：一曰运渠，一曰铁路。”

鸦片战争以后，外来词进入到汉语基本词汇的大多是一些意译词，即使当时是音译的，后来也都改成意译，如：

电话，当时译作“德律风”。

> “……洋东禀了领事，立时三刻，领事打德律风来，不但要赔东西，还要办人。”（《官场现形记》四十回）

科学，当时译作“赛因斯”。

民主，当时译作“德谟克拉西”。

资产阶级，当时译作“布尔乔亚”。

无产阶级，当时译作“普罗列塔利亚”。

汽车，当时译作“摩托卡”。

从日本转译过来的很多外来词，也进入了汉语的基本词汇。例如：“仓库”“节约”“服务”“经验”“服从”“命令”“经济”“知识”“生产”，等等。

3. 近古基本词吸收的方言词

近古时期汉语发展的主要现象，是北方话词汇得到大大的发展，因此我们在讨论方言词被吸收为基本词的时候，是离不开北方话词汇的。近古时期汉语中的基本词，其中绝大多数是从北方方言里面承受过来的。

我们知道,基本词汇有着很大的稳固性,但是它也发展变化,这表现在原有事物名称的变更、单音词变做复音等各方面上。基本词汇的变化,在各个方言里面情形不是完全相同的,在原有事物名称的变化方面,古代说“面”,在有的方言里面一直没有变化,仍旧说“面”,或者变成复音的“面孔”,而在北方方言里却变成了“脸”;古代的“饮”“食”在北方方言里变成了“喝”“吃”,可是在有的方言里却变成不分“饮”“食”,都叫做“吃”;古代的“卧”,在有的方言里变成“睏”,而在北方方言里却变成“睡”或“躺”。近古时期汉语的基本词是以变化了的北方方言的名称为准的,因为它具有更大的普遍性和全民性,这一方面可以说是继承古语,同时也可以说是吸收方言。

又如在单音词变成复音词(包括原有事物名称变更后再复音化的词)方面,各方言的情形也是不完全相同的,但是汉语总是以北方方言为标准。例如:古代的“鼻”,有的方言变成“鼻头”,有的变成“鼻哥”,北方方言变成“鼻子”;古代的“月”,有的方言一直没有变化仍叫做“月”,有的方言变成“月光”,北方方言变成“月亮”;古时候说“物”,有的方言里变成“物事”,北方方言里变成“东西”;古代的“颈”,有的方言里变成“头颈”,有的变成“项颈”,北方方言变作“脖子”。

(二)近古时期的阶级同行语

1. 元朝的阶级同行语

蒙古入主中原之后,对汉族人民实行了特别野蛮和残酷的压迫,他们把全国人民区分为“蒙古人”“色目人”“汉人”(即以前金辖区的汉人和契丹、女真、高丽、渤海人)和“南人”(即以前南宋辖区的汉人及其他各族)四等。并贱称“汉人”为“汉子”,“南人”为“蛮子”。这样,他们就在法律上确立了“蒙古人”的最高统治地位、“色目人”的优越地位以及“汉人”“南人”的奴隶地位。因此,我们认为,“蒙古人”“色目人”“汉人”和“南人”并不是一般的名称的区分,而是社会等级差别、种族压迫的一种表现,这种名称是蒙古统治者为了便于统治而故意制造出来的特殊的语词。斯大林说:“他们极力设法利用语言为自己的利益服务,把自己的特别的词汇、特别的术语、特别的用语,强加到语言中去。”(斯大林《马克思主义与语言学问题》)这些语词正是这样,所以应该把它们看作是这个时期的阶级同行语。

2. 清朝的阶级同行语

清朝同样是少数民族统治者统治汉人的朝代,所以在官署的设置方面特别繁杂,在官场里面对各级官员,无论是口头或书面都有不同的称呼,我们把这种不同的称呼看做是这时期的阶级同行语。例如:称“大学士”为“中堂大人”,而“太子少保”不能称“中堂”,又要称呼为“宫保”了,其他各职官员都有各自相应的称呼,如:

吏部尚书——天官、冢宰
礼部尚书——大宗伯
户部尚书——大司徒、大司农
刑部尚书——大司寇
兵部尚书——大司马
工部尚书——大司空
左都御史——总宪
左副都御史——副宪
御史——侍御、都老爷

总督——制军、制台、制宪、督宪、部堂

巡抚——中丞、抚军、抚台、抚院、抚宪、部院

河道总督——河台、河帅

漕运总督——漕台、漕帅

学政——学台、学院、学宪

布政使——藩台、藩司、方伯、东司

知府——太守、太尊、黄堂、五马

知县——明府、令、大令、宰、邑尊、邑宰、邑令、令尹、大尹

学官——教官、校官、学老师

提督——军门、提台

总兵、——总镇、镇台

上面所举的这些官员的称谓，是统治阶级在官场里面所使用的特殊用语，是他们的客厅“语言”。斯大林曾说过：“语言作为人们在社会中交际的工具，同样地替社会一切阶级服务。在这一方面语言表现出对于社会各个阶级是一视同仁的。但是人们、个别的社会集团、个别的阶级对于语言远不是漠不关心的。他们极力设法利用语言为自己的利益服务，把自己的特别的词汇、特别的术语、特别的用语，强加到语言中去。在这方面，那些脱离人民并且仇视人民的有产阶级上层，如贵族、资产阶级上层分子表现得特别厉害。他们创造‘阶级的’习惯语、同行语、客厅‘语言’。”(斯大林《马克思主义与语言学问题》)清朝的这些统治者，正是这样，下级为了巴结上级，就想出一切好听的话来恭维上级，用好听的称呼来称呼上级。

3. 帮会组织的秘密黑话

除了反映社会等级制度的一些特别称谓之外，近古时期的阶级同行语，我们认为还包括在江湖上帮会组织中间所流行的秘密

黑话(即所谓“隐语”或称江湖切口)。秘密黑话是一种特别的“人造语言”,只有在帮会组织里面的人才能互相交际和交谈,社会上一般的人是根本不懂的。例如:

金——黄恳子、黄货

银——白恳子、槽子

钱——现水子、缆头子、恳子

珠宝——白货、海亮子

坐牢——进书房

吃官司——看书

鸦片——黑末、老乌

乡下人——土地孙、千张子

一——留、旦底

二——月、两道子

三——汪、横川子

事急——风紧

抢——开武差事

来了——马来

船——底子、飘子、平

这种黑话的产生和在江湖上帮会组织中间的流行,可以说是当时腐朽黑暗的社会面貌的一种反映。

黑话既然是一种秘密用语,是当时社会黑暗面貌的反映,那么可以肯定地说它不是属于一般的语言的范畴,不是正常的语言现象。我们这里把帮会组织的秘密黑话放在阶级同行语里面,主要是想指出近古时期在汉语中间,曾经有过这种不正常的语言现象,使用黑话无疑地是对语言的纯洁健康的一种破坏。

第四编

汉语词汇发展简史

一、上古词汇的发展

（一）词汇发展与社会发展的关系

语言词汇反映社会发展是最敏感的，差不多处在不断改变的状态中。社会生产力的发展，生产关系的改变，经济基础和上层建筑的更替，新事物和新概念的出现，语言词汇极其敏感地用新词和新语来反映这些变化。我们从汉语词汇的历史发展中明显地看到了词汇的发展和社会发展的关系。

在上古的渔猎时代，由于渔猎是当时社会成员主要的生产方式，因此在语言词汇里直接地反映着这个时代的生产情况。例如在生产工具方面有打野兽用的“矢”“弓”“弹”等，有捕捉鸟类和兽类用的“网”“毕”“阱”等这样工具的名称。在渔猎对象方面，出现了不少动物和野兽的名称，如“象”“兕”“虎”“鹿”“兔”“豕”“鱼”等。在田猎方法方面，由于捕捉各种动物采用各种方法，因而在语言词汇里出现了不少关于田猎方法的词。例如：“逐”——即用犬追逐，所逐的动物多半是兕、鹿、豕等。“射”——即用矢发射，所射的动物如兕、鹿、麋等。此外还有用陷阱、用网捕捉野兽的。

人类社会经过了渔猎时代就进入了畜牧时代。这时就以豢养家畜为主要的生产手段和生活方式。由于社会生产以畜牧为主，在语言里就产生了很多反映畜牧业的词汇。牲畜、家禽品种繁多，例如牛有:“特”“犗”“㸺”“犉”“犡”“𤙔”“荦”“𤛓”等,马有:“駓”“驖”“騑”“駒”“骊”“骥”“骏”“骁”等。同时,为了豢养的需要,不但在品种上有必要加以分类,而且在饲养过程中,还要区别动物的年岁。例如二岁的牛叫做“犕”,三岁的牛叫做“犙”,四岁的牛叫做“牭”。马类通常以身高加以区别,如马高六尺为“骄”,七尺为“騋”,八尺为“駥”等。另外,由于豢养家畜,关于牲畜的豢养场所就有许多不同名称。例如:养牛羊的圈棚称为“牢”,养畜之所称为“圈”,一般养畜的场所称为“槛”。

人类社会进入了农业时代,生产力有了很大的发展。据历史学家的研究,我国先民在殷代后期已从事农业生产,到周代生产主要是农业,随着农业的产生和发展,语言词汇里反映出农业社会的情况。

农业时期以种植为主要劳动内容。但这一个时期并不废弃渔猎和畜牧方面的生产。渔猎、畜牧在农业社会里成为次要的副业生产。在语言词汇方面,除了继承渔猎、畜牧时代所遗留下来的词汇外,创造了不少新词,有些是旧词的沿用而赋予新的内容。词汇本身有了很大的发展。

首先,在语言词汇里,出现了很多农作物的名词,如:“禾”“黍”“秬”“来(秾)”“菽”“麻”“稷”“稻”“粱”等。同时出现了关于农业劳动过程一类的名词,如:“耤”——锄禾苗地,“黍”——种植黍类谷物。“穫”——收割农作物,“稼穑”——指农作物下种和收割整个过程。“田”——一般耕种,“薅”——锄草。“耕”“耘”“种”“耔”——一般耕作等。

其次,在农业时代,生产工具是逐步改进的。起初是木制的工具,后来用青铜器。大约在春秋以后已经有了铁器制成的农具,例如:《孟子·滕文公上》:“许子以铁耕乎?”可见当时早已应用铁器。到了汉代,更有铜制的生产工具。生产工具逐步改进的情况同样反映在语言词汇中。例如：早期的劳动工具“耜”“耒”等是木制的。后来就有“镰”“锲”“钹”“铚”一类铁器制成的工具。《管子·禁藏篇》云：“推铫耨以当剑戟。”《国语·齐语》：“美金以铸剑戟……恶金以铸钼夷。”可见在战国时期已经普遍地应用铁器。以后品种也逐渐多起来，象“铫”“钱”“镈”等。

再次，社会进入了农业时期，就出现了手工业和农业的分工。据《周礼·考工记》记载，古代手工业者已有各种分工，有专治玉的玉工，有木工、土工、骨工等。手工业产品有陶器，像“罍”“备”“鬲”“壶”“瓶”“豆”“皿”等；有石器，像“钵”“鼎”“簠”“杯”等；有骨器，像“觥”“觿”等；有竹器，像“筐”“筐”“筥”“笾”等；有铁器，像“针”“刀”“锯”“凿”等。另外还有纺织用品，有丝制的，有麻制的，如：“布”“絺”“帛”“衾”“裯”“纻”“縠”“网”等。

总之，语言词汇极其敏感地反映着社会生产的发展，它处在不断改变和新陈代谢的状态中，工业和农业的不断发展，商业和运输业的不断发展，技术和科学的不断发展，一方面积极推动着语言词汇的发展，另一方面又为语言词汇的不断充实和丰富创造条件，使得词汇不断地反映着社会上出现的新事物、新概念和新面貌。

（二）基本词汇的形成和发展

1. 汉语基本词汇的形成

在社会发展的一切阶段，语言的词汇总是在不断地成长。它反映着一切为社会活动所必要以及为人们交流思想所必需的东西。从历史词汇学的角度看，词汇本身是千百年来人们认识活动的结果，在每一个历史时期里，它总是包含着下列几种成分：

（1）反映过去社会许多发展阶段的稳定性成分。（2）反映过去社会许多发展阶段的变化的成分。（3）反映过去社会许多发展阶段的新生的成分。这些成分合起来组成了语言的基本词汇。

各种词汇语义的体系和构词的体系或者语言的一般词汇的分类都是以基本词汇的词做基础的,所以基本词汇是语言词汇组织的核心。基本词汇还包含着一切社会生活所必需的及人们交际所必要的特别稳定的词汇成分。基本词汇在性质上具有历史的稳固性。在语言发展的过程中,基本词汇大部分被保存了下来,同时又具有极强的构词能力。它成为语言词汇不断丰富的源泉,给语言以构成新词的基础。

我们的祖国是世界上历史悠久的文明古国之一。汉语的历史很长,汉语的基本词汇的形成可以追溯到几千年前在奴隶社会以前的远古时代。从文献材料里可以看出,汉语的基本词汇在上古时期已经相当丰富和完备。例如:

(1) 反映自然现象以及外界事物的基本词汇有:“日”“月”“山”“水”“火”“风”“雨”“雷”“电”“天”“地”“冰”“霜”“星”“云”“树”“木”等。

(2) 指明人体各部的基本词汇和生物名称有:“人”“手”“心”“头”“首”“目”“领”“颈”“牙”“齿”、“马”“牛”“犬”“豕”等。

(3) 指称劳动工具和防御工具的基本词汇有:“弓”“矢”“弹”“刀”“箭”“网”“耒”“耜”“椎”“镈”“銍”“铫”“金”“剑”等。

(4) 关于亲属称谓的基本词汇有:“父母”“祖”“曾祖”“高祖”“兄”“弟”“子”“孙”“曾孙”“玄孙”“伯父”“仲父”“姑”“侄”“妻”“姊”“妹”“妾”“嫂”等。

(5) 反映劳动成果和生活用品的基本词汇有:“禾”“黍”“麦”“稻”“麻”“桑”“瓜”“果”“宫”“室”“衣”“冠”“履”“屦”“裳”“房”“布”“帛”“帐”“几”“案”等。

(6) 指称时令和方位的基本词汇有:“岁”“祀”“年”“载”“春”“夏”“秋”“冬”“上”“下”“左”“右”“东”“南”“西”“北”等。

(7) 指称事物的数量和某些抽象概念的基本词汇有："一""二""三""四""九""十""百""匹""两""个""香""臭""美""恶""强""弱""大""小""长""轻""重""短""赤""朱""白""青""蓝"等。

(8) 指称一般行为、动作和状态的基本词汇有："禽(擒)""狩""逐""追""射""穫(獲)""发""觉""步""来(徕)""往""进""退""杀""见""行""食""饮""卧"等。

上述的例子，充分说明了汉语的基本词汇富于稳固性，很多属于基本词汇的词在千百年的长时期里一直存在语言中。基本词汇的生命力要比一般词汇强得多，它是语言词汇不可缺少的组成部分，同时又跟一般词汇相互联系和相互转化。随着社会上生产力和生产关系的不断发展，随着人们对客观世界认识的不断发展以及人们生活的活动范围的不断扩大，语言里的基本词汇也更加丰富和更加发展。

2. 汉语基本词汇的丰富和发展

上面谈到基本词汇具有稳固性，可是这并不意味着固定不变、没有发展。基本词汇也同一般词汇一样要随着社会的发展而发展。主要表现在下面三个方面：

(1) 社会生产力和生产关系的发展，促使基本词汇起变化，首先是为了适应社会生产的需要，基本词汇往往由纷繁趋于简括，或由简括趋于纷繁。这种删繁就简和由简化繁的现象，正是基本词汇为了适应社会生产发展的需要所形成的矛盾发展的现象，例如在渔猎、畜牧社会里，要求对于所豢养的牲畜区别品种和饲养过程，这就促使词汇纷繁起来，例如豕类有"豯"——生下三个月，"豵"——六个月的猪，"豝"——母猪，"豜"——三年大的猪，"豭"——公猪等。牛马类有："犻"——两岁之牛，"犙"——三岁之牛，"驹"——两岁之马，"駣"——三岁之马，"馬八"——八岁之马等。

在农业社会里,农具和耕作方式以及农作物生长过程都要加以区别而给予一定的名称。例如:《易·系传》:“断木为耜,揉木为耒。”“刻耜而耕,摩蜃而耨。”其中“耜”“耒”是农具,“耕”“耨”是耕作方式。《诗经·生民》云:“实方实苞,实种实褎。实发实秀,实坚实好。实颖实栗,即有邰家室。”这里的“方”“苞”“种”“褎”“发”“秀”“坚”“好”“颖”“栗”都是具体稻谷生长过程的名称,后来随着生产力的发展和生产方式的改变,这种过分细密的区别不很需要,基本词汇也就删繁就简而向前发展了一步。

再如,在古代宗法社会里,作为基本词汇的亲属称谓,由于阶级意识的渗入,显得非常纷繁,例如:贵族阶级的父母称“考”“妣”,“正室”所生之儿子称“嫡子”,妾所生的称“庶子”,这种区别随着宗法制度的崩溃,也逐渐消灭了。

另外,母系社会和父系社会的交替变化,也反映到基本词汇里亲属称谓的繁简变化中。

这是基本词汇由繁趋简的一面。

另一方面,就是前一个历史阶段不加以区别的,后来加以区别了。例如:“金”这个词原是泛指一切金属。《尚书·洪範》:“厥贡惟金三品。”《传》“金、银、铜”也。后来,一切金属按照它不同的性质而分别指标,于是:“金”就专指黄金了。

随着语言本身的发展,词汇系统里某些同义词使用的交替也促进了基本词汇的发展,这是基本词汇在不同历史时期和某些近义词的合并而发展的一种现象。例如:“日”这个词,在卜辞里已经出现,卜辞里更有关于日蚀月蚀的记载。在《诗经》时代,仍然沿用这个词。例如:《齐风·东方之日》:“东方之日兮,彼姝者子。”同时,《诗经》时代还出现了与“日”有关的“阳”字。例如:《小雅·湛露》:“匪阳不晞。”《豳风·七月》:“春日载阳。”阳字的意思是“日光”,也可以解释为“太阳”。例如:《孟子·滕文公》:“秋阳以曝之。”由于高山的南面向阳，“阳”字就可以解释为在山的南面。到了汉代，由于阴阳五行的学说盛行，出现了“太阳”这个词。这本来指称极盛的阳气，“日”正是这种阳气的代表物。如《淮南子·天文训》说：“日者阳之主也。”于是，原为专门用语（术语）的“太阳”就成为“日”的同义词，后来“日”也就被“太阳”所代替。这就是由专门用语成为一般用词，再变成基本词。又如“首”和“头”、“领”和“颈”、“目”（眼睛）和“眼”（眼球）在上古词汇系统里都是同义词。试比较：

① 椎柄长六尺，自长尺五寸。（《墨子》）

长椎，柄长六尺，头长尺。（同上）

② 领如蝤蛴。（《卫风·硕人》）

引领西望。（《左传·吕相绝秦》）

夫马陆居则食草饮水，喜则交颈相靡，怒则分背相踶。（《庄子》）

今遂至使民延颈举踵曰：……（同上）

③ 眼，目也。（《说文》）

其于人也为寡发，为广颡，为多白眼。（《易经·说卦》）

聂政大呼，所击杀者数十人，因自皮面决眼、屠肠，遂以死。（《战国策》）

到了后来，“首”逐渐让位于“头”，“颈”“眼”（眼睛）也逐渐代替了“领”“目”。

这就是一历史时期或不同历史时期里同义词使用的交替促进了汉语基本词汇的发展。

在上古时期，“牙”和“齿”、“皮”和“肤”是有区别的词。“牙”大都专指牲畜的牙齿，例如：《周易·大畜》：“豮豕之牙。”因而与动物的爪合成“爪牙”这词，例如：“夫虎之所以能服狗者，爪牙也。”

(《韩非子》)“齿”开始时不一定是指牙齿,而是指齿龈;如:颜师古注《急就篇》曰:“齿者,总谓口中之骨,主齿,齧者也。”《说文》云:“齿,口断骨也。”古代谚语所谓“唇亡齿寒”也带有这个意思。大致在中古时代,“牙”和“齿”口语里的区别已不存在,书面上“牙”逐渐代替了“齿”,后来又合成为“牙齿”。

“皮”和“肤”也一样,一般地说,“皮”是专指兽皮,“肤”是指人的皮肤。试比较:

①《尚书·禹贡》:“岛夷皮服。”《墨子》:“具炉橐,橐以牛皮。”

②《孟子》:“饿其体肤。”《易经·噬嗑》:“噬肤灭鼻,无咎。”《庄子》:“蚊虻噆肤,则通昔不寐矣。”

在上古时,“皮”也可以指人的“皮肤”。例如:《庄子》:“其皮为之灾也,今鲁国独非君子皮耶。吾愿吾刳形去皮洒心去欲,而游于无人之野。”到了汉代,也有“皮”专指“皮肤”,例如:《史记》:“乃割皮解肌,诀脉结筋。”

由此可见,在上古时期,“肤”是专指人的“皮肤”;而“皮”既泛指动物的“皮毛”,又可以指人的“皮肤”。以后就合成为一个词。

上述的例子说明了某些近义词的合并促进了汉语基本词汇的发展。

(2) 社会文物制度的变迁使得基本词汇有所变化。这种变化有下列两种情况:

① 是新陈代谢的情况。例如古代社会的事物到了后代不存在了,引起旧词的消失;同时又有新事物的产生,引起新词的产生。象“冠”“巾”“裳”“屦”“履”这类表示服饰的名词。“冠”,《韵会》云:“男子二十加冠曰冠。”“巾”,《释名》:“巾,谨也。二十成人,上冠,庶人巾。”“裳”,《说文》:“下裙也。”《诗经·魏风·葛屦》:“可以缝裳。”郑笺:裳,“男子之下服”。——到了后代,由于服饰的改变,这类词逐渐在书面语言里消失,可是,另外产生“帽子”“裤子”“鞋子”一类的新词。又如“几”“案”由于这种家具后代不再使用了,这

类词也随着消失。可是另外产生了“桌子”“抬子”一类的词。

② 是同义分化的情况。例如“宫”“室”这两个词。在上古时代都是指普通的住宅。《尔雅》:“宫谓之室,室谓之宫。”后来,“宫”专指统治阶级的住所。《经典释文·尔雅音义》:“古者贵贱同称宫,秦汉以后,惟王者所居称宫焉。”到了现代,由于房屋建筑的式样与古代不同,“宫”和“室”这两个词也便消失。可是它们仍然具有构词的能力,可以充当词根来构成新词,如:“少年宫”“文化宫”“教室”“寝室”“盥洗室”等。

(3) 外来词和方言词被吸收到文学语言里,使基本词汇不断丰富和壮大。在上古时期,由于历史条件的限制,外来词的传入不是很丰富的。汉代通西域,曾有一些词被吸收到汉语里面:植物名称,如“苜蓿”“葡萄”“胡桃”“石榴”等;乐器名称,如“琵琶”“胡笳”等。这一类词是逐渐地进入基本词汇之中的。至于方言词的吸收,在数量上虽不很多,有些方言词进入基本词汇都是非常明显的。例如“笔”“案”“箭”“釜”等。《说文》:“秦谓之笔。”《方言》:“案,陈、楚、宋、魏之间谓之槁,自关而西谓之案。”《方言》:“箭,自关而东谓之矢,江淮之间谓之镞,关西曰箭。”《方言》:“釜,自关而西谓之釜或镬。”——成为上古的基本词汇,一直到现在,已辨认不出它们原来是方言词。

总的说来,汉语的基本词汇不是一下形成的,它是随着社会的发展不断地增长和丰富起来的。其中有些消失了,有些转变了意义,有些一直保存到今天。外来词和方言词的吸收促使基本词汇本身不断地充实。

(三) 词汇的结构

构词法是丰富语言词汇和以新词充实词汇的基本方法。随着社会生产力的发展,社会制度的改变以及文化科学的发展,语言词汇里不断地出现新词,其中大部分是借助语言的结构和构词手段来构成的。构词手段正是和语言发展的内部规律紧密相联系。

汉语从来不是单音节语。汉语词的结构是以双音节词和单音节词相交为用的。

1. 双音词的结构

早在甲骨文时代已经出现了很多双音节词。例如人名有"武丁""祖庚""廪辛""帝乙""盘庚"等;国名有"鬼方""黎方"等。等级的名称有"天子""太君""大人""君子""小人""刑人""众人"等,时间名词有"甲子""乙亥""申日"等。到了《诗经》时代,双音节词更多,而且具有构词法的特点。《诗经》里的所谓"联绵字"有"鸳鸯""蟋蟀""驰驱""辗转""窈窕""参差""玄黄"等;重叠词有:"夭夭""旆旆""关关""嘤嘤""泄泄"等。在春秋战国的文学语言里,双音节词真是触目皆是。上古汉语里构成双音节词大致有下列几个规则:

(1) 词根加词素所构成的双音节词。例如:"道"这个单音节词在上古汉语里包括好几种意思:有时解释为"道路"。如《诗经》:"周道如砥。"有时解释为"道理",如《中庸》:"率性之谓道。"后来作为词根创造了不少新词。比如:

道人——《汉书》:"道人始去。"

道士——《汉书·王莽传》:"卫将军王涉,素养道士。"

道地——《汉书·田延年传》:"霍将军召问延年,欲为道地。"

道家——《汉书》:"道家者流,清虚以自持,卑弱以自持。"

道具——《汉书》:"妒道具。"

道路——《尔雅》:"达谓之道路。"

道场——《颜氏家训·归心篇》:"若能偕化黔首,悉入道场。”等。

(2) 单音节词根和词尾所构成的双音节词。例如：

童子——《诗经·芄兰》：“童子佩觿。”

眸子——《孟子·离娄》：“胸中正则眸子瞭焉。”

婢子——《礼记·檀弓》：“使君二婢子夹我。”

油然、沛然、浡然——《孟子》：“天油然作云、沛然下雨，则苗浡然实之矣。”

率尔、莞尔——《论语》：“子路率尔而对。”“夫子莞尔而笑。”等。

(3) 单音节词根重叠所构成双音节词。例如：

人人——《孟子·离娄》：“人人亲其亲，长其长，而天下平。”《礼记·表记》：“人人失其所好。”

家家——《汉书·扬雄传》：“家家自以为稷契，人人自以为咎繇。”

纷纷——《史记·韩长孺列传》：“大王无良臣，故事纷纷之至。”

此外，在上古汉语中，某些熟语由于经常应用，逐渐凝固成为合成词。诗经里有不少熟语成为合成词。例如：《诗经·关雎》：“寤寐求之。”“寤寐”在《诗经》时代是熟语，到了春秋战国时诸子散文里面，经常作为一个词来应用；到了汉代，这个合成词应用特别普遍；以后大家也就不知道这词原来是熟语了。又如：“权舆”(《诗经·权舆》：“不承权舆。”)“惸独”(《诗经·正月》：“哿矣富人，哀此惸独。”)“不淑”(《诗经·君子偕老》：“子之不淑。”)“陟降”(《诗经·大雅》：“文王陟降。”)“沸腾”(《诗经·十月之交》：“百川沸腾。”)等这一类的结构，在《诗经》里都是作为熟语的，可是，到了诸子散文里以及汉代诗赋里，都当作合成词了。

从词的结构和语音的关系看来，上古汉语词汇里有一种特殊结构的双音词,所谓“联绵字”。它们的音节结构有许多是“双声”“叠韵”的。它们在语义上表示一个单独的意义,在用法上都作为独立的单纯词。这些“双声词”或“叠韵词”在上古前期,尤其是《诗经》时代数量相当多,在语言词汇里的比重相当大,在诗歌语言里的使用频率也相当高。例如:

① 双声词:

参差(《诗经·关雎》:“参差荇菜。”),玄黄(《诗经·卷耳》:“我马玄黄。”),缱绻(《诗经·民劳》:“以谨缱绻。”),蝃蝀(《诗经·蝃蝀》:“蝃蝀在东。”),匍匐(《诗经·谷风》:“匍匐救之。”),踟蹰(《诗经·静女》:“搔首踟蹰。”),邂逅(《诗经·野有蔓草》:“邂逅相遇。”)等。《楚辞》里也有“犹豫”“容与”“荒忽”“耿介”“惆怅”“零落”“陆离”“萧瑟”“仿佛”等。

② 叠韵词:

“窈窕”(《诗经·关雎》:“窈窕淑女。”),“绸缪”(《诗经·绸缪》:“绸缪束薪。”),“仳离”(《诗经·中谷有蓷》:“有女仳离。”),“婆娑”(《诗经·东门之枌》:“市也婆娑。”),逍遥(《诗经·湛人》:“河上乎逍遥。”)以及“委蛇”“虺陨”“差池”“岂弟”“蒙戎”“芍药”等。《楚辞》里有:“纵容”“颇颔”“坎廪”“惝恍”“峥嵘”“偃蹇”“徘徊”“须臾”“萧条”“婵媛”等。

有些摹声词和情貌词由单音节重叠起来而构成所谓“重言”词。这类词在诗歌语言里面也是比较常用的。例如《诗经》里:

“孑孑”(《诗经·干旄》:“孑孑干旄。”),“揭揭”(《诗经·硕人》:“葭菼揭揭。”),“趯趯”(《诗经·草虫》:“趯趯阜螽。”),习习(《诗经·谷风》:“习习谷风。”),“悠悠”(《诗经·终风》:“悠悠我思。”),“关关”(《诗经·关雎》:“关关雎鸠。”),振振(《诗经·麟之趾》:“振振公子。”),“喓喓”(《诗经·草虫》:“喓喓草虫。”),“泄泄”(《诗经·雄雉》:“泄泄其羽。”),“藋藋”(《诗经·竹竿》:“藋藋竹竿。")，"莫莫"(《诗经·葛覃》："维叶莫莫。")，"靡靡"(《诗经·黍离》："行迈靡靡。")，"肃肃"(《诗经·小星》："肃肃宵征。")，"晏晏"(《诗经·氓》："言笑晏晏。")，"惙惙"(《诗经·草虫》："忧心惙惙。")等等。

上古汉语里双声词和叠韵词的结构与上古汉语的语音是有联系的。

2. 合成词的构词法

上古汉语的词汇系统里，合成词通常是由两个单音节的词或词根结合而成的。这种结构是上古汉语词汇的主要构词法。大致可分为下列的几类：

(1) 联合式

所谓联合式就是由两个意义相同、相近或者相反的词或词根并列起来所构成的。联合式又可以分为同义并列和反义并列的两种：

① 同义并列合成词。例如：

供给——《左传·僖公元年》："贡之不入，寡人之罪也，敢不供给。"

宇宙——《淮南子·原道训》："纮宇宙而章三光。"

文字——《秦琅琊台刻石》："同书文字。"

人民、土地——《孟子·尽心》："诸侯之宝三：土地、人民、政事。"

爱敬——《孝经》："爱敬尽于事业。"

攻击——《史记·秦始皇本纪》："相攻击如仇雠。"

讲授——《汉书·夏侯胜传》："胜每讲授，常谓诸生曰：……"

动摇——《汉书·文帝纪》："人人自安，难动摇。"

雕琢——《孟子·梁惠王》："必使玉人雕琢之。"

教化——《后汉书·王畅传》:“士女沾教化。”

② 反义并列合成词。如:

利害——《周礼·夏官·职方氏》:“周知其利害。”

是非——《孟子》:“是非之心,知之端也。”

呼吸——《淮南子·精神训》:“吹响呼吸,吐故内新。”

动静——《史记·五帝本纪》:“动静之物,大小之神。”

大小、轻重、厚薄——《史记·天官书赞》:“大小有差,阔狭有常。”“大小之执,轻重之权。”“茔丘垄之大小,高卑厚薄之度。”

其他,还有如:“天地”“春秋”“纵横”“左右”“祸福”“增减”“尊卑”“高低”“先后”等。

(2) 非联合式

非联合式可分为:主谓式、偏正式、动宾式、动补式四类。其中主谓式在上古词汇里还不多见,尚处于萌芽状态之中。

① 主谓式。例如:

头痛——《史记·扁鹊仓公列传》:“齐侍御史成,自言病头痛。”

耳聋——《老子》:“五音令人耳聋。”

② 偏正式。例如:

新婚——《诗经·谷风》:“燕尔新婚,如兄如弟。”

敌国——《史记·孙子吴起列传》:“君不修德,则舟中之人皆敌国也。”

诗人、词人——《汉书·司马相如传赞》:“诗人之赋丽以则,词人之赋丽以淫。”

口授——《汉书·艺文志》:“口授弟子。”

暗杀——《后汉书·宦者传》:“曹节、王甫幽杀太后。”

云和——《周礼·大司乐》:“云和之琴瑟,冬日至于地上之圜丘奏之。”

雪白——《后汉书·宋弘传》:“清修雪白。”

风流——《后汉书·王畅传》:“士女沾教化,黔首仰风流。”

③ 动宾式。如:

出货——《国语·鲁语》:“有货以卫身也,出货而可以免,予何爱焉?”

守节、失节——《左传·成公十五年》:“圣达节,次守节,下失节。”

握手——《史记·滑稽列传》:“握手无罚,游目不禁。”

罚金——《史记·张释之传》:“一人犯跸当罚金。”

传语——《后汉书·清河王庆传》:“令庆传语中常侍。”

放手——《后汉书·酷吏传》:“残吏放手。”

享福——《后汉书·郎颛传》:“是故高宗以享福,宋景以延年。”

④ 动补式。如:

扑灭——《尚书·盘庚》:“若火之燎于原,不可向迩,其犹可扑灭?”

开通——《礼记·月令》:“开通道路,毋有障塞。”

持久——《战国策·赵策》:“旷日持久数岁。”

肃清——《汉书·韦贤传》:“王朝肃清,惟俊之庭。”

(3) 接合词的构词法

所谓接合词就是以实词为词根,以虚字为前附成分或后附成分互相接合而成的。其结构内部,虚字作为构词成分有些相当于词头词尾,有些又和词头词尾不全相同。从历史的角度看,汉语构词法里的词头词尾多半是实词向虚字转化,或者虚字向构词成分转化而形成的。

① 上古前期的接合词,有利用“有”“于”作为前附成分而构成的。例如:“有夏”(《尚书·汤誓》:“有夏多罪,天命殛之。”),“有

政”(《论语·为政》引《书》:“友于兄弟,施于有政。”),“有众”(《尚书·汤誓》:“今尔有众。”)“于越”(《春秋·定公五年》:“于越入吴。”)等。上古后期有附加词头“阿”而构成的。例如:“阿谁”(汉乐府:“道逢乡里人,家中有阿谁。”),“阿娇”(《汉武故事》说武帝后名阿娇)、“阿斗”(刘禅的名字),“阿蒙”(吕蒙的名字)。

② 有利用虚词“然”“若”“焉”“尔”“如”作为后附成分而构成接合词。例如:

“惠然”(《诗经·终风》:“惠然肯来。”),“斐然”(《论语·公冶长》:“斐然成章,不知所以裁之。”),“沃若”(《诗经·氓》:“其叶沃若。”),“惄焉”(《诗经·小雅·小弁》:“我心忧伤,惄焉如捣。”),“铿尔”“率尔”(《论语·先进》:“子路率尔而对……铿尔,舍瑟而作。”),“申申如”“夭夭如”(《论语》“子之燕居,申申如也,夭夭如也”)。

另外,有附加词尾“子”“儿”构成的接合词。例如:

“瞳子”(《史记·项羽本纪》“又闻项羽亦重瞳子”),“儿子”(《汉书·高帝纪》“乡者夫人儿子皆以君”),“小家子”(《汉书·霍光传》“使乐成小家子得幸将军”),“孩儿”(《后汉书·公孙述传》“孩儿老母口以万数”),“酒家儿”(《汉书·栾布传》)。

由此可见,一般词汇的结构在上古时期已具有各种不同类型。现代汉语里的某些构词类型,在古代已经出现。

随着汉语构词法的发展,它们对于汉语词汇和语法的发展起了极其重要的作用。

(四)词汇与社会制度意识形态

上古汉语词汇反映这一时期的社会制度和意识形态,可以从下列几个方面看出来:

1. 国家机器的名称

从原始共产主义社会进入有敌对阶级的奴隶社会，在社会发展史上这是一个巨大的变化。奴隶社会时期出现了统治人民的国家机器。我国在殷代已进入奴隶社会，从文献上可以看到殷代已有刑法。“殷彝”这个词，就是殷代刑法的名称。在卜辞里又有军队和地牢的记载。历史材料说明殷代国家机器大体上已具备。

从词汇里可以看出周代刑法比殷代更完备。《尚书·吕刑篇》说有五种刑罚：“墨”——用刀刻面涂墨；“劓”——把鼻子割掉；“剕”——把脚割掉；“宫”——割去男子的生殖器，女子禁闭宫中当奴隶；“大辟”——砍头。

到了秦汉时期，由于实行封建极权制度，刑罚的项目比过去大大增加。秦时死刑有“死”“腰斩”“车裂”“磔”“族”。徒刑有“鬼薪”“城旦”“髡”“锥”等等名目。汉代死刑有“弃市”。法律方面，秦代法律有“盗法”“贼法”“囚法”“捕法”“杂法”“具法”等名称。汉初萧何增加“户法”等一章，几乎把人民一切自由权利完全剥夺掉。

在阶级社会里，等级制度随着社会的发展也从无到有，从不完备到完备。词汇上反映了这种情况。例如：殷代统治阶级有“君”“邦伯”“师长”“百执事”等级别的名称。被统治阶级有“臣”“多臣”“牧臣”“耤臣”“小耤臣”“宰”“臧”“仆”“奴”“奚”“童”“妾”等级别的名称。其中，牧臣为从事畜牧生产的奴隶的首领，耤臣为管理从事农业生产的奴隶的头目，宰是从事手工业的奴隶和从事炊事的奴隶的头目，臧是作为卫护君王贵族的亲仪奴隶。此外，还有“庶人”（自由民）这一阶层。

西周以后等级制度更完备，统治阶级方面有“公”“侯”“伯”“子”“男”诸级别，又有“天子”“诸侯”“大夫”“士”（以上统治阶级）以及“工”“商”“皂”“隶”（以上被统治阶级）等级别的名称，到了春秋战国时期,由于东周末期经济发生很大的变化,尤其田地可以自由买卖,就出现了“地主”这一个新兴阶级。

总之,社会出现了阶级之后,社会成员就有贵贱尊卑之别,不像过去那样一律平等。词汇直接反映了这情况,在这一时期的词汇里,出现了很多表示等级制度的词。

2. 宗教信仰的名称

上古时期,由于社会生产力的水平低下,文化不发达,人们对自然界的现象认识不够,对自然规律没有能够掌握,因而宗教迷信极其浓厚。殷代,对鬼神的崇拜非常突出,任何事情都要通过问神占卜来决定。并有从事专门占卜的专业人员所谓“巫”。除了迷信鬼神外,还崇拜祖先,这在周代比较突出。周人也很讲究祭祀,名目繁多,在词汇里直接反映出来的,如:为求福的祭祀叫做“祷”,为消除灾害的祭祀叫做“禳”,烧柴焚灯以祭天神叫做“柴”;春祭曰“祠”,夏祭曰“礿”,五岁一大祭叫做“禘”,合祭祖先称为“祫”。另外也给鬼神取了很多称号,如“社”(地主)、“祇”(地神)、“神”(天神)等。

后来,宗教的门类逐渐多起来,汉代有道教、佛教。词汇里出现关于宗教活动的新词,例如,道教方面的术语有“师君”“鬼卒”“祭酒”等人物名词,“符箓”“符祝”“九节杖”“丹鼎”等用具的名称,以及“奸令”“鬼吏”“阴官”“道士”等教士的道名。佛教方面出现了“沙门”“浮屠”“膜拜”等一类词语。从战国到汉代又产生一种阴阳五行的学说,声称可以解释天下任何事情。尤其是把这种学说用来说明医学上的理论,有所谓:“肺为金,肝为木,心为火,脾为土,肾为水。”以及“太阳”“阳明”“太阴”“少阴”等医学上的术语。

3. 学术文化方面的词汇

古代社会里,随着农业经济的发展,历学和天文学也跟着产生和发展。由于自然现象包括气候、气象，在古代和人生祸福有很大的关系，因而在我国天文学很早就产生。传说，黄帝曾经叫羲和占日、常仪占月、臾区占星气，对于天文已有专业的人在研究。农业生产是有季节性的，人们在生产实践中也逐步掌握了天文的知识，并加以总结而成古代的历法和天文学。

夏代已有历法，所谓夏历，一年称为一岁。商代的历法，一年叫做“祀”，又分“春”“秋”两季，分十二个月，“大年”十三个月（有闰月）。十二月都用“天平”“地交”记时，一日内又分“日”“夕”“中日”“各日”（落日）、“旦”等时辰。在语言里，也就出现了不少记载历法的词。

数学在我国也是很早就发达的。在周秦时期，已有数学方面的专门著作，如《周髀算经》《孙子算经》和《九章算经》等。由于古代学者对数理和算法作了专门的研究，语言词汇里，就出现不少关于复名数和度量方面的词。例如：“寻”——广八尺，“常”——寻的一倍，“围”——环八尺，“跬”——一举足，“武”——半步，“步”——六尺，“均”——八尺，“丈”——十尺，“咫”——八寸，“里”——三百步（周制），“仞”——高八尺，“亩”——广一步长百步，“畦”——五十亩，“豆”——四升，“斗”——十升，“升”——十合，“秉”——禾一把，“斤”——十六两，“钧”——三十斤，“石”——四钧，“锱”——六铢，“铢”——十絫，“镒”——二十两或二十四两。

有些一直到现在没有什么变动，有些变化很大，比如在春秋战国时期斛与石是相同的，一斛等于一石。自宋以后，一石等于两斛（见《陔余丛考》）。

古代的文化教育事业也是很早就发展起来的。孔子时代已有学校。到了汉代，文化教育事业有了很大的发展。中央有太学，地方有郡国学校。随着文化教育的发展，词汇里就出现了这一方面的新词。例如：“太学”——中央办的学校，“学”——郡国的学校，

"校"——主县、道、侯国所设的学校，"庠"——乡立的学校，"序"——村聚所立的学校。另外还有鸿都门学，是专习尺牍和字画一类的艺术学校。学校里的教卫人员也各有专名。例如："太常"——校长，"博士"——教员，"太学生"——学生或学员，"经师"——郡国学校的教师，"孝经师"——村聚学校的教员等等。"教授"一词也是那时产生的，即传授知识给学生的教师。

（五）词义的发展

1. 词义变化的原因

历史词汇学中，不能孤立地考察一个具体的词的历史，而应该考察这一个词与其他词的历史关系，尤其应该考察不同的词的各个意义之间的内部联系，如同义词和多义词之间的关系等。词的意义的形成和转变，与人们社会生活和对客观世界的认识是有联系的。在人们的日常用语里，只要某一个旧词用来表达某个新的东西或某一个新概念，使它跟某一个新东西和新概念有所联系，这就意味着这一个词的意义开始演变。在历史词汇学里，对于确定某些词的原始意义以及它们的变化发展的过程是极其重要的。

探求词义变化的原因应该注意两个方面：一是词义变化的外在因素，一是词义变化的内在因素。所谓外在因素，即这种变化的原因是非语言性质的，或者叫做语言外部的原因。换句话说，这种变化的原因显然是语言以外的，处于社会本身之中。所谓词义变化的内在因素，就是这种变化的原因属于语言内部的，与纯粹的语言发展过程有关联的。换句话说，对于这种变化的事实，应该从语音、词汇、语法各个系统本身以及在这一种语言的特性和规律中去理解。

非语言性质的变化原因主要有三种形式：首先是由于社会生活的变化，在人们的思想意识中出现了反映客观对象和现象的新概念，因而必须赋予新的名称。于是除了创造新词和借用外来词之外，便利用名称的转移，促成词的内容的变化来反映社会生活里的新事物和新概念。例如：

田——在渔猎时代是田猎的意思，到了农业社会里成为种庄稼的场地。试比较：《易·系辞》："以田以渔。"虞注："以罟取兽曰田。"《诗经·郑风·大叔于田》："叔于田。"《说文》："田，陈也，树谷曰田。"

獲——在渔猎时代，指田猎所得到的禽兽一类的东西。在农业时代，獲穫指收获农产品禾谷一类的东西。试比较："王田于游……獲鹿十。"(《殷墟卜辞》)《诗经·豳风·七月》："八月其穫。"《传》云："穫，禾可穫也。"

特——在畜牧时代是一种牛的名称。可是后来成为一个抽象的概念，即特殊，特别的意思。试比较：《尚书·舜典》："归，格于艺祖，用特。"《荀子·大略篇》："天下之人，惟名特意哉！"

玄——原始的意思是黑色(一直到现在，在某种方言里，黑色称玄色)，以后转变为"玄妙"(道家术语)的意思。试比较：《诗经》："天命玄鸟。"(按玄鸟即黑色的鸟，相当于燕子。)《庄子》《道德经》："玄之又玄，众妙之门。"

文章——在周秦时期"文章"这词是指纺织刺绣品，到了汉代以后，却和文人的作品联系起来了。试比较：《庄子·逍遥游》："瞽者无以与乎文章之观。"《周礼·考工记》："画缋之事……青与赤谓之文，赤与白谓之章。"《史记·儒林列传》："文章尔雅，训辞深厚。"《汉书·公孙弘传赞》："文章，则司马迁、相如……刘向、王褒以文章显。"

其次是事物发生了变化，但仍然保留着原来的名称，而词的意义随着事物的变化而引起变化。例如：

墨——在周秦时期，已有“墨”。据王嘉《拾遗记》云：“张仪、苏秦，佣力写书，行遇圣人之文，无以题记，则以墨书于掌。”但当时是用石粉制成的，所谓“石墨”。清人桂馥说过：“古者漆玉之后，皆用石墨以书。”汉以后，用松烟或烟煤制墨。墨的原料不同了，而名称不变。

纸——纸在最早时期是用丝絮做成的，到了东汉蔡伦造纸，是用树皮、麻头、破布、破丝绸为原料的。纸的原料不同了，而名称没有改变。

再其次，是某些词用在特殊的语言环境里面，在这种特殊的应用中，词的意义就起变化。例如：

朕——这个词在周秦时期是第一人称代词，一般人都可以用。如：《尚书·大禹谟》：“朕德罔克。”《离骚》：“朕皇考曰伯庸。”《诗经·大雅·韩奕》：“无废朕命。”秦以后“朕”这个词专用为帝王自称了。

后——这个词在古代涵义较广。王可以叫君，如：《易经》：“后以施令告四方。”诸侯也有称“后”的，如：《尚书·舜典》：“班瑞于群后。”周秦以后，“后”专指天子之嫡妃。如：《礼记·曲礼》：“天子有后。”

万岁——这词在汉时用以相互庆贺的。《后汉书·李固传》：“李固出狱，京师市里皆称万岁。”后来，成为帝王的代名词。上举的例子，说明某些词由于专指社会集团里一定的人物而使词义起变化。

在汉代，由于翻译佛经的需要，一般词汇里有很多词，因为作为专门性的佛教术语而应用，就促成词义的演变。例如：

因缘——这词原义是“机会”，如：《史记·田叔列传》：“褚先生曰……任安……为人将车之长安，留，求事为小吏，未有因缘也。”后来转为佛教词汇，意义完全改变。是指“一物三生，亲与强力者为因，疏添弱力者为缘”，如：种子为因，雨露、农夫为缘，此因缘和合而生米。可见“因缘”的意思是原因和条件。

功德——原义是积累功德以求幸福。后来成为佛教的专门术语，凡是请和尚来祈诵叫做“功德”。

祖师——原义是指学术上创始研究的学者。如：《春秋正义》有云：“三传之义本皆口传，后之学者，乃著竹帛而以祖师之目题之。”后来成为宗教词汇后，是指宗教方面创立宗派的法师，如达摩祖师、纯阳祖师等。

2. 词义变化的过程

词义变化的过程主要有下列两种类型：

(1) 词义相关相依的变化

所谓相关相依的变化有两种情况：一是古代不同意义的单音节词，由于意义接近而结合成为合成词，其中有一个(词系)或者保留原义，或者消失原义。例如：书信——在古代，书是指信，如《韩非子・外储说》：“郢人有遗燕相国书。”而信原是指送信的人，如《世说新语・雅量》：“谢公与人围棋，俄而谢玄淮上信至，看书竟，默然无言。”六世纪以后，书信连用。如梁元帝诗：“别后花枝不共攀，别后书信不相关。”后来成为联合式的合成词。

另一种情况是古代某些词，由于意义分化，其中之一或者保留原义或者不保留，而与另一词成为同义词。例如：“穷”——《说文》：“极也。”即尽头到底的意思。《庄子・秋水》：“以穷其至大之域。”引申为困苦不得志。《庄子・山林》：“孔子穷于陈、蔡之间。”这就与“贫”“困”同义，于是就构成“贫穷”——《左传・昭公十四年》：“分贫振穷。”“困穷”——《尚书・大禹谟》“四海困穷”一类的词。“穷”的原来意思不再保留。

（2）词义矛盾的发展——扩大和缩小

在词义的变化过程中，有一种方式是按词所表示概念的外延扩大或缩小而促成词的意义的转变。词所表示概念的外延有时由扩大而再缩小，或者由缩小而再扩大，这并不意味着循环而往复，而是反映了不同历史时期词义的变迁和发展。这种变化是一种矛盾的发展。

① 词义“扩大”：

如“雌”“雄”，它的原义单指鸟类。《说文》：“雌，鸟母也；雄，鸟父也。”而在上古时期各种动物按性别都有专称；如牛雄的叫“牡”，雌的叫“牝”。马牡的叫“驵”，鹿雄的称“麚”。后来，人们在动物和禽兽的性别上加以抽象和概括，就用“雌”“雄”这两个词来表示不同的性别。于是“雌”“雄”这两个词就由专指鸟类的变为泛指一切动物的了。

又如“鸣”，本义是鸟声。后来扩大一切发音。如：“马鸣萧萧。”“鸡鸣不已。”甚至人们有所宣泄也叫做“鸣”，如“诸子争鸣”。

又如“隻”“雙”，《说文》：“鸟一枚曰隻。”“鸟两枚曰雙。”后来词义扩大，成为一般计数的单位词：“物单曰隻。”如《穆天子传》：“载玉万隻。”《汉书·王莽传》：“得一隻鸟。”“成对曰雙。”如《诗·南山》：“冠緌双止。”《仪礼·聘礼》：“凡献，执一雙。”这儿“雙”就不是指鸟，而是偶数的意思。

② 词义“缩小”：

如“金”这个词在青铜器时代是指铜器。因为当时金属只有铜器一种。到了铁器时代，金、银、锡、铝等金属都出现了，“金”就用来泛指一切金属。如：《尚书·禹贡》：“厥贡惟金三品。”《传》：“金、银、铜也。”《汉书·食货志》有：“金有三等，黄金为上，白金为中，赤金为下。”颜师古注：“金者五色，黄金、白银、青铜、青铅、黑铁。”后来，由于出现了“银”“锡”“铁”“铅”一类的新词，“金”的词义就缩小为专指黄金一种了。

又如"丈人"一词，原意指一般年长的人。如《论语·微子》："子路从而后，遇丈人以杖荷蓧。"汉以后，儿媳妇对公婆称曰丈人。如汉乐府《相逢行》："丈人且安坐，调丝方未央。"王充《论衡·气寿篇》："尊翁妪为丈人。"词义相应地缩小。

又如："春""秋"这两词，按殷代的历法，一年只分为春秋两季。"春"的原义是指一年里春夏两个季节。"秋"的原义是指一年里秋冬两个季节。后来，对天文历法的认识提高，季节分得更细密。夏历一年分春夏秋冬四季。于是"春""秋"就各指一年四季里一个季节。

总的说来，词义的扩大和缩小这种矛盾的发展，与人们的认识的发展和思维的发展是有关系的。随着人们的认识从低级到高级的发展，抽象能力和概括能力就不断加强，反映在词义的变化方面，就出现了词义的扩大和缩小的矛盾现象。

（六）熟语、方言词、外来词和阶级习惯语

1. 熟语

熟语是语言中现成的固定的词组或句子，包括语言中的成语和谚语。

（1）成语

成语是熟语的主要部分，每个成语一般表示一个概念，在语言结构里起着句子成分的作用。成语在结构上可能是词组也可能是句子，它的功用相当于语言里的词，往往作为语言里一个基本单位来运用的。在汉语里，绝大部分成语是四个字组成的，又往往成为定型性词组。例如："万寿无疆"（源出《诗经》），"忠言逆耳"（《论语》），"天长地久"（《老子》），"一毛不拔"（《孟子》），"青出于蓝"

(《荀子》),“对牛弹琴”(《庄子》),“吹毛求疵”(《韩非子》)等。古代汉语里的成语跟基本词一样,具有强大的生命力和相当程度的稳固性。在语言发展过程中,很多古代成语被保留下来,一直沿用着;例如:“坐井观天”“捕风捉影”“阳春白雪”“妄自尊大”“怒发冲冠”等。不过,现代语言里所沿用的古代成语,有些成语的意义和构成它的词的意义已经丧失联系,整个成语的意义不能从被构成的各个词的意义求得了。如:“青出于蓝”“下里巴人”“朝三暮四”“杯弓蛇影”等。由于这类成语的意义只存在于整个结构之中,因此成语的结构形式不能随便更改或调动。例如:“朝三暮四”不能说成“朝四暮三”,“赴汤蹈火”不能说成“赴水蹈火”。

上古的成语,不少来自民间的口语。古书里有所谓“谚曰”“鄙谚曰”“歌云”等等的记载,这些民间口语很多成为后来精炼的成语。例如:《左传·僖公五年》记述宫之奇谏假道,就引用了“辅车相依,唇亡齿寒”这成语。可见“唇亡齿寒”是在当时的民间口语里相传的。很多成语是古代的寓言故事以及现成语句(包括描述性语句,比喻用语等)缩简而成的,所以有不少成语包含着一定的典故和某种隐喻,含义显得极其深刻而富于形象性。

如果我们追溯现代语里成语的历史来源,那末上古时期正是汉语里成语构成“雏形”的时期。上古时期极其丰富的文学语言为汉语里成语的形成和发展提供了有利的条件,加速了成语的定型化,并使得汉语里的成语具有独特的意义和修辞色彩。这可以分为下列几个方面来说:

① 由当时的寓言故事缩简而构成的成语。例如:

守株待兔——“宋人有耕者,田中有株,兔走触株,折颈而死。因释其来而守株,冀复得兔。”(《韩非子·五蠹》)

画蛇添足——“楚有祠者,赐其舍人卮酒。舍人相谓曰:数人饮之不足,一人饮之有余。谓画地为蛇,先成者饮酒。一人蛇先成，引酒且饮之，乃左手持卮，右手画蛇曰：'吾能为之足！'未成，一人之蛇成，夺其卮，曰：'蛇固无足，子安能为之足？'遂饮其酒。为蛇足者，终亡其酒。"（《战国策·齐策》）

买椟还珠——"楚人有卖其珠于郑者，为木兰之柜，熏以桂椒，缀以珠玉，饰以玫瑰，辑以羽翠。郑人买其椟而还其珠。"（《韩非子·外储说左上》）

滥竽充数——"齐宣王使人吹竽，必三百人。南郭处士请为王吹竽，宣王说之，廪食以数百人。宣王死，湣王立，好一一听之，处士逃。"（《韩非子·内储说上》）

刻舟求剑——"楚人有涉江者，其剑自舟中坠于水，遽契其舟曰：'是吾剑之所从坠。'舟止，从其所契者入水求之。"（《吕氏春秋·察今》）

东施效颦——"西施病心而矉其里。其里之丑人见而美之，归亦捧心而矉其里，其里之富人见之，坚闭门而不出；贫人见之，挈妻子而去之走。彼知美矉，而不知矉之所以美。"（《庄子·天运》）

狐假虎威——"虎求百兽而食之，得狐。狐曰：'子无敢食我也！天帝使我长百兽，今之食我，是逆天帝命也！子以我为不信，吾为子先行，子随我后，观百兽之见我而敢不走乎？'虎以为然，故遂与之行。兽见之皆走。虎不知兽畏己而走也，以为畏狐也。"（《战国策·楚策》）

揠苗助长——"宋人有闵其苗之不长而揠之者，芒芒然归，谓其人曰：'今日病矣！予助苗长矣！'其子趋而往视之，苗则槁矣。"（《孟子·公孙丑》）

自相矛盾——"人有鬻矛与楯者。誉其楯之坚：'物莫能陷也。'俄而又誉其矛曰：'吾矛之利，物无不陷也。'人应之曰：'以子之矛，陷子之楯，何如？'其人弗能应也。"（《韩非子·难势》）

杞人忧天——"杞国有人，忧天地崩坠，身亡所寄，废寝食

者……”(《列子·天瑞》)

指鹿为马——“赵高欲为乱,恐群臣不听,乃先设验,持鹿献于二世曰:‘马也。’二世笑曰:‘丞相误邪!谓鹿为马。’”(《史记·秦本纪》)

一字千金——“当是时魏有信陵君,赵有平原君,齐有孟尝君,皆下士喜宾客以相倾。吕不韦以秦之强,羞不如。亦招致士,厚遇之,至食客三千人,是时诸侯多辩士,如荀卿之徒,著书布天下。吕不韦乃使其客人著所闻集论,以为八览、六论、十二纪,二十余万言。以为备天地万物古今之事;号曰《吕氏春秋》。布咸阳市门,悬千金其上,延诸侯游士宾客,有能增损一字者,予千金。”(《史记·吕不韦列传》)

② 由当时书面语言的现成语句缩简而构成的成语。例如:

作威作福——“惟辟作威,惟辟作福。”(《尚书》)

殊涂同归——“天下同归而殊涂。”(《周易》)

惩前毖后——“予其惩而毖后患。”(《诗经》)

人言可畏——“岂不尔思?畏人之多言。”(《诗经》)

一暴十寒——“一日暴之,十日寒之。”(《孟子》)

一毛不拔——“拔一毛而利天下,不为也。”(同上)

得心应手——“得之于手,而应于心。”(《庄子》)

破釜沉舟——“悉引兵渡河,皆沉船,破釜甑,烧芦舍,持三日粮,以示士卒必死无一还心。”(《史记》)

患得患失——“其未得之也,患得之;既得之,患失之。”(《论语》)

越俎代庖——“庖人虽不治庖,尸祝不越樽俎而代之矣。”(《庄子》)

出类拔萃——“出于其类,拔乎其萃。”(《孟子》)

自暴自弃——“自暴者不可与有言也,自弃者不可与有为也。”

(《孟子》)

螳臂当车——“汝不知螳螂乎？怒其臂以为车辙，不知其不胜任也。”(《庄子》)

③ 由当时现成的语句直接形成的成语。例如：

“多多益善”——“高祖问韩信能将兵几何？信曰：臣多多而益善耳。”(《史记》)，“文质彬彬”(《论语》)，“三思而行”(同上)，“苗而不秀”(同上)；“出尔反尔”(《孟子》)；“每下愈况”(《庄子》)；“外强中干”(《左传》)，“一鼓作气”(同上)；“众志成城”(《国语》)；“视死如归”(《韩非子》)；“以逸代劳”(《孙子》)，“知己知彼，百战百胜”(同上)；“亡羊补牢”(《战国策》)，“狡兔三窟”(同上)；“一以当十”(《史记》)，“一鸣惊人”(同上)，“强弩之末”(同上)；“因噎废食”(《淮南子》)；“功亏一篑”(《尚书》)，“有条不紊”(同上)；“战战兢兢”(《诗经》)；“沾沾自喜”(《史记》)；“一丘之貉”(《汉书》)，“实事求是”(同上)，“不学无术”(同上)；“千变万化”(《列子》)；“闭门造车”(《中庸》)等等。

上古时期有些成语带着浓厚的封建色彩，如“三从四德”等等。

(2) 谚语

谚语是语言里现存的固定的句子。谚语通常表示一个相对完整的意思，在语言结构里起着句子的作用。谚语往往是人民群众把积累的丰富的生活经验归纳成一个极其深奥的道理，并运用生动活泼的语言说出来；因此古代汉语里有不少谚语被文人吸收到书面语言里而流传下来。凡是古书里有所谓“谚曰”“鄙谚曰”“俗语曰”“时人语曰”等等，就是作者在自己的文章里直接引用了当时的谚语，也是有意识地记述了当时某些有价值的谚语。例如：

《论语》：“南人有言曰：‘人而无恒，不可以作巫医。’”

《孟子》：“齐有言曰：‘虽有智慧，不如乘势；虽有镃基，不如待时。’今时则易然也。”又：“言自非圣人，在所变化，故谚曰：‘白沙在涅,不染自黑;蓬生麻中,不扶自直。'言辅之者众也。"

《左传》记有:"滕侯、薛侯来朝,争长。公使羽父请于薛侯曰:君与滕君,辱在寡人。周谚有之曰:'山有木,工则度之;宾有理,主则择之。'寡人若朝于薛,不敢与诸侯任齿君若辱贶寡人,则愿以滕君为请。薛侯许之,乃长滕侯。"

《礼记·大学》记有:"故好而知其恶,恶而知其美者,天下鲜矣。故谚有之曰:'人莫知其子之恶,莫知其苗之硕。'"

《史记》记有:"鄙语云:'尺有所短,寸有所长。'"

谚语多半是人民群众生活实践和生活经验中的结晶品,比喻性很强,既深刻又形象化。而谚语中有一部分也是有价值的成语。《汉书·贾谊传》:"鄙谚曰(或作里谚):'欲投鼠而忌器。'此善喻也。""投鼠忌器"这是很好的成语,一直传习到现在而没有消失。又《汉书·薛宣传》:"鄙谚不亲,苛政不亲,烦苦伤恩。""苛政不亲"也是成语。这些都是人民群众创造出来的精炼优美的熟语。

《左传》所记载的谚语比较多,《史记》《汉书》所记述的谚语也相当丰富。略举一二作例:

"匹夫无罪,怀璧其罪。""心苟无假,何恤乎国家。""非宅是卜,唯邻是卜。"(以上见于《左传》)

"前事之不忘,后事之师也。""白头如新,倾盖如故。""桃李不言,下自成蹊。""力田不如逢年,善仕不如遇合。""相马失之瘦,相士失之贫。"(以上见于《史记》)

"千人所指,无病而死。""遗子黄金满籝,不如一经。""邪径败良田,谗口乱善人,桂树华不实,黄雀巢其颠。""孤犊触乳,骄子骂母。"(以上见于《汉书》)

谚语的特色就是平易通俗,尽管一般的文人学士认为鄙俗粗糙,一经运用在作品里面便加强了语言的表达功用,有时更能全面地剖析事实和说明问题。

2. 方言词

方言是语言的地方变体，和语言发展的分化和整化密切联系着。其产生的最主要的原因是由于社会成员的不断增加，不得不逐渐扩展地域分布和居住面积，这就使得距离较远的各地区的居民隔绝起来而形成独立的或半独立的生活集体，原来相同的语言，在各地区也就逐渐形成不同的方言。

我国上古时期，汉语方言的分歧是十分明显的。据文献记述，周代自武王以后，计灭掉了 99 国(方国)，降服了 652 国。虽然这些数字不一定可靠，却说明了周代以前社会分裂的局面。同时也可以想象当时语言的分化现象。下面就不同历史阶段约略举出上古时期汉语里的方言词。

(1) 周代前后期的方言词

三代——夏商周的政治经济文化一直集中在北方的黄河流域；这个地域是当时政治经济文化的主要活动地带，因而周代前后时期汉语的分化和整化也显现在这一地带。当时方言区可以分中部方言区(河内方言区)、秦晋方言区和齐鲁方言区。这三大方言区里的方言词，多少运用到当时的书面语言里来。例如：

① 秦晋方言词

梅(瞢)——愧也。《国语·晋语》:“臣得其志而使君瞢。”(韦注:“惭也。”)《左传·哀公十四年》:“不与于会，无瞢焉。”按：扬雄《方言》谓晋语。

噎(嗌)——《诗经·王风·黍离》:“中心如噎。”(《毛传》:“忧不能惠也。”)《穀梁传·昭公十九年》:“嗌而不能容粒。”按：《方言》谓“秦晋之间”之方言词。

韔——剑削也，《诗经·秦风·小戎》:“虎韔镂膺。”(《毛传》:“韔，弓室也。”)又“交韔二弓”(《毛传》同)。按：《方言》谓秦语。

夏——大也。《诗经·秦风·权舆》:“于我乎夏屋渠渠。”(《毛传》:“大也。”)《诗·周颂·时迈》:“肆于时夏。”(《毛传》:“大也。”郑笺:“乐歌大者称夏。”)《左传·襄公二十九年》:“夫能夏则大,大之至也。”《荀子·正论篇》:“令行于诸夏之国谓之王。”(杨倞注:“夏,大也,中原之大国。”)〔按《方言》谓“秦晋之间”的方言词。〕

② 齐鲁方言词

怀——来也。《齐风·南山》:“曷又怀止。”(郑笺:“来也。”)《周颂·时迈》:“怀柔百神。”(《毛传》同)《国语·周语》:“以怀柔之。”(韦注:“来也。”)〔按《方言》谓“齐鲁之间”的方言词。〕

澌(斯)——散也。《陈风·墓门》:“斧以斯之。”(《毛传》:“斯,析也。”)《大雅·板》:“无畏无斯。”(郑笺:“斯,离也。”)〔按《方言》谓“东齐语”。〕

簟——竹席也。《齐风·载驱》:“簟笰朱鞹。”(《毛传》:“簟,方丈席也。”)《小雅·斯干》:“下莞上簟”(郑笺:“莞,小蒲之席也,竹笰曰簟。)〔按《方言》谓“自关而西”的方言词。〕

③ 中部(河内)方言词

怀——至也。《邶风·泉水》:“有怀于卫,靡曰不思。”(郑笺:“有所至卫。”)〔按《方言》谓“齐楚之会郊”的方言词。〕

姝、姅——好也。《鄘风·于旄》:“彼姝者子。”(《毛传》:“姝,美色也。”)《邶风·静女》:“静女其姝。”(《毛传》同)《郑风·丰》:“子之丰(姅)兮”(《毛传》:“丰,丰满也。”)〔按《方言》谓“赵魏燕代之间”的方言词。〕

谅——信也。《鄘风·柏舟》:“不谅人只。”(《毛传》:“谅,信也。”)〔按《方言》谓“卫语”。〕

硕——大也。《邶风·简兮》:“硕人误也。”(《毛传》:“硕人,大德也。”)《卫风·考槃》:“硕人之宽。”(郑笺:“硕,大也。”)〔按《方言》谓“齐宋之间”的方言词。〕

（2）春秋以后的方言词

周代前后期的方言差异，按地区论，主要是东西的隔阂。到了春秋以后，由于政治经济的变动，社会交际的频繁，直接影响着语言的发展，方言的差异就不是东西而是南北的隔阂。

当时地域方言的分布大致也可划分为三个大方言区。在北方有秦晋方言区和齐鲁方言区，在南方有楚方言区。

当时楚国疆域辽阔，楚方言内部又有很大的分歧。其中部方言与东部江淮一带以及南部地区的方言，无论在语音或词汇上都相距很远。相传《越人歌》如果不经过越人的翻译，连楚人也不懂。《楚辞》里运用方言词是比较突出的。例如“謇”“羌”“莽”“冯”“汩”“侘傺”“阊阖”“咍”“邅”等等。

謇——发语词。“謇吾法夫前修兮”“謇朝谇而夕替”（《离骚》）“謇不可释也。”（《九章》）“謇淹留而天成。”（《九辩》）

羌——《离骚》：“羌内恕己以量人。”“羌声色以娱人。”（《九歌》）“羌中道而回畔兮。”（《九章》）王逸注：“羌，楚人语辞。”

莽——《离骚》：“夕揽洲之宿莽。”《方言》云：“莽，草也，南楚曰莽。”

冯——《离骚》：“冯不厌乎求索。”王逸注：“满也，楚人名满曰冯。”

汩——《离骚》：“汩予若将不及兮。”《方言》云：“疾行也，南楚之外曰汩。”

侘傺——《离骚》：“忳郁邑乎侘傺。”《惜诵》：“心郁邑乎侘傺。”王逸注：“楚人谓失志怅然住立为侘傺。”

阊阖——《离骚》：“倚阊阖而望予。”《说文》云：“阊，天门也，楚人名门曰阊阖。”

咍——《惜诵》：“众兆之所咍。”王逸注：“咍，笑也。楚人相谓调笑曰咍。”

邅——《离骚》:“邅吾道夫昆仑。”王注云:“楚人名转曰邅。”

又《楚辞》里也多采用《诗经》等书里的方言词,如:

晞——曝也。(《方言》:“东齐北燕海岱之郊。”)《小雅·湛露》:“匪阳不晞。”(《毛传》:“乾也。”)《楚辞·九歌》:“晞女发兮阳之阿。”

修——长也。(《方言》:“陈楚之间。”)《小雅·六月》:“四牡修广。”(《毛传》:“长也。”)《离骚》:“路漫漫其修远兮。”

杭——船也。(《方言》:“自关而东。”)《卫风·河广》:“一苇之杭。”(《毛传》:“渡也。”)《楚辞·九章》:“魂中道而无杭。”(王逸注:“杭,渡也。”)

姣(佼)——好也。(《方言》:“关东河济之间。”)《陈风·月出》:“佼人僚兮。”《荀子·非相篇》:“古者桀纣长巨姣美。”(杨倞注:“姣好也。”)《楚辞·九歌》:“灵偃蹇以姣服。”

投——弃也。(《方言》:“淮汝之间。”)《小雅·巷伯》:“投畀豺虎。”(《毛传》:“弃也。”)《楚辞·天问》:“投之于冰上。”(王逸注:“投,弃也。”)

(3) 汉代的方言词

秦灭六国,暂时结束了诸侯割据称雄的局面。中国成为一个中央集权的统一国家。经过楚汉相争后,西汉的统一局面大大促进了语言词汇的发展,特别是通过秦代的“书同文”,依靠了当时书面语言的传习作风,加强并巩固了语言的全民性和共同性。但是,语言虽然由分化占优势转为统一占优势,而方言的严重差异和分歧还是存在着。各个地域方言或地点方言之间的差别仍然很大。扬雄《方言》,正说明当时书面语言的统一和方言口语的分歧两方面矛盾的现象非常明显。例如:

《方言》卷八:“蝙蝠,自关而东谓之服翼,或谓之飞鼠,或谓之老鼠,或谓之仙鼠。自关而秦陇之间谓之蝙蝠。北燕谓之蟙蠌。”

又云："雁，自关而东谓之鸲鵊，南楚外谓之鵊，或谓之鸧鸲。"可见"蝙蝠"和"雁"在各地方言里有很多不同的名称。但在书面上还是比较一致的。

汉代的文学语言对当时方言土语所起的均衡作用相当大。当时不少方言词陆续吸收到文学语言里，在文学作品里加以充分地运用。例如：

①《史记·陈涉世家》："客曰：'夥颐，涉之为王沈沈者。楚人谓多为夥。"按："夥"是方言词。

②《汉书》有："靡有孑遗，秏矣。""秏"据颜师古注："今俗语犹谓无为秏，音毛。"按："秏"是方言词。

③ 汉乐府《陌上桑》："湘绮为下属，紫绮为上襦。""襦"就是短袄，原是方言词。《方言》："襦，西南蜀汉谓之曲领，或谓之襦。"

④ 汉乐府《东门引》："盎中无斗储，还视架上无悬衣。"《汉书》："家无儋石之储。"其中"盎""儋"都是方言词。《方言》："罃甀谓之盎。自关而西或谓之盆，或谓之盎。"又："罃……齐之东北海岱之间谓之儋。"

⑤《方言》："娃、嫷、窕、艳、美也。吴、楚、衡、淮之间曰娃，南楚之外曰嫷。"可见"娃"是个方言词。《吴都赋》："幸乎馆娃之宫。"刘逵注："吴俗谓好女为娃。"《说文》也说："吴楚之间谓好为娃。"

总的说来，从文学语言和诸方言的关系上看，汉代文学语言吸收了很多的方言词，使它自己的词汇更加丰富和充实。有不少方言词进入文学语言成为文学语言中的词，可是经过书面的传习，又变成一处地方的方言词。例如："晞"，在《诗经》时代原是个某处地方的方言词(《秦风·蒹葭》："白露未晞。")，后来，进入文学语言成为文学语言里的词(《小雅·湛露》："匪阳不晞。"《楚辞·九歌》："晞女发兮阳之阿。")，到了汉代却又变成了一个地方的方言词(《方言》云："膊、晒、晞，暴也……东齐北燕海岱之郊谓之晞。")。

3. 外来词

汉语很早就从国内兄弟民族的语言和国外某些古老民族的语言里吸收了外来词。例如：从“东夷语”里吸收进来的“珣”——一种美玉的名称。《尔雅·释地》：“东方之美者，有医无闾(山名)之珣、玗、琪(玉器一类的东西)焉。”从匈奴语里吸收过来的“轻吕”——一种宝石的名称，《逸周书》说：周武王曾用“轻吕”砍殷纣王的尸体。又如“骆驼”“猩猩”“师比”“犀比”“琵琶”“胭脂”等，都是从古代北方的匈奴语里吸收过来的。

汉代自从开通西域后，又从西方兄弟民族的语言里吸收了不少外来词；如：“苜蓿”(见《史记·大宛列传》)，“葡萄”(见《史记·大宛列传》及司马相如《上林赋》)，“荾”(西域的一种蔬菜，见《博物志》)，“酋长”(见《汉书·宣帝纪》)，“师子”(见《后汉书·班超传》)等。同时又从印度梵语里吸收了一些外来词；如：“圣木曼克”(佛座的莲花，见《山海经》)，“膜拜”(胡人的礼拜，见《穆天子传》)，“璃琉”(见桓宽《盐铁论》)，“浮屠”“沙门”(见《后汉书》)等。还有从其他民族语里吸收过来的；如：“石榴”(见《博物志》)来自“安息”的古波斯语。“吹鞭”(古乐器名)源出于希腊文“tibia”。“槟榔”(见司马相如《上林赋》)来自马来亚语(在汉代，我国和南洋一带还没有直接通商往来，这词可能通过西域而传入进来的)。

4. 阶级习惯语

阶级习惯语，这儿主要是指当时封建贵族阶级所使用的特殊词语。在中国古代的封建社会里，统治阶级为了巩固其统治权，抬高其尊严，甚至独占词汇里的某些词，不准人民群众随便使用，这就使得语言词汇里出现了某些特殊的阶级习惯语。例如：

“朕”原是第一人称代词，秦代以后，成为帝皇的自称，表示至尊无二的意思。“孤”“寡”很早就成为君王的自称。同时，臣子和一般人民对君王也要用特殊的称呼。例如：“上”自秦汉以来作为皇帝的通称，其他如：“天子”“主上”“陛下”“君王”“大王”等。臣子和一般人民对王室的人员也要用特殊的称呼。如：“太皇”（皇帝的祖母）、“太后”（皇帝的母亲）、“皇后”（皇帝的妻子）、“太上皇”（皇帝的父亲）、“太子”（皇帝的儿子）、“公主”（皇帝的女儿）、“郡主”（皇帝家族的女性）等。

又，对于皇帝的饮食、服装以及日常用品等称呼的时候都得在原有名称前加上一个“御”字，如：“御膳”“御服”“御制”（帝王所拿诗文），“御书”“御札”（君王的诏令）等。皇帝和他的家族住的房子叫做“宫”，皇帝办公的地方叫做“殿”。皇帝死了叫做“崩”，皇帝的棺材叫做“梓宫”，坟墓叫做“陵”，皇帝的后裔叫做“王孙”，这些特殊用语，都不是可以随便乱用的。

又，臣子和一般人民把东西给皇帝应称“贡”“朝贡”“献”。而皇帝把东西给下层分子叫做“赐”。

在古代封建社会里，诸侯贵族是地方的霸主，他们也有一套惯用语。一般的诸侯被称为“殿下”。其他如“夫人”（公侯的妻子）、“世子”（诸侯的嫡子）等称谓，也属于阶级习惯语之列。

这样的特殊用语，毫无疑问，随着历史的发展和社会制度的改变，在词汇里也就逐渐被淘汰而消失。

二、中古词汇的发展

（一）词汇发展与社会发展的关系

从汉语语言史的角度观察，整个中古时期可分为前后两个阶段：前一个阶段是魏晋南北朝时期，后一个阶段是隋唐宋时期。

1. 魏晋南北朝时期由于政治局面动荡不定，兵燹战祸重重，社会秩序紊乱，加以外族侵入，汉民族的文化一度遭受摧残。这种情况不但直接阻碍了社会生产力的发展，而且间接影响语言的正常发展。在这一个历史阶段，语言本身上，方言的分歧、渗杂和融混，外族语言的强迫同化，严重地影响着全民语言的统一性。

可是，从另一方面看，这一时期的社会生产力，虽然由于政治经济的直接影响而处于破坏、萎缩和停滞状态，但是，当时语言词汇的体系里，积极反映着当时广大的劳动人民在受尽压迫和剥削的年月里，仍然辛勤不懈地在祖国辽阔和富饶的土地上从事劳动生产。他们一代接一代用自己的双手积极推动着社会生产力的发展，创造了无比灿烂的物质文化，为祖国的文化事业贡献了自己的力量。

例如：以农业生产来说，东汉末年，当时的地主贵族阶级为了争夺土地和权利，经常内部分裂，演成了军阀混战、屠杀人民的局面，造成了“千里无鸡鸣”的大破坏。广大人民群众受压迫、被奴役、处身于水深火热之中。当时不但战争地区的生产遭受严重破坏，即在非战争地区，亦因受战争影响，人民颠沛死亡，劳动力大量丧失，生产率也必然下降。可是，广大劳动人民在这种惨痛的生活环境里，还是用自己的智慧和双手，辛勤不倦地从事劳动生产，为社会创造了巨大的物质财富和精神财富。在魏晋南北朝这个历史阶段，统治阶级为了巩固自己的统治地位，曾经采取一系列的措施，制订一些发展农业的制度，以刺激农业生产。例如：西晋时期有“领佃”和“屯田法”，东晋时期有“度田”以及安置“流人”从事农业生产的新制度。北朝有“均田制”和统治阶级弃耕“藉田”等制度。在语言词汇里更看到了当时的人民群众为了发展农业生产，从改进生产工具、节省劳动力入手来提高劳动生产率，他们积极发挥了自己的无穷智慧，发明了几种新式的农具，如：“耧犁”——一种下种子的“耦车”（见《农政全书》），“中置耧斗藏种以牛架之，一人执耧且行且摇，种乃随下”（见《齐民要术》）。“翻车”——一种灌溉用的水车，又名“龙骨车”（见《三国志·魏书·杜夔传》）。这些新农具的发明，对于“火耕水耨”的农业生产，在技术上起了巨大的创造和革新作用。

其次，以手工业生产来说，由于战争和交通运输的需要，这一时期舟车制造业获得了很大的发展。当时，船只制造方面有：“舟舰”——一种作战用的兵船（见《晋书·王濬传》），“鸼舠”——一种行驶快速又灵活的战船（见《梁书·王僧辩传》），“千里船”——南齐祖冲之发明，“指南船”（见《宋书·礼志》）等。车辆制造方面有：“犊车”——用八条牛拉的车子（见《宋书·礼志》），“追锋车”——一种轻快的小车（见《晋书》），“四望车”——一种没有车壁的车辆。另外，还有“手扇舆”“徘徊舆”“眠舆”一类轻巧便捷的车子（见《晋书》），等等。同时，这一时期在机械工业和纺织工业方面也有显著的发展。当时已经制造比较大型的绫机，生产“缣总”“绡繐”“罗”

"纨绮縠"一类的丝织品;而一般的纺织品也出现了新的品种,像"斑布""南布""花练""紫缬""百练缣"等等。这些产品的出现,标志着当时纺织工业的机械设备具有相当规模,技术水平正在不断提高。另外,造纸工业也比较发达,纸张的产品也不少,有"密香纸"——一种用密香树皮制造的纸张,"赤纸""漂纸""麻纸""法纸""敕纸"等。文具用品有"墨丸"等。上述一些例子,充分反映了这一时期的手工业发展较快,无论是机械设备或技术水平,比前一时期有了很大的发展。

2. 隋唐宋时期由于政治形势和社会秩序一度比较安定,广大的劳动人民基本上能够安居乐业。统治阶级为加强统治,缓和阶级矛盾,非常注意农业生产,奖励人民务农搞生产,并为发展农业生产而建立制度。例如:唐代实行"租庸调"法,设置"庄田制",采取积极措施以促进农业生产的发展。宋代曾经一度推行"方田法""青苗法""均输法"等农业改革政策。当时广大的农民阶级,为了提高生产率,迅速推行农业技术的改革。在这一时期的语言词汇里,也就出现了反映当时农业生产的词。例如:唐代的新式农具有"水车"(见《旧唐书·文宗纪》),"木牛"(见《南越笔记》),"踏犁"等。这些新农具的发明和使用,对于水利灌溉和一般耕种非常有利,既节省了劳动力,又保证了农业产量的增长。在唐代,农作物方面棉花和茶树的种植面积很广,产量极高。棉花除一般种植"草棉"外,有些地方已种植"木棉"(见《陔余丛考》)。而制茶业也很发达,茶的品种很多,有:"片茶""散茶""龙凤""仙芝""先春""绿芽""龙溪""雨前""阳羡""双井""火前""石乳"等名目。当时,饮茶的风气也很盛,饮茶的场所有"茶会""茶坊";茶制品有"茶话""茶饼"等。

农业的发展,必然促进手工业的发展。在唐宋时期,已经有了规模较大、数量较多的手工业作坊和工场。当时手工业基本上可以分为官办的、私营的和副业性三种类型，经营兵工、矿冶、造船、铸币、纺织、刺绣、瓷器、煮盐、造丝、酿酒、印刷等各行业。各业所制造的成品都很讲究质量，品种也很多。例如：瓷器有“瓷褐”“瓷黄”“瓷白”等高质量的物品。纸张有“十色笺”“竹笺”“滑薄”“诗笺”“薛涛笺”“茧纸”“宣纸”“蒲折纸”等的名称（见《博物志》）。纺织品有“轻纱”“绫纱”“毛裙”“绫绵”“刻丝”“簿缣”“方胜花”等花色繁多、工料精巧的成品。印刷方面有：“墨板”“雕板”“活版”等排印工具以及“旋风装”“蝴蝶装”等装订法。

手工业的发展，使商业呈现一派繁荣的气象。语言词汇照例反映着这一时期商业繁荣的局面，据历史记载，唐代已有对外贸易，在南海停泊着外国的船舶。词汇里也出现了便于当时对外贸易所使用的一些特殊的词儿。例如：“黑暗”——指犀角（杜甫诗句有：“黑暗通蛮贡。”）；“白暗”——指象牙（见《酉阳杂俎》）；“藩贾”“胡贾”——外国商人的通称。当时，贸易的场所有：“草市”——城郊的一种特别市场。“会”“墟市”“宫市”等一些定期贸易或不定期贸易的市场。另外还有不少行业语，像“邸店”“邸肆”——当时一种专利的商行，以及“滞货”“估价”“抬价”“财运”等。由于这时手工业和商业的迅速发展，大城市里除地主贵族阶级以外，还集中了许多工人、手工业者、商贩和商人。于是出现了各行各业的所谓“行会”，通过这种形式，把生产者和社会生产活动组织起来，从而建立城市行会制度。这种组织形式和制度，反过来又大大地推动了手工业生产和商业的发展。

手工业和商业的发展，使得大城市的人口比较集中，当时城市居民的生活水平随着工商业的发展和繁荣而逐步提高。这时的语言词汇里多少也能看到一点市民生活的某些情况，例如：服饰方面：唐代有人戴一种“浑脱毡帽”——一种以乌羊毛做成的便帽。（见《新唐书·五行志》）和“研绢帽”（见《唐语林补遗》），“仆射样”——一种头巾(见《旧唐书·裴宽传》)等。唐代城市妇女的服装有:“抛家髻”“盘福”“血晕妆”等时式打扮。宋代妇女的服装有:“密四门”——衣幅狭窄的上衣,“便裆”——衣袖管开缝而扣住的衣裳,“赶上裙”——一种拖地的长裙。其次,饮食烹调方面,唐人食品有:“汤”“粡”“炙”“脍”“脯”“脔”“饤”“饼”等。“点心”有“春饼”(见《月令广义》)、“银饼馅”(见《唐摭言》),宋代著名的菜肴有“花包子”“平饭”“羹”等。而当时的婚嫁手续,更有许多名目如“草帖子”“定帖”“相亲”“追节”“送聘”“望林”“合髻”“送三朝礼”“贺满月”,等等(见吴自牧《梦粱录》)。另外,娱乐游戏方面,有:“蹋球”(见《唐语林》)、“打马”(见《格致镜源》)等活动,以及“毽子”一类的东西。政治形势的安定为经济繁荣提供了条件,社会出现了一片升平景象,人民也就可以安居乐业,从事劳动生产,推动社会生产力向前发展。社会生产力的迅速发展又为人民群众能有丰富多彩的生活内容提供了物质基础。从语言史的角度看,在唐宋时期,工商业的发展促使几个大城市的人口格外集中,这有利于当时的全民语言由分化而逐渐趋向统一。其次,这时文化学术的发展,对语言的发展影响也很大。尤其是文学的发展,一方面通过文学作品的传播使得书面语言的传习范围不断地扩大,这时文学语言词汇的书法规范起了很大的作用;另一方面通过各种体裁的文学创作,特别是诗歌的创作,使得当时口头语言的成分不断地进入文学语言里,促进了文学语言口头形式的丰富和发展。这一时期的文学形态无论是韵文或非韵文,虽然各有其时代特色,但在语言词汇的运用上却有共同之点:(1) 古语词的沿用和再生。这说明了在整个语言词汇体系里,词汇的积极性极其明显。(2) 熟语和口语词的创造和增补。这说明了在整个语言词汇体系里,词汇的丰富性尤其明显。(3) 通过词汇的新陈代谢,使文艺语言词汇里的词的语义色彩和修辞色彩格外鲜明。这说明了在整个语言体系里,词汇的纷繁非常明显。

总之，随着社会的发展，新的事物不断的出现，新的概念不断的形成，人们对新事物和新概念就有不断的新认识。为了表现这些新的事物，表现对新事物的新认识，于是新的词汇在语言词汇的体系里也就不断地增长和丰富。从语言词汇本身观察，中古时期语言词汇的发展的基本情况，可以概括为下列几点：

(1) 基本词汇随着社会的变迁和发展，由继承累积而不断丰富。

(2) 在一般词汇里，除了出现不少反映当时社会生产情况的词以外，并出现了相当分量的反映这时社会制度和社会意识形态的词，这些词具有一定的时代内容和特殊性。

(3) 书面语言里双音节词的比重在词汇系统里不断增大。构词法比前一个时期显得多样和纷繁。

(4) 口语词汇的迅速发展成为这一时期词汇发展的主要方面。

(5) 对佛教词汇和其他外来词的大量吸收，对古代熟语的继承和新熟语的创造并积极应用成为这时词汇发展的重要现象。

(6) 词义的变化明显地带有一定的社会内容和时代特色。

(二) 基本词汇的发展

汉语的基本词汇在上古时期大体上已经形成。它一方面反映着汉语结构的特殊状态，另一方面也表现着语言里的基本词汇所固有的稳固性。基本词汇和一般词汇一样，随着社会的发展，由于社会各方面的活动而不断出现了新的事物、新的现象和新的概念，基本词汇的内容和方面也越来越丰富、充实和扩展。中古时期汉语基本词汇的发展情况可以从两方面来说明：

1. 继承性的发展

所谓继承性的发展是指上古时期所形成的基本词,到了中古时期绝大部分都继承下来。

(1) 继承了过去反映自然现象方面的基本词。例如:“风”“云”“火”“水”“山”等。

(2) 继承了属于家畜和人的肢体称呼一类的基本词。例如:“牛”“羊”“马”“猪”“鸡”“鹅”,以及“心”“口”“眉”“眼”“手”“身”等。

(3) 继承了属于劳动工具和生产成品一类的基本词。例如:“锄”“网”“刀”“米”“麦”“蚕”“禾”“苗”“谷”“稻”等。

(4) 继承了上古反映物质文化方面的基本词。例如:“书”“房”“门”“衣”“宫”“室”“冠”“裙”“戈”“剑”“车”等。

(5) 继承了亲属称谓方面的基本词。例如:“父”“母”“妻”“子”“祖”“孙”“叔”“伯”“女”“姊”“妹”“弟”等。

(6) 继承了属于一般行为和动作的基本词。例如:“走”“跑”“击”“掘”“杀”等。另外,还继承了其他方面的基本词。例如表示某些抽象概念的,像“善”“恶”“高”“低”“美”“丑”一类的词。

在基本词汇发展的过程中,这种继承的现象充分反映着基本词汇发展的稳固性。

2. 新词的补充和创造

中古时期的基本词汇在发展过程中,关于新词的补充和创造具有下列几种形式:

(1) 直接创造新词

由于社会的发展,大量新事物、新现象和新概念不断地出现,这就要求语言用新词来补充自己的词汇以及反映人们的社会生活以及人们从事社会活动的各个方面。为了适应此需要,中古时期的基本词汇里也就产生了不少新词。例如在亲属称谓一类的基本词里出现了某些新词。像：

亲家——“凡男女缔姻者，两家相谓曰亲家。”（陶宗仪《辍耕录》）

亲家公（或称“亲家翁”）——“吾亲社几倾，赖亲家公而获全耳。”（《隋书·李穆传》）“刘金骣，谄佞人也，呼定兴作亲家翁。”（《隋书·房陵王勇传》）

丈人——“独称妻父曰丈人，自柳宗元呼杨詹事为丈人始。”（庄季裕《鸡肋编》）按：柳宗元在祭他的妇翁杨凭的祭文中，称杨氏为“丈人”，而自称“子婿”。

丈母——“中外丈人之妇，猥俗呼为丈母。士大夫谓之王母、谢母。”（颜之推《颜氏家训》）“是凡丈人行之妇，并称丈母也。”（钱大昕《恒言录》）

媳妇——“巧媳妇做不得无面饨。”（陈同甫《答朱元晦书》）

连襟——“江北人呼连袂，又呼连襟。”（马永卿《嬾真子录》）

表兄——“湜表兄周利贞。”（《旧唐书·崔湜传》）

另外，属于人的肢体一类的基本词里同样出现了一些新词。例如：

面皮——“书鼓云：徒有八尺围，腹无一寸肠，面皮如许厚，受打未讵央。”（《南史·文苑传》）

鼻头——“耳后生风，鼻头出火。”（《南史·曹景宗传》）

其他方面，像：

糖——“卖针卖糖二老姆争团丝，（傅）琰乃缚团丝于柱鞭之，密视有铁屑，乃罚卖糖者。”（《南齐书·傅琰传》）按扬雄《方言》有：“餳谓之糖。”《释文》云：“糖，餳也。”《方言》《释文》里的“糖”也许是指一般的淀粉质。

茶——“采茶溪树绿。”（温庭筠诗）按：“茶”在唐代开始已种植。见陆羽《茶经》。

钞——宋代通行的一种纸币,开始叫做“钞引”,相等于现在的汇票,后来“钞”成为货币的通称。

风景——“(羊)祜乐山水,每风景必造岘山,置酒言咏,终日不倦。”(《晋书·羊祜传》)

吃——“蔬飧要同吃。”(韩愈诗);“管取一吃饭处。”(《新五代史·晋家人传》)

椅子——上古汉语汇里只有“席”和“床”一类的词,还没有“椅子”这词。“椅子”这东西大致起于晚唐、五代之间。据后唐《定晋禅院碑》云:“稠禅师所用之物,有椅子三只。”又:“李后主入宋后,徐铉往见李,卒取椅子相待。”(王铚《默记》)

(2) 创造与旧词同义的新词

保留旧词,同时创造与旧词同义的新词。例如:

在亲属称谓一类的基本词里,有些到了中古时期已经逐渐变成旧词。这就是说它们所代表的客观对象或现象,虽然还存在于日常生活里,但是语言里已经用别的词来代它们了。比如“兄”这个词在中古时期已经变成旧词,从唐代开始,通常以口语里的“哥”来代替“兄”。“哥”成为“兄”的同义词。按:上古文献里的“哥”与中古出现的“哥”没有必然的联系。例如:“岐王等奏之云‘邠哥有术’。”(《旧唐书·邠王守礼传》)“帝呼宁王为宁哥”(见段成式《酉阳杂俎》)“上幸宁王第,叙家人礼。上曰‘大哥好作主人’。”(见张九龄《敕赐宁王池宴诗序》)。还有像“婆婆”(“小娘子道:不识婆婆。”——《宋人话本》,页82)“老公”(“我是你姑姑,自从嫁了老公,我家寒,攀陪你不羞,到今不来往。”——《宋人话本》,页82)都进入书面语言里用来代替过去书面语里常用的“姑”“夫”这二个词。中古时期的基本词里,不少旧词和新词并存不悖。而所出现的新词实际上就是旧词的同义词。这种现象也包括一部分口语词，被吸收到书面语言里面。兹举例说明：

父——爷　《木兰辞》："军书十二卷，卷卷有爷名。"按："爷"是当时口语词。《玉篇》云："爷，以遮切，俗为父爷字。"

母——娘　《南史·竟陵王子良传》："武帝与裴后不谐，遣人船送后还都。已登路。子良时年小，在庭前，不悦。帝谓曰：汝何不读书，子良曰：娘今何处？何用读书！"按："娘"也是当时的口语词。

日——太阳　"太阳"和"太阴"这二个词，早在上古时期词汇里就出现，但"太阳"当时还没有在全民语言里代替了"日"，只是作为"日"这词的别称。比如：《说文解字》说："日，实也，太阳之精不亏。"《淮南子·天文训》说："日者，阳之主也……月者，阴之宗也。"后来，"太阴"作为社会习惯语里一类的词而逐渐在语言词汇里消失，而"太阳"到了中古时期就开始代替"日"这词的用法，进入全民语言的词汇里，取得了基本词的资格。在中古时期的书面语言里，"太阳"普遍地使用着。比如：

> 王公曰：使太阳与万物同辉，臣下何以瞻仰！（《世说新语》）
>
> 天鸡警曙于蟠桃，踆乌晰耀于太阳。（李白《大鹏赋》）
>
> 葵藿倾太阳，物性固莫夺。（杜甫诗）
>
> 愿君光明如太阳。（李贺诗）

目——眼睛　韩愈《月蚀诗》："念此日月者，为天之眼睛。"按："眼"和"睛"在上古汉语里，是二个不同的单音节词。例如《汉书·王莽传》有："露眼赤精，大声而嘶。"这儿"精"就是"睛"（据王筠《说文句读》云："精即是睛，与童（瞳）子为一物。"）。到了中古时期"眼"与"睛"合成为一个词，在书面上代替了"目"这词。于是"目"

就变成了旧词。

腹——肚皮　《传灯录》:“从娘肚皮里出来,便好作狮子吼。”按:“肚皮”这词应该是当时的口语词。在比较接近口语的文章里,作为“腹”的同义词而使用着。

案——桌　上古只有“案”“几”一类的词,而没有“桌”这词。“桌”这种用具的出现大概较晚,一直到宋代才有。据宋人杨亿《谈苑》云:“咸平、景德中,王家造檀香倚(椅)卓(桌)。”(按:“卓”与“桌”“棹”相同。)

履(鞻)——鞋　现在的“鞋子”在上古叫“履”。据《方言》,履是当时的通语。到了汉代有一种皮做的鞋子叫“鞻”。中古以后无论是皮做的或者一般的鞋子都叫做“鞋”。这词在中古前期比较接近口语的诗歌里,使用已经相当普遍(“鞻”有时也用)。例如:

《颜氏家训》:“邺下有一领军贪积已甚……坐事伏法籍其家产,麻鞋一屋……其余财不可胜言。”

杜甫诗:“白头厌伴渔人宿,黄帽青鞋归去来。”

白居易诗:“美人蹋上歌舞来,罗袜绣鞻随步没。”又:“竹鞋葵扇白绡巾,林野为家云是身。”

李煜词:“刬袜步香阶,手提金缕鞋。”

(3) 赋予旧词以新义

在中古时期的基本词汇里,有不少词原来是古语词而取得了新的意义成为基本词汇里的新词。这种利旧词赋予新的涵义,是基本词汇在发展过程中创造新词的另一种方式。比如:

亲属称谓,像“叔”“伯”这两个词,在上古已经出现,但意义与后代不一样。在上古汉语词汇里,“伯”是指老大,“叔”是指老二,“伯”“叔”有时也指长幼。到了中古时期,“伯”“叔”单独用来指“伯父”“叔父”。例如:《南史·江祐传》载江廞年十二,闻收至,谓家人曰:“伯既如此,无心独存。”《梁书·宗室传》:“伯为天子,父作扬州。”《南齐书·竟陵王子良传》:“北瞻吾叔,前望吾兄。”《南齐书·沈昭略传》:“家叔晚登仆射,犹贤于尊君。”

再如“老子”这词在上古为长老之自称词。《后汉书·韩康传》:“使夺其牛,康即释驾与之……使者欲奏杀亭长。康曰‘此自老子与之,亭长何罪。’”在中古前期,书面语言里,“老子”这词仍然是“长老”的自称词。例如:《晋书·陶侃传》:“老子婆娑,正坐诸君辈。”可见到中古后期,“老子”在有些方言里作为“父亲”的等义词。据陆游的《老学庵笔记》云:“予在南郑,见西陲俚俗谓父曰老子,年虽十七八,有子亦称老子,乃悟西人所谓‘大范老子、小范老子’,盖尊之以为父也。”

其他方面,指称人的肢体一类的基本词,像“脚”在上古是指小腿。据《说文解字》:“脚,胫也。”刘熙《释名》谓:“脚,却也。以其坐时却在后也。”在上古的书面语言里“脚”这词都是指小腿。比如:

《墨子·明鬼下》:“羊起而触之,折其脚。”

《汉书·东方朔传》:“擢项颐,结股脚,连雕尻。”

这儿所谓“股”“脚”就是指大腿和小腿。到了中古时期,“脚”这词的意义开始转变,它代替了“足”这词,由于用法逐渐普遍起来,终于进入了基本词汇。例如:《晋书·陶潜传》:“潜无履,王弘顾左右为之造履。左右请履度,潜便坐伸脚令度焉。”《宋人话本》有:“又过了数日,妇人脚有痛了。”于是,“足”在中古成为旧词而逐渐脱离基本词汇的范围了。

(4) 外来词进入基本词汇

中古时期基本词汇的发展过程中,外来词进入基本词汇是这一时期的重要现象,据历史记载,佛教在汉代已开始传入中国,佛教的传播,使得佛教词汇在汉语词汇里不断地发生影响,不断地促进着汉语词汇的发展。佛教词汇里有不少词以外来词的资格进入汉语的一般词汇中,也有进入汉语的基本词汇中的。如下列一些词：

佛——原是梵语。初译“浮屠”(浮图、佛图、佛陀)，最后简译为“佛”。

僧——梵语“僧伽”的简称。“僧伽”是和合的意思。

尼——梵语“比丘尼”的简称，原义是女子出家受具足戒的意思。男子出家称为“比丘”，也就是“和尚”。

菩萨——梵语全名是“菩提萨埵”。意思是“大觉有情”。“大觉”即对客观世界的认识已经融会贯通。“有情”等于“众生”，即一切生物包括人类和动物。

罗汉——梵语“阿罗汉”的简称。意译为“佛家的圣者”。

地狱——梵语“泥犁”的意译词。

阎罗——鬼王的意思。《隋书·韩擒虎传》：“生为上柱国，死作阎罗王，斯亦足矣。”《宋史·包拯传》：“关节不到，有阎罗包老。”可见，这些词不仅在当时的口语里流传，而且也有已经进入书面语言，被记载下来。

还有一些词，在基本词汇里根深柢固，一直到现在，几乎分别不出是不是外来词了。例如：

世界——上古称“天下”为“宇宙”。以后“世界”这词就成为“天下”“宇宙”的同义词。“世界”这词最初的意思，据佛经《楞严经》谓：“世为迁流，界为方位。”东、西、南、北、东南、西南、东北、西北、上、下为界，过去、未来、现在为世。

现在——这词原是一个古语词，本作“见在”，意思是“目前犹在”。王充《论衡·正说篇》云：“夫《尚书》灭绝于秦，其见在者二十九篇。”自佛教传入后，就采用这词来翻译佛经里的“现在”，于是有了新的意义。佛家把“过去、现在、未来”称为“三世”。现在作为佛教词表示时间的意思。

因果——在上古“因”“果”是两个单音节词，采用它翻译佛经里“因果报应”的意思。

法宝——佛教以“佛”“法”“僧”为三宝。“法宝”即“三宝”里的一宝。

圆满——据晋朝译《华严经》谓:“显现自在力,演说圆满经。”这词的涵义就是“圆融无碍”。

其他还有:“因缘”“念”“魔鬼”“方便”“平等”“毕竟”“信心”“慈悲”“真相”“妄想”“导师”“烦恼”“转变”“一刹那”等,也都是当时佛教词汇里作为外来词而进入汉语词汇之中,一直到现在仍然沿用。

(三)词汇与社会制度意识形态

社会生产力的发展和经济的发展以及社会成员的经济活动,总是反映社会发展的重要方面。中古时期社会经济变迁的大致情况是:在中古前期,由于魏晋南北朝这一时期的长期封建战争,人口死亡很多,农业衰落。当时北中国更在异族统治之下,商业资本衰微,南中国的社会经济稍有发展。在中古中叶,隋唐时期大地主经济重新获得高度的发展,直接支配着社会经济命脉和社会成员的经济活动,至唐末五代才没落下来。到了宋代,小地主经济逐渐得到支配社会经济的地位。

每一个历史时期和每一个朝代,都有一整套适合当时社会发展在一定阶段上的社会经济制度的上层建筑。这就是说各个历史时期的统治阶级为了加强统治,巩固专制主义的封建制社会和国家形式,一方面利用政治力量来刺激社会经济的发展,从而达到缓和阶级矛盾的目的。另一方面制定一整套便于统治人民并适合统治阶级观点用来做压服人民的封建法制和社会伦常制度。语言词汇,在一定的历史阶段,不但反映着社会经济状况的变化和发展,同时也或多或少地反映着这一个历史时期适应着当时社会经济发展的特殊的社会制度和社会意识形态。

1. 魏晋南北朝封建集权制度的词汇

魏晋南北朝尽管是处于政治动荡、经济衰落、战祸严重、朝代更替较多的一个历史时期,可是,统治阶级为了加强君主一统的集权制度,独揽政权,巩固统治,无论在政治上、军事上、法律上都及时采取了措施,利用政治权力和国家机器作为阶级斗争的工具,藉以巩固统治地位和用来镇压人民的反抗。例如在魏晋时期,曾经出现所谓"九品中正""谱牒"一类的政治制度。"九品中正"在曹魏时期成为分配政权的一种选举制度。这种制度本身一方面充分反映着当时统治阶级在欺骗人民群众,麻痹社会的中间阶层,想消除人民群众对他们的反抗。另一方面充分表现了大地主阶级内部在政权分配上的矛盾,想借用这方法来缓和彼此之间的倾轧现象。"谱牒"是与"九品中正"同时产生的一种士族制(即门阀制)的一种政治制度。当时讲究门阀等级,最高特权门阀的子弟,可以不经过选举就能做高官取厚禄,而且可以世代独占要职。所谓"九品"的选举制度,实际上就是门第等级分类的反映,是剥夺人民群众政治权利的一种方式。由于大门阀子弟可以不经过选举做官,而且不会做"下品",中间诸阶层的子弟不会被选为"上品",所以造成了"上品无寒门,下品无世族"的不合理的政治制度。由于士族门阀制度的产生,在语言里也出现了一些新的词语。例如"清流""旧门""次门""后门""勋门""役门"等。

其次,魏晋南北朝各代官制复杂,官名繁多。有"亲王"——晋、南北朝时帝王封皇属子弟的官名,"都督诸州军事"——掌握军政重权的官员,"总管"——也是掌握军政大权的官员。以及北周设制的所谓六卿:"天官府""地官府""春官府""夏官府""秋官府"

“冬官府”的长官等名目。

军事制度原是封建王朝维护君主一统的集权制度的重要武器。这一时期的军政制度和士兵制度上，特别表现出统治阶级极力利用它来镇压人民的反抗。例如南朝梁代设有六军：“领军”“护军”“左卫”“右卫”“游击”“骁骑”。这些名目代表着当时各种不同的兵种。在士兵制度方面也有各种各样的名目。例如“车下虎士”“丹阳青巾”“交州义士”“健儿”“武射”；又有“突将”“无前”“寅叟”“青羌”“散骑”“武骑”，等等（见《通考》卷一五一——一五四）。另外还有所谓“五校”——“屯骑”“越骑”“步兵”“长水”“射声”，和“七军”——“左卫”“右卫”“前军”“后军”“左军”“右军”“骁骑”一类的名称（见钱仪吉《补晋书兵志》）。

在法律制度上，这一时期的“刑罚”有各种各样的名称。例如：“法列”“诈讹”“请赇”“告劾”“系讯”“断狱”“败亡”“卫官”“水火”“关市”“违制”“禁卫”“户禁”“朝令”“逃亡”“斗竞”“侵扰罪”“侈奢罪”“左道不依经律”“枉法受财”罪，等等（《隋书》卷二十五、《晋书》卷三）。又有“廷杖”“刺面”“凿眼”“刖足”等（见《三国志・吴书》）。从上述的一些例子来看，可以想像当时广大人民群众在黑暗统治的时代里是完全没有法律保障的。同时从文献材料里还可以看出当时法律制度本身的不合理。例如：北魏定死罪特别重叫做“反逆”，只有这种“反逆”罪是不能用金钱赎取生命的；其余的死罪可以花钱赎取生命，得以不死。

2. 魏晋南北朝学术宗教的词汇

人们的思想意识总是客观现实的反映。在这一段历史时期，由于战争频繁，社会动荡不安，经济文化遭受破坏，在当时的士大夫阶层分子和有文化的人们的思想意识中，普遍产生一种颓废厌世的哲学思想；广大人民群众，普遍信仰宗教，崇尚迷信。

魏晋时期,由于虚无主义和颓废思想的抬头,其时学术界谈论老庄,崇尚玄虚成为风尚。在语言词汇里出现了“清谈”“玄风”“三玄”“玄言”“玄部”“玄理”“玄学”一类的词语。随着社会秩序继续紊乱,社会矛盾日益复杂和尖锐,那种玄虚的思想意识也就决定着士大夫阶层的精神面貌;玄虚之学也主宰着他们的学术活动。同时产生一种“崇有论”的学说,这种学说认为“有”是实质,是现实生活的产物,是符合实际生活的需要;“无”是现象,只是表面的一种空洞无用的现象,在现实生活里一无用处。这种学说在哲学上表现着“两元论”的倾向。实质上就是当时尖锐复杂的社会矛盾反映在社会中间阶层对待现实的——还是“玄”呢?还是“实”呢?——一种意识形态。

其次,从这一时期宗教迷信来看,魏晋以后,道教和佛教的传布比汉代更盛。道家方面,其时有所谓“黄巾道士”(即东汉张角、张道陵的徒弟)假托“道术”为命,念“道经”用“符录”以通鬼神,医治疾病。那时在士大夫阶层方面,又有所谓“丹鼎”一派,他们讲究烧炼金丹和药物服食,多半谈论延命养生的法术。至于佛教,据《隋书·经籍志》记述约在魏朝黄初年间(公元220—226)已经有人依佛戒剃发做和尚。到了晋代,建造佛寺、翻译佛经相当普遍。而印度和尚也川流不息地到中国传教译经。中古时期佛教的广泛传播,不但对于当时文化的发展具有深远的影响,而且也直接地影响着汉语词汇的发展。这一时期由于宗教迷信的风气很盛,所以有关宗教迷信一类的词汇也就不断地在语言词汇里出现。例如:

烧香——瞻礼神佛的一种仪式。求请神佛保佑自己的安福。《江表传》:“时有道士琅邪于吉……立精舍,烧香读道书。”

魔媪——假托鬼神以迷惑群众而求利的老女人。《南史》云:“师巫魔媪,送迎不绝。”

鬼死鬼——与“佛”“菩萨”相对的一种概念。表示凶象和不吉利。《晋书》云："壮作诗七篇，托言应璩以讽寿。寿报曰：'省诗知意，若今人所作，贤哲之话言也；古人所作，死鬼之常辞也。'"

鬼市——鬼神们的买卖交易的场所。把鬼人格化。《避暑录话》云："海边鬼市，半夜而合，鸡鸣而散。"这词后来又可理解为活人在夜间不置灯火而相叙贸易的意思。《新唐书·西域传》云："西海有市，贸易不相见，各置直物于旁，名鬼市。"

人们在宗教迷信的影响下，不但把鬼人格化，而且想像出一个象人的世界一样的鬼世界，其中有鬼的君主——"鬼魁"以及鬼世界所组织的一切机构和制度。更有所谓"鬼兵"。例如《北史·齐武成帝纪》云："河清三年，晋阳讹言有鬼兵，百姓竞击铜铁杆之。"

迎会——言鬼神到达，人们敲锣打鼓的来迎接的一种仪式。这种仪式又名"赛会"。其中有很多名目。据前人笔记云：凡神仙所栖舍具盛仪萧鼓杂戏迎之，曰"会"。富人有力者，捐金借骑以主其事，谓之"会首"。里豪市侠，啸召俦侣，亦曰"会前"。荒阳小市，不能为"会"，各弹其才智，以俟大会并入之，曰"助会"。会所经行，市人之家，张筵列炬，士女罗拜，曰"接会"。"迎会"这种仪式以后成为一种风俗。不少地方一年一度都有"迎会"，一般在农间季节。成为劳动人民的娱乐节日。

拜愿——即"许愿"。求请神佛保佑自己万福无恙。如有效验，则以礼拜，以谢佛助。《宣府镇志》云："市人为父母兄长或己身疾病，具香纸牲醴于城隍神祈祷。自其家且行且拜，至庙而止，谓之'拜愿'。"

抽千——到神庙里抽千，以占卜凶吉。《幸蜀记》云："王衍祷张恶子庙，抽千得'逆天者殃'四字。"

纸钱——即冥钱。鬼所使用的钱钞。封演《闻见记》云："古者享祀鬼神，有圭璧币帛，事毕则埋之。魏晋以来，始有纸钱。"

冥宝——祭祷时所焚烧的黄纸，或用"锡箔"折成元宝形。作为鬼世界买卖交易的货币。《清异录》云:"周世宗发引之日,金银钱宝,皆寓以形,雕印文字,黄曰泉台上宝,白曰冥游亚宝。"

"送羹饭"(送鬼)——人病以为鬼所祟,具酒饭以祭送之。《睽车志》云:"有巫送鬼,自持咒前行,令一童担羹饭。既行,童觉担渐重,至不能任。巫曰:此冤鬼难送也。"

上述这些词的出现,都跟当时宗教传播和人们迷信鬼神分不开的。鬼神在人们思想意识中的出现,又是跟佛教所谓"精神不灭"的说法分不开的。自从佛教传入中国以后,到了元朝,无论是帝王、公卿、文人学士以及一般的劳动人民、家庭妇女,在思想意识上,或多或少受佛教思想的蛊惑。宗教在乱离的世纪对劳动人民来说,确实是起着麻痹的作用的;使得大家安于现状,在思想大大削弱了劳动人民斗争的力量。

3. 唐宋典章制度的词汇

唐宋时期的典章制度大都沿袭前代,只是稍微有些变更而已。例如唐代的行政官员制度,设有"宰相""内相""同平章事"等重要官职。唐时以"尚书""中书""门下"三省之长官称为"宰相"。又因为这官职重要,不常设置,而用别的官员来摄代,就叫做"同中书门下平章事",简称"同平章事"。"内相"就是襄助宰相办理政务的官员,主要是为宰相参谋政事,做宰相的"顾问"(参看《旧唐书·陆贽传》)。还有所谓"九寺"——"太常""光禄""卫尉""宗正""太仆""大理""鸿胪""司农""太府";"五监"——"国子""少府""将作""军器""都水";"一台"——御史台,为一种监察机关的官员等等的官职。除此以外,还设置"使"一类的官员,以督察州县。例如:"巡察使""安抚使""观风俗使""转运使""黜陟使""宣抚使""盐铁使""户部使""租庸使""度支使",等等。五代、宋、金时期的官制基本上继承唐制,但也出现一些新的官名。例如:"三司"——即把"户部"

“盐铁”“度支”合并为一的官名。“二府”——即“枢密院”“中书省”，为统辖各部、掌握名事的官府。（见《宋史·职官志》）“使相”——当时一种空衔的官员。其他还有“都转运使”“团练使”“制置使”“经略使”等名称。宋时，在官名的总称上，中央的官员和地方的官员是有区别的。地方的官员称为“外官”。其中又可分为“亲民”和“厘务”两等。

另外，唐代的教育机构设有“大学”“国子学”“四门学”“州学”“崇文馆”“弘文馆”等。宋时设有“昭文馆”“集贤院”。这些学校和学术机构，都是来培养皇室、贵族、大官僚的子弟的，对于“小民”来说是绝缘的。

唐宋时期在士兵制度方面也有各种各样的名称。例如唐代推行所谓“府兵制”。在军队的编制上有“府兵”“彍骑”“方镇”“禁兵”等组织。“府兵”下设有“团”“队”“火”三类兵种。“彍骑”设有“白丁”“宗丁”“品子”“疆子”等级别（见《新唐书·兵志》）。宋代有“禁兵”——天子的卫兵，“厢兵”——各州的军队，“乡兵”——凭户籍抽选或士民应募而经过训练用以防守的军队，“藩兵”——边塞所属诸部的藩离军队（见《宋史·兵志》《通考》卷一五六），“水军”——南宋时用以防御江淮的兵团等名目。军队原是统治阶级巩固自己政权的有力工具。

每个时代的统治阶级无不重视军政的设制和军队的编集，从语言词汇里充分地说明了唐宋时期统治阶级也不例外的。

在刑法制度上，唐宋时期比中古前一个阶段有所不同，主要是减去了某些毒刑和极刑。唐代法制方面的术语有“律”——刑法科条，“会”——国家制度，“格”——百官有司所谓之事，“式”——所常守的法，以及“谋大逆”“谋取”“谋恶逆”“劝不道”“大不敬”（触犯皇帝尊严）、“不孝”“不睦”“不义”“内乱”等罪名。（见《旧唐书·刑法志》卷五十）宋代法制方面的术语有“敕”——命令劝戒于未然；

“令”——命令劝戒于已然;“格”——树立榜样等待他效法;“式”——树立榜样使他效法。以及“杖”“配役”“刺配”〔按:“刺配”是一种“既杖其脊,又配其人,而且刺面,是一人之身兼受三刑”的刑罚(见《大学衍义补》)〕等刑罚的名称(见《通考》卷一六八《刑考七》)。在辽,还有“投崖”“炮掷”“钉割”“脔杀”一类惨无人道的酷刑。

4. 唐宋学术宗教方面的词汇

这一时期(唐宋)学术思想和宗教迷信也在语言词汇中反映出来。

唐宋时期的局面比较稳定,在政治、经济、文化上都有相当的发展。这一时期人们的思想意识比较前代多少有些进步。

这一时期由于政治、经济的形势良好,社会秩序正常化,所以学术研究的风气也比较旺盛,当时展开了多方面的学术活动,尤其是专业性的研究十分活跃。而且有些学科像天文历算、音韵、文学、哲学等在不同程度的研究上都取得了一定的成绩。而整个学术界呈现着一种平和繁荣的景象。这一时期的语言词汇里也就出现了很多文化学术方面的术语。有些术语的涵义,与当时的学术思想是有联系的。例如:拿哲学来说,唐代以韩愈为代表的儒家哲学,这一派对于“道”“性”这一类哲学范畴都赋予新的涵义。他们认为世界最本质的东西就是“道”,它是独自存在于精神当中,而体现在人类社会的现实生活中就是“三纲五常”。因此说人也是“道”的产物;可是人最本质的东西就是“性”,“性”是“道”在人身上的体现。这种主观唯心主义的哲学思想正是代表了当时封建贵族和大地主阶级的统治集团在说话,为统治阶级而立言。再如宋代的理学家对于“气”“理”“性”“命”这一类哲学范畴也有新的解释。按照他们的说法,“气”所指的是物质,“理”所指的是精神。因而必须从“气”和“理”作为出发点来探讨宇宙的起源和人们的生活实践。至于“气”和“理”的依存关系有些学者的理解表现着唯心二元论的哲学思想。比如“理不在气先，气亦不在理后”“若无此气，则理亦无挂搭处”（见朱熹《语录》）。宋代理学家的空谈“气”和“理”，一点不能解决现实社会里的实际问题，当时，也有人反对理学这一派，试图从社会现实的矛盾的基础上，来认识客观世界，从而研究宇宙的精神和物质的关系。

在封建社会里，封建礼教通常作为统治阶级麻痹人民群众思想意识的一种工具。由于封建统治阶级利用礼教来压服别人、束缚别人的思想和行为成为他们惯用的伎俩，因而每一个时代或多或少有一套封建礼教制度，迫使人民群众唯命是听、逆来顺受。唐宋时期也不例外。封建礼教制度反映在语言词汇里也是极其明显。例如在婚姻关系上，当时的语言词汇里出现了这么一些词儿。像：

冥婚——替死者结亲。《旧唐书·萧至忠传》：“韦庶人又为亡弟赠汝南王洵，与至忠亡女为冥婚合葬。”

卖婚——以余钱娶妻。《通典》：“山东人士，尚阀阅，嫁娶必多取费，谓之卖婚。”

系亲——或称“抢亲”。公开强迫对方成婚的意思。《宋史·礼志》：“公主下降。初被选尚者，即拜驸马都尉，赐玉带、袭衣、银鞍勒马、采罗百匹，谓之‘系亲’”。

鬼媒人——替未婚而死亡的人作媒合婚。《昨梦录》：北俗，男女年当嫁娶，未婚而死者，两家命媒互求之，谓之“鬼媒人”。

其他方面，还有：

出孝——“既葬，邻伍会集，相与酣醉，名曰出孝。”（见《新唐书·韦挺传》）

送血泪——“其亲友死，则以刀剺额，血泪交下，谓之送血泪。”（见宇文懋昭《大金国志》）

同庚会——年老者相聚的一种庆贺仪式,等等。

又,当时的上层分子为了表示自己的“斯文”“雅意”,往往“创造”一些特殊的词语来指称某些普通事物。这一类词语多半出现在文学作品里。例如:称桃花为“红雨”(这词原出于李贺诗“桃花乱落如红雨”),称杨柳为“章台”。指松树为“木公”,指梅树为“木母”(见《湖海新闻夷坚续志》)。指书法为“银钩”(这词源出《书苑》:“晋索靖草书绝代,名银钩虿尾。”),指橘子或果实为“木奴”(《齐民要术·种梅杏》:“木奴千,无凶年。”),称月亮为“玉兔”(这词源出于傅咸的文章:“月中有何! 玉兔捣药。”),指鹿茸(一种补药)为“九春女”,等等。

唐宋时期,宗教的势力很大,传教信教成为当时一种普遍的现象。由于当时宗教的兴旺,对词言词汇的发展影响较大。这一时期宗教词汇在语言词汇里不断的增多。反映宗教意识和宗教活动的新词不断地出现。例如:

度牒——当时发给僧尼的一种作为免除徭役租税的证件。

僧祇户——寺院里的佃户和荫托户。

金狄——佛教的名称。

景教——基督教的乃司脱利安派(Niatouans Christianity)在唐贞观九年(公元635)传进来的。

女冠、道士——信奉道教的人的称号。

律、禅、法相、三论、真言、净土、天台、华严——当时佛教宗派的名称。

“法师”、“威仪师”、“律师”、“炼师”——指德高思深的道士。

章、醮、理沙——道士禳谢做法事道场的名称。

另外还有“药石”“炼丹”一类丹丸药物的名称。至于佛学方面的术语那是更多。例如:

法——指事物和思想等一切存在。

相——指人所感觉得到的外界一切现象。

涅槃、圆寂——佛家所谓永寂不动的精神境界。

因明学——佛教的逻辑学。

格义——解释佛学的经典。

真如——真心。佛教所谓如来藏心的实体，是不生不灭、不增不减、无有差别的东西，等等。

5. 中古时期的阶级习惯语和避讳词

(1) 阶级习惯语

中古时期的阶级习惯语，在语言词汇里是非常突出的。在统治阶级和上层分子的社会性活动范围里，这一类阶级习惯语表明了他们对外界事物的看法和作为某种思想意识的反映；也表明了他们平时喜怒哀乐的无常情绪以及对某些事物具有好感和趣味。总的说来，这类阶级习惯语在语言词汇里的出现充分反映着当时统治阶级和上层分子特殊的生活行为和思想面貌以及他们在使用语言方面力求自己特殊化。

例如：在统治阶级集团里，下级的僚属称帝王为"宅家"，唐昭宗时，刘季述等至思政堂殿，皇后趋至拜曰：军容勿惊"宅家"。(见《通鉴》)，"官家"，"五帝官天下，故曰官家。"(《湘山野录》)，"大家"，"宴，吐蕃使于麟德殿拜谢曰：惟愿大家万岁。"(《旧唐书》)等这一类当时作为君王的专称。同时，称帝王所到的地方叫做"幸"，由此而构成"临幸""巡幸"等词。还有，称帝王的办公桌子叫"奏案"，《三国志》："孙权拔刀砍前奏案。"皇帝和臣子对话，称"奏对"，《旧唐书・权德舆传》："臣每于延英奏对，退思陛下求理之言，生逢盛明，感涕自贺。"皇帝写的黄纸便条叫做"诏黄"，《南史・王韶之传》："凡诸诏黄皆其辞也。"等。统治阶级创造这一类词，无非要显示皇帝的"尊严"的身份。这是统治阶级拥有特权在语言词汇里的反映,说明了那个时代阶级地位的不同使语言上也有特殊化的情况。

其次,在统治阶级和上层分子内部,由于相互恭维吹捧以及在日常生活交往中,对别人表示尊敬对自己表示谦逊的所谓“客套”,也出现了一些特殊的称谓。例如:

内助——帮助天子料理事务的人。《三国志·魏书·郭后传》:“帝王之治天下,不惟外辅,亦有内助。”

相公——宰相的尊称。《复斋漫录》:“韩子华兄弟皆为宰相,其家呼子华‘三相公’。”

阁老——省相的尊称。《国史补》:“宰相呼为堂老,而省相呼为阁老”。

堂老——宰相的别称。

员外——一种空衔的官号,后来转称一般有钱有势之徒。《旧唐书·李峤传》:“为吏部时,志欲曲行私惠,奏置员外官数千人。”

孺人——官员之妻子的通称。江淹赋:“左对孺人,右抱稚牛。”

老身——老人的自称。《新五代史·汉家人传》:“(太后李氏谓宋太祖曰)老身,未终残年,属此多难,惟衰朽托于始终。”

还有:年老退休曰“告老”。蔡邕《陈太丘碑》:“年已七十,悬车告老。”《北史·高允传》:“允以老疾乞骸骨,不许,乃著告老诗。”谒见天子称“陛见”。《北史·张普惠传》:“丧乞朝直之日,时听奉见,自此之后,月一陛见。”等。相反的,当时统治阶级对一般平民也有一些特殊的称谓。例如:

白身,《新唐书·选举志》:“白身视其身,一经三传皆通者,奖擢之。”

白丁,《北史·李敏传》:“齐文帝谓乐平公主曰:敏何官?曰:一白丁耳。”

白士,即寒士。《晋书·羊祜传》:"与从弟琇书云:以白士而居重位,何能不与盛满受责乎?"

这一类词的出现,不但反映着当时对立阶级的悬殊,而且说明了在封建社会制度下所形成的一种阶级歧视。

(2) 避讳词

语言词汇里的避讳词完全是统治阶级垄断语言的表现。避讳词的出现充分反映着在封建社会里人民群众在使用语言上受到统治阶级的压制。避讳词严格一点来说不是词,只是造成语言混杂的一种奇怪现象。这种词在我国长时期的历史过程中虽然有所变化但一直存在着,而在古典作品中又大量地出现,它给我们阅读古典作品带来了一定的困难。

在古代,形成避讳词的方式很多,有改字、空字、缺笔、改音等等。种类也很多,有改姓名、改常用语、改名号等。下面略举一些例子:

例① 《魏书·高祐传》:"(祐)本名禧,以与咸阳王同名,高祖赐名祐。"

例② 《宋史·夏国传》:"李彝兴……本名彝殷,避宋宣祖讳,改殷为兴。"

例③ 《新唐书·姚崇传》:"崇字元之……始名元崇,以与突厥叱剌同名,改以字行,后避开元尊号,更今名。"

例④ 《宋史·地理志》:"以瑕丘县为瑕县……龚丘县为龚县。"按:这里是避讳孔子的名字——丘。

例⑤ 《旧唐书·穆宗纪》:"恒王房子孙改为泜王房。"按:这儿恒王实际上应该是恒小愍王,泜王却是愍王的错写。当时因为避讳的缘故,就把民字旁改为氏字旁而误写成泜。

例⑥ 《晋书·职官志》:太师,太傅、太保,周之三公官。"晋初以景帝讳故,又采《周官》官名,置太宰以代太师之任"。

例⑦　《齐东野语》云:“王羲之父讳正,故每书正月为初月,或作一月,余则以政字代之。王舒除会稽内史,以祖讳会,以会稽为郐稽。……李翱祖父名楚今,故为文皆以今作兹。杜甫父名闲,故杜诗无闲字。……曾鲁公父名会,避之者以勘会为勘当。蔡京父名凖,改平凖务为平货务。”

例⑧　《野客丛书》:“钱王讳镠,以石榴为金樱……杨行密据扬州,扬人呼蜜为蜂糖。”

例⑨　《老学庵笔记》云:“田登作郡,自讳其名……举州皆谓灯为火。上元放灯,许人入州治游观,吏遂书榜揭于市曰:‘本州依例放火三日。’”按:此后就有一句谚语:“只许州官放火,不许百姓点灯。”这句话里正包含着“做官的人有法外的自由,而人民群众连法内的自由也没有”。

(四)佛教词汇和其他外来词

在中古时期,佛教词汇和其他外来词的大量吸收,以及古代熟语的继承和新熟语的创造并积极应用,是这一时期汉语词汇发展的最大特征。

外来词或称“借词”,是任何语言里常有的现象,也是每一个民族使自己的语言词汇不断丰富和发展的主要手段之一。语言词汇对外来词的吸收是一个长期的历史过程。在每一个历史时期,只要这个民族与其他各族人民接触,彼此在政治上、经济上、文化上相互影响和相互交流,就会在语言中出现彼此吸收所需要的词汇,相互丰富自己的语言词汇的情况。汉语里的外来词就是在这种情况下被吸收进来的。

汉语随着社会的发展在中外文化接触的历史过程中,由于社会生活和人们活动的需要,往往采用“音译”“意译”和“音义兼译”

的方法把别种语言里的词吸收到汉语词汇中。毫无疑问，外来词的吸收是充实汉语词汇的一个重要因素。在汉语词汇里，它作为直接创造新词的一部分，使得汉语的词汇不断地取得新鲜的养分：一方面丰富了汉语的词汇内容，另一方面为汉语的构词法开辟了新的途径，对于汉语的发展起着很大的作用。因此研究汉语词汇里各个历史时期的外来词，对于整个汉语史的研究，是有重大的意义的。

1. 佛教词汇

以中古时期的外来词来说，佛教词汇对于汉语的影响最深，对于促进汉语发展所起的作用也最大。佛教词汇里的词和语，有些进入汉语的一般词汇，也有一些进入基本词汇，更有一些由于被广大人民群众普遍接受，因而使用频率很大，几乎成为汉语全民语言里的词汇。我们对于这些词和语就有必要来辨清它的词源。也有一部分它的使用范围非常狭窄，只是佛教专门用语，一般的人不常用它。总之，佛教词汇里很有一部分词语是历来汉民族人民所喜爱，所使用，从而广泛地渗入到书面语言里，逐渐成为汉语里一种有特殊色彩的文学语言的词汇。下面举一些例子加以说明：

(1) 音译佛教词

音译的佛教词汇，除了前面已经举过像“佛”(梵语 Buddha)、“菩萨”(梵语 Bodhisattva)、“罗汉”(梵语 Arhat)、“阎罗”(梵语 Yama-raja)等外，还有很多。

塔——梵语 Stupa。即“浮图”，据《大唐西域记》说：“诸窣堵波即旧所谓浮图也。”后来把这单音节词指称一种十六角七级的建筑物(见《正字通》引《通雅》说)。据历史文献，《高僧传》“康僧会”条有叙述孙权造塔的事情。《洛阳伽蓝记》里有“宫塔”“大塔”等名词。可以设想，“塔”这词在南北朝前后已经普遍使用。

劫(刼)——梵语 Kalpa,佛经里译作“劫簸”“劫波”。按佛教里的“劫”与汉语原有的“劫”意义不同。佛教所谓“劫”有二种意义:一是指世界成坏而立的数量,一是指计算昼夜日明的数量。而在汉语里,由“劫”这词构成“劫难”“劫数”一类的合成词。从语义看这类词的意义大致是从佛经里所谓“天地之外,四维上下,更有天地,亦有无终极。然皆有成败,一成一败谓之一劫”而来的。所以人受灾难叫做“劫数”,有遭厄运的意思。

魔——梵语 Mara 为“魔罗”的略称。这词表示能夺命、障碍、扰乱、破坏等等的意思。旧译作“磨”,原义并没有“鬼”的意思。后来由“磨”这词派生出“魔力”“魔障”一类的词。这才与“魔”的原义有关。例如白居易诗有:“唯有诗魔降不得。”可是,佛教又有所谓“四魔”(烦恼魔、阴魔、自在天子魔、死魔)之说。“魔鬼”这词可能是“死魔”而来。

(2) 意译佛教词

意译的佛教词汇除了前面已举过像“现在”“世界”等外,还有像:

方便——梵语 upaya,或名“伛和”。这词本来的意思是一种切实的、真实可行的方法,用于一切事物都是有利。换句话说,用这种方法也只有随着这种方法运动的趋向去做一切事情,就可以达到目的。也就是所谓“利物有则云方,随时而施曰便”。据佛典《法华文句》说:“方者法也,便者用也。法有方圆,用有差会。”我们现在对于做一件有益于别人的事情称为“方便”,意义即是从这儿推演出来的。

平等——梵语 samata,意思是对于差别来讲的,也就是没有高下深浅的差别。据佛典《金刚经》说:“是法平,无有高下。”《五灯会元》中更有详细的说明:“天平等,故常覆;地平等,故常载;日月平等,故四时常明;涅槃平等,故凡圣不二;人心平等,故高低无净。”由此可见“平等”这词已经在南北朝时期出现。

信心——梵语 eitta-mati，意思是对所信之佛深信而无怀疑。据宋《景德传灯录》卷二十说三祖僧璨曾作有《信心铭》。现代汉语“信心”这词，从语源学的角度观察，由来于佛教词汇。

礼拜——梵语 Vandana（或 Namas-Kara），是指一种恭敬的仪式。据《大唐西域记》说：“致敬之式，其仪九等：一、发言慰问，二、俯首示敬，三、举手高揖，四、合掌手拱，五、屈膝，六、长跪，七、手膝踞地，八、五轮俱屈，九、五体投地。”汉语里“礼拜”，应该说是从这儿来的。

未曾有——梵语 Adbhuta。原意指稀有或谓意外的事情。据《法华经·序品》说：“是诸大众，得未曾有，欢喜合掌。”是一个名词。而古代汉语里的“未曾有”表示过去从来没有过的意思。可是，当时的学者在翻译佛经的时候，碰到新鲜的词语，总是按原样介绍过来。

不可思议——依据佛家的说法，凡是深妙的道理和希有的事情，不可以心想，不可以议论的，称为“不可思议”。据佛典《维摩经》慧远疏云：“不可思议者，经中亦名不思议也。通释是一，于中分别非无差异。据实望情名不思议，据情望实名不可思议。”我们现在所说的“不可思议”的意思，正是从这儿来的。

（3）音意兼译佛教词

音意兼译的佛教词，在比重上比较大。在构词法上也比较特殊。例如：

尼——梵语 Bhiksuni，是女子出家受具足戒者的通称。据梵语，男僧叫比丘（Bhiksu），也就是“和尚”。女僧叫比丘尼。可是在汉语里，把“尼”特称女僧，而且在口语里还接上一个“姑”字，这样一来，“尼姑”便成为音意兼译的词。当然，“尼”作为词素在梵语里正是表示女性的意思。

忏悔——梵语 Ksamayati 的简译词。从构词法来说,很明显是从"Ksa"这词第一个音节的对音加上意译"悔"而成的。"忏悔"在佛经里的意思是自己悔过,请求别人忍恕。这词最早见于南北朝时期的文献《高僧传》。

彼岸——梵语 pāra,音译作"波罗",意译为"彼岸"。佛家把生死的境界比譬为"此岸",生活中的烦恼比譬为"中流","涅槃"比譬为"彼岸"(《智度论》十二说云:"以生死为此岸,涅槃为彼岸。")。可是,在汉语里,使用这词,把它的词义扩展了些。意思变成凡是事情做得成功,都称为"到彼岸"。例如:《智度论》一云:"于事成办,亦名到彼岸。"

总的说来,在中古的佛教词汇里,有些词语只作为佛教用语而流入中国,流行于佛教中,或钻研佛学的少数学者之间,这些词语对于汉语的影响不怎么大。但绝大部分的佛教词语随着佛教的广泛传播和佛经的大规模翻译而流行于广大人民群众之中。由于这些词的使用频率相当高,随着汉语本身的发展,它就变成为汉语词汇里新生的东西,而且生命力也相当强,一直到现在仍然沿用。如果我们缺乏历史语言学和词源学的知识,就无法分辨出这些词在汉语词汇里是外来的成分。

2. 其他外来词

中古时期,由于国家一度昌盛,经济文化呈现着繁荣的景象,西方和亚洲不少国家,敬慕我国的文化,都与我国交往。从历史上看,这一时期,我国曾与印度、阿剌伯、伊兰、波斯、马来亚、越南、朝鲜、日本等国家建立过正式的外交关系。同时,国内各兄弟民族,有一时期深受汉民族文化的影响,曾经纷纷迁居中原地带。尤其在南北朝时期,北方曾经出现过民族杂居的情况。杨衒之在《洛阳伽蓝记》里曾经叙述当时各族人民与汉族人民杂居交往、通商的繁荣局面。他说:“东夷来附者,处扶桑馆,赐宅慕化里;西夷来附者,处崦嵫馆,赐宅慕义里。自葱岭以西,至于大秦,百国千城,莫不款附。商胡贩客,日奔塞下,所谓天地之区矣。乐中国土风,因而宅者,不可胜数。是以附化之民,万有余家。门巷修整,阊阖填列,青槐荫陌,绿柳垂庭,天下难得之货,咸悉在焉。别立市于洛水南,号曰四通市。”

由于各民族之间彼此杂居,交往和通商,不仅促进了民族文化的交流,同时也推动着民族语言的发展。中古时期的汉语,在汉民族与国内外其他民族接触频繁的过程中,不断吸取着别的民族语言里生动、新鲜又富于表现力的外来词语,丰富了自己的语言词汇。这些外来词语,多半是与别的民族在文化交流的同时被吸收过来的。例如:

八哥——鸟名。为鸜鹆鸟的俗名。又名“叭叭”,就是阿拉伯语 babbaghā 的对音。这词在魏晋南北朝时期已经出现。

胡卢巴——药名。又名“苦豆”。这种药品大约在北宋时由阿拉伯传入进来的。这名称也就是阿拉伯语 hulbah 的对音。

祖母绿——又名“绿柱玉”或称“翠玉”,是一种有色而晶莹夺目的宝石。据《珍玩考》说:“宝石中有‘祖母绿’者形似玻璃而晶莹过之。”这东西来自阿拉伯国。有些书上称“助木剌”(见《辍耕录》),也有叫做“子母绿”(见《清秘藏》)、“助木绿”(见《续通典》)。这些名称实际上都是阿拉伯文 Zumunrud 的对音。

柘枝舞——一种胡地传入的舞蹈。大概在唐代的教坊乐舞中是比较突出的一种。唐诗人刘禹锡有《观柘枝舞诗》。其中有:“胡服何葳蕤,仙仙登绮墀。”据近人考证,这种舞蹈大致来自西域。

觱篥——或作“筚篥”。一种乐器。原出于龟兹,后传入我国。唐代有所谓九部夷乐,安国乐都要用到它。这词也见于唐代诗歌中,比如李颀诗:“南山截竹为筚篥。”

波菜——一种蔬菜。为“波稜菜”的简称。是唐人从西域语翻译过来的植物名词。据《唐会要》记,太宗时,“尼婆罗国献波稜菜,类红蓝,实似蒺藜,火熟之能益食味”。这种蔬菜后来就在我国种植起来,一直到现在成为家常的蔬菜之一。

耶悉茗——一名“茉莉”。花名。这词是波斯语 jasmine 的对音。大概在南北朝时期已经出现。

蘋果——一种果实。梵语为 bimbara,过去音译为“频婆罗”,简称“频婆”,后来又简为单音节词“频”。汉语里的“蘋果”分明是音意兼译的外来词。这词在唐代的文献已经可以见到。例如:敦煌变文《丑女缘起》中有:“口似蘋婆果。”

叆叇——就是“眼镜”的别名。来自南洋马来半岛(按据宋人祝穆的《方舆胜览》记有“满剌加国出叆叇”)。这词大概在宋代已经出现。据宋人赵希鹄《洞天清录》中说:“叆叇,老人不辨细书,以此掩目即明。”

3. 汉语借词

在这一时期,同样的,汉语里的许多词语也被其他各民族所吸收,成为他们自己民族语言词汇里的新鲜成分。例如:

笔——为藏族人民借去,藏文作“pir”。据《唐会要》载吐蕃王弃讃赞普请唐高宗(公元 650—683 年在位)派遣造纸笔工人。由此可见,中国的毛笔至迟在七世纪已经输入西藏。

丝——这个词据历史记载大致可以推知在公元三世纪已经传到日本,五世纪时就传入印度,以后又传至世界各国。现代印欧语里关于“丝”的读音,例如英语 silk、俄语 welk、希腊语 sēres、拉丁语 seucus 以及古北欧语 silki 等一类词,都与古代汉语“丝”这词的字音有关系。

唐家子——为突厥语所借去。从材料上看,这词最早出现在七世纪突厥的碑文里,写作“Tabghač”。这词当时为中亚、西亚人用来称呼汉人的。

拔河——一种拉大绳的游戏。据唐人封演《闻见记》云:"'拔河'古谓之章钩。襄汉风俗,常以正月望日为之。相传楚将伐吴,以此杀战。"后来这词被日本所借去。

总的说来,这些外族语言里的汉语借词有它一定的历史性。它是在长时期的民族接触和民族文化交流的历史过程中逐渐形成的。因此我们要了解外族语言里的汉语借词,就必须从历史词汇学的观点出发,对这一类词作具体的研究,从而搞清楚在一定的历史时期里,各民族之间由于政治、经济、文化的影响而导致在语言上所发生的复杂情况。

(五) 熟　语

1. 成语

(1) 古成语的继承性发展

中古时期的成语,其中有一部分是直接继承了上古时期已经形成的成语,在书面语言里广泛地加以使用。同时,上古有一些词语,仅仅出现在书面语言里,只能算是未成形的成语的"初雏",这些词语通过了中古时期的使用,才正式定形成为成语。在中古时期的汉语里,对于上古成语继承性的发展大致可分为下列三种形式:

一是古成语的沿用。

例①　疾风知劲草——这成语在上古后期的书面语言里已经出现(见《后汉书·王霸传》),唐代时期一直沿用。比如:

唐太宗诗:"疾风知劲草,板荡识忠臣。"

《宋书·顾恺之传》:"松柳异质,荠荼殊生,故疾风知劲草,严霜识贞木。"

例②　天长地久——这成语源出于老子《道德经》。唐代诗人卢纶、白居易在他们的诗歌里都沿用着。

例③　四分五裂——这成语在上古已形成,中古把它巩固了下来。比如:

《六韬·奇兵篇》云:"四分五裂者,所以击圆破方也。"

《三国志·魏书》:"此乃四分五裂,战争之地,难以自安。"

《北史》:"卒有不虞,四分五裂,腹心有事,首尾未知。"

二是古成语初雏的定型。

古成语的"初雏",由不固定的形成通过选择而固定下来。

例①　四通八达——这成语最初的形式不十分固定,有"四通五达",还有"七通八达"。经过选择,"四通八达"才固定下来,其余淘汰掉。比如:

《史记·郦食其列传》:"陈留天下之冲,四通五达之郊也。"

《晋书》:"滑台四通八达,非帝王之居。"

《五灯会元》:"子入处真实,得坐披衣,向后自看,自然七通八达。"

例②　覆水难收——这成语开始的时候形式也不固定,有"反水不收""覆水不收""水覆难再收"等形式,后来才固定下来。比如:

《后汉书·光武帝纪》:"反水不收,后悔无及。"

《后汉书·何进传》:"覆水不收,宜深思之。"

李白诗:"雨落不上天,水覆难再收。"

由于经常运用,再通过选择,觉得"覆水难收"比"反水不收""覆水不收"来得好,于是固定下来。可见成语形成的过程有时是曲折的,开始的时期大家不一定把它当作成语看待,不一定遵守那一种形式,由于长期的普遍的运用,大家才自觉地遵守一定的形式,以便于规范。

三是古成语的形式多样化。

例①　原来是“朝不谋夕”后来改成“朝不虑夕”。比如：

《左传·昭公元年》：“(赵孟)对曰：‘老夫罪戾是惧，焉能恤远。吾侪偷食，朝不谋夕，何其长也！’”

《晋书》李密《陈情表》：“人命危浅，朝不虑夕。”

例②　原来是“深根固柢(蒂)”后来改成“深根固蒂”。比如：

老子《道德经》：“有国之母，可以长久。是谓深根固柢，长生久视之道。”

《晋书》：仆射王彪之曰桓温“居上流，已割天下之半。其弟复处西藩，兵权尽出一门，亦非深根固蒂之宜也。”

例③　原来是“仰我鼻息”后来改为“仰人鼻息”。比如：

《三国志》：韩馥欲以冀州让袁绍，长史耿武谏曰：“绍孤客穷军，仰我鼻息，譬如婴儿在股掌之上，绝其乳哺，立可饿杀。”

例④　原来是“五经扫地”，后来改为“斯文扫地”。比如：

《新唐书》载，祭酒祝钦明于武后前作《八风舞》，转目摇头，备诸丑态。卢藏用叹曰：“祝公五经扫地矣！”

(2) 新成语的创造

中古时期新成语的创造有下列几种形式：

一是把历史故事的主要内容概括而成带有比喻色彩的成语。

例①　望梅止渴：

《世说新语》：“魏武行役，失汲道，三军皆渴，乃令曰：‘前有大梅林，饶子，甘酸可以解渴。’士卒闻之，口皆出水。”

例②　画饼充饥：

《三国志》：“魏明帝诏卢毓曰：‘选举莫取有名，名如画地作饼，不可啖也。’”

例③　雪中送炭：

《宋史·太宗本纪》:“淳化四年,雨雪大寒,遣中使赐孤老贫穷人米炭。”

后来,这成语常用于比喻求助最困难中的人。而且也用在诗歌里。比如:

《范石湖集·大雪送炭与芥隐》诗云:“不是雪中须送炭,聊装风景要诗来。”

例④　草木皆兵:

《晋书》:“苻坚以轻骑兼道一赴寿春,每与苻融登城而望,见晋师行军齐整,将士精锐,又北望八公山,草木皆人形,曰亦劲敌也。”这成语是由原来“草木皆人形”变成“草木皆兵”,把整个故事的意思都概括进去,形式上就像成语了。成语“草木皆兵”同成语“风声鹤唳”意义相近,也经常联用,取其比喻意义。

例⑤　津津有味:

《南史》:“刘邕爱食疮痂,以为味似鳆鱼,尝诣孟灵休,孟先患灸疮,痂落席上,邕取食之,灵休大怪之。痂未落者悉褫以饴邕,遍体血出,而邕口角津津。”

例⑥　双管齐下:

郭若虚《图画见闻志》:“唐张璪,尤善画松,尝手握双管,一时齐下,一为生枝,一为枯枝。”按:成语“双管齐下”最初指的是真的两枝笔同时作画,以后比喻两件事情同时进行。

例⑦　司空见惯:

《唐宋遗史》:“刘禹锡罢苏州,过扬州帅杜鸿渐饮,大醉,归宿传舍,既醒,见二姬在侧,惊问之,乃曰:‘郎中席上与司空诗,因遣其来。’问:‘何诗?’曰:‘高髻云鬟宫样妆,春风一曲杜韦娘,司空见惯浑闲事,断尽苏州刺史肠。’”

例⑧　恒河沙数:

《弥陀经疏钞》:“恒河在西域无热河侧,沙至微细,佛近彼河说法，凡言多者常取为喻。”

二是把寓言概括而成为成语。

例如　黔驴技穷：

唐寓言《黔之驴》：“黔无驴。有好事者船载以入，至，则无可用，放之山下。虎视之，庞然大物也，以为神。蔽林间窥之，稍出近之，慭慭然莫相知。他日，驴一鸣，虎大骇，远遁，以为且噬己也，甚恐。然往来视之，觉无异能者。益习其声，终不敢博。稍近益狎，荡倚冲冒，驴不能怒，蹄之。虎因喜，计之曰：‘技止此耳！’因跳踉大㘎，断其喉，尽其肉，乃去。噫！形之庞也类有德，声之宏也类有能，向不出其技，虎虽猛，疑畏卒不敢取，今若是焉，悲夫！”

三是从文人的作品里选择精炼新鲜的字句充当成语或组成成语。

例①　目不识丁：

《新唐书·张弘靖传》：“天下无事，尔辈挽两石弓，不如识一丁字。”后来这成语用作形容文盲或讽刺无知。

例②　势如破竹：

《晋书·杜预传》：“兵威已振，譬如破竹数节之后，皆迎刃而解。”

例③　寄人篱下：

《南史·张融传》：“丈夫当删诗书、制礼乐，何至因循寄人篱下。”

例④　牢不可破：

韩愈《平淮西碑》：“并为一谈，牢不可破。”

例⑤　引人入胜：

《世说新语》：“酒正自引人入胜地。”

例⑥　走马看花：

唐孟郊诗：“春风得意马蹄疾，一日看遍长安花。”

例⑦　醉翁之意不在酒：

欧阳修《醉翁亭记》："醉翁之意不在酒，在乎山水之间也。"

这成语即喻为表面在此，而意在彼，由此及彼。

例⑧　擒贼先擒王：

杜甫《出塞诗》："射人先射马，擒贼先擒王。"

四是把书面语言里分散的字句节缩而为成语。

例①　一网打尽：

《宋史》载，苏舜钦监进奏院，循例祠神，以使乐娱宾。王拱辰讽御史鱼周询举劾之，被斥者十余人，拱辰自喜曰："吾一举网尽矣。"按："一网打尽"这成语就是从"吾一举网尽矣"这句话节缩成的。

例②　天涯地角：

韩愈《祭十二郎文》："不得与汝相养以生，相守以死，一在天之涯，一在地之角。"

例③　袖手旁观：

韩愈《祭柳子厚文》："不善为断，血指汗颜，巧匠旁观，缩手袖间。"

例④　唾面自干：

《新唐书》载，娄师德教弟耐事，弟曰："人有唾面，洁之乃已。"师德曰："未也。洁之，是违其怒，正使自干耳。"

按：这成句取上句"唾面"，取下句"自干"。

例⑤　驾轻就熟：

韩愈《送石处士序》："若驷马驾轻车，就熟路，而王良、造父为之先后也。"

例⑥　得陇望蜀：

《晋书·宣帝纪》："魏武曰：'人苦无足，既得陇右，复欲得蜀。'"

例⑦　斩草除根：

《新唐书》记载："桓彦範等诛张易之、昌宗，而不杀武三思。"洛州长史薛季昶说："去草不去根，终当复生。"

按："斩草除根"这成语就是依据"去草不去根，终当复生"这两句而创造出来的。

例⑧　鹤立鸡群：

《晋书》："稽绍始入洛，或谓王戎曰：'昨于稠人中始见稽绍，昂昂然如野鹤之在鸡群。'"

总的说来，中古时期成语的来源是多方面。除了上述来源于古代历史故事和当时的寓言以及文人的作品之外，也有一些成语来自民间口语。民族的俗谚往往生动别致，通过传习，便成为很好的一种成语。在形式上，也不限于四字成格。例如："大惊小怪""七颠八倒""胡思乱想""翻来覆去""改头换面""粗枝大叶""千头万绪"等等（见宋儒语录）。

关于中古时期的谚语，下面要分别论述。

2. 谚语

在各个历史时期里，谚语总是劳动人民在他们所积累的生产经验和生活经验中提炼出来的语句，同时又是人民口头的习用语言。在上古书面语言中就已经开始引用民间的谚语，因而也就保存了不少古代有价值的谚语。到了中古时期，谚语更加发展，不仅内容丰富，而且范围更为宽广。有关于劳动生产方面的谚语，有关于日常生活方面的谚语，也有关于人物事理生活经验方面的谚语，还有反抗封建统治阶级一类的谚语，等等。这些谚语，照例被文人引用在书面语言里而保存了下来。

（1）劳动生产方面的谚语

例①　"早起三朝当一工。"（宋楼钥诗）

例② “田怕秋旱,人怕老贫。”(陈后主引谚)

例③ “东家种竹西家笋。”按:据《齐民要术》:“竹性爱向西南。”引谚云:“东家种竹,西家治地,谓其滋蔓而来生也。”

例④ “春无三日晴。”(见《五灯会元》)

例⑤ “五更侵早起,更有夜行人。”(《景德传灯录》)这句的意思是:你早,人家比你更早,你行,人家比你更行。

例⑥ “鸡塞上距,鸭塞下觜。”按:这两句据陆游《老学庵笔记》:“淮南谚云:‘鸡塞上村,鸭塞下水。’验之皆不然。有一媪曰:‘鸡塞上距,鸭塞下觜耳。’上距为缩一足,下觜谓藏其味于翼间。”

(2)日常生活方面的谚语

例① “男大须婚,女大须嫁。”(《五灯会元》)

例② “不痴不聋,不成姑公。”按:这个谚语从上古一直流传下来,到宋代才定型化。《慎子》云:“不聪不明,不能为王;不聱不聋,不能为公。”汉代《释名》有:“充耳所以止听,故里语曰:‘不瘖不聋,不成姑公’。”晋张湛《列子·力命篇注》:“不聱不聋,不能成公。”《隋书》《唐书》里也有类似的例子。

例③ “嫁鸡随鸡,嫁狗随狗。”按:这谚语源出于“嫁鸡与之飞,嫁狗与之走。”(见宋陆佃《埤雅》)后来被文人引用在诗歌里面。比如:宋赵汝燧诗有:“嫁狗逐狗鸡逐鸡。”欧阳修《代鸠妇言》有:“人言嫁鸡逐鸡飞,安知嫁鸠被鸠逐。”这可以说谚语的灵活运用了。

例④ “情人眼里出西施。”按:这话据《复斋漫录》所载为宋时谚语。据云:“‘情人眼里有西施’,鄙语也,山谷取以为诗,其《答益公春思》云:‘草茅多奇士,蓬荜有秀色。西施逐人眼,称心斯为得。’”

例⑤ “美女不观灯,美男不看春。”(晋《闺范》注引谚)

例⑥ “日进千文,不如一艺随身。”(《颜氏家训》引谚作“积财千万，不如薄艺随身。”）

（3）生活经验和人情事理方面的谚语

例①　“千里送鹅毛，礼轻人意重。”按：这谚语照例被大人用在诗歌旦面。比如：《东坡集·以土物寄少游诗》云：“且同千里寄鹅毛，何用孜孜饮麋鹿。”《山谷集》有：“鹅毛千里赠，所重以其人。”

例②　“若要功夫深，铁杵磨成针。”按：这个谚语来自民间传说。宋画家郑思肖所绘百二十图，中有《骊山老姥磨铁杵欲作绣针图》。

例③　“兔儿不吃巢边草”“鸬鹚不打脚下塘。”按：前一句据《全唐诗录》注是唐谚。后一句与前一句义近，亦是唐代的谚语。

例④　“贫不学俭，富不学奢。”《三国志·魏书·任城陈萧王传》注有：“谚云：贫不学俭，卑不学恭，非人情也，势使然耳。”《新唐书·马周传》亦有：“里语云：‘贫不学俭，富不学奢’，言自然也。”

例⑤　“若要好，问三老。”按：应璩《三叟诗》有：“古有行道人，陌上见三叟。年各百余岁，相与锄禾莠。住车问三叟，何以得此寿？上叟前置辞，内中妪貌丑。中叟前置辞，量腹节所受。下叟前置辞，夜卧不覆首。要哉三叟言，所以能长久。”

（4）反抗封建统治和剥削方面的谚语

例①　“只许州官放火，不许百姓点灯。”（冯梦龙《谭概》）

例②　“好官不过多得钱。”（《宋史》）

例③　“杀人偿命，欠债还钱。”（李之彦《东谷所见》）

例④　“一日不作，一日不食。”（《传灯录》）

总的说来，我们在古代文人的诗文、笔记、杂录中，见到了不少的成语和谚语。这些成语和谚语主要由于文人的引用而保存了下来。肯定地说，中古文人在继承和运用成语和谚语方面是有贡献的，使得汉语文学语言的发展和丰富极为有利。但是，从语言史的

角度看,这一时期曾出现过割裂和生造成语、堆砌典故的风气。因而在书面语言里,也就出现了一些莫名其妙的语词。例如:

① 友于——我们知道《论语·为政》有:“惟孝友于兄弟。”这句话是指兄弟间的友谊。有人就把这一整句话生硬地分拆开来,从中抽出“友于”来代表整句的意思。比如:

《后汉书·史弼传》:“陛下隆于友于,不忍遏绝。”

《晋书·孝友传序》:“夏方、盛彦体至以驰芬,庾衮、颜含笃友于而宣范。”

② 而立——《论语·为政》:“三十而立,四十而不惑。”于是就以“而立”代替“三十”。比如:

苏轼诗:“传者方当而立岁。”

③ 刑于——《诗经·大雅·思齐》:“刑于寡妻。”(以礼法对待其妻)于是夫唱妇随叫做“刑于之化”。

④ 厥修——《唐语林·文学》:“尔小子,亦克厥修。”这两个字显然是断取《诗经·大雅·文王》:“无念尔祖,聿修厥德。”

⑤ 来思——谢惠连《雪赋》中有:“咏于来思。”出自《诗经·小雅·采薇》:“今我来思,雨雪霏霏。”

三、近代词汇的发展

（一）北方话词汇的发展

近古时期社会的发展和语言词汇发展的关系更加密切，尤其是从元代到鸦片战争这一历史时期（公元1279—1840），政治经济的变动，总是直接推动着语言词汇的发展，这一时期的词汇系统无论在内容上或构词手段上都极丰富。

从元初到鸦片战争这一历史时期，就社会政治情况来说，是中央集权封建制的继续发展的时期，也是这种政治制度逐渐趋向衰落的时期。从社会的经济情况来说，这一时期随着生产力的发展，特别是农业生产力的进一步发展，不断地加深了农民阶级和地主阶级之间的矛盾，社会的阶级斗争也日益尖锐起来。同时土地所有权相对地分散开来；元代以后，逐步地促进了中小土地所有者经济的发展，工商企业和对外贸易相应地活跃起来；又出现了资本主义性质的手工业工场，体现着封建社会内部产生了资本主义的经济因素。

又从北宋开始，由于辽、金、元异族的侵入，北方战争绵延不断，北方的社会经济几度遭受破坏。于是，经济繁荣的中心逐渐由北方移向南方的长江流域，总的说来，这一历史时期，政治、经济和社会制度等各方面出现了某些特殊情况，对于汉语词汇的发展有很大的影响。例如这一阶段的汉语词汇里，不但出现了反映社会生产力发展的词，而且出现了当时具体社会所特有的、充分反映当时的社会制度、社会文化和民族压迫的词。

1. 元代官制的词汇

元代是少数民族统治的朝代。当时蒙古贵族统治中国后，在行政官制方面，有不少是承袭中原的旧制，也有许多是依据蒙古民族的形式来设置的。这些制度和名目反映在语言词汇里，从名称上看来，似乎都是外来的译名。例如：

例①　达鲁花赤——官名（见《元典章》），掌印办事的长官。在元代，行政区域无论是“路”“府”“州”“县”都设置这种长官。官职并没有大小之分、文武之别（见赵翼《廿二史札记》）。

例②　扎鲁忽赤——或名“扎鲁花赤”“扎鲁火赤”等，为元代高等司法官员。据《元史・百官志》载：“国初未有官制，首置断事官曰扎鲁忽赤，会决庶务，奸盗、诈伪、蛊毒、厌魅、诱抢、逃驱轻重罪囚，及边远出征官吏。”

例③　怯里马赤——为元代通释官员。据明人叶子奇《草木子》云：“北人不识字，使之为长官，或缺正官，要题判署事或写日子，‘七’字钩不从右‘七’转而从左‘ナ’转，见者为笑。立怯里马赤，盖译史也，以通华夷言语文字。”

例④　必阇赤——即“文书”“秘书”一类的官员。据《元史・兵志》“宿卫门”云：“为子主文史者曰，必阇赤。”也有通译为“笔且齐”（见《元史语解》）、“必彻彻”（见《黑鞑事略》）。按蒙古文的意思就是“写字的人”，汉语称“令史”，也就是主行文书的官员。

例⑤　兵司马——专门掌理捕盗和斗殴等事情的官员。

例⑥　省——官名。为元代不同行政区域的长官，如“中书省”“尚书省”等。但元代的中书省分设在各路，并不设在京都。到了明代，就把元代的行省改为布政使司。在当时口语里，“省”这词仍然相沿用而不废。因此这词一直保留至今而没有消失，只是意义稍有转移。

2. 明代经济发展的词汇

上面讲过近代社会经济发展总的情况是：自宋元以来，小土地所有制确定之后，多少刺激了农业向前发展，工商业也随之发展起来，手工业工场已普遍出现。明代继承宋元，在经济上有所发展，工商业与对外贸易益趋活跃，资本主义性质的手工业工场出现了。赋税是统治者剥削农民与手工业者的重要手段，也开始用货币来代替实物。这也反映出社会商品经济发展的一定规模。因而，这一时期的语言词汇里，也出现了不少新词，其中有反映生产工具和生产技术改进的词，有反映资本主义性质的手工业生产规模的词，有反映这时赋税制度性质的演变的词等等。比如：

(1) 农业方面，当时曾经发明了几种新式灌溉的工具：

龙尾车——亦名“螺旋运水机”。《农政全书》记有：“龙尾车者，河滨挈水之器也……龙尾者，入水不障水，出水不帆风，其本身无铢两之重。且交缠相发，可以一力转两轮；递互连机，可以一力转数轮，故用一人之力，常得数人之功。”

玉衡——一种气压式插水机。相当于后来的双筒式抽水机。

恒升——一种气压式的抽水机，是单筒式的。

龙骨水斗——该工具大抵用于北方井水灌溉，发明较晚。

(2) 手工业方面，当时官营的手工业工场规模相当大，组织也相当健全。属于这方面的词有：

造作——官营手工业部分关于营造方面的称谓。如“内府造作”，指专门负责修建亲王、皇族宫室的建筑业。其他如“仗仪造作”“城垣造作”“坛城造作”“庙宇造作”等。

局——宦官控制的内府造作的官营手工业工场的机关,例如:“军器局”“针工局”“巾帽局”专司制造军器、军装、婚礼服装、纱帽、靴袜等所设的机构。还有“内职局”“银作局”“兵仗局”等。

厂——官营手工业的作场和物料所。为具体生产单位或保管物料的具体单位。例如:工部领导下的“修仓厂”(修理京仓)、“琉璃厂”“黑窑厂”“神木厂”(专门保管木材)、“台基厂”(储放木材兼设计)等。

库——掌管物资的仓库。当时有所谓内府十库——内承运库、承运库、供用库、甲字库、乙字库、丙字库、丁字库、戊字库、广积库、节镇库。

民匠——直接从民间征集来的工匠。隶属工部,服务对象是皇族。

军匠——一般是在军中负责制造军器的手工业者。

作头——或曰“匠头”。从工匠中选拔出来的,用以“统率各匠,督其役而考其成也”(见《龙江船厂志》)。

(3) 反映当时赋税的词有:

黄册——为总记土田(赋出于土田)、丁口(役出于丁口)之户籍。

粮长——明代设立“粮长”制度,赋税有“粮长”来收取。目的是为了保有国家主要财源。

均徭——为人民群众在一定时期内执役于官府的一种徭役。相当于唐宋以来的色役。这种徭役是“验丁力、资产之厚薄,以定役之轻重,由里甲编军均输”,所以叫做“均徭”。

杂役——没有一定的名目,为均徭以外,一切非经常性的使役科派。

一条鞭——为改革赋役,使赋役程序化繁为简的称谓。据《明史·食货志》云:“一条鞭法者,总括一州县之赋役,量地计丁,丁粮毕输于官。一岁之役、官为佥募,力差则计其工食之费,量为增减,银差则计其交纳之责,加以赠耗。凡额办、派办,京库支需与留存供亿诸费,以匠土贡方物,悉并为一条,皆计数征银,折办于官,故谓之一条鞭。”从一条鞭法的内容来看,意味着当时减轻徭役,偏重田产税的倾向,在征税方式上开辟了货币地租的途径,它客观地反映了社会经济中商品流通的幅度有了一定程度的增长。

3. 清代太平天国运动的词汇

关于清代汉语词汇的发展,必须指出:太平天国的革命运动,曾经推动语言产生了不少新词。这些新词的出现,不仅反映了太平天国的政治主张和宗教意识等,而且对于汉语词汇新陈代谢起了积极的作用。

从词语的意义来看,在太平天国运动中所产生的新词,包括赋予特殊意义的某些旧词,有:“尚中田”“尚尚田”“特捐”“进贡”“礼拜钱”“小菜钱”“礼拜堂”“做礼拜”“圣书”“国库”“地丁银”“花户册”“执照”“公举”“妖”“牌尾馆”,等等。这些词语,反映了太平天国根据上帝教的平等思想和当时所建立的各项制度。比如:“尚中田”“尚尚田”这些词体现着太平天国废除了土地私有制按人口和等级分配土地的制度。“特捐”这词是专指对地主阶级所征的赋税。“进贡”则表示人民群众自愿捐献的意思。词语意义里包含着鲜明的阶级意识的色彩。“礼拜钱”“小菜钱”以及“买菜钱”等,是当时建立的供给制度按不同等级所分发的费用,相当于一种“副食费”。“礼拜堂”所指的,既是学校,又是教堂。“圣书”就是学校的教科书。这些词语反映着太平天国的教育制度是政治、宗教、教育三位一体的制度。由于太平天国反对民族压迫和阶级压迫,革命的基本力量是穷苦的农民群众,他们斗争的主要对象是国内的统治阶级以及当时的地主阶级和官僚。因而也就把当时的贵族和官僚统称为“妖”。

从构词法方面来看，由于太平天国的军事活动和社会生产活动的关系非常密切，社会的生产组织往往就采用军事编制的形式。“营”这个词就用来概括当时社会生产活动的组织形式，作为根词而创造了一系列属于手工业生产单位的新词，构词的形式如下：

营——① 诸匠营　② 女绣锦营　③ 女营。

“诸匠营”是国营手工业机关，包括：木营、织营、金匠营、金靴营、镌刻营、绣锦营等六种。

“女绣锦营”是根据善于女红的妇女所编制的生产单位。专门制造“金采冠服”。置有女官和女使。

“女营”是一般女性的生产和生活的组织单位。“天京”妇女除为女官、女使而编入女绣锦营队外，一概编入女营。即使老弱残废的妇女也一并编入在内，不另设女牌尾馆。

在行政组织方面，太平天国采用“典”(典守、主管之意)这个词来概括一切行政事务。当时设有“典官”制度，分朝内典官和军中典官两类。朝内典官除了被天王、诸王侯使役外，有专门办理整个行政事务的。比如：办理采办、保管、收发物质的典官有“典圣库”“典圣粮”“典油盐”“典买办”“典旗帜”“典红粉”等。办理文书及其他职务的，有“典簿书”“典诏命”“典危急”等。

从上述的一些词语上，很可以看出在太平天国的革命运动中，企图废除私有财产制度的理想虽未实现，可是，天京城内，在没有私有财产的社会里，出现一种特殊形式的社会组织和经济制度，这种制度可以说是以农民作为小生产者的思想意识为基础所建立起来的一种军政合一的财产共有制度。

太平天国革命运动对于汉语词汇发展的影响，主要表现在下列两个方面：

(1) 在太平天国革命运动中所创造的许多新词，后来，在人民的口语里广泛地传播着。其中有相当数量的词成为一般的民间词汇或宗教词汇的词和行业语。例如："小菜钱""礼拜堂""做礼拜""国库""公库""营""旅长""关税""房捐""执照""花名册"等。

（2）在近代的词汇里，从太平天国革命运动时期开始，正式出现了某些词语，这些词语在意义上具有鲜明的阶级意识的色彩。在日常交际中和阶级斗争中作为有力的宣传工具来使用的。例如："特捐""大捐""进贡""妖""藏妖"之类。这些词不同于一般所谓阶级习惯语。

4. 明清工商业发展的词汇

唐宋时代，工商业都已有较高的发展：元代由于异族的统治，工商业被摧残，一度呈现着衰退的现象，自明代统一之后，统治阶级为了稳定和巩固统治，对农民、手工业生产者、商人等采取了一些让步措施，以刺激劳动者的生产情绪。

明清两代手工业的发展，表现在冲破了过去自然经济"男耕女织"的局面，把纺织业从长期停留在家庭手工业的形式中解放出来，成为独立的机器纺织工业。同时，由于工业分工的发展，出现了许多新词。以棉纺织业而论，其中就有不少属于生产工具的名称和生产方法方面的术语，例如：

（1）属于生产工具方面的词——例如："机床"（见孙琳《纺织图说》），"纺车""铁轴""筒子""扛帚"（竹丝制）、"椗子"（木椗、铁椗）、"弹花凳""弓""脚车"，等等。

（2）属于生产方法方面的词——例如："弹花""接头""探扣""摇纺""打浆""纺纱""刷线""牵经""浆纱""晒花""纺织"，等等。

再以丝织业而论，同样出现了许多新词，例如："丝车""活头""缫车""花机""腰扣""催心""车蓬"（以上为缫丝方面生产工具的名称），"机床""铜针""牵架""天平""坐板""刷架""线纵""幅天""辊心"

“梭”(以上为织丝方面生产工具的名称),“湖丝”(湖州所产)、“湖绉”“顾绣”(苏州绣)、“潞䌷”(山西潞安产品)、“湖绸”“粤纱”“万寿绸”(合肥产品)、“贵州绸”(以上是丝绸成品的名称)。

总的说来,随着手工业的发展,从明清两代的汉语词汇里,反映出社会生产的发展,正是空前未有的。

明清两代由于手工业的发展,各地商业城市的行会组织也更加健全起来。行会组织在宋代后期就已经产生,但是那时还是初期的手工业的组织形态。明代以后,行会组织成为当时各行各业调整内部关系的基本组织。随着行会组织的健全化,各行各业的行业用语在语言词汇里也显得非常丰富。据明人田汝成《西湖游览志余》引《辍耕录》所记:“乃今三百六十行,各有市语,不相通用,仓猝聆之,竟不知为何等语也。”到了清代,行会组织更为发达,不但各行各业都有,而且组织形式更加完备,计有“行”“帮”“会”三种基本形式。行业用语相应地多了起来。例如当时一些主要的行业语有:“内行”“外行”“行规”“行头”“本帮”“外帮”“帮作”(“入帮”)、“帮贸”“入帮钱”“会钱”“会银”“会馆”“书院”,等等。

这一时期随着工商业的发展,尤其是在农产品商品化的影响下,商业资本也空前活跃起来。语言词汇里也出现不少反映当前商业资本的活跃、投机取巧放高利贷剥削的词语。例如:

“丝鬼”(丝客人)、“秤手”(开行为丝客代买者)、“盘定买”(买空卖空)、“抛盘”(外商委托从事收购某货,预先规定数量,商人估出价额,向外领取银钱,谓之抛盘。)、“囤积”“经纪”“糖抵”“蔗抵”“包售”“卖空仓”“印子钱”(见光绪六年《申报》)、“放黄米”,等等。

总之,明清时代,值着社会生产力的发展,资本主义经济因素的成长,这一时期的语言里,反映工商业发展的词语是相当丰富的。

（二）北方话词汇发展的条件

1. 社会因素

我们汉族有着悠久的历史和光辉的文化传统，中国北方却始终是汉民族的政治和文化的中心。历代王朝的建都多半在北方，历代的政治和文化也比较集中在北方。这对于汉语的发展，毫无疑问有巨大的影响；特别是从十三世纪元朝开始建都北京以来，以北京话为代表的北方方言迅速地发展起来了，并且逐渐地形成了一种通行于全国范围内的“官话”，“官话”的流行对于北方话词汇的发展起着很大的作用。

这儿要着重指出，近古以来促使汉语迅速发展的有两支潮流：一支是宋元以来白话文学的产生和成长，一支是明清以来“官话”的逐渐渗透到各个方言地区。到了十九世纪末期和二十世纪初期，这两支潮流趋向合一，力量更为壮大，直接推动并加速汉语的发展。这主要表现在下列两个方面：一是“近代白话文运动”。这个运动使得近代汉语书面语言里的口语成分取得了文学语言的地位，这就是说，使得一向只使用在所谓通俗文学里的白话使用于一切场合，而且成为近代汉语书面语言的主要形式。一是“近代的国语运动”。这个运动使得以北京话为代表的北方话，渗入全国各方言区，进一步得以传播和推广，成为全民语言。通过这个运动，现代汉语的文学语言无论是书面形式或口头形式都有了相当的规范和统一；既消除了过去书面形式和口头形式两者不一致的现象，又消除了文学语言与方言对立的局面。因此说，现代汉语的规范化是具有深厚的历史基础的。

中古（唐宋）以来口头词汇发展的影响，使得近代白话文学（金元戏曲、金元话本、明清白话小说）里大量运用当时的北方话词语。

比如：元代杂剧完全是采用北方方言所传写的一种白话文学；在内容上是继承了民间文学现实主义的传统；在形式上是综合说白、歌唱以及表演等各个环节，成为文艺中一种高级的形式。由于元戏剧语言内容、形式都具有为当时人民群众所乐于接受的优点，在民间特别流行起来。这种以北方方言所传写的白话文学，到了明清时代又有另一种形式出现，那就是明清的白话小说。这种白话小说同样地是以北方方言来写出的文学作品。其中不但大量运用了北方话的词语，而且在不同程度上反映着当时北方话的特点。例如《西游记》《醒世姻缘传》《儒林外史》《红楼梦》等，都带着浓厚的方言色彩。

明清以来官话的习传也是促使近代汉语发展的重要因素。官话开始的时候，可以看成为一种特殊的社会习惯语，它是当时官吏阶层限于官场交际中所使用的一种语言；但是又不同于一般的社会习惯语，因为它是以一定的具体的方言作为基础，在这个基础上所形成的一种语言。它与全民语言有许多共同之点，区别于一般的方言。在封建社会里，官吏阶层多半是知识分子，来自全国各地，通过了长期的封建教育、科举考试而做了官员，又通过官吏训练，习惯于使用官话。他们又被分派在全国各个地域的政治机构里服务，因而这些人便成了官话的直接传习者，把官话带到全国各个角落，作为自己衙门的用语，也做为跟一般人民群众交际的语言。这样一来，官话就逐渐渗入到全国各个方言地区，由原来的作为一种特殊的社会习惯语——官吏阶层在官场中所使用的语言而成为可以在全国范围内使用的一种普通话。由官话变成普通话也就意味着北方话的使用范围依靠政治力量而逐渐扩大，成为最有势力的一种方言。康拉德在《论汉语》中说："清代的官话在地区上说是广义的北京方言，可是它同时是在封建国家的可能范围内成了全国语言(也是口语)的那种地方方言。"所谓全国语言的那种地方方言也就是全民语言的基础方言。

2. 白话文学因素

(1) 元曲中的北方话词语

在元曲里表示一般事物的许多北方语词进入了书面语言中。

例①　合酪——或名“合落”“饸饹”，是荞麦面制成汤饼之类的食品。“你若说实情呵！我可便买与你个合酪吃。”(《勘头巾》剧)

例②　合扑——俯伏躺地。“把僧住支杀的拖将去，连赛娘合扑的带了一交。”(《还牢末》剧)

例③　瓦罐——乞丐手里所拿的东西。“只弄得水尽鹅飞不气长，少不得提瓦罐街头唱。”(《雍熙乐府》)试比较“瓦罐不离井上破”(宋时成语)。

例④　烧刀子——烧酒(一种土酒)。

例⑤　哨子——流氓、地棍。

例⑥　酒务儿——酒子。

例⑦　家生——奴婢的子女，仍作奴婢。

例⑧　教师——拳教师。

例⑨　没面皮——翻脸。

例⑩　盘缠——路费。

例⑪　水雪堂——玻璃的房屋。

例⑫　野味儿——公子哥儿。

例⑬　当家儿——独个儿。

也有一些词进入书面语言后，便广泛地流传开来，逐渐为各地方的人们所了解而一直沿用到现在。这类词即在现代北方话里，仍然是方言色采很浓。例如：

① 梢公——船家。② 庄家——种田的。③ 货郎儿——做买

卖的。④ 打点(打选、打叠)——收拾、安排。如《对玉梳》剧:“拜辞了清歌妙舞,打选起傅粉施采。”

还有一些词,正是当时的方言词,可是用在书面语言里词义有些出入。

例①　先辈——先生。“法聪频仍道,先辈休胡想,一一话行藏。”(《董西厢》)

例②　造物——造化、运气。“姑夫无了子嗣,各人的造物,你可怎么埋怨我?”(《刘弘嫁婢》剧)

例③　精细——头脑清醒。“员外你放精细者!”(《灰阑记》剧)

例④　物事——家伙。“哎,村物事,泼东西! 怎到的那里。”(《岳阳楼》剧)

例⑤　消息——机关的枢纽。“火坑里消息我敢踏,油罐内钱财我敢拿。”(《铁拐李》剧)

有不少方言词进入书面语言后,得以巩固和发展,逐渐成为一般词汇,一直保留在现代汉语词汇里。

例①　拦截——“我恰待向前些,他把我聚拦截。”(《范张鸡黍》剧)

例②　瞅——“这老子怎么瞅我那一眼,敢是叫那个告状的人,我则做不知道。”(《陈州粜米》剧)

例③　打扮——“小姐这个是什么打扮,你当初嫁那富贵的可不好来。”(《举案齐眉》剧)

例④　抱怨——“船便开,倘若有些不测,只不要抱怨我。”(《潇湘雨》剧)

例⑤　打搅——“长老说那里话,小生连月打搅,感激不尽。”(《竹叶舟》剧)

上面所举的例子,可以说明元代北方话的词语大量地运用在书面语言里,总是有一部分被巩固下来并使用开来,其中某些词也突破北方方言的地域范围而渗入到其他方言地域。由此可见，当时盛极一时的元曲，对于北方话词汇的发展确实起着巨大的作用。

3. 话本小说中的北方话词语

近古以来无论是元人杂剧、金元话本或明清白话小说，在语言方面，都是用当时北方方言所写出的白话文学（如：《水浒传》《西游记》《儒林外史》《红楼梦》等）。由于当时文学作品里运用了大量的北方方言词，随着这些作品的流传，北方话相应地获得了很大的发展。尤其是明清以来白话文学的传播，对于推动北方话的发展起了很大的作用。

这可以归结为下列几个方面：

首先，这一时期白话文学作品对于北方话词汇起着积极的传播作用，通过白话文学的流传，北方话词汇里很多常用词语，逐渐为其他方言区的人们所熟悉并掌握。又有些方言词，由于书面上的运用，很快就流传开来。

例① 脑袋——“薛霸便提起水火棍来，望着林冲脑袋上劈将来。”（《水浒传》八回）“我也要会会这凤奶奶去，看她是几个脑袋、几只手！”（《红楼梦》六十五回）

例② 洗浴、洗澡——“不多时，那个人又和一个汉子两个来，一个提着浴桶，一个提一大桶汤来。看着武松道：‘请都头洗浴。’”（《水浒传》二十八回）“土地道：这怪占了浴池，一日三出来洗澡。如今巳时已过，午时将来。”（《西游记》七十二回）“起来，让我洗澡去。”（《红楼梦》三十一回）

例③ 盥漱——“宝玉命取表来看时，果然针已拨到子初二刻了，方从新盥漱，宽衣安歇。”（《红楼梦》十九回）

例④ 睡觉——“宝玉推他说道：‘快别睡觉，咱们外头玩去。一会子好吃饭。’”（《红楼梦》六十二回）

例⑤　嘴巴耳刮子——“只见王夫人翻身起来，照金钏儿脸上就打了个嘴巴。”(《红楼梦》三十回)“他娘也正为芳官之气未平，又恨春燕不遂他的心，便起来打了个耳刮子……”(《红楼梦》五十九回)按：“嘴巴”和“耳刮子”是同义词。一向在北方话里被使用着。

例⑥　撒谎——“宝玉笑道：‘你瞧瞧，眼睛上的泪珠儿没干，还撒谎呢。’”(《红楼梦》三十二回)

例⑦　下流——“杜少卿笑道：‘你这匪类，下流无耻极矣！’”(《儒林外史》三十二回)“湘云沉了脸，说道：‘下流东西，好些走吧！’”(《红楼梦》三十一回)

例⑧　操心——“为我一个人，娘儿两个天天儿操心！妈妈为我生气，还犹可；要只管叫妹妹为我操心，我更不是人了。”(《红楼梦》三十五回)

例⑨　鬼胎——“袭人等怀着鬼胎，又不敢去招惹他，恐他生气。”(《红楼梦》九十五回)

例⑩　螃蟹——“宝钗道：‘……现在这里的人，从老太太起，连上屋里的人，有多一半都是爱吃螃蟹的。’”(《红楼梦》三十七回)

例⑪　碟子——“琥珀笑道：‘……你们看看，他没吃两个螃蟹，倒喝了一碟子醋了。’”(《红楼梦》三十八回)

例⑫　卓(桌)子、凳子——“话犹未了，武松把刀胙查子插在桌子上……”(《水浒传》二十六回)“鸳鸯等笑着答应了，高声的说道：‘这满桌子的腿子，二奶奶只管吃就是了。’”(《红楼梦》三十八回)“且说鲁达寻思。恐怕店小二赶去拦截他，且向店里掇条凳子，坐了两个时辰。”(《水浒传》三回)

例⑬　乱子——“他也不过怕事情不密，大家闹出乱子来不好看。”(《红楼梦》九十一回)

例⑭　今儿——“今儿才来了，就惹出你家哥儿的病。”(《红楼

梦》三回）

例⑮ 媳妇儿——“来旺有个小子，今年十七岁了，还没娶媳妇儿。”（《红楼梦》七十二回）

其次，这一时期白话文学的传播，使得文学语言在人民群众口语的基础上进一步获得发展。以词汇而论，北方话词汇里很多语词，通过文学作品的选用而获得书面规范。换句话说，这一时期的北方话，通过文学作品的传习，在词汇上更形成了自己的特点，如创造新词、改造旧词及构词手段，以及吸收其他方言词、外来词等。这对其他方言词汇新特点的形成在某种程度上起了阻碍的作用，从而也缩短了北方话和其他方言之间在词汇上的差距。

其三，这一时期的白话文学，对于北方话词汇和其他方言词汇之间起着一定的均衡作用。它们一方面大量运用了北方话词语，加速了北方话词语在实际语言里的传播，另一方面也不断地吸取了其他方言中的词语；这样一来，北方话词语在书面上进一步获得了丰富和发展，例如有些吴语里的词被吸收进入北方话的词汇里。

例① 面皮——“鲁智深喝道：‘……且看兄弟面皮，饶你两个性命。’”（《水浒传》九回）“众人都不喜欢，以此周进安身不牢，因是碍着夏总甲的面皮，不好辞他，将就混了一年。”（《儒林外史》二回）

例② 尴尬（尲尬）——“……李小二应了，自去门首叫老婆道：‘大姐，这两个人来的不尴尬。’老婆道：‘怎么的不尴尬？’”（《水浒传》十回）

例③ 物事——“只见那一个军官模样的人，去伴当怀里，取出一帕子物事，递与管营的差拨。”（《水浒传》十回）

例④ 面熟——“有伏路小校前来报说：‘有个胡须将军，匹马单鞭，要见元帅。’……关胜道：‘既是如此，与我唤来。’没多时，来到帐中，拜见关胜。关胜看了，有些面熟。”（《水浒传》六十四回）

这里可以看出，北方话词汇的丰富与发展，是和吸收其他方言的词分不开的。

（三）外来词的吸收和熟语的运用

1. 外来词

近代汉语词汇的发展是跟近代中国社会的转变很有关系的。毛主席说："自周秦以来，中国是一个封建社会，其政治是封建的政治，其经济是封建的经济，而为这种政治和经济之反映的占统治地位的文化，则是封建的文化。""自外国资本主义侵略中国，中国社会又逐渐地生长了资本主义因素以来，中国已逐渐地变成了一个殖民地、半殖民地、半封建的社会。"（《毛泽东选集》二卷，页 668）从历史上看，中国封建社会延续了两千多年，直到十九世纪中叶以后，外国资本主义的侵入，才使它的社会内部发生了根本的变化。在十九世纪后半期，中国已经开始发展民族工业，创立了一批资本主义性质的企业，在国内形成了新的经济和文化中心，建立了拥有大量人口和贸易相当繁荣的城市，逐渐克服了社会经济的分散状态。这就是说，外国资本主义的侵入，一方面对中国的社会经济起了分解作用，即破坏了过去自给自足的城市农村家庭手工业的经济状态；另一方面又给中国资本主义的产生造成了某些客观的条件，促进了城乡商品经济的发展。

外国资本主义物质文明以及帝国主义的势力不断侵入中国社会，使汉民族人民与西欧资本主义国家的人民在文化上接触的机会越来越多。社会产生了新的变化，照例要求语言用新的词语来反映在社会交际中新的事物和概念。于是，随着社会的需要，汉语词汇里相应地增加了不少关于文化科学方面的新词语。这些新词语绝大部分是受其他民族语言的影响，从别的民族语言里所吸收过来的所谓外来成分。

在近代汉语里，外来词的吸收不但丰富了汉语词汇的内容，而且也为汉语的构词法开辟了新的途径。这一时期外来词的主要来源：一是英语，由其他欧洲语言而来的借词也往往通过英语才进来的；一是与日语有关的新创造的外来词。

（1）源于英语的外来词

例如：

① 阿门(amen)——基督教祈祷完毕时的用语，意思是“心愿如此”。

② 啤酒(beer)——大麦酿成的酒。

③ 磅(pound)——英制衡量名。

④ 水汀(Ateam—沪)——暖气。

⑤ 嘜(mark—粤)——商标。

⑥ 华尔街(Wall Street)——纽约街名。国际上作美国金融界的代名词。

⑦ 唐宁街(Downing Street)——伦敦街道名。代表英国官场。

⑧ 吨(ton)——重量名称。

⑨ 瓦特(Watt)——原英国物理学家名，作科学术语，表示每秒钟内电流所生的单位。

⑩ 费厄泼赖(fair play)——公正的竞赛与裁判。

⑪ 托辣斯(Trust)——以垄断独占为目的的企业同盟。

⑫ 道林纸(Dawling)——一种精质纸张。

⑬ 梵华铃(violin)——一种乐器。

⑭ 麦克风(micro-phone)——扩音器。

⑮ 扑克(poker)——一种纸牌。

⑯ 甘士林(gasoline—沪)——汽油。

⑰ 沙发(sofa—沪)。

⑱ 雷达(rador)。

⑲ 阿司匹林(ospirin)——乙醯水杨酸。

⑳ 乌托邦(Utopia)。

㉑ 奥林匹克(Olympic)。

㉒ 伏特(Volt)——电压单位,等等。

由其他国家语言进入英语,再由英语传入汉语的借词,例如:

① 俱乐部——英语词 club,来源于古代斯干的那维亚语 klulla。

② 欧姆——电阻单位,英语为 Ohm,由德国科学家 G. S. Ohm 得名。

③ 帮浦——唧筒,英语 pump,是由中古低地德意志语 pumpe 或西班牙语 bomba 而来。

④ 引得——索引。英语 mdea,来自拉丁语 indicare,意思是“指出”。

⑤ 马达——发动机。英语 motor,来自拉丁语 movere matum“转动”。

⑥ 引——柴油机。英语 engine,来自古法语 engin。

⑦ 幽默——诙谐,英语 homour,来自古法语 humor。

⑧ 浪漫主义——英语 Romanticism,来自法语 romantisme。

⑨ 罗布——ronbee 来自俄语 pyбib 等等。

(2) 与日语有关的外来词

例如:

① 瓦斯——西文原名 gas。

② 虎列拉——一种霍乱病,原名 chalera。

③ 混凝土——水泥,原名 concrete。

④ 淋巴——原名 lymph。

⑤ 马铃薯——原名 potato。

⑥ 微积分——原名 differentioe。

⑦ 方程式——an equation。

⑧ 抽象——abstract。

⑨ 现象——phenomenon。

⑩ 否定——denial。

⑪ 意识——consciousness。

⑫ 电信——telegraphy。

⑬ 粴——容量单位。原名 centimeter。

所谓与日语有关的外来词，是指中国学者和日本学者在某个时期共同使用汉语汉字所翻译的科技方面的新词以及一般的外来语。这类外来词可以说是为了丰富本民族语言(汉语和日语)的词汇以适应近代文化的需要，中国学者和日本学者共同翻译出来的新词，可算是民族性和国际性相结合的产物。

2. 熟语

汉语里的熟语到了近代更加丰富起来；一方面继承了上古和中古时期的熟语，另一方面又不断创造了许多新的熟语。

(1) 成语的引用和继承

近代引用成语的特点：① 结构不固定。② 出现某些同义成语。③ 成语的格式不一定是四字格。例如：

a. 九霄云里↔九霄云外。

即便纵云，赶到九霄云里，轮着宝杖，又不好下手。(《西游记》五十八回)

把这水火棍一隔，丢去九霄云外。(《水浒传》九回)

b. 钓名沽誉↔沽名钓誉。

好好的一个清净洁白的女儿,也学的钓名沽誉,入了国贼禄鬼之流!(《红楼梦》三十六回)

可知那些死的都是沽名钓誉,并不知大义。(同上)

c ."草木皆妖""魂飞魄散""魂不附体""甜嘴蜜舌"。

从此风声鹤唳,草木皆妖。(《红楼梦》一百零二回)

按:草木皆妖=草木皆兵。

这几个人早已吓得魂飞魄散了!(《老残游记》八回)

那老龙听说是孙行者齐天大圣,唬得魂不附体,魄散九霄。(《西游记》六十三回)

按:魂飞魄散=魂不附体。

玉钏儿道:"吃罢,吃罢;你不用和我甜嘴蜜舌的了。我都知道啊!"(《红楼梦》)

按:"甜嘴蜜舌"与"甜言蜜语""口甜如蜜"同义,大概是由"口蜜腹剑"这一成语引申出来的。

恼的那狐朋狗友,搬是弄非,调三惑四。(《红楼梦》十回)

那厮专生恶念,不务本等,专好打家截道,杀人放火;相交的都是些狐群狗党!(《西游记》五十六回)

按："狐朋狗友"与"狐群狗党"同义。

d. 像"树倒猢狲散"一类四字格以上的成语：

若应了那句"树倒猢狲散"的俗语，岂不虚称了一世诗书旧族了！（《红楼梦》十三回）

坐山观虎斗。（《红楼梦》十六回）

凤姐又说："打墙也是动土，已经惊动了人，今儿乐得还去逛逛。"（《红楼梦》二十九回）

新生女非比他行，家丑不可外扬。（《元曲选·㑳梅香》）

对于古成语的继承，大都是从古代的历史故事、寓言里采选出来的成语。例如：

① 负荆请罪（《红楼梦》三十回）

② 兔死狐悲（《水浒传》二十八回）

③ 班门弄斧（《西游记》六十四回）

④ 助纣为虐（《红楼梦》九回）

⑤ 乐极生悲（《红楼梦》十三回）

⑥ 东施效颦（《红楼梦》三十回）

⑦ 赴汤蹈火（《水浒传》十五回）

⑧ 金蝉脱壳（《红楼梦》二十七回）

⑨ 借花献佛（《老残游记》卷六）

⑩ 耳红面赤（《西游记》五十六回）。

另外有这一时期新产生的成语。这时期的新成语，一部分是在过去成语的基础上发展，另一部分是在新的历史条件下创造出来的。

例①　耀武扬威——"我这里走的慌，他可也赶得凶，似这般耀武扬威，争强奋勇。"（《元曲选·单鞭夺槊》）

例② 将机就机——“柳毅去了也。既然这般呵,今日虽不成这桩亲事,后日还要将机就机,报答他的大恩。”(《元曲选·柳毅传书》)

例③ 倚老卖老——“我尽让你说几句便罢。则管里倚老卖老口里唠唠叨叨的说个不了。”(《元曲选·谢金吾》)

例④ 过河拆桥——“你休得顺水推船,偏不许我过河拆桥。”(《元曲选·李逵负荆》)

例⑤ 背井离乡——“假若俺高皇,差你个梅香,背井离乡,卧云眠霜。”(《元曲选·汉宫秋》)

(2) 谚语的引用

在近代的书面语言里,应用谚语特别多。这是当时文学作品里最生动最形象化的语言。这一时期文学作品里引用的谚语,例如:

① 常言道:“表壮不如里壮。”嫂嫂把得家庭,我哥哥烦恼做甚么!岂不闻古人言:“篱牢犬不入。”(《水浒传》)

② 正是“灯蛾扑火,惹焰烧身”。(《水浒传》)

③ 常言道:“不冷不热,五谷不结。”(《西游记》)

④ 古人有言:“火烧到身,各自去扫;蜂虿入怀,随即解衣。”(《水浒传》)

⑤ 陛下,人不可貌相,海水不可斗量。(《西游记》)

⑥ 哥哥正是“急来抱佛脚,闲时不烧香”。(《水浒传》)

⑦ 自古道:“不怕官,只怕管。”林冲不合吃着他的请受,权且让他这一次。(《水浒传》)

⑧ 常言道:“朋友妻,不可欺;朋友妾,不可灭。”(《西游记》)

⑨ “三十六计,走为上计”。若不快走时,更待什么!

(《水浒传》)

⑩ 今儿我听了他的短儿,“人急造反,狗急跳墙”,不但生事,而且我还没趣。(《红楼梦》)

这一时期创造的新谚语,其中有反映生产经验的,有反映阶级斗争的,有表示其他生活经验的,极为丰富。例如:

① 六月不热,五谷不结。(《明诗综》引吴中谚)
② 十月雨连连,高山也是田。(《明诗综》引吴中谚)
③ 土贼犹可,士兵杀我。(《明史·林俊传》)
④ 职方贱如狗,都督满街走。(杜文澜《古谣谚》)
⑤ 贼如梳,军如篦,士兵如鬀。(同上)
⑥ 苇生成旗,民皆流离;苇生成枪,杀伐遭殃。(同上)
⑦ 知人知面不知心。(《元曲选·单鞭夺槊》《红楼梦》)
⑧ 不受苦中苦,难为人上人。(《元曲选·东堂老》)
⑨ 路遥知马力,日久见人心。(《元曲选·争报恩》)
⑩ 牡丹花下死,做鬼也风流。(《元曲选·留鞋记》)

近古时期所产生的谚语,绝大部分被保存了下来,成为作家语言不可缺少的部分,其中特别是反映生产斗争方面的谚语,更显示出了旺盛的生命力。

(3) 歇后语的引用

歇后语是一种特殊结构的言语,它具有巧妙的修辞手段,一般是由两个句子组成,前一句为形象化的比喻,后一句为解释事理。但有些歇后语往往后一句“歇”去,留下前一句,更觉意味深长,生动有趣,发人深省。

汉语里不少歇后语在书面语里出现,应该认为是从近古以来白语文学开始的。歇后语的使用尤其给明清以来几部有名小说如《红楼梦》《儒林外史》等,增添了不少修辞色彩。

歇后语不仅在修辞上起作用,而且它同样具有丰富的社会内容,它也反映着一定社会的生活情况和人们的生活经验。例如:

① 呆,秀才,吃长斋,胡须满腮,经书不揭开,纸笔自己安排,明年不请我自来。(《儒林外史》)

② 死知府不如一个活老鼠,那个理他?(同上)

③ 事还是竟弄破了好,还是"开弓不放箭"大家弄几个钱有益?(同上)

④ 马老先生,而今这银子,我也不问是你出,是他出,你们原是"毡袜裹脚靴",但须要我效劳的来。(同上)

⑤ 我看的是李逵骂了宋江,后来又赔不是。(《红楼梦》)

⑥ 没良心的,"狗咬吕洞宾,不识好人心"。(同上)

⑦ 那宝玉是个丈八的灯台,照见人家,照不见自己的,只知嫌人家腌臜。(同上)

⑧ 然后岫烟也钓着了一个,随将竿子仍旧递给探春,探春才递与宝玉。宝玉道:"我是要做姜太公的。"(同上)

⑨ 呸:原来也是个银样蜡枪头!(同上)

⑩ 我们没来由,今日为他得罪严老大,"老虎头上拍苍蝇"怎的?(《儒林外史》)

(四)近代汉语的构词法

1. 合成词增多

汉语构词法的发展和汉语语言结构的特点有密切的联系,古代汉语的书面语言里充满着对称或排偶的结构。从词的结构来说，汉语里很早就出现一种由成对的单音节词素所组成的合成词。在这种词的内部，词素与词素之间或者语音上有联系（例如所谓联绵词：窈窕、仿佛、犹豫、鸳鸯、翱翔等），或者是语义上有联系（例如：亲戚、父母、兄弟、宇宙、文字、敬爱等）。近代汉语里，由成对的单音节词素所组成的合成词愈加多起来。可以这样说，合成词的增多是这时构词法的主要特征之一。

合成词的结构类型，基本上有两类：一是联合式即由成对的单音节词素所组成的合成词，例如：

例① 早晚——时候、时间。

家童：门首觑者，这早晚苏先生敢待来也。（《元曲选·冻苏秦》剧一折王长者白）

红娘白：若有话说，明日妾来回报，这早晚怕夫人寻我，回去也。（《西厢记》二本三折）

例② 倒换——与“调换”同义。

旦曰：“我收拾一包袱金银财物，今晚著梅香送出来，你倒换过，做你的财礼下来娶我。”（《元曲选·绯衣梦》剧一折）

李千娇白：“路途上厮见，无甚么与你，这一只金钗儿，倒换些钱钞，做盘缠去。”（《元曲选·争报恩》）

例③ 动静——与“态度、举止”同义。

范学士白：“老夫看了这两个模样动静，敢不中去么？”（《元曲选·陈州粜米》剧楔子）

正末白：“大嫂，我想那壁是个大人的动静。我将这宝物

献与他咱,愁甚么不得官做。”(《元曲选·生金阁》剧一折)

例④　惶恐——与“惭愧”同义。

小生虽有虚名,其实不副,惶恐! 惶恐! (《元曲选·百花亭》)

彭大白:“你常在我跟前,卖弄这阴阳有准,祸福无差,今日如何? 好惶恐人也。”(《元曲选·桃花女》剧楔子)

例⑤　精细——与“清醒”“苏醒”同义。

正旦曰:“员外,你放精细者!”(《元曲选·灰阑记》剧一折)

李彦和白:“大嫂,你精细着!”(《元曲选·货郎旦》)

例⑥　打拍——与“打起”“提起”同义。

“揉开汪泪眼,打拍老精神。”(《元曲选·金线池》剧“金盏儿曲”)

比及断那唱叫,先撺打拍那精神。(《元曲选·风月紫云庭》)

例⑦　管教——与“定教”(一定使得)同义。

我和你待摆手去横行,管教他抹着我的无干净。(《元曲选·黑旋风》)

例⑧ 放解——放典押债的意思。

我也再不去图私利狠心的放解,我也再不去惹官司瞒心儿举债。(《元曲选·老生儿》)

另外一类是偏正式,如:舞台、火车、纺车、美学、轮船、铁路、重心、地球、讲座,等等。

2. 词素构词能力增强

汉语里不少单音节词素,除了具有独立的词汇意义外,又跟一般的单音节词一样,还具有极强的构词能力。它们跟基本词汇里的根词差不多,在汉语词汇发展过程中成为构成新词的重要材料。这类富有“能产性”的词素,和词一直混合在一起,因此在近代的书面语言里,还可以看到某些单音节词和某些合成词的词汇意义相同,在书面上同时使用、两者并存的现象。例如:

① 觑↔观觑、看觑

张千门首觑者。(《元曲选·张天师》)
我出门来观觑。(《元曲选·魔合罗》)
则道怎生样看觑我。(《元曲选·虎头牌》)

② 寻↔搜寻

教我两眼无处寻。(《元曲选·魔合罗》)
要搜寻百谋千计。(同上)

③ 须↔索↔须索

止不过是一人处死,须断不了王家宗祀。(《元曲选·蝴蝶梦》)

楚项籍,蜀关羽,秦白起,燕孙武,若比这个将军,兵书战策,索拜做师父。(《董西厢》)

放时节须索用心思,休教藤刺儿抓住绵丝。(同上)

我与你须索从头觑。(《元曲选·魔合罗》)

④ 弃↔弃舍↔抛弃

你着他弃一壁儿就一壁儿。(《元曲选·神奴儿》)

着我难弃舍。(《元曲选·黑旋风》)

又怕半路里轻抛弃。(《元曲选·救风尘》)

近古以来,在书面语言里,这类富有能产性的词素逐渐不作为单词使用,让位于由它们所构成的合成词。这样一来,就促成了在书面语言里由单音节词向双音化发展的趋势。

3. 重叠词大量出现

重叠式的构词法是汉藏语系语言里构词的一种重要格式。在近代的汉语词汇里重叠词和叠音词的大量出现,也是近代汉语主要特征之一。

上古的诗歌语言里,已经普遍采用重叠词和叠音词。这类词的性质主要是当作摹声词(例如:“关关雎鸠”“喓喓草虫”“伐木丁丁”“鸟鸣嘤嘤”,等等)和情貌词(例如:“习习谷风”“行道迟迟”“忧心忡忡”,等等)。它们的语法功用跟形容词和副词一样,用来修饰名词或动词。在近代汉语里,重叠形式的词除了某些名词重叠式表示“每一个”“所有”之外,形容词和动词的重叠式大多数作为情貌词用，一般放在名词或动词的前面。例如：

甲、名词的重叠式和某些摹声词

① 点点不离杨柳外，声声乱打蓬窗闹。（宋元戏曲《张琼莲》）

② 朝朝等着他，日日盼着他。（宋元戏曲《刘盼盼》）

③ 人人俊丽，个个英雄。（《水浒传》九回）

④ 明日再取十丸来，天天临睡时候，叫袭人伏侍你，吃了再睡。（《红楼梦》二十三回）

⑤ 娘娘吩咐说你日日在外游嬉，渐次疏懒了功课。（同上）

⑥ 只听的减杀声声，便催着战鼓逢逢。（《元曲选·尉迟恭》）

⑦ 门外森森麻麦，窗面猗猗荷花。（《水浒传》九回）

⑧ 习习东风，卖花声吹入，小小帘栊。（《宋元戏文辑佚·琵琶愁》）

⑨ 渐渐飒飒金风动，伤情处听孤鸿。（《宋元戏文辑佚·乐昌公主破镜重圆》）

⑩ 我是个不带头巾的男子汉，叮叮当当响的婆娘。（《水浒传》二十一回）

乙、动词重叠式

① 贾母笑道："你先你娘瞧瞧去再去。"（《红楼梦》五十二回）

② 你身上不大好，又连日多事，该歇歇才是。（《红楼梦》十三回）

③ 凤姐进入茅屋,先命宝玉等去玩玩。(《红楼梦》十五回)

④ 正打算到贾政这边谋一个大小事件与儿子管管。(《红楼梦》二十三回)

丙、形容词重叠式

① 纤纤玉笋柔,窄窄金蓬小。(《宋元戏文辑佚·司马相如题桥记》)

② 船稳潮平慢慢行。(《元曲选·伍员吹箫》)

③ 我见他尽在嘻嘻冷笑中。(《元曲选·尉迟恭》)

④ 轻轻酒舞舞薰风。(《水浒传》八回)

⑤ 看那凤尾森森,龙吟细细,正是潇湘馆。(《红楼梦》二十六回)

除了三种格式外,还有带有结构助词“的”“地”的重叠式以及词尾重叠式,词根并列重叠式三种格式。

甲、带有“的”“地”的重叠式

① 悠悠的声揭谯楼品画角,珰珰的水滴铜壶玉漏敲。刷刷的风飐芭蕉凤尾摇。厌厌的月上花梢树影高。悄悄的私出兰房离绣幕。擦擦的行过阑干上甬道。霍霍的摇动珠帘。你等着巴巴的弹响窗棂,恁时节的是俺来了。(《元曲选·㑇梅香》)

② 每人只暗暗的写了,一齐封送进去。

于是众人方慢慢的散去。(《红楼梦》二十二回)

乙、部分重叠式

① 试看人生，得足何时是？有酒从教醉醺醺，醉乡堪宿。（《宋元戏文辑佚·王魁负桂英》）

② 翠巍巍柳条，见忒楞楞晓莺儿飞过树梢，扑簌簌乱红舞翩翩粉蝶儿，飞过画桥。（《宋元戏文辑佚·张翠莲》）

③ 夜悠悠，房寂寂，怕银漏迢迢暗漏。（《宋元戏文辑佚·裴少俊墙头马上》）

④ 闷厌厌，怎得眠一觉？恨绵绵空懊恼。（《西厢记》）

⑤ 头直上乱纷纷雪似筛，耳边厢飒剌剌风又摆。（《元曲选·朱太守风雪渔樵记》）

⑥ 章悬悬，泪涟涟，待甚日，重逢潘岳一面？（《宋元戏文辑佚·杨实锦香囊》）

⑦ 山边茅草，乱丝丝攒遍地刀枪；满地石头，碜可可睡两行虎豹。（《水浒传》十六回）

⑧ 宝玉道："什么'大家彼此'？他们有'大家彼此'，我是'赤条条来去无牵挂'。"（《红楼梦》二十二回）

⑨ 说着，进贾母里间屋里，气忿忿的躺着去了。（同上）

⑩ 武松道罢，一双手按住胳膝，两只眼睁得圆彪彪地。（《水浒传》二十六回）

丙、词根并列重叠式（AABB，ABAB）

① 我与小姐说明这一愿，则愿的俺小姐嫁一个风风流流，可可喜喜，标标致致好姐夫也。（《元曲传·㑳梅香》）

② 把衣服浆洗得干干净净……

秦重打扮得齐齐整整。(《醒世恒言·卖油郎独占花魁》)

③ 武松在轿上看时,只见并肩迭背,闹闹嚷嚷,屯街塞巷,都来看迎大虫。(《水浒传》二十三回)

④ 那妇人独自一个冷冷清清立在帘儿下,看那大雪。(同上书,二十四回)

⑤ 一时,只见宁府大殡浩浩荡荡,压地银山一般从北而至。(《红楼梦》十四回)

⑥ 偶然两句吹到耳朵内,明明白白,一字不落。(《红楼梦》二十三回)

⑦ 谁知接接连连,许多事情,就把你忘了。(同上书,二十六回)

⑧ 黛玉笑道:“带来了,就给我们见识见识也罢了。”(《红楼梦》五十二回)

⑨ 外面的大事已经大哥哥料理清了,不过是里面照管照管。(同上书,十三回)

⑩ 也不收拾收拾,弄的你黑眉乌嘴的,那里还像个大家子念书的孩子?(同上书,二十四回)

⑪ 赵姨娘平时也该教导教导他。(同上书,二十五回)

⑫ 论理我们里头也得他来整治整治,都忒不像了。(同上书,十四回)

4. 同素异序同义词出现

上面讲过,古代汉语词汇里的合成词有不少是由成对的单音节词所构成的。有些可能因为在语义上是同义的词素,因此在构词过程中,词素次序可以颠倒而不影响意义。在近古(近代)的汉语词汇里,同样也出现了一些词素次序不一致的同义词。例如:

“惧怕”—“怕惧”

一应人等谁不惧怕。(《元曲选·虎头牌》)

不由我心儿里猛然添怕惧。(《元曲选·对玉梳》)

5. 接合词的主要后缀“儿”

从构词类型上看,在这一时期书面语言里很突出地反映了北方方言词汇方面的构词法的特点,那就是接合词(以实字为词根,以虚字为前附成分或后附成分所构成的词)的构词法的主要形式是以“儿”字作为后附成分,构成了许多带“儿”的接合词。这类带“儿”的接合词在早期北方话里是否与现代北京话一样成为儿化的词儿(即“儿”不单独成为一个音节),还不能断定。但在语义上,近代北方话里带“儿”的接合词与现代汉语里儿化词一样,基本上表示“小”的意思。有些前面还带有一个“小”字,有些前面不带“小”字。例如:

小丫头儿——小丫头儿们进来告诉鸳鸯。(《红楼梦》八十四回)

针儿——什么扎花儿咧,拉锁子咧,我虽弄不好,却也学会做几针儿。(同上书,九十二回)

在元曲、话本、小说里,这类带“儿”的接合词真是不胜枚举。从构词类型来看,这类带“儿”的接合词基本属于三类:一是名词词根或数量词词根带“儿”的接合词。一是形容词词根带“儿”的接合词。一是动词词根带“儿”的接合词。例如:

① 既是这等,你跟我到庄儿上宰个羔羊儿杀个鸡儿,那

饭儿中吃。这个则是豆儿粥,你吃不的。(《元曲选·伍员吹箫》)

② 见炕上有个纺车儿,越发以为稀奇。(《红楼梦》十五回)

一见宝玉来。都抿着嘴笑他。(同上书,二十三回)

③ 大正月里,娘儿们姐儿们都喜喜欢欢的,你又怎么这个样儿了?(同上书,二十二回)

④ 凤姐儿忙起身说:“我也恍惚着见一个人影儿。”(同上书,四十七回)

⑤ 薛姨妈笑道:“小鬼头儿,你怕什么?不过骂几句就完了。”(同上)

⑥ 将一个小小的机关儿把你来完备了。(《元曲选·㑳梅香》)

⑦ 要是差一点儿的,早累的不知怎么样呢。(《红楼梦》二十四回)

⑧ 不想二爷要茶喝,叫姐姐们一个儿也没有。(同上)

⑨ 一半儿为国忧民,一半儿愁花病酒。(《元曲选·汉宫秋》)

⑩ 我听见宝二爷娶亲,我要来看看热闹儿。(《红楼梦》九十七回)

⑪ 把玻璃上那个档儿拉开,得点亮儿。(《儿女英雄传》二十九回)

⑫ 拿着我比戏子,给众人取笑儿!(《红楼梦》二十二回)

⑬ 还有一个好玩的东西给你带回去玩儿。(同上书,二十回)

⑭ 老太太又说起逗笑儿的话来了。(同上书,八十四回)

⑮ 这天算都有了吃儿了。(《儿女英雄传》二十九回)

另外，带“子”“头”“家”一类的接合词，在近代的汉语词汇里同样获得了很大的发展。例如：

① 恰才樊素小娘子，将简帖儿和香囊，到小姐行去了，良久杳无音信。（《元曲选·㑳梅香》）

② 这头巾、环子便是赃仗。（《元曲选·勘头巾》）

③ 上得冈子，当不过这热，权且在这林子里歇一歇。（《水浒传》十六回）

④ 有一碟子豆腐皮的包子。（《红楼梦》八回）

⑤ 念书是极好的事，不然就潦倒一辈子了，终久怎么样呢？（同上书，九回）

⑥ 姑娘们都在后头玩呢！把他送了去。（同上书，二十回）

⑦ 小人自会做活结头。（《水浒传》十七回）

⑧ 我们伙计，一个在前头，挽着一个绳头，一个在后头，挽着一个绳头。（《老残游记》卷八）

⑨ 秀才家，那个不风魔。（《董西厢》）

⑩ 你嫂嫂是个年少妇人家。（《元曲选·铁拐李》）

⑪ 酒店家去里面切出二斤熟牛肉。（《水浒传》二十三回）

⑫ 你是个老人家，别人吵，你还要管他们才是。（《红楼梦》二十回）

（五）词义的演变

词的意义的构成和演变，与人们社会生活、社会实践以及对客观现实的认识都有密切的联系。词义演变的基本方式可以概括成下列两种类型：

1. 词义的扩大或缩小

所谓扩大或缩小，就是由它单指某一对象或现象所包含着的具体意义扩展成为泛指别的对象或现象而获得一般的意义，或者本来所包含着的一般的意义转变成为个别的意义。可是，词义的扩大或缩小在词义演变过程中不是一种循环的转变，而是一种矛盾的发展。因为，有变化过程中，一个词的意义往往扩大后再会缩小或者缩小后再会扩大。甚至在同一时期，某一个词在这个场合使用时它的意义被扩大，而在另外一个场合使用时意义又被缩小。例如：

例①　“汤”这个词，在上古汉语里，意义是热水。《楚辞·九歌》有：“浴兰汤兮沐芳华。”《孟子·告子》：“冬日则饮汤。”汉代的成语“赴汤蹈火”(见《汉书》)，“汤”仍然作“热水”解。可是到了中古时期，用在某些场合，词义缩小起来，当作“菜汤”的意思。例如唐人王建诗：“洗手作羹汤。”而在近代书面语言里，词义又相应的扩大起来，除了仍然作为一般的热水解释外(例如：《元曲选·生金阁》：“我打你个促掐的弟子孩儿，el这么滚汤般热酒来烫我！”)，同时引申而带有“轻轻的碰一下”的意思。

例如：在金元杂曲里有：“三五日来不汤个水米，教俺难恋世。”“谁将这五花官诰汤，谁将这霞帔金冠望。”(《董西厢》)

例②　“火”这个词，原意是物体在空气中与氧气化合而燃烧所发出的光和热的现象。《尚书·洪範》有：“五行：一曰水，二曰火。”“火”作为一种自然现象。后来意义扩大起来，引申为“燃烧”“大焚”的意思。如《左传》有“人火曰火，天火曰灾”。汉代《释名》训为：“火，化也，消化物也。”《说文》解为：“火，毁也。”中古时期的古文里“火”有时还作动词用，如“火其庐”(韩愈文)。但在近代汉语里,“火”的意义仍然固定在原来意义上。

例③ “肥”这个词,在上古汉语里,本义是“肥胖”,《说文》解为“肥,多肉也”。到了中古时期汉语里词义扩大含有“富裕”的意思。例如在当时的诗歌里有:“自然家国肥。”(《辛苦吟》)“胡为残良民,令此鸟兽肥。”(苏舜钦诗)“鸟兽肥”是双关语,“肥”即“富裕”的意思。到了近古时期,“肥”虽然仍作“肥胖”解释,但词义相应地缩小了,在用法上,“肥”虽然既可以用来形容动物,又可以用来形容人,但形容人的肥胖另外出现了“胖”这个新词。近代汉语里,“肥”与“胖”同时并存,可是它的意义比以前显然缩小了。例如:

这个汉子却肥。(《水浒传》)

庄客拣了两头肥水牛杀了。(同上)

只见一个胖大和尚,脱的赤条条的,背上刺着花绣,坐在松树根头乘凉。(同上)

后边来的是一条胖汉。(《西游记》)

例④ “吃”这个词。我们知道,在上古汉语里,吃一般的东西叫做“食”,《诗经·小雅·白驹》:“皎皎白驹,食我场苗。”吃流汁的东西叫做“饮”。到了中古出现了“吃”这个新词,它包括上古汉语里“食”和“饮”两种意义。例如:杜甫诗:“对酒不能吃。”“梅熟许同朱老吃。”近古以来,在书面上,又出现了“喝”这个新词(“喝”原来也许是方言词),于是,“吃”这词的意义也就相应地缩小了,在近代的白话文里,“吃”和“喝”有时是分开来用的。例如:

我的手脚子粗,又喝了酒,仔细失手打了这磁杯。(《红楼梦》)

凤姐道:“他早吃了饭了,不用给他。”(同上)

可是,有时候,"吃"又像中古那样的用法,既表示"吃"又表示"喝"。这就是说,"吃"这个词在某些场合可以混用,这样一来,词义相应地扩大起来。例如:

吃酒吃饭,都有个凑趣儿的。(《红楼梦》)

你们不得洒家言语,胡乱便要买酒吃,好大胆!(《水浒传》)

故此先来望你一望,求钟茶吃。(《西游记》)

吃了早饭,众头领叫一个小喽啰,把昨夜担儿挑了。(《水浒传》)

2. 词义的转移

词义本身由这一种意义转移为另外一种意义。这种转移包括新旧意义的交替、基本意义和转用意义的交替等。例如:

元曲里"楔子"这词。从语源学上看,木工用木片塞紧所作器具或工事的结构,以便利工作,这种木片叫做楔子。后来,元曲的作家,在剧本开头或折与折之间加进一段介绍剧中人物、情节和联系前后剧情的文字,以及把开端叙述引起全剧的一段文字都叫做楔子。这样一类,与这词原来的意义完全无关。

引起词义演变的原因是多种多样的。在汉语的发展过程中引起词义演变的最基本的原因,可以概括为下列五点:

(1) 由于"联想"而引起词义的演变。所谓"联想"又有两种情况:一是甲乙两物相同,由甲物而联想到乙物;一是甲乙两物相近,由甲物而联想到乙物。例如:

例①　"条子"这个词,原指一般长条形的物体,到了清代,把它指称棉纺织业中一种经过加工的棉花半制成品。据文献载:"于是约熟花衣作带形,削细竹茎为心……其状外圆而中空,名条子。"

(《松江府志》)

例②　“麵”这个词,在唐代意思是脂粉的粉末。据《维摩诘经》载:“每交不出闺闱,长使调脂弄麵。”近古以来,专指面粉或面食。目前只有在个别方言里,还有把粉末称为“面儿”。

例③　“弓”这个词,在古代原指一种弯形的兵器。到了近代,由于棉纺织业的兴起,就把这词用来指称弹棉花的一种弯形的工具。《松江府志》云“棉必弹之使如轻云,谓弹花衣。弹花者名‘弓’”。

(2) 由于事物“功用”演变而引起词义的演变。换句话说,词义的演变体现了同样功能的对象相互交替,也就是新的对象代替了旧的对象所能起的作用。例如:

例①　“灯”这个词的意义,在古代是与火焰如豆的油灯联系在一起的。到了近代,由于工农业生产的发展、科学技术的发达,“灯”这个词的意义就与煤油灯、煤气灯、电灯这些东西联系起来。

例②　“礮”(砲)这个词,原意是“以机发石,古人攻战之具”。《新唐书》记有:“以机发石为攻城械,号将军礮。”到了近古时期,发明了“大礮”。“礮”这个词的涵义就由石砲交为火砲。至于近代,产生了“砲台”“砲兵”“砲手”“砲舰”一类的词,“砲”的涵义也就由“火砲”而变为发射实弹的强大武器。

(3) 由于不同历史阶段中人们思想意识的转变而引起词义的演变。在社会发展过程中,社会生活的发展和人们思想意识的转变往往是平行发展的。随着社会生活的发展和思想意识的演变,过去以旧的观点给予某些词的一定的意义价值就要依据新的思想意识来促成了词义的变迁。例如:“圣母”这个词,在唐代为武后的尊号,是一个充满着封建统治阶级的思想意识的专有名词。据《封氏见闻记》云:“则天垂拱四年,得瑞石于洛水,文曰:‘圣母临人,永昌帝业。’号其石为宝图。于是群臣上尊号,请称圣母神皇。”到了清代,“圣母”用来尊称皇帝的生母,所谓“圣母皇太后”(见《清通典》)。涵义虽稍有变化,但封建统治阶级的意识形态仍然沾染着这个词的意义。到了近代,自基督教传入后,教徒称耶稣的母亲玛利亚为“圣母”。于是,这个词原有的意义就变成一个带有宗教色彩的词。再如:“磷”这词在上古汉语里表示一种花火。据《淮南子注》:“野火之忽隐现作青色者。”又有所谓:“精在地暴露,百日则为磷,遥望炯炯若燃火也,故谓之磷火。”过去有些地方,人们把“磷”称为“鬼火”,近古以来,由于科学文化的进步,“磷”也随着改变了原始的意义,成为表示化学元素的科学术语。

(4) 由于语源的遗忘而引起词义的演变。词的意义反映着人们对客观现实一定的认识。比如,在过去,人们对于某一对象是按某一种特征去认识它和理解它的,之后,人们在实践活动的过程中,对于某一对象又发现了它的新的特征,也就是说,对它有了进一步的认识,往往对它的原始意义不再加以注意,甚至完全忘记。例如:“钱”这个词,在上古汉语里为农具的名称,以刬地除草者。后来,由于人们发现金属品不但可以制造工具,而且还能把它当作货币,就把“钱”这词作为货币的名称。再如“角”这个词,在近代汉语里作为货币的单位名称。按语源,角总是古代的酒器,酒店里把它作为计数的容量单位,卖酒的数量单位也称角;于是这个词就由作为卖酒的容量单位名称扩大为货币的单位名称。

(5) 由于不同历史时期政治和经济生活的变迁而引起词义的演变。例如“先生”这个词在上古谓老年教学者,有道者的称呼。如《史记·三代世表序补》有“张夫人问褚先生曰……”(褚先生即少孙,元、成间博士)。可是,到了元代,由于当时的统治阶级尊重僧道,因而称僧道为“先生”(见《经世大典》)。又如“太太”这个词,在明代只限于中丞以上的官员眷属才得称“太太”(见胡应麟《甲乙剩言》)。后来,凡是一般仕宦者主妻都能称“太太”。又如“纸币”,

据历史记载，宋时开始出现货币，当时只当作盐茶券，通货的范围有限。到了元明时代，才作为货币代替银钞。清中叶以后开始称“纸币”，应用更加普遍起来。这使得“纸币”的涵义随着不同的时代和不同的经济生活而逐渐扩大。